메타 페이스북

스티븐 레비Steven Levy

《와이어드》선임 기자로 일하고 있는 저널리스트다. "미국 최고의 테크 저널리스트"로 평가받는다. 애플 전문 평론가로도 명성이 높다. 템플대학교를 졸업하고 펜실베이니아주립대학교에서 석사 학위를 받았으며, 온라인 매거진 〈백채널Backchannel〉을 창간하고 《뉴스위크》 수석 테크 작가와 수석 기자를 지냈다. 30년 넘게 저널리스트로 활동하면서 컴퓨터, 테크놀로지, 암호학, 인터넷, 사이버 보안, 개인 정보 보호를 주제로 여러 권의 책을 썼으며 《롤링스톤Rolling Stone》《하퍼스매거진Harper's Magazine》《뉴욕타임스매거진The New York Times Magazine》《에스콰이어Esquire》《뉴요커The New Yorker》《프리미어Premiere》〈맥월드Macworld〉 등에 다양한 글을 발표해 왔다. 저서로《메타페이스북》외에 《해커, 광기의 랩소디: 세상을 바꾼 컴퓨터 혁명의 영웅들Hackers: Heroes of the Computer Revolution》《유니콘의 비밀: 물병자리 시대의 살인The Unicorn's Secret: Murder in the Age of Aquarius》《인공 생명: 새로운 창조를 위한 탐구Artificial Life: The Quest for a New Creation》《미친 듯이 위대한: 모든 것을 바꾼 컴퓨터, 매킨토시의 삶과 시대Insanely Great: The Life and Times of Macintosh, the Computer That Changed Everything》《암호화: 디지털 시대 코드 반군은 프라이버시 보호에서 어떻게 정부를 물리치는가Crypto: How the Code Rebels Beat the Government Saving Privacy in the Digital Age》《완벽한 것: 아이팟은 어떻게 상거래, 문화, 쿨함을 하나로 섞는가The Perfect Thing: How the iPod Shuffles Commerce, Culture, and Coolness》《In The Plex: 0과 1로 세상을 바꾸는 구글, 그 모든 이야기In The Plex: How Google Thinks, Works, and Shapes Our Lives》가 있다. 《해커, 광기의 랩소디》는《PC매거진PC Magazine》"지난 20년간 최고의 테크 도서"에 선정되었으며,《암호화》는 2001년 프랑크푸르트도서전 전자책 대상을 수상했다.

FACEBOOK: The Inside Story by Steven Levy

Copyright ⓒ 2020 by Steven Levy

Korean edition copyright ⓒ2022 by Bookie Publishing House, Inc.

facebook
메타 페이스북

플랫폼 제국을 넘어 메타버스의 창조자로

스티븐 레비 지음 | 노승영 옮김

The Inside
Story

Steven Levy

부·키

옮긴이 **노승영**

서울대학교 영어영문학과를 졸업하고, 서울대학교 대학원 인지과학 협동과정을 수료했다. 컴퓨터 회사에서 번역 프로그램을 만들었으며 환경단체에서 일했다. '내가 깨끗해질수록 세상이 더러워진다'고 생각한다. 옮긴 책으로《약속의 땅: 버락 오바마 대통령 회고록》《시간과 물에 대하여》《트랜스 휴머니즘》《나무의 노래》《노르웨이의 나무》《정치의 도덕적 기초》《그림자 노동》《새의 감각》《스토리텔링 애니멀》《자본가의 탄생》 등이 있다.

메타 페이스북

초판 1쇄 발행 2022년 1월 27일

지은이 스티븐 레비
옮긴이 노승영
발행인 박윤우
편집 김동준 김유진 성한경 여임동 장미숙 최진우
마케팅 박서연 신소미 이건희
디자인 서혜진 이세연
저작권 김준수 유은지
경영지원 이지영 주진호

발행처 부키(주)
출판신고 2012년 9월 27일
주소 서울 서대문구 신촌로3길 15 산성빌딩 5~6층
전화 02-325-0846
팩스 02-3141-4066
이메일 webmaster@bookie.co.kr
ISBN 978-89-6051-906-0 03320

※ 잘못된 책은 구입하신 서점에서 바꿔 드립니다.

만든 사람들
편집 성한경
디자인 최우영

아버지 레스터 레비(1920~2017)께
이 책을 바친다.

인류를 연결한다는 웅장한 꿈의 여정

김상균
인지과학자, 강원대학교 교수
《메타버스》 저자

마차를 타던 시절 인류의 하루 생활반경은 수십 킬로미터 정도였습니다. 자동차가 발명되면서 생활반경은 수백 킬로미터까지 넓어졌습니다. 그다음은 철도나 비행기 얘기를 해야 할까요?

저는 페이스북 얘기를 하고 싶습니다. 페이스북은 무엇을 하는 회사일까요? 페이스북은 우리를 더 넓게 연결해주는 기업입니다. 킬로미터라는 거리 개념을 초월해서 지구상 모든 이들을 연결하고 있습니다. 우리는 그 연결을 통해 서로 소통하고, 새로운 기회를 탐험하며, 무언가를 이루어가고 있습니다.

인류의 연결에는 늘 양지와 음지가 공존했습니다. 거대한 무역로를 연결해서 풍족한 자원을 공유했으나, 그 과정에서 노예시장이 형성되기도 했습니다. 페이스북이 만들어낸 연결도 우리 삶, 인류 문명에 양지와 음지를 동시에 만들어냈습니다.

제가 참 좋아하는 버튼이 있습니다. '좋아요' 버튼입니다. 페친이 올린 행복한 피드에 '축하합니다'라고 천편일률적인 댓글을 달지 않고, 그저

'좋아요' 버튼만 슬쩍 누르면 되기 때문입니다. 제가 올린 피드에 친구들이 '좋아요'를 눌러주면, 제 소식이 그들에게 전달됐고, 그들이 공감해주는 듯해서 마음이 따뜻해집니다.

그런데 초등학교 교사인 지인이 이런 말을 했습니다. 요즘 아이들은 소셜 미디어를 즐겨 써서 그런지 상대방이 무슨 말을 하면, 좋아요 또는 싫어요, 이 둘 중 하나로만 의사 표시를 해서 답답하다고 합니다. 버튼을 눌러주며 서로 연결하던 습관이 상대방과 직접 바라보고 대화하는 순간에도 나타나고 있습니다. 온라인을 통한 강력한 연결이 현실 세계 연결을 단순화시키는 아이러니한 장면입니다.

그렇다면 페이스북이 꿈꿨던 연결은 무엇일까요? 그들은 무엇을 고민하고 있을까요? 그 고민을 어떻게 풀어가고 있을까요? 그들이 바라보는 미래는 어디일까요? 그들의 과거, 현재, 미래가 궁금한 이들에게 이 책을 권합니다.

괴짜 천재의 성공담, 글로벌 기업의 찬란한 여정이 아닌, 인류를 연결한다는 웅장한 꿈을 품은 평범한 이들의 몽상 속으로 걸어 들어갈 수 있습니다. 그 몽상 속에서 당신만의 또 다른 미래를 발견할지도 모릅니다.

인터넷 세상의 황제가 되려는 자, 페이스북의 미래를 볼 수 있는 거울

신현규
《매일경제신문》
실리콘밸리 특파원

미국에는 가끔 엄청난 취재와 시간을 들인 다큐멘터리 서적들이 탄생한다. 롱텀캐피털의 붕괴를 취재한 《천재들의 실패When Genius Failed》(2000) 같은 책이 그렇고, 실리콘밸리의 사기극으로 불리는 테라노스의 뒤를 취재한 《배드 블러드Bad Blood》(2018) 같은 책이 그렇다. 그리고 그와 같은 반열에 오른 서적 중 빠지지 않는 이름이 구글의 내부를 자유롭게 출입하며 구성원들을 샅샅이 인터뷰해서 쓴 책 《인 더 플렉스In the Plex》(2011)다. 이 책은 전 세계 검색 1위를 자랑하는 거대 기업 구글의 내부가 어떻게 운영되는지에 대해 사심 없는 관점에서 기술하려고 최선의 노력을 다했다는 점에서 오늘날에도 실리콘밸리의 많은 이들에게 칭송받는다.

그런 책을 썼던 저자 스티븐 레비가 이번에는 페이스북에 대한 책을 냈다. 3년 동안 페이스북의 내부자들을 인터뷰하고, 마크 저커버그는 무려 아홉 번이나 인터뷰했다고 한다. 나는 이 사실만으로도 페이스북 투자에 대해 관심 있는, 아니 페이스북을 이용하는 많은 사람이 이 책을 읽어볼 가치가 충분히 있다고 생각한다. 이미 전 세계 30억 명 이상의 미디어 경험을 바꿔버린 페이스북의 역사를 심층적으로 다룬 책이기 때문만은 아니다. 현재 실리콘밸리에서 가장 공격적이고 무서운 아이가 바로 (지금은 이름을 '메타'로 바꾼) 페이스북이기 때문이다.

실리콘밸리에는 당연히 많은 기업이 있다. '실리콘밸리'라는 이름에 걸맞은 반도체 회사 인텔부터 '모바일 혁명'을 만든 애플, 검색에서 시작한 소프트웨어 공룡 구글, 일론 머스크라는 걸출한 기술 경영자가 이끄는 테슬라까지. 하지만 페이스북(메타)은 지금 다른 어떤 기업보다 무서운 존재다. 왜냐하면 전 세계 인구 3명 중 1명이 사용하는 플랫폼을 운영하고 있고, 그러한 미디어 제국을 운영하는 사람이 마크 저커버그라는 35살의 황제이기 때문이다. 그 때문인지 미국 언론인들은 저커버그에 대한 쓰디쓴 비판을 서슴지 않는다.

그리고 나는 페이스북의 무서운 점을 다른 면에서 본다. 바로 페이스북이 창업자 경영 체제를 유지하는 거의 마지막 실리콘밸리 대형 IT 기업으로 남게 됐다는 측면이다. 일례로 구글의 창업자들은 2019년 12월 경영 일선에서 완전히 물러났다. 제프 베이조스 아마존 창업자 역시 2021년 2분기를 끝으로 CEO에서 손을 뗐다. 스티브 잡스 애플 창업자는 2011년 5월 사망했다. 그의 라이벌이던 빌 게이츠는 2020년 3월 마이크로소프트의 이사회에서도 직을 내려놓았다. 현재 실리콘밸리 기업 중에서 창업자가 그대로 CEO로서 건재한 곳은 페이스북을 제외하면 젠슨 황 CEO가 이끄는 엔비디아 정도라 할 수 있다.(참고로 일론 머스크는 현재 테슬라의 CEO이긴 하지만 엄밀히 말해 테슬라의 창업자는 아니었다. 그는 2004년에 테슬라가 투자 유치를 선언하자 당시 전체 모집 자금 750만 달러 중 650만 달러를 투자하면서 회사 경영에 들어가게 되었다.)

이는 페이스북이 저커버그라는 황제의 진두지휘 아래 한 가지 사업에 집중해서 놀라운 혁신을 만들어나갈 수 있다는 이야기이기도 하다. 과연 2021년 10월 페이스북은 회사 이름을 '메타'로 바꾸면서 메타버스에 집중하겠다는 뜻을 밝혔다. 내부 고발자의 등장으로 페이스북에 치명타가 가해지자 쇄신의 뜻으로 내건 방법이었다. 사실 많은 사람이 황제가 왕관을 내려놓길 바랐다. 하지만 저커버그는 회사의 이름을 바꾸는 방식으로 세상의 공격을 물리쳤다. 그러한 저커버그의 결정들을 보면 이 책의 저자 스티븐 레비의 통찰이 다시금 옳았다는 생각이 든다. 그는 이렇게 썼다. "페이스북은 변해야 할지 모르지만 저커버그는 자신이 변해야 한다고는 생각지 않는다."

　나는 실리콘밸리에 있으면서 페이스북 전현직 직원들의 이야기들을 들을 기회가 비교적 많이 있었다. 그들이 말하는 저커버그의 꿈은 '누구의 구속도 받지 않는 인터넷 세상의 플랫폼'을 만드는 것이라 한다. 페이스북이 만든 소셜 미디어는 오늘날 애플과 구글 등의 앱스토어에 구속을 받는 하나의 앱에 불과하다. 페이스북, 인스타그램 등 모두가 그렇다. 그들을 뛰어넘는 플랫폼을 만드는 것. 이는 보는 관점에 따라 대단한 야심이기도 하다. 페이스북 주식 투자하는 사람들의 관점이라면 "야, 이 회사 잘하면 엄청 주가가 올라갈 수도 있겠는데?"라는 말이 터져나올 수 있을 것이다.

　현재 애플, 구글, 마이크로소프트, 아마존, 심지어는 테슬라까지 포함해서 실리콘밸리의 어떤 기업도 페이스북처럼 당돌한 야심을 갖고 있지는 않은 것 같다. 게다가 CEO가 최대 주주이기 때문에 자기 마음대로 일을 추진할 수도 있다. 이 책의 저자 스티븐 레비는 책을 쓴 이유에 대해 "페이스북이 품은 야심의 너비를 온전히 담으려면 단행본을 쓰는 수밖에 없음을 깨달았다"라고 밝혔다. 과연 이 책은 실리콘밸리에서 가장 당돌한 기업 페이스북의 야심이 얼마나 큰지에 대한 기록이라 읽어도 흥미로울 것이다.

이 밖에 페이스북을 이용하는 사람들이라면, 내가 경험하는 소셜 미디어 페이스북이 다른 사람들에게는 어떤 영향들을 미쳤는지에 대해 접해보는 것도 흥미로운 경험이리라 생각한다. 2016년 미국 대선 과정에서 러시아의 개입을 페이스북이 어떻게 알게 됐는지, 미얀마 로힝야족 학살 사건에 대해 페이스북의 내부 역량이 얼마나 허약했는지, 수천만 명의 데이터가 유출된 케임브리지 애널리티카 사건을 페이스북 내부에서 어떻게 다뤘는지 등을 보게 되면 페이스북이 어떻게 운영되는지에 대한 이해가 더 깊어질 수 있을 것이라 믿는다. 이런 질문을 던져보자. 만일 지구상에 있는 누군가의 인권이 페이스북 위에서 침해당한다면, 그 사람은 어떻게 보호받을 수 있을 것인가? 그런 점에서 이 책은 페이스북 내부 취재를 통해 '페이스북이 돈 벌 생각을 할 것이 아니라, 그런 인권적 질문들에 대해 더 신경을 써야 한다'는 주장이 담겨 있다.

전 세계 인구 3명 중 1명이 쓰는 엄청난 역사를 만들어 낸 기업 페이스북. 그리고 이 회사에 대한 엄청난 역사가 담긴 이 책은 복잡하게 얽히고설킨 페이스북의 내부를 쉽게 풀어낸 책으로, 발간 직후 미국 실리콘밸리뿐만 아니라 워싱턴 정치계에서까지 많은 사람의 주목을 끌었다. 그리고 페이스북이 '메타'라는 이름으로 새로운 시작을 여는 2022년에 읽어도 여전히 회사의 미래를 볼 수 있는 거울로서의 역사 다큐멘터리라고 생각한다.

이 책에
대한 찬사

페이스북이 인류에 심대한 영향을 미치면서 지구인 3분의 1의 마음을 사로잡은 이야기는
정말 경이롭다. 하지만 이 이야기는 전체의 절반일 뿐이다.

《뉴욕타임스북리뷰The New York Times Book Review》

레비는 페이스북의 열정적인 창의성을 능숙하게 포착해낸다. 그리고 이 회사의 성장 추구
가 어떻게 도리어 발목을 잡아 현재의 곤경을 낳았는지 자료에 근거해 세세히 풀어낸다.

《샌프란시스코크로니클The San Francisco Chronicle》

긴박감과 긴장감 넘치는 페이스북의 역사를 레비는 열정적으로 써내려간다. 그는 어려운
질문을 던지기를 주저하지 않는다.

《워싱턴포스트The Washington Post》

지구에는 78억 명의 사람들이 살고 있다. 이 회사의 가장 최근 실적 발표에 따르면 그중
3분의 1 이상이 매달 페이스북 플랫폼을 이용하고 약 23억 명이 매일 페이스북 서비스 중
하나 이상을 이용한다. 수십억 명의 이용자를 연결하고 그들이 "좋아요" 할 정도로 많은
콘텐츠를 제공함으로써 페이스북은 자신들이 주장하는 것처럼 세상을 더 나은 곳으로
만들고 있는 걸까? 아니면 가짜뉴스와 혐오 발언을 증폭시키고 교묘한 클릭베이트(클릭
미끼)에 중독시키고 개인 정보를 침해함으로써 해를 끼치고 있는 걸까? 베테랑 기술 저널
리스트인 스티븐 레비가 설명하듯이 이 문제는 복잡미묘하다.

《월스트리트저널The Wall Street Journal》

이 책은 저커버그의 다양한 얼굴을 살핀다. 레비는 인터뷰와 회의에서 저커버그의 어색하
고 불안한 침묵을 반복해서 언급한다. 가장 널리 알려진 저커버그의 인상은 로마 황제를
사랑하는 무자비한 인물이다(우리는 그가 독재자 아우구스투스의 팬임을 알게 된다). 그
는 끊임없이 경쟁사를 인수하거나 카피한다. 또 페이스북의 비즈니스 이익에 부합할 때마

다 한편으로는 페이스북 플랫폼을 구축하는 개발자들에게 편의를 제공하고 다른 한편으로는 빼앗는다. 결국 레비가 그려낸 페이스북은 용서받지 못할 회사라는 초상이다.

《파이낸셜타임스Financial Times》

생생하고, 최신 정보로 가득하며, 내부로 깊이 파고든다. 《이코노미스트The Economist》

저커버그는 무한한 야망과 수많은 코드 라인을 통해 인류 역사상 가장 큰 제국을 건설했다. 하지만 그는 도널드 트럼프가 대통령으로 당선되고, 자신이 의회에 출두하게 되며, 페이스북의 이미지가 사람들이 삶을 공유하는 공간에서 민주주의를 파괴하는 앱으로 변신하는 광경을 목격하게 될 줄은 꿈에도 알지 못했다. 《더타임스The Times》

철두철미한 탐구와 유려한 전개. 레비의 이야기는 전현직 페이스북 직원들과 인터뷰 덕분에 더없이 풍성하고 상세하다. NPR

페이스북 이야기의 결정판. 2004년 마크 저커버그의 하버드 기숙사 방부터 2019년 7월 마지막 인터뷰에 이르기까지 레비는 독자를 세계 최대 소셜 네트워킹 회사의 자세한 역사로 안내한다. 3년 동안 저커버그와 그의 회사에 자유롭게 접근할 권한 덕분에 레비는 저커버그의 유명한 초경쟁용 리더십 아래 이 회사가 어떻게 발전해 왔는지 설명할 수 있다. 이 흥미진진한 책은 21세기 빅테크와 개인 정보 보호라는 중요한 논의에 큰 영감을 불어넣어줄 것이다.

《북리스트Booklist》

이 책의 가치는 프라이버시 침해, 유해한 알고리즘, 개인 정보 유용 사건 등 의회 청문회를 비롯한 여러 곳에서 유출되고, 보고되고, 폭로된 페이스북의 모든 문제를 남김없이 보여준다는 데 있다.

《라이브러리저널Library Journal》

많은 전현직 직원과 접촉한 레비는 냉철한 시선으로 진실을 밝히는 매우 비판적인 페이스북의 초상화를 그린다. 페이스북은 광고주와 정치 운동원에게 이용자의 개인 정보를 넘겨주어 프라이버시를 침해하고, 조작된 가짜뉴스와 러시아의 친트럼프 공작과 증오 발언의 매개체 역할을 했다는 혐의로 오랫동안 논란의 중심에 서 있다.

《퍼블리셔스위클리Publishers Weekly》

베테랑 기술 전문 기자 레비는 이 책에서 소셜 미디어 거인이 일하는 방식을 속속들이 파헤친다. 하버드에 다니는 동안 페이스북 창업자 마크 저커버그는 "수업에는 건성으로" 임한 반면 "코스 매치" 같은 프로젝트 진행에 심취했다. 코스 매치는 학생들이 누가 어떤 과목을 신청했는지 알 수 있도록 해주는 훌륭한 프로그램이지만 동시에 스토커에게도 좋은 도구였다.

레비는 저커버그가 페이스북으로 구축한 도덕적 중립 세계를 탐구한다. 페이스북은 이용자의 활동, 선호도, 정치 성향 등으로부터 판매 가능한 데이터를 수집하는 일에 모든 기술적 특징의 초점을 맞춘 기업이다. 이러한 기능으로 인해 당연히 페이스북은 "가짜뉴스"를 퍼뜨리는 수단으로 뉴스에 많이 등장했다. 한 광고 임원은 2016년 대통령 선거를 둘러싼 "루블화 결제 계정"의 성장세를 살펴보면 "러시아인들이 소셜 미디어를 이런 식으로 이용하리라는 건 100퍼센트 예상할 수 있는 사실이었습니다"라고 말했다. 케임브리지 애널리티카 같은 회사에서 대규모 데이터 마이닝을 수행하는 사건이 터진 후 저커버그는 표현의 자유라는 방패 뒤에 숨어 자신을 변호했다. 하지만 소비자가 개인 정보에 쉽게 접근하는 것을 원하지 않을 수 있음을 뒤늦게 인정했다. 이러한 프라이버시 보호와 침해 사이의 선택을 두고 레비는 "지난 12년간 저커버그는 이러한 가치의 순위를 잘못 매겼다"라고 쓴다. 이 모든 비판에도 불구하고 저커버그에게 공짜로 접근하는 호사를 누렸던 레비는, 《마크 저커버그의 배신Zucked》(2019)이라는 책에서 페이스북의 명백한 이용자 권리 무시를 비난한 로저 맥너미Roger McNamee보다 페이스북과 그들의 의도를 덜 경멸한다. 이용자에게 더 나은 쪽으로 변화가 일어나면 그들은 마지못해 따를 것이다. 레비는 저커버그가 "어떤 사람들은 그가 경제계의 그 누구보다 세상에 크나큰 파멸을 가져왔다고 생각"하는 인물일지라도 근본적으로는 자신의 사명이 세상을 이롭게 한다고 믿고 있음을 분명히 한다.

기술 트렌드, 미래, 그리고 투자에 관심 있는 사람이라면 주목해야 할 책이다.

《커커스리뷰Kirkus Reviews》

레비는 철학적 또는 정치적 어젠다가 아닌 팩트로 이야기하는 방식을 일관되게 보여준다. 페이스북과 그들이 추구하는 원칙, 그들이 저지른 다양한 실수와 배신에 대한 많은 새로운 사실을 층층이 쌓고, 수백 번의 인터뷰에서 얻은 세부 내용을 차곡차곡 쌓아서 페이스북 이야기의 전모를 이루는 모든 조각을 하나로 아울러낸다. 그리하여 가장 공정한 비판적 판단을 내린다. 모든 페이스북 비평가, 모든 기술 산업 비평가는 앞으로 한 가지 공통점을 가지게 될 것이다. 다들 레비의 이 책에서 배운 내용을 인용하게 될 것이라는 공통점 말이다.

《리즌Reason》

레비는 페이스북의 탄생, 현기증 나는 성장, 그리고 명성에 큰 상처를 입고 곤경에 처한 현재에 이르기까지 궤적을 대단히 통찰력 넘치는 시선으로 조망한다. 레비는 페이스북 사무실뿐 아니라 그곳 사람들의 마인드셋 속으로까지 우리를 데려간다. 논픽션 작가로서 그의 솜씨는 정평이 나 있다. 이 책에서도 그런 전문성은 유감없이 발휘되어 유려한 전개와 흡인력 있는 묘사를 보여준다. 비트, 바이트, 대차대조표를 넘어 페이스북이란 회사 뒤에서 일하는 사람들의 마음 공간, 그들의 야망, 창조적 충동, 탐욕, 성공에 대한 열망을 매핑하는 그의 능력은 탁월하다.

이 책의 수많은 장점 중 하나는 이것이다. 머나먼 대륙에 떨어져 있는 사람들이 우리의 온라인 자아와 네트워크를 어떻게 조각해내는지, 온라인 자아를 피와 살을 가진 실재 자아와 어떻게 접목하는지, 그리고 온라인 자아를 어떻게 조작하고, 조정하고, 심지어 착취하는지 생각하게 만든다는 점이다. 스티븐 레비에게 고개 숙여 인사하자.

〈머니컨트롤닷컴MoneyControl.com〉

스티븐 레비는 저커버그의 어린 시절 이야기, 그가 쓴 일기와 노트, 회사 임원들과 나눈 대화를 토대로 흔히 알려진 페이스북의 기원 이야기에 풍성한 질감과 색상을 더한다. 그는 저커버그의 경쟁적 성격과 목표, 그리고 이것이 지난 10년 동안 그의 열정적인 성장 추구에 어떻게 영향을 미쳤는지에 대한 내밀한 초상을 창조한다. 프라이버시와 개인 정보보호, 가짜뉴스와 거짓 정보, 기업의 책임 문제를 둘러싼 기술 기업의 대응 의지와 노력을 면밀히 파고드는 시기적절한 탐구다.

〈매셔블Mashable〉

스티븐 레비는 페이스북의 참신함, 추진력, 오만함을 눈앞에 보이듯 묘사해낸다. 페이스북은 여전히 완전한 지배자로 군림하고 있는 창업자의 성격을 여러 면에서 그대로 반영하는 회사다. 주로 시간순으로 전개되는 이 책에는 그동안 우리가 잘 몰랐던 놀라운 사실, 짜릿하고 흥미진진한 이야기가 여럿 담겨 있다.

《더크리틱The Critic》

스티븐 레비는 기술 분야 최고의 작가 중 한 사람이다. 회사 안팎을 아우르면서 3년에 걸쳐 페이스북을 심층 탐사한 이 책은 너무나 인상적이다.

〈디인포메이션The Information〉

몇 년간 읽은 기술 책 중 최고다. 페이스북을 완전히 이해하고 싶거나 현대 스타트업이 어떻게 작동하는지, 현대 거대 기술 기업이 세계에서 어떻게 기능하고 스스로를 어떤 존재로 바라보는지 제대로 알고 싶다면, 이 책 이상으로 추천할 만한 것이 없다.

〈테크밈라이드홈Techmeme Ride Home〉

이 책은 페이스북과 마크 저커버그에 관한 결정판이지 싶다. 천재성과 무신경함, 혁신과 표절, 놀라운 성공과 배신의 이야기가 있는 그대로 펼쳐진다.

〈라이프와이어Lifewire〉

오늘날 페이스북이 이토록 엄청난 기업이 된 이유를 알고 싶다면, 이 회사의 리더가 어떤 생각을 하는지, 맹점은 무엇인지, 계획이 왜 자주 어긋나는지 알고 싶다면 이 책은 훌륭한 출발점이 될 것이다. 창업 이래 16년에 걸친 이 회사의 역사를 속속들이, 사실에 근거해 알고 싶은 사람 모두에게 적극 추천한다.

〈더버지The Verge〉

스티븐 레비는 기술 저널리즘을 창시한 구루다. 수십 년 동안 실리콘밸리를 취재하면서 쌓은 비판적 통찰력, 주요 인물과 접촉할 수 있는 역량 둘 다에서 따라올 만한 사람이 거의 없다. 그런 점에서 이 책은 블록버스터급이라 할 것이다. 세상을 바꿀 힘을 가진 젊은 회사의 거칠 것 없는 행보와 그로 인해 벌어진 중대한 결과를 날카롭게 꿰뚫는다.

브래드 스톤Brad Stone, 저널리스트, 《아마존, 세상의 모든 것을 팝니다》 저자

강력 추천한다. 내가 오랜 시간 동안 읽어온, 역사를 바꾸는 하이테크 거인에 대한 책 중에서 최고가 아닐까 싶다. 진심으로 일독을 권한다.

닐 커부토Neil Cavuto, 폭스뉴스 앵커, 평론가, 비즈니스 저널리스트

차례

1부   SNS 왕국의 탄생

1장 어린 컴퓨터광의 재능과 야망

식스디그리스, 여섯 다리만 건너면 모두 연결된다 57 게이머보다 제작자가 좋았던 어린 프로그래머 62 아우구스투스 황제를 사랑한 컴퓨터 너드 71 고교 졸업 작품 시냅스 75 다른 학생이 만든 원조 페이스북 77

2장 하버드의 말썽꾼 프로그래머

불경한, 또는 불량한 하버드 신입생 80 소셜 미디어의 급성장: 프렌드스터와 버디동물원 87 코스 매치 프로젝트가 가르쳐준 교훈 91 외모 평가 프로젝트 페이스매시로 파문을 일으키다 95 스터디 그룹을 빙자한 공짜 과외 프로그램 개발 102

2부 플랫폼 제국 건설하기

3부   메타버스를 향하여

17장 표현의 자유 대 검열

18장 진실성 회복하기

19장 넥스트 페이스북

"오늘부터 우리 회사는 이제 메타Meta가 되었음을 자랑스럽게 선포합니다."

발언자는 세계 최대 소셜 네트워크이자 (좋게든 나쁘게든) 세상을 말 그대로 변화시킨 회사 페이스북의 37세 창업자이자 최고경영자이자 위대한 통치자 마크 저커버그였다. 날짜는 2021년 10월 28일, 장소는 오큘러스 가상현실 플랫폼 개발자들의 페이스북 연례 회합인 커넥트Connect 콘퍼런스였다. 콘퍼런스는 가상현실에서 열렸다. 코로나 때문에 오프라인 행사를 열 수 없었기 때문이다.

하지만 다른 측면에서 보자면 물리적 장소가 없었다는 사실은, 언젠가 우리가 디지털 '메타스피어metasphere'의 근사한 아바타가 되어 즐기고 대화하고 상거래를 하리라는 저커버그의 믿음과 일맥상통했다. '메타스피어'라는 용어는 닐 스티븐슨Neal Stephenson이 1992년 출간한 디스토피아 소설 《스노 크래시Snow Crash》[한국어판: 《스노 크래시 1, 2》, 문학세계사, 2021]에서 차용했다.

이러한 구상을 실현할 기술은 아직 도입되지 않았으며 조만간 도입될 것 같지도 않다. 저커버그의 기조연설은 사전에 녹화된 것으로, 그가 상상하는 미래의 실시간 홀로그램 콘클라베Conclave(시스티나성당에서 열리는 교황 선출을 위한 전 세계 추기경 모임-옮긴이)에서 발표되는 선언이라기보다는 다큐멘터리 방식의 인포머셜informercial(정보성 광고)에 가까웠다. 하지만 미래에 대한 신념이 어찌나 확고한지 그는 세계에서 가장 값비싼 기업 중 하나의 명칭을 변경하면서 아직 입증되지 않은 기술과 비즈니스 모델을 전면에 내세웠다.

놀라운 조치였다. 본래 기숙사 방에서 뚝딱 만들어졌으나 이제는 수십억 명이 '페이스북'이라고 부르며 끊임없이 소비하는 실제 앱을 메타월드의 한 측면으로 격하했으니 말이다.

그는 거실(또는 거실처럼 보이는 공간)에서 말했다. "우리는 여전히 사람을 중심에 놓고 기술을 설계하는 기업입니다."(나도 그 거실에 있었는데 내부는 다소 평범했다.) "하지만 이제 우리에게는 새로운 북극성이 있습니다. 바로 메타버스metaverse를 현실로 만드는 것입니다. 우리에게는 새로운 이름이 있습니다. 우리가 하고 있는 일의 모든 범위와 우리가 앞으로 건설하고자 하는 미래가 반영된 이름입니다."

하지만 단지 저커버그의 열망과 비전이 이 변화를 자극했을까? 페이스북(또는 메타)을 비판하는 사람들은 다르게 이야기한다. 그들은 페이스북 브랜드의 돌이킬 수 없는 손상이 이 변화와 틀림없이 연관되어 있다고 믿는다.

실제로 행사 몇 주 전 수천 쪽의 내부 문서를 토대로 끔찍한 폭로가 쏟아져 나오면서 온 언론이 페이스북으로 도배되었다. 이미 2016년 미국 대통령 선거 이후로 언론은 페이스북을 점점 비판적으로 바라보고 있었다. 이 폭로들은 저커버그가 애초에 대학생 인맥 쌓기용으로 만든 앱이 민주주의의 걸림돌이 될 수 있음을 입증했다.

최근 폭로의 주인공은 페이스북 진실성integrity(무결성)팀의 전 제품 관리자였다. 구글, 옐프, 핀터레스트에서 잔뼈가 굵은 프랜시스 하우겐Frances Haugen(저커버그와 마찬가지로 1984년생이다)은 특히 거짓 정보 문제를 해결하기 위해 2019년 페이스북에 입사했다. 예전에 그녀의 한 친구가 소셜 미디어 때문에 급진주의에 빠졌다. 페이스북에서도 이런 일이 빈번하게 일어났다. 그녀는 경험 많은 엔지니어이자 제품관리자로서 자신이 이 문제 해결에 도움을 줄 수 있으리라 생각했다.

하지만 실상은 경악스러웠다. 페이스북은 해외에서 콘텐츠 감시가 시급함을 인식하지 못했다. 이는 그녀가 염두에 두었던 미국 내 상황보다 훨씬 심각했다. 해로운 게시물, 때로는 폭력을 조장하는 게시물이 번번이 감시망을 빠져나갔으며 때에 따라서는 발언자가 권력자라는 이유로 삭제를 면했다. 하우겐이 내게 말했다. "입사한 지 두 주도 지나지 않아 이런 생각이 들었어요. '맙소사. 내가 예상한 건 약과였어.' 그러다 2020년 어느 시점엔가 얼마나 많은 사람이 위험에 처해 있는지 어렴풋이 깨닫기 시작했어요."

페이스북의 행태에 거부감을 느낀 많은 직원과 마찬가지로 그녀 또한 사직했다. 하지만 남들과 '달리' 회사 내부 통신망을 뒤져 회사가 비행을 인지했음을 입증하는 문서들을 체계적으로 찾아냈다. 이 파일들을 통해 저커버그를 비롯한 페이스북 임원들이 문제에 적극적으로 대처하지 않았다는 사실이 속속 드러났다. 인스타그램 게시물이 십 대 소녀들의 우울증을 증가시키는가 하면 인도에서는 종교적 증오를 전파했다.

2021년 10월 《월스트리트저널》에서 처음 공개하고 (접근을 허용받은) 다수의 언론 매체에서 보도한 이 문서들은 크나큰 논란을 불러일으켰다. 하우겐은 의회와 외국에서 환대받으며 증언했다. 에드워드 마키 Edward Markey 상원의원은 모두의 의견을 대변해 하우겐을 "21세기 미국의 영웅"이라고 불렀다.

저커버그가 최근 의회에 출석했을 때와는 정반대였다(일곱 번째 출석이었는데 유쾌한 적은 한 번도 없었다). 의원들은 줌 화면에서 그를 향해 분노를 쏟아냈으며 '예, 아니요'로 답하라고 다그쳤다(성공하지는 못했다). 그들의 분노 뒤에는 페이스북을 규제하려는, 또는 독점금지법 위반을 처벌하려는 움직임이 도사리고 있었다.

실제로 2020년 12월 연방거래위원회와 46개 주 검찰총장들은 페이스북을 제소했다. 이 소송은 법원에서 기각되었다. 그러나 연방거래위원회는 2021년 8월 더 예리한 논거를 들어 다시 제소했다. 페이스북이 두 회사 인스타그램과 왓츠앱을 각각 2012년과 2014년에 인수해 시장에서 철수시킨 것이 불공정 경쟁에 해당한다는 것이 소송의 요지였다.

이 일은 빙산의 일각에 불과했다. 전 세계 입법과 규제 당국은 콘텐츠관리 실패, 방만한 프라이버시 관행, 사회 정의와 다양성을 해친 전과 등을 이유로 페이스북을 공격했다. '빅테크Big Tech'라 불리는, 업계를 장악한 네 거물 기술 기업(구글, 아마존, 애플, 페이스북)이 덩치가 너무 클 뿐 아니라 독점적이고 경쟁과 노동 원리를 거스르고 심지어 민주주의에 해롭기까지 하다는 공감대가 형성되었다.

이 4인방 중에서 가장 거센 비판을 받은 대상이 바로 페이스북과 그 수장이었다. 2021년 미국에서는 새 정부가 들어섰다. 페이스북 플랫폼에서 반대 목소리가 위세를 떨쳤지만 바이든은 기어이 대통령에 당선되었다(페이스북은 뒤늦게 반대 운동을 제지하려 했으나 역부족이었다). 바이든 대통령은 페이스북을 비롯한 빅테크에 공공연히 적대감을 드러낸 인사들을 연방거래위원회와 법무부 반독점 부서 수장으로 임명했다.

그런데 아이러니가 있다. 이 온갖 악재에도 페이스북의 재무 구조는 별 타격을 입지 않았다. 코로나 팬데믹으로 서비스 이용률이 증가한 데 힘입어 페이스북은 여전히 돈을 긁어모았다. 2020년 매출은 860억 달러, 이익은 330억 달러에 육박했다. 2021년 초여름 페이스북의 시가 총액은 마침내 1조 달러에 도달했다. 마크 저커버그의 개인 재산은 900억 달러를 웃돌았고 그는 세계 최고 부호 중 하나가 되었다.

페이스북이 이용자와 사회 일반을 보호하는 데 실패했다는 비판에 직면하자 저커버그가 대담하게 주제를 바꿀 수 있었던 것은 이처럼 어마어마한 부 덕분이었는지 모른다. 하우겐이 인기 TV 프로그램 〈60분60 Minutes〉에 출연한 날 저커버그는 가족들과 샌프란시스코만에서 요트 여행을 하는 동영상을 올렸다.

그리고 얼마 후 그는 커넥트 컨퍼런스에서 페이스북이 이제 메타가 되었음을 전 세계에 선포했다.

* * *

메타버스 속 내 자리에서 메타 행사를 관람하고 있자니 복잡한 감정이 들었다. 어쨌거나 나는 제목에 '페이스북'이라는 낱말이 들어 있는 책의 저자다. 나는 수백 명을 인터뷰하면서 이 회사가 연대기적으로 세상과 어떻게 연결되었는지, 그때 무슨 일이 일어났는지를 낱낱이 서술했다. 저커버그와는 아홉 차례나 대담하면서 그의 머릿속을 누구보다 샅샅이 들여다볼 수 있었다. 저커버그가 이야기 방향을 바꾼 탓에 활기 넘치는 페이스북 이야기는 맥이 빠지고 만 걸까?

아니다. 사실은 정반대다. 저커버그와 메타가 현실 자체를 새롭게 상상하고자 시도하는 지금, 한때 페이스북으로 알려진 이 회사를 이해하는 일은 어느 때보다 중요하다.

페이스북의 최근 문제들은 모두 이 책에 서술된 역사에 뿌리를 둔다. 저커버그의 대담성. 수수한 공책에 구상한 대로 회사가 처음 출범했을 때 그가 품은 꿈. 집요한 성장 추구. 플랫폼을 구축하면서 이용자 프라이버시를 둘러싸고 저지른 타협. 콘텐츠를 모니터링할 역량을 갖추기 전에 전 세계로 진출한 무분별함. 선거와 갖은 거짓 정보 캠페인에 자사가 동원되고 있음을 발견했을 때 페이스북이 내린 정치적 선택. 거기다 인스타그램과 왓츠앱 같은 잠재 경쟁자들에 대한 가차 없는 인수까지.

그런 까닭에 페이스북을 조사하는 규제와 입법 당국에서 이 책을 꼼꼼이 들여다보았다고 한다.

이 책에서 만날 페이스북 직원의 상당수는 이미 회사를 떠난 상태여서 퇴직 이후에 나와 인터뷰했다. 그 뒤로 또 몇몇이 더 퇴사했다. 최고기술책임자 마이크 슈레퍼는 2021년 10월 퇴사를 발표했다. 페이스북 암호화폐 사업(이 사업은 현재 앞날이 불투명하다)을 지휘한 데이비드 마커스는 2021년 12월 사직을 선언했다. 하지만 페이스북은 여전히 헌신적인 저커버그 핵심 충성파 손에 운영되고 있다. 크리스 콕스와 앤드루 '보즈' 보즈워스는 메타의 두 기둥인 소셜 미디어 부문과 '현실reality' 부문을 각각 이끌고 있다.

셰릴 샌드버그는 내가 이 원고를 쓰는 지금 아직 페이스북에 남아 있다. 하지만 많은 이들이 그녀가 회사를 옹호할 것이라 예상한 중대 시기에 그녀는 세간의 이목을 피했다. 어떤 사람들은 저커버그가 다른 현실로 이동을 공고히 할 때쯤 그녀가 또 다른 모험을 찾아 떠날지 모른다고 추측한다.

마크 저커버그는 어떨까? 그는 아무 데도 가지 않는다(메타버스 속으로 들어가는 것을 논외로 한다면). 이 책에서 알 수 있듯 저커버그는 완고하고 끈질긴 리더이며 경쟁심이 무척 강한 사람이다. 반독점 조사조차 그의 질주를 막지 못한다. 대규모 인수가 사실상 금지된 상황에서 남들이 페이스북의 비즈니스를 위협하는 아이디어를 내놓을 때 그는 으레 써먹던 대처법을 실행하고 있다. 바로 경쟁자 베끼기다.

2020년 출시된 클럽하우스Clubhouse라는 앱이 즉석 음성 채팅방으로 인기를 얻자 저커버그는 재빨리 페이스북 아류를 내놓아 대응했다. 하지만 페이스북의 가장 큰 위협은 2016년 첫선을 보인 틱톡TikTok이었다. 중국에서 만들어진 이 소셜 동영상 공유 앱은 이용자 수가 10억 명 이상으로 급등했으며 저커버그의 손에 있는 어떤 서비스보다 젊은이들에게 인기를 끌고 있다. 페이스북은 이것 역시 모방했다. 틱톡을 노골적으로 베낀 릴스Reels라는 제품을 2019년 인스타그램 안에 구현했다.

그렇다면 저커버그가 회사 이름을 메타로 바꾸고 메타버스 기업으로 다시 포지셔닝한 일은 어떨까? 애초 웹 서비스에 맞춰 구축되었던 페이스북은 모바일 전환이라는 갑작스러운 글로벌 기술 패러다임 변화에 불시의 습격을 받고 한때 절체절명의 위기에 빠진 적이 있었다. 현재의 대응은 바로 그 경험에서 나온 것이다.

이 책에서 알 수 있듯 페이스북은 애플과 구글에 도전하려고 자체 스마트폰 제작까지 시도했다. 페이스북은 당시 우여곡절 끝에 모바일 세상을 장악하는 데 성공하긴 했다. 그러나 저커버그는 다음번 전환이 일어날 때는 반드시 페이스북이 변화를 주도하겠노라 다짐했다.

2014년 오큘러스라는 가상현실 회사를 뜬금없이 사들인 것은 이 때문이다. 신규 인수는 페이스북의 수익에 거의 도움이 되지 않았다. 또한 저커버그는 오큘러스의 창업자들을 쫓아냈다. 하지만 페이스북 최고경영자는 그 구상에 대한 열정을 결코 잃지 않았다.

이 책을 쓰려고 자료 조사를 하면서 페이스북의 멘로파크 캠퍼스에서 저커버그와 여러 번 마주쳤다. 그때마다 그가 가장 열광하던 주제는 오큘러스나 페이스북 가상현실 연구소에서 이루어진 신기능 개발이었다.

저커버그는 이제 증강현실과 가상현실이 회사의 북극성이 되리라 낙관적으로 전망한다. 그렇지만 페이스북의 전체 모자이크는 훨씬 촘촘하며 저커버그가 인정하고 싶어 하지 않는 심란한 조각들로 가득하다.

나는 이 책에서 그 조각들을 표현해내면서 세계에서 가장 중요한 기업 중 하나를 온전히 묘사하려고 최선을 다했다. 그 기업의 이름은 페이스북이다. 마크 저커버그가 자신의 회사를 뭐라고 부르고 싶어 하든 이 사실만은 변함없다.

2021년 12월 1일
스티븐 레비

프롤로그

마크 저커버그의 위대한 성공 스토리

"안녕, 마크라고 해요!"

소개는 생략하자. 마크 저커버그는 세상에서 가장 유명한 얼굴 중 하나이니까. 그는 세계 최대의 소셜 네트워크, 아니 종류를 막론하고 세계 최대의 인간 네트워크인 페이스북의 최고경영자다. 페이스북은 2016년 현재 회원 수가 20억 명에 육박하며 그중 절반 이상이 매일 로그인한다. 페이스북은 저커버그를 2016년 기준으로 세계 6위의 갑부로 만들어주었다. 페이스북을 하도 어린 나이에(열아홉 살에 하버드대학교 기숙사에서) 창업했기에, 그는 젊고 내세울 것 없는 사람들도 첨단 기술을 통해 어마어마한 기회를 거머쥘 수 있음을 보여주는 대표적 상징이 되었다.

그는 유명하다는 말로는 부족하다. 그런 그가 '여기'에 있다.

여기는 나이지리아 최대 도시 라고스다.

혹시나 그의 정체가 의심스러운 사람들을 위해 밝혀두자면, 갈색 머리에 순진한 미소를 짓고 눈 깜박이는 걸 싫어하는 것처럼 보이는 이 유쾌한 청년의 옷차림은······ 정확히 마크 저커버그를 빼닮았다! 컴퓨터 천재 프롤레타리아의 상징이자 그의 '시그너처' 복장인 티셔츠는 실은 브루넬로 쿠치넬리 제품이다(한 벌에 325달러로, 매일 옷 고르느라 골머리 썩일 필요 없도록 옷장에 이 티셔츠를 가득 채워놓았다). 거기에 청바지와 나이키 운동화까지. 페이스북 창업자이자 최고경영자가 입고 다니는 바로 그 차림이다. 색다른 점은 그가 이 대륙, 이 나라, 이 도시의 이 사무실에 걸어 들어올 거라고 아무도 예상하지 못했다는 것이다.

나이지리아 라고스의 코크리에이션 허브Co-Creation Hub, CcHUB 6층, 다락방처럼 생긴 사무실에는 기술 기업을 창업해 성공하겠다는 야무진 꿈을 이루기 위해 분투하는 청년 창업가들이 모여 있다. 2016년 8월 30일 그들은 페이스북에서 운영하는 기술 스타트업 교육 과정을 시작하기에 앞서 임원 한 사람이 방문한다는 말을 들었을 뿐이었다. 그들은 미지의 손님이 저커버그의 보좌역 중 하나인 이메 아치봉Ime Archibong일 거라 예상했다. 나이지리아 이민자의 아들로 노스캐롤라이나에서 자란 아치봉은 전에도 부모의 나라를 방문한 적이 있었으니까. 저커버그 본인이 나타난다는 것은 상상할 수 없는 일이었다.

사실 페이스북이 이번 방문에 CIA(미국중앙정보국) 수준의 철통 보안을 유지한 것은 안전상의 우려 때문이었지만, 그의 등장이 가져다줄 놀라움과 즐거움을 극대화하기 위해서이기도 했다. 하긴 저커버그는 한 번도 아프리카 대륙에 발을 디딘 적이 없었으니 방문할 때가 되긴 했다. 나이지리아 방문에 앞서 저커버그는 친구인 스포티파이Spotify 최고경영자 다니엘 에크Daniel Ek의 결혼식에 참석하려고 아내와 이탈리아에 갔다. 코모호Lake Como에서 열린 예식이 끝난 뒤 저커버그와 그의 수행단은 로마에서 이탈리아 총리와 교황을 만났다. 며칠 뒤 라고스의 공항에

도착한 그는 곧장 이 도시의 활기찬 야바Yaba 지역과 코크리에이션 허브를 찾아갔다.

라고스의 스타트업 문화는 성공만이 아니라 생존까지 위협하는 어마어마한 장애물 앞에서 천하태평 낙천주의와 교수대 유머 사이를 왔다 갔다 한다. 하지만 바로 이들, 꿈을 좇는 너드nerd들이야말로 저커버그가 만나고 싶어 한 사람들이다. 그가 캘리포니아 멘로파크에 지은 거대한 페이스북 본사 건물에는 기술 프로파간다propaganda(선전) 포스터들이 엄청난 색종이가 흩날리듯 벽을 장식하고 있는데, 그중에 "너드가 되라 BE THE NERD"라는 문구를 수십 개나 볼 수 있다. 그렇기에 저커버그는 여느 기술 분야 거물들이 아프리카에서 첫 프로젝트로 자선 사업을 선택하는 것과 달리 외딴 마을의 영양실조 걸린 아기를 안아주는 일에 시간을 할애할 생각이 없다. 그가 만나고 싶은 사람은 소프트웨어 업계에서 분투하는 이들이다.

청년 기술 창업가들은 잠시 그 자리에 얼어붙는다. 눈앞에 보이는 형상이 허깨비나 짓궂은 장난이라고 의심하는 듯하다. 그러다 이것이 꿈이 아니라 생시임을 확인하자 기쁨의 함성을 지르며 자신들의 VIP 방문객 주위로 일제히 달려든다. 그러고는 그의 손을 부여잡고, 함께 셀카를 찍고, 허둥지둥 자신들의 사업을 홍보한다.

저커버그는 끈기 있게 그들을 상대하며, 미소를 머금은 채 한 사람 한 사람 눈을 들여다본다. 살짝 지나치게 오래 쳐다보는지도 모르겠지만. 그는 행복한 것이 틀림없다. 더 많은 창업가들과 이야기를 나누려고 계단을 내려가면서 그가 내게 말한다. "이들이야말로 내 사람들이죠."

그렇다. 나는 마크 저커버그의 이번 방문 일정을 따라다니는 중이다. 페이스북의 탄생과 성장을 다룬 책을 쓰고 있다고 처음으로 그에게 알려준다.

'서머 오브 코드Summer of Code'라는 프로그램이 진행 중인 1층에서는 5~13세 아이들이 컴퓨터를 배우고 있다. 그가 PC(개인용 컴퓨터) 한 대를 함께 쓰는 두 아이에게 다가간다. 일고여덟 살쯤 되어 보인다. 그가 허리를 숙여 깜박이는 점들이 일정한 대형을 이뤄 움직이는 화면을 바라보며 묻는다. "뭐 만들었는지 말해줄래?"

한 아이가 말한다. "게임요."

평상시에도 커다란 저커버그의 눈이 대형 박제 동물의 플라스틱 눈알만큼 커진다. "나도 저 나이에 저런 걸 하고 있었는데!"

그가 묻는다. "어떻게 만들었는지 알려주겠니?"

아이들과 기술 상담("코드 좀 볼 수 있을까?")을 좀 더 진행한 뒤 그가 다음 목적지를 향해 출발한다. 그곳은 중앙아프리카 엔지니어들이 대기업에 취업해 기술 업무를 맡을 수 있도록 훈련하는 스타트업이다. 저커버그는 자신의 재단을 통해 이 사업을 후원했는데, 소유한 페이스북 주식 중 99퍼센트를 이 재단에 기부할 계획이다. 라고스를 방문하는 재계 인사들은 야바 같은 지역을 도보로 다니는 일이 드물지만 저커버그는 길거리를 걷고 싶어 한다. 인도는 인파로 북적거리고 흙바닥과 콘크리트가 여기저기 파여 물웅덩이가 생겨나 있다. 자동차와 오토바이가 붕붕거리며 지나간다. 저커버그는 판잣집과 가게 앞에 있는 사람들이 영문을 알기 전에 지나치려고 발을 재게 놀린다. 아이 하나가 일행 앞에 튀어나와 셀카를 찍는다. 저커버그는 의식하지 못한 채 수행단 선두에서 아치봉과 담소를 나누고 있다.

그의 전속 사진사가 이 장면을 찍는다(그는 《뉴스위크》 사진 기자 출신으로 여러 대통령의 순방에 동행한 경력이 있다). 이 사진들이 인터넷에서 화제가 되면서 저커버그는 나이지리아 사람들 사이로 두 블록을 걸어갔다는 이유로 이 나라에서 사랑받는 인물이 된다.(현지 엔지니어 한 사람은 처음에 사진을 보고서 이렇게 말했다. "포토샵 좀 했네!") 이튿날에도 그가 다리를 달려서 건너는 장면이 소셜 미디어에 소개되면서 이 억만장자는 소탈한 이미지를 굳히게 된다.

아프리카 첫날 일정의 마지막 목적지는 분주한 교차로 앞 작은 가게다. 페이스북이 후원하는 '익스프레스 와이파이Express Wi-Fi'의 소규모 제휴 업체 중 하나다. 익스프레스 와이파이는 현지인들이 소액의 이용료를 내고 가게나 회사의 무선 인터넷을 쓸 수 있게 해주는 프로그램이다. 스포츠 토토 판매점을 겸하는 이 가게의 주인은 로즈메리 은조쿠Rosemary Njoku로 검은색 점무늬 원피스에 스카프 차림이다. 그녀 곁에 있는 친구는 긴 노란색 날염 치마를 입었다.

'다음 수십억 명' 즉 저개발 지역에 살거나 인터넷 요금을 감당할 수 없는 사람들에게 인터넷 접속을 제공하는 일은 저커버그가 지난 몇 년간 열렬히 추구한 목표다. 그는 세계 인터넷 보급 사업을 위해 자동 항법 드론 같은 신기한 기술부터 페이스북을 비롯한 몇몇 인기 앱에만 무료 접속을 허용해 논란이 된 계획까지 다양한 방법을 동원했다. 소박하지만 유망한 계획인 익스프레스 와이파이 역시 '인터넷닷오그Internet.org'라고 부르는 이 원대한 사업 구상을 실현하기 위한 한 가지 방법이다.

가게 뒤쪽의 좁은 구석에서 여인들이 저커버그를 맞이한다. 실내는 무척 후덥지근하며 세 사람이 대화하기에 빠듯할 정도로 옹색하다. 저커버그가 땀자국 난 티셔츠 차림으로 은조쿠에게 묻는다.

세계 6위의 갑부가 세계 최빈국 중 하나의 길모퉁이 작은 가게 주인에게 던지는 질문은 이것이다. "나를 도와주었으면 좋겠어요. 이 서비스가 당신에게 더 유익하도록 하고 싶은데 어떤 조언을 해줄 수 있나요?"

은조쿠는 질문을 받고서 잠시 당황하지만 금세 정신을 차린다. "미터가 더 있었으면 좋겠어요." 저커버그가 어리둥절한 표정으로 바라보자 그녀가 말한다. "와이파이 미터가 더 필요해요. 더 넓은 지역, 더 많은 사람에게 도달할 수 있게요."

저커버그는 잠시 생각에 잠기더니 필요한 게 또 있느냐고 묻는다. 그녀가 말한다. "해시태그요. 와이파이가 작동 중이라는 걸 사람들이 알 수 있게 #itsup 해시태그를 달면 좋겠어요."

저커버그가 밝아진 얼굴로 말한다. "그건 우리가 해줄 수 있어요. 하지만 첫 번째 건은 꽤 까다로워요." 그가 기술적 원리를 몇 가지 설명하자 그녀는 금세 듣는 둥 마는 둥 한다.

이튿날 저커버그는 현지 소프트웨어 개발자들을 대상으로 한 타운 홀 미팅(지역 주민 초청 공개 회의)에 참석한다. 강연이나 기자들과 하는 성가신 간담회식 인터뷰보다 이 방식을 훨씬 좋아한다. 그는 페이스북에서 인공위성을 제작했으며 이 인공위성으로 나이지리아를 비롯해 인터넷이 없는 아프리카 여러 지역에 인터넷 접속을 확대할 것이라고 청중에게 자랑스럽게 공표한다. 인공위성을 실은 스페이스엑스SpaceX 로켓 우주선이 발사대에 올라가 있으니 금방 결과가 나올 거라 말한다. 스페이스엑스는 일론 머스크Elon Musk가 세운 기업이다.

사회자가 미리 준비한 질문 하나를 던진다. 소프트웨어 개발이라는 명료한 분야에서 기업 경영이라는 모호한 분야로 옮겨가는 일이 얼마나 쉬웠는지(또는 어려웠는지) 묻는다. "코딩만 하던 시절이 그립진 않나요?"

그가 말한다. "여러분처럼 나도 엔지니어입니다. 내게 엔지니어링은 두 가지 실질적 원칙으로 귀결됩니다. 첫째는 모든 문제를 시스템으로 간주한다는 겁니다. 모든 시스템은 개선될 수 있습니다. 시스템이란 건 아무리 좋든 나쁘든 더 낫게 만들 수 있어요. 코드를 짜거나 하드웨어를 제작하거나 해서요. 여러분의 시스템이 기업이더라도 그건 마찬가지입니다."

그는 페이스북이 비즈니스와 문화의 문제를 공략하는 방식이 프로그래머가 문제를 해결하는 방식과 같다고 말한다. "기업 경영은 코드 작성과 별반 다르지 않습니다. 다양한 함수function와 서브루틴subroutine을 작성하는 거죠. …… 나는 이런 엔지니어링 마인드셋mindset에 정말로 근본적인 요소가 있다고 생각합니다."

그날 저커버그는 놀리우드Nollywood(나이지리아 영화 산업을 일컫는 표현-옮긴이)의 한 영화사를 방문한다. 배우, 디제이, 뮤지션, 코미디언 등 나이지리아 엔터테인먼트 업계의 유명 인사들이 그를 만나려고 모여 있다. 시설을 둘러보고 사람들을 만나면서 저커버그는 자신이 요즘 몰두하는 주제에 대해 질문을 던진다. 창작자들과 유명인들이 페이스북과 인스타그램 중에서 어느 쪽을 더 좋아하는가 하는 질문이다(저커버그는 2012년에 모바일 사진 공유 사이트 인스타그램을 인수했는데 2016년 당시 여전히 창업자들에게 경영권을 맡겨두고 있었다). 그들은 모두 페이스북보다 인스타그램을 더 좋아한다고 말한다. 그가 시큰둥하게 대꾸한다. "하지만 페이스북이 더 크다고요."

그에게 비공식 질문을 던지기 위해 모두가 한 방에 모였을 때 인스타그램 스타 한 사람이 페이스북 창업 과정을 다룬 2010년 영화 〈소셜 네트워크The Social Network〉를 입에 올린다. 영화에서 저커버그는 하버드의 근사한 이팅 클럽eating club(저녁 식사 모임과 토론 등을 하는 회원제 사교 클럽-옮긴이)에 가입하지 못하고 여자들에게 퇴짜를 맞아서 회사를 설립하는 음흉한 자폐증 천재idiot savant로 묘사된다. 그러니 그가 달가워할 만한 주제는 아니다. 설상가상으로 질문자는 정말로 여자한테 차여서 페이스북을 설립했느냐고 묻는다.

그가 멋쩍게 미소 지으며 말한다. "아내가 영화의 그 대목을 싫어합니다. 사실 우리는 그때 이미 교제하고 있었어요. 그래서 내가 여자를 사귀려고 페이스북을 설립했다는 말을 들으면 아내는 화를 냅니다. 사실도 아니고요."

나흘째, 나이지리아에서 보내는 마지막 밤에 저커버그는 자신의 호텔 방에서 일행 몇 명과 한잔하자며 나를 초대한다. 방문단은 라고스를 떠나 나이지리아 수도 아부자에 있는 요새화된 호텔 단지로 숙소를 옮긴 뒤였다. 저커버그는 출국 전에 대통령을 만날 예정이다. 젊은 최고경영자 저커버그는 수많은 세계 정상을 만나기 때문에 사람들은 그의 행보를 곧잘 페이스북의 "외교 정책"이라고 부른다. 정상들이 그를 동료로 대접하는 건 전 세계 수많은 페이스북 가입자 덕분에 많은 나라에서 상당한 정치적 영향력을 가지고 있기 때문이다.

전날 일정은 새벽 4시까지 이어진 강행군이었다. 그는 전용기로 케냐에 가서 2시간 동안 사파리를 관람하고 기업인들을 만나고 관료들과 오찬을 했으며 오후 늦게 수행단과 함께 비행기를 타고 돌아왔다.

스페이스엑스 로켓, 그가 고난의 대륙을 구원할 인터넷 보급 수단으로 의기양양하게 홍보한 인공위성을 실은 바로 그 로켓이 발사 예정일 전날 발사대에서 폭발했다는 소식을 저커버그가 들은 것은 그때였다. 페이스북의 인공위성은 시간을 절약하려고 점검 단계에서 이미 로켓에 장착되어 있었기에 화재로 소실되고 말았다.

저커버그는 머스크에게 격분했다.(페이스북의 사훈인 "빨리 움직여서 파괴하라"는 우주선 발사에는 적용되지 않는 듯하다.) 그는 분통을 터뜨릴 자연스러운 배출구를 찾았는데, 바로 자기 손으로 만들어 적잖은 인류에게 보급한 매체인 페이스북이었다. 그는 홍보 담당자들의 만류에도 분노의 포스팅을 올렸으며, 그가 쓴 글은 1억 1800만 팔로어 중 상당수의 뉴스피드에 올라갔다.

> 지금 아프리카에 있는데, 스페이스엑스의 발사 실패로 이 대륙의 수많은 사업가를 비롯해 모든 사람에게 인터넷 접속을 제공할 우리 인공위성이 망가졌다는 소식을 들으니 너무 실망스럽다.

하지만 그날 저녁 호텔 방에서 저커버그는 쾌활하다. 그는 잘 아는 사람들에게 둘러싸여 있을 때 훨씬 여유롭고 명랑하다. 테이블에는 현지 음식이 푸짐하게 차려져 있다. 그가 나이지리아 캔 맥주를 쭉 들이켠다. 아치봉과 페이스북 사진사에게 짓궂게 장난을 치기도 한다. 하지만 머스크의 이름이 거론되자 1초간 침묵한다. 아니, 1초가 아니라 1분에 더 가깝다.

그가 말한다. "슬픔의 다섯 단계를 거친 것 같아요." 다시 침묵. "음, 수용은 아니었는지 모르겠네요." 머스크에게 연락했느냐고 내가 묻는다. 그러자 또 다른 침묵이, 이번에는 좀 더 길고 우울하게 이어진다. 마침내 그가 말한다. "아니요."('슬픔의 다섯 단계'는 심리학자 엘리자베스 퀴블러-로스가 제시한 이론으로 '부정-분노-타협-우울-수용'이다-옮긴이)

대화 주제가 오늘 일정으로 돌아오자 그의 얼굴이 밝아진다. 나는 페이스북과 엔지니어링 마인드셋에 대한 그의 발언에 대해 묻는다. 그는 사물을 엔지니어링의 렌즈로 보는 자신의 성향이 어떻게 해서 페이스북 사업 방식의 핵심이 되었는지 열심히 설명한다. "중요한 건 어린 나이에 무언가를 보면서 이런 느낌을 받았다는 거예요. '이걸 개선할 수 있겠어. 이 시스템을 분해해 더 낫게 만들 수 있을 것 같아.' 어릴 때 이런 생각을 한 기억이 나요. 나이를 더 먹고 나서야 모든 사람이 이렇게 생각하진 않는다는 걸 깨달았지만요. 나는 이거야말로 엔지니어링 마인드셋이라고 생각해요. 마인드셋이라기보다는 밸류셋value set(가치 집합)이라고 하는 게 옳을지 모르겠네요."

저커버그는 공유의 신봉자로, 사람들이 경험을 서로 공유하면 세상이 더 나아질 거라고 입버릇처럼 말한다. 지금까지 세상은 그의 철학을 두 팔 벌려 받아들였으며, 페이스북의 어마어마한 가입자 수, 사람들을 이어주는 능력, 심지어 중요한 문제를 풀뿌리 방식으로 해결하도록 해주는 잠재력을 거론하며 페이스북을 찬미했다. 페이스북은 아랍의 봄 해방 운동을 이끌었다고 평가받는다. 운동가와 규제 당국의 지속적인 비판에도 불구하고 프라이버시 문제는 페이스북의 서사에 흠집을 내지 못했다. 영화 〈소셜 네트워크〉에서 부정적으로 묘사되기는 했지만, 저커버그에 대한 일반적 인식은 과감하고 평등주의적인 창업자라는 것이다. 그는 기분 전환 삼아 길거리를 달리기 좋아하며, 그곳이 라고스이든 스모그 자욱한 베이징 천안문광장이든 개의치 않는다.

그가 말한다. "내가 기쁜 이유 중 하나는 이번 여행에서 진짜 사람들과 이야기를 나눌 수 있었다는 거예요. 로마에 가서 교황과 총리를 만나 환담하기는 했지만, 물론 그들도 사람이고, 대단한 사람이지만, 여기서 많은 개발자와 엔지니어와 이야기를 나눈 게 내겐 기쁜 일이에요."

그는 나이지리아를 좋아했고 나이지리아는 그를 좋아했다. 나이지리아 대통령은 저커버그에게 이렇게 말했다.

우리 문화에서는 성공한 사람들이 당신처럼 행동하는 데 익숙하지 않습니다. 성공한 사람들이 길거리에서 조깅하고 땀 흘리는 광경에 익숙하지 않아요. 성공한 사람들이 에어컨 돌아가는 방에 있는 광경에 더 익숙하죠. 당신이 부유하면서 늘 나눠줄 만큼 소박해 기쁩니다.

누군가는 나이지리아 방문이 저커버그의 절정기였다고 생각할지 모른다. 그에게 이보다 좋은 삶이 있을 수 있을까? 그는 어떤 인간도, 심지어 그가 존경한 로마 황제들조차 해보지 못한 방식으로 세계를 연결해가고 있었다. 그가 기숙사에서 설립한 회사는 돈을 찍어내고 있었다. 그는 다른 어디에서도 일해본 적이 없었지만 현재 세계에서 가장 가치 있는 기업 중 하나에 대해 절대적 의결권을 가지고 있다. 그의 얼굴은 잡지 표지에 수없이 실렸다. 2010년《타임》올해의 인물에 선정됐다. 2016년 초《포춘》여론 조사에서는 '기술 분야에서 가장 인기 있는 최고경영자'로 꼽혔다.[1] 그는 행복한 결혼을 했으며, 가슴 아프게도 잇따라 유산을 겪은 뒤에(그는 유산 소식을 페이스북에 공유했다) 사랑스러운 딸을 얻었다. 심지어 텁수룩한 흰 털이 레게 머리처럼 꼬인 헝가리산 양치기개인 그의 반려견마저 팬클럽이 있었다.

문제에 관해서라면, 일론 머스크가 폭파한 인공위성과 인터넷닷오그에 대한 우려는 극복 못 할 어려움은 아니었다. 한마디로 페이스북은 미국의 위대한 성공 스토리에서 당당히 한 자리를 차지했다. 마크 저커버그의 세상은 완벽해 보였다.

잘못될 일이 뭐가 있겠는가?

가장 사랑받는 기업에서 가장 사악한 기업으로 추락하다

마크 저커버그가 나이지리아에서 돌아온 지 두 달이 채 지나지 않아 도널드 트럼프가 미국 대통령으로 당선되었다. 상대 후보인 힐러리 로댐 클린턴을 지지한 수많은 사람에게는 충격적인 결과였다.

페이스북이 맞이한 것은 충격만이 아니었다. 캘리포니아 멘로파크에 자리한 확장 일로의 페이스북 본사가 거대한 집단 손가락질의 표적이 된 것이다. 승자를 가리키는 《뉴욕타임스》의 바늘이 힐러리 클린턴 쪽에서 도널드 트럼프 쪽으로 넘어간 순간, 정치 평론가들은 불가능해 보이는 결과의 원인으로 "페이스북 효과"를 지목했다. 선거를 앞둔 몇 주 동안 이른바 '가짜뉴스' 또는 거짓 정보가 페이스북 알고리즘을 통해 고의로 전파되고, 수많은 이용자의 주된 뉴스 공급원이 된 페이스북 뉴스피드에서 널리 유통되고 있다는 보도가 쏟아졌다. 거짓 이야기들 또는 사소한 실수를 사악한 음모의 서사로 둔갑시킨 과장들은 압도적으로 민주당 대선 후보 힐러리 클린턴을 겨냥한 것처럼 보였다.

그럼에도 페이스북에서는 소통과 정책 업무를 위해 고용된 많은 전직 공화당 당직자를 비롯해 거의 누구도 트럼프의 당선 가능성을 믿지 않았다. 록스타에 버금가는 페이스북 최고운영책임자COO 셰릴 샌드버그Sheryl Sandberg는 골수 힐러리 클린턴 지지자였는데, 그날 밤 딸을 재우면서 내일 일어나면 미국 최초의 여성 대통령이 당선 수락 연설을 하는 역사적 장면을 보게 될 거라고 장담했다. 딸은 그날 밤 단잠을 잤다. 샌드버그는 이 이야기를 할 때면 아직도 목이 멘다.

이튿날 페이스북 본사에서 사람들은 망연자실했다.[2] 전 직원 회의에서 참석자들은 눈물을 쏟았다. 단상에서는 페이스북이 선거 결과에 영향을 미쳤는지, 미쳤다면 얼마나 미쳤는지를 논의하기 위해 내부 토론회가 꾸려졌다. 하지만 사건 직후에만 해도 페이스북이 이 결과에 '책임'이 있다는 발상은 터무니없어 보였다.

선거 이틀 뒤 마크 저커버그는 페이스북 본사에서 서쪽으로 25킬로미터 떨어진 도시 하프문베이에서 열린 콘퍼런스에 모습을 드러냈다. 6년 전 페이스북에 대한 책을 출간했으며 저술가에서 콘퍼런스 주최자로 변신한 데이비드 커크패트릭David Kirkpatrick과 간담회식 인터뷰를 할 예정이었다. 페이스북 이용자의 개인 맞춤형 뉴스피드를 통해 유통된 거짓 정보가 도널드 트럼프에게 유리하게 작용했으리라는 비난에 대해 커크패트릭이 저커버그에게 질문한 것은 당연했다.

저커버그는 비난을 일축하며 말했다. "이번 선거를 둘러싸고 사람들이 하는 이야기 중 몇 가지를 나도 봤습니다. 페이스북에 올라온 가짜뉴스가, 전체 콘텐츠의 극소수에 불과한 가짜뉴스가 선거에 어떤 식으로든 영향을 미쳤다는 건 개인적으로 정신 나간 발상이라고 생각합니다."[3]

나는 콘퍼런스가 열리는 호텔 연회장에 앉아 있있는데, 저커버그의 발언이 엄청난 실수라는 생각은 들지 않았다. "정신 나간 발상"이라는 문구는 더 길고 신중한 답변 중 일부였으며 커크패트릭도 이의를 제기하지 않았다. 게다가 페이스북에서 일어난 일들이 2016년 선거에 유의미한 변화를 일으켰는지는 아직까지 불확실하다.

하지만 사람들이 페이스북과 그 운영 방식에 대해 알게 되면서 그 뒤로 2년간 선거뿐 아니라 정치 일반에서, 더 나아가 '세계'에서 페이스북이 어떤 역할을 하는지에 대해 심각한 우려가 제기되었다. 사람들은 "정신 나간 발상" 발언을 거듭거듭 거론하면서, 자기 회사가 어떤 피해를 입히고 있는지에 대해 저커버그가 무지하다고 또는 거짓말을 한다고 주장했다. 몇 달간 비판이 쏟아지자 저커버그는 결국 발언에 대해 사과했다.

이건 약과였다.

선거가 페이스북에 전환점이 되긴 했지만 많은 사람은 이것이 뒤늦은 조치였다고 말할 것이다. 비판자들이 보기에, 페이스북이 자신들의 가장 귀중한 성취라고 자부한 것들은 알고 보니 함정이었다. 한때 세계를 변화시킬 원동력으로 평가받은 거대한 이용자 저변은 이제 과도한 권력을 경고하는 근거가 되었다. 발언권이 없는 사람들에게 발언권을 부여하는 능력은 귀청이 떨어질 듯한 음향 시스템을 증오 집단에 부여하는 수단으로 치부되었다. 정치적 해방 운동을 조직하는 능력은 이제 압제자의 효과적인 무기가 되었다. 미소를 자아내는 밈meme을 퍼뜨려 우리에게 즐거움과 활력을 선사하던 유머러스한 분석 방법은 거짓 정보를 증폭하는 알고리즘이라며 손가락질당했다.

이듬해에 페이스북의 명성은 땅에 떨어졌다.

"페이스북은 인종주의적이다" "페이스북은 집단 학살을 부추긴다" "페이스북은 분노 유발 장치다" "페이스북이 우리의 주의력을 망가뜨린다" "페이스북이 뉴스 업계를 고사시킨다" 등 갖은 비난이 쏟아졌다.

그러다 2018년에 둑이 터졌다. 케임브리지 애널리티카Cambridge Analytica라는 회사가 페이스북으로부터 8700만 건에 달하는 개인 정보를 넘겨받아 거짓 정보에 취약한 유권자를 타기팅하는 데 이용했다는 뉴스가 보도된 것이다. 페이스북은 가장 존경받는 기업에서 가장 욕먹는 기업으로 급전직하했다.

세 대륙에서 페이스북에 대한 정부 조사가 실시되었으며, 페이스북의 지연 전술이나 노골적 비협조에 대한 적대감이 갈수록 커졌다. 전 세계 탐사 기자들이 페이스북에 눈독을 들였으며 하루가 멀다 하고 페이스북의 부정행위 사례가 폭로되었다. 2011년 미국 연방거래위원회Federal Trade Commission, FTC에서 막대한 벌금을 부과하고 동의 판결Consent Decree을 내린 계기가 되었던 프라이버시 침해 우려가 재연될 조짐을 보였다. 페이스북은 판결을 어길 경우 무려 50억 달러의 벌금을 물어야 한다. 의회와 TV 토크 쇼에서는 페이스북이 유독한 주의력 흡수제라며 비난을 퍼부었다. 설상가상으로 페이스북과 자회사 왓츠앱WhatsApp에서 유포된 국제적 거짓 정보가 미얀마를 비롯한 여러 지역에서 집단 학살을 부추겼다는 뉴스가 보도되었다.

2019년이 되자 전 세계 정부는 테러 단체와 마약 조직에나 쓸 법한 용어로 페이스북을 규정했다. 영국 하원 디지털문화미디어스포츠위원회Digital, Culture, Media and Sport Select Committee 보고서에서는 페이스북을 "디지털 깡패"라고 불렀다. 뉴질랜드 개인정보보호국Privacy Commissioner 국장 존 에드워즈John Edwards는 트위터에서 페이스북 임원들을 "도덕적으로 파산한 병적 거짓말쟁이"로 규정했다. 세일즈포스Salesforce 최고경영자 마크 베니오프Marc Benioff는 페이스북의 악영향을 담배 산업에 비견했다.

한편 매출과 이익은 꾸준히 상승했는데, 이 때문에 페이스북에 대한 제재와 규제는 더욱 구미 당기는 일이 되었다. 2020년 미국 대통령 선거전이 벌어지는 동안 다수의 후보가 입법 기관과 규제 당국에 페이스북 분할을 요청하고 나섰다. 그들의 비판은 논란이 된 선거 결과에 페이스북이 관여했으리라는 것만이 아니었다. 페이스북이 민주주의 자체를 망가뜨리고 있다는 것이었다!

2016년 선거 이후 3년이 지나면서 페이스북의 평판은 무지막지하게 추락했다. 한때 언론의 총애를 받고 투자자에게 사랑받다가 보기 좋게 망가진 회사는 페이스북만이 아니다. 당장 떠오르는 것만 해도 엔론Enron(회계 부정)과 테라노스Theranos(의료 사기)가 있다.

하지만 페이스북의 위기는 유일무이한 것이었다. 페이스북은 세계를 연결한다는 근사한 이상주의를 목표로 삼고 출발했다. 그러나 그들의 전망은 지나치게 낙관적이었으며, 순진한 유토피아적 목표 그리고 틀림없이 회사에 이득이 되는 목표를 추구하면서 결과에 대해 무신경했던 과오는 페이스북에 비극을 가져왔다. 비판자들이 보기에 페이스북은 무분별하게 특권을 누리고 욕구와 쾌락의 충족에 골몰했다는 점에서 21세기 기업판 개츠비였다.

하지만 자신들이 해악을 조장한다는 사실을 인정하면서도 자신들이 가져다주는 유익이 그보다 크다는 페이스북의 주장에는 여전히 일리가 있다. 페이스북과 자매 기업인 인스타그램, 왓츠앱의 이용자는 여전히 수십억 명에 이른다. 이 서비스들은 여전히 우리 삶의 일부이며 영향력은 어느 때보다 막강한 듯하다.

나는 나이지리아에 있을 때 이미 페이스북을 비즈니스와 기술의 연대기에서 가장 흥미로운 기업 중 하나로 손꼽았다. 하지만 이후 3년간 원고를 쓰면서 내가 지금껏 다룬 중에서 가장 복잡하고 극적이고 극단적인 이야기를 기록하고 있다는 생각이 들었다.

다행히 페이스북은 계속 내게 이야기를 들려주었다.

페이스북만큼 경이로우면서 두려운 존재는 없다

내가 마크 저커버그를 처음 만난 것은 2006년 3월이었다. 당시에 나는《뉴스위크》수석 기술 담당 기자로서 웹 2.0이라는 현상에 대한 커버스토리 작업을 하고 있었다. 웹 2.0은 사람들을 서로 연결한다는 계획을 가진 새로운 기업들이 생겨난 인터넷 비즈니스의 한 단계를 일컫는다. 우리가 다룬 기업으로는 야후에서 인수한 플리커Flickr, 그때까지만 해도 독자적 스타트업이던 유튜브YouTube, 소셜 네트워킹이라는 비교적 새로운 분야의 선도 기업이던 마이스페이스MySpace가 있었다.

그러다 대학을 중심으로 급성장하고 있던 따끈따끈한 신생 기업에 대해 듣게 되었다. 나는 이 기업을 언급하고 창업자를 소개할 수 있도록 좀 더 알아보고 싶어졌다. 그 창업자는 그달 PC 포럼PC Forum에 참석하기로 되어 있었는데 마침 내가 정기적으로 참석하던 행사였다. 그래서 페이스북에 연락해 저커버그를 만나볼 수 있느냐고 물었다.

우리는 그가 도착하자마자 점심 식사 자리에서 만나 담소를 나누기로 했다. 나는 그에 대해 아는 게 별로 없었으며 앞으로 일어날 일에 대해 준비가 되어 있지도 않았다.

소개를 받았을 때 그가 실제 나이인 스물한 살보다 더 어려 보인다는 것은 놀랍지 않았다. 해커와 기술 기업을 취재하면서 솜털이 보송보송한 업계 거물들을 만나본 적이 있었기 때문이다. 그런데 나를 충격에 빠뜨린 것은 그의 회사가 무슨 일을 하는 곳이냐는 (내가 보기엔) 평이한 질문에 대한 그의 반응이었다.

그는 한마디도 하지 않은 채 멍하니 나를 쳐다보았다. 시간이 멈춘 듯 침묵이 이어졌다.

어안이 벙벙했다. '이 친구가 최고경영자라니, 정말이야? 정신 질환을 앓고 있는 걸까? (훗날 사람들이 의심했듯) 자폐증일까? 내가 쓴 글 때문에 나를 싫어하는 걸까?'

이것이 저커버그에게 평범한 행동이라는 걸 그때는 알지 못했다. 마크 저커버그의 몽롱한 침묵에 어리둥절한 경험이 있는 사람이 나만 아니었다는 걸 당시에는 몰랐다.

이후 몇 년간 저커버그는 이 문제를 해결하려고 노력한 것으로 보이며, 실제로 이후의 인터뷰에서는 꽤 서글서글한 모습을 보여준다. 하지만 여전히 이따금 냉담한 시선이 얼굴 위로 떠오르는데, 페이스북의 한 임원은 이것을 "사우론의 눈"이라고 부른다.(사우론은 소설《반지의 제왕》에 등장하는 암흑의 군주다-옮긴이) 그를 잘 아는 다른 사람들은 그럴 때 그가 단지 생각을 하고 있을 뿐이라며, 주변 세상이 멈출 정도로 고차원적 사고에 빠져 있는 것 같다고 말한다.

하지만 당시에는 영문을 몰라 당황스러웠다. 나는 그와 동행한 인물을 테이블 너머로 쳐다보았다. 맷 콜러Matt Cohler라는 벤처 투자자로 이제는 저커버그의 회사를 위해 일하고 있었다. 하지만 싱글벙글 웃기만 할 뿐 구명 밧줄은 던져주지 않았다.

마침내 침묵을 깨뜨릴 방법이 떠올라, 대화 주제를 바꿔 PC 포럼에 대해 아는 게 있느냐고 저커버그에게 물었다. 없다는 대답에 나는 PC 시절 핵심 업체들의 회합이 이 포럼의 뿌리이며 이곳에서 빌 게이츠와 스티브 잡스가 얼굴에 미소를 띤 채 서로를 주먹으로 치는 시늉을 했다고 설명했다. 이런 내력을 듣고 나자 그는 긴장이 풀린 듯 나머지 시간에 자신이 기숙사에서 설립한 회사 이야기를 해주었다. 하지만 바로 그 순간 실리콘밸리 팰러앨토 2층 사무실에서 그의 팀이 준비하고 있던 획기적인 두 가지 변화에 대해서는 입을 다물었다.

　그것은 바로 가입제한해제Open Registration와 뉴스피드News Feed였다. 이 두 가지로써 그의 회사는 터보 엔진을 장착했으며 저커버그라는 이름은 PC 포럼의 전설들과 어깨를 나란히 할 터였다.

　나는 저커버그와 그의 회사가 스타트업에서 스타로 성장하는 과정을 지켜보았다. 2007년 8월에는 페이스북을 《뉴스위크》 커버스토리로 다루었는데, 학내 웹사이트에서 출발해 전 세계를 연결한다는 포부를 가진 서비스로 변모하는 과정에 주목했다. 2008년 내가 《와이어드Wired》 상근 기자로 자리를 옮겼을 때 페이스북은 나의 주력 취재 대상 중 하나였다. 나는 저커버그와 그의 롤 모델 빌 게이츠를 표지 모델로 섭외했다. 우리는 《와이어드》 20주년 기념호를 위해 인터뷰를 했다. 페이스북에서 신상품을 소개할 때면 나는 흔히 시연회에 초대받았으며 저커버그 옆자리에 안내받았다. 나는 검색에 대해, 가상현실virtual reality, VR에 대해, 비운의 페이스북폰에 대해, 미국국가안보국NSA이 기술 기업의 데이터를 탈취한 사건에 대해, 개발도상국에 저렴하게 인터넷 접속을 제공한다는 구상에 대해 그와 이야기를 나누었다. 2014년 미디엄Medium 플랫폼에서 〈백채널Backchannel〉이라는 온라인 매거진을 시작하면서도 페이스북에 초점을 맞춰 뉴스피드 알고리즘과 페이스북 인공지능AI팀에 대해 기사를 썼다.

　하지만 2016년 10억 명이 같은 날 페이스북에 로그인했다는 페이스북 홍보팀의 간단한 발표를 보고 나서, 페이스북이 품은 야심의 너비를 온전히 담으려면 단행본을 쓰는 수밖에 없음을 깨달았다.

　머릿속이 텅 비었다. 24시간이라는 시간 안에 전 세계 인구의 상당수가 마크 저커버그의 네트워크에서 활동하고 있다는 뜻이었으니까.

전례가 없는 일이었다. 물론 월드컵 결승전 같은 대형 이벤트가 방송되면 전 세계에서 그만한 규모의 청중이 TV 앞에 앉기도 한다. 하지만 그런 경우 사람들은 구경꾼에 지나지 않는다. 반면에 페이스북에서는 사람들이 단일한 쌍방향 네트워크에 접속하고 있었다. 게다가 10억 명이라는 숫자는 정점이 아니라 기점이었다. 페이스북은 전 세계 인구를 점점 더 많이 끌어들이고 있었다.

세계를 연결한다는 구상에 대해 저커버그가 전부터 이야기한 것은 사실이다. 하지만 10억이라는 이정표를 지나고 보니 이젠 그의 주장을 진지하게 받아들여야 할 것 같았다. 페이스북은 하루가 멀다 하고 최대 회원 수 기록을 경신했으며, 회원들은 친구, 친척, 지인, 타인과 허물없이 소통한다. 댓글을 달고 뉴스 기사를 올리고 물건을 사고팔고 정치 운동을 조직하고 경우에 따라서는 집단 따돌림을 벌이고 웃긴 밈을 퍼뜨리고 테러리스트를 모집한다.

궁금했다. '이런 일이 어떻게 일어났을까? 여기에는 어떤 의미가 있을까? 아직 젊은 페이스북 수장은 이러한 전례 없는 현상에 대처할 준비가 되어 있을까? 세계를 연결한다는 목표를 실현하는 과정에서 생겨나는 온갖 부작용을 해결할 수 있을까? 그럴 수 있는 사람이 과연 있을까? 게다가 대화 중에 갑자기 침묵에 빠지는 이 괴팍한 인물이?'

그때 나는 페이스북 속에 깊이 뛰어들기로 마음먹었다. 페이스북의 협조를 얻을 수 있으면 금상첨화일 것 같았다. 몇 달간 논의 끝에 저커버그와 샌드버그를 비롯한 페이스북 본사는 자사 임직원들에 대한 전례 없는 접근권을 내게 부여했으며 예전 직원들과도 이야기할 수 있게 해주었다. 또한 페이스북에서 일하지는 않았지만 동업자, 경쟁자, 비판자, 고객, 개발자, 규제 담당자, 이용자, 후원자로서 관계를 맺은 많은 사람들과 이야기를 나누었다.

2016년 선거 이후 회사에 닥친 엄청난 참사에도 불구하고 페이스북은 나와 한 약속을 지켰으며 나는 계속해서 페이스북 캠퍼스를 뻔질나게 드나들었다. 급기야 여러 건물의 접수계원들이 신분증을 검사하고 방문증을 발급하면서 내게 알은체를 하기에 이르렀다. 나이지리아 방문 이후로 나는 유리 벽이 둘러쳐진 저커버그의 사무실에서, 본사 건물 옥상을 걸으면서, 캔자스주 로런스에서, 실리콘밸리 팰러앨토에 있는 자택에서 그를 여섯 차례 인터뷰했다.

2016년 선거를 비롯해 가짜뉴스, 국가 주도의 조작, 자살과 학살 생방송, 만연하는 증오 발언, 케임브리지 애널리티카, 데이터 유출, 프라이버시 침해, 임직원들의 때 이른 퇴사, 마크 저커버그가 트위터 최고경영자 잭 도시Jack Dorsey에게 덜 익힌 염소 고기를 대접했다는 의혹[4] 같은 위기를 겪고 난 뒤 페이스북의 서사가 극적으로 달라진 것은 분명하다.

하지만 내가 발견한 것은 선거 이후의 심란한 페이스북이 결코 이전의 페이스북과 다른 회사가 아니라는 사실이었다. 오히려 15년 전 마크 저커버그가 기숙사에서 창업한 회사의 연장선상에 있었다. 탄생의 유산, 성장에 대한 갈망, 이상주의적이면서 소름 끼치는 사명 등으로 인해 페이스북은 혜택을 누리는 동시에 악전고투를 벌인다. 페이스북과 저커버그의 대담성은 크나큰 성공으로 이어졌다. 그리고 바로 그 대담성 때문에 호된 대가를 치러야 했다.

선거 이후에 고역을 치르면서 페이스북이 맞닥뜨린 모든 문제는 사실상 두 가지의 결과였다. 하나는 세계를 연결한다는 사명이 가진 전례 없는 성격, 다른 하나는 그 사명을 이루려는 조바심이었다. 지난 3년간 페이스북을 괴롭힌 골칫거리들은 거의 모두 앞선 시기, 주로 2006년부터

2012년 사이에 내려진 결정에 뿌리를 둔다. 빛의 속도로 움직여 세계를 연결하는 방향으로 핵심 결정들이 내려진 것이 그때였다. 또한 그 과정에서 발생하는 피해는 모두 나중에 수습하겠다는 암묵적 의도가 깔려 있었다. 이제 페이스북은 피해가 생각보다 훨씬 방대하며 쉽게 수습할 수 없음을 인정한다. 그러면서도 마크 저커버그와 그의 팀은, 물의를 빚기는 했지만 페이스북이 세상에 베푸는 선이 여전히 압도적으로 크다고 주장한다.

어떤 의미에서 페이스북 이야기는 "디지털 기술은 지난 몇십 년간 우리 삶을 어떻게 바꿔놓았는가?"라는 더 거대한 이야기의 궤적을 따른다. 페이스북뿐 아니라 우리의 일상을 변화시키는 모든 거대 기술 기업들이 강도 높은 조사와 의심의 눈초리를 겪었다. 창업자의 이상주의는 한때 이 거대 기술 기업들의 중요한 토대였으나 이제는 파우스트식 거래의 소산으로 치부된다. 그들이 가져다준 경이로운 혜택을 누리는 대가로 우리는 주의력과 프라이버시와 인간성을 내주어야 했다. 오늘날 우리는 그들의 힘을 두려워한다.

그중에서도 페이스북만큼 두려운 존재는 없다. 그들은 "빨리 움직여서 파괴하라"라는 저커버그의 지령을 따랐으며 …… 정말로 파괴했다. 우리의 마지막 인터뷰에서 그는 자신이 파괴한 것을 어떻게 고칠지 설명했다.

이것은 그러한 페이스북의 이야기다. 물론 그 시작은 마크 저커버그다.

1부

SNS 왕국의 탄생

어린 컴퓨터광의 재능과 야망

식스디그리스, 여섯 다리만 건너면 모두 연결된다

1997년 1월 어느 쌀쌀한 밤에 변호사에서 기업가로 갓 변신한 28세의 앤드루 와인리치Andrew Weinreich는 뉴욕 소호 지구의 퍽 빌딩에서 투자자, 언론인, 친구로 이루어진 작은 청중에게 무언가를 발표하고 있었다. 그는 온라인 소셜 네트워킹이 무엇인지, 자신이 발표하는 상품이 왜 최초인지, 이 개념이 어떻게 세상을 바꿀 것인지 설명하려 했다. 만만한 일은 아니었다.[1]

와인리치가 자신의 개념을 발표하고 있는 이 자리는 야후, 아마존, 이베이 같은 1세대 인터넷 기업이 등장한 직후 꾸려진 스타트업 창업 희망자들의 주례 모임이었다. 이들은 인터넷 덕분에 사상 처음으로 가능해진 사업 아이디어를 발굴하고 싶어 했다. 와인리치가 제시한 개념의 핵심은 사람들이 자신의 관심사, 직업, 인맥에 대한 정보를 자발적으로 내놓게 한다는 것이었다. 그는 스스로에게 물었다. '모든 사람이 어느 한 장소에 자신의 인간관계를 등록할 수 있다면 어떻게 될까?'

그는 여섯 단계만 거치면 지구상의 모든 사람이 연결된다는 개념에 근거해 자기 회사를 식스디그리스SixDegrees라고 불렀다.[2] 와인리치는 이 개념을 노벨 물리학상을 받은 이탈리아 전기공학자 굴리엘모 마르코니 Guglielmo Marconi가 제시한 줄 알았지만, 실은 헝가리 작가 커린티 프리제 시Karinthy Frigyes가 먼저였다. 커린티는 〈사슬Láncszemek〉이라는 단편소설 에서 이 거대한 변화를 묘사했다.[3]

> 지구가 지금만큼 작아진 적은 일찍이 없었다. 지구가 쪼그라든 것은—물론 상대적으로 말해서—신체적·언어적 소통의 파동이 빨라졌기 때문이다. 이 주제는 전에도 제기되었으나, 이런 관점에서 파악된 적은 한 번도 없었다. 우리가 결코 말하지 않은 사실은 지구상의 모든 사람이 (나의 의지 또는 그 누구의 의지에 따라) 내가 무엇을 생각하거나 행하는지, 무엇을 원하거나 무엇을 하고 싶어 하는지를 단 몇 분 안에 알아낼 수 있게 됐다는 사실이다.

1929년에 쓴 글이라는 게 믿기지 않는다! 이 단편소설에서 커린티의 등장인물들은 한 가지 실험을 했다. 자신의 지인에게서 출발해 지인이 자기 지인을 소개하는 식으로 다섯 번만 소개하면 인맥 '사슬'로 (당시) 15억 세계 인구 중 누구와든 연결될 수 있는지 알아보는 실험이었다. 소설에서 피험자 한 사람(저자를 연상시키는 헝가리 지식인)에게 부여된 과제는 포드 자동차 회사에서 일하는 임의의 리벳 작업자와 연결되는 것이었다.

커린티의 개념은 수십 년간 사회과학 언저리에 머물러 있다가 1960년대와 1970년대에 몇몇 연구자가 성능이 제한된 당시의 컴퓨터를 동원해 입증을 시도했다. 1967년 사회학자 스탠리 밀그램Stanley Milgram은 당시에 "작은 세상 문제small world problem"라 불리던 주제에 대한 논문을 《사이콜로지투데이Psychology Today》에 발표했다. 2년 뒤 발표한 연구에서 그와 동료는 네브래스카와 보스턴에서 무작위로 사람을 연결하는 시도를 해 "출발점과 도착점 사이 중간점의 평균 개수가 5.2개"임을 알아냈다.[4] 이 개념은 1990년 극작가 존 그웨어John Guare가 희곡《여섯 다리 건너Six Degrees of Separation》를 출간한 것을 계기로 문화적으로 널리 통용되었으며, 1993년 같은 제목으로 영화화되었다(한국어 영화 제목은 〈5번가의 폴 포이티어〉-옮긴이).

와인리치의 구상은 여섯 다리 이론에서 착안하기는 했지만 실제로는 두세 다리에 치중했다. 그는 퍽 빌딩에 모인 청중에게 말했다. "아는 사람을 통해 모르는 사람을 만날 수 있습니다." 수 세기 동안 사람들은 친구와 지인을 활용해 그런 인맥을 쌓았지만 언제나 주먹구구식이었다. 그는 장담했다. "오늘 우리는 웹 기반 무료 네트워킹 서비스를 이용해 인맥 구축 방식을 바꾸고자 합니다." 비유하자면 명함첩을 온라인에 올려 모든 사람의 명함첩과 연결한다는 발상이었다. 그가 열변을 토했다. "모두가 자기 명함첩을 업로드하면 세상이 우리 안방이 될 겁니다."

1월의 그 쌀쌀한 밤에 와인리치는 놀라운 목표를 천명했다. 하나의 네트워크로 세상을 연결한다는 목표였다. 그가 청중에게 물었다. "데이터베이스에 여러분만이 아니라 전 세계의 모든 인터넷 이용자가 들어 있다고 상상해보십시오."(물론 그가 추측하기에 당시 인터넷 이용자는 4000만~6000만 명에 불과했다.)

세계를 연결하는 일이 인류에게 유익하리라고 와인리치가 생각한 것은 당연했다. 왜 안 그러겠는가?

식스디그리스는 사실상 모든 소셜 네트워킹 사이트에 도입될 여러 아이디어를 선보였다. 이메일 초대장을 이용해 네트워크를 구축한다는 발상은 바이럴viral 이전 시대의 바이럴 방식이었다. 출시 행사에서 와인리치는 참석자들의 받은편지함에 들어 있는 것과 똑같은 초대장을 인쇄해 봉투에 넣어 배부하기까지 했다. 그러고는 사람들에게 옆방 컴퓨터에서 브라우저를 열어 친구와 지인의 이메일을 식스디그리스에 입력하라고 재촉했다. 초대장을 받은 사람들은 발신자를 실제로 아느냐는 물음에 답해야 했는데, 온라인 서비스에서 이런 검증 절차를 채택한 것은 식스디그리스가 처음이었다.

식스디그리스는 새로운 사업이었으며, 만일 성공했다면 끝없는 연구와 평가의 대상이 되었을 것이다. 하지만 성공하지 못했다. 와인리치의 원대한 발상은 시대를 너무 앞섰다. 당시에는 이메일을 가진 사람이 드물었으며 웹에 상시 접속할 수 있는 사람은 더더욱 드물었다. 게다가 식스디그리스 회원은 거대한 데이터베이스에 인맥을 입력하는 것 말고는 할 일이 별로 없었다. 식스디그리스에는 지루함을 달래줄 놀거리가 전혀 없었다. 전 애인을 스토킹할 방법도, 웃기는 고양이 동영상을 볼 방법도 없었다. 인맥을 쌓거나 추천을 받고 싶을 때 자신의 확장된 소셜 네트워크 데이터베이스를 검색할 수는 있었지만, 그게 전부였다.

식스디그리스에 가입한 사람들은 만일 사진을 볼 수 있다면 서비스가 훨씬 나아지리라는 것을 금세 알아차렸다. 1997년에 이것이 커다란 걸림돌이었던 것은 디지털카메라를 가진 사람이 거의 없었기 때문이다. 와인리치는 인턴이나 아르바이트생 수백 명을 고용해 넓은 사무실에서 하루 종일 사진 스캔을 시키려는 생각까지 했다. 하지만 마음을 바꾸었는데, 그때 이미 회사를 매각할 생각을 하고 있었기 때문이다.

식스디그리스는 소셜 네트워킹 개념을 입증했다(회원 수는 350만 명에서 정점을 찍었는데, 당시 인터넷 상황을 고려하면 괄목할 성과였다). 하지만 소셜 네트워크의 만개에 필요한 연결 방식을 구현할 만큼 기술이 발전하려면 아직 몇 년을 기다려야 했다. 와인리치는 때가 되기까지 버틸 자금을 확보해야 한다는 게 지긋지긋했다. 거대한 닷컴 붕괴가 인터넷 업계를 덮치기 직전인 1999년 12월 와인리치는 유스스트림 미디어 네트워크스YouthStream Media Networks라는 회사에 식스디그리스를 매각했다. 1억 2500만 달러의 매각 대금에는 출원 중인 특허가 포함되었다. "네트워킹 데이터베이스와 시스템 구축을 위한 방법과 장치"라는 제목의 이 특허는 훗날 "소셜 네트워킹 특허"로 알려지게 된다.[5]

와인리치는 회사를 일찍 매각한 탓에 두 가지 구상을 실현하지 못했다고 말했다. 하나는 이용자들이 사이트에 글과 동영상을 게시할 수 있도록 해 초기 인터넷 전초 기지들의 영역을 넘보겠다는 구상이었는데, 이것은 훗날 '이용자 제작 콘텐츠user-generated content'라 불리게 된다. 다른 하나는 식스디그리스를 운영체제Operating System, OS나 플랫폼platform으로 전환함으로써, 와인리치의 꿈인 전 세계를 아우르는 소셜 네트워크의 최상위 계층에서 서드파티third party(소프트웨어 개발자)들이 제작한 앱을 작동시킨다는 구상이었다.

와인리치가 몰랐던 사실은 그의 구상을 실현할, 또한 뛰어넘을 사람이 퍽 빌딩에서 불과 40킬로미터 떨어진 곳에 살고 있었다는 것이다. 그의 나이는 스무 살이었다.

게이머보다 제작자가 좋았던 어린 프로그래머

마크 엘리엇 저커버그Mark Elliot Zuckerberg는 캐런 저커버그Karen Zuckerberg와 에드 저커버그Ed Zuckerberg 사이에서 1984년 5월 14일 태어났다.[6] 애플 매킨토시가 출시되고 넉 달 가까이 지난 때였다. 매킨토시는 훈련받은 전문가와 괴짜 애호가의 전유물로 여겨지던 기기를 일반인에게 보급하겠다는 야심의 산물이었다. 당시에는 PC를 보유한 사람이 많지 않았으며, 요란한 소리를 내며 PC와 전화선을 연결하는 주변장치인 모뎀을 가진 사람은 더더욱 적었다. 인터넷의 전신인 아르파넷 ARPAnet은 이미 구축되었지만 정부와 일부 컴퓨터과학과(전산학과) 학생들만 이용할 수 있었다.

에드 저커버그는 컴퓨터와 모뎀 둘 다 갖고 있었다. 그는 일반적으로는 기술에, 구체적으로는 장비에 평생 호감을 가졌다. 어릴 적 그가 좋아한 과목은 수학이었다.

이 점을 고려하면 마크 저커버그가 훗날 세계적 기술 아이돌의 지위에 등극한 것은 아버지의 좌절된 욕망을 아들이 대신 실현한 사례가 아닐까 생각할 법하다. 에드는 결코 그런 식으로 말하지 않았지만, 2012년 그의 가족을 취재한 《뉴욕》 매거진 기자가 이 가설을 제기했을 때 반박하지 않았다. 에드가 말했다. "뉴욕에 사는 유대인 아이가 조금이라도 머리가 있으면 부모는 의사나 치과 의사를 시키고 싶어 합니다. …… 당시에는 컴퓨터 프로그래밍 쪽에 일자리가 많지 않았어요. …… 우리 부모님은 그건 시간을 올바로 쓰는 게 아니라고 말씀하셨죠. 똑똑한 남자 아이에게 어울리는 일이 아니었던 겁니다."[7]

부모님의 압박이 없었다면 달랐을지 모른다. 에드는 이제 이렇게 말한다. "수학 쪽에서 뭔가 이루었을 겁니다. 내가 만든 장치를 가지고서요. 틀림없습니다. 나는 수학이 좋았으니까요."

저커버그 부부는 뉴욕시에서 북쪽으로 40킬로미터 떨어진 뉴욕주 돕스페리에서 살았다. 둘 다 뉴욕시 외곽의 노동자 계층 동네에서 자랐다. 둘의 조부모는 동유럽에서 미국으로 이주한 사람들로 그들의 부모는 이민 2세였다. 1977년 뉴욕대학교에서 치의학을 공부하던 에드는 퀸스 출신으로 뉴욕시립대학교 중 하나인 브루클린칼리지에 다니던 캐런 켐프너Karen Kempner라는 여학생과 소개팅을 하게 되었다. 에드는 스물넷이었고 캐런은 열아홉이었다. 두 사람은 가족이 생각하는 최고의 직업(의사나 변호사 같은 전문직)을 얻기 위해 열심히 공부했는데, 특히 의사가 소원이었다. 에드의 아버지는 우체부였고, 캐런의 아버지는 브루클린의 험한 동네 베드퍼드스타이베선트 79구역에서 경찰서장을 지냈으며 캐런의 어머니는 교사였다.

1979년 결혼한 에드와 캐런은 화이트플레인스의 아파트에서 한두 해 살다가 돕스페리의 주택으로 이사했다. 웨스트체스터카운티 교외에서 이 동네는 인근 베드타운보다 덜 부유하고 덜 세련된 곳으로 알려졌지만, 에드는 이 집이 자신들에게 최고의 집이었다고 말한다. 붐비는 소밀강고속도로Saw Mill River Parkway에서 창을 던지면 닿을 거리인 높은 언덕 꼭대기에 자리 잡은 널따란 다층 주택이어서 자택과 치과 의원을 겸할 수 있었기 때문이다. 캐런이 말한다. "우리 형편에 맞는 곳이 거기뿐이었어요." 1980년대 초에 에드의 진료실을 자택 1층으로 옮겨오면서 저커버그 부부는 가게 위에서 사는 셈이 되었다.

에드의 활달한 성격은 일에서도 여전했다. 캐런은 정신과 의사였으나 임상 경력을 미루고 마크와 세 딸을 키우면서 남편의 치과 일을 도왔다(마크는 둘째로, 랜디보다 2년 뒤에 태어났으며 도나와 에리얼이 뒤를 이었다). 에드 저커버그는 2010년 지역 라디오 인터뷰에서 이렇게 말했다. "아내는 슈퍼우먼이었습니다. 일과 살림 둘 다 해냈으니까요."[8] 좋은 삶으로 향하는 사다리를 열심히 올라간 여느 유대인 부모처럼 저커버그 부부는 자녀들이 더 높이 올라가기를 바랐으며 교육을 열렬히 강조했다. 저커버그는 이런 농담을 하기도 했다. "좋은 유대인 엄마란 …… 집에 가서 시험 점수를 99점 받았다고 하면 '왜 100점을 못 받았니?'라고 묻는 사람이죠."[9]

캐런 저커버그는 한때 근처 병원에서 근무했으나(외국인 가정부가 늘 살림을 도와주었기 때문에 가능했다) 자기 환자들이 의료 보험 혜택을 받지 못하는 데 낙담했다. 에드가 언급한 적 있듯, 그녀는 자기가 집에 있으면 자녀들이 정신적 문제를 겪지 않을지 모른다고 생각했다. 버뮤다에서 휴가를 보내다가 저커버그 부부는 캐런이 일을 그만두는 게 좋겠다고 뜻을 모았다. 그녀의 임상 실력은 불안해하는 치과 환자들을 달래는 데 활용되었다. 정식 의사로 일할 수 없게 된 탓인지 몰라도, 캐런 저커버그는 자녀들만은 하고 싶은 일을 마음껏 할 수 있어야 한다고 굳게 믿었다. "오랜 세월 일을 하려면 자신이 하는 일이 마음에 들어야 해요. 그래서 우리는 언제나 아이들 스스로 자기가 좋아하는 일을 찾아내야 한다고 생각했어요."

기계를 좋아하는 에드 저커버그의 성향은 색다른 치과 신기술을 끊임없이 섭렵하는 데서 나타났다. 2012년 한 잡지 기자가 치료차 그의 병원을 방문했을 때 에드는 방금 사들인 12만 5000달러짜리 치근관 치료 기구를 시시콜콜 소개했다. 그가 내세운 논리는 환자에 대한 열정과 최신 장비가 있으면 환자가 치과에서 더 즐거운 경험을 할 수 있다는 것이었다. "나는 웨스트체스터카운티에서 치과 의사로는 처음으로 디지털 엑스레이, 구강 촬영 카메라 등을 갖추었습니다. 그 모든 장비 덕을 톡톡히 봤죠." 그는 자신의 별명을 "아프지 않은 닥터 제트"로 지었으며 자신의 웹사이트에서는(물론 그는 인터넷 초창기에 웹사이트를 운영했다) "겁 많은 분들에게 안성맞춤입니다"라고 자부했다.[10]

에드는 1980년대 초에 첫 PC를 장만했다. 아타리Atari 800이라는 '소비자용' 기계로, 게임에는 더할 나위 없었으나 뭔가 유용한 일을 실제로 하고 싶으면 인내와 기술과 약간의 정신 나간 낙관주의가 필요했다. 하지만 그는 아타리 베이식 프로그래밍 언어를 독학해 환자 데이터베이스를 구축했으며 마크가 태어나기 전에 IBM PC로 업그레이드해 진료실 운영에 활용했다. 그러니 아들이 컴퓨터에 빠진 것은 에드 저커버그에게 놀라운 일이 아니었다.

마크는 어릴 적부터 논리에 민감한 정신의 소유자였다. 자신의 요구가 "노"라고 거부당할 때는 더더욱 그랬다. 에드 저커버그는 기자에게 이런 말을 한 적이 있다. "걔한테 '노'라고 말할 생각이라면 사실, 경험, 논리, 근거로 뒷받침되는 강력한 논증을 준비하는 게 좋을 겁니다."[11] 그는 아들이 "강인한 의지력과 집요함"[12]을 갖추었다고 말했는데, 마크의 많은 동료들과 적들 역시 틀림없이 동의할 것이다.

마크는 꼬맹이 시절에 에드의 낡은 아타리를 가지고 놀았다. 아타리는 훌륭한 게임기였다. 6학년 때는 자신의 컴퓨터가 생겼다. 그는 2009

년 인터뷰에서 "퀀텍스Quantex 486DX였죠"라고 말했는데, IBM PC 호환 기종인 퀀텍스라는 상표를 내가 알아듣지 못하자 놀라워했다. 내가 머쓱할까봐 그가 설명했다. "지금은 없을 거예요. 하지만 우리 가족은 돈이 많지 않았기 때문에 내겐 컴퓨터가 생긴 것만으로 행운이었죠."

처음부터 저커버그는 사람들이 어떻게 집단을 이루는지, 그리고 그 과정에서 어떻게 일부 사람들이 권력을 쥐는지 궁금해했으며 그런 호기심을 충족하는 데 컴퓨터를 이용했다. 그에게는 걸음마 시절부터 이런 집착이 있었던 것 같다. "어릴 때 닌자 거북이가 있었어요. 전쟁놀이 같은 걸 하는 장난감이었죠. 그런데 내가 닌자 거북이를 가지고 한 일은 집단을 만들고 그 집단들이 어떻게 교류하는지 등에 대해 일종의 모델링을 하는 거였어요. 어떻게 해서 시스템이 그렇게 작동하는지에 관심이 많았죠."

그랬기에 저커버그는 컴퓨터 게임을 시작하면서 '세계 만들기' 상상력을 마음껏 발휘했다. 그가 좋아한 게임 중 하나는 〈문명Civilization〉으로, '턴제 전략 게임turn-based strategy game' 장르에서 유명한 시리즈였다. 이 게임의 핵심은 사회 건설이다. 그는 성인이 되어서까지 〈문명〉 게임을 했다.

컴퓨터를 한 지 몇 달이 지났을 때 그는 이런 생각이 들었다. '와, 이거 흥미로운걸. 컴퓨터에 대해 전부 알아냈으니 이젠 마음대로 다루어보고 싶어.' 그가 말한다. "그래서 프로그래밍을 배웠어요." 어느 날 밤 그는 C++(웹 애플리케이션 제작에 쓰이는 주요 컴퓨터 언어) 프로그래밍 안내서를 사고 싶으니 반스앤드노블 서점에 데려다달라고 부모에게 부탁했다. 에드 저커버그가 회상한다. "그때 겨우 '열 살'이었어요!" '왕초보'를 위한 책에는 핵심 정보가 들어 있지 않다는 사실을 초보 코더coder가 간파하자 닥터 제트는 가정 교사를 고용했다. 가정 교사는 2년 동안 일주일마다 한 번씩 찾아왔다. 캐런이 말한다. "마크가 일주일 중에서 가장 좋아하는 시간이었죠."

저커버그 부부는 고등학교의 AP(대학 학점 인정 교육 과정 또는 시험) 컴퓨터 수업에 아들을 등록시키려 했으나 교사는 마크가 수업에서 배워야 할 것을 이미 다 알고 있다고 말했다. 지역 대학에 강좌가 개설되어 있었지만 마크의 성에 찬 것은 대학원 수업 딱 하나였다. 그래서 어느 날 저녁 에드 저커버그는 마크를 대학에 데려갔다. 강사는 에드에게 수업을 들으려면 아들을 집에 데려다놓고 오라고 말했다. 에드 저커버그가 말했다. "얘가 학생이에요!" 그는 몇십 년이 지나서도 이 일을 이야기하며 뿌듯해한다.

마크는 훗날 인터뷰에서 이렇게 말했다. "학교 갔다가 강좌 들으러 갔다가 집에 오는 게 일상이었어요. 집에 오면 이런 생각이 들었죠. '이제 5시간 내내 컴퓨터 앞에 앉아서 소프트웨어를 짤 수 있어.' 그러다 금요일 오후가 되면 이러는 거예요. '좋았어, 이제 이틀 내내 앉아서 소프트웨어를 짤 수 있어. 끝내주는걸.'"[13]

훗날 그는 프로그래밍에 매진한 결과를 이렇게 묘사했다. "어느 순간 프로그래밍을 직관적으로 할 수 있게 됐어요. 의식적으로 생각하지 않아도 저절로 프로그래밍이 되더군요."[14]

그렇다고 해서 저커버그가 어두컴컴한 침실에 틀어박혀 컴퓨터 모니터만 들여다보며 시간을 보낸 것은 아니다. 교사들은 그가 학교생활에 잘 적응했다고 술회한다. 말이 많지는 않았지만 일단 입을 열면 확고한 견해를 조리 있게 표현했다고 한다.[15] 수학과 과학에 능했으며 동급생보다 체구가 작았다. 동네 리틀 리그 야구팀에서 뛰었지만 좋아하지는 않았다. 훗날 그는 마지못해 야구를 해야 했던 경험에 빗대어 자신이 창업한 회사가 언젠가 가져다줄 유익을 설명했다. "나는 야구 쪽이 아닙니다. 컴퓨터 쪽이죠." 모두가 야구를 해야 해서 억지로 우익수를 맡는 식과 반대로, 다양한 관심사를 가진 사람들이 자신이 속할 부족을 찾는 데 소셜 네트워크가 도움이 되리라는 뜻이다.

저커버그에게는 야구보다 펜싱이 훨씬 맞았다. 저커버그네 아이들은 모두가 이 개인 종목을 연습했다. 저커버그 가족은 〈스타워즈〉에 심취해 있었는데, 펜싱 검은 라이트세이버lightsaber(광선검)와 닮아서 매력적이었다. 저커버그의 유대교 성인식 주제는 〈스타워즈〉였다(인스타그램이 등장하기 전이라 공개된 사진은 전혀 없다). 그와 누이들은 〈스타워즈〉에서 영감받은 홈 비디오를 찍었다.

그의 어머니는 그를 '왕자님'이라고 불렀다.[16]

마크는 게임을 많이 했지만 게임 제작자가 만든 규칙에 얽매이고 싶지는 않았다. 게이머보다는 제작자가 되는 게 훨씬 나았다. "게임을 하는 건 별로였어요. 만드는 게 좋았죠." 그는 내게 이렇게 말하면서 자신이 승부욕에 불타 온종일 게임을 했다는 사실은 생략했다. 그가 처음으로 만든 게임 중 하나는 자신이 좋아하던 보드게임 〈리스크Risk〉로, 원래는 난공불락의 힘을 키워 세계를 한 나라씩 정복하는 게임이었다. 저커버그의 디지털 버전은 로마제국이 배경이다.[17] 율리우스 카이사르를 누가 물리칠 수 있겠는가? 저커버그는 언제나 승리했다.

훗날 그는 자신이 만든 게임들이 어떤 합리적 기준에서 보든 엉망이었다고 털어놓았다.[18] 그래도 '자기' 것이었다.

누나 랜디는 저커버그 집안에 대해 기자에게 말했다. "전부 최신 기기였어요. 음성 변조기가 달린 장난감도 있었고요. 마크는 언제나 이런 생각을 했죠. '이 장난감을 해킹할 수 있다면 다스 베이더의 목소리를 더 베이더처럼 들리게 할 수 있을 텐데'."[19]

더 실용적인 기기는 치과 직원들이 서로 통화하거나 아래층 사무실에서 위층 가족과 통화할 수 있도록 돕스페리 집을 관통하는 인터넷 기반 인터폰 시스템으로, '저크넷ZuckNet'이라 불렸다. T1 선(통신 전용선)은 에드 저커버그가 이미 전문가를 고용해 설치해두었기에 마크는 기계들을 연결하는 소프트웨어를 짜겠다고 자청했다. 저크넷은 닥터 제트의 겁쟁이 손님들이 찾아왔을 때 신호를 보내는 일뿐 아니라 마크가―이따금은 랜디가―뻔질나게 장난을 치는 용도로도 제격이었다. 이를테면 동생 도나의 컴퓨터에 가짜 바이러스를 심거나 Y2K 버그 때문에 참사가 일어났다고 어머니를 속이는 식이었다.

1997년 등장한 AOL 인스턴트 메신저AOL Instant Messenger, AIM는 저크넷이 1년 전 저커버그 주택에 구축한 서비스를 전 세계 젊은이에게 제공하기 시작했다. 이 네트워킹 제품은 마크 저커버그의 기술 인생 초기에 그를 가장 사로잡은 소프트웨어가 되었다.

저커버그 세대는 밀레니얼 세대의 선발대 격이었다(밀레니얼 세대는 보통 1981~1996년생을 뜻하며 저커버그는 1984년생이다―옮긴이). 그들은 1960년대 뮤지컬 영화 〈바이 바이 버디Bye Bye Birdie〉 풍의 유선 전화 통화를 하기엔 너무 어렸고 문자 메시지로 소통하기엔 너무 늦었다. 하지만 그들에게는 모뎀이 장착된 컴퓨터와 대역폭이 점차 넓어지는 인터넷이 있었다. 그리고 AOL 인스턴트 메신저가 있었다. 독립 실행 애플리케이션인 AOL 인스턴트 메신저는 컴퓨터 채팅 분야를 사실상 독점했다. 아이들의 컴퓨터 화면에는 채팅 창이 여러 개 띄워져 있는 게 예사였으며, 각각의 창에서 친구 한 명씩과 비동기식 대화를 나누었다. 저커버그는 AOL 인스턴트 메신저에 푹 빠졌다. 그의 고등학교 친구들 대부분은 붐비는 소밀강고속도로 맞은편에 살아서 불쑥 찾아가기가 쉽지 않았기에 저커버그는 AOL 인스턴트 메신저 의존도가 동급생들보다 컸다.[20]

저커버그가 AOL 인스턴트 메신저의 시스템에 손을 댄 것은 당연한 수순이었다. "내 나이 또래들과 얘기해보면 상당수가 AOL을 해킹하면서 프로그래밍을 배웠다고 말할 거예요." 그가 설명한 '근사한 것들' 중 하나는 인터넷 프로그래밍 언어 HTMLhyper text markup language을 이용해 (늘 화면을 채우고 있는) 채팅 상자들에 색 배합 같은 디자인 요소를 자동으로 추가할 수 있다는 것이었다. 또 다른 근사한 것은 프로그램 해킹이었는데, 스티브 케이스Steve Case AOL(아메리카 온라인) 회장이 알았다면 골머리깨나 썩였을 것이다.

저커버그가 말한다. "AOL에는 서비스를 조작할 수 있는 허점이 수없이 많았어요. 이를테면 시스템의 버그를 이용해 친구들을 강퇴시킬 수 있었죠."

저커버그가 훗날 자신의 회사를 설립했을 때 채용한 사람들 대다수는 그와 같은 1980년대 생으로, 화면 위 채팅 말풍선에 푹 빠져 20세기 말을 보낸 사람들이었다. 나중에 페이스북 핵심 임원이 된 데이브 모린Dave Morin이 말한다. "우리는 모두 AOL 인스턴트 메신저를 하면서 자랐습니다. 우리가 친밀한 소통에, 그중에서 결혼 같은 데 능숙하지 못한 건 AOL 인스턴트 메신저를 하면서 자랐기 때문이라는 게 내 생각입니다. 친밀한 대면 소통의 뉘앙스를 배우지 못했거든요."

아우구스투스 황제를 사랑한 컴퓨터 너드

마크 저커버그의 교사들은 그에게 지능과 더불어 집중력이 있음을 알아보았다. 유치원에서 주제별로 일주일짜리 과제를 할 때부터 분명히 알 수 있었다. 한번은 (우주에 대한) 과제 하나가 평소보다 오래 진행되는 것을 부모가 알게 되었다. 에드와 캐런이 물었더니 교사는 마크가 수업 주제에 너무 몰두해 다른 아이들까지 열중하게 만드는 바람에 우주 과제를 한 달로 연장했다고 대답했다. 한 달이 지나고 나서까지 우주에 대한 마크의 집착은 사그라들지 않았으며, 그의 반이 색칠한 대형 판지 로켓 우주선은 침실 천장에 걸렸다.

마크의 부모는 한두 학년을 월반시키라는 요청을 번번이 거절했다. 체구가 작다는 이유에서였다. 중학교 교사들은 마크가 일주일 치 수업 내용을 끝내고 나면(대개 해당 수업 첫날인 월요일에 진도를 다 나갔다) 딴 학생들이 수업받는 동안 다른 과목 공부를 하게 허락했다. 에드가 말한다. "걔가 숙제하는 건 한 번도 못 봤어요."

저커버그네 집에서 소밀강 건너 몇 킬로미터 떨어진 아즐리공립고등학교에 2년을 다닌 뒤 마크는 변화의 필요성을 절감했다. 자신이 듣고 싶은 수업에서 얻을 점수를 계산했더니 아즐리에 개설된 고급반 과정과 AP 과정은 명문대 입학에 필요한 총점에 못 미쳤다. 이유는 또 있었다. "우리 학교는 컴퓨터과학(전산학) 수업이 없었어요." 그의 부모는 통학하기 쉬운 호러스맨이 최선이라고 생각했지만, 마크는 엑서터에 영재반 여름 강좌가 있다는 얘기를 친구들에게 들었다. 캐런 저커버그는 큰딸이 대학 입학으로 집을 떠나게 되어 슬픈 와중에 아들까지 보내고 싶지 않았다. 그래서 딴 사립 학교에 면접을 보라고 권했다. 마크가 말했다. "면접은 보겠지만 필립스엑서터에 갈 거예요." 늘 그렇듯 고집 센 십대 마크는 뜻을 이루었다.

뉴햄프셔주 엑서터에 있는 필립스엑서터아카데미는 '10개 학교 입학 연합체Ten Schools Admission Organization'로 알려진 콧대 높은 프렙 스쿨prep school(대학 진학 예비 학교) 집단 중 하나였다. 아이비리그의 '형님'들을 본보기로 삼은 이 고등학교들은 연합체 이름에서 보듯 명문대 진학률이 높았다. 저커버그는 2000년에 '어퍼upper'(3학년을 일컫는 엑서터 은어)로 등록했다.

새 학기가 시작되기 전에 엑서터는 뉴욕에서 입학생·편입생 환영회를 열었다. 저커버그는 또 한 명의 떠오르는 3학년생과 대화를 나누게 되었는데, 멀쑥한 키에 그와 마찬가지로 차분한 성품인 그 친구의 이름은 애덤 댄절로Adam D'Angelo였다. 저커버그처럼 댄절로 또한 자신의 공립 고등학교에서 수석을 차지한 뒤 근사한 기숙 학교로 전학한 교외 거주자였다(코네티컷 베드타운 출신이다). 둘은 공통점이 또 있었다. 저커버그가 관심사를 물었을 때 댄절로의 대답은 황금의 단어 '프로그래밍'이었다. 저커버그는 흥분했다. 공립 고등학교에는 컴퓨터로 뭔가를 만들고 싶어 하는 친구가 하나도 없었는데 엑서터에서 처음 만난 학생이 자신과 무척 비슷했던 것이다. 저커버그가 말한다. "그래서 이곳의 다른 많은 학생들도 프로그래밍에 관심이 있을 거라 추론했어요. 알고 보니 우리 둘뿐이더군요."

매우 부유한 학생들이 다니는 사립 학교에서 저커버그가 주눅이 들었을지 모르지만 그런 티를 내지는 않았다(이곳은 록펠러, 포브스, 파이어스톤이라는 성을 가진 학생과 함께 수업을 듣는 일이 드물지 않았다). 그는 엑서터에서 승승장구했다. 펜싱팀에 가입해 열심히 실력을 입증했으며 팀의 주장으로서 MVP에 선정되었다. 또한 수학 올림피아드 준비반에 들어가 최상위 수준에 오르지는 못했지만 메달을 받았다.

그는 자신의 영역 밖에서는 남과 어울리지 않았다. 엑서터에서 그와 가장 친한 친구 중 하나였던 로스 밀러Ross Miller가 말한다. "마크는 신뢰하는 사람이 극소수인 것 같아요." 수업은 하크니스Harkness 방법론으로 불리는 세미나식 참여 방식으로 진행되었다.[21] 엑서터는 하크니스 방법론을 이렇게 묘사한다. "이것은 삶의 방식이며, 설령 동의하지 않더라도 모든 목소리에 같은 무게를 부여하는 협력과 존중의 방식이다." 반 친구들은 저커버그가 토론에 거의 참여하지 않았다고 회상한다. 앨릭스 디머스Alex Demas라는 반 친구는 훗날 그리스계 미국인 뉴스 웹사이트에서 이렇게 말했다. "그는 수줍음이 많고 내성적이었으며 대개 자기 방에서 공부하고 코드를 짰습니다."[22] 디머스는 마크가 컴퓨터 너드로 통했다고 말한다. 하지만 나중에 저커버그는 자신이 하크니스 방법론을 높이 평가했다고 말했다. "사람들이 소비자가 아닌 참여자가 되어야 한다는 나의 철학을 형성한 건 하크니스 방법론일 거예요."

아즐리고등학교에서 카리스마 넘치는 교사를 만난 덕에 이미 고전에 흥미를 가지고 있었던 그는 엑서터의 라틴어 수업을 적극적으로 흡수했다. 그중에서 아우구스투스 황제에게 팬심 가득한 친밀감을 느꼈는데, 아우구스투스는 빼어난 정복자이자 너그러운 통치자인 동시에 추악한 권력욕에 사로잡힌 복합적 인물이었다. 마크는 4학년을 앞둔 여름에 존스홉킨스대학교의 영재반 프로그램에 참가해 고대 그리스어 과목을 선택했다. 학생들은 문법을 익혔으며 마지막으로 아티카의 웅변가 리시아스의 연설을 공부했다. 데이비드 퍼트레인David Petrain이라는 강사는 저커버그가 "싹싹하고 투지만만했으며" 어형을 암기하는 데 능했다고 회상한다.[23] 퍼트레인은 저커버그에게서 서정시인 카툴루스의 웹사이트를 만들었다는 얘기를 들었지만 보지는 못했다. 나중에 퍼트레인은 저커버그의 대학 원서에 다소 긍정적인 추천사를 써주었다.[24]

4학년 때 저커버그는 기숙사 대표로 지명되어 넓은 방을 쓰게 되었다. 그는 아버지의 병원에서 가져온 치과용 대형 모니터를 닌텐도 게임 화면으로 재활용했다. 하지만 그가 가장 좋아한 게임은 유명 프로그래머 시드 마이어Sid Meier가 1999년 출시한 〈문명〉 최신판이었다. 〈시드 마이어의 알파 센타우리Alpha Centauri〉라는 이름의 우주 시나리오로, 플레이어가 일곱 가지 '당파' 중 하나를 선택하고 지도자가 되어 복잡한 전략으로 은하계를 다스리는 게임이다. 저커버그는 언제나 (유엔평화유지군을 연상시키는) '평화유지군' 당파를 선택했다. 게임에서 제시하는 복잡한 배경 이야기에 따르면 평화유지군의 영적 지도자는 프라빈 랄 Pravin Lal이라는 위원으로, "정보의 자유로운 흐름만이 독재를 막을 안전장치다"라는 견해를 가지고 있다. 훗날 저커버그는 자신의 페이스북 프로필 자기소개에 랄의 경구를 인용했다.

당신의 정보 접근을 불허하려는 자를 조심하라. 그의 가슴속에는 당신의 주인이 되려는 야심이 도사리고 있으니.

엑서터 4학년생은 모두 베르길리우스의 《아이네이스Aeneis》 수업을 들었는데, 훗날 저커버그는 《아이네이스》의 주요 시행을 인용하며 페이스북 직원들을 격려했다. 그는 2010년 한 기자에게 줄거리를 설명하면서 "시간과 위대함 면에서 한계를 알지 못하는" 도시를 건설하고자 분투한 아이네이아스에게 공감한다고 말했다.[25]

이 소년의 머릿속 어딘가에서는 이 모든 것이 부글부글 끓으며 스튜가 익고 있었으리라. 정복자. 활극. 문명. 위험. 코딩. 제국 건설. 마크 저커버그를 위한 레시피.

고교 졸업 작품 시냅스

저커버그가 나중에 농담 삼아 말했듯 엑서터의 컴퓨터 중독자는 그와 댄절로만이 아니었다. 그를 비롯한 소수 집단은 최신 장비를 갖춘 최신 시설인 엑서터 컴퓨터 센터에 매혹되어 그곳에서 오랜 시간을 보냈다. 그중 한 명은 티안카이 리우Tiankai Liu라는 수학 천재로 올림피아드에서 금메달을 받았다. 또 한 명은 마티 가티스펠드Marty Gottesfeld라는 겁 없는 학생이었는데 훗날 보스턴아동병원을 해킹해 연방 교도소에 수감되었다(그는 부당한 처우를 당한 열다섯 살짜리 환자를 도우려고 그랬다고 말한다).[26] 컴퓨터를 좋아하는 친구들과 함께 있을 때면 저커버그는 으뜸 수탉처럼 의기양양했다.

갓 스탠퍼드대학교를 졸업한 컴퓨터과학도 토드 페리Todd Perry가 그해 조교였는데, 정규 컴퓨터과학 강사 한 사람이 가을 학기에 일찍 그만두는 바람에 가외 임무를 맡게 되었다. 그가 회상하길, 어느 날 저녁 저커버그는 컴퓨터 센터가 자기 소유인 양 어슬렁어슬렁 걸어 들어와 마이크로소프트 비주얼 베이식으로 어떤 프로젝트의 코드를 작성할 거라고 말했다. 페리는 저커버그 수준의 학생에겐 너무 복잡한 과제라고 생각해(페리도 스탠퍼드에 가서야 접한 기법들을 써야 했다) 저커버그가 해내지 못하는 쪽에 내기를 걸었다. 그들은 저커버그에게 1시간을 주기로 했다. 저커버그가 코딩하는 동안 마치 검투사 대회라도 열린 듯 모든 너드들이 그의 주위를 둘러쌌다. 저커버그는 내기에서 이겼다.[27]

이런 일도 있었다. 저커버그의 수학 교사는 학생들이 계산기나 디지털 편법으로 숙제를 하면 팔 굽혀 펴기를 시키겠노라 공언했다.[28] 저커버그는 컴퓨터 센터 친구들에게 자신은 컴퓨터를 쓰지 않고 숙제를 할 방법이 전혀 없다고 말했다. 저커버그는 교사의 협박을 대놓고 무시한 채 숙제하는 코드를 보란 듯이 작성했으며 마치 우승을 기념해 트랙을 한 바퀴 돌 듯 팔 굽혀 펴기를 했다.

엑서터 학생들은 졸업 전에 졸업 과제를 제출해야 한다. 저커버그가 컴퓨터로 음악을 들으며 과제 주제를 궁리하고 있는데, 마지막 곡이 흘러나오고 나자 그의 재생 목록이 끝났다. 그는 이런 생각이 들었다. '내가 다음으로 듣고 싶은 곡이 뭔지 내 컴퓨터가 몰라야 할 이유가 없잖아.'[29] 그가 댄절로를 영입해 제작한 졸업 과제물은 시냅스Synapse(때로는 시냅스-ai라 불렸다)라는 개인 맞춤형 가상 디제이였다.

둘은 윈앰프WinAmp라는 온라인 음악 재생 프로그램을 무척 좋아했기에 시냅스로 윈앰프의 기능을 흉내 내되 개인 맞춤형 재생 목록을 구현하기로 했다. 저커버그와 댄절로는 인공지능 분야에 생초보였지만 시냅스-ai의 인공지능에 자부심을 드러냈으며, 심지어 재생 목록을 선정하는 코드에 '두뇌'라는 이름을 붙이기까지 했다. 이용자는 두 사람이 만든 별도의 음악 재생 프로그램을 쓸 수도 있었고 그들이 AOL 윈앰프용으로 만든 플러그인을 쓸 수도 있었는데, 시냅스는 이용자가 이전에 들은 곡을 바탕으로 새로운 곡을 추천했다. 둘 중에서 프로그래밍 실력이 더 뛰어났던 댄절로가 '두뇌' 제작에 집중하는 동안 저커버그는 이용자 인터페이스user interface(유저 인터페이스)를 만들었다. 저커버그가 말한다.

"시냅스-ai는 이용자가 좋아하는 곡들을 알아내어 이를 바탕으로 적절한 순서대로 곡을 재생해요. 그러면 우리는 이용자들의 로그$_{log}$(로그파일)를 비교해 곡을 교차 추천할 수도 있었죠. 근사했어요." 두 사람은 시냅스를 졸업 과제로 제출해 교사들에게 칭찬받았다. 교사들을 특히 감명시킨 것은 댄절로의 인공지능 요소였지만.

다른 학생이 만든 원조 페이스북

하지만 엑서터 시절의 컴퓨터 작업 중 저커버그의 미래 업적과 가장 관계 깊은 것은 저커버그가 거의 참여하지 않은 딴 학생의 과제였다.

이 졸업 과제의 이름은 페이스북이었다.

제작자는 4학년생인 크리스 틸러리$_{Kris Tillery}$였다. 미드웨스트에서 태어난 틸러리는 서아프리카와 나이지리아에서 살았는데 부모가 그를 미국에 있는 학교에 보내고 싶었기에 엑서터에서 기숙 생활을 했다. 그는 컴퓨터에 능숙하지 못하다고 자인했으며, 학교를 통틀어 명성이 자자했던 댄절로와 저커버그의 재능에는 틀림없이 못 미쳤다. 틸러리가 나중에 회상하기를, 컴퓨터과학 AP 과정에서 애를 먹던 그는 인공지능으로 음악 재생 프로그램을 만든 듀오에게 경탄했다고 한다!

그렇지만 틸러리는 당시 기술로 무엇을 구현할 수 있는지 꿰뚫어보는 뛰어난 안목이 있었다. 한번은 21세기 들머리에 선견지명을 발휘해 온라인 식료품 배달 시스템을 생각해냈다. 그러려면 자동으로 현지 매장에서 가격을 파악할 수단이 필요했다. 틸러리는 "내 깜냥을 넘는 일이었죠"라며 자신이 그 시스템을 구현할 만큼 뛰어난 프로그래머가 아님을 인정했다. 하지만 그는 그럴 수 있는 사람을 알고 있었다. "저커버그가 슈퍼마켓에서 가격을 추출하는 스크립트를 만들어준 덕에 우리는 식료품 배달 계획을 추진할 수 있었습니다." 하지만 식료품 배달 서비스는 실현되지 못했다.

틸러리가 엑서터에서 이룬 진짜 업적은 학생들의 얼굴 사진과 소개가 실린 이른바 '사진 주소록Photo Address Book'을 유연하고 무한 접속이 가능한 디지털 세상으로 이식한 일이었다.[30] 이 프로젝트는 아직 '로어lower'(2학년)일 때 데이터베이스를 독학하면서 구상한 것이었다. 그는 학생 사진첩을 이용해 자료를 입수했다. 복도 맞은편에 학생회장이 살고 있었는데 그는 틸러리에게 프로젝트를 완성해 배포하라고 권했다. 틸러리는 그렇게 했지만 이 때문에 깐깐한 엑서터 전산망 관리 부서와 갈등을 겪었다. 학교 서버를 이용해 정보를 유포하는 것은 금지 사항이었다. 하지만 학교 당국은 틸러리의 계획이 유용하다는 것을 인정했으며 결국 프로젝트를 계속 추진하도록 허가했다.

그리하여 엑서터 페이스북Exeter Facebook이 승인되었으며 틸러리는 마크 저커버그를 비롯한 모든 학생에게 배포했다. 엑서터 페이스북은 끝내주게 유용했다. 이름으로 사람을 찾을 수 있는 건 물론이요 다른 정보도 검색할 수 있었다. 전화번호가 실려 있었는데(모든 학생은 기숙사에 유선 전화가 있었다) 엑서터 학생들은 페이스북에서 무작위로 사람을 골라 장난 전화를 하는 놀이를 개발했다.

틸러리는 엑서터를 졸업한 뒤로 페이스북 프로그램에서 손을 뗐다. 그의 다음 기착지는 하버드대학교였다. 온라인 사진첩facebook이 난데없이 등장해 토네이도처럼 학교를 휩쓸고 있던 2004년 2월 그도 현장에 있었다. 그는 제작자가 마크 저커버그인 것을 알고 놀라지 않았다. 엑서터에서 저커버그와 그다지 교류가 없었지만 틸러리는 이 열정적인 학생이 '크나큰 야심'을 품고 있음을 알고 있었다. (논란의 여지가 있지만) 자신의 아이디어를 도용당한 것에도 개의치 않았다. 온라인 사진첩은 자신이 프렙 스쿨에서 만든 것이며 이제는 자신과 상관없다는 것이 그의 생각이었다. 그는 마크에게 축하를 보냈다.

현재 남아프리카에서 포도원을 경영하고 있는 틸러리는 마크 저커버그에게 온라인 사진첩 개념을 처음 소개한 일에 대해 복잡한 감정을 품고 있다. 그는 세계적 현상에 작으나마 참여한 것에 뿌듯해한다. 하지만 최근에는 그 현상이 좋은 것인지 의문을 던지기 시작했다.

그가 말한다. "모든 사람이 하루에 거기 쓰는 시간을 전부 더해봐요. 그 시간 동안 우리는 사회의 유익이나 우리 자신의 건강에 긍정적으로 이바지하고 있지 않은 겁니다. 오늘날 광고와 타기팅으로 수익을 올리는 페이스북 플랫폼의 도덕적 모호함은 우리가 자신의 행복을 위해 어떻게 시간을 써야 하는지에 대해 크나큰 의문을 제기합니다."

크리스 틸러리는 페이스북이 자신의 맹아적 아이니어에서 영감을 얻었다고 믿지만, 개인적으로는 2016년경에 페이스북 계정을 삭제했다. 그는 저커버그의 페이스북을 보면 마음이 불편하다고 말했다.

2

하버드의 말썽꾼 프로그래머

불경한, 또는 불량한 하버드 신입생

2017년 5월 마크 저커버그는 나를 페이스북 본사에 초청했다. 저커버그는 대규모 연설을 준비하거나 사업 방향의 중대 변화를 지시하는 글을 쓸 때면 언제나 다양한 사람들에게, 심지어 기자들에게까지 반응을 물었다. 지금 그는 자신의 개인적 이정표라 할 만한 일을 준비하고 있었다. 하버드대학교 2017년 졸업식 축사를 요청받은 것이다.

그는 건축가 프랭크 게리Frank Gehry가 설계한 널찍한 본사 21동 한가운데의 유리 벽 '수족관'에 앉아 연설문 초안을 잡았다.(끊임없이 우리 곁을 분주하게 스쳐 지나가는 페이스북 직원들은 자신들의 유명한 보스가 사람들을 만나고 있을 때 쳐다보지 않고 똑바로 앞만 보도록 교육받았다.) 재계 리더들의 졸업식 축사를 한가득 챙겨 읽고서 작성한 원고였다. 그런 근엄한 연사들처럼 그도 묵직한 주제를 다룰 작정이었다. 하지만 연설문을 쓰려고 대학 시절을 돌아보다가 낯선 회상의 복도에 들어서고 말았다.

"나는 최연소 하버드 졸업식 연사일 거예요." 무미건조한 어조와 상대방을 불편하게 하는 시선은 그의 말을 자랑보다는 정보 전달처럼 들리게 했다. "정말로 드문 일이죠. 아주 오래, 약 350년 동안 졸업식 축사를 했다는데 말이에요."

내가 물었다. "어떤 감정이 드나요?"

저커버그는 질문을 처리할 시간이 필요할 때 이따금 그러듯 미리 말하려던 요점들로 이야기를 돌렸다가 다시 원래 주제로 돌아온다. 그는 연설에서 다룰 주제에 대해 잠시 이야기한 뒤 침묵한다. 그가 입을 열었다. "감정에 대한 당신의 질문을 생각하고 있어요." 그는 연설에서 불평등과 사회적 결속력 약화 같은 묵직한 주제를 다루되 자신에게 의미 있는 개인적 이야기도 넣을 거라고 설명했다. 그가 말한다. "내 삶의 감정적 궤적은 말이죠, 내 출발점은 그러니까 이런 종류의 …… 어떤 형용사를 써야 할지 모르겠네요 …… 하버드 학생일 때 ……."

"무슨 형용사죠?" 빈칸을 메우라고 재촉하며 내가 물었다. 그가 하버드에 다니던 젊은 자신을 어떻게 바라보는지 알고 싶었다. 하버드에서 보낸 짧은 학창 시절은 전설이자 조롱거리가 되었으니 말이다.

그가 말했다. "모르겠어요. 단어가 있는데, 생각이 안 나요." 침묵. "어쩌면 '불경하다irreverent'가 맞는 단어인지 모르겠어요."

나는 그가 자신에게 관대한 것 같다고 말했다.

그가 한숨을 내쉬며 수긍했다. 마침내 그가 말했다. "'불량하다punk'일까요?"

우리는 폭소를 터뜨렸다.

웃음이 잦아든다. 그가 묻는다. "아직도 하버드에 불량스러움이 남아 있다고 생각해요?"

'불량하다'라는 단어는 마크 저커버그의 하버드 오디세이를 묘사하기에 미흡하다. 하지만 시작은 될 수 있을 것이다. 저커버그의 누나 랜디는 CNN 인터뷰에서 이렇게 말한 적이 있다. "마크의 꿈이 하버드에 가는 건지 전혀 몰랐어요."[1] 사실 하버드대학교가 명문대이기는 하지만 야심 차고 컴퓨터에 몰두하는 학생이 선택할 만한 곳은 아니다. 합격하더라도 말이다. 저커버그 같은 사람들에게 최고의 학교는 스탠퍼드대학교나 MIT, 어쩌면 카네기멜런대학교라는 것이 통념이다.

하지만 저커버그는 오랫동안 하버드에 눈독을 들였다. 그의 엑서터 기숙사 방 벽에 붙어 있던 유일한 장식물은 하버드라는 이름이 적힌 커다란 깃발이었다.

그는 컴퓨터과학을 전공할 생각이 아니었다. 심리학이나 고전학 같은 기술 이외 분야를 염두에 두고 있었다. 물리학 같은 기초 과학도 가능성이 있었다. 게다가 랜디는 이미 하버드 학부생이었다. 마크는 여러 가지 가능한 선택지를 번거롭게 고려하지 않고 하버드 조기 입학만을 목표로 삼았다. 그의 부모가 말하는 '전형적 행동'의 사례다. 만일 불합격했다면 다른 학교에 지원하기가 여간 힘들지 않았을 것이다.

그가 합격을 확인하는 광경은 동영상으로 촬영되어 훗날 페이스북을 통해 전 세계에 공유되었다.[2] 그 순간은 기이하게 어색하다. 연휴를 맞아 집에 온 저커버그가 침실에서 컴퓨터 앞에 앉아 있는데(물론 〈문명〉 게임을 하고 있다) 하버드에서 이메일이 도착했다는 알림이 떴다. 마크가 아버지를 부르자, 아버지는 캠코더를 든 채 부랴부랴 침실로 달려왔다. 녹화 영상의 시작 부분에서 마크는 티셔츠와 플란넬 파자마 바지 차림으로 2층 침대 가장자리에 앉아 받은편지함을 쳐다보고 있다. 그가 짐짓 묻는다. "열어야 할까?" 말없이 이메일을 읽더니 조용히 말한다. "이런." 그러더니 착 가라앉은 단조로운 음색으로 덧붙인다. "오, 예."

에드의 초조한 목소리가 캠코더 뒤에서 묻는다. "어떻게 됐어?"

마크가 낮고 침착한 목소리로 말한다. "합격했어." 만족감이 희미하게 묻어 있다.

"진짜야?"

"그렇다니까."

에드가 "좋았어!"라고 소리치더니 곧이어 파자마 차림의 이 소년이 경이로운 업적을 이루기라도 한 듯 스포츠 캐스터처럼 해설을 시작한다. "하버드 2006년 졸업 동문 새내기 한 사람을 모시겠습니다!" 마크는 씩 웃으며 주먹을 불끈 쥐어 보이지만 이내 컴퓨터 삼매경으로 돌아간다. 〈문명〉으로. 에드가 묻는다. "이메일 읽어주지 않을래?"

2006년 졸업 동문 새내기가 말한다. "안 돼. 받은편지함 닫았어."

훗날 에드 저커버그가 말했다. "마크가 기뻐한 건 하버드에 합격해서라기보단 다른 곳에 지원서를 내느라 시간 낭비를 안 해도 돼서였던 것 같습니다."

하버드에 발을 디딘 저커버그는 컴퓨터 프로젝트에 대한 열정을 억누를 생각이 전혀 없었다. 입학 첫 달인 2002년 9월에 그는 댄절로와 함께 만든 개인 맞춤형 디제이 프로그램을 비공식적으로 출시했다. 웹사이트에는 '시냅스-ai'라는 이름을 붙였는데, 'ai'를 소문자로 쓴 것은 이용자의 재생 목록에서 다음 곡을 선택하는 인공지능이 초기 단계임을 강조한 것이었다. 저커버그는 1학년 때 시냅스를 다듬으면서 많은 시간을 보냈다.

엑서터에서 하버드로 보금자리를 옮기는 데는 아무 문제 없었던 듯하다. 그의 교우 관계는 유대인 동아리 알파 엡실론 파이Alpha Epsilon Pi를 중심으로 돌아갔다(신입생인 그가 가입할 수 있었던 데는 누나 랜디가 동아리 회원과 사귀고 있었던 것이 한몫했다). 그는 어울리기에는 좋지만 컴퓨터에 푹 빠진, 싹싹하지만 냉담한 학생으로 알려졌다.

하버드 동창이자 훗날 페이스북에 몸담은 메건 마크스Meagan Marks는 고작 12명이 수강하는 세미나식 강좌를 저커버그와 함께 들었던 일을 회상한다. 그래프 이론에 대한 수업이었다. 저커버그는 유난히 과묵했다. 하지만 한번 입을 열면 깊은 인상을 남겼으며, 이따금 수학 문제에 대해 정석은 아니지만 틀림없는 해법을 제시할 때면 비상해 보이기까지 했다. 마크스가 말한다. "마크는 자신이 옳다고 생각하면 남과 의견이 달라도 개의치 않았어요. 우상 파괴자가 되는 걸 결코 두려워하지 않았죠." 하지만 마크스가 수업 디너파티를 준비했을 때 학생은 12명이지만 자리는 8개밖에 없었다. 그녀는 저커버그가 모임에서 사교적이고 재밌는 사람일 것 같지 않아서 초대하지 않았다.

저커버그는 컴퓨터 관련 아르바이트로 용돈을 벌었다. 프리랜서 프로그래머로도 활동했는데, 생활정보 웹사이트 크레이그스리스트Craigslist에서 발견한 1000달러짜리 아르바이트는 폴 세글리아Paul Ceglia라는 뉴욕주 버펄로시 사업가를 위해 웹사이트를 코딩하는 일이었다.[3] 세글리아는 훗날 자신이 페이스북의 절반을 소유했다고 주장하면서, 페이스북 웹사이트를 출범시키기 전에 저커버그가 동의했다는 취지의 문서를 제시했다. 하지만 법원은 소송을 기각했으며 세글리아는 위조 혐의로 기소되었다.

여기서 보듯 마크 저커버그의 하버드 시절은 무척 기묘했다. 법적 관점에서 보자면 그 덕에 훗날 많은 변호사들에게 노다지가 떨어지게 된다.

저커버그는 시냅스에 많은 희망을 걸었던 것으로 보인다. 한낱 수업 과제가 아니라 바깥세상에서 먹힐 수 있는 사업으로 여긴 것이다. 파트너인 댄절로는 시냅스를 수업 과제로 내버려두는 데 만족하고 자신이 선택한 학교인 칼테크(캘리포니아공과대학교)에서 공부에 집중하는 쪽을 선호했다. 댄절로가 말한다. "칼테크는 말하자면 빡세요. 열심히 공부해야 하죠. 하버드는 솔직히 그렇게 힘들진 않아요. 그래서 마크가 시간이 많았던 것 같아요."

저커버그는 홍보에 공을 들였다. "[[내 두뇌가 네 두뇌보다 낫다]]"라고 쓴 시냅스-ai 티셔츠를 제작하기도 했다(대괄호는 프로그래밍 문법을 연상시키는 장식이다). 하지만 시냅스는 좀처럼 인기를 끌지 못했다. 뭔가 조짐이 보이기 시작한 건 봄이 되어서였다.

2003년 4월 21일에 컴퓨터 업계 최고의 뉴스 공급원인 웹사이트 슬래시닷Slashdot에 "칼테크와 하버드 학생들이 제시한 디지털 음악에 대한 흥미로운 접근법"을 소개하는 글이 올라왔다.[4] 이 글에서는 슬래시닷 커뮤니티의 수백만 회원에게 시냅스를 써보라고 권했으며, 이곳에서 으레 그러듯 열띤 온라인 대화가 이어졌다.

토론 주제 중 하나는 이 프로그램이 이용자의 음악 취향을 저장한다는 것이었다. 몇몇은 이것이 프라이버시 침해라고 지적했다. 누군가 이런 댓글을 올렸다. "내가 편집증적인지 모르겠지만 아무도, 내 컴퓨터조차 내게 데이터 마이닝data mining을 하지 않았으면 좋겠네요. 시냅스는 정말 그래요. 개인화된 데이터 마이닝이라고요."

4월 23일에는 저커버그 자신이 토론에 참여해 프로그램의 작동법을 설명하고 업데이트를 홍보했다. 그런 다음 이렇게 덧붙였다.

프라이버시에 대해 한마디 드릴게요. 여러분의 음악 감상 데이터는 여러분 이외의 그 누구도 이용할 수 없습니다. 우리는 대량의 데이터를 분석에 활용하기를 희망하지만 여러분의 개인 정보는 어느 누구에게든 결코 보여주지 않을 겁니다.

저커버그가 자신의 사업에서 프라이버시의 중요성을 공개적으로 인정한 것은 이때가 처음이었다. 물론 마지막은 아니었다.

슬래시닷의 컴퓨터 도사들은 시냅스의 또 다른 특이한 점을 발견했다. 그것은 저커버그가 작성한 프로그램 설명이 미숙하고 기괴하다는 것이었다. 어떤 사람들이 시냅스를 좋아할지에 대해 횡설수설하는 문단이 있었다("프로그래머. 조폭. 펑크족. 너드. 뼛속까지 너드. 심지어 예멘인. 그래, 아주 많이 …… 록 음악을 연습하는 사람들 …… 혁명가. 심지어 캐나다인. 교양인. 위장병 전문의. 놈팡이. 많은 놈팡이. 사악한 천재. 고전학 교수 ……"). 그런가 하면 프로그램을 활용해 '중국 여자애' 꼬시는 방법에 대한 오글거리는《플레이보이》식 구절에다, 저커버그 자신의 컴퓨터 능력에 대한 자랑까지 들어 있었다("전 세계를 …… 두 번 돌 만큼 많이 움직인 것은 마크의 마우스뿐이다.").

댄절로는 이 글을 보고 경악해 저커버그에게 글을 내리라고 요구했다. 물론 인터넷은 절대 잊지 않는다.

하지만 슬래시닷의 분위기는 전반적으로 우호적이었다. 저커버그는 마이크로소프트와 AOL을 비롯한 많은 기업이 이 학생 과제에 관심을 보인다는 얘기를 들었다. 저커버그와 댄절로는 한 기업으로부터 100만 달러에 달하는 제안을 받기도 했다. 하지만 두 사람이 그 회사에서 3년 간 일해야 한다는 조건이 붙었다. 그들은 제안을 거절했다.

둘 다 학교를 그만둘 생각이 없었다. 그 제안 때문에 그만둘 생각은 더더욱 없었다. 두 사람은 시냅스를 뒤로하고 앞으로 나아갔다. 저커버 그가 말한다. "우리가 더 나은 일을 할 수 있다는 걸 알았죠."[5]

소셜 미디어의 급성장: 프렌드스터와 버디동물원

2003년 여름, 1학년을 마친 저커버그는 케임브리지에 남은 채 하버드 부속 데이비드록펠러라틴아메리카연구소David Rockefeller Center for Latin American Studies에서 인턴으로 프로그램 분석 작업을 했다(매사추세츠주 케임브리지에는 하버드대학교와 MIT가 있다-옮긴이). 그는 댄절로를 비롯한 친구들과 시내의 기숙사 비슷한 숙소에서 살았다.

댄절로는 소셜 네트워크를 연구하는 주디스 도너스Judith Donath 교수 밑에서 MIT미디어연구소MIT Media Lab 인턴으로 일했다. 소셜 네트워크는 시의적절한 주제였다. 그해 여름 인터넷의 총아는 소셜 미디어라 이름 붙은 현상의 대표 주자인 프렌드스터Friendster라는 서비스였기 때문이다.[6]

댄절로가 말한다. "마크는 내가 프렌드스터에 열광하는 걸 신기하게 여겼습니다. 그는 회원으로 가입하지는 않았지만 거기에 뭔가 있다는 건 분명히 알았죠."

프렌드스터를 만든 사람은 캐나다인 조너선 에이브럼스Jonathan Abrams

였다. 그는 1990년대 중반 당시 인터넷 혁명의 대표적 스타트업이던 넷스케이프Netscape에서 일하려고 캘리포니아로 이주했다. 그는 1990년대 1차 닷컴 호황기에 창업했다. 그 회사는 뒤이은 닷컴 붕괴로 망했지만 기술 분야가 회복되기도 전에 에이브럼스는 또 다른 사업을 벌일 준비가 되어 있었다.

에이브럼스는 캘리포니아에 온 지 그리 오래되지 않았기에 직업과 연애 둘 다 백지에서 시작해야 했다. 그래서 업무상 지인, 친구가 될 만한 사람, 애인이 될 만한 사람의 인맥을 새로 구축하면서 관계도를 그려보기로 했다. 그러다 이걸 온라인으로 하면 어떨까, 하는 생각이 들었다. 2002년 여름, 그는 자신의 아파트에서 웹사이트 하나를 프로그래밍했는데 사이트에서 '친구'를 맺어 네트워크를 구축하고 확장하는 서비스였다. 처음에는 자신이 아는 사람들과 그들의 친구로 한정했으며 애인 구하기에 초점을 맞추었다. 사람들은 그의 웹사이트를 좋아했다. 웹사이트의 갑작스러운 성공은 에이브럼스에게도 놀라웠다. 처음에는 자신의 아이디어에 대해 회의적이었던 그는 갑자기 늘어난 활동 로그를 분석하고서야 성공을 실감했다. 그는 훗날 팟캐스트에서 이렇게 말했다. "사람들이 사진을 올리고 쪽지를 보내더군요. 그러니까 내가 바랐던 행동들을 전부 하고 있더라는 겁니다. 이게 통한다는 것이 놀라워서 멍하니 바라보기만 했죠."[7]

온라인 페르소나를 진짜 정체성과 연결한 것은 다른 온라인 서비스와의 차별점이었다. 이전까지 사람들은 가상의 별명이나 심지어 역겨운 별명을 짓고는 (마치 대규모의 혼잡한 코스프레 행사에서처럼) 익명성 뒤에 숨어 못된 짓을 하고도 무사했다. 하지만 자신이 누구를 상대하고, 누구와 이야기하고, 누구에게 작업을 걸고, 누구에게 거래를 제안하고, 누구를 스토킹하는지 알게 되면서 모든 게 달라졌다. 진짜 이름과 진짜 관계 망에 연결되면서 사람들은 자신을 더 솔직하게 드러낼 수밖에 없었다. 그중에서도 신뢰를 증진하고 사회 활동을 원활하게 만드는 특징이 하나 있었으니, 누군가와 '친구 맺기'를 하면 그 관계가 자신의 프로필에 나타난다는 점이었다. 또 웹사이트에서 사람들의 관심사를 검색할 수 있게 되면서 생각이 비슷한 데이트 상대(또는 그냥 만나고 싶은 사람)를 찾을 수 있게 되었다. 이를테면 〈미드나잇 카우보이Midnight Cowboy〉를 좋아하는 영화로 올려둔 사람 중에서 데이트 상대를 고를 수 있었다. 이 애매모호한 리트머스 시험을 통과한 상대가 있으면 자신과 어울릴 거라 생각해 쪽지를 보내는 것이다.

2003년 3월 에이브럼스는 프렌드스터를 일반에 공개하면서 "친구들의 인맥으로 사람들을 연결해 데이트 상대를 찾거나 친구를 사귀게 해주는 온라인 커뮤니티"로 묘사했다. 그때까지 엔젤 투자자angel investor 들에게서 유치한 자금은 무려 50만 달러에 육박했다. 사람들이 앞다퉈 가입했다. 실리콘밸리의 저명한 벤처 캐피털 회사인 클라이너 퍼킨스 Kleiner Perkins로부터 거액의 투자 제안이 들어왔다. 에이브럼스는 구글로부터 3000만 달러의 인수 제안을 받았지만 거절했다(2003년 구글에서 이 정도 규모의 지분이라면 지금은 10억 달러를 넘을 것이다).

마크 저커버그의 하버드 2학년 시절에 프렌드스터는 가입자가 300만 명을 넘었으며 댄절로와 저커버그도 그중 하나였다.

댄절로는 그해 여름 인턴 일을 하러 칼테크에서 케임브리지로 향하기 직전에 AOL 인스턴트 메신저를 기반으로 프렌드스터와 비슷한 것을 만들어보기로 했다. 그와 친구들은 프렌드스터를 매일 쓰고 있었기에 프로그램 제작은 식은 죽 먹기였다. 그의 기본 발상은 채팅 프로그램에

소셜 네트워크 기능을 추가한다는 것이었다. AOL 인스턴트 메신저에
는 버디 리스트Buddy List(친구 명단)라는 기능이 있는데 자신과 채팅하는
사람들의 주소록에 해당했다. 엄밀히 말해 댄절로의 프로그램은 AOL
인스턴트 메신저를 쓰면서 늘 이용하던 숨겨진 소셜 네트워크를 드러낸
것에 불과했다.[8] 그는 이 프로그램을 버디동물원BuddyZoo이라고 불렀다.
　원리는 이런 식이다. 버디동물원 사이트에 가서 자신의 버디 리스트
를 등록한다. 그러면 프로그램이 명단을 분석해 온갖 정보를 추려낸다.

- 자신과 친구들에게 공통인 버디를 찾는다.
- 자신의 인기도를 측정한다.
- 자신이 어느 집단에 속하는지 알아낸다.
- 시각적으로 표현된 버디 리스트를 본다.
- 구글 컴퓨터들이 페이지랭크PageRank 기법으로 웹페이지의 순위를 매기듯 자신의 명성을 확인한다.
- 대화명들이 몇 다리 건너 연결되는지 알아본다.

　버디동물원이 효과를 발휘하려면 많은 사람이 자신의 명단을 등록해
대규모 데이터 집합을 취합할 수 있어야 했다. 놀랍게도 댄절로에게 이
것은 문제가 되지 않았다. 그는 예전에 게임들을 만들어 공개했는데 다
운로드 횟수가 100회를 넘은 적이 한 번도 없었다. 시냅스는 그보단 나
았지만 몇 달을 투입한 결과였다. 그런데 댄절로가 일주일 만에 만들어
낸 버디동물원은 순식간에 선풍적인 인기를 끌었다. 프로그램이 공개되
자마자 10만~20만 명이 가입했다.
　댄절로는 여름 내내 버디동물원에 새 기능을 추가하고 수요 증가에

대처해야 했다. 그가 구축하고 있던 대형 그래프에 입력된 이름 데이터 베이스는 1000만 명을 넘어가고 있었으며 그는 이 데이터를 MIT미디어연구소 조사 활동에 활용했다.

매혹적인 작업에 거대한 이용자 집단의 즉각적인 피드백이 결합하면서 댄절로는 프로그래밍 사업에 대한 생각이 달라졌다. 이 일 이후로 그는 세상에 영향을 미칠 수 있는 사업만 하기로 마음먹었다. 그가 말한다. "마크에게도 비슷한 영향을 미친 것 같더군요."

코스 매치 프로젝트가 가르쳐준 교훈

하버드 학생들에게 '블로킹blocking'은 운명이다. 2학년이 시작되면 학생들은 열두 곳의 기숙 '하우스' 중 한 곳에 배정되는데, 이곳이 학교 밖 생활의 중심이 된다. 같은 하우스에 있는 학생들은 함께 식사하고 서로 어울리고 각 하우스의 독특한 관습과 규칙을 따른다. 1학년이 끝나면 모든 학생은 8명이 모여 '블록block'을 이룰 수 있는데, 그러면 하우스 한 곳을 배정받게 된다. 하버드 졸업생들은 유명한 아무개가 자기네 블록에 있었다는 얘기를 평생 입에 달고 산다.

하지만 하버드 역사상 가장 운명적인 블로킹 과정은 커클런드 하우스Kirkland House H33호실 입주자를 결정한 블로킹이었다. 어떤 학생들에게 기숙사 위치는 억만금의 가치가 있었다. 커클런드 하우스나 근처에 사는 학생들은 자신이 역사의 현장을 목격했다는 사실을 영원히 자랑할(훨씬 나중에는 마지못해 실토할) 터였다.

저커버그의 블록에는 1학년생 룸메이트가 있었는데, 그는 세라 구딘

Sarah Goodin이라는 같은 학년 여학생과 친한 친구였다. 한편 그녀는 크리스 휴스Chris Hughes라는 남학생과 가까웠다.[9] 이런 느슨한 연결을 통해 블록이 만들어졌다. 휴스는 저커버그를 잘 몰랐으며 구딘을 만나러 기숙사에 갔다가 마주친 것이 고작이었다. 그는 저커버그가 별난 컴퓨터 과학도이지만 매력적이고 재밌을 때도 있다는 구딘의 평가에 대체로 동의했다. 휴스가 말한다. "저커버그는 언제나 무언가를 코딩하고 있었죠."

저커버그의 1학년 룸메이트가 하버드를 떠나자 휴스와 저커버그는 방을 함께 쓰게 되었다. 두 사람은 공통점이 별로 없어 보였다. 휴스는 공학이 아니라 역사와 문학을 전공했으며 동아리에도 가입하지 않았다. 그는 동성애자였고 저커버그는 이성애자였다. 하지만 휴스는 자신들 둘에게 미묘한 연결 고리가 있음을 감지했다. 둘 다 중산층 자녀이면서 수준을 높여 엘리트 사립 학교에 입학했다(휴스는 노스캐롤라이나주 히커리의 고향을 떠나 매사추세츠주의 필립스앤도버아카데미에 입학했는데, 이곳도 10개 학교 입학 연합체 중 하나). 또한 둘 다 하버드에서 부유한 특권층 학생들의 화려한 삶을 구경하는 처지였다. 휴스가 보기에 둘은 각자의 방식으로 부적응자였다.

그들의 블록은 커클런드 하우스를 배정받았으며 저커버그와 휴스의 방은 학생 4명을 수용할 수 있는 H33호실의 침실 두 곳 중 하나였다. 나머지 한 방에 입주한 더스틴 모스코비츠Dustin Moskovitz와 빌리 올슨Billy Olson은 저커버그가 만난 적 없는 학생들이었다. 그들은 자기네 책상을 벽난로가 있는 비좁은 공동 거실에 몽땅 몰아넣었다(벽난로는 한 번도 쓰지 않았다). 저커버그는 프로젝트를 구상하기 위해 커다란 화이트보드를 가져와 거실과 침실을 연결하는 좁은 통로에 두었다.

침실과 침실은 방화문으로 연결되었다. 방화문에는 열면 경보가 울린다는 경고문이 붙어 있었지만 경보는 한 번도 울리지 않았다. 문은 거의 언제나 열려 있었는데, 저커버그가 동아리에서 만난 캘리포니아 출신 조 그린Joe Green이 자주 찾아왔기 때문이다.

저커버그는 수업에는 건성으로 임했다. 그에게 가장 중요한 것은 프로젝트였다. 그는 무언가를 만드는 것을 좋아했으며, 자신이 세계 최고의 대학에 다니든 말든 H33호실 거실에 있는 자신의 싸구려 나무 책상에서 오랜 시간을 보냈다. 친구들이 불과 1~2미터 거리에 있는데도 그는 인스턴트 메신저로 대화하기를 더 좋아했다. 자신이 컴퓨터로 타이핑하는 대화가 언젠가 자신을 괴롭힐 로그로 남으리라는 생각을 그때는 미처 하지 못했다.

저커버그는 젊은 시절 내내 언제나 프로젝트를 진행했으며 하나가 끝나면 곧장 다음 프로젝트를 시작했다. 하지만 여름 방학을 보내고 2학년이 되어 커클런드 하우스에 돌아왔을 때 그는 어느 때보다 의욕이 넘쳐 보였다. 그는 책상 앞에 앉자마자 (갈수록 거창해지는) 새 아이디어를 쏟아내기 시작했다. 그런데 아이디어들을 합치자 한 가지 주제가 나타났다. 그가 진행한 거의 모든 프로젝트는 어떤 식으로든 사람들을 연결하는 것이었다.

그해 그의 첫 프로젝트는 '코스 매치Course Match'라는 프로그램이었다. 우선 저커버그는 하버드 웹사이트에서 그 학기의 수업 목록을 추출했다 (그는 "학교에서는 별로 개의치 않더군요"라고 회상한다). 코스 매치에 가입한 학생들은 이름과 이메일 주소를 입력하고 자신이 신청한 과목을 표시했다. 과목을 선택하면 자신 이외에 누가 그 과목을 선택했는지 알 수 있었다. 또 이름을 입력해 그가 무슨 과목을 듣는지 볼 수도 있었다. 강의실의 등장인물을 미리 볼 수 있다는 점에서 코스 매치는 브로드웨이의 인기 뮤지컬만큼 매력적이었다. 저커버그의 미래 프로젝트들과 마찬가지로 단순한 겉모습은 눈속임에 불과했다.

저커버그는 학생들이 이 프로그램에서 헤어나오지 못하는 것을 보고 어안이 벙벙했다. 그는 그때의 놀라움을 훗날 이렇게 표현했다. "몇 시간이고 클릭을 하고 있더라고요. 누가 무슨 강좌를 듣는지 보여주는 것일 뿐인데, 사람들이 이런 것에 관심이 있다니 흥미롭지 않나요? 그냥 텍스트일 뿐인데 말이에요."[10] 그는 이런 식으로 사람들의 관계망을 그릴 수 있음을 알게 되었다.

한편으로 코스 매치에는 저커버그가 전혀 생각하지 못한 문제가 있었다. 수강 계획처럼 대수롭지 않아 보이는 것조차 일반에 공개될 경우 엄청나게 복잡한 역효과를 낳을 수 있다는 사실이었다. 실제 수업 내용이 무엇이냐가 아니라 누가 듣느냐로 과목을 선택한다면 어떤 일이 벌어질까? 여학생들은 강의실에서 스토커가 자기 뒷자리에 앉아 있을까봐 걱정해야 하지 않을까?

하지만 코스 매치는 그런 사안이 논의될 만큼 오래 지속되지 못했다. 코스 매치 웹사이트가 어찌나 인기 있었던지 몇 주 지나자 노트북이 타버린 것이다. 웹사이트는 저커버그의 노트북에서 호스팅되었는데 그의 노트북은 서버용이 아니었다. 이후에 그는 책상 옆 욕실에서 뿜어져 나온 증기를 한 가지 원인으로 지목했다.[11] 다행히 코드를 백업해둔 덕분에 나중에 재활용할 수 있었다. 코스 매치는 그에게 매우 요긴한 교훈을 가르쳐주었다. "사람들은 자기 주위 사람들한테 무슨 일이 일어나고 있는지 알고 싶어서 안달하죠."

신기하게 그해 10월 23일 교내 신문 《하버드크림슨The Harvard Crimson》에 저커버그가 처음 기사화되었을 때 코스 매치는 언급되지 않았다.[12]

수업에서 두각을 나타내기보다 소프트웨어 제작에 더 관심이 있어 보이는 유망한 2학년생의 간략한 프로필 격인 이 기사가 주목한 것은 이미 한물간 시냅스 작업이었다. 이 일은 저커버그가 《하버드크림슨》과 호혜적인 관계를 맺는 계기가 되었다. 이후 몇 달간 저커버그는 캠퍼스 내 컴퓨터 귀재로 간간이 신문에 등장했다. 학년이 올라갈수록 이야기는 점점 흥미진진해졌다.

외모 평가 프로젝트 페이스매시로 파문을 일으키다

하지만 저커버그의 다음번 중요 프로젝트는 그가 감당할 수 없을 만큼 논란을 일으켰으며 이 때문에 그는 하버드에서 퇴학당할 뻔했다.

저커버그는 자신의 활동을 실시간으로 기록하는 일에 열심이었기에 이 프로젝트를 둘러싼 난감한 상황은 이후에 뼈아픈 결과로 드러나게 된다. 이 일을 계기로 마크 저커버그는 훨씬 성숙해져 자신이 기록하는 내용에 신중을 기하게 된다. 하지만 '하버드 페이스 매시Harvard Face Mash'를 만들었다고 기록한 그의 일기는 그의 창조력이 어떻게 발휘되는지 엿볼 수 있는 희귀하고 심란한 기회를 제공한다.

연애 사업이 잘 풀리지 않았던지 짜증이 난 저커버그는 (자기 말로는) 살짝 취한 채 화요일 저녁 8시가 조금 지났을 무렵 커클런드 H33호실 거실의 자기 책상 앞에 앉았다. 옆에는 벡스 맥주가 놓여 있었다. 문제의 여성을 "잡년"이라고 공언한 뒤 그는 기분 풀 거리가 필요하다고 썼다. "그 여자를 머릿속에서 지울 수 있는 뭔가 생각할 거리가 필요해."[13] 그런 때 저커버그가 안전하게 머물 수 있는 곳은 자신의 컴퓨터였다.

조 그린과 룸메이트 빌리 올슨이 곁에 있었는데, 셋은 뭘 하면 기분 전환이 될지 이야기를 나누었다. 그러다 탄생한 것이 고약하고 추잡한 구석이 있는 웹사이트였다. 저커버그에게 영감을 준 것은 얼굴 사진이 함께 실린 커클런드 하우스 입주 학생들의 인명록이었다.

내 컴퓨터 화면에는 커클런드 사진첩이 열려 있어. 몇 명의 사진은 정말 끔찍하군. 이 얼굴 몇 개를 가축 사진과 나란히 놓고 어느 쪽이 더 매력적인지 투표하게 하고 싶어. 대단한 아이디어는 아니고 재미조차 없을지 모르지만, 빌리가 사진첩에서 두 사람을 골라 비교하자는 아이디어를 냈어. 가축은 가끔씩만 끼워 넣는 거지. 좋은 결정이야, 올슨 씨! 빌리가 한 건 한 것 같아.

저커버그는 '핫 오어 낫Hot or Not'이라는 인기 웹사이트를 자기 식으로 개작했다. 두 프로그래머가 2000년에 만든 '핫 오어 낫'은 여성들이 자발적으로 올린 사진에 모르는 사람들이 점수를 매기는 외모 평가 웹사이트다. 저커버그의 버전에서는 당사자 동의 없이 사진이 등록되어 같은 집단의 구성원들에게 공개적으로 평가받았다. 설상가상으로 저커버그의 시스템은 더 전파력이 크고 더 고약하게 진화했다. 핫 오어 낫에서는 개개인에게 1점부터 10점까지 점수를 부여한 반면 저커버그의 시스템은 두 사람을 맞붙여놓고 말 그대로 정면 승부를 벌이게 했다.

괴팍한 기행의 연대기에 실렸을 뿐 아니라 메이저 영화의 핵심 장면이 된 그 장난을 둘러싼 경박한 분위기를 회상하며 그린이 말한다. "핫 오어 낫보다 낫다고 생각했습니다. 한 사람에게 1부터 10까지 점수를 매기는 건 기준이 없잖아요. 하지만 어느 쪽이 더 매력적인지는 언제나 판단할 수 있으니까요."

저커버그 본인은 이런 방식이 불쾌할 수 있음을 인식하지 못했다고 훗날 주장했다. 자신이 언젠가 만들게 될 미래의 창조물이 수많은 온라인 괴롭힘의 원흉으로 지목되리라고는 당연히 꿈에도 생각하지 못했으리라. 이런 괴롭힘이 어찌나 고통스러웠던지 몇몇 극단적인 경우에 표적이 된 사람은 스스로 목숨을 끊기까지 했다. 하지만 저커버그에게는 한낱 프로젝트요, 재밋거리에 불과했다.

맥주에 푹 전 그의 프로젝트 이야기로 돌아가자. 그는 각 하버드 하우스의 온라인 인명록에서 사진을 추출하는 데 필요한 단계를 설명하면서 자신의 작업 진행 상황을 기록으로 남겼다. 간단한 과정은 아니었다. 하우스마다 정보 보호 수준이 달랐으며, 저커버그는 금고털이처럼 인명록을 뒤지면서 문이 열릴 때까지 다이얼을 돌렸다.

사진을 내려받았다고 해서 끝이 아니었다. 그의 프로그램은 일대일 비교뿐 아니라 모든 비교 방법을 고려했으며 하버드 전체에서 승자와 패자를 찾았다. 누군가는 이것이 먼 훗날 틴더Tinder 같은 서비스의 예고편이라고 주장할지도 모르겠다.

저커버그는 거실에서 사흘간 열심히 코딩해 사이트를 완성했다. 이 과정에서 그는 자신의 프로그래밍 레퍼토리를 확장했는데, 이 프로젝트를 위해서는 리눅스Linux(운영체제), 아파치Apache(서버), SQL(프로그래밍 언어)처럼 자신이 숙달하지 않은 오픈소스 소프트웨어를 다뤄야 했기 때문이다. 이 프로젝트를 창조하는 일은 일종의 훈련이어서, 롤플레잉 게임을 할 때 미래의 대전투에서 보스 몬스터를 상대하기 위해 아바타의 레벨을 높이는 것과 같았다.

그는 자신의 프로그램에 '페이스매시Facemash'라는 이름을 붙이고 인터넷 주소를 확보했다. 웹사이트 시작 페이지의 취지문에서 저커버그는 자신이 숭배하는 고전 속 영웅들이 전장에서 용맹을 발휘하는 것 같은 허세를 부렸다. 페이스매시는 하버드 방문자들에게 이렇게 물었다. "우리는 외모로 입학했나? 아니다. 우리는 외모로 평가받을 것인가? 그렇다."

공식적인 의미에서 출시는 없었다. 그는 사이트의 링크를 친구 몇 명에게 배포했다(facemash.com 도메인을 웹에 등록해두었다). 또한 어리석게 자신의 개략적인 데이터 수집 방법과 가축 운운한 온라인 일기를 사이트에 올렸다. 그러고는 모임에 참석하러 나갔다. 그 토요일 저녁 그가 기숙사에 돌아와 컴퓨터에 접속했더니 놀랍게도 페이스매시에 대한 반응이 컴퓨터를 가득 채우고 있었다. 누군가 커클런드 하우스에 링크를 돌린 것이 틀림없었다. 링크는 그곳에서 하버드 전체로 퍼져 나갔다. 그리고 입소문이 났다.

또한 페이스매시는 어떤 사람들을 화나게 만들었다. 특히 하버드 여학생들은 자신이 마치 가축이라도 된 것처럼 외모로 평가받는 데 격분했다. 라틴계 여학생 단체 푸에르사 라티나Fuerza Latina와 하버드흑인여학생회Association of Black Harvard Women의 메일링 리스트는 벌집을 건드린 듯 분노에 찬 게시물로 도배되었다.

불평과 트래픽 부하 사이에서 저커버그는 페이스매시 때문에 말썽을 겪고 싶지 않아서 사이트를 폐쇄하기 시작했다. 얼마 지나지 않아 하버드 전산망 관리 부서는 비정상적인 트래픽 요청에 대처하느라 커클런드 하우스 전체의 인터넷을 차단했다. 컴퓨터과학 수업 문제를 풀던 모스코비츠와 보고서를 쓰던 휴스는 인터넷이 끊기자 짜증이 났다. 저커버그가 더욱 심란했던 것은 조 그린이 소란을 틈타 H33호실의 마지막 남은 핫 포키츠Hot Pockets를 낚아챘기 때문이다(핫 포키츠는 학생들에게 인기 있는 냉동식품이었다).

　장난은 끝났지만 파장은 계속되었다. 하버드는 사건을 조사해 저커버그가 통신 시스템을 해킹하고 저작권을 침해하고 학생 프라이버시를 훼손했다고 판단했다. 그린과 올슨도 지목되었으나 혐의는 저커버그보다 가벼웠다. 저커버그는 자문위원회advisory board에 소환되었다. 자문위원회는 학장과 처장들로 이루어진 일종의 법정으로 비행을 조사하고 제재를 가할 권한이 있었다. 하버드 은어로 그는 애드보드당했다ad-boarded('advisory board'를 축약해 동사로 활용한 표현-옮긴이).

　저커버그와 친구들은 이러한 문제 제기를 기업가 정신에 대한 하버드의 편견 탓으로 돌렸다. 이곳은 무언가를 만드는 일, 즉 저커버그가 가장 좋아하는 활동을 장려하지 않았다. 캘리포니아 출신의 컴퓨터과학도로 저커버그와 여러 수업을 함께 들은 앤드루 매콜럼Andrew McCollum은 하버드가 상아탑에 안주했다고 훗날 설명했다. "의예과는 전공할 수 없습니다. 학문적 주제가 아니라는 이유에서죠. 생물학이나 화학을 전공해야 합니다. 회계학 강좌도 들을 수 없습니다. 너무 현실적이라는 거죠. 회계를 배우고 싶으면 MIT에 가야 합니다. 하버드는 학문적인 것에만 초점을 맞추었습니다."

　게다가 MIT는 첨단 기술 장난에 대해 훨씬 너그러웠다. 자신들의 해커를 좋아했다. 하버드는 그렇지 않아서 저커버그의 장난을 중범죄로 여겼다. 퇴학당할 가능성이 실제로 있었다.

　상황이 이렇게 엄중한데 저커버그는 이상하리만치 침착했다. 그의 부모도 별로 개의치 않았다. 한 학기 학비를 날려야 한다는 것이 속상하기는 했겠지만 두 사람은 아들이 적절히 해명하면 대학 당국이 알아들으리라 생각했다. 아버지가 말한다. "마크는 알면서 잘못을 저지른 적이

한 번도 없습니다." 캐런 저커버그가 확신에 찬 목소리로 덧붙인다. "매우 윤리적이고 공정한 아이랍니다. 집에서나 학교에서나 사람들을 대할 때나 늘 그랬어요."(이 말을 한 것은 2019년인데, 어떤 사람은 그녀가 아들의 학생 때 행동만 언급하는 게 아니라고 생각한다.)

결정이 내려지기 전날 밤 저커버그는 동아리에서 일시적 이별을 위해 마련한 '잘 가, 마크' 파티에 참석했다. 그린은 자기 여자 친구의 친구를 저커버그에게 소개해줄 작정이었다. 그가 말한다. "대단한 통찰은 아니었어요." 파티에서 저커버그는 술에 취해 눈에 콩깍지가 씌었다. 그녀의 이름은 프리실라 챈Priscilla Chan이었으며 두 사람은 술에 취한 채 만났다. 저커버그가 대수롭지 않게 자신이 조만간 학교에서 쫓겨날지 모른다고 말하자 챈은 담담하게 받아들였다. 그녀가 하버드에 입학하기까지 사연이 감동적인 이민 스토리임을 감안하면 뜻밖의 반응이었다. 소아과 의사가 되겠다는 결연한 의지로 나아가는 길에 퇴학이란 용납할 수 없는 일이었을 테니 말이다.

두 사람은 사귀기로 했다. 데이트 장소는 케이크로 유명한 버딕스라는 초콜릿 가게였다. 저커버그와 그린은 계획을 세웠다. 그린이 데이트 중인 저커버그에게 전화해 파티에 초대한다는 작전이었다. 그린이 말한다. "그러면 마크가 더 멋있어 보일 테니까요." 전화가 걸려오자 저커버그는 자신이 끝내주는 여자와 함께 있다며 초대를 매우 요란하게 극적으로 거절했다.

챈은 저커버그와 데이트를 계속했고 결국 그의 아내가 되었다. 두 사람은 결혼식에서 저커버그의 시답잖은 수작을 재연했다.

2003년 11월 3일 자문위원회는 저커버그에게 집행 유예에 해당하는 판결을 내렸다. 그는 2004년 5월 28일까지 '근신' 처분을 받았다.[14] 판결문에는 상담사를 만나야 한다는 것 말고는 별다른 제약이 없어 보였다. 공식 죄목은 "부적절한 사회적 행동"이었다.

나중에 저커버그는 이 판결을 그보다 더 나쁜 짓을 하지 말라는, 그러지 않으면 정말 퇴학시키겠다는 경고로 받아들였다고 설명했다. 그는 여학생 단체에 사과했으며 그들을 위해 컴퓨터 작업을 해주기로 했다. 그린과 올슨은 가벼운 비행 가담 혐의로 아무런 처벌을 받지 않았다. 자문위원회에 출석할 필요조차 없었다.

커클런드 H33호실에서는 즉석 축하연이 열렸으며 그들은 샴페인을 터뜨렸다. UCLA 수학 교수로 MIT 강연을 위해 케임브리지를 방문 중이던 그린의 아버지는 저커버그가 하버드에서 쫓겨날 뻔한 학생치고는 꽤 거들먹거린다고 말했다. 그는 아들을 꾸짖으며 "다시는 저커버그 프로젝트에 동참하지 마라"라고 말했는데, 이 때문에 조 그린은 훗날 수억 달러를 날린 셈이 되었다.

저커버그가 페이스매시 사건으로 깨달은 가장 인상 깊은 교훈은 잘못된 행위에 관한 것이 아니라 사람들의 열광적인 반응과 그 이유였다. 여러 해 뒤 이와 관련한 질문을 받았을 때 저커버그는 자신이 페이스매시에서 배운 것은 사람들이 자신과 지인의 사진 보는 것을 얼마나 좋아하는가였다고 답했다(그는 진실을 말하겠다고 선서했다).

딴 건 없느냐고 변호사가 묻자 저커버그가 말했다.

"사람들은 내가 생각한 것보다 더 관음증적이더군요."

스터디 그룹을 빙자한 공짜 과외 프로그램 개발

저커버그는 페이스매시 사건에 전혀 동요하지 않고 태연한 태도를 유지했다. 훗날 천문학적인 배상금이 걸린 더 심각한 잘못을 저지른 뒤에도 마찬가지였다. 그는 결코 행동을 조심하지 않았다.

조 그린이 말한다. "마크는 정말 자신감이 강했어요." 한번은 그린이 저커버그와 챈과 함께 저녁 먹으러 걸어가고 있는데 저커버그가 충동적으로 혼잡한 도로에 뛰어들었다. "조심해!"라고 소리치는 챈에게 그린이 말했다. "걱정 마. 자신감 역장force field이 마크를 보호해줄 테니까."

2003년 11월 6일 저커버그는 '편집부' 명의의 《하버드크림슨》 사설에 주목했다. 페이스매시 사태를 분석한 이 글은 이번 일을 계기로 학교 당국이 캠퍼스를 아우르는 온라인 사진첩이 절실하다는 사실에 좀 더 다가가게 되었음을 마지못해 인정했다.[15] 사설의 핵심은 학생의 프라이버시를 보호하는 조치를 마련해야 한다는 것이었다.

저커버그는 사설을 가슴에 새기며 프라이버시를 핵심에 두겠다고 다짐했다. 그러면서 지금껏 자신이 만든 것 중에서 가장 야심 찬 프로젝트를 준비했다. 바로 하버드 학부생을 위한 온라인 사진첩이었다.

학생 사진첩을 인터넷에 올린다는 발상은 참신함과는 거리가 멀었다. 오히려 당연하고 필연적이었다. 저커버그는 이미 몇 해 전 자신의 프렙스쿨에서 그런 사진첩을 본 적이 있었다. 또 여러 대학의 학생들이 진작에 인명록을 온라인에 올려두었으며 그중 일부는 다양한 소셜 기능을 갖추고 있었다.

이를테면 4년 전 스탠퍼드대학교 학부생 몇 명은 '스팀터널스Steamtunnels'라는 자칭 지하 웹사이트를 운영하면서 그곳에 학내 온라인 사진첩을

1부 SNS 왕국의 탄생

구현했다.[16] 1999년 9월《스탠퍼드데일리Stanford Daily》기사에서 보도했듯이 드렁큰 마스터Drunken Master, 디제이 몽키DJ Monkey, 더 술탄The Sultan이라는 온라인 대화명으로만 알려진 학생들은 과거 4년 치 인쇄본 인명록에서 사진을 스캔했다. 드렁큰 마스터는 이렇게 말했다. "신선하고 생생한 목소리와 모두에게 활기를 불어넣는 근사한 서비스를 제공할 수 있을 것 같았습니다." 하지만 대학 당국은 명시적 허락 없이 사진을 온라인에 올리는 것은 학생 프라이버시를 침해한다고 주장하며 시스템의 사진첩 기능을 차단했다. 그로부터 몇 해 뒤 본명이 에런 벨Aaron Bell인 드렁큰 마스터는 타기팅targeting 광고 전문 스타트업의 최고경영자가 된다. 훗날 마크 저커버그의 회사에서 논란거리가 된 바로 그 광고 기법이다.

한편 하버드는 공식 온라인 사진첩을 제작하고 있으며 몇 달 안에 서비스를 제공할 수 있으리라고 발표했다. 2003년 12월 9일《하버드크림슨》은 학생용 전산망 담당자 케빈 S. 데이비스Kevin S. Davis의 말을 인용했다. "온라인 사진첩은 오랫동안 모든 사람의 숙원이었습니다."[17] 하지만 그는 날짜에 연연하지는 않았다. 서비스가 지연된 한 가지 이유는 저커버그가 학기 초에 페이스매시 장난으로 공분을 산 뒤 제기된 프라이버시 우려 때문이었다.

저커버그에게는 다행스럽게 데이비스는 아직 어떤 직원도 공식 인명록 제작 임무를 맡지 않았다고 말했다. 하버드보다 먼저 무언가를 만들어낼 시간은 충분했다.

그런 와중에 그는 여전히 소규모 프로젝트들을 추진하고 있었다. 프로그래밍에 전념하느라 그는 수업에는 소홀했다. 무엇보다 '아우구스투스의 로마'라는 고전 수업에는 한 번도 출석하지 않았다. 그는 로마 위인들을 열렬히 사모했지만 자신의 영웅과 관련된 미술 작품에는 관심이 없었다. 기말고사는 아우구스투스 재위기의 회화와 유물 분석이었는데 그는 시험을 치를 준비가 되어 있지 않았다. 오히려 다들 기말고사를 준비하고 있는 2004년 1월에 프로그래밍에 박차를 가했으니 말이다. 그는 훗날 이렇게 털어놓았다. "완전히 망했죠. 그 모든 자료를 읽을 도리가 없었으니까요."[18]

그래서 저커버그는 프로그래밍으로 난국을 타개하기로 마음먹었다. 우선 강좌 웹사이트의 이미지를 모조리 내려받았다. 그런 다음 자기 웹사이트에 전송해 함께 수업을 듣는 모든 학생에게 웹사이트 링크를 보내고는 같이 공부하자고 초대했다. 그는 훗날 이렇게 설명했다. "기본 아이디어는 이미지를 보여주고서 자신이 보기에 무엇이 중요한지 댓글을 남기게 해 다른 학생들이 뭐라고 썼는지 보는 거였죠."

같은 수업을 들었던 친구 앤드루 매콜럼은 저커버그의 시도가 공동 시험 준비의 통념을 깨뜨린 혁신적 방법이었으며 꼼수는 전혀 없었다고 말한다. "마크는 스터디 그룹을 꾸려 도서관에서 모이는 방식은 비효율적이라고 생각했습니다. 사람들이 더 쉽게 협력할 수 있는 도구를 만들면 어떨까? 이게 그의 큰 접근법이었죠. 어떻게 하면 기술을 이용해 사람들이 협력하도록 하고 시간과 공간의 제약을 없앨 수 있을까, 하는 거였어요."

부정적으로 보자면 저커버그가 스터디 그룹이라는 미명 아래 공짜 과외를 받는 프로그램을 만들었다고 결론 내릴 수 있을 것이다. 어쨌든 이 사이트는 동급생들에게 유익한 서비스를 표방했지만 명백한 목적은 단한 사람, 마크 저커버그를 돕는 것이었다. 하지만 그는 훗날 '아우구스투스의 로마' 해킹이 선한 시도였다고 주장했다.

2009년 인터뷰에서 그는 내게 말했다. "이 수업을 공부하기 위해 정보를 얻어야 했을 뿐이에요. 나머지 학생들도 다들 정보가 필요했고요. 그래서 사이트를 만들어 정보를 공유한 거죠. 이 모든 프로젝트를 잇는 공통 끈은 이거예요. 세상에는 더 많은 정보를 공유할 수 있는 효율적인 장소가 있는데, 우리는 그곳에 있지 않아요. 사람들이 그곳에 갈 수 있도록 하려면 어느 정도 노력이나 생산물이 필요해요. 그걸 만든 사람은 세상을 그 장소로 이끄는 데 한몫한 거고, 그건 정말 좋은 일이죠."

저커버그에게 좋은 일임에는 분명했다. 그는 기말고사에서 1등을 했다.

3

더페이스북의 출현

저커버그보다 앞선 소셜 프로그램 개발자들

저커버그는 아직 캠퍼스의 유명 인사는 아니었다. 하지만 페이스매시 사건을 언급한 《하버드크림슨》 사설은 온라인 프로젝트를 계획하던 3학년생 세 사람의 관심을 끌었다.

2002년 말 디브야 나렌드라Divya Narendra는 친구인 캐머런 윙클보스 Cameron Winklevoss와 타일러 윙클보스Tyler Winklevoss 쌍둥이 형제에게 접근해 동급생들에게 서비스, 특히 소개팅 서비스와 어쩌면 그 이상까지 제공하는 웹사이트 아이디어를 제안했다. 그들은 이 웹사이트를 '하버드 커넥션The Harvard Connection'이라고 불렀으며 나중에 더 일반적인 이름인 '커넥트유ConnectU'로 바꾸었다.[1] 그들은 2003년 내내 사이트를 구상했으나 다른 활동 때문에 지지부진했다. 윙클보스 형제는 조정팀에서 훈련하랴(둘은 올림픽 경기에 출전하고 싶었다), 근사한 엘리트 사교 클럽의 행사에 참석하랴, 물론 공부도 하랴 바빴다. 이에 앞서 같은 해에 그들은 자신들의 아이디어를 실현하는 고된 일을 맡아줄 프로그래머를 고용했지만 그는 작업을 끝내기 전에 다른 일자리가 생겨서 그만두었다. 그 프로그래머는 페이스매시 소동의 배후인 2학년생이라면 그들의 아이디어를 상품화할 수 있을 거라며 연락해보라고 제안했다.

2003년 11월 3일 나렌드라는 저커버그에게 이메일을 보냈다. 저커버그는 커넥트유 삼총사와 만나고 얼마 지나지 않아 그들을 위해 일하기로 했다. 그는 처음에는 열정적으로 참여했다. 하지만 몇 주가 지나면서 마감을 어기고 변명을 일삼아 윙클보스 형제와 나렌드라의 심기를 불편하게 했다. 이를테면 11월 30일에 저커버그는 캐머런 윙클보스에게 이렇게 말했다. "추수 감사절에 집에 가면서 충전기 챙겨가는 걸 깜박해 수요일 저녁에 배터리가 방전된 뒤로 노트북을 못 썼어." 그는 학교에 돌아가면 곧바로 작업에 착수하겠다고 약속했다.

2004년 1월 14일 커클런드 H33호실에서 열린 회의에서 저커버그는 커넥트유팀에 그만두겠다고 최후통첩을 했다.

캐머런 윙클보스는 그해 《스탠퍼드데일리》에 이렇게 말했다. "저커버그는 우리가 뭘 원하는지 분명히 알았습니다. 몇 달간 우리 발목을 잡으면서 자기 아이디어를 구현하고 있었죠. 그러고는 2월에 독창적인 아이디어인 것처럼 발표했고요."[2]

윙클보스가 불평할 만했다. 저커버그는 당시 친구와 AOL 인스턴트 메신저 대화에서 이렇게 말했기 때문이다.

누군가 벌써 소개팅 사이트를 만들려고 해. 하지만 그들은 실수를 저질렀지. 하하. 나한테 만들어달라고 부탁한 거야. 그래서 꾸물대면서 더페이스북이 완성될 때까지 시간을 끌고 있어.

이 메시지는 2010년 《비즈니스인사이더Business Insider》가 찾아낸 당시의 수많은 문제성 인스턴트 메시지 중 하나다.[3] 이 메시지들은 당시와 이후에 저커버그가 보낸 쪽지 중 극히 일부에 불과하지만, 속임수와 프라이버시 등 그가 성인이 되었을 때 끝없이 그의 발목을 잡을 문제들을 적나라하게 보여준다. 훗날 저커버그는 이것을 비롯한 하버드 시절의 불리한 인스턴트 메시지들을 미숙함 탓으로 돌리면서 그때 일을 후회한다고 말했다. 그는 메시지들이 거두절미하고 발췌되어 자신의 감정이 올바로 반영되지 않았다고 주장했다.

나중에 내게 보낸 문자 메시지에서 그는 십 대 때의 경솔한 표현을 가지고 판단하면 자신의 성격에 대한 왜곡된 시각을 가지게 될 것이라고 설명했다. "나의 어릴 적 낡은 인스턴트 메시지와 이메일이 끊임없이 문맥과 동떨어진 채 불거지고 농담이나 별 뜻 없는 말들이 나의 핵심적인 성격이나 가치의 표현으로 둔갑하는 현실이 하도 속상해서 더는 옛 자료들을 저장하지 않기로 마음먹었어요." 이후 인터뷰에서 그는 이 주제로 돌아가 이렇게 말했다. "누군가에게 한 농담 하나하나가 나중에 인쇄되어 문맥과 무관하게 발췌되는 걸 누가 좋아하겠어요?"

저커버그와 윙클보스 형제의 갈등은 훗날 증언과 영화로 남았다. 그런데 실은 덜 유명한 경쟁자 하나가 나머지들이 계획만 하고 있던 소셜 기능을 담은 프로그램을 이미 하버드에서 발표했다.

에런 그린스펀Aaron Greenspan은 그해 3학년이었다.[4] 저커버그와 마찬가지로 프로그램 제작자이자 풋내기 창업가인 그린스펀은 소소한 디지털 서비스를 수시로 제작해 출시했다. 그는 하버드에 입학하고 얼마 지나지 않아 스타트업에 대한 학교의 암묵적 편견에 부아가 나서 학생창업위원회Student Entrepreneurship Council를 설립했다. 그린스펀은 동급생들이 수업과 교우 관계, 교과서 교환이나 소포 도착 알림 같은 자질구레한 캠퍼스 생활을 각자의 숙소에서 꾸려갈 수 있도록 도와주는 도구를 만들고 있었다. 2003년 8월 그는 이 도구들을 '하우스시스템houseSYSTEM'이라는 하나의 프로그램으로 통합해 발표했다. 프로그램의 기능 중 한 가지는 그가 '유니버설 페이스북Universal Facebook'이라고 부른 학생 인명록이었다.

하지만 그린스펀에게는 애석하게도 그가 만든 프로그램은 별 호응을 얻지 못했다. 무엇보다 분통 터지는 일은 자신의 프로그램을 홍보해달라고 《하버드크림슨》 기자들에게 요청했으나 누구 하나 설득하지 못한 것이었다. 거듭된 이메일이 무위로 돌아가자 그는 신문사 사무실로 쳐들이가 누군가에게 사이트를 보여주는 데 성공했다. 하지만 소용이 없었다. 그 뒤로 몇 달간 그린스펀은 저커버그의 시냅스와 페이스매시 기사를 학교 신문에서 읽으면서 질투로 속을 끓였다. '왜 이 친구한테만 이렇게 관심을 쏟지?'

그린스펀은 저커버그에게 개인적으로 악감정은 없었다. 적어도 당시에는. 그는 저커버그를 자신의 학생 창업가 단체에 가입시키려고 애썼다. 저커버그는 관심을 드러내긴 했지만 모임에는 한 번도 참석하지 않았다.

2004년 1월이 되자 두 사람은 다시 연락을 주고받기 시작했다. 저커버그는 또 다른 프로젝트를 시작했다고 말했지만 "그 프로젝트를 DL

에 부치려고" 했다('DL'은 'down-low'의 약자로 '비밀'이라는 뜻이다). 그린스펀은 저커버그에게 하우스시스템에 들어갈 프로젝트를 만들려는 거냐고 물었지만, 저커버그는 아니라며 그린스펀의 시스템은 복잡해서 자신에게는 무리라고 말했다. 윙클보스 형제에게 그랬듯 저커버그가 카드를 가슴에 대고 얼마나 꼭꼭 숨겼던지 클로버와 스페이드의 자국이 남을 정도였다. 저커버그는 그린스펀에게 쪽지를 보내 자신의 룸메이트들이 불평할 거라고 주장했다. "이 일에서 내 문제는 여러 가지 코딩을 하면서 오랫동안 주의를 집중할 틈을 낼 수 없다는 거야. 나는 아이디어가 떠오르면 빠르게 구현하는 쪽이 좋아."

두 사람은 1월 8일 커클런드 하우스에서 저녁 식사를 겸해 만났다. 저커버그는 H33호실 룸메이트 더스틴 모스코비츠와 우연히 알게 된 듯한 젊은 여성을 대동했다. 그린스펀은 저커버그가 자신감 넘치고 엄청나게 태평한 사람이라는 인상을 받았다. 저커버그는 뉴잉글랜드의 매서운 한겨울에 마치 샤워하고 나온 것처럼 반바지 차림으로 구내를 가로질렀다. 저커버그가 인스턴트 메시지에서 자신이 무엇을 만들고 있는지 함구했기에 그린스펀은 이 기회를 이용해 대놓고 물었다. 저커버그는 그래프 이론에 대한 것이라고 말했다.

그린스펀은 궁금했다. '하버드용 프렌드스터를 만들고 있는 걸까?' 그는 저커버그의 모호한 태도가 꺼림칙했다. 하지만 이 자신만만한 2학년생에 대해서는 이미 마음을 굳혔다. 현재의 그린스펀이 말한다. "저커버그는 처음 만난 순간부터 못 믿겠더군요."

1월 초 이후의 하우스시스템 로그를 조사하면서 그린스펀은 자신의 의심이 정당했다는 것을 알게 되었다. 저커버그가 그린스펀의 웹사이트에 접속해 흘린 빵가루로 보건대 아이디어가 될 거리를 찾고 있음이 분명했다. 그린스펀은 로그를 들여다보며 빵가루를 따라 저커버그의 활동을 추적했다. 훗날 저커버그의 페이스북 역시 똑같은 식으로 이용자들(심지어 비이용자들)이 월드 와이드 웹을 탐색할 때 그들을 그림자처럼 따라다니게 된다.

하지만 저커버그는 어떤 면에서 그린스펀의 경쟁 상대가 될지 모르는 무언가를 자신이 만들고 있다는 사실을 숨기지 않았으며, 하우스시스템의 몇 가지 기능을 어떻게 만든 거냐고 그린스펀에게 쪽지로 묻기도 했다. 그린스펀은 이 시소게임을 암묵적으로 받아들인 채 저커버그에 대한 의혹은 속으로만 간직했다. 그린스펀의 태도가 바뀐 것은 훨씬 뒤의 일로,《뉴욕타임스》기사에 등장해 저커버그가 페이스북을 만들면서 자신과 윙클보스 형제의 작업을 도용했다고 주장하면서부터다.

사실 아이디어 자체는 누구에게나 열려 있었다. 소셜 미디어는 폭발적으로 성장하고 있었다. 프렌드스터는 일대 사건이었으며 수백만 명이 마이스페이스에 몰려들고 있었다. 게다가 학교의 사진첩을 온라인에 올린다는 개념을 상대성이론과 동등하게 취급할 수는 없었다. 심지어 엑서터고등학교에서 원조 페이스북을 만든 크리스 틸러리조차 자신은 디지털화 시대의 필연적 한걸음에 불과하다고 생각했다.

모든 시간을 코딩에 쏟아부으면서 저커버그가 수업에 제대로 출석할 수 있을 리 만무했다. 그는 빡빡하기로 악명 높은 운영체제 수업에 곧잘 결석했다. 2004년 1월 보다 못한 강사 맷 웰시Matt Welsh는 상담 좀 하자며 저커버그를 불렀다. 그 자리에서 웰시는 저커버그가 강의에 참석하지 않고도 수업을 따라가는 데 아무 문제가 없음을 알게 되었다. 하지만 컴퓨터과학 161 강좌(운영체제)는 출석 자체가 성적에 반영된다고 지적했다. "A를 받고 싶지 않아? 하버드 학생들 모두 전과목 A를 받고 싶어 하잖아?"

저커버그는 웰시에게 자신의 복잡한 상황을 이야기했다. 페이스매시 때문에 애드보드당한 사건을 설명하고 소셜 네트워킹 기능을 갖춘 온라인 사진첩 제작에 대부분의 시간을 쓰고 있다고 말했다. 웰시는 시큰둥했다. 그는 19세의 저커버그에게 물었다. "네가 프렌드스터와 오르컷Orkut의 경쟁 상대가 될 수 있다고 생각해?"(오르컷은 검색 업계의 거물 구글이 발표한 최신 소셜 네트워크였다.) 웰시가 훗날 블로그에 썼듯 저커버그는 "동요하지 않았다."⁵

저커버그의 친구 앤드루 매콜럼이 말한다. "마크가 나쁜 학생이었던 건 아닙니다. 당시에 하버드는 그에게 줄 게 별로 없었죠. 그는 자신의 길을 스스로 개척했으니까요. 그에게는 강의실에서 듣는 수업보다는 다른 일들이 점점 중요해졌습니다."

더페이스북에 오신 것을 환영합니다

2004년 1월 11일, 저커버그는 커져만 가는 커넥트유팀의 불만을 여전히 무마하고 그린스펀에게 모호한 언질을 주던 와중에 더페이스북닷컴Thefacebook.com 웹사이트를 등록했다. 페이스북닷컴Facebook.com 도메인은 다른 곳이 선점하고 있었다.

당시에 저커버그의 프로젝트가 얼마나 진척되었는가는 불분명하다. 겨울 방학이던 2004년 1월 초에 그는 친구 몇 명을 만나러 샌프란시스코베이에어리어를 찾아갔는데, 거대 기술 기업들의 본고장을 방문하게 되어 잔뜩 들떴다. 하지만 그 뒤 1월 중에 저커버그가 더페이스북닷컴으로 알려질 웹사이트를 코딩하느라 한두 주(기간에 대해서는 저커버그 자신의 말이 오락가락한다)를 보냈다는 것은 반론의 여지가 없다. 그가 1월에 이 프로젝트에 주력한 것은 분명한 사실이다.

그는 이 새 사이트를 자신이 예전에 만들던 모든 프로젝트의 정점으로 여겼다. 나중에 저커버그가 한 설명에 따르면, 그 모든 프로젝트를 잇는 공통 끈은 인터넷 덕분에 우리가 정보를 더 효율적으로 공유할 방법은 손에 넣었지만 그 일을 실현할 도구는 만들고 있지 않다는 믿음이었다. 그는 그런 도구를 만들면 세상을 더 효율적인 곳으로 바꿀 수 있으리라 생각했다. "그건 정말로 좋은 일이죠. 코스 매치와 아우구스투스의 로마 같은 소소한 프로젝트도 그래서 만든 것이고요. 페이스북은 일종의 으뜸 프로젝트였어요. 우리가 관심을 기울이는 사람들에 대해 모든 걸 알려주니까요."

그는 앞선 프로젝트 하나하나에서 교훈을 얻었다.

- 코스 매치: 친구들이 수강 신청한 과목을 알아내는 능력.
- 페이스매시: 사람들은 친구들의 면면을 정말로 보고 싶어 한다.
- 아우구스투스의 로마: 사람들은 자신의 콘텐츠를 기꺼이 공짜로 내준다(그가 페이스매시의 함정과 또 다른 자문위원회 조사를 피하기 위해 도입한 방법은 사람들이 자발적으로 사이트에 올린 콘텐츠만 이용하는 것이었다).

아울러 그는 댄절로의 버디동물원 작업 그리고 친구 명단을 교차해 짜 맞추는 방식이 전체 인맥 네트워크를 그려낼 수 있다고 거의 확신했다.

이런 맥락에서 저커버그는 더페이스북을 발표하기 전 작은 프로젝트 하나를 더 추진했다. 그가 계획한 기능 중 하나는 이용자들이 자신과 관련된《하버드크림슨》의 모든 기사를 프로필에 넣을 수 있도록 해 다른 사람들이 신문 기사를 실제 사람과 연관시킬 수 있도록 한다는 것이었다. 그는 프로젝트를 준비하면서《하버드크림슨》기사를 추출하다가, 자신의 원대한 네트워크에서 버디동물원 식의 그래프를 만들어 사람들을 연결하는 데 몇 번의 단계가 필요한지 알 수 있음을 발견했다.

《하버드크림슨》에 자주 등장하는 사람은 하버드칼리지(학부 과정) 학장이자 컴퓨터과학 교수 해리 루이스Harry Lewis였다. 저커버그는 장난삼아 '해리 루이스까지 여섯 다리'라는 애플리케이션을 배포하기로 했다. 이용자는 여러 사람이 언급되는 기사들을 통해 자신이 몇 단계를 거쳐 루이스에게 연결되는지 알 수 있었다. 그는 뜻밖에 신중을 기해 루이스에게 이 아이디어가 괜찮겠느냐고 이메일을 보냈다. 루이스는 아무 문제 없다고 판단했지만 훗날《디애틀랜틱The Atlantic》의 앨릭스 매드리걸Alex Madrigal에게 밝혔듯이 이 젊은 코더에게 주의를 주었다. 그는 저커버그가 수집하는 데이터에 대해 이렇게 답장을 썼다. "그건 전부 공개된 정보라네. 하지만 어느 순간 공개된 정보가 프라이버시 침해처럼 느껴지기 시작하지."[6]

저커버그의 앞선 프로젝트들은 인터페이스 요소를 거의 활용하지 않았다. 기본적으로 그는 화면에 텍스트를 뿌려놓고 사람들이 다른 페이지나 기능으로 연결되는 링크를 클릭하도록 했다. 하지만 이 프로젝트는 무척 중요하니 실제 그래픽 디자인이 필요하겠다는 생각이 들었다. 매콜럼은 근사해 보이는 웹페이지를 만든 적이 있었다. 저커버그는 매콜럼에게 인스턴트 메시지를 보내어 자신이 더페이스북 시제품을 만들었다며 명령하다시피 페이지 디자인과 로고 작업을 요청했다. 매콜럼은 자신이 디자인 전문가와 거리가 먼 컴퓨터과학도일 뿐이고 포토샵과 어도비 일러스트레이터 불법 복제본을 가지고 몇 가지 실험을 해본 게 전부라며 사양했다. 하지만 저커버그는 물러서지 않고 페이지 상단부를 0과 1로 이루어진 사람 실루엣처럼 만들라고 지시했다(당시에도 이런 이미지는 컴퓨터와 관련된 무엇을 나타내는 진부하고 친숙한 방법이었다).

매콜럼은 온라인에서 찾은 한 청년의 얼굴 사진의 가장자리를 디지털 부호처럼 흐릿하게 처리해 '벡터 아트vector art' 로고를 만들어냈다. 사진은 배우 알 파치노의 얼굴을 닮았다. 수백만 명에게 "더페이스북 가이Thefacebook Guy"로 알려진 사진의 실제 인물이 보스턴에서 활동하는 그룹 제이 가일스 밴드J. Geils Band의 전 리드 싱어 피터 울프Peter Wolf임을 누군가 매콜럼에게 알려준 것은 몇 년이 지난 뒤였다.

그래도 사이트는 시각적으로 그다지 매력적이지 않았다. 게다가 후신들에 비하면 더페이스북은 조잡하기 그지없었다. 페이지에 접속하면 맨 위의 사이트 이름과 피터 울프 그래픽 아래에 이 사이트가 뭘 하는 곳인지 설명하는 문구가 표시되었다.

[더페이스북에 오신 것을 환영합니다]

더페이스북은 대학에서 사람들을 소셜 네트워크로 연결하는 온라인 인명록입니다.
우리는 하버드대학교의 일반 학생을 위해 더페이스북을 개설했습니다.
여러분이 더페이스북에서 할 수 있는 일은 아래와 같습니다.

• 자신의 학부에 속한 사람들을 검색할 수 있습니다.

- 누가 여러분과 같은 수업을 듣는지 알 수 있습니다.
- 친구의 친구를 검색할 수 있습니다.
- 여러분의 소셜 네트워크를 시각적으로 확인할 수 있습니다.

시작하려면 아래 '가입' 단추를 클릭하세요. 이미 가입했다면 '로그인' 단추를 클릭하세요.

페이지 맨 아래에는 사이트의 모든 페이지와 마찬가지로 사이트 운영자가 누구인지 모두가 알 수 있도록 다음 문구가 표시되었다.

마크 저커버그 제작
더페이스북 ⓒ 2004

사이트에 가입하면 먼저 가입한 동급생들과 연결되거나, 금세 동사가 된 명사 'friend'를 써서 '친구'가 되거나, 아직 가입하지 않은 사람을 초대할 수 있었다.

프라이버시는 이 새 웹사이트의 결정적 특징이었을 것이다. Harvard.edu 도메인의 이메일을 가진 사람만 가입할 수 있게 함으로써 학생들이 자발적으로 올린 개인 정보를 공유하는 안전한 공간을 만든 것이다. 이메일 검증을 통해 사람들이 실제 신분으로 사이트에서 교류하도록 해 나쁜 행동을 방지하는 안전장치를 내장한 셈이었다. 게다가 무엇을 누구에게 공유할지 이용자가 제한할 수 있었다. 이런 보호 조치 덕분에 더페이스북은 당시의 다른 어떤 소셜 네트워크보다 강력한 프라이버시를 보장할 수 있었다.

훗날 윙클보스 형제는 인터넷 도메인을 이용해 커뮤니티 내에서 프라이버시를 보장하는 방법이 자신들의 독창적 아이디어이자 저커버그와 공유한 일급비밀이었다고 주장했다. 하지만 독창적 아이디어는 아니었다. 실은 커넥트유팀이 잘 알고 있던 에런 그린스펀의 하우스시스템 역시 Harvard.edu 도메인을 이용해 이용자를 검증했다.

자문위원회의 페이스매시 조사를 받으면서 태연한 척하긴 했지만 저커버그는 그 시련에서 교훈을 얻었음이 틀림없다. 그의 동급생 메건 마크스가 말한다. "페이스매시는 마크와 미래 페이스북에 일어날 수 있었던 일을 보여주는 최고의 사건 중 하나였을 거예요. 사람들이 자기 정보를 스스로 통제하는 것이 얼마나 중요한지 절감하는 계기였으니까요. 마크는 더페이스북닷컴을 철저히 옵트인opt-in(사전 동의) 방식으로 만들었어요. 어떤 데이터 시스템도 긁어 오지 않았어요. 직접 가입해야 했죠. 그런데 한 달이 채 지나지 않아 학생 중 절반 이상이 더페이스북을 쓰고 있더라고요. 그러니 데이터를 긁어 올 필요가 전혀 없었죠."

이용자가 자진해서 데이터를 제공했다. 더페이스북은 아무런 콘텐츠 없이 출범했다. 다만 사람들이 자신의 콘텐츠를 올릴 수 있도록 도와줄 뿐이었다. 첫 콘텐츠는 사람들이 스스로 만든 프로필이었다. 그들은 실물 인명록의 두 줄짜리 소개란보다 훨씬 많은 공간을 할당받았다. 더페이스북은 학생들에게 자신의 사진(졸업 사진사가 찍은 어색한 미소의 증명사진이 아니라 직접 고른 사진)과 사람들을 사귀고 (바라건대) 꼬실 수 있는 온갖 정보를 올리라고 부추겼다. 사람들은 자신의 '연애 상태'와 자신이 '바라는 것'을 입력할 수 있었다. 전화번호나 AOL 인스턴트 메신저 대화명 같은 개인 정보, 자신의 관심사, 정치 성향, 좋아하는 책, 듣고 있는 수업, '좋아하는 명언' 등을 올리는 공간이 있었다.

시스템을 통해 대화를 나눌 수는 없었지만 저커버그는 다른 사람에게 직접 신호를 보내는 방법을 고안했다. 다른 이용자를 디지털 '콕 찔러보기poke'의 대상으로 지정하는 것이었다. 이 행동의 정확한 의미는 전적으로 발신자와 수신자에게 달렸지만 성적 뉘앙스가 담긴 것은 분명했다. 몇 해 뒤 나는 저커버그에게 래리 맥머트리Larry McMurtry의 인기작 《고독한 비둘기Lonesome Dove》에서 간통을 점잖게 표현하는 단어가 'poke'라는 걸 아느냐고 물었다. 그는 처음 듣는 이야기라고 했다.

하지만 더페이스북에 귀중한 데이터를 공급한 것은 프로필만이 아니었다. 프렌드스터와 마찬가지로 더페이스북에서는 다른 사람과 '친구'를 맺어 그들이 자신의 네트워크에 속해 있음을 드러낼 수 있었다. 프렌드스터와 다른 점은 남들이 서로의 네트워크를 검색할 수 있다는 것이었다. 저커버그는 훗날 이렇게 말했다. "많은 사람들은 그저 남들이 누구를 아는지 보고 싶어 했어요. 그런 서비스는 어디에도 없었죠."[7]

2004년 2월 4일 저커버그는 더페이스북을 공식 론칭했다. 그는 친구들에게 이메일을 보내 이용해보라고 재촉했다. 학생들이 새 학기 수강신청을 하던 시점이었기에 더페이스북은 당장 쓰임새가 있었다. 콕 찔러보기는 친구들이 아직 가입하지 않아 네트워크가 한산할 때 초기 가입자들이 시도해볼 수 있는 기능이었다. 하지만 한산한 건 잠시였다. 저커버그가 론칭 소식을 올린 지 몇 분 지나지 않아 사람들이 몰려들기 시작했다.

저커버그는 사이트를 공개한 날 밤 친구들과 피노키오스Pinocchio's(그들은 줄여서 녹스Noch's라고 불렀다)라는 피자 가게에 갔다. 그는 KX로 불리던 친구 진캉싱Kang-Xing Jin, 金康新과 피노키오스에 자주 갔는데 두 사람은 컴퓨터과학 수업을 함께 수강하면서 곧잘 과제 파트너가 되었다.

둘은 기술이 세상에 어떤 지각 변동을 가져올지 종종 궁리하곤 했다. 2월 4일 저녁 더페이스북의 빠른 확산을 지켜본 저커버그와 KX는 언젠가는 누군가가 전 세계를 연결할 거라고 결론 내렸다. 그렇다고 저커버그의 노트북에서 방금 공개된 프로그램이 인류를 묶는 접착제가 되리라는 뜻은 아니었다. 마이크로소프트나 다른 거대 기업이겠지, 하는 것이 둘의 생각이었다.[8]

하버드 3학년생 샘 레신Sam Lessin은 저커버그를 그다지 잘 알지는 못했다. 저커버그와 마찬가지로 커클런드 하우스에서 살던 레신은 디지털 서비스 제작을 기웃거리던 하버드 학생 집단의 일원이었다. 그는 '크림슨 익스체인지Crimson Exchange'라는 이른바 '하버드 전용 이베이'를 개발했는데 성공을 거두지는 못했다.

레신은 더페이스북이 범상치 않은 물건이라고 믿었다. 레신이 푹 빠져 있던 주제인 소셜 네트워킹이라는 벼락을 저커버그가 병에 담아낸 것이었다. 레신의 아버지는 식스디그리스에 투자한 적 있는 이스트코스트(미국 동부 대서양 연안 지역—옮긴이)의 기술 투자자였으며 레신은 앤드루 와인리치를 숭배했다. 레신은 식스디그리스의 몰락을 애석하게 여기면서 이제 프렌드스터의 성장을 지켜보고 있었는데 좋은 상품이지만 결함이 있다고 생각했다. 신뢰성이 없다는 것이 문제였다. 프렌드스터는 이용자들을 실명으로 확인할 수 없었기 때문이다. 레신은 자신의 집에서 웹사이트를 하나 만들었는데, 이용자가 자신이 누구를 상대하는지 알 수 있도록 해 안전을 보장하고 가입 자격을 커뮤니티 내로 제한해 프라이버시를 보장했다.

그는 곧장 저커버그와 점심 식사 자리를 마련했다. 레신은 포커페이스의 저커버그에게 말했다. "이건 어마어마한 물건이 될 거야! 아마

…… 1억 달러짜리는 될 거라고!" 레신이 생각해낼 수 있는 가장 큰 숫자였다.

저커버그는 뭐라고 말했을까? 레신은 훗날 이렇게 회상한다. "무덤덤하더군요." 저커버그에게 더 큰 관심사는 어떻게 하면 더페이스북으로 더 재미난 일을 할 수 있을까였다. 돈은 그다음이었다.

그렇지만 저커버그는 더페이스북이 자신의 예전 프로젝트들보다 더 큰 사업 잠재력을 가졌다고 생각하고 있었다. 심지어 홈페이지 론칭 전에 이미 더페이스북을 기반으로 회사를 차리고 친구들에게 투자받는 방안에 관해 이야기하기까지 했다. 페이스매시 사건으로 그는 캠퍼스 규모의 시스템을 노트북으로 운영할 수는 없으며 서버 공간을 임차할 자금이 필요하다는 교훈을 얻었다. 저커버그는 우선 조 그린에게 부탁했다. 그러나 어차피 컴퓨터보다 정치에 관심이 많던 그린은 마크 저커버그의 프로젝트를 가까이하지 말라는 아버지의 명령을 따랐다.

저커버그는 에드와도 새버린Eduardo Saverin이라는 동아리 친구의 관심을 끄는 데 성공했다. 새버린은 부유한 유대인 가문의 브라질계 후손으로, 그의 가족은 에드와도가 고등학생 때 브라질을 떠나 마이애미에 정착했다. 그는 하버드 투자 클럽에 몸담고 있었다. 그린이 말한다. "우리 중 누구도 비즈니스에 대해 전혀 몰랐는데 에드와도는 비즈니스를 아는 것처럼 보이는 친구였어요."

새버린은 1000달러를 투자했으며 저커버그 역시 같은 금액을 마련했다.[9] 나중에 새버린은 공동 명의로 개설한 계좌에 1만 5000달러를 기탁했다. 둘은 더페이스북의 소유권을 분할하기로 합의했다. 저커버그는 새 회사의 지분 3분의 2를 소유했으며, 비즈니스를 아는 것처럼 보이는 새버린은 나머지 3분의 1을 소유했다. 이 모든 과정이 법적 분쟁으로 비화했을 때 저커버그는 증언대에서 이렇게 설명했다. "우리는 회사를 시작하고 있었습니다. 그래서 지분 문제를 논의해야 하지 않을까 생각했습니다."

이 자금으로 저커버그는 서버 공간을 임차했다. 비용은 월 85달러였다.

그 뒤로 며칠 동안 더페이스북은 하버드 학생들을 무지막지하게 집어삼키기 시작했다. 더 많은 학생이 가입할수록 친구들 그리고 친구로 삼고 싶은 사람들의 프로필을 찾을 가능성이 커졌다. 1980년대 초 컴퓨터 과학자 밥 멧커프Bob Metcalfe는 네트워크 효과network effect에 대한 글에서 네트워크의 가치는 참여자 수의 제곱에 비례해 증가한다고 추정했다. 이것은 '멧커프의 법칙Metcalfe's law'으로 알려졌다. 시간이 지날수록 학생들은 시간을 때우기 위해서가 아니라 꼭 필요해서 가입하기 시작했다. 더페이스북에 가입하지 않는 것은 실제 캠퍼스에서 가상의 추방을 당하는 셈이었기 때문이다.

훗날 사회학자들과 스타트업 전문가들은 2004년 2월 하버드에서 일어난 일을 치밀하게 분석해, 저커버그가 병에 담은 벼락의 포렌식 forensic(범죄 과학 수사에 쓰이는 디지털 분석) 작업을 꼼꼼히 진행했다. 당시에 20대 초반으로 사회학이 컴퓨터 화면에서 탄생하던 새 시대를 이해한 최초의 인물 중 하나인 데이나 보이드Danah Boyd가 말한다. "아이비리그 신입생은 캠퍼스 내에 아는 사람이 한두 명도 안 되기 때문에 [물리적인] 페이스북(사진첩)은 정말이지 핵심 인프라 요소예요. 저커버그는 그걸 참여형으로 만들었죠. 소셜 스토킹 요소도 살짝 집어넣었고요. 중독성이 있었죠. 그리고 자신의 네트워크에 있는 사람들만 볼 수 있다는 사실이 중요했어요. 자신을 공개하되 자기가 원하는 사람들에게만 공개할 수 있었으니까요."

더페이스북이 론칭되고 며칠 뒤《하버드크림슨》이 이 현상에 주목했다(이 신문사 사람들은 이미 커클런드 H33호실을 하버드의 실리콘밸리로 간주하기 시작했다).《하버드크림슨》은 〈새 사진첩 웹사이트에 수백 명이 가입하다〉라는 기사를 내보냈다(수백 명이라니!).[10] 그러면서 논란을 일으킨 페이스매시 제작자가 오명을 씻기 위해 극적인 시도를 벌였다고 덧붙였다. 기사에서 저커버그는 다소 거들먹거리는 태도로 자신이 더페이스북을 만든 건 하버드가 온라인 사진첩 구축에 늑장을 부렸기 때문이라고 말했다. "대학이 이걸 만드는 데 몇 년이 걸린다는 건 어처구니없는 일이라고 생각합니다." 그가 이후 몇 년간 주기적으로 제기할 라이트모티프leitmotif(반복되는 중심 주제)의 첫 사례였다. 바로 신기술 시대는 젊은이의 것이라는 선언이었다. 그는 이렇게 우쭐거렸다. "나는 그들보다 더 잘 만들 수 있고 게다가 일주일 안에 만들 수 있습니다."

하지만 학생들이 프라이버시에 대해 우려한다는 최근의 질책에 대해서는 그 점이 자신의 새 프로젝트에 얼마나 진지하게 반영되었는지 공들여 해명했다. 그는 이용자가 자기 정보를 볼 수 있는 사람을 제한할 수 있는 다양한 방법을 설명했다. 그는 자신의 웹사이트가 앞으로 계속 이용자 프라이버시를 존중할 것이라고 약속했다. 그는《하버드크림슨》에 이렇게 말했다. "누구의 이메일 주소도 팔지 않을 겁니다."

좋게 표현하자면, 저커버그가 하버드의 온라인 세계를 점령한 것은 아우구스투스, 알렉산드로스 대왕, 그가 〈문명〉 게임에서 선택한 온라인 아바타 같은 그의 영웅들이 휘두르는 압도적인 힘에 비유할 수 있었다. 저 야심만만한 전사들처럼 그는 이미 앞으로 벌일 정복을 구상하고 있었다.

저커버그, 전국 캠퍼스 정복에 나서다

저커버그는 하버드 연구실에서 더페이스북을 다듬어 다른 캠퍼스들로 신중하게 진출하는 것이 아니라 단번에 전국 대학들을 더페이스북의 식민지로 삼을 계획을 추진하기 시작했다. 기존 온라인 인명록이 있는 대학은 타도해야 했다. 이를 위해서는 학교별로 데이터베이스를 구축하고 사이트를 홍보하는 등 실무를 처리할 팀이 필요했다. 가입 눈사태가 언덕 아래로 굴러 내려오기 전에 끝내야 했다. 이 임무를 맡은 사람들은 페이스북 공동 창업자가 되었다. 물론 이들 모두는 으뜸 창업자 한 사람을 보좌하는 신분이었다. 모든 페이지에 이름이 박히는 단 한 사람. "마크 저커버그 제작."

더스틴 모스코비츠는 저커버그의 핵심 기술 보좌역이 되었다. 저커버그보다 여드레 뒤에 태어난 모스코비츠는 플로리다주 게인즈빌 출신으로 경제학을 전공했다. 학창 시절에는 온갖 프로젝트를 추진하는 저커버그의 어깨 너머로 잔소리를 했으며(그는 페이스매시가 한심한 장난이라고 생각했다), 인터넷이 어떻게 세상을 바꿀지에 대한 심야 토론에 열성적으로 참가했다. 페이스북이 출범하자 저커버그는 모스코비츠에게 사이트 운영을 도와달라고 부탁했다. 모스코비츠는 훗날 기자에게 이렇게 말했다. "난 적극적으로 나서지는 않았습니다. 그보다는 이런 식이었죠. 마크가 작업하다가 내가 옆에 앉아 있으면 이렇게 말하는 거죠. '야, 이거 좀 도와줄 수 있어?'"[11]

하지만 더페이스북이 급속도로 캠퍼스에 퍼지는 광경을 보자 모스코비츠는 더 큰 역할을 맡고 싶어졌다. 그러려면 실제로 코딩을 해야 했다. 그는 프로그래밍 단기 강좌를 들었으며 《왕초보를 위한 펄Perl For

Dummies》을 사서 온종일 독학했다. 구식 언어인 펄이 아니라 PHP와 C++ 같은 신식 언어로 사이트를 구축했다고 저커버그가 말했을 때 모스코비츠는 당황하지 않았다.[12] 별일 아니었다. 어차피 그것들도 배워야 했으니까. 그는 믿기지 않는 일벌레였다. 급기야 사람들은 그를 "황소 Ox"라고 불렀는데 그의 지능과 조직력을 도외시한 별명이었다. 그는 금세 저커버그의 작업을 모방하는 법을 배웠으며 더페이스북을 새 캠퍼스들에 이식하는 데 필요한 업무 수행에 달인이 되었다.

저커버그의 룸메이트 크리스 휴스는 이 프로젝트가 심심풀이나 페이스매시 같은 장난이 아님을 금세 알아차렸다. 프렌드스터의 열성 팬이었던 휴스는 하버드 도메인으로 디지털 경계를 제한하는 사적 네트워크가 프렌드스터의 프라이버시 침해 우려를 해결할 수 있음을 깨달았다. 휴스에게 더페이스북은 저커버그의 프로젝트 중 처음으로 참여하고 싶은 마음이 드는 프로젝트였다. 휴스는 기술 관련 일은 관심이 없었다. 저커버그는 자신이 그다지 내켜하지 않는 대외 홍보 업무를 맡아달라고 휴스에게 부탁했다.

페이지의 그래픽 작업을 한 앤드루 매콜럼은 아이다호에서 자라면서 컴퓨터를 사랑하게 되었는데, 하버드에서 실제로 컴퓨터과학을 전공한 극소수 중 하나였다. 그는 저커버그를 보자마자 꿈을 이루기 위해서라면 무엇이든 마다하지 않는 열정과 결단력에 감명받았다.

저커버그 다음으로 많은 지분을 소유한 공동 창업자 에드와도 새버린은 물주로서 더페이스북의 경영에 참여했다. 그는 다른 팀원들이 캠퍼스 공략을 계획하는 동안 비즈니스 업무를 처리하는 역할을 했다.

이렇게 5명이 공동 창업자가 되었지만 누가 우두머리인지에는 이견이 없었다. 저커버그는 사이트에서 "창업자, 마스터 앤드 커맨더, 국가의 적Founder, Master and Commander, Enemy of the State"을 자칭했다. 그는 더페이스북이 지금껏 자신이 한 어떤 프로젝트와도 다름을 인식하기 시작했다. 처음으로 그의 실험에서 모든 시간과 노력을 바칠 만한 무언가로 성장할 싹수가 보였다.

이제 다른 캠퍼스를 접수할 때가 왔다. 저커버그의 접근법은 미국 대학들을 거대한 게임 〈리스크Risk〉의 나라들처럼 취급하는 것이었다. 사실 그 나라들은 무주공산이 아니었다. 몇몇 학교는 이미 온라인 사진첩 비슷한 서비스가 구축되어 있었다. 〈리스크〉 게임에서처럼 그는 그들보다 한 수 앞서야 했다.

첫 목표는 컬럼비아대학교였다. 표면상으로는 쉽게 점령할 수 있을 것 같지 않아 보였다. 그곳에는 2003년 중반부터 경쟁자가 버티고 있었다. 하지만 게임의 달인 저커버그는 허를 찌르는 수법을 썼다. 더페이스북이 통할 가능성이 가장 큰 학교들에 우선 진출하는 것이 아니라 성공 확률이 가장 낮아 보이는 학교를 공략한 것이다.[13] 학생들에게 이미 다른 선택지가 있는 학교들이 그런 대상이었다.

매콜럼이 말한다. "마크의 성격이 남들과 결정적으로 다른 부분이 그거죠. 이런 걸 만든 다른 사람들은 자기네가 주력하는 학교에서 거둔 성공에 만족하고는 기능을 유지·개선하면서 훌륭한 소셜 네트워크를 계속 제공하는 데 열중했습니다. 하지만 마크는 페이스북이 터줏대감 소셜 네트워크와 경쟁할 수 있는지 보고 싶어 했죠."

더페이스북을 하버드 바깥으로 확장하려면 저커버그는 중대한 결정을 내려야 했다. 새로 참여하는 시스템을 기존 네트워크의 일부로 간주해야 할까, 별도의 단위로 간주해야 할까? 구체적으로 말하자면 자신의 캠퍼스뿐 아니라 다른 학교 학생들의 프로필도 검색할 수 있도록 해야 할까? 훗날 그는 이 상충 관계를 이렇게 표현했다. "사람들이 모두를 볼 수 있되 안전하게 느끼지는 못하는 환경에서 자신의 관심사와 생각과 좋아하는 것을 공유하도록 하는 게 나을까요? 아니면 더 많은 정보 공유와 표현을 가능하게 하되 대상을 줄여서 누구에게나 적절한 수준의 회원만 받아들이는 게 나을까요?"[14]

저커버그는 장고 끝에 프로필 검색을 자신이 다니는 학교로 제한하기로 마음먹었다. 자기 커뮤니티에 속한 사람들에게만 공개된다는 걸 알면 사람들이 휴대폰 번호 같은 정보를 더 기꺼이 공유할 테니 말이다. 저커버그는 프라이버시의 손을 들어주었다. 그는 이렇게 표현했다. "사람들이 자신의 정보가 안전하지 않다고 느끼면 장기적으로 우리에게 독이 됩니다."[15]

그들은 새 캠퍼스로 침투해 장악하는 본보기가 될 수법을 개발하기 시작했다. 먼저 별도의 데이터베이스를 구축한다. 그런 다음 인터넷 도메인을 장만한다. 서버 공간을 확보한다. 수강 편람을 스캔한다. 대학 신문과 접촉한다. 마지막으로 홈페이지를 론칭하고 핵심 인물들, 즉 자신의 사회 관계망에 속한 친구들이나 형제자매, 또는 더페이스북이 언제 자기네 캠퍼스에 진출할지 물어본 사람들에게 이메일을 보낸다.

더페이스북이 컬럼비아대학교에서 문을 연 것은 2004년 2월 26일이었다. 더페이스북은 컬럼비아대학교의 기존 경쟁자보다 한 가지 이점이 있었으니, 바로 프라이버시였다. 컬럼비아대학교의 '시시 커뮤니티CC Community'에서는 학생들이 더 많은 사진을 올리고 블로그를 쓸 수 있었지만 콘텐츠가 일반인에게 공개되었다.[16]

여러분은 론칭하는 날 저녁 저커버그가 케임브리지 바깥으로 첫 진출하는 더페이스북의 진행 상황을 점검하고 있었으리라 생각할지도 모르겠다. 하지만 그날 특별한 기회가 그에게 찾아왔다. 마이크로소프트 공동 창업자 빌 게이츠가 로웰 렉처 홀Lowell Lecture Hall에서 강연하려고 캠퍼스를 찾은 것이다. 게이츠는 사업을 시작하고서 하버드를 중퇴한 것으로 유명하다. 그런데 강연에서는 그런 길을 권하지 않았다. 대신 객석의 컴퓨터과학 전공자들에게 졸업 후 마이크로소프트에 입사 지원서를 내라고 독려했다.[17]

게이츠는 저커버그가 훗날 "짭짤한 정보"라 일컬은 것을 학생들에게 알려주었다. 학생들이 일시적으로 다른 일을 경험할 수 있도록 하버드에서 무기한 휴학을 허용한다는 사실이었다. 억만장자 게이츠는 이렇게 농담했다. "마이크로소프트가 망하면 하버드로 돌아올 겁니다!" 훗날 저커버그는 강연에서 이 안전망에 대해 듣지 못했다면 페이스북을 만들기 위해 하버드에서 중퇴하지 않았을지 모른다고 말했다. 하지만 이 문제는 그의 가족이 가장 잘 알지 모른다. 저커버그가 대학 생활을 시작하기 전 어머니가 그가 중도에 그만두는 쪽에 내기를 걸겠다고 말하자 그는 자신이 학위를 딸 거라고 장담했다. 훗날 그는 자신이 졸업식 축사를 수락한 것은 명예 박사 학위를 받아 내기 위해서였다고 농담했다.

이후 며칠 사이에 스탠퍼드와 예일에서도 더페이스북이 출범했다. 패턴이 확립되었다. 그 뒤로 몇 달간 더페이스북팀은 100여 곳의 캠퍼스에 진출했다.

더페이스북이 출범한 지 6주가 채 지나지 않았을 때《하버드크림슨》이 다시 나섰다. 이번에는 사회학자들이 더페이스북을 어떻게 볼 것인가를 다룬, 시대를 앞선 해설 기사였다.[18] 저커버그는 "한낱 왕초보 프로그래머"를 자처하며 철학적 분석은 휴스에게 넘겼다. 휴스는《하버드크림슨》에 이렇게 말했다. "더페이스북은 사람들이 간접적으로만 아는 사

람들과 네트워크를 형성해 사회관계를 개선해주는 수단입니다." 저커버그
그는 스스로를 낮추어 묘사하긴 했지만, 기자가 프렌드스터와의 유사성
을 지적하자 프렌드스터를 소개팅 사이트로 폄하하며 반발했다. "더페
이스북에 있는 정보는 성격이 근본적으로 다릅니다. 여기서는 사람들이
자신을 드러내는 일에 연연하지 않아요." 기사는 "저커버그와 휴스 같은
아마추어 인류학자들이 우리의 일상생활을 바꾸고 있다"라는 찬사로 마
무리하면서 "한 번에 한 땀씩one poke at a time"이라고 덧붙였다.

법적 분쟁: 창작인가 표절인가

2004년 2월 4일 저커버그가 더페이스북을 공개하자 커넥트유팀은 어
안이 벙벙했다. 자신들의 하버드 소셜 미디어 서비스를 완성하지 못하
는 것에 대해 변명을 늘어놓으면서 몰래 독자적인 소셜 미디어 서비스
를 만들고 있었다니! 그들은 다른 프로그래머를 찾으려고 나섰으나 자
신들이 한발 늦었음을 뼈아프게 절감했다.

사실 그들은 더페이스북이 등장하고서 몇 주 동안 하버드를 집어삼키
는 것으로 모자라 나머지 아이비리그 대학과 전국 명문대를 점령해나
가는 것을 보면서 혀를 내둘렀다. 커넥트유 삼총사는 래리 서머스Larry
Summers 하버드 총장에게 불만을 제기하기까지 했다. 하지만 서머스는
하버드 학생들을 연결하겠다는 꿈을 가진 새내기 창업가들이 자기 집무
실에 찾아오는 것을 반기지 않았다. 그는 삼총사에게 학생들 간 사업 분
쟁 중재는 대학 소관이 아니라고 말했다. 서머스는 훗날 윙클보스 형제
를 "멍청이들assholes"이라고 불렀으며 면담 자리에 양복을 입고 나왔다

고 조롱했다.[19]

저커버그가 친구들에게 뭐라고 자랑하고 다녔는지 커넥트유팀이 알았다면 그들은 심장 마비를 일으켰을지 모른다. 그런 민망한 AOL 인스턴트 메신저 대화 중 하나는 명백한 결론을 입증한다. 저커버그가 고의로 윙클보스팀의 발목을 잡은 채 자신의 프로젝트를 준비했다는 결론 말이다.

저커버그는 이렇게 썼다. "그래, 그들을 엿 먹일 거야. 아마 올해 안에."[20]

그는 표현을 바로잡았다.

"똥구멍을 쑤셔주겠어."

그로부터 15년 뒤 나는 저커버그에게 그가 커넥트유와 한 약속을 질질 끈 게 분명해 보인다고 말한다.

그가 말한다. "잘 모르겠어요. 갈등을 피하려고 했던 것 같기도 하고. 하지만 그건 …… 글쎄요, 난 숨긴 게 하나도 없었다고 생각해요."

그는 분쟁과 관련한 사건들을 시간순으로 작성하라는 요청에 따라 하버드칼리지 학장에게 쓴 메일에서는 더 신중을 기했다(그리고 덜 솔직했다).[21] 저커버그의 메일 속 해명에 따르면 그가 커넥트유팀을 돕겠다고 애초에 동의한 것은 사실이지만 그들은 계속해서 새로운 업무를 추가했다고 한다. 결국 그는 나렌드라와 윙클보스 형제에게 진저리가 났으며 그들의 프로젝트가 지루함과 어수룩함이라는 용서받을 수 없는 죄를 저질렀다고 결론 내렸다. 게다가 그들은 마치 그가 골방 프로그래머라도 되는 것처럼 그에게 사이트를 수정하라고 명령하면서 코드를 개선하는 '허드렛일'을 시켰다. 저커버그는 그런 업무가 자신의 격에 맞지 않는다고 못 박았다.

그의 주장에 따르면, 그는 대화 도중에 커넥트유팀의 무지와 상상력 부족에 말문이 막혔다고 한다. "처음에 떠벌린 것과 달리 그들이 기술에 정통하거나 사업에 빠삭하지 않다는 것이 분명해졌습니다. 사람들을 어떻게 웹사이트에 끌어들일 것인가로 말하자면, 학교에서 가장 사회성이 떨어지는 내 친구들의 아이디어가 그들 것보다 좋아 보였습니다." 메일에서 저커버그는 그들의 고발에 맞서 스스로를 변호하느라 학업에 지장을 받고 있다며 불만을 제기했다. "그들이 제가 자신들의 터무니없는 협박을 상대할 수밖에 없게 함으로써 저의 학업을 방해하는 것에 대해 대학은 분개해야 마땅합니다."

울컥해서 쓴 글이긴 하지만 저커버그의 말에는 일리가 있었다. 커넥트유팀이 자신들의 계획을 추진한 바탕은, 좋은 아이디어를 떠올려 온라인에 올리기만 하면 디지털의 막강한 힘을 활용해 인터넷에서 성공을 거둘 수 있다는 믿음이었다. 이것은 1세대 인터넷 스타트업의 이론이었는데, 펫츠닷컴Pets.com 같은 이 시기 스타트업 회사들은 부풀려진 가치가 구멍 뚫린 풍선처럼 쪼그라들면서 꼴사납게 몰락했다. 하지만 다음 세대에 성공한 스타트업 창업자들은 기술에 능숙했다. 그들은 종종 해커를 자처했다. 그들에게 아이디어는 출발점에 불과했다. 그들은 일단 공개한 뒤 거듭되는 개선을 통해 뛰어난 수준에 도달했다. 2000년대 중반이 되자 동호회에서 회원들과 즉석에서 떠올린 아이디어를 마크 저커버그 같은 인력을 값싸게 고용해 코딩하도록 시켜서는 성공을 거둘 수 없게 되었다. 성공의 원동력은 저커버그 같은 사람들 본인이었다.

2004년 5월이 되자 저커버그의 부적절한 행동을 하버드가 징계하지 않는 데 신물이 난 캐머런 윙클보스는 저커버그의 배신을 공론화하기로 마음먹었다. 그가 선택한 공론장은 당연히 《하버드크림슨》이었다. 윙클보스는 신문에 익명 제보를 보냈다. 저커버그 신화의 개정판을 하나도 놓치고 싶지 않던 《하버드크림슨》은 팀 맥긴Tim McGinn이라는 기자에게 취재를 맡겼고 그는 커넥트유의 주요 인물들을 인터뷰했다. 그런 다음 저커버그에게 반론 기회를 주기 위해 《하버드크림슨》 사무실로 와달라고 요청했다.[22]

저커버그는 컴퓨터를 들고 왔다. 그는 더페이스북이 커넥트유 아이디어에 빚진 것이 전혀 없는 독창적 산물임을 맥긴과 그의 편집자 엘리자베스 시어도어Elisabeth Theodore에게 입증할 준비가 되어 있었다. 하지만 그는 자신의 프로젝트가 사업이 아니라고 공언하는 대학생치고는 괴상한 조치를 취했다. 두 학생 기자에게 기밀 유지 협약non-disclosure agreement에 서명하라고 요구한 것이다(돌이켜 보면 이 장면은 페이스북 본사를 방문하는 수천 명이 사옥 문턱을 넘기 전에 기밀 유지 협약에 서명해야 하는 지금의 풍경을 예상케 한다). 두 사람은 거부했고 저커버그는 그냥 설명을 이어 갔다. 그는 윙클보스 형제가 무엇을 염두에 두었든 자신의 웹사이트는 결코 그것을 복제하지 않았다고 주장했다. "어차피 더페이스북은 썩 참신한 아이디어조차 아니니까요. 수많은 소셜 네트워크에서 따온 거라고요."[23]

저커버그는 어떤 기사가 발표될지 전전긍긍했으며 공황에 빠질 지경이었다. 그린스펀에게 보낸 인스턴트 메시지에서는 윙클보스 형제에 대해 불만을 쏟아냈다. "한 달쯤 자기네를 도와주었다는 이유로 내가 도둑질을 했다고 비난하고 있어."[24] 한 가지 우스운 사실은 그린스펀이 '녀석은 나한테서도 도둑질을 했어!'라고 내내 생각하고 있었다는 것이다. 하지만 그는 항의를 제기하지는 않았다. 그가 말한다. "학생 프로젝트였던 걸 가지고 일을 키워봐야 무슨 소용이겠나 싶더라고요. 내가 아는 한 일주일이면 사그라들 것 같았죠." 게다가 당시만 해도 그린스펀은 저커버그를 친구로 여겼다.

저커버그는 《하버드크림슨》의 입장이 무엇인지 알고 싶어 몸이 달았다. 그는 그린스펀에게 '뉴스 토크'를 들여다볼 방법을 아느냐고 물었다. 뉴스 토크는 《하버드크림슨》 기자들이 기사와 편집 등을 논의하는 비공개 메일링 리스트였다. 그린스펀은 도와줄 수 없다고 말했다. 저커버그는 이렇게 타이핑했다. "그래, 알겠어." 그러고는 하버드에서 나와 이런 골칫거리에서 벗어나면 삶이 어떻게 바뀔지 상상했다.

> 졸업하고 나면 학교 신문과 자문위원회 따위는 없잖아. 《뉴욕타임스》와 연방 법원뿐이라고. 하하.

돌이켜 보면 저커버그는 이 말을 하고 나서 마이크를 떨어뜨리는 제스처를 취했어야 했다. 노스트라다무스를 방불케 하는 예언이었으니까. 하지만 그는 《하버드크림슨》 기자와 편집자의 이메일을 읽으려고 시도했다.

《비즈니스인사이더》에서 훗날 저커버그의 인스턴트 메시지를 통해 밝혀낸 대로, 그는 이메일을 읽기 위해 더페이스북 이용자들의 개인 계정을 활용했다. 우선 자신을 《하버드크림슨》 기자라고 밝힌 이용자들을 검색했다. 그런 다음 그중에서 비밀번호를 잘못 입력한 적이 있는 사람들을 사이트 로그를 이용해 골라냈다. 특히 이메일 ID와 비밀번호로 더페이스북에 로그인한 사례를 찾았다. 이 방법이 통했는지 아닌지는 알 수 없지만 그는 《하버드크림슨》 기자 한 사람의 이메일에 접속할 수 있었다. 저커버그가 입수한 이메일에서 시어도어는 그의 방문에 대해 논의하면서 그의 행동거지를 "너저분하다"라고 묘사했다. 하지만 두 사이트가 어떻게 다른지에 대한 그의 시연을 본 뒤에는 그가 커넥트유 사람들에게 보인 행동이 도둑질했음을 의미하는 건 아니라고 결론 내렸다.

온갖 문제가 있긴 했지만 기사 자체는 항의와 해명을 꽤 충실하게 언급했으며 어떻게 보든 두 사이트 모두 프렌드스터의 복제본처럼 보인다고 결론지었다. 저커버그는 자신의 무죄를 《하버드크림슨》이 더 적극적으로 밝혔어야 한다고 불평하는 메일을 썼지만 이내 이 문제에서 손을 뗐다. 그에게는 더 중요한 일들이 있었다.

그해 9월 커넥트유팀은 6500만 달러짜리 합의로 끝나게 된 기나긴 법적 절차를 시작했다. 그들이 저커버그와 유형의 계약을 전혀 맺지 않았음을 고려하면 짭짤한 성과였다(한 판사는 그들의 거래를 "기숙사 잡담dorm chit-chat"이라고 표현했다). 어쨌든 커넥트유팀 사이트는 1년 넘게 지지부진하던 차였고 저커버그가 늑장을 부린 탓에 늦어진 기간은 두 달에 불과했다. 그럼에도 나렌드라와 윙클보스 쌍둥이는 훗날 합의금 산정 과정에 이의를 제기했다. 그들처럼 마크 저커버그에게 불만을 제기해 거액을 받아낸 사람은 한둘이 아니었다. 하우스시스템의 그린스펀 또한 '페이스북'이라는 단어의 저작권과 관련해 수백만 달러 합의를 얻어냈으며, 에이해브 선장이 모비딕을 경멸하듯 저커버그를 경멸했다.[25]

하지만 2004년 6월 당시 이 모두는 아직 먼 미래의 일이었다. 저커버그는 다가올 여름을 위해 원대한 계획을 세워두었다.

더페이스북의 서부 진출 계획이었다.

실리콘밸리를 향하여

아이디어가 떠오른 것은 가벼운 토론 자리에서였다. 앤드루 매콜럼은 일렉트로닉 아츠Electronic Arts의 임원 빙 고든Bing Gordon과 가족끼리 아는 사이였다. 그래서 과거 몇 년간 이 게임 회사에서 인턴을 했던 매콜럼은 실리콘밸리로 돌아갈 생각을 갖고 있었다. 애덤 댄절로 역시 방학 기간에 구글에서 인턴을 하려고 샌프란시스코베이에어리어에 갈 계획이었다. 어차피 여름 방학 동안에는 H33호실에서 더페이스북을 운영할 수 없었고 또 다들 실리콘밸리로 향하는 것 같았기에, 저커버그는 자기 팀이 캘리포니아에서 거처를 구해 계속 일해야 할지 모르겠다고 생각했다. 여름 아르바이트를 찾는 것보다는 훨씬 나은 대안 같았다. 그는 훗날 이렇게 설명했다. "여름을 시원하게 보낼 수 있는 곳이었으니까요. 친구들도 거기 있었고요. 게다가 실리콘밸리잖아요."[26]

그는 생활정보 웹사이트 크레이그스리스트에 들어가 배런파크에 있는 가구 딸린 주택의 광고를 보았다. 배런파크는 실리콘밸리의 팰러앨토 시내에서 몇 킬로미터 떨어진 녹지 동네였다. 집에는 수영장까지 있었다. 임차 계약은 저커버그, 모스코비츠, 매콜럼 공동 명의로 했다. 그는 케임브리지를 떠나기 전에 유능한 공대 1학년생 두 사람을 '인턴'으로 모집했다. 물론 그들이 할 일은 나머지 모두와 똑같은 코딩 작업이었다.

인턴을 둔다는 발상은 그의 사업에서 실제 회사 관행과 가장 비슷한 점이었다. 매콜럼이 말한다. "우리는 페이스북이 스타트업이라고 생각하지 않았습니다. 2004년은 닷컴 버블이 터진 뒤로 스타트업이 불황에 빠져들고 있을 때였죠. 그래서 스타트업은 문화적 시대정신과 거리가 멀었습니다. 하버드에서는 더더욱 그랬고요. 사업이 성공하는 건 근사한 일이었지만, 그래봤자 작은 대학 소셜 네트워크에 불과했던 거죠."

큰 모험을 떠나기 전 저커버그는 시간을 내어 또 다른 《하버드크림슨》 기사에 실릴 인터뷰를 했다. 이번에는 "더페이스북닷컴 배후의 달인"을 소개하는 기사였다.[27] 기자가 커클랜드 하우스 거실을 방문했을 때 바닥에는 옷가지가 널브러져 있었고 상자들은 꾸리다 만 채였다. 저커버그는 심드렁하거나 성마르거나 둘 중 하나인 것처럼 보였다. 그의 입에서 나오는 말은 죄다 '그러든지 말든지'의 변주처럼 들렸다. 동문서답 사이에서 짜증 난 기자가 괴로운 침묵을 견디고 있음을 기사 행간에서 감지할 수 있다.

저커버그는 자신이 금광을 깔고 앉아 있다고 암시하는 《하버드크림슨》 기자의 말을 반박했다. "더페이스북이 대성공을 거둔 거야 근사하죠. 하지만 내 말은, 글쎄요, 돈은 목표가 아닙니다."

회사를 매각할 생각이 있느냐는 질문에는 이렇게 답했다.

"어쩌면요 …… 지겨워지면. 하지만 금방은 아닙니다. 적어도 이레나 여드레 안에 팔진 않을 겁니다."

저커버그의 동업자 에드와도 새버린은 기사에서 언급되지 않았다.

저커버그가 말했다. "내 목표는 취직이 아닙니다. 근사한 뭔가를 만드는 것만이 내가 하고 싶은 일입니다. 남에게 업무 지시를 받거나 작업 기간을 지정받지 않는 거야말로 내가 삶에서 추구하는 호사죠."

이 호사에 필요한 돈은 어떻게 마련할 거냐고 기자가 묻자 저커버그는 어깨를 으쓱하듯 말했다.

"언젠가는 이익이 나는 걸 만들 거라고 생각해요. 내 말은 그러니까, 하버드 출신이라면 누구나 직장을 얻고 많은 돈을 벌 수 있다는 겁니다. 하지만 아무나 소셜 네트워크를 가질 순 없죠."

4

실리콘밸리 입성

냅스터 창업자의 합류

숀 파커Sean Parker가 더페이스북을 접한 건 우연이었다.[1] 그는 대학생이 아니었으나(대학 문턱에 간 적도 없었다) 스물여섯의 나이로 학부생들과 함께 지내고 있었다. 그의 집은 스탠퍼드대학교에서 멀지 않은 포톨라밸리에 있었는데 스탠퍼드 학생들은 최근 마크 저커버그의 작품에 푹빠져 있었다.

파커의 상황이 어떻게 보면 당혹스럽고 치욕스러웠던 것은 그가 기술커뮤니티의 번듯한(논란거리이기는 했지만) 일원이었기 때문이다. 파커는마크 저커버그 같은 Y세대(밀레니얼 세대) 너드들에게는 전설에 가까운 인물이었다. 워싱턴의 버지니아 교외에서 자란 파커는 학업을 등한시하는 학생이었다. 어떤 과목들은 대놓고 관심을 끊어 낙제했지만 자신의 지성을 사로잡는 과목에서는 두각을 나타냈다. 만성 천식 때문에 그만두기 전까지는 수영부에서 활약했다. 그는 해양학자인 아버지가 사준 아타리 컴퓨터로 프로그래밍을 배웠다.

파커의 요란한 성격과 사업 감각은 상당하지만 탁월하지는 않은 프로그래밍 실력을 능가했다. 그는 열다섯 살에 교묘한 말발로 프리로더Freeloader라는 스타트업의 인턴 자리를 얻었으며 적극성과 대담성으로 최고경영자 마크 핑커스Mark Pincus를 감명시켰다. 훗날 핑커스는 파커의 비밀을 알게 되었다. "나를 비롯한 관심 인물들의 뉴스 스크랩으로 방을 도배했더군요."

IRC(인터넷 릴레이 챗Internet Relay Chat의 약자로 해커들이 모이는 온라인 게시판)에서 오랜 시간을 보내던 파커는 그곳에서 원대한 이상을 품은 또 다른 십 대를 만났다. 1998년 숀 패닝Shawn Fanning은 기숙사 방에서 업계를 통째로 뒤흔들 수 있는 구상을 띠올렸다. 노스이스턴대학교 1학년이던 패닝은 인터넷의 개방성을 활용하면 자신 같은 열아홉 살짜리도 협업 데이터베이스를 만들어 사람들이 중앙 서버를 거치지 않고 음악 파일을 공유할 수 있음을 간파했다. 그는 이 데이터베이스에 '냅스터Napster'라는 이름을 붙였다. 파커는 자발적으로 동참해 냅스터의 사업 계획을 작성하고 엔젤 투자금을 확보하는 업무를 진행했다. 수백만 명이 냅스터를 내려받았고, 그 결과 음반 업계를 무너뜨리다시피 한 공짜 음악 공유의 아수라장이 펼쳐졌다.

숀 파커는 그런 기이한 상황에 곧잘 연루되었다. 냅스터에서 그의 이메일 서명은 "분화specialization는 곤충이나 하는 것이다"였으며 실제로

그는 종분화speciation에 거세게 저항했다. 그는 웹사이트에서 이렇게 자랑했다.

> 니나라는 여자가 내게 이런 말을 한 적이 있다. "당신이 동물인지 기계인지 모르겠어." 내가 인간이었다면 상처받았을 것이다. 다행히 나는 중국햄스터이며, 레이 커즈와일Ray Kurzweil이 실험의 일환으로 수학 연산 보조 프로세서math coprocessor를 내 뇌에 생체 이식했다. 내게는 공감칩도 장착되어 있다.

당시 연인이었던 파커의 아내는 내게 이렇게 말했다. "그의 뇌는 다른 사람의 뇌와 다르게 작동해요. 그는 문장을 하나 말할 때마다 다섯 가지 생각을 한답니다."

그런 생각 중 어느 것도 냅스터를 구하지는 못했다. 냅스터가 미디어 거인 베텔스만Bertelsmann과 결국 계약을 체결하기는 했지만 음악 업계의 경영자들과 투자자들은 냅스터가 저작권 침해에 연루되었다는 사실을 결코 잊지 않았다. 이뿐 아니라 저작권 소송의 짭짤한 표적이 되었기에 냅스터의 몰락은 예정된 일이었다. 파커는 냅스터에서 한 푼도 벌지 못했지만 대신 음악 업계에서 막강한 인맥을 쌓을 수 있었다.

그의 다음 행보는 모든 사람의 연락처를 크라우드소싱crowdsourcing하려는 스타트업 플랙소Plaxo였다. 플랙소는 앤드루 와인리치가 1997년 식스디그리스를 출시하면서 꿈꾼, 전 세계를 연결하는 거대한 명함첩이라는 구상을 실현했다. 냅스터는 입소문으로 바이럴 효과virality를 봤지만 플랙소는 바이럴을 내장했다. 신규 이용자가 단추를 한 번 클릭하기만 하면 주소와 전화번호를 플랙소에 업로드하라는 요청이 그의 연락처에 들어 있는 모든 사람에게 무차별 전송되었다. 표적이 된 사람들은 받은 편지함에 수북이 쌓인 초대장에 격분했다. 이런 분노를 상대하는 일은 플랙소 방식으로 사업을 하는 대가였다. 머지않아 사람들이 체념하고 서비스에 가입하리라는 것이 그들의 생각이었다. 실제로 플랙소는 한동안 승승장구하는 것처럼 보였다.

하지만 파커는 팽당했다. 투자자들은 그의 괴팍한 행동에 당황했으며 결국 그를 그 자신의 회사에서 내쫓는 조치를 단행했다. 파커는 마땅히 자기 것이라고 생각한 돈을 받기 위해 동업자들과 싸워야 한다는 사실이 씁쓸했다. 냅스터 때와 마찬가지로 그는 자신이 출범시킨 사업의 경영권을 빼앗겼다. 그는 벤처 캐피털 회사 세쿼이아Sequoia가 자신을 내쫓았다고 비난하며 극심한 원한을 품었다.

그리하여 2004년 현재 실리콘밸리에서 추방당한 이 어둠의 왕자는 학생으로 가득한 주택의 침실 하나에 세 들어 살고 있었다.

친구들은 그에게 금융 문제를 해결하려면 취직하라고 말했지만 그는 더 큰 것을 추구했다. 그가 말한다. "그들은 '넌 점점 빚더미에 앉고 있으니 빚 갚는 데 전념해'라고 말하는 것 같았습니다. 난 은행 계좌가 폐쇄되고 신용 거래도 못 했지만 언젠간 한몫 건질 수 있으리라 믿었어요. 막대한 가치가 있는 뭔가를 만들 때까지 내가 하는 일을 계속하면 돈은 따라올 거라고 말이죠."

파커는 다음번에 무엇이 대박을 칠지 감지하는 초능력이 있었다. 2004년 그는 냅스터와 플랙소처럼 네트워크의 힘에 바탕을 둔 무언가가 등장할 것임을 감지했다. 그는 프렌드스터의 수장 조너선 에이브럼스와 친분이 두터웠으며 소셜 미디어가 세상을 정복하리라 믿는 샌프란시스코의 작은 집단과 어울렸다.

그러던 중 파커의 룸메이트 한 명의 여자 친구가 2004년 봄 어느 날 컴퓨터에서 더페이스북을 열었을 때 파커는 유심히 들여다보았다.[2] 그는 더페이스북이 프렌드스터나 마이스페이스를 빼닮았지만 실명만 쓰는 걸 보고서 무릎을 쳤다. 그는 훗날 이렇게 말했다. "처음 페이스북을 봤을 때 오로지 실명밖에 안 보이더군요."

그 학생은 더페이스북이 학교에 진출하면 완전히 바이럴이 된다고 설명했다. '바이럴'이라는 단어를 듣자마자 파커는 행동에 돌입했다. 그는 더페이스북에 다짜고짜 이메일을 보내 자신이 프렌드스터와 함께 일한 적 있다고 소개하고는, 존경하는 이 사이트에 뭔가 이바지할 게 있는지 알아보자며 면담을 제안했다. 에드와도 새버린이 답장을 보내 면담이 성사되었다. 저커버그에게 냅스터 창업자 중 한 사람과 만나는 건 예삿일이 아니었다.

그들은 뉴욕시의 멋진 레스토랑에서 만났다. 참석자는 파커와 저커버그, 새버린, 그리고 이 하버드 학생들의 여자 친구들이었다. 영화 〈소셜 네트워크〉에서 저스틴 팀버레이크가 청산유수 파커를 흉내 내어 어린 저커버그에게 말하는 장면이 진짜였다면 근사했을 것이다. "100만 달러보다 더 멋진 게 뭐게? 10억 달러야." 하지만 이것은 시나리오 작가의 창작이었다. 그날 저녁은 주로 파커가 저커버그와 의기투합하는 시간이었다. 파커는 저커버그야말로 페이스북에서 자신이 붙잡아야 할 유일한 인물임을 한눈에 알아봤다. 파커는 훗날 이렇게 회상했다. "에드와도에겐 다섯 마디도 안 했을 겁니다."[3]

가장 인상적인 언급은 더페이스북만큼 대단하면서 더 거창한 걸 준비하고 있다는 저커버그의 말이었다. 저커버그는 그것을 "비밀 병기"라고 불렀다.

그날 저녁 면담이 흥미진진하기는 했지만(파커는 밥값을 치르느라 은행 계좌에 구멍이 났다) 그 뒤에 무슨 일이 벌어졌는지는 불분명하다. 파커는 스타트업에서 일한 한 친구와 함께 '비밀 병기'가 무엇일지 궁리했지만 감을 잡을 수 없었다. 파커의 친구가 말한다. "끝판왕일 거라는 생각이 들었습니다. 손이 흥미를 가질 만한 범주에 속한 것 같더군요."

여름이 다가오면서 파커의 상황은 더욱 암울해졌다. 그는 로스앨토스의 주택에서 나와 여자 친구의 부모 집에 묵었다. 결코 이상적인 상황은 아니었다. 6월의 어느 저녁 그는 집 밖에 나와 있다가 추레한 십 대 몇 명이 어슬렁거리며 걸어오는 것을 보았다. 이러다 강도를 당하는 것 아닐까 하는 생각이 들었다. 그때 그중 하나가 소리쳤다. "파커!"

마크 저커버그였다.

엔젤 투자를 받다

저커버그가 크레이그스리스트를 통해 구한 집은 파커가 머물던 곳과 같은 동네인 배런파크의 평지붕 단층집이었다. 위치는 라제니퍼웨이라는 막다른 골목 안쪽이었다. 침실 5개와 뒤뜰 수영장이 딸렸으며 저커버그, 모스코비츠, 매콜럼, 댄절로, 인턴 2명, 아르바이트생들에게는 완벽한 숙소이자 사무실, 파티장이었다. 하지만 그들은 대개 일을 했다. 그들은 응접실을 커클런드 거실처럼 개조해 책상을 붙이고 컴퓨터 모니터를 죽 늘어놓았다.

훗날 어떤 변호사가 '카사 페이스북Casa Facebook'이라고 이름 지은 그곳에서 보낸 여름이 어땠느냐고 마크 저커버그에게 물었다.[4]

"재밌었어요."

"그랬군요. 매일 뭘 했나요?"

"일어나면 내 침실에서 거실로 걸어 나와 프로그래밍을 했죠."

"아하, 아침 몇 시에 일어났나요?"

"아침이 아니었을걸요."

"네, 그럼 얼마나 늦게까지 프로그래밍을 했나요?"

"잘 모르겠지만 밤늦도록 했을 거예요."

"그랬군요."

"일을 끝내야 하니까요."

"밤을 새운 적도 있나요?"

"그럼요. 그러니까 내 말은, 그렇게 밤낮이 뒤바뀌었을 때 상대적으로 그랬다는 거예요."

하버드 청년들은 캘리포니아식 삶에 '어느 정도' 타협했다. 저커버그는 집을 구할 때처럼 이번 역시 크레이그스리스트를 통해 자신의 첫 차를 샀다. 다 낡아빠진 포드 익스플로러로 열쇠조차 없었다. 훗날 그는 기자에게 말했다. "직접 점화 장치를 켜야 했죠."[5]

앤드루 매콜럼은 수영장 위에 집라인을 매달자는 아이디어를 냈다. 그는 홈디포에서 약 20달러어치 물품을 사서 집라인을 설치했다. 그가 털어놓는다. "썩 좋지는 않았어요." 금속 손잡이에 고무 그립 다는 법을 알아내지 못해 줄을 잡았다가 손바닥이 쓸릴 수 있었다. 결국 굴뚝에 설치한 지지대가 부서지는 바람에 집라인은 무용지물이 되었으며 집까지 파손되었다. 매콜럼이 말한다. "굴뚝이 그다지 튼튼하지 않다는 걸 감안했어야 하는 건데. 하지만 벽돌 굴뚝이었다고요!"

몇 명은 대마초를 피웠지만 저커버그는 맥주를 고수했다. 그는 주삿

바늘을 혐오했는데, 대마초 피우는 사람들 옆에 있다 보면 주삿바늘을 쓰게 될 우려가 있었기 때문이다. 페이스북 초기 멤버가 말한다. "우리가 대마초 피우는 걸 보기만 해도 마크는 머리가 어질어질해지곤 했죠. 대마초가 마약으로 이어지고 마약이 주삿바늘로 이어진다고 생각했거든요. 욕지기가 나서 방에서 나가야 했어요. 단지 머릿속 생각 때문이었지만요."

하지만 대개는 패스트푸드와 비디오 게임과 일이 전부였다. 더페이스북을 다른 캠퍼스로, 또 다른 캠퍼스로 진출시킬 준비를 해야 했다. 6월의 어느 밤, 저커버그와 모스코비츠를 비롯한 서너 명은 여느 때처럼 해피 도너츠 가게가 있는 엘카미노레알을 향해 메타데로레인을 따라 1킬로미터 거리를 걷고 있었다. 그런데 길을 나서자마자 저커버그가 낯익은 숀 파커의 얼굴을 발견한 것이다.

대화를 나누던 중 파커는 지금 묵고 있는 집에서 나와 저커버그팀 숙소에서 지내겠다는 파격적인 제안을 함으로써 페이스북 허리케인의 눈에 스스로 뛰어들었다. 당시 그는 빈털터리였다. 그나마 남은 고가품이라고는 BMW 5 시리즈와 고급 스피커가 전부였다.

그날 밤 파커의 새로운 동거인들은 그가 플랙소 소송상 합의를 조목조목 따지고 드는 전화 통화를 엿듣다가 깜짝 놀랐다. 하버드 청년들은 경외감을 품은 채 귀를 기울였다. '이건 빅 리그야!'

파커는 더페이스북에 관여하기 시작하면서 저커버그를 자신의 날개로 감쌌다. 그는 열아홉 살 창업자가 별종임을 알았지만 둘의 차이점은 상호보완적이었다. 저커버그는 툭하면 입에 자물쇠를 채웠고 파커는 입을 다무는 법이 없었다. 하지만 저커버그가 입을 열면 그 모든 침묵에 예리한 통찰이 담겨 있음을 분명히 알 수 있었다.

파커는 훗날 저커버그가 권력과 지배라는 개념에 집착하면서 고대 그리스와 로마의 정복자들이 쓴 책을 끊임없이 인용하는 데 당황했다고 내게 말했다. 저커버그는 이따금 불쑥 허세를 부렸다. 펜싱 장구를 착용한 채 집 안을 돌아다니며 검 끝을 사람들 얼굴에 바싹 들이대어 불쾌감을 유발했다. 하지만 수줍고 불안정한 모습을 보일 때도 있었다.

그해 여름과 이후 몇 달간 저커버그는 자신의 이 프로젝트 하나에 모든 걸 걸어야 하는가 하는 문제로 골머리를 썩이고 있었다. 지금껏 그는 언제나 이 아이디어에서 저 아이디어로 건너뛰었다. 저커버그는 더페이스북이 1~2년 뒤에도 건재할 것 같으냐고 종종 파커에게 물었다. 그럴 때마다 파커는 그럴 거라며 그를 안심시켰다. 모든 캠퍼스를 장악한 지금 저커버그는 회오리바람을 일으킨 것이 분명했다.

인맥이 탄탄한 연쇄 창업가 파커는 사업을 시작할 때의 복잡한 문제들에 대해 잘 알고 있었다. 그러나 저커버그는 문외한이었다. 심지어 자신의 프로젝트를 본격적인 사업으로 여기지조차 않았다. 저커버그는 그해 여름을 이렇게 회상했다. "101번 국도를 달리면서 그 모든 위대한 회사를 보며 이런 생각을 했던 기억이 나요. '우와. 저 어마어마한 회사들 좀 봐. 언젠간 나도 회사를 차릴 수 있겠지.' 그때 이미 페이스북을 시작해놓고서 말이죠!"[6]

더페이스북을 맨 처음 회사로 설립할 때 에드와도 새버린은 플로리다주 법인으로 등록하는 초보적 실수를 저질렀다(그의 부모가 마이애미에 살았다). 파커는 저커버그를 도와 등록 주소를 델라웨어주로 옮겼다. 델라웨어는 재계 친화적인 주로, 대기업에 요구하는 책임과 투명성이 가장 적다. 이것은 경영의 기본이다.

그렇지만 파커가 회사 변호사를 대신할 수는 없었다. 한번은 그가 서류를 정리하다가 저커버그에게 직원 휴가가 며칠이냐고 물었다. 저커버그는 "3주요"라고 말했는데 15영업일이라는 뜻이었다. 하지만 평생 출근 도장을 찍어본 적이 없던 파커는 일주일이 말 그대로 일주일인 줄 알고 21일이라고 썼다. 그때부터(그리고 지금까지) 페이스북 신입 사원은 모두 15일이 아닌 21일의 유급 휴가를 받고 있다.

페이스북은 자금이 필요했다. 새버린의 투자금와 저커버그의 개인 자금은 늘어만 가는 서버 및 기타 비용을 대느라 바닥을 드러내고 있었다. 파커는 자금 조달 임무를 맡았다. 그가 처음으로 연락한 사람 중 하나는 리드 호프먼Reid Hoffman이었다.

실리콘밸리에서 파커보다 호프먼을 잘 아는 사람은 없었다. 2001년 닷컴 거품이 꺼지면서 많은 투자자들은 개인용 인터넷이 끝장났다고 생각했다. 하지만 호프먼은 사람들을 더욱 밀접하게 연결하는 소프트웨어를 바탕으로 새로운 조류가 밀려오고 있다고 믿었다. 페이팔PayPal에서 큰돈을 번 호프먼은 이 분야에 투자하고 싶었다. 그중 하나가 프렌드스터였다. 또한 그는 2003년 비즈니스 직업 인맥에 초점을 맞춘 링크트인LinkedIn이라는 소셜 네트워크 회사를 직접 설립한 참이었다. 그가 말한다. "자신의 실제 신분과 실제 인맥을 커리어 관리의 플랫폼으로 삼는다면 혁명을 일으킬 수 있으리라 생각했어요."

파커가 초기에 접촉한 또 다른 인물은 옛 보스 마크 핑커스였다. 핑커스는 파커의 청소년기 인턴 이후로 친분을 유지하고 있었다. 핑커스는 냅스터에 10만 달러를 투자하기도 했다. 투자금을 잃기는 했지만 핑커스는 냅스터가 거대한 자발적 커뮤니티를 형성하고 모든 사람이 자신의 콘텐츠를 내놓는 것을 보고 감명받았다.

소셜 네트워킹 운동의 신봉자 중 가장 영향력 있는 두 사람을 아는 것은 파커니까 가능한 일이었다. 2002년으로 돌아가보면(이때는 프렌드스터가 등장하기도 전이었다) 핑커스는 사람들이 인터넷을 이용해 인맥을 쌓는 분야에서 새로운 조류가 밀려오고 있다는 호프먼의 신념을 공유했다. 이것은 핑커스의 샌프란시스코 자택에서 모이던 비공식 브레인스토밍 그룹의 핵심 개념이었다(그는 집이 더 높아 보이게 하려고 담장을 허물었다). 이후 파커 본인도 그룹에 참여하게 된다. 토론은 자기 집에서 벌어졌지만 핑커스는 대규모 온라인 가상 대화(그는 "칵테일파티"라고 불렀다)를 구상했다. 세계를 연결하는 인터넷은 전 세계를 하나의 모임으로 만들 잠재력이 있었다. 거기서 우리는 방을 둘러보고 흥미로운 사람을 찾아 자신을 소개할 수 있었다. 호프먼은 "사람 인터넷Internet-of-people"이라는 개념에 안성맞춤의 이름을 붙였다. 바로 "웹 2.0"이었다.

핑커스는 호프먼과 함께 2003년 3월 출범한 프렌드스터의 초기(하지만 여전히 회의적인) 투자자로 참여했다. 그가 말한다. "대단한 발상일 거라곤 아무도 생각하지 않았죠." 핑커스는 리스크를 줄이기 위해 1만 5000달러의 투자금을 친구와 분담했다.

이제 소셜 미디어 개념이 떠오르고 있었다. 핑커스는 지역 커뮤니티 구축에 주력하는 트라이브닷넷tribe.net이라는 소셜 네트워킹 사이트를 시작했다. 그의 구상은 사진이 있는 크레이그스리스트 같은 것이었다. 이 사이트는 네바다주 사막에서 열리는 버닝맨Burning Man 축제에 참여하는 '버너burner'들을 묶는 디지털 접착제로 가장 잘 알려졌다. 하지만 아직 더 널리 폭발적 인기를 얻지는 못했으며 그럴 수 있을지도 미지수였다.

그리고 이제 파커는 지금까지 최고의 투자 대상일지 모르는 것을 가진 청년에 관해 핑커스에게 이야기하고 있었다.

몇 달 전, 실리콘밸리의 누구도 대학생들을 연결하는 (기숙사 방에서 만들어진) 사이트에 주목하기 전에 흥미로운 뉴스가 호프먼에게 전해졌다. 식스디그리스 특허가 경매에 나왔다는 소식이었다(앤드루 와인리치는 자신이 호프먼에게 귀띔했다고 인정한다). 식스디그리스를 인수 1년 만인 2000년에 폐쇄한 유스스트림은, 소셜 네트워크에서 연결을 형성하는 방법과 그런 사이트의 핵심 요소에 대한 권리를 보유한 지식재산이야말로 식스디그리스 인수의 진짜 가치일지 모른다는 사실을 뒤늦게 깨달았다. 이 특허를 보유한 사람은 모든 경쟁자의 목을 사실상 짓누를 수 있을 터였다.

호프먼과 핑커스는 누구의 목도 짓밟을 의향이 없었다. 자신들의 목을 건사하고 싶을 뿐이었다. 그들이 우려한 것은 야후나 프렌드스터가 특허를 낙찰받는 것이었다. 야후는 지식재산권을 행사하는 데 거리낌이 없는 경쟁사였으며 프렌드스터는 더욱 골칫거리였다. 핑커스와 호프먼은 둘 다 프렌드스터의 최고경영자 조너선 에이브럼스와 친분이 있었다. 어쨌거나 그 회사에 지분이 있었으니까! 하지만 특허와 관련해서는 두 사람 다 에이브럼스를 신뢰하지 않았다. 특히 호프먼은 에이브럼스가 프렌드스터에 비즈니스 부문을 추가해 링크트인과 경쟁할까봐 걱정스러웠다.

하지만 설령 그런 일이 벌어지지 않더라도 프렌드스터는 몇 가지 문제가 있었기에 최고의 파트너로 보기는 힘들었다. 무엇보다 성장에 제대로 대처하지 못하고 있었다. 서버는 과부하가 걸렸고 고객들은 페이지가 늦게 뜨는 데 분노했다. 긍정적 웅성거림은 짜증스러운 투덜거림으로 바뀌었으며 프렌드스터는 추락할 일만 남은 것처럼 보였다. 두 사람은 에이브럼스가 자포자기해 경쟁사들의 목을 조르는 무기로 특허를 휘두르지 않을까 우려했다. 핑커스가 말한다. "조너선은 소셜 네트워킹이 자기 아이디어라고 생각했습니다. 자기 말고는 아무도 하지 말아야 한다고 생각했죠."(프렌드스터 이사회의 벤처 투자자들은 식스디그리스 특허 경매가 열리던 2004년 4월에 에이브럼스의 해임을 의결했다.)

핑커스와 호프먼은 응찰 전략을 짜려고 온갖 시나리오를 검토했지만 소용이 없었다. 둘은 최고가를 써내지 못했다. 하지만 야후는 실사가 필요하다며 계약을 30일간 유예하자고 주장했다. 핑커스와 호프먼은 자신들이 바로 이튿날 돈을 보낼 수 있다고 말했고, 현찰에 굶주린 입찰인은 야후보다 낮긴 하지만 두 사람의 70만 달러를 받아들였다. 핑커스와 호프먼은 수익 창출이 아니라 당시만 해도 연약하던 소셜 네트워킹 생태계를 보호하는 데 특허를 이용하기로 합의했다.

하지만 최종 승자는 마크 저커버그였다. 그는 돈 한 푼 들이지 않고, 자신의 신생 회사를 압살할 수 있는 특허에 대한 근심에서 벗어날 수 있었다.

파커가 저커버그를 포트레로힐에 있는 핑커스의 사무실에 데려간 건 그해 2004년 8월이었다. 핑커스의 눈에 저커버그는 안하무인이었다. 열네 살처럼 보였는데 비치 샌들과 긴 농구 반바지 차림에 완전히 제멋대로였다. 그의 명함에는 "나는 최고경영자다 …… 잡년아I'm CEO ... bitch" 라고 쓰여 있었다.

하지만 핑커스를 혹하게 한 것은 (적어도 파커가 설명한) 더페이스북의 스토리였다. 더페이스북의 이용자 약 80퍼센트가 매일 접속했다. 듣도 보도 못한 일이었다. 핑커스 자신의 소셜 소프트웨어 트라이브닷넷의 일일 접속자 수는 가입자의 10퍼센트에도 못 미쳤으니 말이다. 핑커스가 생각했다. '이 친구가 칵테일파티를 만들었군!' 물론 참석자들은 음

주 연령이 되지 않았지만.

호프먼 역시 저커버그를 만나고 싶어 안달했지만 프렌드스터에 투자하고 나서 들은 비판이 마음에 걸렸다. 사람들은 잠재적 경쟁사에 투자하는 것이 현명하지 않은 일이라고 말했다. 그래서 호프먼은 다른 누군가가 투자 라운드를 주도하는 게 좋겠다고 판단했다. 그는 자신의 페이팔 동료였던 피터 틸의 사무실에서 다 함께 만나자고 제안했다. 호프먼은 틸이 라운드의 좌장을 맡을 만큼 감명받으리라 생각했다. 그러지 않으면 자신이 나설 작정이었다. 비판을 듣는 한이 있더라도 이 기회를 놓치고 싶지는 않았다.

틸은 페이팔을 공동 창업해 부자가 된 뒤 회사를 떠나 투자 회사 파운더스 펀드Founders Fund를 설립했다. 틸이 회사 이름을 '파운더스 펀드'로 지은 데는 이유가 있다. 그는 회사의 성공을 점칠 수 있는 가장 중요한 지표는 투지만만하고 우상 파괴적인 창업자라고 믿는다. 남들이 자신을 미쳤다고 생각하더라도 굴하지 않는 사람 말이다. 또한 틸은 자신이 뛰어든 분야를 완전히 장악하려는 회사를 선호한다. 그가 이상적으로 여기는 투자 대상은 시장 독점을 추구하는 회사다.(결제 업체 페이팔에 참여한 인사로는 호프먼 외에 테슬라 최고경영자 일론 머스크와 기업인 맥스 레브친Max Levchin이 있다. 그들은 그 뒤 투자 면에서나 철학 면에서나 실리콘밸리에 엄청난 영향력을 행사해 "페이팔 마피아"로 불리게 된다.)

까칠한 숀 파커와 괴팍한 십 대가 수강 내역과 연애 상태를 공유하는 대학생 웹사이트를 홍보하는 것을 보고서 다른 사람들은 경계심을 품었을지 모른다. 하지만 틸은 짧은 프레젠테이션에서 정말로 중요한 요소를 눈여겨볼 준비가 되어 있었다. 그것은 페이스북이 이용자를 얼마나 속속들이 현혹했는지 보여주는 숫자, 바로 80퍼센트라는 지배력의 수치였다.

면담 전 틸은 하급 직원에게 참관을 지시했다. 맷 콜러는 링크트인에서 일한 적이 있었으며 스물여덟의 나이에 이미 스타트업 게임을 꿰뚫고 있었다. 그는 고성능 개소리 감지기까지 갖추고 있었다.

콜러, 틸, 호프먼이 회의실 탁자 한쪽에 앉고 파커와 저커버그가 맞은편에 앉았다. 저커버그가 미스터리하게 침묵하는 동안 파커는 페이스북의 극적인 상승에 대해 설명했다. 그러고는 그 말도 안 되는 수치를 언급했다. 틸은 마음에 들었다. 마법은 이용자의 성장세에만 있는 것이 아니었다. 더페이스북이 이용자의 삶에 깊숙이 파고들어 대부분의 이용자가 매일 사이트를 방문한다는 사실에도 있었다. 이에 반해 대다수 사이트는 하루 이용자가 전체의 15퍼센트이면 경축할 일이었다.

또 다른 인상적인 신호는 더페이스북이 '왜' 만들어졌는가였다. 콜러가 지금껏 들어온 기업 홍보 상당수는 시장 판도를 조사해 빈틈을 찾아내고 그 빈틈을 메우는 걸 만들겠다는 식이었다. 저커버그는 그런 식으로 페이스북을 구상하지 않았다. 그는 자신을 위해 필요한 것을 만들었으며 사람들은 자연스럽게 몰려들었다. 애플, 이베이, 야후, 구글 같은 기술 업계 거인들의 스토리가 바로 그랬다.

그 순간 콜러가 보기에 이 과묵한 청년이 실리콘밸리의 차세대 슈퍼스타 최고경영자 대열에 합류할 것 같지는 않았다. 하지만 저커버그는 일을 그르치지 않을 만큼 진지하고 단호해 보였다. 콜러는 자기 자신이 그 일부가 되고 싶었다. 하지만 그러기 전에 저커버그에게 확인하고 싶은 게 있었다. 더페이스북의 경이로운 숫자를 듣고서 그는 수학적 오류가 있는 게 아닌가 의심이 들었다. 그가 말했다. "서운하게 생각하진 말아요. 당신이 거짓말한다고 생각하는 건 아니니까. 하지만 당신 데이터베이스에 버그가 있는 게 아닌가 싶어요. 그래서 말인데 당신 주장을 검증하고 싶군요."

숫자는 정확했다. 게다가 콜러가 이용자들과 대화를 했더니 정성적 데이터는 정량적 데이터보다 더더욱 충격적이었다. 이 사진첩인지 뭔지를 이용하고 있느냐고 그가 물으면 사람들은 그런 질문을 받는다는 것 자체에 어리둥절해했다. 마치 이 수돗물인지 뭔지를 사용해봤느냐고 묻는 식이었으니까. "이용하느냐고요? 더페이스북은 내 삶이에요."

틸은 회사 가치를 500만 달러로 평가해 50만 달러를 투자하고 7퍼센트의 지분을 확보했다. 호프먼과 핑커스는 각자 3만 7500달러를 투자하기로 합의했다. 핑커스가 말한다. "그들이 나와 리드에게 그 라운드의 투자 기회를 제안했을 때 마치 로또에 당첨된 기분이었죠."

틸은 면담을 끝내면서 자신의 새 제자에게 한 가지 당부를 했다. "깽판 치지만 말게."[7]

연결에서 공유로: 와이어호그 실험

숀 파커는 친구들을 데려오기 시작했다. 그는 더페이스북팀에 에런 시티그Aaron Sittig라는 자신의 친구 얘기를 끊임없이 들려주었다. 시티그는 냅스터의 원조 매킨토시 버전을 만든 인물이다. 남부캘리포니아 출신에 말수가 적은 시티그는 스페인에서 주로 자랐는데 파커를 도와 플랙소를 디자인했다. 파커는 그가 더페이스북에 보탬이 될 것임을 알았다. 마침내 시티그가 8월에 찾아왔다. 그때 그는 스타트업에서 일하다 그만둔 상태였다. 스타트업 전반에 염증을 느끼고 있던 그는 철학을 공부하려고 버클리에 입학해 9월에 돌아갈 작정이었다.(그는 철학이 디자인과 비슷하다고 생각했으며 비트겐슈타인을 최초의 네트워크 이론 연구자로 여겼다.)

시티그는 라제니퍼웨이 주택에서 시간을 때우는 버릇이 생겼는데 무엇보다 재밌어서였다. TV에서는 대개 영화가 나오고 있었다. 더페이스북팀은 영화에 열광했으며 좋아하는 영화 〈탑건Top Gun〉의 대사를 즐겨 인용했다.[8] 올림픽 경기를 볼 때도 있었다. 시티그는 이런 부류, 터무니없는 몽상에 빠진 젊은 해커들에 친숙했다. 어느 날 그는 애덤 댄절로와 마주쳤다. 댄절로는 작은 웹캠 앞에서 손을 흔들며 말했다. "나는 지독한 건초염에 걸렸어요. 그래서 공중에서 타이핑할 수 있게 투명 키보드를 만들고 있죠." 전형적인 너드의 기행이었다.

시티그는 그곳을 방문할수록 점점 빠져들었다. 이 학부생들은 경험은 일천할지 모르지만 겁나게 똑똑하고 겁나게 투지만만하고 겁나게 의욕적이었다. 그중에서 으뜸은 저커버그였다. 누가 보든 그가 리더였다. 다른 사람들이 빈둥거리기 시작하면서 영화 보러 나가자고 하면 저커버그는 이렇게 말했다. "잠깐만, 이것부터 끝내자. 영화는 그러고 나서 보면 되잖아."

시티그는 더페이스북을 꼼꼼히 들여다봐야겠다고 마음먹었다. 처음 든 생각은 '어쩌면 이렇게 못나고 투박하게 생겼을까'였다. 하지만 더 자세히 살펴보고 왜 저커버그가 각 요소를 구성에 포함했는지 궁리한 끝에 자신이 더페이스북과 창업자를 과소평가했음을 깨달았다. 저커버그는 기발한 무언가를 찾아낸 것 같았다. 모든 것이 올바른 자리에 있었고 사람들이 그곳으로 흘러들도록 최적화되어 있었다.

이를테면 자신의 프로필 페이지에 가면 큰 글자로 "이것이 당신입니다'라는 문구가 떴다. 선적禪的인 미니멀리즘 미학에 친숙한 맥 디자이너에게는 한심하고 사족처럼 보였다. '이게 나인 건 분명하지 않나? 내 사진이 여기 있잖아!' 하지만 곰곰이 생각한 끝에 시티그는 여기에 정말로 뭔가 마법적인 게 있음을 알아차렸다. 그가 말한다. "참신한 발상이었습니다. 마크는 기본적으로 사람들을 염두에 두고 페이지를 구성했어요. '이건 당신의 페이지입니다, 이건 당신을 나타냅니다, 이건 당신이 남들에게 어떻게 보이는지 알려줍니다'라고 말이죠. 사람들이 이용법을 익히려면 구체적인 틀이 필요했으니까요."

시티그는 소셜 네트워킹의 미래가 현재 무주공산이라고 생각했다. 모두가 처음에는 프렌드스터를 좋아했지만 그 회사는 부실한 운영으로 주도권을 잃었다. 이제 업계를 장악하려는 경쟁이 벌어지고 있었으며 남부캘리포니아 기반의 회사 마이스페이스가 선두로 나섰다. 그런데 실리콘밸리의 심장부에서 하버드 십 대들이 이 경쟁에 뛰어들었다. 결과는 아무도 알 수 없었다.

모두가 시티그의 동참을 권하자 마침내 그는 며칠 머물며 도와주기로 했다. 하지만 더페이스북에 전력을 쏟지는 않을 터였다. 그의 업무는 저커버그가 뉴욕에서 파커에게 언급한 '비밀 병기'였다.

지금 생각하면 우스워 보이지만 더페이스북이 출범할 때만 해도 저커버그는 제2의 프로젝트에 열중해 있었다. 틸의 사무실에서 면담을 하다가 언급하기까지 했다. 그는 더페이스북이 성공하지 못할 경우를 대비해 자신이 작업하고 있는 또 다른 프로젝트가 있다면서, 사람들이 파일을 공유하도록 해주는 프로그램이라고 잠재적 투자자들에게 말했다. 프로그램의 이름은 '와이어호그Wirehog'였다.

호프먼이 말했다. "노, 노, 노. 페이스북은 훌륭한 아이디어예요. 와이어호그는 잊어버려요." 하지만 저커버그는 한동안 충고를 무시했다.

와이어호그를 구상하게 된 계기는 AOL 인스턴트 메신저에서 어떤 기능을 끄집어내어 개량한 다음 인터넷에 뿌리고 싶다는 저커버그의 끊임없는 강박이었다. 저커버그와 친구들은 종종 서로 파일을 공유하고 싶었다. 하지만 AOL 인스턴트 메신저는 공유 기능이 형편없었다.

그가 말한다. "와이어호그가 탄생한 배경 중 하나는 AOL 인스턴트 메신저가 우리에게 불만스러웠기 때문이에요. AOL 인스턴트 메신저에는 다른 사람에게 파일을 보내는 기능이 있었는데 완전 젬병이었죠. 와이어호그는 이 문제에 대한 일종의 해결책이었어요."

기본적으로 와이어호그는 다른 사람의 컴퓨터에 있는 파일을 자신의 컴퓨터에서 볼 수 있고 접근할 수 있게 하는 수단이었다. 원격 컴퓨터를 이용하면 집 컴퓨터의 하드 드라이브에 들어 있는 자신의 파일에 와이어호그로 접근할 수 있었다. 또 문서와 미디어를 친구와 공유하고 자신의 가상 서류함과 사진 앨범을 그들이 검색하도록 할 수 있었다. 에런 시티그가 말한다. "마크 생각은 이랬죠, '대학생들이 이 사진첩인지 뭔지를 좋아하는 것 같긴 하지만, 그들이 정말로 좋아하는 건 서로의 미디어 콘텐츠에 접근하는 거야.'"

저커버그는 와이어호그를 더페이스북의 쌍둥이로 구상했다. 더페이스북에 이르기까지 그가 진행한 모든 프로젝트의 또 다른 반복이었다. 애덤 댄절로와 함께 그해 여름 대부분과 이후 몇 달을 이 프로젝트에 쏟아부은 앤드루 매콜럼이 말한다. "마크는 일 처리를 빨리 하는 걸 좋아해요. 시제품을 만들어 그대로 내놓고 싶어 하죠. 와이어호그는 그가 만든 근사한 작품이었습니다. 두 제품은 서로 공존하는 셈이었죠." 더페이스북이 사람들을 연결했다면 와이어호그는 사람들이 흥미로운 것들을 공유할 수 있게 했다.

될성부른 떡잎을 알아보는 천재적 본능의 소유자 파커는 매콜럼과 댄절로가 와이어호그로 무엇을 하는지 면밀히 들여다보고는 이 개념이 선구적임을 알아차렸다. 와이어호그를 이용하면 다양한 장치에 접속해 자신의 파일을 전달할 수 있을 뿐 아니라 사진, 문서, 음악 등 콘텐츠별로 구분된 다양한 갤러리에서 파일을 선택해 친구들과 공유할 수 있었다. 음악 갤러리에는 음악 재생 기능이 있어 다른 사람의 라이브러리에 있는 음악을 자신의 컴퓨터에서 재생할 수 있었다. 어느 날 밤 파커는 매콜럼과 댄절로와 함께 제품 이야기를 나누다가 훗날 클라우드 컴퓨팅cloud computing으로 알려지게 되는 것의 원형을 제안했다. "사람들이 정말 쉽게 이용할 수 있도록 해야 해. 파일을 넣는 곳은 딱 하나만 있어야 해. 그러면 모든 사람이 자기 자료를 넣어 남들이 이용하도록 할 수 있어." 그는 프로젝트에 새 이름까지 지어주었다. '드롭박스Dropbox'였다.

하지만 파커는 와이어호그가 즐거움뿐 아니라 위험성을 안고 있음을 알고 있었다. 기본적으로 콘텐츠의 저작권 유무를 따지지 않고 파일을 공유하는 기능은 그에게 명성과 악명을, 궁극적으로는 근심을 안겨준 프로젝트인 냅스터와 꺼림칙하도록 닮았다. 와이어호그로 음악을 불법 복제하는 일은 냅스터에 비해 번거로웠다. 하지만 음반사를 안심시키기에는 역부족이었다.

파커는 저커버그에게 와이어호그가 더페이스북을 끝장낼 수 있다고 말했다. "음악 쪽 사람들이 소송을 걸어서 너의 모든 걸 빼앗을 거야. 이건 결코 성공할 수 없어. 와이어호그를 중단해야 해!"

저커버그는 파커를 존경했지만 그의 명령을 따를 생각은 없었다. 앤드루 매콜럼이 말한다. "마크는 흥미로운 복합체입니다. 강인한 의지의 소유자이면서 적응력도 뛰어나죠. 그는 숀이 귀중한 경험을 많이 했고 새로운 세상을 헤쳐 나갈 방법에 대해 많은 것을 가르쳐줄 수 있다는 걸 인정했어요. 하지만 숀이 생각하거나 말하는 대로 무작정 따르지는 않았습니다. 그런 관계가 아니었어요."

저커버그는 음악 산업 관계자들과 대화를 나누고 그들의 말을 들어보자고 제안했다. 파커는 그들이 뭐라고 말할지 이미 '알고' 있었지만 저커버그의 뜻에 따라 면담을 주선했다. 냅스터에도 불구하고, 어쩌면 냅스터 덕분에 파커는 음악계의 최고위급 임원들과 친분이 두터웠다. 두 사람은 로스앤젤레스로 날아가 당시 워너 브라더스 레코드Warner Bros. Records의 수장이던 톰 월리Tom Whalley의 집으로 찾아갔다. 면담이 끝날 즈음에 깜짝 손님이 걸어 들어왔다. 시그램Seagram 상속인이자 자칭 뮤지션 에드거 브론프먼Edgar Bronfman이었다. 그는 당시 음반사를 매입하려고 입찰에 참여하던 중이었다. 이 음악계 거물들이 와이어호그와 관련해 저커버그에게 한 말은 그가 전에도 들어본 것이었다. "이 빌어먹을 거 집어치워요."

그래도 면담이 끝나기 전 파커와 저커버그는 화해의 선물을 제시했다. 워너 브라더스나 브론프먼에게 더페이스북에 개인적으로 투자할 기회를 주겠다고 한 것이다. 그들은 제안을 거절했다. 파커에 따르면 그들은 가격이 너무 높다고 생각했다.

저커버그는 고집스럽게 밀어붙여 2004년 10월 와이어호그를 설립했다. 심지어 파커에게 지분을 주기까지 했는데 그의 비판을 잠재우기 위해서였을 것이다. 2005년 1월 파커는 벤처 캐피털 회사 세쿼이아와 면담을 주선했다. 새 회사를 홍보한다는 명분이었다. 더페이스북팀으로부터 투자 제안을 받지 못한 벤처 투자 회사들은 실제로 이 팀의 또 다른 프로젝트에 기꺼이 투자할 의향이 있었다.

면담 시각은 이른 아침으로 정해졌는데, 더페이스북팀은 여느 때처럼 대부분 새벽 4시 즈음까지 코딩을 했다. 그래서 마크 저커버그가 파자마 차림으로 면담장에 나타난 것은 좋게 해석하자면 늦잠 탓으로 돌릴 수 있을 것이다. 사실 더페이스북팀은 숀 파커 복수극에 출연할 배우들이었다. 세쿼이아가 자신의 플랙소 지분을 빼앗았다고 생각한 파커는 자신의 새 동료들을 동원해 숙적에게 치욕을 안겨줄 작정이었다. 부끄럽게도(나중에는 후회스럽게도) 페이스북의 십 대들은 세쿼이아를 골탕 먹일 작정이었다. 매콜럼이 말한다. "그들이 투자하든 말든 관심 없었어요. 홍보 중간에 '와이어호그에 투자해서는 안 되는 열 가지 이유'라는 슬라이드를 틀기도 했거든요. 그중 한 가지는 '우리는 숀 파커와 일하는데 당신네는 그를 증오하잖아'였죠."

와이어호그는 투자를 전혀 받지 못했다. 저커버그가 학교 몇 곳에 배포한 베타 버전은 호응을 얻지 못했다. 와이어호그의 핵심 개발자 댄절로와 매콜럼은 각자 학교로 돌아갔다.

그러는 동안 더페이스북은 미친 듯 성장했다. 2004년 12월 100만 이용자를 돌파하자 틸은 자신의 복덩이 스타트업을 위해 샌프란시스코에서 성대한 파티를 열었다. 결국 페이스북의 성공이 와이어호그의 숨통을 끊은 격이었다. 파커는 훗날 이렇게 거들먹거렸다. "우리가 그 물건에 총알을 박아 넣었죠."[9]

오늘날 와이어호그는 유명한 형의 이야기에 딸린 알려지지 않은 각주에 불과하다. 와이어호그 사건 몇 년 뒤인 2007년 6월 정말로 드롭박스라고 불리는 회사가 설립되었는데, 최근 가치는 약 100억 달러에 달한다. 이 회사의 첫 벤처 캐피털 라운드에 투자한 곳이 세쿼이아였다.

더페이스북팀의 역할 분담

2004년 여름이 끝나가면서 저커버그와 친구들이 결단을 내려야 할 때가 찾아왔다. 첫째, 이사를 해야 했다. 집주인은 소음과 말썽에 불만이 가득했다. 수영장 바닥에서 깨진 유리를 진공청소기로 빨아들여야 했던 적이 세 번이나 있었다. 집주인이 사람을 보내 현관문 틈새로 엿보게 했더니 이런 보고가 돌아왔다. "집이 엉망으로 어질러져 있고 아주 지저분해 보였습니다." 집라인 소동으로 인한 굴뚝 훼손도 빼놓을 수 없었다.

처음에는 다들 하버드로 돌아가 그곳에서 회사를 운영하고 캘리포니아에는 운영자를 둘 생각이었다. 하지만 더페이스북은 운영자 한 사람이 감당할 수 있는 것보다 훨씬 많은 관심이 필요했다. 어느 날 모스코비츠가 저커버그를 불러내 말했다. "이용자가 부쩍 늘고 있어. 서비스가 점점 더 많이 필요해져. 그런데 이걸 운영할 인력이 하나도 없어. 우리가 운영팀을 하고 있잖아. 이 일과 학업을 병행할 수는 없을 것 같아."

그때 빌 게이츠의 조언이 떠올랐다. 게이츠가 로웰 렉처 홀에서 말했듯, 마이크로소프트를 창업하려고 앨버커키에 갔을 때 그와 공동 창업자들은 하버드의 너그러운 휴학 정책 덕을 볼 수 있었다. 저커버그는 한 학기 쉬면서 모든 기반을 다지는 게 어떨까 하는 생각이 들었다. 기반이 마련되면 봄 학기에는 하버드에 돌아갈 수 있을 것 같았다. 더페이스북은 아직 성장하고 있었지만 운영을 더 자동화할 필요가 있었다. 돌아왔을 때 너무 낡아버리면 안 된다는 것이 저커버그의 생각이었다. 4년을 기다렸다가는 유행에 뒤처질 게 뻔했다.[10]

그래서 당분간 캘리포니아에 머물기로 했다. 나중에 저커버그는 유배 중인 학부생 기술 스타인 자신을 계속 밀착 취재하던 《하버드크림슨》에 이렇게 설명했다. "내 말은 결코 공식 결정은 아니었다는 거죠. 학교에 돌아가야 할지 토론을 하지는 않았어요. 그냥 어느 날 다들 둘러앉아서 이렇게 말한 겁니다. '학교에 돌아가지 말자. 알겠지? 그러자.'"

그들은 로스앨토스에서 임대 주택을 하나 찾아냈다. 원조 카사 페이스북에서 멀지 않은 곳이었다. 집주인이 저커버그를 흘끔 보더니 몇 살이냐고 물었다.[11] 그는 스무 살이라고 대답했다. 그녀가 물었다. "내가 100만 달러짜리 집을 학생들한테 임대할 거라 생각해요?" 저커버그가 대답했다. "네." 이번에는 집라인을 설치하지 않았다.

피터 틸은 저커버그에게 공동 창업자들의 지분을 정리하고 스톡옵션 베스팅 스케줄vesting schedule(재직 기간에 따라 스톡옵션 행사 기간에 차등을 두는 것-옮긴이)을 확정하라고 지시했다. 저커버그는 베스팅 스케줄이 뭔지 몰랐다. 그러나 이 업무에 착수하고서 더스틴 모스코비츠가 유의미한 지분을 가져야 하며 에드와도 새버린이 지나치게 많은 지분을 소유했음을 깨달았다. 황소 모스코비츠는 사이트가 계속 성장하면서도 서비스가 중단되지 않도록 하기 위한 필수 인력이었다. 매콜럼이 말한다. "더스틴이 페이스북을 떠났다면 페이스북은 엄청나게 곤란해졌을 겁니다." 모스코비츠가 5퍼센트의 지분을 받은 건 정당하고 남았지만 이 때문에 누군가는 앙심을 품게 된다. 저커버그는 훗날 기자에게 말했다. "다들 이렇게 말하더군요. '너 대체 무슨 짓을 하는 거야?' 그럼 난 이렇게 대꾸했어요. '그게 무슨 말이야? 이건 옳은 일이라고. 더스틴이 얼마나 많은 일을 하는데.'"[12]

이 최초의 지분율이 어떻게 될지 아는 사람은 아무도 없었다. 매콜럼이 말한다. "페이스북이 하도 큰 성공을 거두었기 때문에 [당시] 페이스북 지분을 조금이나마 받았다면 자신이 홀대받았다고 느낄 수는 없어요." 에드와도 새버린은 예외였다.

저커버그가 집주인을 설득해 임차한 로스앨토스 주택에 에즈라 캘러핸Ezra Callahan이 찾아온 것은 자정이었다. 캘러핸은 유럽에서 갓 돌아온 길이었다. 그의 친구 숀 파커는 자신의 스타트업에 합류하면 로스쿨에 입학하기 전 갭이어 동안 시간 때우기 좋을 거라고 말했다.(이에 앞서 같은 해에 파커는 캘러핸과 로스앨토스에서 함께 지낸 적이 있었다.) 약 3만 달러의 연봉에 (가치는 의심스럽지만) 스톡옵션까지 준다고 했다. 심지어 로스앨토스힐스에 있는 회사 건물에서 숙식까지 해결할 수 있다고 했다. 더스틴 모스코비츠가 문을 열자 캘러핸이 말했다. "에즈라라고 해요. 여기 취직했어요. 숀이 여기서 지내도 된다더군요." 모스코비츠는 어깨를 으쓱하고는 그를 안으로 들였다.

라제니퍼웨이 주택에서 로스앨토스의 새 숙소로 옮겼지만 일과와 인력은 그대로였다. 캘러핸은 저커버그, 매콜럼, 모스코비츠, 파커와 더불어 이곳에 상주하게 되었다. 하지만 직원이 계속 늘면서 여러 명이 한 침대를 써야 했으며 더 많은 인원이 바닥에서 자야 했다. 이 집은 가구가 완비되지 않았기에 더페이스북팀은 이케아에서 최소한의 가구를 구입했다. 저커버그는 옷장을 들여놓고 싶지 않았다. 옷은 쌓아두면 그만이었다. 더페이스북이 신규 자금을 유치하고서 달라진 점은 저커버그가 차를 새로 장만했다는 것뿐이었다. 저커버그가 회의에 1시간 지각한 뒤 틸은 새 차를 사주겠다고 말했다. "5만 달러 이상은 안 되네." 저커버그는 인피니티를 골랐다. 게다가 구입이 아니라 리스였다.

그해 가을 더페이스북 경영진의 역할이 구체적으로(암묵적이긴 했지만) 정해졌다. 어색한 모습의 천재 저커버그는 최초이자 최종 결정권자였다. 비전 제시자 파커는 더페이스북의 중요성을 이해하고 저커버그가 그 잠재력을 깨닫도록 도왔으며 실리콘밸리 게임의 규칙을 그에게 가르쳐주었다. 실행자 모스코비츠는 저커버그의 구상을 엔지니어들에게 전달해 코드로 작성하게 하거나 직접 코드를 짰다.

크리스 휴스는 하버드로 돌아가기 전 몇 주간 머물면서 홍보 업무를 진행했다. 맷 콜러는 사업의 무게 중심을 잡았다. 그는 저커버그의 괴팍한 재기와 파커의 천방지축 아이디어에 고삐를 죄는 든든한 버팀목이었다. 당시 스물셋으로 콜러보다 네 살 어린 캘러핸이 말한다. "맷은 유일한 어른 노릇을 했습니다. 내 눈에는 정신 연령이 마흔은 되어 보였고 그만큼 무게를 잡았죠. 맷도 자기가 무슨 일을 하는지 거의 모른다는 사실을 내가 알게 된 건 나중에 가서였어요."

피터 틸이 투자하기 전 더페이스북은 자금 부족에 허덕였다. 저커버그는 부모가 그의 대학 학비로 모아둔 돈을 빌렸다. 더페이스북의 성장률에 걸림돌이 된 것은 서버 공간을 얼마나 확보할 수 있는가와 각 대학에 필요한 개별 데이터베이스를 얼마나 빨리 만들 수 있는가였다. 2004년 여름이 끝나갈 무렵 더페이스북이 진출한 학교는 쉰 곳에 미치지 못했으며 수백 곳이 서비스를 해달라고 아우성이었다. 엔젤 투자 자금이 투입되자 저커버그는 서비스 확장을 추진할 인력을 더 채용할 수 있었다(부모에게 빌린 돈도 갚았다).

2004년 9월 초 그들은 이스트코스트의 회사에 있던 서버를 캘리포니아에 있는 더 큰 코로케이션co-location(개인이나 기업이 소유한 서버나 네트워킹 장비 등을 안전하게 관리하고 운영해주는 것-옮긴이) 시설 이퀴넥스 Equinex로 옮겼다. 매콜럼이 말한다. "우리가 뭘 하고 있는지 몰랐죠. 한낱 대학생일 뿐이었으니까요." 그들은 서버 수십 대를 새로 사들여 밤새 박스를 뜯고 랙rack에 장착하고 리눅스를 설치하고 네트워크에 연결했다. 대학 수백 곳에 진출할 준비가 끝났다.

겨울 방학이 가까워지면서 그들 모두 이 프로젝트가 어마어마하게 커질 것임을 알았다. 저커버그가 더페이스북을 론칭한 지 1년이 채 지나지 않은 시점이었다. 캘러핸이 말한다. "더페이스북이 10억 달러짜리가 되리라는 생각은 첫날부터 하고 있었어요."(그가 말한 건 하버드에 들어간 첫날이 아니라 '자신'이 입사한 첫날이다.) 하지만 몇십 억인지는 아무도 감을 잡지 못했다. 문제는 페이스북이 여전히 버젓한 비즈니스 모델을 전혀 갖고 있지 않다는 것이었다. 이 문제를 해결하는 임무가 캘러핸에게 떨어졌다.

6개월 전이었다면 더페이스북의 수익 사업 부문을 맡고 있던 공동 창업자 에드와도 새버린에게 이 임무가 돌아갔을 것이다. 하지만 새버린은 그해 여름 이스트코스트에 머물면서 더페이스북에 실을 광고를 유치하고 있었으며 하버드에 돌아가 학위를 마칠 계획이었다. 그는 더페이스북이 이스트코스트 대학의 일개 프로젝트에서 야심 찬 실리콘밸리 스타트업으로 변모하는 순간을 함께하지 못했다. 라제니퍼웨이의 수상쩍은 요다 숀 파커는 새버린이 회사의 걸림돌이라고 생각했으며 자기 생각을 곧잘 입 밖에 냈다. 누군가 말했듯 "에드와도가 수천 단위 운운했다면 숀은 수백만 단위 운운했다."

어느 시점엔가 파커는 캘러핸에게 새버린의 역할을 대신할 수 있겠느냐고 물었다. 결국 저커버그도 새버린을 내보내는 데 동의했다. 저커버그는 자신의 변호사와 은행가를 통해 소식을 전했는데, 새버린의 회사 내 지분이 축소되도록 조정된 동업 관계를 제시하는 방법을 썼다. 새버린은 자신을 회사에서 사실상 내쫓는 문서에 스스로 서명한 것을 알고서 격분했다. 저커버그는 한 친구에게 보낸 인스턴트 메신저에서 스스

1부 SNS 왕국의 탄생

로를 정당화했다(이번에도《비즈니스인사이더》가 찾아냈다).

내 주장은 에드와도가 자초했다는 거야. 첫째, 그는 자신에게 부여된
임무 세 가지 중 하나도 완수하지 못했어. 회사를 설립하고 자금을 조
달하고 비즈니스 모델을 세우기로 했지만 셋 다 실패하고서 오히려 나
를 공격했는데, 어림없지. 자신이 바보라는 걸 자인한 꼴이라고. 나는
이제 하버드로 돌아가지 않을 테니 브라질 깡패들에게 두들겨 맞을까
봐 걱정 안 해도 돼.[13]

하지만 새버린이 저커버그의 음모에 복수하는 데는 브라질 깡패가 필
요 없었다. 2007년 소송 이후 그는 무려 5퍼센트의 지분(금액으로는 수십
억 달러에 달한다)을 차지했으며 페이스북이 공식 기록에 자신을 영원히
공동 창업자로 기재하도록 만들었다.[14] 또한 작가를 섭외해 자신의 관점
에서 배신 이야기를 쓰도록 했으며, 책이 출간되기 전에 영화(다들 아는
바로 그 영화)가 제작되었다. 새버린은 미국 국적을 버리고 싱가포르로
이주했다(전하는 말에 따르면 조세 회피를 위해서라고 한다). 그는 자신이
페이스북에서 했거나 하지 않았던 일보다는 영화〈소셜 네트워크〉의 실
제 인물로 더 유명하다.[15]

그리하여 자신의 1000달러 투자로 시작된 프로젝트에 참사가 닥쳤을
때 새버린은 페이스북의 창업자들 중 책임질 일이 가장 적었다.

5

스타트업의 길

A 라운드 벤처 캐피털 투자를 받다

2005년 3월 더페이스북은 마침내 사무실에 입주했다. 파커는 팰러앨토 시내 에머슨스트리트의 중식당 건물 2층을 확보했다.

그때 이미 저커버그는 로스앨토스 주택에서 나와 있었다. 회사가 점점 커지면서 최고경영자가 부하 직원들과 숙식을 함께 하는 것이 갈수록 격에 맞지 않아 보였다. 저커버그는 몇 달간 여러 곳을 전전하다가 회사에서 몇 블록 떨어진 팰러앨토 시내의 작은 아파트로 이사했다. 집에는 TV조차 없었으며 바닥에 깐 매트리스와 가구 몇 점이 전부였다. 이용자가 100만 명이 넘는 회사의 최고경영자이자 최대 주주인데 옷은 여전히 바닥에 쌓아두었다.

사무실에 입주한 지 몇 주 만에 더페이스북은 재무 위기를 맞았다. 틸의 엔젤 투자금이 바닥나지는 않았지만 서버 이용료를 비롯한 비용이 눈덩이처럼 불었다. 회사는 여전히 새로운 자금원이 필요했다. 대기업 경영은 고사하고 회사 생활 한 번 해보지 않은 최고경영자의 자문역을 겸할 수 있는 투자자라면 금상첨화였다.

이제 자금 조달은 식은 죽 먹기였다. 문제는 누구를 수석 투자자로 선택할 것인가였다.

저커버그에게는 이 역할을 꼭 맡기고 싶은 사람이 있었다.《워싱턴포스트》회장 겸 최고경영자 돈 그레이엄Don Graham이었다. 그는 벤처 투자자는 아니었다.《워싱턴포스트》의 사업 개발을 주도한 인물인 크리스 마Chris Ma는 저커버그의 커클런드 하우스 동료인 딸 올리비아 마Olivia Ma가 쓴 더페이스북의 대학 시장 정복기를 읽고 저커버그에게 매료되었다. 2005년 1월 파커와 저커버그는 사업 관계를 물색하기 위해 워싱턴으로 갔다. 마는 그레이엄을 면담에 초대했으며 그레이엄은 저커버그가 더페이스북의 작동 방식을 설명하는 동안 넋을 놓고 귀를 기울였다. 하지만 그는 프라이버시 문제를 우려했다. 그가 저커버그에게 물었다. "사람들은 자신의 게시물을 자신이 원하는 사람들만 볼 수 있다고 확신하나요?"

저커버그는 사람들이 정말로 공유를 편안하게 느낀다고 대답했다. 그는 이용자 중 3분의 1이 프로필 페이지에 휴대폰 번호를 공유한다고 말했다. "이건 우리를 신뢰한다는 증거입니다."

그레이엄은 이 청년이 감정을 드러내지 않는 것과 머뭇거리는 것이 마음에 걸렸다. 이따금 저커버그는 질문에 답하기 전에(하버드 학생의 몇

퍼센트가 더페이스북을 하느냐와 같은, 그가 수천 번은 들었을 법한 질문에 조차) 침묵한 채 약 30초간 허공을 응시했다. 그레이엄은 이런 생각이 들었다. '질문을 못 알아들은 건가? 내가 기분을 상하게 했나?'

그러나 면담이 끝나기도 전에 그레이엄은 더페이스북이 몇 년 동안 들어본 사업 아이디어 중 최고라는 확신이 들었다. 그는 저커버그와 파커에게 벤처 캐피털이 아닌 투자자를 원한다면《워싱턴포스트》가 참여할 의향이 있다고 말했다.

맷 콜러가 회사에 합류한 시점은 협상이 진행되고 있을 때였다. 그는 저커버그의 선택에 동의하지 않았다. 두 최고경영자가 묘한 유대감을 느끼는 것은 그도 환영이었다. 그레이엄이라면 틀림없이 멘토로서 제격일 것 같았다. 하지만 콜러는 저커버그에게 'A 라운드'는 단 한 번뿐이라고 말했다.(피터 틸의 자금은 '시드 라운드'였으며, 스타트업의 생애에서 다음 단계는 벤처 캐피털 회사에서 투자받는 A 라운드다.) 회사의 10퍼센트가 걸린 문제였다!《워싱턴포스트》가 제안한 것보다 더 유리한 계약을 성사시키면 이후 재무 상황이 훨씬 호전될 터였다.

믿을 수 없을 만큼 유망한 스타트업이 자금을 조달한다는 소문이 이미 벤처 캐피털 사이에 파다했다. 콜러는 자신이 소문을 퍼뜨렸음을 부인하지 않았다. 파커 역시《워싱턴포스트》의 투자에 전적으로 찬성한다는 인상을 그레이엄에게 주면서도 실리콘밸리 벤처 캐피털로부터 더 나은 계약을 따내고 싶은 마음이 간절했다.

당시 최고의 벤처 캐피털 회사였던 클라이너 퍼킨스는 더페이스북이 마음에 들었지만 기존의 프렌드스터 투자가 발목을 잡았다. 가장 끈질긴 벤처 캐피털 회사는 액셀Accel이었다. 이 회사의 파트너 한 사람은 홍보 기회를 얻을 때까지 더페이스북 사무실 앞에서 노숙하다시피 했다.

　　　　　　　　　　　　　　　　　　　　　　1부　SNS 왕국의 탄생

액셀의 수석 투자자 짐 브라이어Jim Breyer가 마침내 제안한 금액은《워싱턴포스트》의 두 배에 가까웠다. 그는 스무 살짜리가 운영하는 한 살배기 회사의 가치를 자그마치 9800만 달러로 산정해 1270만 달러를 제안했다.[1] 게다가 그는 저커버그가 회사 경영권을 장기 보유하는 것에 동의했다. 브라이어와 틸이 이사회에 참석하겠지만 저커버그에게 2석, 파커에게 1석의 의결권을 부여하기로 한 것이다. 예전에 파커가 당했던 것과 달리 저커버그는 결코 자기 회사에서 쫓겨나지 않을 터였다.

하지만 그때 저커버그는《워싱턴포스트》의 투자를 받아들이기로 합의한 뒤였다. 문서에 서명하지는 않았지만 이미 계약한 것이나 마찬가지였다.

저커버그는 난처했다. 그는 그레이엄의 경영 방식에 반했으며 심지어 최고경영자의 일상을 알고 싶어《워싱턴포스트》에 찾아가 그를 하루 동안 따라다니기까지 했다. 하지만 콜러와 파커는 완강했다. 그들은 페이스북이 자금을 많이 확보할수록 더 빨리 성장할 수 있으며, 이용자가 훨씬 많은 마이스페이스를 따라잡을 실탄을 더 많이 확보할 수 있다고 주장했다. 그러나 저커버그는 약속을 번복하는 사람이 되고 싶지는 않았다. 자신이 그토록 존경하는 사람을 상대로는 더더욱 싫었다.

그는 그레이엄에게 전화를 걸었다. "돈, 난 지금 도덕적 딜레마에 빠졌어요"라고 말하고는 짐 브라이어가 두 배의 투자금을 제안했다고 설명했다.

그레이엄은 벤처 캐피털과 손잡는 건 최고 수익을 목표로 삼는 집단에 회사 일부를 내어준다는 뜻임을 저커버그에게 알려주고 싶었다. 그는 벤처 캐피털이 저커버그가 반대하는 영업 방식을 강요하거나 페이스북이 준비를 마치기 전에 기업공개initial public offering, IPO를 부추길지 모른다고 말했다.

저커버그가 말했다. "각오하고 있어요."

그레이엄이 물었다. "그러니까 추가 자금을 확보하는 게 당신에게 중요하다는 거죠?"

저커버그가 말했다. "네, 정말로요. 우리는 성장해야 해요. 빠르게 성장해야 한다고요."

그레이엄은 액셀이 제안한 액수에 맞출까 생각해봤지만 그러면 액셀이 다시 금액을 올릴 것이고 저커버그에게서 또다시 전화가 걸려올 터였다. 그는 금액을 맞출 수 없다고 말했고 선택은 저커버그의 몫이 되었다.

전화 통화 직후 액셀의 짐 프라이어는 파커와 콜러, 저커버그를 우드사이드의 빌리지펍이란 고급 레스토랑에 데려갔다. 그곳은 케케묵은 구세계의 격식이 남아 있는, 실리콘밸리에서 몇 안 되는 곳 중 하나였다. 브라이어는 임박한 승리를 자축했다. 웨이터가 포도주 메뉴를 가져오자 퀼시다 크리크 워싱턴 스테이트 카베르네Quilceda Creek Washington State Cabernet를 주문하며 이 전설적이면서 전설적으로 비싼 포도주에 대해 입에 거품을 물었다. 파커와 콜러는 전설의 포도주를 맛보게 되어 들떴다. 저커버그는 자신은 아직 미성년자라서 못 마신다고 말했다. 그는 스프라이트를 주문했다.

저커버그는 그해 브라이어와 함께한 무대 인터뷰에서 그때 일을 해명했다. "실은 스프라이트를 좋아해요."[2]

저녁 식사가 진행될수록 저커버그는 점점 거북해 보였다. 콜러는 그가 고급 레스토랑에 친숙하지 않은가보다고 생각했다. 결국 저커버그는 실례 좀 하겠다며 화장실에 갔다. 그러고는 돌아오지 않았다. 급기야 콜러가 무슨 일인지 알아보려고 일어섰다.

마크 저커버그는 빌리지펍 남자 화장실 바닥에 주저앉아 있었다. 울먹이면서.[3]

콜러가 무슨 일이냐고 물었다. 저커버그는 액셀 계약을 마무리하지 못하겠다고, 이건 잘못된 일이라고 그에게 말했다. "나는 돈 그레이엄에게 약속했어요. 중요한 건 그거라고요. 계약 못 하겠어요."

고뇌하는 도덕주의자는 콜러가 보지 못한 저커버그의 모습이었다. 윙클보스 쌍둥이에게는 틀림없이 충격이었을 것이다. 콜러는 감명받았다. 또한 이것은 훗날의 난장판에서 저커버그가 보여준 냉정함과 대조를 이룬다. 이후에 수많은 도덕적 딜레마가 발생할 때마다 대개 피도 눈물도 없는 실용주의로 문제를 해결했으니 말이다.

이곳에서도 눈물이 마른 뒤 같은 일이 벌어졌다. 콜러가 나중에 설명한 말에 따르면 그는 저커버그가 후회나 망설임 없이 전진하기를 바랐다. 저녁 자리가 파하고 나서 콜러는 저커버그에게 그레이엄에게 전화를 걸어 어떻게 하면 좋겠느냐고 물어보라고 권했다. 콜러는 말한다. "내 입장에서 그렇게 권하는 긴 부적절한 일이었는지도 모르겠군요."

돈 그레이엄을 아는 사람이라면 누구나 《워싱턴포스트》 최고경영자가 그 질문에 뭐라고 답했을지 짐작할 수 있을 것이다. 마크 저커버그 또한 틀림없이 알고 있었다. 그레이엄은 사업상 이익을 위해 소신을 버릴 사람이 아니었다.

그레이엄이 말했다. "마크, 당신이 그렇게 느낀다면 당신을 도덕적 딜레마에서 벗어나게 해주죠." 그는 저커버그에게 액셀의 자금을 받으라고, 받을 수 있는 만큼 받아내라고 말했다. 그는 저커버그와 친구로 남기를 바랐다.(저커버그는 훗날 그레이엄에게 페이스북 이사회에 들어와달라고 요청했으며 둘은 친한 사이로 남았다.)

하지만 이 일로 스무 살 저커버그는 비즈니스에 대해, 또 자신의 본모습에 대해 교훈을 얻었다. 그는 도덕적으로 옳아 보이는 것과 자신이나 더페이스북에 옳은 것 사이에서 중대한 결정을 내렸다. 그달 그는 책상 옆 벽에 "포르산FORSAN"이라고 썼다.[4] 이 단어의 출전은 《아이네이스》의 유명한 구절 "포르산 에트 하이크 올림 메미니세 유바비트Forsan et haec olim meminisse iuvabit"다. 아이네이아스는 패배해 만신창이가 된 자신의 병사들에게 "아마 언젠가는 이조차 즐거운 추억거리가 될 것이다"라고 말했다.[5]

페이스북 도메인과 인력 확보하기

은행 계좌에 돈이 들어온 뒤 최우선 업무는 Facebook.com 도메인을 사들여 회사 이름에서 꼴사나운 '더'를 떼어버리는 것이었다. 도메인 소유주는 어바웃페이스AboutFace라는 회사였다. 대학과는 아무 관계 없고 법률 사무소와 기업 대상 직원 인명록을 제작하는 곳이었다. 파커는 도메인을 20만 달러에 낚아챌 수 있었다. 그리하여 더페이스북이 페이스북으로 간결해지는 길을 닦았다.

벤처 자금으로 해야 할 더 중요한 일은 인력 채용이었다. 하버드 코더들은 사이트를 출범시키는 일은 잘해냈다. 하지만 페이스북을 이용하는 거대한 인구에 맞게 서비스 규모를 키우려면 실제로 컴퓨터과학 훈련을 받은 사람들이 필요했다. 저커버그가 수강한 운영체제 과목의 강사 맷 웰시는 블로그에 이렇게 썼다. "페이스북의 원래 버전은 기술적으로 볼 때 엉망진창이었다."[6] 하지만 엔지니어 채용은 스타트업에는 만만한 일이 아니었다. 대학생 이용자만 상대하는 스타트업이라면 더더욱 그랬다. 한 가지 전술은 스탠퍼드대학교 컴퓨터과학과 바깥에 서 있다가 컴퓨터 도사처럼 보이는 학생들을 붙들고 늘어지는 것이었다. 콜러가 애용한 전술은 미끼 수법이었다. 그는 우등생들을 여름 인턴으로 꾀어서는 결국 학교를 중퇴하게 만들었다.

이 방법으로 낚은 대어 중 하나가 스콧 말렛Scott Marlette이었다. 그는 교수들에게 신물이 난 석사 과정생이었다. 콜러는 작은 회사에 들어오면 큰 영향력을 발휘할 수 있다는 논리로 말렛을 유혹했다. 말렛은 첫날 두 블록 떨어진 애플 스토어까지 걸어가 노트북을 사서는 사무실의 빈자리에 앉아 복잡한 구조적 문제와 씨름하기 시작했다. 똑똑하지만 미숙한 학부 중퇴 엔지니어들로서는 해결할 수 없는 문제였다. 제프 로스차일드Jeff Rothschild라는 세계적인 엔지니어가 이 과정에서 어마어마한 도움을 주었다. 그는 나이가 쉰 살에 늙은 뱃사람처럼 생긴 사람이었다. HP(휴렛 팩커드)에서 일한 로스차일드는 페이스북이 낚은 최대어였을 것이다. 말렛과 로스차일드는 페이스북의 시스템이 지솟는 성장률에 치이지 않고 제대로 굴러가도록 만들었다. 하지만 이 일은 그들 같은 전문가에게도 만만치 않았다. 한번은 페이스북 서버 케이지가 과열되는 바람에[7] 로스차일드가 인근 월그린스 매장을 돌며 팬을 몽땅 사들여 온도를 낮추어야 했다.[8]

페이스북에 입사하는 엔지니어들은 학교 정문을 나와 곧장 들어오거나(흔히 졸업 전에 학교를 그만두었다) 마이크로소프트나 오라클 같은 대기업에서 한두 해 일하다가 이직하거나 했다. 후자는 에머슨스트리트의 중식당 위에 있는 일터의 끝없는 혼란에 어안이 벙벙했다. 정오가 되기 전까지는 사무실이 한산하다가 이른 오후에야 사람들이 하나둘 들어와 자기 컴퓨터 앞에 앉아서는 14시간씩 코딩을 했다. 저커버그는 사무실을 어슬렁거렸는데 파자마 차림일 때가 많았다. 아디티야 아가르왈Aditya Agarwal이 말한다. "카네기멜런대학교의 내 기숙사 방 같았다고 말하면 가장 정확해요." 그는 저커버그와 가벼운 대화를 나누고는 제프 로스차일드와 정식 면접을 보았다. 아가르왈은 그날 입사 제안을 받았으나 수락한 것은 버클리에 다니던 여자 친구 루치 상비Ruchi Sanghvi에게서 페이스북이 얼마나 잘나가는지 듣고 난 뒤였다. 보수는 연봉 7만 5000달러에 '소정의 스톡옵션'이었다. 몇 달 뒤 상비도 입사했다.

이 패턴은 흔히 되풀이되었다. 오합지졸 무리를 미심쩍은 눈으로 바라보던 엔지니어가 대학에 다니는 동생에게 전화로 물어보고서 이 미심쩍은 회사의 전망에 대한 의심이 싹 걷히는 식이었다. 솔레이오 쿠에르보Soleio Cuervo가 말한다. "존스홉킨스대학교 2학년이던 동생에게 전화한 기억이 나요. 페이스북이 갓 진출한 곳이었죠." 그는 페이스북에서 맞닥뜨린 엄청난 지능 지수의 천재들과 이 회사가 내세우는 경박한 사명의 불일치에 어리둥절한 상태였다. 동생이 그에게 말했다. "여기서 페이스북은 하나님보다 높아! 난리가 아니라고!" 쿠에르보는 페이스북의 두 번째 디자이너가 되어 시티그와 일했다.

저커버그도 구인에 적극 동참했다. 업계 거인으로부터 사람을 꾀어낼 때는 더더욱 공을 들였다. 전형적인 일급 표적으로는 그레그 바드로스Greg Badros를 꼽을 수 있다. 그는 구글의 지메일팀으로 막 이직한 뒤였다. (아마 우연은 아니겠지만) 그는 구글의 소셜 네트워크 오르컷의 책임자이기도 했다. 바드로스가 두 역할을 겸직하는 것을 보고서 저커버그는 구글이 소셜 네트워킹을 얼마나 경시하는지 알 수 있었다. 페이스북 사무실에서 면접을 보면 기밀이 유출될 우려가 있었기에 그들은 팰러앨토 시내 라모나스트리트에 있는 저커버그의 아파트에서 만났다. 바드로스는 저커버그가 얼마나 소박하게 사는지 보고서 깜짝 놀랐다. 침실 하나짜리 아파트는 작은 탁자와 구석의 매트리스가 전부였으며, 매트리스에는 시트 없이 담요만 한 장 깔려 있었다. 프리실라 챈은 남자 친구의 구인 노력을 방해하지 않으려고 집 밖 계단에 앉아 과제를 하고 있었다 (이 커플은 저커버그가 처음 캘리포니아에 왔을 때 헤어졌지만 챈이 버클리에서 의대 공부를 시작하면서 재결합했다). 바드로스와 저커버그는 1시간 넘게 이야기를 나누었다. 바드로스는 이 신동이 세상을 바꾸려는 것인지 단지 스타트업 열풍에 편승해 한몫 챙기려는 것인지 궁금했다. 그가 얻은 답은 전자였다. 확실했다. 바드로스는 그때 바로 제안을 받아들이진 않았지만 저커버그의 열의와 호기심에 깊은 인상을 받았다. 2년이 채 지나지 않아 그는 페이스북에 입사한다.

회사가 성장하면서 저커버그의 빨리 움직이기 방식은 종종 회사에 맞지 않는 사람들을 채용하는 결과로 이어졌다. 이 현상은 관리직에서 두드러졌으며, 뒤이은 조기 해고는 업무 공백으로 이어졌다. 2005년 봄 시티그와 파커는 팰러앨토의 한 스타트업이 인력 채용을 위해 주최한 공개 채용 설명회에서 촉망받는 스탠퍼드 2학년생을 만났다. 두 사람은 그에게 인턴이라도 좋으니 페이스북에 들어오라고 재촉했다. 그는 팰러앨토의 한 국숫집에서 저커버그와 만나 회사 창업에 대해 깊은 대화를 나누었다. 저커버그는 창업이 무엇보다 힘든 일이라고 말했지만 학생은 이렇게 생각했다. '언젠간 나도 하고 싶어.'

이 학생의 친구와 심지어 스탠퍼드의 멘토까지 대학 기반의 한심한 (그들이 보기에) 스타트업에 취직하는 것을 말렸다. 게다가 그는 스탠퍼드에서 즐거운 시간을 보내고 있었다. 여자 친구가 있었고 동아리 활동을 하고 있었다. 하지만 입사 제안은 솔깃했다. 그는 자신의 영입을 맡은 수석 엔지니어와 연락을 주고받았는데 입사 쪽으로 마음이 기울고 있었다. 그러다 메일이 끊겼다. 그는 페이스북이 자신을 원하지 않는다고 판단했다. 그가 몰랐던 사실은 자신과 연락하던 엔지니어가 해고당했다는 것이다. 전후 사정을 더 알아봤다면 그 자리는 그의 것이 되었을 터였다.

하지만 페이스북과 케빈 시스트롬Kevin Systrom의 인연은 그것으로 끝이 아니었다.

페이스북의 규칙, 빛의 속도로 움직여라

페이스북 방식의 특징은 새 코드를 내보내는 속도였다. 이를테면 아가르왈은 오라클에 있을 때 몇 달이 지나고서야 코드베이스code base에 첫 '커밋commit'(최신 변경 사항 추가를 통한 버전 관리)을 허락받았으며 그런 다음 다시 코드 변경이 아무것에도 영향을 미치지 않는다는 것을 4명의 검토자에게 네 번 확인받아야 했다. 그런 뒤 실제 변경 사항이 고객에게 선보이기까지는 또 몇 년이 걸렸는데 제품 발표 주기가 2년이었기 때문이다.

하지만 페이스북에서는 하루에 네댓 번씩 코드를 내보냈다. 사실상 저커버그와 모스코비츠는 페이스북을 기숙사 방 프로젝트일 때와 같은 규칙으로 운영하고 있었다. 두 사람은 다른 회사에서 일해본 적이 없었기에 자신들의 방식이 얼마나 전복적인지 알지 못했으며, 이 방식이 소프트웨어 개발에서 통용되는 모범 관행을 사실상 능욕했다는 사실 또한 깨닫지 못했다. 구글조차 데이터베이스 인덱스를 재수정할 때 약 2주 간격을 두어 정기 업데이트 때 변경 사항이 반영되도록 했다. 아가르왈이 말한다. "우리는 도그마가 없었기에 벗어날 필요도 없었죠. 확실하다면 기다릴 이유가 없잖아요?" 옛 패러다임에 젖어 이런 방식을 신성 모독으로 여기는 베테랑은 페이스북에 한 사람도 없었다. 페이스북의 태도는 이랬다. "예전 직장에서 코드 작성에 시간이 얼마나 걸렸든 상관 안 해. 페이스북에서는 빛의 속도로 움직이고 싶어 한다고."

엔지니어들은 입사 첫날 코드베이스를 내려받고 개발 환경을 설정하고 버그를 수정했다. PHP로 코딩해본 적이 없거나 객체 관계 모델object-relationship model의 원리를 모르면 배워야 했다. 오늘 당장. 변명은 통하지 않았다.

페이스북의 활동 영역이 사람들의 안전이나 안녕에 뚜렷한 영향을 미치는 분야였다면 사정이 달랐을지 모른다. 하지만 기껏해야 …… 사진 첩(페이스북) 아닌가. 문제가 생겨봐야 무슨 심각한 사태가 벌어지겠는가?

이 점을 강조한다고 볼 수 있는 한 가지 예를 들어보자. 어떤 엔지니어의 코드에 들어 있는 끔찍한 버그 때문에 전체 소프트웨어 스택이 무너져 페이스북 이용자 수십만 명이 서비스에 접속할 수 없게 됐다고 가정해보자. 당황해 어쩔 줄 모르는 엔지니어에게 이메일이 도착한다. 엔지니어팀 전체에게 발송된 이메일이다. "축하해요! 사이트를 다운시켰군요. 빨리 움직이고 있다는 뜻이죠!"(같은 실수를 두 번 저지르는 건 그다지 축하할 만한 일이 아니었지만.)

이 과정은 나중에 관례가 되었다. 엔지니어링과 관련 있는 직원은 누구나 '부트 캠프boot camp'(프로그래밍 기술 훈련 프로그램-옮긴이)에 참가해야 했다. 부사장급도 예외가 아니었다. 각 참가자는 시스템을 재빨리 훑어보고서 24시간 안에 '코드베이스 커밋code base commit'(페이스북을 돌리는 실제 컴퓨터 프로그램을 변경하는 일)을 하고 이튿날쯤이면 코드를 내보내야 했다. 마치 로켓 우주선의 조종석에 처음 앉자마자 조종을 해야 하는 식이었다.

엔지니어들의 주 임무는 '불 끄기'였다. 모두가 하는 일 대부분은 사이트가 먹통이 되지 않도록 문제를 해결하는 것이었다. 처음에 소방관 파견은 모스코비츠가 맡았다. 이후 그는 2005년 입사한 엔지니어링 관리자 케이티 게민더Katie Geminder와 정기 회의를 하면서 누가 무슨 작업을 하고 있는지 파악했다. 하지만 몇 달간은 주먹구구식이었다.

보스를 포함해 직원 절대다수가 20대 초반이었기에 페이스북의 사무실 분위기는 술 마시기 내기 비디오 게임을 하면서 SAT(대학 입학 자격 시험)를 치르는 것 같았다. 직원들은 사무실을 집으로 생각하라는 말을 들었다. 심지어 저커버그는 직원이 사무실에서 1마일 이내에 살겠다고 하면 매달 600달러를 보너스로 지급했다.[9]

이런 회사 기풍은 사무실 벽에 그림으로 표현되었다. 첫 사옥으로 옮긴 지 몇 달 지나지 않아 페이스북은 팰러앨토 중심가인 유니버시티애비뉴 156에 두 번째 사옥을 열었다. 유니버시티애비뉴는 페이팔이 설립된 곳으로 절묘한 우연의 일치라고 할 만했다. 임차 협상에서 파커는 뇌물을 썼다. 건물 공간을 더 넓게 쓰게 해주면 페이스북에 5만 달러를 투자하게 해주겠다고 집주인에게 제안한 것이다. 흔치 않은 기회였다. 집주인은 그러고 싶어 했지만 그의 동업자들이 퇴짜를 놓는 바람에 수억 달러를 벌 기회를 놓쳤다.

파커는 데이비드 최David Choe라는 인기 그라피티graffiti 작가에게 건물 장식을 맡기자는 아이디어를 냈다.[10] 최는 페이스북을 비롯한 소셜 네트워킹 사이트를 터무니없는 헛짓으로 여겼기에 6만 달러라는 어처구니없는 금액을 요구했다. 하지만 집주인과 달리 수고비를 페이스북 스톡옵션으로 받는 데 동의했다. 최는 기괴하고 불경한 이미지로 가득한 벽화를 사옥 사방에 그려 넣었다. 《플레이보이》가 히에로니무스 보스 Hieronymus Bosch에게 지하철 장식화를 의뢰한 격이었다. 나중에는 파커의 여자 친구가 비슷하게 불경한 이미지로 여자 화장실을 장식했다. 남자 일색의 페이스북 직원 거의 모두가 작품을 좋아했지만 (극소수인) 여직원들은 눈살을 찌푸렸다.

파커와 페이스북 직원 몇 명이 프랜차이즈 식당인 치즈케이크 팩토리에서 저녁을 먹으면서 최의 작품을 칭찬했다. 그들은 최에게 자신이 받은 스톡옵션의 가치를 아느냐고 물었다. 스톡옵션이 뭔지나 알았을까? 최는 모른다고 털어놓았다. 하지만 예전에 수고비를 드럼 세트로 받은 적이 있었으니 이번 역시 비슷하겠거니 생각했다. 최가 받은 스톡옵션의 최종 가치는 2억 달러를 웃돌았다.

저커버그는 대중 연설에 서툴렀다. 처음에는 초창기 전 직원 회의에서 10~15명에게 말할 때조차 겁을 먹었다. 그는 훗날 이렇게 말했다. "다리가 풀려버렸죠. 너무 두려웠거든요."[11] 또 다른 전 직원 회의에서는 안쓰러울 정도로 버벅거리다 맷 콜러에게 바통을 넘겼다.[12] 하지만 결국 그는 직원들에게 연설하는 일에 익숙해졌으며 매주 금요일에 직원들을 모아놓고 자유롭게 질문을 받았다. 모임이 끝나면 그는 오래전 그의 상상력을 사로잡은 고대 지도자들처럼 "지배Domination!"라고 외쳤다.[13] 페이스북을 향한 영웅의 여정을 열성 신도 같은 직원들에게 들려주면서 저커버그는 타고난 내성적 성격을 극복하고 자신의 포커페이스 뒤에 숨긴 야심을 표현할 수 있었다. 그러면서 손가락으로 따옴표 표시를 해 자신의 말을 곧이듣지 말라는 시늉을 했다. 게민더가 말한다. "반농담조였지만 진심도 담겨 있었어요. 그리고 의욕을 불러일으켰죠."

결국 어느 날 파커는 반독점 소송에 빌미가 될 수 있다며 저커버그에게 그 표현을 쓰지 말라고 말했다.

담벼락, 그룹, 블루, 사진: 확장의 발판 마련하기

2005년 6월 마크 저커버그는 직원들을 모아놓고 페이스북의 두 번째 여름에 이루고 싶은 목표를 이야기했다.

- 사이트 디자인 개편
- 사진 앱
- 이용자의 소셜 활동에 바탕을 둔 개인 맞춤형 신문
- 행사 일정 기능
- 현지 비즈니스용 서비스

그리고 저커버그가 '심심해I'm Bored'라고 부른, 사람들에게 페이스북에서 할 수 있는 일을 알려주는 기능이 있었다.

이 목록은 그의 사이트를 대학 인명록에서 세계 최고의 소셜 서비스로 탈바꿈시키기 위한 것이었다.

저커버그의 사업 구상은 캘리포니아로 이주한 뒤 계속 진화했다. 하버드에 있을 때는 즉흥적인 아이디어가 떠오르면 직접 코딩해 별 생각

없이 공개했다. 심지어 지금까지 작업을 집대성한 더페이스북도 뚝딱 코딩해 내놓은 결과물이었다.

이제 엔지니어팀은 점점 커져갔고 이용자는 수백만 명에 이르렀다. 대부분의 업무는 사이트를 확대하고 새 캠퍼스로 확장하는 데 치중했다. 하지만 저커버그는 페이스북의 힘을 늘리고 중독성을 키우는 새 기능을 도입하는 일이 필수적임을 알고 있었다. 그는 그런 기능을 통해 야심찬 목표를 추구하면서 동시에 "빨리 움직이고 나중에 고친다"라는 자신의 방침을 회사가 유지하기를 바랐다. 이것은 자신의 머릿속에서 요리된 프로젝트를 지휘할 뿐 아니라, 페이스북의 가치를 끌어올릴 가망이 있는 한 스스로 프로젝트를 만들 권한을 직원들에게 주어야 한다는 뜻이었다. 업무라는 요리에다 뭐든 시도해보라는 양념을 치는 셈이었다.

모스코비츠는 (사이트가 먹통이 되지 않고 다음 캠퍼스가 순조롭게 굴러가게 하는 등) 필수 업무에 차질이 생기지 않게 사람들을 배치했다. 하지만 그들은 늘 새로운 아이디어에 대해 생각했다. 매콜럼이 말한다. "우리는 함께 보내는 시간이 무척 많았습니다. 휴게실에 앉거나 식사를 하거나 수영장에서 쉬거나 하면서 언제나 무엇을 만들 수 있을지 이야기했어요. 그러면 다음 단계는 누군가 그걸 뚝딱 만들어내는 거였죠." 하지만 프로젝트는 신속하게 완성되어야 했다. 마치 학기 중에 강의실에 코빼기도 보이지 않다가 매번 벼락치기로 기말고사를 준비하는 것 같았다. 채점 위원은 저커버그였다. 매콜럼이 말한다. "결과물이 무엇을 포함하고 어떻게 작동해야 하는지에 대한 최종 결정권자는 언제나 마크였죠."

그들이 아직 라제니퍼웨이 주택에 있을 때 프로젝트 하나가 완성되었는데, 그 이름은 '담벼락Wall'이었다. 페이스북은 실시간 커뮤니케이션 분야에서 여전히 AOL 인스턴트 메신저의 상대가 되지 못했다. 그러나 저커버그는 페이스북을 표현의 장으로 만들고 싶었다. 그는 자신의 정치 이념을 공개적으로 드러내지 않았지만 설령 특정한 정치 이념이 있었다 한들 표현의 자유야말로 그의 신조였다. 그는 자신의 산물이 사람들에게 발언권을 부여하는 효과적인 수단, 어쩌면 역사적인 수단이 될 수 있겠다고 생각하기 시작했다.

나중에 그는 내게 표현의 자유가 "회사의 창립 이념"이라고 말했다. 그때는 페이스북 이용자들이 프로필 페이지에서 자신에 대한 단편적 정보를 입력하는 것이 고작일 때였다. 끝없는 내부 토론을 거쳐 페이스북은 실제 소통을 시작하는 방법을 만들어냈다. 프로필 페이지 한가운데에 일종의 동적 화이트보드를 도입하는 방식이었다. 사람들은 '위키백과Wikipedia' 식으로 누군가의 프로필 일부를 추가하거나 편집할 수 있었다. 크리스 휴스가 말한다. "그때는 '위키백과'가 가장 혁신적이고 놀랍고 경이로운 발상일 때였죠. 우리는 이용자가 무엇이든 자유롭게 쓸 수 있고 다른 사람도 쓸 수 있는 공간을 프로필에 마련했습니다." 최종적으로는 사람들이 누군가의 프로필 페이지에 텍스트로만 이루어진 게시물을 삽입하는 방식으로 진화했다. 게시물은 블로그처럼 시간 역순으로 배열되었으며 페이지 중간에 표시되었다. 사람들은 남들의 프로필에 게시물을 달거나 지난밤 파티에서 무슨 일이 있었는지 이야기하거나 아니면 그냥 헛소리를 지껄일 수도 있었다.

이제 사이트의 성격은 인명록에서 더 소통하는 무언가로 미묘하게 바뀌었다. 페이스북은 이른바 '이용자 제작 콘텐츠'를 프로필 정보라는 형태로 이미 구현하고 있었다. 하지만 소통의 물꼬가 트이면서 페이스북이 답하지 못할 수많은 문제가 생겨났다. "담벼락은 누가 관리하나?" "담벼락은 사람들 소유인가, 페이스북 소유인가?" "무엇을 허용하고 무엇을 금지해야 하나?" 페이스북은 늘 그랬듯 이런 까다로운 문제의 해결책을 전혀 마련하지 않은 채 담벼락 기능을 덜컥 내놓았다. 부적절한 게시물을 처리할 방법에 대해 생각해본 사람은 아무도 없었다.

담벼락에 이어 '그룹Group'이라는 기능이 도입되었다. 그룹은 프로필 페이지를 변형한 것으로, 이곳의 담벼락은 공통 주제를 중심으로 사람들을 조직하는 게시판 역할을 했다. 페이스북 회원은 누구나 그룹을 개설할 수 있었으며 그룹에 접속하는 방법은 프로필에 접속하는 방법과 똑같았다.

저커버그는 이와 관련해 원대한 구상을 품었다. 기존 학생 단체들은 자기네 합의 기구를 온라인으로 옮길 수 있었고, 학생회에 입후보하는 학생들은 가상의 선거 운동 본부를 차릴 수 있었으며, 운동가들은 캠퍼스의 변화를 위한 청원을 제기할 수 있었다. 이 구상은 대부분 실현되었다. 기숙사 현관 알림판에 붙던 공지들이 페이스북으로 옮겨갔다. 하지만 가장 인기 있는 그룹은 별나거나 한심함의 경계에 있는 것들이었다. '옷깃 세우기 반대 클럽'이 있는가 하면 '존 케리가 대선에서 승리한 대체 우주로 하버드 이전을 추진하는 학생 모임'이 있었다. 심지어 페이스북 그룹을 좋아하는 사람들을 위한 그룹도 있었다. 《하버드크림슨》은 "페이스북 그룹 걸레facebook group whore"[14]라는 현상을 보도했다. 새 그룹에 초대받는 족족 수락하는 '문란한' 사람들을 일컫는 표현이었다.

이제 저커버그의 야심 찬 계획은 페이스북 웹사이트에 대한 새로운 관점을 드러내고 있었다. 이 모든 아이디어의 공통점은 페이스북의 확장에 안성맞춤인 일처럼 보인다는 것이었다. 또한 대부분 상당히 복잡해서 과거의 '올리면 그만' 프로젝트보다 훨씬 긴 시간이 소요되었다.

실제로 저커버그가 제시한 다섯 가지 아이디어 중에서 2005년 노동절 전에 마무리된 것은 디자인 개편 하나뿐이었다.(미국의 노동절은 9월 첫 번째 월요일이다-옮긴이) 페이스북에 마침내 전업한 에런 시티그가 프로젝트를 이끌었다. 그가 맨 처음 한 일 중 하나는 페이지 맨 상단에 있는 "괴상하게 생긴 섬뜩한 남자" 이미지에 이의를 제기한 것이었다. 얼마 지나지 않아 그들은 지식재산권 문제에 대한 우려 때문에 벡터화된 이미지의 출처가 어디인지 추적했다. 알고 보니 마이크로소프트 오피스Microsoft Office의 클립아트 모음에 들어 있던 것으로 마이크로소프트 오피스 라이선스만 있으면 누구나 무료로 이용할 수 있었다. 이 말은 곧 페이스북이 자기네 페이지를 상표 등록 할 수 없다는 뜻이었다. "더페이스북 가이"는 사라졌다.

시티그가 추구한 디자인 미학은 깔끔하고 현대적이었다. 당시 유력한 소셜 네트워크였던 마이스페이스와는 판이하게 달랐다. 마이스페이스는 이용자 수가 열 배에 달했지만 보고 있으면 눈이 어지러웠다. 이용자가 자신의 페이지를 마음대로 구성할 수 있게 한 탓에 마치 술에 잔뜩 취한 상태로 시부야 거리를 걷는 것 같았다.

시티그는 현란한 색채를 버리고 파란색 팔레트 하나만 썼다. 여기에는 저커버그가 가장 잘 볼 수 있다는 이점이 있었다. 그는 색맹이어서 빨간색과 초록색을 볼 수 없기 때문이다. 무수한 시도 끝에 시티그는 마침내 마음에 드는 색 배합을 찾았다. 바로 칼라일 그룹Carlyle Group 사모펀드의 웹사이트 배경이었다. 칼라일 그룹은 막강하고 정치권과 관계가 깊었는데, 작가 마이클 루이스Michael Lewis는 칼라일 그룹을 "우월한 지위를 이용해 부당 이득을 취하는 계급을 위한 살롱 데 르퓌제Salon des Refusés"[15]라고 비꼬았다. 시티그는 거기서 파란색을 빌려 왔으며, 이 색깔은 결국 수십억 이용자에게 페이스북과 동의어가 되었다. 회사 내에서 페이스북 사이트는 '블루 앱Blue app'으로 불렸으며, 그냥 '블루'로 불리기도 했다.

다음으로 구현된 프로젝트는 '사진Photos'이었다. 페이스북 이용자들은 프로필 사진을 한 장 올릴 수 있는 게 다였다. 사진을 공유하고 싶어 안달이 난 이용자들은 하루에도 몇 번씩 프로필 이미지를 끊임없이 바꾸었다. 어떤 사람들은 페이스북이 사진 너비는 페이지 너비로 제한했지만 세로 길이에는 제한을 두지 않았다는 사실을 발견했다. 그래서 포토 부스에서 찍는 스티커 사진처럼 여러 장을 이어 붙여 만든 즉석 앨범을 자신의 프로필 사진으로 활용했다.

마이스페이스는 사람들이 사진을 올릴 수 있게 허용하고 있었는데 최근 사진 업로드 개수를 15개에서 50개로 늘린 터였다. 한편 당시 가장 잘나가던 사진 공유 사이트 플리커에서는 사람들이 자기 사진을 공개적으로 공유하고 딴 사람들이 검색할 수 있도록 태그를 달았다. 태그는 특히 '사물' 사진에 딱이었다. 하지만 페이스북은 '사람', 구체적으로는 자신이 아는 사람들을 위한 공간이있다.

저커버그는 시티그, 말렛, 그리고 신임 제품관리자 더그 허시Doug Hirsch에게 새로운 것을 만들어낼 임무를 맡겼다. 그들은 앱을 어떤 모습으로 만들지 화이트보드에 그려보았다. 여느 때처럼 저커버그도 거들었다. 그들은 작업하다가 마크에게 보고했다가 작업하다가 마크에게 보고했다가를 반복했다.

말렛은 사진에 일가견이 있었지만 페이스북 이용자들이 사진의 예술성에는 별 관심이 없음을 알아차렸다. 그들에게 사진은 프로필에 올리는 관심사나 연애 상태와 마찬가지로 자신이 어떤 사람인가를 표현하는 수단이었다. 그래서 사진이 고해상도인지는 문제가 되지 않았다. 이미지 화질이 낮을수록 빠르게 로드할 수 있고 페이스북 서버의 저장 용량을 잡아먹지 않을 테니 오히려 바람직했다.

어느 날 밤 허시와 시티그가 브레인스토밍을 하고 있을 때였다. 허시가 사진에 소셜 기능을 넣어보자고 제안하자 시티그는 기발한 아이디어가 떠올랐다. 사진 속 사람들에 태그하면 어떨까? 설명하는 낱말이나 키워드 달기는 사진을 볼 때 우리 뇌가 자동으로 하는 일이었다. 그래서 인공지능을 동원하지 않고 간단하게 구현할 수 있었다. 사람들이 사진 속 얼굴을 클릭해 빈 텍스트 상자를 채우게 하면 끝이었다.

페이스북에는 아직 얼굴 인식용 인공지능이 없었지만 공유에 목매는 열성 이용자들이 있었다. 시티그는 사람들이 사진 속 인물을 빠르게 표시할 수 있도록 하는 시스템을 만들었다. 해당 인물이 자신의 페이스북 친구라면 몇 글자만 입력해도 전체 이름이 자동 완성되는 방식이었다. 모든 것은 이용자들이 사진 속 인물들에 기꺼이 태그를 달도록 유도하는 데 맞춰졌다. 그러면 관성이 생겨 이 경험이 남들에게 확장된다. 당신이 어떤 사진에 태그되면 알림을 받게 되고 그러면 당신은 당연히 그 사람의 프로필 페이지에 찾아가 그 사진을 보게 될 것이다. 사진을 올린 사람이 아직 페이스북 친구가 아니면 당신은 곧바로 친구 신청을 할지 모른다. 그리고 당신 자신의 사진을 올릴 가능성도 커진다.

적어도 이론상으로는 그랬다. 그러나 누구도 확신하지 못했다. 시티그가 말한다. "사진을 더 많이 올리려는 욕구가 있다는 사실은 알았어요. 하지만 사람들이 이걸로 뭘 하고 싶어 할지는 확실히 알지 못했죠."

2005년 10월 출시일이 되었을 때 그들은 대형 스크린을 설치해 사람들이 무엇을 업로드하는지, 그들이 태그를 하는지 보여주는 거대한 격자를 화면에 표시했다. 시각은 밤 8~9시경이었다. 처음 올라온 사진들은 누군가의 윈도 바탕 화면 배경 사진이었다. 대단한 끗발은 아니었다. 하지만 다음 장면은 파티에서 여자아이들이 모여 있는 사진이었다. 끔찍했다. 플래시에 비친 몸과 얼굴뿐 배경조차 보이지 않았다. 하지만 거기에 태그가 달리고 있었다!

시티그가 말한다. "그때 성공을 예감했습니다. 그런 사진은 자신이 이 사람들과 친구라는 걸 공개적으로 알리는 선언이에요. 사진에 자신과 함께 나온 사람들에 대한 공개 지지를 표명하는 동시에 자신이 이미 맺고 있는 관계를 강화하는 방법인 거죠."

몇 달 지나지 않아 페이스북은 전 세계에서 가장 인기 있는 사진 공유 사이트가 되었다. 그들이 할 수 있는 일은 그 모든 사진을 저장할 수 있도록 서버가 계속 돌아가게 만드는 것뿐이었다.

경영진 개편

숀 파커는 '사진' 기능 발표 현장에 없었다. 2005년 8월 27일 자정 직후 파커가 자신이 사귀던 대학생 나이의 페이스북 직원과 함께 있을 때, 그가 세든 노스캐롤라이나 자택에 경찰이 들이닥쳤다. 그들은 코카인으로 의심되는 물건을 발견해 파커를 소지 혐의로 체포했다. 파커가 이 일의 결과를 두려워한 것은 의심할 여지가 없었다. 결국 혐의를 벗더라도 (실제로 벗었다) 자신이 일군 회사에서 쫓겨날 가능성이 다시 한번 열렸다는 그의 짐작은 정확했다.

그의 두려움에는 근거가 있었다. 파커는 금요일 밤 체포되었는데 그 주 주말에 이사회에서 긴급 회의가 열렸다. 저커버그는 파커를 사실상 좌천하는 식으로 회사를 개편했다. 그로부터 얼마 지나지 않아 저커버그는 커넥트유 사건에서 이런 선서 증언을 했다. "나는 파커가 사장직에 있는 걸 더는 원치 않았습니다." 문제는 파커의 체포가 페이스북을 법적 위험에 빠뜨렸다는 사실만이 아니었다. 그즈음 저커버그는 파커를 비전 제시자라기보다는 영업 부문 사장으로 여겼다. 하지만 파커는 영업팀 관리 업무에 능하지 못했다. 게다가 저커버그 말마따나 그는 "사람들을 질리게" 했다.[16]

파커의 친구 에즈라 캘러핸이 말한다. "숀은 일과가 너무 들쭉날쭉했어요. 며칠 동안 안 보이기도 했죠. 변덕이 죽 끓듯 했고 도무지 믿을 수 없고 통제하기 힘들었어요. 우리에게 그가 필요할 때면 막판에 나타나 문제를 해결했지만, 무엇이든 믿고 맡길 수는 없었죠."

파커는 일자리를 잃었지만 페이스북 사옥에서 추방당하지는 않았으며 저커버그의 은총으로부터 버림받지도 않았다. 그 뒤로 몇 년간 그는 시도 때도 없이 불쑥 들렀으며 제품 회의에서는 대개 환영받았다(그가 회의에 의무적으로 참석해야 하던 때와 달라진 것이 별로 없었다). 저커버그는 그의 의견을 귀담아들었다. 그리고 파커는 페이스북의 거의 모든 것을 만들어냈다. 그는 저커버그가 자신에게 빚진 게 있다고 말하곤 했다. 마치 베트남에서 목숨을 구해주고 평생 공치사를 하는 사람 같았다.

파커가 떠나고 한 달 뒤 페이스북은 아마존을 습격해 협상 능력으로 이름난 36세의 임원 오언 밴 내타Owen Van Natta를 사업개발부 수장으로 영입했다. 몇 주 뒤 저커버그는 그를 최고운영책임자로 승진시켰다.

몇 년이 지나 파커가 사기꾼(2010년 악명 높은 영화 〈소셜 네트워크〉에서 저스틴 팀버레이크의 조증적이고 재수 없는 연기로 인해 굳어진 이미지)으로 몰리게 되자 사람들은 파커를 페이스북 신화의 본문이 아닌 각주로 평가절하했다. 하지만 현장에 실제로 있었던 사람들의 말은 다르다.

애덤 댄절로가 말한다. "숀이 없었다면 회사가 매각되었을 겁니다. 벤처 투자자들에게 넘어갔을 거라고요. 페이스북이 자신처럼 불타 없어지지 않게 하는 게 그에겐 최우선 과제였어요."

파커는 플랙소에 당했던 것처럼 페이스북에 데이지는 않았다. 그는 벤처 캐피털과 협상 과정에서 이 점을 분명히 했다. 자신이 관철한 조건에 따라 그는 페이스북을 떠나더라도 회사 지분을 유지했다. 그리고 이 지분은 그가 《포브스》 억만장자 명단에 어엿이 이름을 올리게 해주었다.

하지만 결정권을 쥐고 가장 큰 몫을 한 사람은 저커버그였다. 초창기 페이스북 직원이 말한다. "피터 틸이든 숀 파커든, 이 사람들은 자신이 마크를 주무른다고 생각했죠. 하지만 마크는 숀을 자금 조달이라는 가장 달갑잖은 업무의 요긴한 수단으로 여겼어요. 돌이켜 보면 마크가 자신을 위해 이 모든 돈을 끌어오도록 파커를 설득한 건 천재적이었습니다."

6

변화의 장

변화를 원하면 스스로 변화가 되라

저커버그는 공책을 가지고 다녔다. 페이스북이 위대한 도약으로 나아
간 해인 동시에 불명예스러운 오명을 뒤집어쓴 해인 2006년, 팰러앨토
사무실에서는 고개를 숙인 채 깨알 같은 악필로 백지 공책에 뭔가를 끼
적거리는 저커버그를 볼 수 있었다. 상품 아이디어를 스케치하거나 코
딩 방법을 도표로 그리거나 자기 철학의 단편을 기록하는 모습이었다.
하나뿐인 침실의 바닥에 매트리스가 놓여 있고 부엌에서는 달걀 하나
삶아 먹은 적 없는 그의 아파트를 방문했다면 잔뜩 쌓여 있는 다 쓴 공
책이 눈에 띄었을 것이다.

저커버그는 이젠 코딩을 별로 하지 않았다. 하지만 이 공책을 이용해 상품 구상을 상세하게 발전시켰다. 그는 이런 방법으로 대인 관계의 결점을 보완했다. 페이스북 엔지니어들과 디자이너들이 늦은 아침이나 이른 오후에 출근하면 그들의 책상에 이따금 프런트엔드front-end(이용자가 직접 보거나 조작하며 상호 작용할 수 있는 요소-옮긴이) 디자인 스케치의 복사본이나 순위 알고리즘의 시그널(순위 결정에 이용되는 정보-옮긴이) 목록이 놓여 있었다. 이 문서들이 반드시 대화의 끝을 의미하지는 않았다. 오히려 대화의 시작일 때가 많았다. 직원들이 보스와 소통하는 토대로 쓰였기 때문이다.

페이스북은 사무실마다 화이트보드가 넘쳐났으며 화이트보드를 말끔히 지우는 법을 터득하지 못한 직원들은 살아남을 수 없었다. 하지만 저커버그의 공책에는 교황을 방불케 하는 신성함이 서려 있었다. 마치 그의 영혼을 엿보는 것 같았다.

후년에 저커버그는 기록에 대한 흥미를 잃었다. 그는 페이스북 변호사들이 자신의 소중한 공책을 미래 지식재산권 소송에서 잠재적 증거라고 말하기에 없애버렸다고 설명한다. 하지만 그 때문만은 아니었다. 자신이 하버드에서 작성한 미숙한 인스턴트 메시지가 공개되면서 치욕을 당한 뒤로 그는 개인적인 생각을 더는 보관하고 싶어 하지 않았다. 비록 이용자들에게는 그렇게 하라고 부추겼지만.

심지어 몇 년 뒤 그는 페이스북 메시징 서비스의 규정에 개인적으로 예외를 요구했으며, 페이스북은 그가 채팅한 사람들의 로그에서 절반에 해당하는 그의 사적인 대화 기록을 삭제했다. 저커버그가 쓴 글이 사라지면서 저장된 채팅은 일순간에 일방적 독백이 되어버렸다. 페이스북은 "마크의 메시지를 보유하는 기간에 제한이 있기 때문"이라고 해명했다.[1]

하지만 나머지 모든 사람에 대한 메시지 보유 기간은 무기한이었다. 비판에 직면한 페이스북은 '사후 전송 취소ex post facto unsend'를 모든 사람에게 허용하겠다고 약속했다. 이 기능은 1년 가까이 지난 뒤에야 구현되었다.

그렇지만 공책이 완전히 사라진 것은 아니다. 남은 조각들(아마 그가 복사해 공유한 문서들일 것이다)은 당시에 그가 무슨 생각을 했는지 엿볼 수 있는 창문이다. 나는 페이스북의 진화와 관련해 그의 기록 중에서 가장 중요할지 모르는 17쪽짜리 문서를 입수했다. 문서는 〈변화의 책Book of Change〉으로 불렸다. 2006년 5월 28일 날짜가 적힌 첫 쪽에는 그의 주소와 전화번호, 그리고 분실 시 돌려주는 사람에게 1000달러를 보상하겠다는 약속이 적혀 있다. 경구를 하나 써놓기도 했는데 스스로에게 보내는 메시지였다.

"세상에서 변화를 보고 싶다면 스스로 그 변화가 되라."
—마하트마 간디

오픈레지 프로젝트: 대학을 넘어 일반으로 확장하기

〈변화의 책〉에는 페이스북을 대학 네트워크에서 인터넷 거인으로 탈바꿈시킬 두 가지 프로젝트가 담겨 있었다.

첫째는 '가입제한해제Open Registration'였다. 내부에서는 '오픈레지Open Reg'로 통한 이 조치는 페이스북의 본질을 대학 네트워킹 프로그램에서 범용 소셜 서비스로 전환하려는 계획이었다.

저커버그가 이 계획을 얼마나 오랫동안 고려했는지는 분명치 않다. 그는 페이스북이 론칭된 날을 종종 회상했는데, 그날 그는 피노키오스 피자 가게에서 친구들과 모여 자신이 하버드에서 방금 해낸 일을 언젠 가는 대기업이 전 세계 규모로 할 것이라고 말했다. 그 뒤로 2년간 그는 자신이 그 일을 할 사람이라고 생각할 만큼 대담해졌다. 이 깨달음이 찾 아온 시기를 못 박기는 쉽지 않다. 초창기 직원들에 따르면 2004년이나 2005년 초의 사명에는 이 목표가 들어 있지 않았다. 2005년 6월 그는 한 인터뷰에서 수많은 사람이 "세상을 장악하거나 이용자 확보를 통해 덩 치를 키우는 데 주력하지만" 자신의 관심사는 대학 사회에서 서비스를 확대하는 데 집중함으로써 차이를 만들어내는 것이라고 말했다.[2]

하지만 2006년이 되자 페이스북을 모든 사람에게 확대하는 일은 사 명이 되었다.

이제 저커버그는 페이스북이 대학 프로젝트를 뛰어넘자 자신은 페 이스북을 대학만을 위한 서비스 이상의 것으로 여기고 있었다고 주장 한다. 그가 말한다. "당시 우리가 나누던 대화의 전반적 주제는 차세대 MTV를 만들겠다는 것이었지만, 나는 그런 목적의식에는 한 번도 별 감 흥이 없었던 것 같아요."

오픈레지는 여기에 꼭 필요한 절차였다. 하지만 위험이 따랐다. 저커 버그는 페이스북을 일반인에게 개방하면 페이스북을 자기네 것으로 여 기는 대학생들의 기반을 잃을 우려가 있음을 알고 있었다. 그래서 사람 들이 자신의 사적 정보가 여전히 자신의 커뮤니티 안에 머물러 있다고 느낄 수 있도록 점진적으로 개방하는 방안을 선택했다.

첫 단계는 고등학교로 확대하는, 언뜻 보기에는 당연한 수순이었다. 하지만 이 단계조차 더 큰 확장의 발판을 놓기 위한 대규모 기술적 재배

치가 필요했다. 그 시점까지 페이스북은 사일로(고립) 아키텍처를 채택
했다. 페이스북은 대학에 진출하면 해당 대학 전용의 독립형 데이터베
이스를 구축했다. 이렇게 하면 커뮤니티에 내장형built-in 장벽을 둘러친
셈이 되어 인프라 설계 면에서 높은 수준의 프라이버시를 보장할 수 있
었다. 학교 밖 사람들의 프로필은 검색이 되지 않았다. 아쉬울 건 없었
다. 대학 커뮤니티에는 졸업생을 비롯해 수천 명이 들어와 있었으니 말
이다. 대학 네트워크는 충분히 재미있었다.

　하지만 이 구조는 고등학교에는 통하지 않았다. 대학은 1000~2000곳
에 불과했지만 고등학교는 4만여 곳에 달했다. 그래서 더 개방적인 시스
템을 설치해야 했고, 이는 궁극적으로 대학의 고립 네트워크를 대체하
게 될 터였다. 페이스북의 신입 직원들은 이 기술적 난제 때문에 몇 주
동안 골머리를 썩였다.

　페이스북이 고등학교에서 얼마나 잘해낼지 아는 사람은 아무도 없었
다. 가장 먼저 쓴 방법은 대학생들이 아직 고등학교에 다니는 자신의 동
생들을 초대하도록 하는 것이었다. 나이 많은 사람들과 관계를 맺으면
마이스페이스와 달리 세련된 느낌을 받을 수 있으리라 기대한 것이다.
이 방법은 꽤 잘 통했지만, 고등학생들은 대학생들만큼 개인적으로 몰
입하지 않았다. 고등학생들은 동급생 말고도 부모, 방과 후 활동, 다른
학교 친구 등의 관계망에 여전히 밀접하게 연결되어 있었다. 페이스북
에 가장 좋은 소식은 우려가 현실이 되지 않았다는 것이다. 어린 십 대
가 시스템에 들어와도 대학생들은 물이 흐려졌다고 생각하지 않았다.

　2006년 봄 페이스북은 학교가 아니라 회사를 커뮤니티의 기반으로
삼는 '워크 네트워크스Work Networks'를 출시해 교육 영역 너머까지 개방
을 시도했다. 기술 기업에서 군부에 이르기까지 1000곳의 대규모 조직

을 선정해 회사 인터넷 도메인에 포함된 이메일 주소가 있는 사람은 누구나 가입할 수 있도록 했다. 하지만 워크 네트워크스는 보기 좋게 실패했다. 대학이나 고등학교와 달리 사람들은 개인적 삶을 직장과 분리하고 싶어 했다. 페이스북에서는 사람들이 친밀한 공동체 속에서 일하고 놀고 연애했지만 모든 직장이 그런 건 아니었다.

이메일만 있으면 누구나 가입할 수 있게 하는 것은 명백한 해결책이었다. 그러면 친구, 친척, 동료 등 누구와든 연결될 수 있다. 모두가 페이스북에 있을 테니 말이다. 그래도 처음에 저커버그는 신규 가입자들이 무슨 네트워크에든 기반을 둬야 한다고 생각했다. 사람들이 공동체에 기반을 두지 않으면 상대방이 자신을 누구라고 소개할 때 그것이 진짜인지 아니면 마이스페이스에서 늘 맞닥뜨리는 사기꾼인지 알기가 훨씬 힘들기 때문이었다. 상대방이 누구인지 알기에 생기는 신뢰야말로 페이스북의 성공 요인이었다.

그래서 저커버그는 학교나 직장에 묶이지 않는 신규 가입자를 주소지에 따라 분류하기로 결정했다. 하지만 대도시 규모의 네트워크는 너무 방대해서 안전을 보장받기 힘들었다. 상대방이 나처럼 시카고에 사니까 내 프로필을 봐도 괜찮다는 식의 문제가 아니었다. 페이스북 직원들을 오싹하게 하는 시나리오들이 있었다. 성인이 고등학생과 '친구'가 될 수 있을까? 소름 끼치지 않을까? 아니면 그냥 지질하다고 여길까? 당시의 한 직원이 말한다. "페이스북은 대학생들이 자기네 것이라고 여기는 이 서비스를 어중이떠중이에게 개방할 작정이었습니다. 당시 대학생들은 나이 든 사람들이 들어오면 페이스북이 구닥다리가 될 거라 생각했죠."

어쩌면 나이 든 사람들은 페이스북을 '이용'하지 못할 만큼 구닥다리였는지 모른다. 이 우려는 이용자 점검에서 분명히 드러났다. 이용자 조사는 소프트웨어 회사의 표준 관행으로, 엔지니어링 관리자 케이티 게민더의 강력한 요청에 따라 뒤늦게 페이스북에 도입되었다. 그녀는 정치적 홍정을 벌인 끝에 인구학적으로 페이스북 직원들 연령대와 겹치지 않는 이용자들(이를테면 40세 이상)에 대한 조사를 외부 조사 기관에 의뢰하는 허락을 얻어냈다. 그 결과 많은 편향이 드러났는데, 상당수는 페이스북이 대학에 기반을 둔 사실과 관계가 있었다. 일례로 특정 연령대의 조사 대상인 한 여성이 '콕 찔러보기' 명령을 보게 되었다. 그녀가 보조원에게 이게 뭐냐고 묻자 보조원은 지침서대로 답했다. "뭐라고 생각하세요?" 그녀는 아무리 생각해도 모르겠다고 답했다. "그럴 땐 어떻게 하실 건가요?" 그녀는 도움말을 살펴볼 거라고 말했다. "좋아요, 도움말에 들어가보시겠어요?" 그녀는 그렇게 했다. 그녀가 도움말 검색창에 '콕 찔러보기'라는 단어를 입력하자 이런 답변이 표시되었다. "이걸 물어봐야 하는 사람이라면 여기 오시면 안 돼요." 불친절하기 짝이 없는 답변이었다.

저커버그는 〈변화의 책〉에서 이 모든 문제와 씨름했다. 이 공책을 쓰기 시작하고 이틀째 되는 날 그는 '가입제한해제'라는 제목의 쪽에서 이렇게 물었다. "이걸 실행하기 전에 무엇을 해결해야 할까?" 그의 초점은 실행 쪽에 맞추어져 있었다. 오픈레지로 인해 이용자가 수십억 명으로 늘고 예상치 못한 역효과가 속출하리라는 생각은 그의 2006년 분석에는 들어 있지 않았다. 그는 가입 과정의 정보 흐름도를 그렸다. 사람들에게 자신이 속한 곳이 대학인지, 고등학교인지, '세상'인지 묻는 것이었다. 그는 우편 번호를 기준으로 사람들의 지리적 네트워크를 분류해야겠다고 판단했다. 심지어 프라이버시 대책까지 생각해두었다. 나의 페이스북 친구와 같은 지역에 사는 '먼 친구'의 프로필을 볼 수 있어야 할까? 아니면 지역에 상관없이 볼 수 있어야 할까? 그는 이렇게 썼다. "자신의 지역에 한정하지 않고 어디서나 볼 수 있어야 할 것 같다. 그러면 사이트를 정말 개방적으로 만들 수 있겠지만 아직은 좋은 생각이 아닐지 모른다."

이 메모는 그의 사고방식을 특징적으로 보여주는 듯하다. 그는 프라이버시 자체 못지않게 프라이버시에 대한 '인식'을 염려했던 것으로 보인다. 그즈음 그는 페이스북이 완전히 개방될 수밖에 없으며 하버드를 비롯한 대학에 제시한 자신의 원래 약속, 동급생들만 프로필을 검색할 수 있게 하겠다는 약속을 철회해야 할 것임을 알고 있었다. 하지만 그럼에도 사람들이 안전하다고 느끼기를 바랐다. 그는 오픈레지를 설계하면서 스스로에게 마지막 질문을 던졌다.

"어떻게 하면 실제 안전성 여부와는 무관하게 안전해 보이도록 할 수 있을까?"

페이스북 최고의 상품, 뉴스피드 개발

페이스북의 일부 엔지니어가 오픈레지 구현 작업을 하는 동안 또 다른 팀은 사이트 자체를 새로 만들면서 이제 페이스북의 동의어가 된 제품 개발에 주력하고 있었다. 바로 '뉴스피드News Feed'였다. 뉴스피드는 페이스북 최대의 효자 상품이 되지만 또한 미래의 근심거리가 되었다. 뉴스피드는 저커버그가 2005년 여름 할 일 목록에서 제시한 개인 맞춤형 신문이었다. 하지만 그가 실제로 작업에 착수한 것은 그해 말이 되어서였다. 그는 겨울 방학 동안 와 있던 칼테크의 애덤 댄절로와 브레인스토밍을 했다.

댄절로와 저커버그는 뉴스피드가 페이스북을 재발명할 방안이라고 생각했다. 두 사람 다 페이스북이 성공을 거두긴 했지만 어딘가 문제가 있다는 데 동의했다. 홈페이지는 버려진 공간이었다. 사람들은 잽싸게 홈페이지를 벗어나 누가 프로필을 업데이트했는지 알아보려고 친구들의 페이지로 갔다. 그런 다음 페이지마다 들어가 열심히 클릭하며 달라진 게 없나 살펴보았다. 페이스북 로그에 따르면 수많은 사람이 자기가 새 활동의 맨 위에 올라와 있는지 보려고 친구 명단을 알파벳 순서로 훑고 있었다. 댄절로가 말한다. "당시에는 모든 소셜 네트워크가 그런 식이었습니다. 하지만 매우 비효율적으로 느껴졌죠. 다들 프로필을 클릭하느라 시간을 허비하고 있었으니까요."

저커버그가 내놓은 해결책은 뉴스피드였다. 지금은 정보가 프로필에 묻혀 있지만 신문 배달원이 집집마다 현관에 신문을 던지듯 이런 정보를 친구들에게 직접 전달한다는 발상이었다. 페이스북에서는 뉴스가 말 그대로 이용자의 대문front page에 배달되는 셈이었다. 한 가지 방법은 홈페이지에 작은 상자를 배치해 마지막 로그인 이후의 변화(이벤트, 새 친구 등 여러 변동 사항)를 업데이트하는 것이었다. 또 한 가지 방법은 더 야심 찬 것으로, 뉴스를 시간 역순으로 화면에 죽 이어 보여주는 것이었다. 저커버그는 후자를 선택했다.

댄절로는 작업을 시작했지만 중간에 봄 학기를 맞아 칼테크로 돌아갔다. 복잡한 아키텍처를 다룰 만큼 숙련된 소수 엔지니어 중 한 사람인 루치 상비가 프로젝트를 맡았다.

제품 개발을 위해 차출된 또 다른 인물은 최근 스탠퍼드를 졸업한 크리스 콕스Chris Cox였다.[3] 애틀랜타에서 태어나 시카고에서 자란 콕스는 전형적인 너드와는 거리가 멀었다. 그는 영화 스타처럼 잘생겼으며 미소를 지으면 마치 스포트라이트가 터질 것만 같았다. 음악에도 조예가 깊어 여러 악기를 연주했으며 특히 재즈 피아노 실력이 뛰어났다. 스탠퍼드에서 자신에게 컴퓨터광의 일면이 있음을 알게 되어 기호 체계 symbolic systems(컬트적 전공 분야로 동문으로는 리드 호프먼과 구글의 머리사 메이어Marissa Mayer가 있다)를 전공했으며 세계적으로 저명한 인공지능 대가들에게 수업을 들었다. 그는 인공지능 연구실에 있을 때 방위고등연구계획국Defense Advanced Research Projects Agency, DARPA 자율 주행차 대회에서 우승했다.

2004년 졸업한 콕스는 대학원에 진학하기 전 1년 동안 쉬면서 미국을 돌며 컴퓨터 컨설팅을 하기로 마음먹었다. 여행을 마치고는 스탠퍼드에 돌아가 팰러앨토의 그레이트풀 데드Grateful Dead 하우스로 알려진 주택들 중 한 곳에서 살았다. 집주인이 록 밴드 그레이트풀 데드의 골수 팬이었는데 그는 그중 트러킹Truckin' 하우스에 입주했다(〈트러킹〉은 그레이트풀 데드가 발표한 곡의 제목이다-옮긴이). 그곳에는 로스앨토스 주택에서 이주한 에즈라 캘러핸도 살고 있었다. 캘러핸은 매일같이 콕스를 찾아와 페이스북이 얼마나 근사한 곳인지 설명하며 같이 일하자고 권유했지만 그때마다 그는 관심 없다고 대꾸했다. 스탠퍼드에서 인공지능을 전공하며 자연 언어 처리 문제를 해결하겠다는 꿈을 꾸는 대학원생이 뭐하러 포스팅과 콕 찔러보기 따위를 제공하는 한심한 회사에 들어간단 말인가?

하지만 캘러핸의 설득 작전이 마침내 성공해 콕스는 모스코비츠, 제프 로스차일드, 애덤 댄절로 앞에서 면접을 보았다. 모스코비츠는 페이스북을 모든 사람이 하나의 실명 계정으로 활동하는 참여형 인명록의 씨앗으로 묘사했다. 사람들을 서로 연결하고 활기가 넘치게 할 것이며 대학 너머로 확장할 계획이 있다고 말했다.

그런데 정작 콕스의 마음을 사로잡은 것은 면접 중 그들이 던진 질문이었다. "당신 같으면 친구들의 최신 소식을 보여주는 피드를 어떻게 설계하겠어요?" 콕스는 질문에 답하려고 곰곰이 생각하다가 그런 상품을 만드는 데는 중대한 컴퓨터과학적 걸림돌이 있음을 깨달았다. 논의가 진전되면서 콕스는 면접관들이, 특히 가장 노장인 로스차일드가 대기업의 수석 엔지니어들만큼 유능하다는 사실을 알게 되었다.

그들은 그 자리에서 콕스에게 일자리를 제안했으나 그는 일주일 말미를 달라고 했다. 그 기간 동안 친구들, 멘토들, 자문 교수들, 가족 모두가 그에게 대학원을 떠나 이 괴상하고 작은 회사에 몸담는 것은 끔찍한 발상이라고 말했다. 하지만 그는 직감에 따라 2005년 11월 페이스북의 열두 번째 엔지니어가 되었다.

저커버그는 상비와 콕스에 이어 댄 플러머Dan Plummer를 세 번째 엔지니어로 프로젝트에 투입했다. 플러머는 나이가 39세로 동료들의 평균 연령보다 두 배 가까이 많았다. 페이스북은 캘리포니아대학교 샌디에이고캠퍼스 교수를 지내던 그를 설득해 페이스북 최초의 연구원으로 채용했다. 과학자 훈련을 받은 그는 시각 분야를 연구했지만 컴퓨터과학에도 일가견이 있었다. 또한 사이클 선수권자이기도 했다.

이 팀은 '사진'이나 '그룹'처럼 제품을 보통명사로 지칭하는 관행에 따라 자신들이 개발하는 제품을 '피드Feed'라고 불렀다. 그런데 MTV의 모기업이자 페이스북 인수를 시도하던 바이어컴Viacom에서 얼마 전 이 단어의 소셜 네트워크 분야 상표권을 취득한 상태였다. 그래서 피드 대신 '뉴스피드'가 되었다.

뉴스피드 개발에 몇 달이 걸리리라는 사실은 처음부터 다들 알고 있었다. 며칠 밤 만에 뭔가를 뚝딱 만들어내어 곧장 발표하던 페이스북의 관행과는 정반대였다. 게다가 비극적 사건이 차질을 빚었다. 2006년 1월 4일 플러머가 팰러앨토에서 멀지 않은 로스앨토스힐스에서 사이클을 타다가 떨어진 나뭇가지에 맞아 사망한 것이다.[4] 겨울 방학이 끝나고 사무실에 돌아온 직원들은 몇 마디 추도사를 낭독하고는 다들 책상으로 돌아갔다. 한 페이스북 직원은 훗날 이렇게 썼다. "플러머는 마치 파도에 휩쓸려 흔적도 없이 사라진 것 같았다."[5]

꼭 그런 것만은 아니었다. 그 뒤로 세상을 떠난 수천 명과 마찬가지로 플러머에 대한 기억은 페이스북 프로필의 형태로 계속 남을 터였다. 삶에서 벗어날 수는 있어도 페이스북에서는 영영 벗어나지 못할 수 있다. 몇 년 뒤 페이스북은 이용자가 사망했을 때 페이지를 어떻게 처리할 것인지에 대해 상세한 규정을 마련해 페이스북 계정이 영구 보존되도록 명시했다. 플러머의 프로필은 여전히 검색할 수 있다. 그는 죽기 한 달 전 새 강아지와 찍은 사진을 몇 장 올렸다.

플러머의 자리는 갓 채용된 또 다른 엔지니어 앤드루 보즈워스Andrew Bosworth가 채웠다. 다들 그를 '보즈Boz'라고 불렀다. 그의 팔에는 '베리타스Veritas'라는 단어가 문신으로 새겨져 있었다. 하버드의 교훈校訓이지만, 더 중요한 사실은 로마 신화에서 '진리'의 여신을 일컫는 이름이라는 것이다. 베리타스는 보즈의 뮤즈였으며 보즈는 남들이 뭐라고 생각하든 언제나 자기 생각을 이야기했다. 어떤 사람들은 그가 입바른 소리를 한다고 생각했고 다른 사람들은 역겨운 떠버리로 여겼다. 하지만 그는 성실하고 똑똑한 직원이었다.

보즈워스는 실리콘밸리 지역에서 수 세대째 살아온 혈통을 지닌 드문 기술 엔지니어였다. 그의 집안은 1890년대부터 서니데일과 쿠퍼티노를 내려다보는 언덕배기에서 살구와 자두를 재배했다. 보즈워스가 어릴 적에 농가였던 그의 집은 기술 단지로 탈바꿈한 실리콘밸리 부자들이 승마를 하고 말을 키우는 마구간이 되었다.

4-H연합회4H Club에서 HP 직원에게 프로그래밍을 배운 그는 하버드에 진학해 컴퓨터과학을 공부했다. 그가 하버드를 선택한 이유는 미식축구팀에 들어갈 수 있을 것 같아서였다. 그가 인기 과목인 '인공지능 입문'의 조교를 맡고 있던 4학년 때 똑똑한 학생들 중 하나가 페이스매시라는 장난으로 캠퍼스를 발칵 뒤집어놓았다. 보즈는 마크 저커버그에게 이메일을 보냈다. "이봐, 친구. 이건 좋은 생각이 아닌 것 같아."

보즈는 더페이스북 출시 둘째 날 가입했다. 1681번째 가입자였다. 1년 반 뒤 페이스북 구인 담당자가 그를 끌어들이려고 AOL 인스턴트 메시지를 보냈다. 하지만 이때 마이크로소프트에서 근무하던 그는 이직을 고려하기에는 회사 규모가 너무 작다고 생각했다. 게다가 얼마 전 친구와 집을 한 채 샀다고 말했다. 구인 담당자가 그에게 말했다. "실리콘밸리에 주택 열 채를 구입할 수 있을 거예요!" 보즈는 생각했다. '난 실리콘밸리를 알아. 거기서 주택 열 채를 살 수 있는 사람은 아무도 없다고.'

하지만 페이스북에서 교통비를 대준다기에 가족도 만날 겸 면접을 보기로 했다. 그는 떠나기 전 하버드를 졸업하고 마이크로소프트에서 일하는 친구 8명과 점심을 먹으면서 자신이 페이스북에 면접 보러 간다고 말했다. 다들 폭소를 터뜨렸다. 1년이 채 지나지 않아 그중 5명이 페이스북에서 일하게 된다.

그가 이직을 결심한 계기는 페이스북에서 제품을 출시하는 속도였다. 마이크로소프트에서는 기막힌 기능 아이디어를 생각해내도 이용자에게 도달하기까지 1년 넘게 걸렸다. 하지만 페이스북에서는 몇 시간이면 자신의 아이디어를 실현할 수 있었다.

그리고 그곳에는 자기 학생이던 저커버그가 있었다. 저커버그는 자신의 야심을 놀랄 만큼 대담하게 표현했다. "우리는 세계를 연결해 지구의 씨줄과 날줄이 될 거예요! 이게 어떤 모습일지 상상할 수 있겠어요?" 보즈워스는 코가 꿰였으며 그 순간부터 저커버그의 충직한 부관이 되었다.

저커버그의 요청에 따라 상비는 프로젝트의 제품관리자가 되었다. 그러나 페이스북에서 새로 생긴 역할이라 그녀는 무엇을 해야 할지 감이 잡히지 않았다. 누군가 그녀의 책상에 두고 간 관리 업무 지침서 몇 권을 그녀는 열심히 읽어 나갔다. 당시 여러 제품을 한꺼번에 담당하고 있던 그녀는 이따금 몸이 10개라도 모자랄 때가 있었다. 한번은 보즈가 그녀를 찾아와 뉴스피드와 관련해 부탁할 일이 있다고 말했다. 그런데 그녀는 당장 이튿날 다른 제품을 출시해야 했다. 그래도 보즈가 뉴스피드 작업에 그녀가 꼭 필요하다고 말하자 그녀는 폭발하고 말았다. "보즈, 날 가만 내버려두지 않으면 꼭지가 돌아버릴 거예요." 그리디니 그녀는 일어서서 소리를 질러댔다. 페이스북 사옥에서 예사로 볼 수 있는 풍경이었다.

뉴스피드팀을 이끄는 것은 〈변화의 책〉에서 복사한 내용들이었다. 저커버그는 뉴스피드에 무엇을 보여줄지 곰곰이 생각했으며 어떤 이야기가 뉴스피드에 표시되어야 하고 어떻게 순서를 매길 수 있을지 결정하는 기준을 깊이 파고들었다. 페이스북을 개선하려고 애쓸 뿐이었던 그는, 사람들이 자기 스스로 의식적으로 관계를 맺은 친구들의 세상에서 무엇이 중요한지 더 쉽게 알 수 있기를 바랐다. 그가 뉴스피드의 포함 기준으로 염두에 둔 한 단어는 '흥미로움interestingness'이었다. 당시에는 아무 문제 없어 보였다. 그는 이런 순위가 얼마나 중요해질지 전혀 알지 못했다. 뉴스피드에 게시된 잘못된 이야기들 때문에 민주주의가 무너지고 정신이 황폐해지리라고는 상상조차 하지 못했다.

간결한 기록에서 볼 수 있듯 저커버그는 이야기를 솔깃하게 만드는 순서를 구상했다. 여기서 핵심 요소는 호기심과 나르시시즘의 혼합이었다.

이야기에는 세 등급의 가치가 있었다. 최고 등급은 '자신에 대한 이야기'였다. 페이스북의 최우선순위는 나의 담벼락에 글을 올리고, 나에 대해 글을 쓰고, 사진에서 나를 태그하고, 나의 게시물이나 사진에 댓글을 다는 그런 순간을 공유하는 것이었다.

두 번째로 중요한 범주는 이용자 자신이 좋아하는 사람들, 페이스북이 이해하기에 이용자 자신의 교제 범위 안에 있는 사람들에 대한 것이었다. 저커버그는 이런 종류의 이야기에 포함될 만한 예를 제시했는데 먼저 '친구들의 연애 상태 변화'나 '지인의 경조사'였다. 다음은 '교제 동향'이었다. 여기에는 이용자의 친밀한 집단에 누가 들어오고 나가는가가 포함된다. 마지막으로 '그동안 잊었다가 다시 접하게 된 사람들'을 언급하면 미래에 어떤 효용이 있을지 저커버그는 곰곰이 생각했다.

세 번째는 중요성은 가장 낮지만 포함할 만한 이야기였다. 이용자 자신과 자신의 사회적 세계에 대한 것이라기보다는 '사람들이 관심을 가지는 것과 그 밖의 재미난 것에 대한 이야기'라고 저커버그가 이름 붙인 범주였다. 여기서 저커버그는 개인 맞춤형 신문이라는 뉴스피드 구상이 인맥의 테두리보다 훨씬 넓을 수 있음을 개략적으로 보여주었다. 뉴스피드에는 전통적인 뉴스와 오락 수단을 보충하거나 심지어 대체 가능한 정보가 포함될 수 있을 터였다. 그가 생각한 이런 이야기의 후보에는 아래와 같은 예가 포함될 것이다.

- 미디어나 이익 집단 등의 동향
- 흥미로운 사건
- 외부 콘텐츠
- '플랫폼' 앱
- 유료 콘텐츠
- 화제가 되고 있는 콘텐츠

저커버그에게 이것은 시작에 불과했다. 그 뒤로 이틀에 걸쳐 그는 프라이버시 문제, 페이스북을 고등학교에 이어 모든 사람에게 개방할 방법, 개별 이용자의/에 대한 활동을 추적할 '미니피드Mini-Feed'의 디자인, 그 밖의 온갖 아이디어를 열성적으로 써 내려갔다. 한번은 잉크가 떨어져 필기구를 바꾼 것으로 보인다. 그는 "좋았어, 이 연필이 더 잘 써지는군"이라고 쓰고는 다음 쪽에서 페이스북의 원대한 이상이라고 할 만한 것의 개요를 설명한다. 그는 이것을 '정보 엔진Information Engine'이라고 부른다.

페이스북을 이용하는 일은 미래주의 정부 스타일의 인터페이스로 데이터베이스에 접속해 모든 사람에게 연결되는 모든 정보에 접근하는 것처럼 느껴져야 한다. 이용자는 정보를 모든 층위에서 들여다볼 수 있어야 한다. …… 이용자 경험은 '완벽'하게 느껴져야 한다. 정부 데이터베이스에서 어떤 사람을 클릭하면 그에 대한 정보를 반드시 볼 수 있는 것처럼 말이다. 그러면 그들의 페이지를 방문하거나 그들을 검색하는 일이 가치가 있을 것이다. 우리는 모든 검색이 할 가치가 있고 모든 링크가 클릭할 가치가 있도록 해야 한다. 그러면 그 경험은 아름다울 것이다.

저커버그가 정보에 이런 층위를 부여하기 위해 떠올린 방안 중 하나는 페이스북을 '하지 않는' 사람들에 대한 개인 프로필을 만드는 것이었다. 그는 이것을 '다크 프로필Dark Profile'이라고 부르면서 여러 쪽을 할애해 설명했다. 그는 이용자가 친구들 또는 페이스북 계정이 없는 아무 사람에 대해 다크 프로필을 작성하는 광경을 상상했다. 어떤 사람의 이름과 이메일 주소를 입력하면 다크 프로필을 만들어 그 사람의 약력이나 관심사 같은 정보를 추가할 수 있다(프로필이 이미 존재하면 그 사실도 알 수 있다). 이 다크 프로필 계정의 실제 소유주는 페이스북 대화에 태그될 수 있다. 페이스북에서 자신과 관련된 활동이 일어났다는 이메일 알림이 다크 프로필 계정주의 받은편지함에 쌓이기 시작한다. 그러면 그들도 가입하고 싶어질 것이다.

저커버그는 페이스북에 가입할 의사가 없는 사람들의 프로필을 개설하는 것이 프라이버시 우려를 일으킬 수 있음을 알고 있었다. 그는 이렇게 하면서도 '오싹하지' 않을 수 있는 방법을 궁리했다. 다크 프로필 계정이 검색되지 않도록 하는 방안을 고려했을지도 모른다. 이 아이디어가 어느 정도까지 구현되었는지는 분명치 않다.

당시에 직원이던 케이트 로스Kate Losse는 훗날 자신이 2006년 9월경 다크 프로필 프로젝트에서 일했다고 밝혔다. 그녀는 2012년 회고록에서 이렇게 썼다. "이 제품은 아직 페이스북 이용자가 아니지만 사진에 태그된 사람들에 대해 숨겨진 프로필을 작성했다." 그녀는 이런 비이용자가 이메일에 응답하면(그들의 사진을 태그한 사람이 이메일을 입력했을 경우) 자신이 태그된 사진을 볼 수 있었을 거라고 설명한다. 그녀가 말한다. "페이스북 사이트에 친구가 있지만 아직 가입하지는 않은 사람들을 향한 페이스북의 일대일 마케팅인 셈이었다." 에즈라 캘러핸은 이 주장을 확인해주면서도, 이용자들이 친구들의 다크 프로필을 위키백과식으로 만들고 편집할 수 있게 한다는 발상은 브레인스토밍 때 나왔을 뿐 실행된 적은 없다고 덧붙였다(페이스북은 다크 프로필이 존재하지 않는다고 늘 주장했다).

에런 시티그는 뉴스피드 디자인을 맡았는데, 이 일은 전반적인 페이스북 디자인 개편의 중심이 될 터였다. 그는 뉴스피드가 사이트를 어떻게 탈바꿈시킬지 이해하고 있었다. 그가 말한다. "시작 페이지를 직선적이고 연대기적이고 개별 이용자 맞춤형으로 만든다는 발상은 이제껏 한 번도 구현된 적이 없었습니다."

저커버그는 두 번째 피드 또한 구상하고 있었다. 뉴스피드는 친구들에게 무슨 일이 일어나고 있는지를 이용자에게 보여주는 반면, 그것은 '자신'에게 무슨 일이 일어나고 있는지를 친구들에게 보여주는 곳이었다. '미니피드'라는 이 기능은 프로필 페이지에 담겨 담벼락만큼 공간을 차지할 예정이었다. 저커버그는 이렇게 썼다. "누군가의 프로필을 방문하면 그에게 무슨 일이 일어나고 있고 그가 어떤 사람인지 알 수 있어야 한다." 시간 역순으로 배치된 미니피드는 나의 페이스북 '이벤트'를, 누가 나에 대한 사진을 올렸는지 내가 누구와 친구를 맺었는지를 전부 보여줄 터였다. 저커버그는 공책에 이렇게 썼다. "나의 발상은 각 사람의 삶을 기록한 로그를 보여주되 부디 오싹하지는 않게 보여주는 것이다. 사람들은 이벤트 스트림에 무엇이 표시될지 통제할 수 있어야 하며, 콘텐츠를 추가하거나 삭제할 수는 있지만 아예 기능을 끌 수는 없어야 한다."

2006년 봄을 지나 여름에 접어들도록 뉴스피드팀은 불철주야 일했다. 어느 날 콕스는 자신이 만든 뉴스피드 페이지 시제품에 스토리가 올라온 것을 보았다. 거기에는 자신의 보스가 무슨 활동을 했는지 나와 있었다. 둘은 페이스북 친구였기에 최초의 게시물이 떴다.

  마크가 사진을 추가했습니다.

  콕스는 이렇게 혼잣말을 했다. '와, 맙소사, 마치 살아 있는 것 같아!
페이스북이 열 배는 더 유용해졌어!'
  그는 생각했다. '사람들이 좋아하지 않을 수 없겠는걸.'

야후의 인수 유혹을 뿌리치다

  이처럼 저커버그는 자신만의 제품 선언문을 미친 듯이 창조해내는 한
편으로, 〈변화의 책〉에 실리지 못한 드라마에도 관여하고 있었다. 페이
스북을 자기 손아귀에서 빼앗으려는 잠재 인수자들을 막아내는 일이 그
것이었다. 하버드에 있을 때만 해도 그는 자신의 프로젝트를 매각한다
는 아이디어를 환영하는 것처럼 보였다. 심지어 윙클보스 쌍둥이가 더
페이스북이 자기네 아이디어를 훔쳤다며 제기한 소송에서 승소한다면
인수자는 손해를 배상하느라 애먹을 거라고 농담하기까지 했다. 하지만
이제 그는 자신의 피조물에 애착을 느끼고 있었다. 페이스북은 세상에
변화를 일으킬 수 있을 것 같았다. 하지만 딴 사람 소유가 되면 그럴 수
없었다.
  페이스북의 가입자 수가 유출되면서 구혼자들이 장사진을 쳤다. 다른
소셜 네트워크의 입장에서는 페이스북을 인수하면 위협의 싹을 자를 수
있었다. 소셜 네트워킹 쪽에 취약한 거대 기술 기업에는 이 분야에 진입

할 기회였다. 미디어 기업들은 페이스북을 젊은 고객들에게 접근하는 통로로 삼을 작정이었다.

저커버그는 이 구혼자들을 만나보는 데 무척 많은 시간을 썼으며 대개는 노련한 협상가 오언 밴 내타를 대동했다. 저커버그가 모든 인수 논의에 참석했다가 나가버린 것이 제안을 거부하려는 의도에서였음을 밴 내타가 받아들이기까지는 시간이 걸렸다. 밴 내타는 거대 기술 기업과 미디어 기업이 관심을 보인다면 저커버그가 끝까지 귀를 기울여야 한다고 생각했다. 그 과정에서 저커버그 역시 자신이 진입하는 사업 분야에 대해 배울 수 있을 테니 말이다.

이따금 논의가 제휴 쪽으로 기울기도 했다. 마이크로소프트와의 협상이 그랬다. 2006년 두 기업은 마이크로소프트가 외국 클라이언트를 대상으로 페이스북 광고를 위탁 판매하는 계약을 체결했다. 페이스북에 절실히 필요한 수익을 가져다줄 계약이었다.

그런 때를 제외하면 페이스북의 목표는 정보 수집이었다. 저커버그, 밴 내타, 콜러는 경쟁사로 꼽히는 마이스페이스와 몇 차례 면담을 가졌는데 단지 그들을 더 잘 파악하고 뭔가 배울 게 있는지 알아보기 위해서였다. 마이스페이스의 지배력에 노심초사했음을 실토하며 콜러가 말한다. "우리 목적은 그들의 팀과 문화를, 그들이 자기네 제품을 어떻게 생각하는지를 파악하고 더 잘 이해하는 것이었죠. 그들의 목적은 페이스북을 사들이는 것이었지만요."

마이스페이스 최고경영자 크리스 더울프Chris DeWolfe는 2005년 초 그가 소규모 팀을 이끌고 팰러앨토의 사옥을 찾았을 때 인수를 염두에 두고 있었다고 말한다. 저커버그는 서버 문제를 해결하려고 코로케이션 사이트에 갔다 오느라 미팅에 늦었다. 더울프는 깊은 인상을 받았으나 액셀 펀딩 이후 페이스북의 가치가 너무 고평가되었다고 생각했다. 그 해 여름 마이스페이스는 루퍼트 머독Rupert Murdoch의 뉴스코프NewsCorp 에 5억 8000만 달러에 매각되었다. 돈궤가 두둑해지자 마이스페이스는 페이스북 인수에 더 많은 돈을 쓸 의향을 내비쳤다. 저커버그는 심드렁 했다.

대체로 저커버그는 마이스페이스의 이용자 수가 페이스북을 훌쩍 앞 서는 것에 개의치 않는 듯했다. 그는 뉴스코프의 마이스페이스 인수를 위협으로 여기지 않았으며 오히려 소셜 미디어 기업의 가치가 입증되었 다고 생각했다. 페이스북팀이 보기에 마이스페이스는 기술 기업이 아니 었으며 제품에 집중하는 데서 비롯되는 엄밀함을 갖추지 못했다. 저커 버그는 이런 견해를 마이스페이스 창업자들 면전에서 숨기려 들지 않아 그들의 심기를 불편하게 했다. 더울프는 저커버그의 의견을 반박했다. "나는 둘 다 미디어 기업이고 둘 다 기술 기업이라고 생각합니다." 하지 만 페이스북이 엔지니어링 측면에서 더 강하다는 사실은 인정했다. 훗 날 뉴스코프가 손을 뗄 때 저커버그는 루퍼트 머독에게 말했다. 미디어 의 미래는 사람들이 폭스뉴스Fox News를 시청하거나 《월스트리트저널》 을 구독하는 데 있는 것이 아니라 온라인에서 친구들에게 링크를 받는 데 있다고.

한동안 바이어컴은 자회사 MTV를 통해 페이스북 인수를 적극적으 로 밀어붙였다. 숱한 면담 끝에 저커버그는 제안을 거절했다. 구글의 제 안에도 콧방귀를 뀌었다.

하지만 쉽게 퇴짜 놓을 수 없는 회사가 하나 있었다. 당시 수십억 달 러 규모의 인터넷 거인으로 이용자가 수억 명에 달하던 야후였다. 페이 스북 제품 부문 수장이자 전 야후 임원 더그 허시가 옛 보스에게 페이스북의 가치를 귀띔한 것이 틀림없었다. 야후 최고경영자 테리 세멜Terry Semel은 플리커와 딜리셔스Delicio.us를 비롯해 인수 시장에 나온 소셜 관련 웹사이트 중에서 페이스북이 최고의 매물이라고 생각하게 되었다. 세멜은 구글 인수 기회를 놓친 적이 있었는데 이번 거래로 만회할 수 있을 것 같았다.

저커버그가 말한다. "처음에는 우리를 협상 테이블에 앉히려고 30억 달러를 제안할 수 있다고 그러더군요. 나는 '그거 좋죠'라는 심정이었고요. 협상에 돌입하자 그들은 10억 달러를 얘기했어요."

그것만으로 입이 떡 벌어지는 비현실적인 액수였다. 아직 걸음마 단계인 작은 회사에 10억 달러라니. 스물한 살짜리 창업자의 호주머니에 수억 달러가 들어오려는 참이었다. 하지만 저커버그는 예전과 마찬가지로 회사를 매각할 생각이 전혀 없었다. 어느 날 새로 들어온 엔지니어가 출근 첫날 허시가 짐을 싸는 모습을 보고 저커버그에게 저 사람처럼 해고당하지 않으려면 어떻게 해야 하느냐고 물었다.[6] 저커버그가 말했다. "내 회사를 팔아치우라고 닦달하지 않으면 돼요."

그즈음 틸과 브라이어가 참석한 이사회가 열렸다. 저커버그는 연극 같은 동작으로 손목시계를 쳐다보며 말했다. "8시 30분이면 10억 달러를 거절하기에 딱 좋은 시간 같군요."[7] 신속하고 짭짤한 투자 회수를 바랐을 동료 이사들에게 장갑을 벗어 던져 결투를 신청한 셈이었다.

하지만 결투의 칼을 들어야 할 저커버그의 손은 심란한 성적으로 인해 약해졌다. 2006년 중반 페이스북은 성장이 멈추었다. 상황판을 보면 알 수 있었다. 이용자 수가 더는 증가하지 않았다. 대학생들은 이미 가입해 있었다. 고등학교에서는 그만큼 순식간에 성공하지 못했다. 직장 네트워크는 실패했다. 저커버그가 회상한다. "우리가 고등학교를 대상으로 시도한 작업은 효과가 없었어요. 기대만큼 빨리 성장하지 못하더군요."

뉴스피드는 여전히 출시되지 못했다. 페이스북은 머지않아 모든 사람에게 문호를 개방할 계획이었다. 하지만 회사 내에는 오픈레지가 최대 위험이 될지 모른다고 경고하는 사람들이 있었다. 어떤 사람들은 페이스북이 대학에 더욱 주력해 그 시장을 바탕으로 또 다른 서비스들을 구축해야 한다고 말했다. 대학생 시장을 '장악'해야 한다고.

하지만 저커버그는 〈리스크〉 게임의 현실 버전을 플레이하는 일에 푹 빠져 있었다. 대학들은 그의 게임판에 있는 작은 칸에 불과했다. 콜러가 말한다. "페이스북이 지구상의 모든 사람에게 유익하리라는 건 처음부터 매우 분명했습니다. 마크는 이렇게 생각했죠. '아니, 대학만 파고들진 않을 거야. 세상으로 나아가겠어.'"

저커버그는 야후를 상대로 지연 전술을 폈다. 세멜은 면담 자리에서 페이스북팀이 신속하게 행동하지 않고 협상에 너무 미숙하다며 불만을 제기했다. 사실 회의 내내 저커버그는 여느 때처럼 코마 상태에 빠져 있었다. 마침내 회의실 안의 모든 사람이 그가 한마디 하길 간절히 바란다는 사실이 분명해졌을 때 저커버그가 입을 열었다.

"음, 우리는 다른 회사들이 구리다고 생각해요."

댄 로즌스와이그Dan Rosensweig 야후 사장이 얼어붙은 분위기를 풀어보려고 우스갯소리를 내뱉었다. "그래도 야후는 덜 구리다고 생각하고 싶군요." 다들 웃음을 터뜨렸다. 하지만 협상은 여전히 답보 상태였다. 당시 페이스북 법무책임자이던 크리스 켈리가 말한다. "테리의 할리우드식 협상법은 마크에겐 통하지 않았어요."

켈리는 저커버그의 입장을 지지한 극소수 중 한 사람이었다. 보스의 결심이 흔들릴 수 있음을 알았던 그는 실리콘밸리에서 잔뼈가 굵은 누군가가 그에게 통념에 반하는 견해를 들려주면 좋겠다는 생각이 들었다. 켈리는 로저 맥너미Roger McNamee라는 이름난 투자자를 알고 있었기에 둘의 만남을 주선했다. 맥너미는 저커버그가 한마디도 꺼내기 전에 상황을 정확히 분석했다. 저커버그는 이야기를 길게 끌지 않고, 마침내 자신이 회사를 팔고 싶지 않지만 그래야 하는 게 아닌지 고민이라고 털어놓았다. 그가 말했다. "모두를 실망시키고 싶진 않아요." 맥너미는 마음 가는 대로 하라고 말해 저커버그의 환심을 샀다.

매각 압박은 엄청났다. 오언 밴 내타는 매각의 신봉자였다. 어느 날 밤 그는 사무실에서 저커버그와 이 문제로 열띤 논쟁을 벌였다. 새벽 1시가 지난 시각이었다. 저커버그가 기억하기로 밴 내타는 이렇게 말했다. "회사를 팔지 않으면 평생 그 결정을 후회하게 될 겁니다!"

저커버그는 회사를 '팔면' 후회할 것임을 알았다. 하지만 그 어마어마한 제안을 어떻게 대해야 할지 확신이 없었다. '이토록 큰 액수를 거절할 수 있을까?' 그는 자기 회사를 평가할 기준이 전혀 없었다. 크리스 켈리가 말한다. "그에겐 무척 힘든 일이었습니다. 당시에 그는 무척 초조해했고 일을 하다가 이따금 몸이 말을 듣지 않기도 했죠."

사실 저커버그는 두려움을 느끼고 있었다. 더페이스북이 하버드에서 대성공을 거둔 뒤로, 또한 지금까지 여정을 한 걸음 한 걸음 내디딜 때마다 그는 기회를 놓치지 않았고 야심을 버리지 않았다. 하지만 이십 대 초반 나이에 거액의 자금과 중대한 의사결정이라는 깊은 물속에 갑자기 내던져진 사람이라면 누구나 느낄 의심을 그 또한 느꼈다. '일이 정말로 계획대로 풀릴까? 내게 이런 결정을 내릴 자격이 있을까?' 그가 말한다. "나는 가면 증후군을 겪고 있었던 게 분명해요. 경영자로서 존경하는 사람들, 회사 설립에 대해 뭔가 이해하고 있는 것 같은 사람들이 내 주위를 둘러싸고 있었어요. 그런 그들이 나에게 제안을 받아들여야 한다고 설득했으니까요."

실제로 저커버그는 어느 시점엔가 허물어져 그 돈을 받는 데 잠정 동의했다. 하지만 세멜의 자만심이 일을 그르쳤다. 미래에 페이스북은 대규모 인수를 진행할 때면 충격과 공포 요법을 동원해 창업자들이 영문도 모른 채 회사 매각 서류에 서명하도록 했다. 하지만 자신의 변호사 사무실에 저커버그를 가두고 계약이 성사될 때까지 못 나가게 하는 것은 세멜의 방식이 아니었다. 그는 이제 자신이 주도권을 쥐었다고 생각해 협상을 재개했다. 그는 협상이 시작된 뒤로 야후 주가가 약 20퍼센트 떨어졌으니 하락 전 야후 시가 총액 대비 비율에 맞춰 인수 금액을 조정하자며 10억 달러에 못 미치는 금액을 제시했다.

저커버그는 이것을 계약 취소의 구실로 삼았다. 그가 말한다. "야후가 계속해서 자기네 제안을 번복한 덕분에 일이 수월해졌어요. 그때마다 우리 팀은 벌벌 떨면서 이랬죠. '이것 봐요, 이건 그냥 받아들여야 해요.' 그러면 난 이렇게 말했어요. '저들이 이것도 번복하면 우리가 끝장날 수 있다는 거 다들 동의하죠?'"

그는 기운을 끌어모아 최후통첩을 전했다. 회사를 팔지 '않겠다'는 선언이었다. 콜러는 이제 그를 지지했다. 틸은 늘 그랬듯 창업자의 바람을 존중했다. 모스코비츠는 언제나처럼 저커버그의 편에 섰다. 나머지는 결정을 받아들여야 했다.

2006년 8월 어느 늦은 오후 저커버그는 회사가 임차하고 있던 주택에 모습을 드러냈다. 직원들은 수영장 주위에 모여 맥주를 마시며 담소를 나누고 있었다. 페이스북의 일상인 끝없는 사무실 파티의 또 하루가 지나가고 있었다. 페이스북이 극적인 성장세를 지속할 것인가, 현찰에 팔려 야후의 자회사가 될 것인가는 몇 주 동안 이들의 뇌리에 박혀 있던 질문이었다. 야후는 2006년 당시 이미 전성기를 지난 회사였으며 새로 인수한 회사가 운명을 개척할 힘을 가져다줄 가능성은 희박했다. 협상이 회사 밖에서 진행되었고 정확한 진행 상황을 아는 사람은 극소수였지만 야후의 페이스북 인수 가능성은 구름처럼 회사를 뒤덮고 있었다. 그런데 지금 저커버그가 그들 앞에 나타나 선언한 것이다. 협상은 끝났다고, 매각은 없다고.

이 드라마의 종영은 한편으로 페이스북 직원들에게 안도감을 주었다. 어쨌거나 그들은 페이스북의 사명을 믿었기 때문이다. 저커버그의 "지배!" 구호와 함께하는 전 직원 회의는 그들의 마음속에 종교적 열정을 불어넣었다. 게다가 야후에 합류하면 그들의 꿈만 끝장나는 게 아니라 무엇과도 비교할 수 없던 그들의 삶 또한 끝장날 터였다. 수백만 명이 좋아해주는 프로젝트에 미친 듯 매달리고 사내 연애와 비디오 게임과 코딩 삼매경의 괴짜 봄 방학을 매일같이 즐기던 삶과는 작별이었다. 야후의 일원이 되는 것에 들뜬 사람은 아무도 없었다. 입사 번호 51번인 케이트 로스가 말한다. "그건 분명했어요. 야후는 이미 참신하지 않았죠. 페이스북은 무척 참신했고요."

그래도 몇몇은 평생에 한 번뿐일 돈벼락을 꿈꾸고 있었다. 그들이 보유한 스톡옵션이면 자신들이 자란 근사한 집보다 더 근사한 주택을 살 수 있었다. 그러고도 여러 해 동안 사치스럽게 빈둥거리기에 충분한 돈이 남았다. 아직 스물다섯이 되지 않았는데! 당시 페이스북 직원이던 사람이 말한다. "우리가 하는 일이 정말 좋았습니다. 하지만 젠장, 한 방에 300만에서 400만 달러라뇨?"

마침내 칼테크를 졸업하고 그해 가을 페이스북에 돌아온 애덤 댄절로는 사람들의 처량한 몰골을 보고 놀랐다. "전부 그런 건 아니었지만 직원 중 80퍼센트가량은 정말이지 의기소침해 있더군요. 회사가 팔리지 않아 다들 실망하고 있었습니다. 회사 가치가 그 평가만큼 올라갈 전망은 전무했으니까요."

저커버그는 직원들의 사기를 끌어올릴 경험도, 개인적 유대 관계도 없었다. "지배!"라는 외침으로는 수백만 달러를 대신할 수 없었다. 댄절로가 말한다. "마크에게 계획이 있었던 것 같지는 않아요. 당시 자신과 같은 역할을 맡은 사람에게 기대되는 게 뭔지 알지 못했죠. 물론 이번이 첫 경험인 데다 그토록 어린 나이에 위대한 리더가 되기란 쉬운 일이 아니죠. 하지만 그걸 감안하더라도 리더로서는 낙제점이었습니다."

훗날 저커버그는 야후 사태 이후 직원들의 불만을 자기 탓으로 돌렸다. 2017년 하버드 졸업식 축사에서는 함께한 직원들에게 페이스북의 목표를 효과적으로 소통하는 데 실패했다고 말했다. 내부의 탄탄한 지지를 얻지 못한 채 그는 고립감을 느꼈다. 그는 내게 말했다. "내 삶에서 단연코 가장 괴로운 순간이었어요." 심지어 그에게 너무나 큰 고통과 시련을 안겨준 케임브리지 애널리티카 사건 '이후'에 이 말을 했다.

그는 누가 자신을 편들었고 누가 반대했는지 잊지 않았다.[8] 그가 훗날 만족스러운 목소리로 회상한다. "관계가 1년 반 만에 어찌나 틀어졌던지 경영진 중 단 한 사람도 남지 않았어요. 몇몇은 내가 해고했고요."

독립성을 유지하려는 의지에는 페이스북이 이제 전 세계를 연결하는 사명을 추구하고 있다는 저커버그의 신념이 담겨 있었다. 그에게는 그럴 수단이 있었다. 바로 뉴스피드와 오픈레지였다. 이 두 가지는 페이스북을 또 다른 차원으로 이끌었다.

그는 출범시키기만 하면 됐다.

뉴스피드와 오픈레지가 불러온 눈덩이 효과

뉴스피드의 출시가 가까워지면서 뉴스피드팀은 자신들이 경이로운 일을 해냈다고 느꼈다. 나머지 직원들은 '개밥 시식dogfooding'을 시작했으며 대다수는 이미 중독되었다('개밥 시식'은 시제품을 직접 사용하면서 테스트한다는 뜻이다). 하지만 페이스북 사내는 모두가 어차피 서로의 비밀을 아는 소셜 공간이었다. 그들에게 뉴스피드는 이미 고속으로 공회전하고 있던 뒷담화 기계의 속도를 높이고 자동화한 것에 불과했다. 프라이버시 문제와 관련해서는 페이스북 이용자들이 이미 서로의 프로필을 항상 보고 있으니(이것은 사이트에서 핵심 활동이었다) 친구들의 소식이 한발 앞서 배달되더라도 별일 아니라고 생각했다. 어차피 전부 사람들이 공유하기로 한 정보이니 말이다.

그렇지만 페이스북 직원 중 일부는 말썽을 예감했다. 고객지원팀이 신제품을 본 것은 비교적 후반부였다. 그들은 고객 불만을 처리하는 위치였기에, 그리고 대다수 이용자가 페이스북이 자신들에 대해 아는 게 무엇이고 모르는 게 무엇인지 전혀 감을 못 잡고 있음을 너무나 잘 알았기에, 사람들이 질겁하리라는 사실을 즉시 알아차렸다. 하지만 이런 우려는 기우로 치부되었다. 맷 콜러가 말한다. "우리는 생각했습니다. '뭐 어때. 사람들은 늘 서로의 프로필을 보고 있잖아. 대수로울 게 뭐가 있겠어?'"

페이스북 내에서 실제로 논란거리가 된 우려 사항이 하나 있었는데,

프라이버시 우려가 아니라 상업적 우려였다. 페이스북 사이트의 비효율적 동선은 회사에 유리한 점이 하나 있었다. 사람들이 친구들의 소식을 알고 싶어서 이 페이지 저 페이지 클릭하면서 더 많은 광고를 보게 되기 때문이다. 저커버그가 채용한 신임 임원 중 일부는 뉴스피드가 노출impression을 줄여 안 그래도 빈약한 수익이 더 줄어들까봐 걱정했다. 하지만 저커버그의 지지를 등에 업은 뉴스피드팀은(저커버그가 자신의 개인 공책에 적은 내용을 바탕으로 계획을 추진했으니 놀랄 일은 아니었다) 뉴스피드가 장기적으로 페이스북에 최선이라고 생각했다.

이용자의 반발이 예상된 또 한 가지 이유는 뉴스피드가 한낱 새로운 획기적 제품이 아니라 사이트 전체의 디자인 개편이라는 점이었다. 디자인 개편은 언제나 불만을 야기했다. 새 디자인이 아무리 멋져도 사람들은 '옛날 페이스북'을 돌려달라고 아우성쳤다. 1년이 안 된 회사였는데. 에즈라 캘러핸이 말한다. "대문만 놓고 보더라도 아수라장이 벌어질 게 뻔했습니다. 뉴스피드는 말할 필요조차 없었죠. 디자인 개편 하나만으로 재앙이 일어날 터였으니까요."

저커버그는 개의치 않았다. 그는 이용자들의 반발이 찻잔 속의 태풍이라고 이미 믿고 있었다. 고개를 숙이고 소음을 무시하면 사람들은 적응할 것이고 몇 주 지나지 않아 이용자의 아우성은 없던 일이 될 터였다. 캘러핸이 말한다. "마크는 이번 역시 그럴 거라 생각했어요. 그리고 그 생각은 정말 처참하게 틀렸죠."

페이스북은 대체로 밤늦게 제품을 출시했으며 사전 공지는 전혀 하지 않았다. 새 기능은 부활절 달걀처럼 난데없이 나타났다. 그러면 이용자들은 새 기능을 받아들였으며 디자인상의 결함이나 버그는 나중에 수정되었다. 뉴스피드의 경우에는 이런 전환이 유난히 갑작스러웠다. 이용

1부 SNS 왕국의 탄생

자가 로그인하자 그들을 반긴 것은 페이스북이 달라졌음을 알리는 화면이었다. 계속하려면 그들은 '굉장해요Awesome'라는 단추를 클릭해야 했다. 다른 방법은 없었다. 단추를 클릭하면 낯익은 페이스북 대문이 사라지고 친구들에 대한 정보가 홍수처럼 쏟아져 들어왔다.

그들은 틀림없이 뉴스피드를 좋아하게 될까, 과연?

태평양 시각으로 2006년 9월 5일 새벽 1시 6분, 뉴스피드가 개시되었다. 페이스북 전 직원 상당수가 유니폼인 후드 티셔츠와 청바지 차림으로 유니버시티애비뉴 156 사무실의 뉴스피드팀에 합세했다. 뉴스피드는 페이스북 제품을 통틀어 독보적인 시간과 노력이 투입되었다. 개발 기간만 6개월 이상 걸렸다. 저커버그가 원조 페이스북을 만드는 데 '일주일'이 채 걸리지 않은 것과 비교해보라. 게다가 뉴스피드는 회사의 새로운 방향이었다. 이것은 개인 정보를 공유하는 새롭고 (어쩌면) 중독성 강한 방식이었다. 마치 이 단순한 제품에 회사의 존재 이유가 담긴 것 같았다.

상비는 회사 블로그에 〈페이스북이 페이스리프트를 했습니다〉라는 글을 써서 페이스북이 갑자기 사뭇 달라진 이유를 설명했다. 그녀는 뉴스피드를 앞세워 이렇게 썼다. "우리는 두 가지 근사한 기능을 추가했습니다. 이 기능은 페이스북에서 여러분의 친구들에게 무슨 일이 일어나는지 강조해 보여줍니다. 하루 종일 개인 맞춤형 뉴스 스토리를 업데이트하기 때문에 여러분은 마크가 브리트니 스피어스를 즐겨찾기에 추가했다거나 여러분이 홀딱 반한 상대가 다시 싱글이 되었다는 소식을 알 수 있습니다." 또 하나의 근사한 기능인 미니피드는 남들이 이용자 자신에 대해 찾고 있는 모든 것을 이용자에게 알려주었다.

하지만 이용자들은 블로그를 먼저 읽지 않고 다짜고짜 '굉장해요' 단추를 눌렀다. 그러자 자신들의 소셜 세상에서 벌어지는 모든 일이 낯선 세로 방향으로 좌르륵 펼쳐졌다. "앤지가 사진을 게시했습니다." "라이언이 스눕 독 콘서트에 갈 예정입니다." "보비가 연애 관계를 끝냈습니다." 마치 당신이 누군가와 사랑을 나누고 있는데 침입자가 담요를 홱 들춘 것 같은 상황이었다.

시티그 역시 유니버시티애비뉴 156에서 반응을 기다리던 사람 중 하나였다. 그가 본 첫 반응은 "미니피드 뒈져라"였다. 그는 충격을 받았다. 마크 저커버그의 꼼꼼한 연필 도표를 바탕으로 미니피드를 디자인한 사람이 바로 자신이었기 때문이다. 고객지원 부서를 이끄는 폴 잰저Paul Janzer는 이것을 불길한 징조로 받아들였다. 이용자들이 미니피드를 증오한다면 대문에 있는 통짜 뉴스피드는 어떻게 생각하겠는가?

뉴스피드팀은 여전히 이 반응을 디자인 개편에 으레 따르는 통상적 충돌로 치부했다. 상비가 회상한다. "우리는 이렇게 생각했어요. '몇 시간 지나면 사그라들지 몰라.'" 새벽 3시가 되자 다들 집으로 돌아갔다.

하지만 이튿날 아침 회사에 돌아왔을 때 불만은 전혀 사그라들지 않았다. 상비가 말한다. "뉴스피드에 맞서 봉기가 일어났다고 말할 수 있을 정도였어요." 평소에는 커피숍과 팔라펠 가게를 찾는 사람들과 점잖은 노숙자 몇 명에게나 친숙하던 거리인 유니버시티애비뉴 외곽에 사람들이 장사진을 쳤고 TV 위성 방송 트럭이 길을 막았다. 여자 친구와 통화하고 있던 맷 콜러는 한 TV 방송국의 크레인이 자기 책상 옆 2층 창문에서 고작 몇 센티미터 떨어진 채 카메라를 흔들고 있다며 이게 웬 난리냐고 말했다. 팰러앨토 경찰서는 대규모 군중 시위에 대처할 인력과 장비가 없다며 시위대가 물러나도록 뉴스피드를 중단하라고 페이스북에 요청했다. 페이스북 역사상 회사 경영진이 경비원을 채용해야겠다고 생각한 것은 이때가 처음이었다(언젠가 페이스북의 재산을 지키고 직원들을 보호하기 위해 정예 부대가 페이스북에 상주하게 되리라고는 아무도 상상하지 못했다).

한편 페이스북 사이트 안에서는 더욱 커다란 불길이 번지고 있었다. 스물한 살의 노스웨스턴대학교 3학년생 벤 파Ben Parr는 9월 5일 잠에서 깨어 친구들에 대한 정보의 산사태에 파묻히자 발끈했다. 그는 분노를 공유하는 친구 몇 명에게 인스턴트 메시지를 보내어 '페이스북 뉴스피드에 반대하는 학생들'이라는 그룹을 재빨리 개설했다. 점심시간이 되자 1만 명이 그룹에 가입해 있었고 그날 하루에만 10만 명이 동참했으며 파는《타임》과 인터뷰를 했다.

페이스북이 뉴스피드와 관련해 깨닫지 못한 사실은 정보를 사람들에게 내보내는 것과 정보를 누군가의 홈페이지에 공개하는 것이 질적으로 다르다는 점이었다(더 정확히 말하자면 깨닫지 못했다기보다는 초기의 경고를 무시한 것이지만). 이런 차이를 잘 보여주는 사례가 있다. 페이스북에서 이용자에게 프로필에 넣으라고 권하는 정보 중 '연애 상태'가 있는데 이용자의 남녀 관계가 현재 어떤 상황인지를 보여주는 일종의 '기분 반지mood ring'(착용자의 체온에 따라 색깔이 바뀌며 기분 상태를 알려준다는 반지-옮긴이)였다. 연애 상태는 기혼이나 싱글, 연애 중이거나 어떻게 해석해야 할지 난감한 '복잡한 관계'도 있었다. 누군가 자신의 프로필 페이지에서 연애 상태를 바꾸면 방문자들은 이것을 그 사람의 솔직한 자기 표현으로 여겼다. 하지만 연애 상태가 바뀌었을 때 모든 친구에게 전달되면 이 소식은 길거리에 널브러진 타블로이드 신문 더미처럼 소셜 그래프에 전파되었다. 이젠 애인에게 차이면 시시콜콜 사연을 들려달라고 보채는 구경꾼들로 친구 명단이 폭발할 지경이 되었다. 이게 다 페이스북 때문이었다! 회사 공식 이메일의 받은편지함은 자신의 연애 상태를 비롯한 '소식'이 신생 미디어 채널의 달갑잖은 콘텐츠가 되어버렸다는 불만으로 넘쳐났다.

맷 콜러가 말한다. "우리는 불만을 들었습니다." 마치 무시했다는 뉘앙스로 들린다. 고객지원을 맡은 소규모 팀이 뉴스피드 출시 첫날 받은 이메일은 지난 3주 동안 받은 것보다 많았다. 잰저는 첫날 하루에만 3만여 통의 이메일을 받았다고 추산한다.

이스트코스트에 있는 호텔에서 저커버그는 갈팡질팡하는 밴 내타와 방안을 모색하고 있었다. 사이트를 뉴스피드 이전으로 되돌리고 사람들에게 선택 기회를 주는 리셋이 진지하게 고려되었다. 밴 내타는 뉴스피드를 중단하고 싶어 했는데, 페이스북의 주요 투자자 한 사람도 마찬가지였다. 그는 직원들에게 이메일을 보냈다. "여러분, 이건 간단한 문제입니다. 그냥 내려요."

페이스북은 얼마 전 브랜디 바커Brandee Barker를 페이스북 최초의 홍보 전담 직원으로 채용했다. 그녀는 15년 경력자였기에 이 일자리를 좌천으로 여겼으나 회사의 약속과 직원들의 열정에 감명받았다. 이 사태 전까지는 저커버그와 일한 적이 별로 없던 그녀는 이제 밤늦도록 그와 대륙을 가로질러 채팅을 주고받고 있었다. 바커가 말한다. "마크가 이러더군요. '블로그에 글을 올려 사과해야겠어요.' 이런 생각이 들었죠. '와, 이 스물세 살짜리가 홍보에 대해 뭘 아네.'"

그런데 로그를 들여다보던 루치 상비와 그녀의 팀이 놀라운 사실을 발견했다. 수십만 이용자가 뉴스피드에 대한 반감을 드러냈지만 그들의 말과 행동은 정반대 이야기를 들려주고 있었다. 이용자들은 어느 때보다 페이스북에서 많은 시간을 보내고 있었던 것이다. 뉴스피드 개념이

오롯이 인정받은 순간이었다. 그녀는 당장 모스코비츠에게 달려가 뉴스피드를 내리는 건 안 좋은 생각이라고 알렸다.

저항 세력의 엄청난 규모는 실제로는 누군가가 목 졸라 죽이고 싶어한 바로 그 제품의 정당성을 입증했다. 뉴스피드에 대한 분노에 연료를 공급한 것은 …… 뉴스피드 자체였다. 보즈워스와 콕스를 비롯한 사람들은 뉴스피드에 증폭 알고리즘을 넣어두었다. 그러니까 당신의 친구 몇 명이 같은 행동(이를테면 특정 그룹에 가입하기)을 하면 이 사건이 당신의 피드에서 상위에 랭크되는 식이었다. 이 덕분에 벤 파의 그룹이나 비슷한 그룹에 가입하는 사람이 늘자 즉각 눈덩이 효과snowball effect가 나타났다. 사람들의 피드가 가입 초대로 넘쳐났으며 그들이 가입하면 그들의 친구들도 그룹에 대해 알게 되었다. 그 주가 끝날 즈음 페이스북 이용자 10명 중 1명 가까이가 '페이스북 뉴스피드에 반대하는 학생들' 그룹에 가입했으며 어떤 사람들은 '나는 페이스북을 증오한다' 그룹과 '루치는 악마다' 그룹에 가입했다.

루치 상비가 말한다. "마땅한 발언대가 없던 사람들에게 갑자기 발언권이 생긴 겁니다. 표현의 자유뿐 아니라 자신이 어떻게 느끼는지, 무슨 생각을 하는지 실제로 표현하고 그로부터 지지를 끌어내고 사람들에게 알리는 수단을 얻게 된 거죠. 이전에는 TV에 출연하거나 신문 기자와 인터뷰를 하지 않으면 이룰 수 없던 일이 이제 가능해진 거예요."

9월 5일 밤 10시 45분, 저커버그는 자신의 대답을 페이스북에 올렸다. 제목은 〈진정하세요. 숨을 크게 들이마시세요. 우리가 듣고 있어요〉였다.[9] 바커와 크리스 휴스가 글을 다듬고 퇴고를 여러 번 거쳤다. 거만한 제목에서 짐작할 수 있듯 본문에서는 "여러분 중에서 곧장 팬이 된 사람이 많지 않다는 것"을 인정하면서도 뉴스피드는 대단한 서비스라고 역설했다. 저커버그는 사람들이 뭐라고 말하든 실제로는 뉴스피드를 좋아하는 것처럼 행동한다는 사실을 보여주는 데이터를 이미 가지고 있었다. 그래서 자기 입장을 고수할 수 있었다. 그는 "스토킹이 근사하지 않다는 건 우리도 인정합니다. 하지만 친구의 삶에서 무슨 일이 일어나는지 알 수 있다는 건 근사한 일입니다"라고 썼으며 루치 상비는 악마가 아니라고 덧붙였다. 그렇게 뉴스피드는 살아남았다. 그리고 저커버그는 불만에 대응해 프라이버시 대책을 마련하겠다고 약속했다.

그 뒤로 며칠 동안 뉴스피드팀은 처음부터 들어 있었어야 할 보호 대책을 만드느라 밤을 새웠다. 그중에는 뉴스피드의 항목들을 누가 볼 수 있는지 이용자가 정할 수 있는 프라이버시 '믹서mixer'가 있었다. 제프 로스차일드는 훗날 이렇게 논평했다. "그 기능을 이용한 사람은 아무도 없었을 겁니다."[10] 하지만 그런 기능이 있다는 걸 아는 것만으로 분노는 가라앉은 듯했다. 놀랍도록 짧은 시간 안에 사람들은 자신들이 페이스북에서 하는 일들이 페이스북 여기저기로 퍼져 나간다는 개념에 익숙해졌다.

페이스북은 최초의 홍보 위기에서 크나큰 교훈을 얻었다(잘못된 교훈이었는지 모르지만). 급조한 제품에는 심각한 프라이버시 문제(직원들도 알고 있던 문제)가 있으나 페이스북은 무시하고 출시했다. 케이티 게민더가 몇 년 뒤 이 사건을 되돌아보며 말한다. "우리는 이 문제에 대해 매우 대범했어요. 무감각해서 그랬던 게 아니라, 대단한 걸 만들려면 눈 딱 감고 밀어붙여야 하기 때문이에요. 두려워해서는 안 돼요."

위기가 발생한 것은 사실이지만 빠른 대처와 (진심에서 우러나지는 않은) 사과가 상황을 가라앉혔다. 사람들은 결국 뉴스피드를 사랑하게 되었다.

1부 SNS 왕국의 탄생

콜러가 말한다. "이 사건은 마크와 페이스북의 축소판이었습니다. 의도는 좋았지만 그 과정에서 실수가 있었죠. 우리는 실수를 인정하고 바로잡고 앞으로 나아갔습니다. 이게 페이스북의 기본 사업 방식입니다."

프라이버시에 대한 교훈 또한 있었다. 사람들은 추상적 관점에서는 프라이버시에 대해 불만을 제기했지만 실제로는 친구들에 관한 내용을 공유하는 것을, 특히 친구들이 뭘 하고 다니는지 보는 것을 더더욱 좋아했다. 게다가 그들은 프라이버시의 새로운 기준에 대한 저커버그의 이상인 '사람들이 서로에 관해 더 많은 것 공유하기'에 한 걸음 다가갔다.

하지만 저커버그가 이 사실을 배운 것은 페이스매시에서였다.

"사람들은 내가 생각한 것보다 더 관음증적이더군요."

페이스북은 곧이어 가입제한해제를 도입하면서는 좀 더 신중을 기했다. 가장 큰 이유는 오픈레지가 페이스북 정책의 중대 변화를 의미했기 때문이다. 그것은 세계를 연결한다는 저커버그의 원대한 야심을 위해 내장형built-in 프라이버시 보호 대책을 버리는 조치였다. 에즈라 캘러핸이 말한다. "뉴스피드와 오픈레지는 오랫동안 마스터플랜에 들어 있었습니다. 아이러니한 일은 언제나 오픈레지가 지뢰밭이라고 생각했다는 거죠." 페이스북은 깜짝 출시 대신 점진적 발표를 위해 언론에 사전 브리핑을 했다.

관문이 사라진 페이스북이라는 개념에 대한 대중의 반응에는 이 회사에 향한 새로운 냉소주의가 스며 있었다. 노스캐롤라이나대학교 채플힐 캠퍼스 문헌정보학 대학원생이자 학생들의 페이스북 이용 실태가 궁금할 때 미디어가 즐겨 찾는 인사가 된 프레드 스터츠먼Fred Stutzman은 이렇게 말했다. "이용자들이 자기네를 마이스페이스와 비교하기 시작하자 페이스북은 상처받았을 겁니다." 그는 이렇게 덧붙였다. "페이스북이 변화를 시도할 때마다 반발이 뒤따랐죠. 이젠 돌아올 수 없는 강을 건넌 겁니다."[11]

하지만 오픈레지가 등장했을 때는 반대하는 그룹이 하나도 없었다. 오히려 수백만 명이 가입했다. 저커버그가 말한다. "우리가 생각한 것보다 더 잘 풀렸어요."

2006년 말에서 2007년으로 접어들면서 페이스북의 지지부진하던 이용자 수가 상승하기 시작했다. 저커버그가 회상한다. "오픈레지를 시작한 지 일주일 만에 일일 가입자 수가 1만 명 미만에서 6만~7만 명으로 늘더니 거기서 또 급상승했어요."

오픈레지는 수십억 이용자를 페이스북으로 끌어들였다. 그리고 뉴스피드는 더페이스북이 처음 생겼을 때 대학생들이 그랬듯 모든 사람이 빠져들게 만들었다. 그런 한편으로 괴롭힘, 증오, 치명적 거짓 정보를 낳기도 했다.

마크 저커버그의 〈변화의 책〉은 극소수만 읽었다. 하지만 그 어떤 블록버스터 베스트셀러보다 훨씬 거대한 영향을 세상에 미쳤다.

2부

플랫폼 제국 건설하기

7

개발자 플랫폼 구축하기

애플이 혁신 기업이라면 페이스북은 혁명 기업

데이브 모린은 몬태나에서 컴퓨터를 끼고 자랐다. 콜로라도대학교 볼더캠퍼스 학비는 자신의 기숙사 방에서 웹 개발 회사를 운영해 벌었다. 2003년 졸업한 뒤 그는 자신이 꿈꾸던 애플에 취직해 대학 대상 홍보팀에서 일했다. 애플의 캠퍼스 홍보단 프로그램을 맡은 그의 업무는 대학생들이 애플 기기를 쓰도록 하는 것이었다. 당시 약 100명에 이르던 미국 전역의 캠퍼스 홍보단은 대부분 컴퓨터 도사로 동료 학생들에게 기술 지원을 해주는 임무를 수행했다. 모린은 이 프로그램을 본격 홍보 활동으로 승격시키고 인원을 900명으로 늘려 동급생들에게 애플을 선전하도록 했다. 커뮤니티의 힘을 믿었던 그는 프렌드스터나 링크트인, 심지어 AOL 인스턴트 메신저 같은 소셜 네트워크에 가입할 것을 홍보단에 늘 촉구했다. 2005년 초 어느 날 하버드 홍보단에서 모린에게 전화가 걸려왔다. "더페이스북이라는 이 물건을 꼭 봐야 해요."

모린은 콜로라도대학교에서 받았던 .edu 주소로 더페이스북에 가입했다. 그는 망연자실했다. 당시 대학생들의 사실상 통신 수단이던 AOL 인스턴트 메신저에 대한 그의 불만 중 하나는 다들 엉뚱한 대화명을 쓰고 있어서 사람을 찾거나 신원을 확인할 수 없다는 것이었다. 페이스북은 실명을 썼으며 프로필에 AOL 인스턴트 메신저 대화명을 입력할 수도 있었다. 모린이 또 놀랐던 것은 프라이버시가 네트워크 구조에 근사하게 녹아들었다는 사실이었다. 페이스북에서는 자신의 캠퍼스에 있는 모든 학생을 검색하거나 쪽지를 보낼 수 있었지만 다른 학교 학생에게는 그럴 수 없었다. 그는 생각했다. '게임 끝났군. 이건 천재적이야.'

그는 이 서비스를 운영하는 사람에게 곧장 연락을 시도해 작은 팰러앨토 사옥을 찾아갔다. 사옥 벽은 재능 많고 호색적인 기물 파괴자들이 낙서를 해놓은 것 같았다. 우두머리 저커버그는 엄청나게 똑똑한 게 분명했지만 거의 한마디도 하지 않았다. 모린는 모스코비츠와 파커에게 더 큰 유대감을 느꼈다.

그 시점에 페이스북과 협력하고 있던 주요 브랜드는 파라마운트 픽처스뿐이었다. 파라마운트는 〈네모바지 스폰지밥SpongeBob SquarePants〉 애니메이션 영화를 페이스북에서 대대적으로 홍보하고 있었다. 하지만 모린은 광고를 내보내는 데는 관심이 없었다. 그는 애플을 홍보하는 페이스북 그룹을 개설해 사람들이 제품에 대해 배우고 동영상을 비롯한 콘텐츠를 공유하고 맥 이용법을 교환하도록 하고 싶었다. 애플은 아이팟과 아이튠즈 기프트 카드를 경품으로 내걸고 사람들을 유인했다. 이를 위해 애플이 페이스북에 매달 2만 5000달러를 지불하기로 계약을 체결했다. 총 계약 금액은 100만 달러에 달했을 것이다. 파커는 액셀과 협상할 때 이 계약을 자랑했다.

그즈음 모린은 저커버그의 얼음벽 태도를 누그러뜨린 뒤였다. 모린과 저커버그와 모스코비츠는 그래프 이론graph theory, 정체성 이론identity theory, 신호 이론signal theory에 대해 끝없이 대화를 나누었다. 신호 이론은 지위를 나타내는 표지 등으로 어떻게 사람들이 자신의 정체성에 대해 신호를 보내는지 연구하는 분야다. 모린은 페이스북이 지위를 나타내는 궁극적 표지이자 새로운 교우 관계의 윤활제임을 깨달았다. 페이스북은 사람들이 장차 어울려 살아가는 법을 배우는 워크숍이었다.

저커버그와 모스코비츠는 모린에게 페이스북에 합류하라고 설득했다. 그러나 애플의 아름다운 본사를 버리고 팰러앨토 시내의 북적거리는 스타트업 동네로 오기는 쉽지 않았다. 한번은 모스코비츠와 에즈라 캘러핸이 캘리포니아주 쿠퍼티노시 인피니트 루프에 펼쳐져 있는 애플 캠퍼스로 모린을 찾아왔다. 두 사람이 그에게 말했다. "여긴 무척 근사하네요. 하지만 언젠간 우리가 더 커질 거예요."

모린은 생각했다. '정말로? 어디 해보시지!'

모린은 애플 고위직들이 페이스북에 열광하게 하려고 애썼다. 그의 꿈은 애플이 소셜 운영체제를 만들도록 하는 것이었다. '파일을 다루는 게 아니라 사람들을 다루도록 시스템을 구조화할 순 없을까? 애플이 이 새로운 시스템의 토대로 페이스북을 인수하면 어떨까?' 이 방안은 최고경영자 스티브 잡스에게 제출되었다. 대답은 노였다. 잡스는 기업 인수에는 열려 있었다. 하지만 가입자가 5000만 명인 마이스페이스를 놔두고 가입자 수백만 명인 대학 전용 사이트와 제휴할 이유를 찾지 못했다.

모린은 페이스북과 대화를 계속했다. 2006년 가을 어느 날 모스코비츠가 다시 모린을 만나러 쿠퍼티노에 찾아왔다. 모린이 물었다. "소셜 운영체제를 만들면 근사하지 않겠어요?" 모스코비츠는 그를 빤히 쳐다보았다. 페이스북에서 항상 하던 이야기 아닌가! 그가 모린에게 말했다. "당신은 지금 페이스북에 와서 이걸 해야 해요."

스티브 잡스는 얼마 전 유명한 스탠퍼드 졸업식 축사에서 죽음이 언제든 찾아올 수 있음을 명심한 채로 하루하루를 살아가라고 학생들에게 말했다.[1] 이 말 덕분에 모린은 자신이 언제나 꿈꾸던 회사와 인연을 끊고 (자신이 생각하기에) 훨씬 큰 성공을 거둘 준비가 된 회사에 합류할 용기를 얻었다. 그는 한 직원 행사에서 잡스에게 다가가 그날 아침 거울을 보다가 그동안 자신이 열변을 토하던 그 스타트업에 가야겠다는 생각이 들었다고 말했다. 잡스가 던진 질문은 딱 하나였다. "두둑한 스톡옵션 패키지를 제시하던가?"

"네, 그러더군요." 데이브 모린의 자산은 현재 1억 달러를 웃돈다.

그 주 주말, 새로 입사한 모린은 페이스북 사무실에서 저커버그와 이야기를 나누고 있었다. 늦은 밤 저커버그가 일대일 면담에 즐겨 이용하던 구석 회의실에서였다. 회의실은 흰색 일색이었다. 하얀 탁자, 하얀 벽, 하얀 임스 의자, 그리고 대부분의 벽 공간 앞에 화이트보드가 놓여 있었다. 사람들은 그곳을 "구름 방Cloud Room"이라고 불렀다. 이따금 취조실처럼 느껴지기도 했지만.

저커버그는 모린에게 애플이 혁신 기업이기는 하지만 페이스북은 혁명 기업이라고 말했다. 모린은 열정이 치밀어 오르는 것을 느꼈다. 처음으로 저커버그와 페이스북을 이해한다는 느낌이 들었다. '페이스북은

혁명을 가져오고 있어.'

모린은 그 일원이 되어 페이스북을 단숨에 최고의 기술 기업으로 끌어올릴 플랫폼을 만들 터였다. 작업은 이미 추진 중이었다.

소셜 업계의 마이크로소프트를 꿈구며

새 플랫폼의 이름은 '플랫폼Platform'이었다.(플랫폼이 '서비스'나 '앱이 작동하는 운영체제'를 일컫는 일반 명사가 아니라 페이스북의 독자적 운영체제를 일컫는 고유명사로 쓰일 때는 인용 부호로 묶었다-옮긴이)

'플랫폼'의 첫 지지자는 2006년 1월 페이스북에 들어온 데이브 페터맨Dave Fetterman이라는 엔지니어였다. 펜실베이니아주 요크 출신으로 더 페이스북이 등장하기 전해에 하버드를 졸업하고 마이크로소프트에 취직했던 그는 20대 중반의 나이에 시애틀을 떠나 페이스북에 합류했다. "마이크로소프트 파이브Microsoft Five"로 알려진 주전급 엔지니어 중 한 사람이었다(앤드루 보즈워스도 그중 하나였다).[2] 이 신참들은 공동으로 숙소를 장만해 '페이스북 동아리Facebook Frat'라는 이름을 붙였다. 페터맨이 진행한 첫 임무는 프로필의 '결혼/연애 상태'에 선택지를 몇 개 더하는 일이었다. 페이스북이 '복잡한 관계' 항목을 추가한 것이 이 시점이었다 (이 문구는 훗날 수많은 페이스북 관련 기사 제목을 장식하게 된다).

성장하는 회사에서 이 임무 저 임무 전전하면서도 페터맨은 모스코비츠가 입사 면접에서 대수롭지 않게 던진 질문이 머리에서 떠나지 않았다. "페이스북 개발 플랫폼development platform은 어떤 모습일까요?" '개발 플랫폼'은 다른 소프트웨어 개발자들이 페이스북 데이터를 이용해 소셜 앱용 프로그램을 만드는 기술적 게이트웨이gateway(관문, 입구, 통로)를 의미한다. 첫 단계는 API(애플리케이션 프로그래밍 인터페이스application programming interface)를 만드는 것인데, 이것은 사람들이 자신의 프로그램에 꽂아 플랫폼의 데이터에 접속할 수 있게 해주는 일종의 소프트웨어 소켓이다.

페터맨은 모스코비츠에게 API를 작성해도 되겠느냐고 물었다. 그의 대답은 노였다. 다음 주에도 같은 질문을 던졌으나 대답은 같았다. 결국 페터맨은 무작정 시작하기로 마음먹었다. 그는 게이트웨이를 구축한 다음 소프트웨어 개발자들이 API를 이용해 만들 법한 애플리케이션의 시제품을 코딩했다. 이름은 '오언 밴 내타의 풍선 가게Owen van Natta's Balloon Store'로 지었다. 이 API를 이용하면 앱이 밴 내타의 친구들 생일을 알아낼 수 있었는데, 그것은 페이스북에서 접근할 수 있는 정보였다. 그가 말한다. "그렇게 지저분한 HTML 코드가 없었죠."

페터맨은 API를 동료들에게 시연했다. 그는 동료들에게 물었다. "아마존에 가서 친구들이 뭘 읽는지 알아낼 수 있다면 멋지지 않겠어? 어떤 사이트에 가든 친구들이 거기서 뭘 하는지 알 수 있다면 어떨까? 어딜 가나 페이스북이 있는 것처럼 되는 거라고!"

이것은 밴 내타의 친구들이 허락하지 않았는데도, 심지어 정보가 전달된다는 사실조차 모르는데도 앱이 그들의 생일을 알게 된다는 뜻이었다. 세계 최대 서점인 아마존의 앱을 이용하는 사람이 친구들의 독서 습관을 그들 모르게 알아낼 수 있다는 말이었다.

이것은 페이스북이 앞으로 수년간 골머리를 썩일 문제였다.

페터맨의 발상은 당시 페이스북 자문단에 제출되었다. 반응은 거의 한결같았다. "왜 우리 네트워크를 내줘야 하지?" 페터맨이 기억하기로

API 추진에 긍정적인 사람은 단 한 명뿐이었다.

마크 저커버그가 말했다. "이거 들여다봐야 할 것 같아."

그해 여름 페이스북은 페터맨의 API를 공개했다. 그리고 보기 좋게 실패했다. 페터맨이 말한다. "우리는 이렇게 말했습니다. '이봐요, 다들 이리 와서 페이스북 플랫폼으로 재미있는 걸 만들어봐요.' 하지만 아무도 눈여겨보지 않더군요."

알고 보니 그냥 API만 발표하는 것으로는 미흡했다. 무엇보다 API를 이용하는 소셜 앱이 있고 친구들이 그 앱을 쓰고 있다는 걸 페이스북 이용자들에게 알릴 방법이 있어야 했다. 문제는 유포였다.

공교롭게도 페이스북은 모든 사람의 친구에 대한 데이터를 가장 효과적으로 유포하는 방법을 만들고 있었다. 바로 뉴스피드였다. 뉴스피드를 활용해 이용자들을 새 플랫폼에서 돌아가는 앱으로 끌어들이면 어떨까? 페이스북과 저커버그는 이 개념을 계속 추진하고 싶었다. 모린을 채용한 것도 이 때문이었다. 그들은 개발자 홍보를 진행할 사람이 필요했다.

칼테크를 졸업하고 마침내 페이스북에 전업으로 합류한 최고기술책임자 애덤 댄절로가 플랫폼엔지니어링팀을 맡았고 페터맨이 수석 엔지니어가 되었다. 끝없는 화이트보드 회의 끝에 일개 API에 불과하던 페터맨의 원래 아이디어는 앱들을 외부 웹사이트뿐 아니라 페이스북 웹사이트에서도 캔버스canvas라는 페이지에 올릴 수 있게 한다는 거창한 계획으로 진화했다. 이용자들에게는 뉴스피드를 통해 알릴 작정이었다.

페터맨이 말한다. "우리는 이렇게 말했습니다. '여러분이 신뢰하는 파란색과 흰색의 테두리 안에 여러분이 꿈꾸는 것은 무엇이든 만들 수 있는 캔버스가 있습니다.'"

플랜 A(페터맨의 원래 API)와 새로운 플랜 B의 차이점은 후자의 경우

페이스북을 단순한 플랫폼이 아니라 운영체제로 자리매김한다는 것이었다. 이것은 실리콘밸리 가치 피라미드의 정점이었다. 운영체제를 소유한 기업은 자기만의 작은 독점 체제를 구축할 수 있다. 이전 시대의 가장 성공적인 운영체제는 마이크로소프트 윈도였는데, 한 판사는 사실상 '거대' 독점이라고 규정했다. 많은 실리콘밸리 리더들은 여전히 마이크로소프트를 업계의 다스 베이더로 여겼지만 저커버그는 빌 게이츠의 회사를 존경했다. 윈도 시스템이 무적인 이유는 PC 이용자의 절대다수가 윈도를 쓰기 때문이었다. 소프트웨어 프로그래머가 이 고객들에게 접근하려면 소프트웨어를 윈도용으로 제작해야 했다.

저커버그는 페이스북이 소셜 업계의 마이크로소프트라고 상상하기에 이르렀다. 마이크로소프트가 데스크톱 세상을 장악했듯 페이스북은 소셜 세상을 장악하리라 생각했다.

소셜 운영체제 구축은 어마어마하게 복잡한 작업이다. 사진 앱을 예로 들어보자. 각각의 사진은 잠재적 프라이버시 제한이 걸려 있다. 자신의 정보를 누가 볼 수 있는지를 이용자가 지정하도록 해주겠다는 약속을 지키려면 매 단계마다 이 사진을 누구나 볼 수 있는지 아니면 친구들만 볼 수 있는지 제약을 두어야 한다.

그런데 이제 페이스북은 외부인이 독자적으로 사진 앱을 만들면 페이스북이 자체 앱에 제공하는 정보를 이용할 수 있게 해주겠다고 약속하고 있었다. 이것은 개발자들의 관심을 끌려는 전략의 일환이었다. 하지만 외부인에게 정보를 믿고 맡겨도 될까?

전 페이팔 임원이자 슬라이드Slide라는 회사를 창업한 맥스 레브친은 이런 정보 공유야말로 페이스북 운영체제의 핵심이라고 생각했다. 그는 개발자들이 페이스북 정보에 최대한 접근할 수 있게 해달라고 댄절로에게 로비를 벌였다. 그러면 프라이버시 문제가 생길 수밖에 없었다. 소셜 앱의 정의에 따르면 개발자는 이용자의 개인 정보뿐 아니라 그와 교류하는 사람들의 정보까지 얻을 수 있어야 한다. 이용자는 사실상 자신의 소셜 네트워크 데이터를 내주는 셈이므로 그 데이터 중 일부는 다른 사람에게 속한 것일 수밖에 없다. 앱에 실제로 가입한 이용자가 아닌 이 '친구들'은 자신의 정보가 유출된다는 것을 모를 수 있다. 이러한 정보 이동을 감시할 권한을 이용자들에게 주어야 할까? 더 나아가 이용자들이 일부 개인 정보에 제한을 걸었을 수 있다. 페이스북은 개발자들이 모든 정보에 접근하면서 동시에 이런 제한을 존중하도록 어떻게 보장할 수 있을까?

저커버그는 페이스북이 이용자의 신뢰를 존중해야 한다는 사실을 알고 있었다. 하지만 한편으로는 앞으로 등장할 소셜 앱들이 정보 유출 위험을 무릅쓸 만큼 중요하다고 믿었다. 당시의 한 임원이 말한다. "우리는 어떤 데이터를 공유할 것인가를 놓고 심사숙고했습니다. 마크는 매우 단호했는데 '페이스북이 만드는 앱만큼 훌륭한 앱을 다른 개발자들이 만들 수 있도록 해야 한다'는 입장이었죠. 당시 페이스북은 작은 회사여서 우리 플랫폼이 마음에 들도록 개발자들에게 이런 데이터를 내주어야 했습니다."

페이스북이 정보 유출을 막기 위한 조치를 시행한 것은 사실이다. 통합 조치로는 개발자들에게 정보를 영구 저장소에 내려받지 말고 임시 메모리 캐시에 보관하도록 했다. 또 개발자들은 데이터를 다른 사람에게 팔거나 유포하지 않겠다는 서약을 해야 했다. 이것은 최악의 사태를 방지하기 위한 조치였다.

궁극적으로 이 안전장치들은 개발자들이 할 일을 낙관적으로 바라보는 견해에 근거했다. 당시 페이스북 임원들은 보호 조치가 비교적 약했음을 인정하면서, 한 가지 이유는 2007년 당시 페이스북이 보유한 데이터가 훗날만큼 중대해 보이지 않았기 때문이라고 말한다. 그때는 부담이 적었고 규범이 달랐다. 당시 기술 커뮤니티는 페이스북에 정보를 봉쇄하지 말고 더 개방하라고 촉구했다. 비판자들은 페이스북을 "담장 쳐진 정원walled garden"으로 묘사했다. 사람들이 온라인 사이트를 방문하면서 이용하는 모든 서비스와 기능이 사이트의 소유인 경우를 가리키는 용어다. 이런 디지털 '기업 도시'는 인터넷의 민주주의 풍토에 역행하고 혁신을 짓누르는 걸림돌로 치부되었다. 정원 담장을 무너뜨리는 것은 자유로운 인터넷을 지지한다는 뜻이었다.

그리하여 오픈레지와 뉴스피드 다음의 대형 프로젝트는 '플랫폼'이 되었다. '플랫폼'은 소셜 네트워킹 업계의 선도 기업이라는 페이스북의 지위를 다져줄 터였다. 페이스북은 경쟁사들에 비해 막대한 우위를 차지할 수 있었다(이미 서드파티 앱이 돌아가고 있던 마이스페이스를 앞지를 수도 있을 터였다). 인기 앱을 개발하는 사람은 수백만 달러를 벌어들일 수 있었다. 수백만 개의 이용자 계정을 남들이 활용할 수 있도록 함으로써 페이스북은 사람들의 온라인 정체성에 대한 사실상의 최종 결정권자가 될 수 있었다. 신규 이용자가 유입되고 사람들이 페이스북에서 보내는 시간이 길어지면 아직 실현되지 않은 수익을 드디어 실현할 수 있게 될 터였다.

계획은 대부분 실현되었으나 생각과는 달랐다. 또한 '플랫폼'의 유산은 불만스러운 개발자, 성난 이용자, 궁극적으로는 페이스북 역사상 최악의 재앙을 낳게 된다.

'플랫폼' 출시 F8 콘퍼런스를 개최하다

페이스북이 '플랫폼' 도입을 서두른 것은 빨리 움직이라는 평소 원칙 때문만은 아니었다. 그해 2007년 1월 애플 최고경영자 스티브 잡스가 경탄과 환호성 속에 아이폰을 발표했다. 이 발표는 열광적 반응을 불러 일으켰고 사람들은 아이폰을 구입할 수 있는 6월 출시일을 달력에 표시 했다.

이론상으로 보자면 아이폰은 페이스북 플랫폼의 경쟁 상대가 아니었 다. 스티브 잡스는 소프트웨어 개발자들이 애플 운영체제에 직접 포함 되는 앱을 제작하고 싶어도 애플이 이를 허용하지 않는다는 비판을 흘 려 넘겼다. 어쨌거나 애플은 소셜 네트워크에 발을 담글 생각이 전혀 없 었다.

하지만 페이스북은 아이폰을 소프트웨어 개발자들에게 개방하지 않 겠다는 잡스의 의도를 곧이듣지 않았다. 잡스의 제자 데이브 모린은 애 플이 처음에는 필수 기능만 갖춘 제품으로 시장에 진입했다가 나중에 새로운 기능을 추가해 경쟁사들에게 시간차 펀치를 날리는 광경을 익히 목격했다. 예컨대 아이팟은 아이튠즈 스토어보다 2년 먼저 등장했다.

그리하여 페이스북은 2007년 5월 24일에 '플랫폼'을 공개하고 실행한 다는 야심 찬 계획을 세웠다. 스타트업이 많은 사우스오브마켓 지역의 대형 건물인 샌프란시스코 디자인 센터를 빌린 것은 최초의 개발자 콘 퍼런스에 1000명 가까운 사람들을 초청하기 위해서였다. 콘퍼런스 명칭 은 페이스북에서 자주 열리는 밤샘 해카톤hackathon에 빗대어 'F8' 이벤 트라 지었다. 해카톤은 엉뚱해 보이는 아이디어를 가지고 엔지니어들이 8시간 이상 마라톤 기획을 벌이는 행사를 일컫는다. 'F8'이 '운명'을 뜻하는 '페이트fate'로 발음되어 페이스북의 임박한 지배가 필연적임을 암시한 것은 우연이었을 것이다. 아니었을지도 모르지만.

발표 몇 주 전 페이스북은 선별된 일부 개발사들이 출시일에 맞춰 앱을 준비할 수 있도록 '플랫폼'을 미리 살펴볼 수 있게 했다. 몇몇은 마이스페이스에서 위젯widget(바탕 화면에서 작동하는 간소화된 앱)을 제작한 적이 있었으며 또 몇몇은 이름난 소프트웨어 회사였다. 모린은 아마존이 (킨들이라고 불리게 될) 디지털 독서 기기를 제작하고 있다는 정보를 얻었다. 그는 페이스북이 그 기기에서 소셜 앱으로 작동할 수 있도록 아마존을 설득하려 했으나 실패했다. 하지만 아차상 격으로 아마존은 '북리뷰Book Reviews'라는 앱을 넣는 데 동의했는데, 이 앱을 이용하면 페이스북 이용자들이 독서 경험을 공유할 수 있었다. 아마존은 앱을 직접 제작할 의향이 없었기에 페터맨과 시티그가 달라붙었다.

마이크로소프트와 《워싱턴포스트》 또한 출시 제휴사였다. 하지만 처음 선보인 앱들 중에서 페이스북이 총애한 것은 옛 친구 두 사람, 커클런드 하우스 이후로 저커버그와 친구 사이였던 조 그린과 한때 사장을 지낸 숀 파커의 합작품이었다. 두 사람은 운동가들이 소셜 네트워크를 활용하도록 지원하는 웹사이트를 구축했다. 모린이 두 사람에게 '플랫폼' 버전을 개발할 생각이 있느냐고 물었을 때 파커는 앱을 페이스북에 깊숙이 짜넣어 사람들이 페이스북의 일부로 생각하도록 할 수 있겠다는 생각이 들었다. 그가 말했다. "페이스북 기능처럼 느껴져야 해." 이 앱의 코드명은 '프로젝트 아가페Project Agape'였다가 '코즈Causes'로 바뀌었는데, 파커가 이 앱을 그룹이나 이벤트 같은 페이스북의 다른 공식 활동처럼 보이게 하고 싶었기 때문이다. 코즈팀은 자기네 웹사이트를 몽땅 긁어다 페이스북에서 그대로 돌아가도록 했다. 저커버그는 코즈가 무척 마음에 들어 페이스북 지분 1퍼센트에 인수하겠다고 제안했다. 그린이 말한다. "이런 생각이 들었죠. '바로 이거야!' 하지만 손은 팔고 싶어 하지 않았습니다. 이미 페이스북 주식을 잔뜩 가지고 있었으니까요."

총 70개 개발사가 '플랫폼' 출시와 동시에 앱을 내놓을 준비를 끝냈다. 그들은 페이스북에 대한 세간의 평가를 바꿀 역사적 현장에 동참하는 셈이었다.

평소 페이스북은 한밤중에 제품을 공개했으며 블로그 공지가 고작이었다. 하지만 '플랫폼'은 달랐다. '플랫폼'은 페이스북이 기술 먹이 사슬의 꼭대기에 올라섰음을 보여주는 상징이자 마크 저커버그의 기숙사 패거리가 《하버드크림슨》을 졸업하고 거물급 재계 인명록에 이름을 올리는 신호여야 했다.

행사를 준비하는 브레인스토밍에서 모린은 한 가지 본보기를 염두에 두고 있었다. 바로 스티브 잡스의 유명한 애플 기조 발표였다. 마크의 발표에 띄울 그래픽을 제작하기 위해 페이스북은 라이언 스프랫Ryan Spratt을 영입했다. 그는 잡스의 슬라이드에 크나큰 공을 세워 애플에 입사까지 한 인물이었다. 메시지를 체계적으로 정리하기 위해 모린은 애플을 상대로 잔뼈가 굵은 컨설팅 회사 스톤 야마시타 파트너스Stone Yamashita Partners에 작업을 의뢰했다.

이 모든 과정은 마크 저커버그에게 그가 지금껏 한 번도 해보지 않은 일, 화려한 공개 행사에서 기조 발표를 하는 일을 시키기 위해서였다. 물론 저커버그가 스티브 잡스의 능수능란한 언변에 필적하리라 기대할 수는 없었다. 모린이 저커버그의 현재 능력치에 (아마) 지나치게 후한 점수를 부여하며 말한다. "지금이야 놀라운 연설 솜씨를 자랑하지만 그때는 아직 배우는 단계였죠." 저커버그는 연설 스트레스를 받으면 땀을 비정상적으로 많이 흘린다. 그래서 그 뒤로 몇 년간 자신이 연설할 때 무대 뒤 온도를 15도 아래로 낮춰달라고 요구했다. 브랜디 바커는 저커버그가 무대에 오르기 전 종종 그의 겨드랑이를 헤어드라이어로 말려주었다.

발표에 들어갈 개념들을 정하는 브레인스토밍 과정에서 저커버그는 페이스북의 향후 목표를 설명할 때 양념처럼 곁들일 단어 몇 개를 생각해냈다. 가장 중요한 용어는 그가 '소셜 그래프social graph'라고 부르는 것이었다. 개념 자체는 몇 달째 야간 토론에서 논의되었으나(시작은 애덤 댄절로의 버디동물원으로 거슬러 올라간다) 페이스북이 이용자들에게 선사하고 싶어 하는 것을 똑똑히 보여주는 건 바로 이 단어였다.

'소셜 그래프'는 사람들이 현실에서 맺는 관계들의 연결 마디를 가리킨다. 페이스북은 친구와 지인 레이더에 있는 사람들과 연결에 가중치를 두었다. 그럼으로써 이용자가 이미 가지고 있던 네트워크를 밖으로 드러내어 이 가상의 무리에서 가까이 있는 사람들끼리 밀접하게 접촉하게 하고 한 다리, 두 다리, 세 다리 건너에 있는 사람들에게 연결되도록 했다.

같은 해에 저커버그는 나 같은 문외한 기자조차 네트워크 이론의 심오한 개념을 이해할 수 있도록 느릿느릿 설명했다. "소셜 그래프는 우리가 소유한 무언가가 아니에요. 소셜 그래프는 세상에 존재하는 관계입니다. 언제나 그랬고 앞으로 언제나 그럴 거예요. 많은 사람은 페이스북이 커뮤니티 사이트일 거라 생각하지만 우리는 결코 커뮤니티 사이트가 아니라고 생각해요. 우리는 어떤 커뮤니티도 규정하지 않아요. 우리가 하는 일은 실제 사람들과 그들의 실제 관계에 존재하는 현실의 소셜 그래프를 가져다 이 연결들이 어떻게 모델링되는지에 대해 최대한 정확한 그림을 그리는 거예요."[3]

이 그림이 포착되면 페이스북과 그 플랫폼에 있는 나머지 모든 기업들은 소셜 그래프를 이용해 (저커버그 말마따나) "사람들이 자신과 연결된 모든 사람과 정보를 공유하도록 하는 소통 수단들을 만들" 수 있을 터였다.

저커버그가 밝히지 않은 것은 소셜 그래프의 전체 그림을 포착하는 유일한 기업이 되겠다는 페이스북의 야심이었다. 이것은 검색 회사가 월드 와이드 웹에 독점으로 접근하겠다는 말과 같았다.

몇 주 동안 저커버그는 손동작에서 무대 위 위치에 이르기까지 발표 연습을 하고 또 했다. 하지만 여전히 시그너처 복장인 모직 티셔츠와 청바지 차림의 진짜 자신으로 무대에 설 생각이었다. 신발 역시 어디서나 신고 다니는 볼품없는 비치 샌들을 신을 예정이었다. 마지막 순간에 그는 자신이 좋아하는 아디다스 샌들이 품절된 것을 알게 되었는데, 이 때문에 비서가 동네방네 다니며 아직 판매 중인 샌들을 찾아야 했다(나중을 대비해 쟁여두려고 10켤레를 샀다).[4]

저커버그는 대중 연설을 싫어했지만, 해야만 한다는 것을 알았다. 그는 소프트웨어 업계의 키케로가 되어 무대에 올라 페이스북이 어떻게 근사한 차세대 플랫폼을 만들 것인지 설명해야 했다. 첫마디가 발표의 분위기를 좌우할 것이기에 그는 전날 자정이 지나도록 첫 문장을 되뇌며 연습을 했다.

"오늘, 함께, 우리는 운동을 시작합니다."

2007년 5월 24일 오후 3시 저커버그가 무대에 올랐다. 그 모든 연습이 헛되지 않아서 그는 오래 침묵하거나 식은땀을 흘리지 않은 채 연설을 마쳤다. 어쨌든 사람들을 감명시킨 것은 연설 내용이었다. 페이스북은 지난 몇 달간 모든 사람을 이용자로 받아들이며 환영했지만 기술 분야 엘리트들은 여전히 페이스북을 대학 사이트로 치부했다. F8은 그런 인식을 영원히 바꿔놓았다.[5] 저커버그는 이를 입증하는 통계를 나열했다. 그는 2000만 명에 이르는 페이스북 이용자가 하루에 10만 명씩 증가하고 있으며 25세 이상 인구 집단이 가장 빠르게 성장하고 있다고 말했다. 저커버그는 페이스북의 트래픽이 세계 6위이며 페이스북은 이미 지구상에서 가장 인기 있는 사진 사이트라고 덧붙였다.

페이스북은 행사에 이어 대규모 '해카톤'을 주최했는데, 여기서 개발자들은 플랫폼에 올라갈 새 앱을 밤새 코딩할 수 있었다. 밤샘 코딩 파티는 페이스북이 창안한 것은 아니었지만 빨리 움직이라는 사풍과 꼭 들어맞았다. 코더들이 페이스북에서 돌아갈 앱을 제작하는 동안 저커버그, 댄절로, 모스코비츠는 인근 W 호텔 로비에서 시스템이 충돌하지 않도록 지켜보고 있었다.

행사 전날 저커버그와 모린은 무대 끄트머리에 앉은 채 새 플랫폼이 개발자를 몇 명이나 끌어모을지 어림하고 있었다.

쉽게 판단할 수는 없었다. 애플은 30년이 지나도록 2만 5000명밖에 모으지 못했다. 구글의 이용자 맞춤형 홈페이지 아이구글iGoogle용으로 위젯을 만드는 개발자는 5000명가량이었다. 모린이 말한다. "이런 생각을 한 기억이 납니다. '우리가 그런 속도로 성장할 수 있다면 정말 근사할 텐데.'" 그래서 그는 5000명을 목표로 삼았다. 시한은 1년으로 잡았다.

목표 달성에는 이틀이 걸렸다.

2부 플랫폼 제국 건설하기

스팸 앱과 게임 앱으로 도배된 '플랫폼'

아이라이크iLike는 쌍둥이 형제가 설립했다. 둘의 부모는 어릴 적 가족이 이란 혁명을 피해 달아날 때 미국에 왔다. 하디 파르토비Hadi Partovi와 알리 파르토비Ali Partovi는 둘 다 컴퓨터과학 학위가 있으며 마이크로소프트에서 일했다.[6] 그런 뒤 사람들이 음악 취향을 친구들과 공유하고 콘서트 입장권 등을 살 수 있게 해주는 회사를 설립했다. 아이라이크는 1년간 웹사이트로 있다가 마이스페이스에서 앱으로 운영되었으나 별 반항을 일으키지는 못했다. 그러던 중 두 사람은 페이스북 '플랫폼'에 대해 알게 되었다. 사장 하디는 최고경영자 알리에게 여기에 모든 것을 걸자고 조르며 말했다. "컴퓨팅의 역사를 보면 PC가 있었고 윈도가 있었고 웹이 있었어. 이젠 페이스북 플랫폼의 시대가 될 거야."[7]

두 사람이 '플랫폼' 출시 행사에서 돌아오기도 전에 이 도박은 성공한 것처럼 보였다. 첫날 4만 명이 가입했는데 평상시 사이트 이용자의 두 배에 달하는 숫자였다.[8] 곧 이용자 수는 수백만 명으로 늘었다. 새 이용자는 앱을 내려받았을 뿐 아니라 자신이 소유한 거대한 음악 데이터베이스를 업로드했다. 당시 아이라이크의 최고기술책임자이던 냇 브라운Nat Brown이 말한다. "그러면 서비스에 어마어마한 과부하가 걸리죠."

알리 파르토비는 절박한 심정으로 모린에게 연락해 샌프란시스코베이에어리어에 서버 여유분을 가진 사람을 아느냐고 물었다. 오클랜드에 모린이 아는 회사가 있어서 아이라이크 사람들은 시애틀에서 오클랜드로 날아갔다. 공항에서 유홀 렌터카를 빌려 서버들을 오클랜드에서 페이스북이 이용 중인 데이터 센터 한 곳으로 실어 날랐다. 모린은 다른 앱들을 위한 새 서버의 케이지를 장만했다. 다른 앱들도 이용자 수가 로켓처럼 솟구쳐 올라 상당수가 100만 명을 돌파했다. 당시 페이스북 이용자가 약 2000만 명에 불과했던 사실을 감안하면 어마어마한 숫자였다.

그렇다면 '플랫폼'이 페이스북의 가장 낙관적인 추산마저 단숨에 뛰어넘는 성과를 거둔 비결은 무엇일까? 바로 뉴스피드가 페이스북의 예상보다 훨씬 강력한 유포 수단이라는 사실 덕분이었다.

뉴스피드가 도입된 지 1년이 안 된 시점이어서 페이스북은 사람들의 피드에 올릴 스토리의 순서를 정하는 알고리즘을 여전히 정비하고 있었다. 앱 개발자들은 그들을 훌쩍 따돌렸다. 개발자들은 자기네 제품을 재빨리 유행시키기 위해 여러 플랫폼의 결함을 이용하는 기법들을 실험했으며 때로는 위험을 무릅쓰기까지 했다. 또한 그들은 사람들이 왜 어떤 것을 클릭하고 어떤 것은 클릭하지 않는지 알 만큼 인간 본성에 정통했다. 어떤 개발자들은 마이스페이스를 비롯한 다른 네트워크에서 '바이럴 전파'의 신비로운 기예에 이미 통달했으며 이를 어떻게 이용하면 이익을 거둘 수 있는지 알고 있었다. 페이스북 이용자들에게 손해를 끼치는 한이 있더라도.

바이럴 분야의 검은띠는 슬라이드와 록유RockYou였다. 두 회사 다 마이스페이스에서 엄청난 팔로어를 모았다. 하지만 그 모든 인기에도 불구하고, 어쩌면 이 앱들이 성장을 위해 초토화 전술을 썼기 때문에 마이스페이스는 앱 개발자들이 불만스러웠다. 마이스페이스가 보기에 어떤 앱들은 별다른 가치를 창출하지 못했으며 또 어떤 앱들은 경쟁자로 보였다. 록유 최고경영자 랜스 도쿠다Lance Tokuda가 말한다. "당시 마이스페이스는 서드파티 개발자들에게 적대적이었어요. 한번은 회의 석상에서 크리스 더울프가 우리를 전부 플랫폼에서 쫓아내버리겠다고 말하기까지 했죠." 그래서 데이브 모린이 개발자들에게 페이스북 자체 엔지니어와 똑같은 시스템 접근권을 주겠다고 약속하자 록유와 슬라이드는 바로 합류했다.

슬라이드와 록유의 전문 분야는 시간 때우기였다. 아무 생각 없이 빠져드는 오락거리를 누가 누가 잘 만드나 경쟁하는 것만 같았다. 심지어 이들이 처음 내놓은 '플랫폼' 서비스들은 독창적인 개발품이 아니라 페이스북이 이미 제공하던 기능을 손만 본 것들이기까지 했다.

예를 들어 슬라이드에서 가장 인기 있는 앱은 '슈퍼포크!SuperPoke!'였는데, 페이스북의 가장 한심한 기능인 '콕 찔러보기'를 확장한 데 불과했다. 슬라이드 최고경영자 맥스 레브친은 앱을 개발하던 작은 회사를 사들여 마치 외래종 잉어를 미국 강에 풀어놓듯 페이스북 생태계에 풀어놓았다. 그들의 논리는 페이스북 이용자들이 서로 콕 찔러보기만 하는 데 질렸을 테니 친구를 슬쩍 건드리는 더 한심한 방법에 열광하리라는 것이었다. 가장 큰 인기를 끈 슈퍼포크는 '양 던지기throwing sheep'로 페이스북 앱이 얼마나 한심한지 보여주는 상징이 되었다.(레브친은 여전히 슈퍼포크를 옹호하면서 이 앱이 페이스북 소통에 '활기와 열정'을 더헤주었다고 주장한다. 누군가는 이 던져지는 양이 10년 뒤 일세를 풍미한 이모지emoji의 선구였다고 주장할 수도 있을 것이다.)

슬라이드에 슈퍼포크가 있다면 록유에는 '허그미Hug Me'가 있었다. 도쿠다가 말한다. "포옹은 우리가 가장 좋아하는 행위예요. 우리는 포옹하면서 미소 지을 수도 있고 춤출 수도 있습니다. 이용자들이 재밌어하는 어떤 동사든 붙일 수 있죠." 두 회사는 언제나 상대방이 자기네 아이디어를 베꼈다며 비난을 주고받았다.

하지만 록유의 대표 앱은 '슈퍼월Super Wall'이었다. 사람들이 프로필의 페이스북 담벼락 대신 더 촌스러운 담벼락에서 동영상을 비롯한 여러

미디어를 업로드할 수 있게 하는 서비스였다. 슈퍼월이 작동하려면 친구들 역시 슈퍼월을 써야 했다. 그래서 록유는 온갖 수단을 동원해 사람들의 담벼락과 뉴스피드를 초대장으로 도배하는 유포 전략을 썼다. 도쿠다가 말한다. "우리는 이용자의 친구 아이디 목록을 입수했습니다. 그 목록을 가지고 그들이 다른 친구를 슈퍼월에 초대하고 그 친구들이 또 다른 친구를 초대해 콘텐츠를 공유하도록 했죠. 슈퍼월은 모두가 연결되어야 의미가 있었으니까요."

레브친이 신규 이용자를 차지하려는 다툼에 대해 말한다. "서부가 따로 없었어요. 회사들은 누가 가장 소란한지, 누가 가장 많이 이용자들을 꼬드겨 공유하게 하는지를 놓고 경쟁을 벌였죠." 그는 슬라이드가 이용자를 빨아들이는 바이럴 순환viral loop을 의도적으로 만들어내는 사기 행각을 저질렀음을 인정한다.

'플릭스터Flixster'라는 엔터테인먼트 앱을 만든 회사 또한 가입자를 대규모로 끌어모았다. 겉보기에는 영화 애호가들을 위해 영화 퀴즈를 내는 심심풀이 앱 같았다. 하지만 이것은 트래픽을 끌어오기 위한 속임수였다. 플릭스터 수석 제품관리자 브래드 셸비Brad Selby가 말한다. "사실대로 말하자면 플릭스터는 애들을 시켜 퀴즈를 만들고 친구들에게 스팸을 보내게 하는 바이럴 엔진이었어요. 무척 효과가 좋았죠."

그다음으로 게임이 등장했다. 게임은 뉴스피드를 교란하는 점에서는 단연 최고였다.

소셜 게임의 기회를 처음으로 감지한 사람은 리드 호프먼과 함께 더페이스북 엔젤 투자에 참여한 마크 핑커스다. 그의 말에 따르면 이 투자로 로또를 맞았다고 한다. 2006년 후반에 맷 콜러는 그에게 페이스북이 플랫폼을 도입할 것이며 앱을 공급할 기업들을 물색 중이라고 귀띔했다. 그는 핑커스에게 말했다. "당신에게서 돈은 전혀 받고 싶은 생각 없어요. 근사한 게임을 만들어만 주면 우리 트래픽에 노출시켜줄게요."

핑커스는 게임이 페이스북 퍼즐의 빠진 조각임을 이미 알아보았다. 게임은 자신의 실패한 소셜 네트워크 트라이브닷넷에서 언제나 해보고 싶던 것이었다. 2007년 7월 그는 징가Zynga라는 회사를 설립했다. 그가 말한다. "게임은 이 칵테일파티의 중간에 끼어들기에 안성맞춤이었죠."9

포커 게임은 더더욱 안성맞춤이었다. 포커보다 더 소셜한 게임이 어디 있겠는가? 그가 말한다. "포커 게임은 라스베이거스 같은 데 있는 24시간 술집 비슷해요. 거기서 친구들과 어울릴 수도 있고 다른 사람들을 만날 수도 있죠." 핑커스는 예전에 온라인 포커를 웹에서 구현하려 했으나 그때는 기술이 뒷받침되지 않았다. 하지만 페이스북에서 만들면 여러 가지 문제가 해결되었다. 포커 상대방이 누구인지 알 수 있고(페이스북에서는 실명을 쓰므로) 친구들끼리 플레이할 수도 있다.

핑커스는 저커버그와 자주 만났다. 거의 매달 점심이나 저녁을 함께 먹었다. 둘만의 독대였다. 두 사람은 친구가 되었으며 핑커스는 저커버그의 생일 파티 같은 행사에 참석했다. 그가 말한다. "나는 그곳에서 비하버드, 비페이스북 인사였죠."

핑커스는 자기보다 어린 이 남자가 지식을 게걸스럽게 흡수하는 것을 보고서 경외감에 사로잡혔다. 저커버그는 학습 기계였다. 그 자신 포커 플레이어이기도 한 핑커스는 가상의 패를 보여주지 않는 저커버그의 솜씨를 존경했다. 저커버그는 언제나 돈을 따는 쪽이었다. 하지만 자신의 이익이 위협받지 않을 때면 너그럽게 조언과 도움을 주었다. 핑커스가 말한다. "마크는 언제나 수많은 사람의 홍보를 들어야 했어요. 그래서 누가 그에게 이것이 유용하다고 말할 때 그 속에서 알맹이를 끄집어내는 훌륭한 판단력을 갖추게 되었죠. 그가 '오케이, 그 아이디어 맘에 들어요'라고 말하면 그건 진심이었습니다. 그가 그걸로 뭔가를 하리라는 걸 알 수 있었죠."

핑커스는 저커버그가 개인적으로는 게임이 플랫폼의 이상적인 쓰임새가 아니라고 생각한다는 것을 알았다. 핑커스가 말한다. "그들의 이상은 '코즈'였어요. 그들은 '플랫폼'이 우리 자신의 가장 훌륭한 모습을 끄집어낼 거라 생각했죠." 처음에 코즈는 이용자를 많이 끌어들이고 의미 있는 운동을 뒷받침하곤 했다. 하지만 자신들의 조그만 페이스북 공간에 광고를 싣는 한심한 프로그램이나 게임과 달리 돈을 벌지는 못했다. 빌 게이츠를 비롯한 코즈 투자자들은 결국 투자금을 날렸다.

징가는 승승장구했다. 〈홀덤 포커Hold 'Em Poker〉는 단박에 히트를 쳤으며 그 뒤로 히트작이 잇따랐다. 사람들은 게임에 참여하라는 초대를 받았으며 친구들이 게임에 참가하면 알림을 받았다. 엄청난 인기를 끌던 온라인 〈스크래블Scrabble〉 게임이 저작권 보유사 해즈브로Hasbro의 법적 조치 위협에 냉큼 철수하자 핑커스는 직접 만든 버전인 〈친구들과 단어 맞히기Words with Friends〉를 가지고 뛰어들었다.

그런 다음 징가는 〈팜빌Farmville〉이라는 소셜 게임을 개발했다. 이용자들은 가축, 작물, 농기구를 얻어 가상 농장을 운영했는데, 뉴스피드는 초대장으로 도배되었고 닭이나 트랙터를 새로 장만할 때마다 상태 업데이트가 떴다. 〈팜빌〉은 시간 때우기의 본보기였다. 돈도 엄청나게 벌었다. 광고 이외에 가상 굿즈를 팔아서 매출을 올렸다. 사람들은 농장을 확장하는 일에 푹 빠졌으며 진행 속도를 앞당기려고 가상의 농기구, 옥수수 씨앗, 심지어 나무까지 구입했다.[10] 〈팜빌〉은 이용자들에게 호객 행위를 시키는 일에서 도를 넘었다. 〈팜빌〉에 가면 맨 처음 하게 되는 일은 친구들에게 '선물'을 보내어 그들을 가상 농업의 모래 늪으로 유인하는 것이었다. 친구들이 선물에 대해 알게 되는 경로는 물론 뉴스피드를 통해서였다. 〈팜빌〉의 절정기에는 8000만 명이 가상 농부가 되었다. 8000만 명이라니, 감이 오는가?

수백, 아니 수천 명의 개발자가 페이스북 API(애플리케이션 프로그래밍 인터페이스)를 이용해 자신들의 앱에 대한 콘텐츠를 유포했다. 그러자 뉴스피드는 쓰나미가 휩쓸고 간 해변처럼 쓰레기 게시물로 가득 찼다. 정상 이용이 불가능할 정도였다. 개발자들이 앱에 대한 '소식'을 유포하는 수단인 알림도 이용자들에게 융단 폭격을 퍼부었다.

그리하여 '플랫폼'의 출범을 자축하던 페이스북은 동시에 부정행위 때문에 시스템이 오염될까봐 우려했다. 데이브 모린이 말한다. "벤처 투자자들이 찾아오고 기업인들이 찾아오고 개발자 이벤트를 비롯한 온갖 행사가 열리고 있었어요. 하지만 동시에 이것은 이용자 경험에 영향을 미치고 있었죠. 스팸성spammy으로요. '스팸성'이라는 단어가 말 그대로 전 세계에서 유행어가 된 건 그해였던 것 같아요."

어느 시점에든 친구들과 관련한 활동 중에서 페이스북이 일반 이용자에게 보여줄 수 있는 이야기는 약 1500개다. 그러면 순위 알고리즘이 이것을 100여 개로 추린다. 평균 이용 시간 동안 이용자들이 보게 되는 게시물은 맨 위에 올라온 5~6개에 불과하다. 사람들은 친구들이 무엇을 하는지 알게 되거나 근사한 파티 사진을 보거나 누가 연애를 새로 시작하거나 그만두었는지 아는 게 아니라, 누군가 양을 던졌다거나 한심한 퀴즈에서 고득점을 기록했다거나 바보 같은 게임의 초대장이 도착했다는 수십 개의 게시물을 스크롤해야 했다.

2008년 플랫폼팀에 합류한 조시 엘먼Josh Elman이 말한다. "친구 1명이 친구 10명을 들볶도록 만들어 앱 이용자 1명을 늘릴 수 있다면 개발자야 이용자가 1명 늘었으니 만족하겠죠. 하지만 페이스북 입장에서 문제는 나머지 이용자 9명이 짜증스러워한다는 겁니다."

이것은 결코 페이스북이 구상한 혁명이 아니었다.

제한 조치로 개발자들과 충돌하다

페이스북은 사태를 바로잡고자 나서 뉴스피드와 알림에 대한 개발자들의 접근을 제한했다. 애덤 댄절로가 말한다. "개발자 수와 처리해야 하는 스팸 양이 우리가 대비한 것보다 훨씬 빨리 증가했습니다. 그래서 이 모든 단속 조치를 시행해야 했죠."

당연히 개발자들은 새 규정들을 증오했다. 슬라이드의 맥스 레브친은 페이스북이 미끼 수법을 썼다고 생각했다. 페이스북이 자신들에게 이용자 참여를 이끌어내라고 독려한 것은 그들의 전술이었다는 것이다. 그는 페이스북이 참여를 내부 기준으로 활용했으며 슬라이드가 만들어낸 온갖 활동은 페이스북의 사업을 뒷받침한 셈이라며 이렇게 회상한다. "그들은 '두려워 말고 시도해요'라고 말했어요. 어떤 사람에게는 스팸이지만 다른 사람에게는 오락일 수 있다면서요."

하지만 제한 조치를 가장 증오한 사람은 뉴스피드를 도배한 이들이 아니었다. 규칙을 따르던 개발자들이었다. 그들은 남들의 부정행위 때문에 자신들이 처벌을 받는다고 생각했다.

코즈의 조 그린은 모린에게 불평했다. "잘못을 저지른 자들을 처벌해야지." 하지만 그러려면 관리자들이 개발자의 행위에 대한 실제 판단을 해야 했다. 이것은 페이스북 방식이 아니었다. 페이스북 규모에서 이런 선택을 하려면 알고리즘이나 대규모 인력이 필요했는데 페이스북은 그런 인력을 채용하고 싶지 않았다. 그린이 말한다. "페이스북은 사람의 감독 아래 업무를 처리해야 하는 상황을 달가워하지 않았어요. 모든 걸 자동화하고 싶어 했죠." 페이스북은 오랜 시간이 지난 뒤에야 알고리즘의 한계와 인력의 필요성을 깨닫는다.

규칙 변경은 '플랫폼'이 다음번 실리콘밸리 골드러시가 되리라는 페이스북의 약속을 믿은 많은 개발자를 실망시켰다. 페이스북 '플랫폼'이 웹처럼 소셜 활동이라는 단물이 잔뜩 배어 모든 사업의 필수품이 되리라 확신한 창업가 수천 명이 회사를 설립했다. 하지만 더는 확신할 수 없었다.

아이라이크는 제한 조치에 가장 큰 타격을 입은 업체 중 하나였다. 아이라이크는 페이스북에서 가장 인기 있는 앱이었다. 아이라이크 최고경영자는 《뉴욕타임스》에 "제2의 MTV"가 되는 것이 꿈이라고 말했다. 당시 아이라이크 최고기술책임자 냇 브라운은 이용자가 퀴즈에서 고득점을 기록했을 때 친구들에게 알리는 등의 용도로 뉴스피드를 이용하기는 했지만 다른 앱들처럼 뉴스피드에 올라가려고 조작을 하지는 않았다고 말했다. 그가 말한다. "다른 업체들에 비해 규칙을 더 존중했다는 이유로 불이익을 받는다는 느낌이 들었습니다. 우리는 정말로 음악에 관심이 있는 이용자들이 찾아오는 근사한 장소였습니다. 하지만 그들은 록유가 이용자의 친구들에게 시간당 100개의 쪽지를 보낸다는 이유로 모든 앱이 나쁘다고 말했죠." 알림과 뉴스피드 접근 제한(페이스북은 '구식화deprecated'라는 용어를 썼다) 정책이 실시되자 아이라이크의 성장은 벽에 부딪혔으며 서서히 하락하기 시작했다. 하락세는 이내 빨라졌다.

알리 파르토비는 훗날 이렇게 증언했다. "우리가 페이스북 앱으로 구축한 사업을 더는 유지할 수 없었어요. 페이스북 앱으로 하는 사업은 단명할 수밖에 없다는 걸 분명히 깨달았죠."[11] 한때 페이스북 이용자 수천만 명을 끌어들인 아이라이크는 2009년 2000만 달러라는 헐값으로 마이스페이스에 매각되었다.

냇 브라운이 말한다. "페이스북은 로켓 우주선입니다. 아이라이크는 로켓 우주선에 탑승한 게 아니었어요. 연료였죠."

뉴스피드 스팸 전쟁 이후에도 페이스북과 개발자들의 실랑이는 계속 이어졌다. 페이스북이 규정을 바꾸면 개발자들은 바뀐 규정을 우회하는 방법을 고안했다. 개발자들은 수법을 서로 공유했다. 문제의 소지가 있는 기능을 시도할 때면 페이스북 직원으로 되어 있는 사람에게 안 보이도록 하거나 위치 등록을 이용해 샌프란시스코베이에어리어를 제외하는 방법을 썼다. 페이스북의 조시 엘먼이 말한다. "우리는 어떤 면에서 고양이와 쥐처럼 쫓고 쫓기는 게임을 하고 있었죠. 대개는 쥐에게 뒤처졌던 것 같아요."

더 심각한 부정행위 사례 중 하나는 개발자들이 페이지 공간을 저질 광고 업체에 판매한 일이다. 이름난 광고주들은 페이스북에서 돌아가는 한심한 앱에 하등 관심이 없었다. 페이스북 광고를 구매하는 회사 대부분은 기만적 수법을 이용해 사람들의 돈이나 데이터를 탈취하는, 이른바 '잠재 고객 발굴lead generation'이라는 위험한 관행으로 이용자를 등쳐먹는 곳이었다. 이를테면 어떤 광고는 이용자의 클릭을 유도해 브라우저를 설치한 다음 그 뒤로 이용자의 모든 웹 행동을 몰래 추적한다. 이런 브라우저를 제거하는 것은 컴퓨터과학 학위가 필요할 정도로 까다로운 일이다.

2009년 이러한 관행을 폭로한 온라인 신문 〈테크크런치TechCrunch〉 기사에서는 잠재 고객 발굴 광고 업체들이 어떻게 게임 머니나 맛보기 서비스 등의 사소한 혜택으로 페이스북 고객을 유인하는지 밝혀냈다.[12] 기사에서는 페이스북 '플랫폼'의 명칭을 '스캠빌Scamville'로 바꿔야 한다고 농담했다. 기사를 쓴 〈테크크런치〉 공동 창업자 마이클 애링턴Michael Arrington은 이용자들에게 퀴즈 결과를 알려주겠다며 휴대폰 번호를 요구한 스캠scam(신용 사기) 사례를 소개했다. 이용자들이 받은 문자에는 점수를 보려면 개인 식별 부호pin code를 입력하라고 나와 있었다. 이용자들은 몰랐지만, 입력하는 순간 그들은 매달 10달러가 청구되는 서비스에 가입되고 말았다.

애링턴은 페이스북에 이런 악용을 막는 정책이 있긴 하지만 "개발자들은 이런 규정을 으레 무시하고 페이스북 역시 좀처럼 강제하지 않는다"라고 지적했다. 그는 마이스페이스에서도 비슷한 악용 사례가 벌어진다고 언급했다.

징가의 제품들은 기만적 광고를 내보냈지만 핑커스는 광고가 자동으로 등록되었다며 자기네 잘못이 아니었다고 부인한다. 그가 말한다. "우리는 광고주가 무슨 광고를 싣든 통제 권한이 없었어요. 우리 이용자들이 광고에 반응하면 수수료를 받을 뿐이었죠." 게다가 같은 광고가 구글에도 올라온다고 그는 덧붙였다. "우리는 더 엄격한 기준을 따르고 있었어요."

하지만 핑커스는 버클리의 소규모 모임에서 기술 업계 창업자들을 대상으로 한 강연에서 덜미가 잡혔다. 그는 젊은 엔지니어들에게 말했다. "내 운명을 스스로 다스리고 싶었기에 수입이 필요했습니다. 그것도 지금 당장 말이죠. 그래서 당장 수익을 올리기 위해 온갖 끔찍한 만행을 저질렀습니다. 이용자들이 즈윙키zwinky 툴바를 내려받으면 포커 칩을 주었습니다. …… 나도 한번 내려받아봤는데 삭제가 안 되더군요. 버젓한 업체로 성장하기 위한 수입을 올리려고 가능한 모든 수단을 동원했습니다."[13]

핑커스는 그때 의욕적인 창업가들 앞에서 술김에 허세를 부리려고 과장했다고 말한다. 그렇다면 왜 자신의 발언을 공개적으로 철회하지 않는지 궁금했다. 그는 자신이 '실제로' 어떻게 돈을 버는지 아무에게도 밝히고 싶지 않았기 때문이라고 말한다. "내 고객들은 인디애나에 사는 중년 여성들이었어요. 그들이 일일 드라마 시청을 그만두고 〈팜빌〉을 플레이하기 시작했죠. 몇몇은 어마어마한 돈을 썼습니다. 한 달에 수천 달러를 우리에게 벌어다주었죠. 하지만 그 이야기를 꺼내고 싶지는 않았어요. 그래서 대신 화살을 받아야 했습니다. 나머지 세상 사람들이 우리가 스캠으로 돈을 번다고 생각하는 건 상관없었으니까요."

핑커스가 영구 돈벌이 기관에 시동을 걸기는 했지만, 그는 자신의 회사와 페이스북이 벌이는 기묘한 춤에 말려들었다. 스팸 유포가 차단되자 페이스북에 접근하는 일은 징가에는 사활이 걸린 문제가 되었다. 페이스북이 내놓은 해법은 '우리에게 광고를 구매해요'였다. 핑커스는 지갑을 열고 페이스북의 최대 광고주가 되었다. 뉴스피드에 상시로 접근할 수 없었기에 주된 통로는 피드 옆 '왼쪽 열'의 광고가 되었다. 페이스북 트래픽의 3분의 2는 광고 클릭에서 발생했다.

그즈음 페이스북은 다른 수단으로 징가를 압박하고 있었다. 2010년 '페이스북 크레딧Facebook Credit'이라는 자체 통화를 도입한 것이다. 페이스북은 개발자들에게 이 지불 수단을 쓰도록 촉구했는데, 그러면 거래 때마다 30퍼센트의 수수료가 페이스북에 돌아갔다. 핑커스가 말한다.

"크레딧은 심각한 문제가 있었습니다. 가장 큰 문제는 구리다는 것이었어요. 크레딧을 페이팔과 비교해 테스트했더니 누가 크레딧을 쓰든 우리에게 막대한 손실이 발생하더군요." 두 번째 문제는 페이스북이 징가에는 부당하게 크레딧 이용을 '강제'하면서 다른 개발자들에게는 자발적 선택권을 부여한다는 사실이었다.

핑커스가 저커버그와 면담하려고 찾아가자 저커버그는 셰릴 샌드버그를 들여보냈다. 그러면서 그녀가 재무부에서 일했고 경제를 잘 아니 자기 대신 깔끔하게 일을 처리할 것이라고 말했다. 핑커스가 말한다. "그들은 이런 논리를 폈어요. 우리는 페이스북의 최대 이용자이고 우리가 정당한 몫보다 많이 이용하는 건 보조금을 받는 셈이라고 생각한다고요. 샌드버그는 이런 게 공유지의 비극이니 어쩌니 하면서 온갖 설명을 늘어놓았죠." 하지만 징가는 다른 업체들이 규정을 적용받지 않는다면 자기들도 따르지 않겠다고 결정했다. 핑커스가 회상한다. "난 말했습니다. '집어치워요. 크레딧을 의무화하면 참여할 겁니다. 하지만 그러기 전에는 못 합니다.'"

핑커스는 자신이 저커버그의 친구라고 생각했다. 또 샌드버그를 존경했다. 하지만 결국은 서로 자기 입장에 설 수밖에 없음을 알고 있었다. 그가 말한다. "그들은 매정하면서도 다정하고 상냥하다는 점에서 놀라운 사람들입니다. 말랑말랑한 권투 글러브 안에 딱딱한 반칙 무기를 숨긴 셈이죠. 그런 사람들과 싸우고 싶어 하는 사람은 없어요. 나 역시 그랬죠."

징가는 페이스북을 대신할 게임 유포 수단을 물색하기 시작했다. 한동안 적대적 교착 상태가 이어졌다. 징가를 머물게 할 조건을 협상하는 과정에서 페이스북은 핑커스가 서명할 리 없는 계약서를 내밀었다. 계약서에는 징가가 게임을 다른 플랫폼으로 옮길 수 없다는 조항이 들어 있었다. 핑커스가 말한다. "우리는 고집을 꺾지 않았고 페이스북은 피드에서 게임을 보고 싶어 하지 않는 사람들로부터 이용자 피드백을 받느라 점점 화가 났어요. 우리는 아무것도 악용하지 않았습니다. 저커버그가 우리에게 말한 대로 했을 뿐이죠." 심지어 핑커스는 대안 파트너로 구글과 논의를 시작하기까지 했다. 그러는 한편 그의 팀은 페이스북이 자기네를 플랫폼에서 쫓아낼 때를 대비해 게임을 호스팅할 별도 웹사이트를 정신없이 코딩하고 있었다.

두 회사를 한 걸음씩 물러서게 만든 건 오로지 핑커스와 저커버그의 친분이었다. 두 사람은 잇따라 만남을 가졌으며 때로는 새벽 4시까지 이야기를 나누었다. 핑커스가 말한다. "마크는 올빼미였습니다. 다이어트 코크를 밤새도록 마실 수 있었죠. 그가 이렇게 말하더군요. '이봐요, 누구도 페이스북의 상대가 되지 못해요. 당신과 구글만 빼고요.'" 이들은 서로에게 위협적인 존재였다. 두 사람은 양편이 조금씩 양보하는 복잡한 합의에 도달했는데 핑거스의 설명에 따르면 실제 협상 과정은 더 느슨하게 진행되었다. 핑커스가 말한다. "우리는 핵전쟁을 막았습니다." 두 사람은 2010년 5월에 계약서에 서명했다. 그리고 몇 년간은 일이 술술 풀렸다.

핑커스가 말한다. "한번은 우리가 페이스북 API 사용량의 80퍼센트를 차지했더군요. 절정기에는 페이스북 앱 일일 활성 이용자Daily Active User, DAU의 60퍼센트가 우리 이용자였습니다. 듣자니 페이스북이 상장할 즈음 우리가 페이스북 전체 수익의 약 20퍼센트를 차지했다더군요." 징가에 대한 페이스북의 의존도가 너무 커서 2012년 기업공개 때는 사업 설명서에서 징가가 사업상 위험 요소로 꼽히기까지 했다.

그럼에도 긴장은 남아 있었다. 또한 스마트폰이 보편화됨에 따라 징가로서는 페이스북 플랫폼의 가치가 예전만 못했다. 핑커스가 말한다. "모든 게 모바일로 이동하는 게 분명했으니 기존 계약은 이제 의미가 없어졌죠." 5년 계약 기한이 끝나기 3년 전인 2012년 두 회사는 재협상을 벌였다. 이제 징가는 페이스북을 최우선으로 고려하는 제휴사가 아니었다. '플랫폼'의 꿈이 꺾인 상징적 순간이었다.

핑커스가 말한다. "이용자들이 최고의 가치를 얻을 수 있도록 페이스북이 힘써주리라는 것은 순진한 생각이었어요. 이용자들은 포커와 〈팜빌〉 같은 게임에 가장 많은 시간을 썼죠. 페이스북은 경제적 가치를 더 많이 챙길 수 있었으니 우리 게임을 홍보하고 싶어 할 법했건만 그러지 않더군요. 그들은 광고 업체였습니다."

남들은 몰라도 핑커스는 더 현명해야 했다.

어떤 의미에서 핑커스를 비롯해 페이스북 내부 애플리케이션 개발자들이 벌이던 전쟁은 이미 마지막 시대의 전쟁이었다. 오리지널 '플랫폼'을 발표한 지 1년 만에 페이스북은 개발자들이 페이스북의 정보에 접근하는, 그리하여 소프트웨어 회사들을 자기네 생태계로 끌어들이는 사실상 새로운 방법을 만들어냈다. '페이스북 커넥트Facebook Connect'라는 이 정책은 개발자들이 자신의 서비스와 앱에서 페이스북을 로그인 수단으로 쓸 수 있게 했다. 애플리케이션은 페이스북 바깥에 존재하게 되었다. 페이스북 커넥트는 어떤 면에서 페터맨의 원래 API 발상을 부활시킨 것으로, 페이스북 플랫폼과 공존했다.

마이크로소프트 출신의 또 다른 엔지니어 마이크 버널Mike Vernal은 이 프로젝트를 지휘하면서 두 가지 목표를 내세웠다. 첫째는 이용자들이 온라인 서비스나 사이트에 가입할 때마다 아이디와 비밀번호를 만들고 기억해야 하는 문제를 해결한다는 것이었다. 버널이 말한다. "아이디 하나로 모든 곳에 로그인할 수 있어야 한다고 생각해요." 그는 이렇게 덧붙인다. "많은 앱과 업체들이 소셜 친화적이 된다면 근본적으로 더 좋아질 거라 생각했습니다."

페이스북 커넥트는 마크 저커버그의 회사를 인터넷에서 사실상의 신원 확인 기관으로 만드는 구상에 한 발짝 다가가는 정책이었다. 사람들은 자신의 페이스북 로그인 정보를 수천 개의 사이트에서 쓸 수 있으며, 페이스북을 거쳐 로그인하기 때문에 저커버그의 회사는 이용자의 모든 활동을 모니터링할 수 있게 된다.

페이스북은 이미 수천 명의 개발자를 거느리고 있었지만 이제 그 숫자가 획기적으로 증가할 터였다. 게다가 페이스북은 이용자(자신의 의사로 페이스북 커넥트를 이용해 앱에 가입한 사람)와 그들의 친구(자신의 정보가 가입은커녕 한 번도 들어보지 못했을 앱에 전달된다는 것을 까맣게 모르는 사람)에 대한 정보를 이미 개발자들과 공유하고 있었다.

페이스북이 개발자들에게 무슨 데이터를 주는가는 규정에 따르는 것으로 되어 있었다. 하지만 일부 개발자의 증언과 훗날 법적 조치로 공개된 이메일들에 따르면 실제로는 규정에 융통성이 있었으며 이용자의 개인 정보를 개발자들에게 도매금으로 제공하는 경우가 허다했다. 플릭스터의 셀비가 말한다. "명목상 지침은 있었지만 순 개소리였습니다. 속임수도 그런 속임수가 없었죠. 그런 소리를 믿을 사람이 어디 있겠습니까. 이를테면 우리가 이렇게 말한다고 해봅시다. '저기 말이죠, 좋아하는 영화에 대한 친구의 친구의 데이터가 많이 있으면 뭔가를 해볼 수 있을 것 같은데요.' 그러면 그들은 어두컴컴한 방에 갔다 돌아와 안 된다고 합니다. 그럼 우리는 이렇게 말합니다. '다른 식으로 제안해볼게요. 우리에게

이 데이터를 주면 이용자 참여율이 높아져서 당신들에게도 흘러들 것으로 추산되는군요.' 그럼 그들은 이렇게 말할 겁니다. '좋아요, 그건 말이 되는군요.' 그러고는 방침을 바꾸는 거죠. 뭐, 이렇게 말할지도 모르지만요. '꺼져요.'"

적어도 단기적으로 보자면 카니발이 계속되는 것이 페이스북에 유리했다. 페이스북 앱을 제작하는 개발자들이 전부 '플랫폼'을 떠나면 페이스북 트래픽이 부쩍 감소할 터였다. 데이브 모린이 말한다. "핵심은 매우 간단했어요. 시간을 더 많이 확보해 광고 기반을 확충하는 것이었죠. 페이스북이 언제나 분명히 한 것 중 하나는 이겁니다. 우리는 몰입도가 매우 높은 경험을 창조하는데, 우리의 비즈니스 모델은 광고이므로 몰입도가 높을수록 광고가 많아지죠. 그렇죠?"

페이스북의 일부 임원은 개발자들이 온갖 쓰레기 게시물을 올리도록 내버려두면 실제 이용자들이 등을 돌리기 시작할 거라고 경고했다. 2010년 구글을 떠나 페이스북에 합류한 엔지니어 윌 캐스카트Will Cathcart는 데이터를 분석하다가 놀라운 추세를 발견했다. 그는 2011년 이메일에 이렇게 썼다. "우리가 개발자들의 고통을 덜어주는 쪽을 선택해 그 과정에서 이용자에게 고통을 가하는 잘못을 일상적으로 저지르고 있다는 두려움이 점점 커집니다." 그는 사람들이 개발자들의 수법에 진저리를 내고 있음을 보여주는 데이터를 인용했다. "이용자들은 앱이 똑바로 행동하리라 신뢰하지 않습니다." 게다가 이용자들은 페이스북이 조치를 취하리라 신뢰하지도 않았다. 부정행위를 페이스북에 신고해봐야 어떤 조치도 이루어지지 않는 듯했다. 캐스카트는 자신이 개인적으로 아는 사람들이 페이스북에 규정 위반을 신고한들 소용이 없다고 결론 내리고 신고를 포기했다고 말했다.

그의 상관 마이크 버널이 보낸 답장은 …… 그렇게 간단한 문제가 아니라는 내용이었다. 버널은 이렇게 썼다. "이건 까다로운 사안이에요. 한 주는 다들 우리가 이용자를 충분히 보호하지 않는다고 아우성을 쳐요. 그다음 주에는 다들 달려들어 우리가 너무 공격적이라고 말하죠. 섬세하게 균형을 유지해야 하긴 하지만 양쪽 다 일리가 있어요."

그의 조언은 개발자들을 제재할 때 신중을 기하라는 것이었다. "처벌을 최대한 빨리 경감해주어야 이용자들을 보호하면서도 개발자들을 골나게 하지 않을 수 있어요."

페이스북과 개발자 간 완전한 상호주의를 천명하다

2010년이 되자 '플랫폼'을 근본적으로 재고해야 한다는 사실이 분명해졌다. 수십만 개발자가 페이스북 커넥트를 이용하고 있었지만, 페이스북의 캔버스 페이지에서 돌아가는 애플리케이션을 제작하는 개발자의 수는 정체하고 있었다. 페이스북은 다시 한번 개편을 단행해 시스템 접근성을 한층 높인 새 API를 개발했다.

저커버그는 언제나 '플랫폼'이 자신의 공유 세계관을 더 널리 보급하는 수단이라고 생각했으며 '플랫폼'이 사람들에게 유익하리라 믿었다. 페이스북의 실험이 7년째로 접어든 지금 그는 사람들이 자신의 친구와 가족과 지인의 관심사가 무엇인지 알면 삶이 더 나아지리라고 더욱 확신했다. 《워싱턴포스트》 최고경영자이면서 당시 페이스북 이사를 겸하던 돈 그레이엄이 말한다. "언젠가부터 마크는 정보를 공유하는 것과 친구들이 무엇을 하는지 아는 것에 대해 이야기하기 시작하더군요."

저커버그의 새 유행어는 '오픈 그래프Open Graph'였다. 소셜 그래프가 자신의 개인 네트워크를 그림으로 나타내듯, 오픈 그래프는 자신이 아닌 사람들의 관심사와 활동을 그림으로 나타냈다. 당신은 자신의 지인과 오픈 그래프에서 우연히 연결되어 있음을 알게 되면 그와 더 가까워질 것이다. 어쩌면 자신이 아는 사람들에 대해 그저 더 많은 걸 알게 될 수도 있겠지만.

2010년 저커버그는 이 시스템의 첫 버전 '그래프 API V1'을 발표했다. 1년 뒤에도 그는 오픈 그래프에 대해 열변을 토했다. 2011년 9월 F8 콘퍼런스를 앞둔 어느 여름날 그는 내게 모든 것을 설명했다. 우리는 당시 페이스북 본사가 있던 팰러앨토의 녹지 칼리지테라스를 걷고 있었다.

그해에 페이스북은 앱 이용자 정보가 어떻게 페이스북과 공유될 수 있는지 보여주는 새로운 변화를 도입할 참이었다. 주요 제휴사로는 음악 공유 시스템 스포티파이, 동영상 스트리밍 플랫폼 넷플릭스Netflix, '소셜 리더Social Reader'라는 앱을 개발한《워싱턴포스트》가 있었다. 도입된 제품들은 엄밀히 말해 독립 실행이 아니라 메인 애플리케이션의 소셜 확장 기능으로, 이용자들이 자신이 듣고 보고 읽고 있는 것을 개인 네트워크에 유포하게 해주는 수단이었다. 이 발상은 궁극적으로 모든 애플리케이션과 서비스의 보조 앱이 페이스북에 설치되어 사람들이 (아마 승인 아래) 자신의 운동 루틴, 즐겨 보는 미디어, 구매 이력 등을 공유할 수 있도록 한다는 것이었다. 저커버그는 5년 안에 최상위 100대 모바일 앱이 오픈 그래프의 일부가 될 것이라고 예견했다.

내가 보기엔 개인의 일거수일투족이 공개될 수 있다는 점에서 악몽 같았다. 나는 저커버그에게 예를 들어 보였다. 그의 직원 중 하나가 병가를 냈는데 그가 실은 드라마 〈브레이킹 배드Breaking Bad〉를 정주행했다고 페이스북이 고자질하면 어떻게 되겠는가?

그가 말했다. "나라면 몸은 좀 어떠냐고 물어보겠어요."

처음에는 주요 파트너들이 훌륭히 해내는 것처럼 보였다. 하지만 오리지널 '플랫폼'에서 벌어진 사태와 마찬가지로 알고리즘에 따른 도배가 재연되었다. 사람들의 뉴스피드는 남들이 파트너 앱에서 뭘 하는지 알려주는 게시물로 가득 찼다. 그레이엄이 《워싱턴포스트》 소셜 리더에 대해 말한다. "이렇게 많은 사람이 앱을 설치하고 이렇게 많은 사람이 좋아요를 하다니 믿기지 않았어요. 그런데 그게 문제였습니다. 모든 사람이 소셜 미디어에서 읽는 모든 것으로 모든 사람의 페이지가 가득 차기 시작했죠. 페이스북 알고리즘이 거기에 가중치를 부여한 탓이었어요. 그러자 마크와 크리스 콕스는 결과가 맘에 들지 않는다며 가중치를 낮추기 시작했습니다. 그 순간 앱은 침체한 게 아니라 그냥 망했습니다."

1세대 애플리케이션 중에서 페이스북의 구상대로 돌아간 것은 하나도 없었다. 페이스북이 기대한 후속 앱의 쓰나미는 찾아오지 않았으며, 운동 데이터와 위치 데이터, 그 밖의 정보를 공유하는 앱은 페이스북의 바람과 달리 사람들의 삶의 일부가 되지 않았다.

하지만 페이스북 커넥트가 성공했는가 실패했는가는 이제 무의미했다. 훨씬 나은 운영체제가 하나도 아닌 둘씩이나 개발자 앞에 나타났기 때문이다. 애플과 안드로이드는 독자적인 스마트폰용 개발 플랫폼을 제작했다. 개발자들은 모바일이 사업 구축에 최적의 장소임을 금세 알아차렸다.

페이스북이 '플랫폼'을 발표하면서 처음 품었던 야심, 개발자들이 페이스북 내에서 작동하는 오리지널 앱을 제작하도록 하는 운영체제로서 성공을 거둔다는 야심은 물거품이 되었다. 페이스북의 제휴 책임자 댄 로즈Dan Rose가 말한다. "안타깝게 모바일이 전체 시스템을 완전히 잠식하는 바람에 페이스북 플랫폼은 사실상 아무 의미가 없어졌습니다."

플랫폼에 대한 페이스북의 지원은 여전히 지속되었으며 여러 이유로 해서 개발자들은 소셜로 간주될 수 있는 앱이나 적어도 이용자들이 공유하는 소셜 성격의 정보를 이용하는 앱을 계속해서 제작했다. 한편 애플이나 안드로이드에서 돌아가는 모바일 앱과 잘 연동되는 페이스북 커넥트는 여전히 큰 인기를 끌었다. 이유는 간단했다. 페이스북 개발자가 되면 페이스북 데이터에 접근해 자신이 애초에 무엇을 하고 있었든 거기에 소셜이라는 단물을 첨가할 수 있기 때문이었다.

저커버그의 하버드 동기로 2010년 회사에 합류한 샘 레신은 '플랫폼'의 미래에 대해 의견을 주고받은 2012년 이메일에서 자기 생각을 저커버그에게 이렇게 밝혔다.

네가 페이스북 커넥트를 구현하는 애플리케이션을 개발자들에게 요구하면서 그들에게 친구 그래프는 주지 않는다면 그들은 그걸 구현할 이유가 전혀 없다는 게 지금 내 생각이야.[14]

정보의 교환에서 자기네도 정보를 받아내고 싶었던 페이스북은 2012년 이전보다 빡빡해진 거래 조건을 제시했다. '플랫폼 3.0'을 도입하면서 이른바 '완전한 상호주의'를 개발자들에게 요구하기로 한 것이다. 페이스북의 데이터를 얻는 대가로 개발자들은 '자신'들이 수집한 이용자 데이터를 페이스북과 공유해야 했다. 마이크 버널은 내부 채팅에서 이 상황을 이런 식으로 표현했다. "페이스북 '플랫폼'을 시작할 때만 해도 우리는 규모가 작았고 인터넷의 필수 요소가 되고 싶었습니다. 그리고 우리는 해냈습니다. 지구상에서 가장 큰 서비스가 되었죠. 이제 규모가 커진 만큼 우리는 어떤 정보를 허용할지 신중을 기해야 합니다. 지속 가능한 장기적 교환의 토대를 확보해야 합니다." 번역하자면 개발자들에게 우리 정보의 대가로 돈을 요구하지는 않겠지만(다만 저커버그는 이 방안을 고려했으며 페이스북 임원들은 당시 이 문제를 놓고 폭넓은 논의를 했다) '무언가'를 하긴 해야 한다는 뜻이다. 이를테면 '당신'의 데이터를 받는다든가.

이 문제를 설명하는 내부 이메일에서 저커버그는 이렇게 썼다.

> 우리는 사람들이 자기가 공유하고 싶어 하는 모든 것을 공유할 수 있되 페이스북에서 공유할 수 있도록 노력하고 있습니다. 때로는 사람들이 무언가를 공유하도록 하는 최선의 방법은 개발자가 콘텐츠 유형에 맞는 특수 목적의 앱이나 네트워크를 만들어 그 앱에 페이스북 플러그를 추가해 소셜화하도록 하는 것입니다. 하지만 이것이 세상에는 유익할지 모르지만 사람들이 그 대가로 페이스북에 무언가를 공유하고 그 콘텐츠가 우리 네트워크의 가치를 높이지 않는다면 우리에게는 유익하지 않습니다. 따라서 궁극적으로 볼 때 내가 생각하는 플랫폼의 목적은 페이스북으로 다시 공유되는 정보를 증가시키는 것입니다.[15]

저커버그는 변죽을 울리지 않았다. 이제 '플랫폼'의 핵심 특징은 페이스북과 개발자 간 정보 교환 수단이라는 것이었다. 이렇게 이용자 데이터가 교환되는 과정에서 이용자는 자신의 개인 정보가 공유된다는 사실을 거의 알지 못했다. 상호주의를 논외로 하면 지금껏 데이터가 가장 많이 이동한 방향은 '페이스북에서 개발자로'였다.

페이스북은 이 상황을 좌시하지 않았다. 훗날 공개된 비밀문서에 따르면 당시 페이스북은 잠재 경쟁자로 간주되는 개발자들은 제한하거나 금지하고 페이스북에 가치를 되돌려주지 않는 개발자들에게는 정보 제공을 거부한다는 계획을 노골적으로 추진했다.[16] 페이스북은 연락처 관리 분야의 스타트업 조브니Xobni의 API 접근을 차단했다.[17] 독자적인 '선물하기Gifts' 기능 개발을 고려하기 시작했을 때는 (이미 승인한) 아마존 선물하기Amazon Gifts 앱에 대한 지원을 철회했다.[18] 2013년 페이스북은 친구 정보의 광범위한 유포를 전반적으로 제한하는 더 포괄적인 조정을 고려하기 시작함으로써 소셜 앱을 제작한 많은 회사의 사업 계획을 무산시켰다.

저커버그의 원래 구상은 여러 도구와 뉴스피드에 대해 페이스북이 자체 기능을 개발할 때와 똑같은 접근권을 외부 개발자들에게 부여하는 것이었다. 이제 그 꿈에 투자한 소프트웨어 회사들이 문전 박대를 당하고 있었다. 페이스북은 '평평한 운동장'을 만들겠다는 약속을 뒤집고 자기 쪽으로 기울였다.

대다수 임원과 제품관리자는 저커버그의 뒤를 따랐지만 불평하는 사람도 있었다. 그중 한 사람은 개발자용 도구를 제작하는 파스Parse라는 회사의 창업자로, 회사가 페이스북에 인수되면서 합류한 일리야 수카르Ilya Sukhar였다. 그는 이해 당사자들을 대변하면서 외로움을 느꼈다. 2013년 10월 임원진 내부 채팅에서 그는 이렇게 썼다. "여기서 원칙을 지키는 사람은 나뿐인 것 같습니다. 엊그제 이번 조치로 완전히 물먹게 될 개발자 수십 명과 이야기를 나누었는데, 그들은 합당한 이유조차 없이 봉변을 당하게 된 겁니다."[19]

물론 '친구 API_Friends API'를 폐쇄하겠다는 합당한 이유는 정보 교환 사실을 모르는 이용자들의 개인 정보가 개발자들에게 제공되고 있다는 것이었다. 그리고 정보가 일단 페이스북 서버를 떠나면 그 정보를 통제하기 위해 페이스북이 할 수 있는 일은 거의 없었다. '플랫폼'팀의 한 임원이 말한다. "우리가 만들고 있던 이용자 경험은 프라이버시 경험의 관점에서 보면 끔찍하기 그지없었습니다. 페이스북을 통해 그 앱들에 로그인하는 순간 그들이 당신과 당신 친구들에 대해 모든 걸 알게 됐으니까요. 그들은 그 정보를 가지고 아주 못된 짓을 벌였죠."

이제 페이스북은 이 관행을 중단하기로 했는데, 이용자를 위해서가 아니라 개발자들에게 데이터를 거저 주고 싶지 않아서였다. 개발자 콘퍼런스에서 발표할 만한 친근한 메시지는 아니었다. 그래서 페이스북은 마치 이러한 변화가 이용자 프라이버시 우려 때문인 것처럼 포장한다는 아이디어를 떠올렸다. 이미 공개하기로 계획된 프라이버시 조치들과도 부합했다. 한 임원은 이 홍보 전술에 '반전switcheroo'이라는 이름을 붙였다.[20] 홍보 인력은 2014년 4월 30일 F8 콘퍼런스를 준비하면서 '이용자에게 더 많은 통제권을 부여한다'라는 개념을 맨 처음 내세울 수 있도록 발표를 다듬었다. 그리하여 이른바 '친구 구식화'를 페이스북이 추진한 동기가 이기적이었음에도 저커버그는 연설 첫머리에서 페이스북이 그래프 API V1을 종료하고 V2를 도입해 친구의 친구에 대한 접근을 차단한 것은 프라이버시를 위해서라고 설명했다.

하지만 페이스북은 데이터로 보상하거나 광고를 싣겠다고 약정한 일부 개발자들에게는 차단을 풀어주었다. 페이스북의 총애를 받는 이 개발자들은 여전히 친구 데이터에 접근할 수 있는 화이트리스트에 등록되었다. 화이트리스트에는 애플과 넷플릭스 같은 대기업이 포함되었다.

물물 교환은 창의적으로 이루어졌다. 소개팅 앱 틴더와 상표권 분쟁을 해결하기 위해 페이스북은 틴더 서비스에 '완전한 친구 접근'을 허용했다고 한다.[21] 한때 저커버그는 수익의 30퍼센트를 페이스북에 돌려주는 게임 개발자들에게 완전한 친구 접근을 허용한다는 아이디어를 내놓기도 했다.

다른 개발자들은 정보 흐름을 유지하기 위해 페이스북의 '네코NECO'라는 프로그램에 참여할 수밖에 없었다. 개발자들이 페이스북에 '앱 설치 광고'를 싣는 대가로 비용을 지불하는 이 프로그램은 페이스북의 주요 수입원이 되었다. 이를테면 캐나다왕립은행은 확장 API에 접근하는 대가로 "캐나다에서 네코 역사상 최대의 광고 중 하나"를 진행하겠다고 약속했다.

페이스북은 '반전'에 봉변을 당한 개발자들에게 한 가지 특혜를 부여했다. 친구 API를 차단하기 전 개발자들에게 1년의 유예 기간을 둔 것이다. 새 버전의 오픈 그래프로 프라이버시 구멍을 막겠다는 저커버그의 호언장담에도 불구하고 2014년 4월부터 2015년 4월까지 페이스북은 이 관행이 계속되도록 내버려두었다.

마이크 버널이 말한다. "돌이켜 보면 90일이나 30일 기한을 주고 더 빨리 움직였어야 했다는 생각이 듭니다."

갈 곳 잃은 개발자들에게 페이스북이 선물한 이 특전이 회사 역사상 최대의 추문을 일으킨 결정적인 요인이 되었다는 것은 아이러니하다. 업보라고 말하는 사람이 있을지 모르겠다. 하지만 페이스북은 그로부터 4년이 지나도록 교훈을 얻지 못한다.

8

소셜 광고 시대의 개막

수익 창출의 길

페이스북은 언제나 이익을 추구했다. 마크 저커버그가 더페이스북을 하버드에 내놓기 전에 이미 비즈니스 모델이 모색되고 있었다. 이 일의 책임자는 동급생이자 동업자 에드와도 새버린이었다. 사이트가 다른 캠퍼스로 확장되면서 새버린은 광고를 따내려고 노력했으나 회사 내에서 입지가 점점 좁아졌다. 한 가지 이유는 '이익 추구가 분명히 바람직하기는 하지만 회사의 핵심은 아님'을 저커버그가 분명히 밝혔다는 것이다. 또 한 가지 이유는 새버린이 그들과 함께 있지 않았다는 것이다. 더페이스북이 캘리포니아로 이전한 2004년 여름 새버린은 이스트코스트에 남기로 마음먹었다. 그가 '카사 페이스북'에서 살았더라면 실리콘밸리 스타트업 비즈니스 모델의 기초를 파악했을지 모른다. 하지만 현실에서는 숀 파커가 그의 자리를 호시탐탐 노리고 있었고 저커버그는 묵인했다.

그해 늦가을 파커는 옛 동거인 에즈라 캘러핸에게 사업 계획 수립을 도와달라고 부탁했다. 그때까지 캘러핸의 영업 경험은 대학 신문 광고를 따낸 것이 전부였다. 하지만 문제없었다. 그때는 더페이스북이 투자자를 물색하던 시점이었기에 그들이 해야 할 일은 어떻게 돈을 벌 것인가에 대한 이야기를 지어내는 것뿐이었다. 캘러핸은 이 일을 "이론상으로는 평가를 위한 수익 흐름을 확립하면서 실제로 추진하려 들지는 않는 것"으로 묘사했다. 그들은 소상공인들에게 웹 홍보 서비스를 제공하는 웹사이트 옐프Yelp의 비즈니스 모델과 비슷한 막연한 방안을 세웠다. 하지만 이 방안에 배정된 엔지니어는 한 명도 없었다

페이스북에는 여전히 계획이 필요했다. 페이스북에 합류한 맷 콜러는 회사의 현금 흐름이 플러스인 데 깊은 인상을 받았다(하지만 스타트업이 으레 그렇듯 실제 손익은 빨간색투성이였다). 페이스북 운영비는 대부분 피터 틸의 50만 달러 엔젤 투자로 충당했으며 액수는 적지만 리드 호프먼과 마크 핑커스의 투자도 한몫했다.

당시의 유입 자금은 두 가지 광고에서 들어왔다. 첫 번째는 페이지 측면에 게시하는 배너 형식 표시 광고로, 전통적 방식으로 실제 영업 직원이 광고주에게서 따냈다. 새버린이 시도한 이 방식은 확장 가능성이 없었으며 저커버그의 마음에 들 만큼 성공적이지 않았다.

2005년 액셀과 벤처 라운드 직후 '캠퍼스 플라이어Campus Flyers'라는 페이스북 고유의 광고 상품이 처음으로 등장했다. 플라이어는 광고주가 웹을 이용해 특정 캠퍼스를 대상으로 배너를 싣는 셀프서비스 시스템이

었다(대학 신문들에는 나쁜 소식이 될 터였다). 맷 콜러가 말한다. "매우 조잡했어요. 광고비를 노출과 연동하는 건 우리 구매자들에게는 너무 복잡했기에 많은 중국 웹 시장에서 쓰던 기간당 정액Cost Per Day 모델을 채택했죠."

2006년이 되자 페이스북은 뉴스피드와 오픈레지 같은 획기적 조치를 내놓았으며 이에 걸맞은 비즈니스 모델이 필요해졌다. 그래서 '수익 창출monetization' 책임자를 물색하기 시작했다. 2006년 중반 페이스북은 스탠퍼드에서 MBA(경영학 석사)를 갓 끝낸 팀 켄들Tim Kendall을 채용했다. 페이스북은 그때까지는 MBA 출신을 꺼렸다. 켄들이 낙점받은 것은 학부(스탠퍼드)에서 공학을 전공한 덕분이었다.

켄들은 당시 광고 부문이 주당 2만 달러가량을 벌어들이며 간신히 버티고 있었다고 회상한다. 그나 나머지 사람들이 다 아는 사실은 페이스북이 언젠간 구글의 애드워즈AdWords처럼 독자적이고 혁신적인 상품을 개발해야 한다는 것이었다. 애드워즈는 검색 결과 옆에 연관된 광고를 실어주는 경매 방식의 셀프서비스 광고로 대성공을 거두었다. 애드워즈를 주도한 살라르 카망가르Salar Kamangar는 경영대학원 학생들의 우상이었다. 켄들의 꿈은 페이스북의 살라르가 되는 것이었다.

그가 관여한 첫 거래는 페이스북 광고 부문의 상당수를 아웃소싱하는 일이었다. 마이크로소프트는 계약을 따내려고 몇 달간 페이스북 주위를 얼쩡거리고 있었다. 하지만 야후 사태 이후에 무산되고 말았다. 그래도 마이크로소프트는 고전하는 검색 제품에서 수익을 창출하려고 조직한 광고팀을 어떤 식으로든 활용할 방안을 찾으려 했다. 원래는 마이스페이스를 염두에 두었다. 그러나 소셜 미디어 업계의 선두 기업인 마이스페이스는 구글과 9억 달러 규모의 계약을 체결했다. 야후도 그때 마이스페이스 광고를 따내려고 도전했지만 실패했다.

팀 켄들이 말한다. "오언이 그 기사를 읽더니 '맙소사' 하더군요. 야후와 마이크로소프트를 맞붙게 하고 똥줄 타게 겁주면 둘 중 하나로부터 미친 계약을 따낼 수 있을 터였죠."

페이스북은 마이스페이스에 비하면 아차상 수준이었다. 하지만 실제로 '미친'이라는 단어를 쓸 수 있을 만큼 큰 수익을 보장하는 계약을 맺을 수 있었다. 언젠가 페이스북을 인수하겠다는 (어림없는) 꿈을 여전히 꾸고 있던 마이크로소프트는 이 기회를 덥석 물었다. 일주일이 지나지 않아 두 회사는 마이크로소프트가 페이스북 국내 광고 판매 독점권을 가지는 제휴 관계를 맺었다. 이듬해 페이스북 매출의 절반이 이 계약에서 나오게 된다. 제휴 책임자로 페이스북에 신규 채용되어 이 계약을 담당했던 댄 로즈가 말한다. "홧김에 하는 데이트였죠."

회사 내 이상주의자들은 페이스북이 하필이면 마이크로소프트와 손잡는 것에 당혹했다. 2006년 당시 마이크로소프트는 악당으로 취급되는 동시에 소프트웨어 부문의 확고한 장악력을 내다 버릴 만큼 멍청이로 취급당하는 이중고를 겪었다. 당시 페이스북에 갓 합류한 데이브 모린은 '구름 방'에 쳐들어가 이 문제에 대해 저커버그에게 불만을 제기했다. 하지만 보스의 대답은 그를 한 방에 제압했다. "우리는 이곳 인력 중 단 한 사람도 광고 일을 하게 하고 싶지 않아요. 광고는 우리 관심사가 아니니까요. 마이크로소프트는 여기에 광고 부문을 구축하고 싶어 해요. 그래서 우리는 그들에게 우리 광고 자산을 내줄 거고 그들은 우리에게 돈을 지불할 거예요. 얼마나 근사한 일인가요?"

하지만 페이스북이 광고 프로젝트 추진에 시간을 전혀 들이지 않으리라는 저커버그의 말은 그다지 정확하지 않았다. (망상일지 모르지만) 그의 꿈은 근사한 소셜 기능을 겸할 수 있으면서 다른 제품들 못지않게 이용자들에게 받아들여질 수 있는 광고 상품을 페이스북이 제작하는 것이었다.

어느 날 켄들이 출근해서 보니 자신의 책상이 저커버그 옆으로 옮겨져 있었다. 그것은 저커버그가 한동안 어떤 사람이나 팀이 하는 일에 많은 관심을 기울이고 그 주제에 대해 배우고 언젠가는 관여하고 싶어 한다는 뜻이었다. 이듬해에 켄들은 콜러에게 보고해야 할지 저커버그에게 보고해야 할지 아리송했지만 그럭저럭 보조를 맞추었다.

페이스북이 구글의 수익 창출과 비슷한 것을 하고자 한다면 뉴스피드를 이용해야 함을 켄들이 깨닫기까지는 오랜 시간이 걸리지 않았다. 그는 뉴스피드의 핵심 인물인 크리스 콕스를 비롯한 소규모 팀과 함께 '스폰서 게시물sponsored stories'을 만들어냈다. 과금 방식은 노출 광고display ad(광고주는 노출당 광고료를 지불한다)와 같지만 뉴스피드의 실제 게시물과 똑같이 생겼다. 콕스는 평상시에는 뉴스피드를 지키려고 했지만 이번에는 내버려두었다. 당분간은.

코드명 '팬데믹' 소셜 광고 프로젝트

이제는 페이스북이 (이익까지는 아니지만) 매출 증대를 위해 총력을 기울여야 할 때였다. 2007년 중반 팀 켄들은 페이스북이 어떻게 이 목표를 달성할 것인가에 대한 선언문을 작성했다. 핵심은 문서에서 '소셜 광고 social advertising'라고 일컬은 것으로, 한마디로 이용자와 이용자의 친구 사이에 상거래를 집어넣겠다는 것이었다. 맷 콜러는 이 발상을 본래 자신이 냈다고 회상한다. 그는 켄들에게 물었다. "조가 뭔가를 샀다는 식으로 진짜 후원을 받는 스폰서 게시물을 올려서 광고주들이 그렇게 넌지시 친구들에게 제품을 추천하는 광고를 후원할 수 있으면 근사하지 않겠어?" 뒤이어 제품관리자 저스틴 로즌스타인Justin Rosenstein과 리어 펄먼Leah Pearlman이 이 발상을 발전시켰다.

켄들이 말한다. "페이스북에서 효과가 있는 건 친구를 통해 아는 것들이었죠. 친구라는 렌즈로 제품과 서비스에 대해 알게 되는 것은 확실히 먹히는 방법일 겁니다. 내 친구들에 대한 적절하고 유관한 정보가 광고에 들어 있다면 금상첨화일 테고요."

이것이 페이스북에서 대대적으로 공개한 광고 비즈니스의 주제였다. 코드명 '판다Panda'는 '페이지와 광고Pages and Ads'의 준말이다. 나중에 코드명은 별로 귀엽진 않은 '팬데믹Pandemic'으로 바뀌게 된다.

광고주들에게 내세운 모토는 사람들에게 가장 중요한 대화는 자기들끼리 나누는 대화며 이제 펩시나 월마트 같은 대기업이 직접 그 대화에 참여할 수 있다는 것이었다. 펩시가 애초에 대화에 끼지 못한 이유는 분명했다. 사람들이 친구와 대화할 때 펩시에 대해 이야기하고 싶어 하지 않기 때문이었다. 적어도 펩시의 편을 들 리는 만무했다. 자신이 펩시를 샀다는 소식을 친구들에게 알리고 싶은 이유가 어디 있겠는가? 하지만 이 개념이야말로 소셜 광고의 핵심 차별점이자 페이스북 전략의 주요 요소였다.

또 다른 요소는 더 중요한 것으로 드러났다. 페이스북은 현행 광고 시스템을 바꾸고자 했다. 얼마나 많은 사람이 광고를 보느냐가 아니라 얼마나 올바른 사람을 타기팅하느냐에 초점을 맞춘 것이다. 구글과 마찬가지로 페이스북은 경매 기반 시스템을 만들고자 했다. 이것은 뉴스피드 옆이나 뉴스피드 안(이에 대해서는 회사 내에서 논란이 있었다)의 사이드바에 광고를 싣기 위해 광고주들이 입찰을 벌이는 방식이다.(크리스 콕스를 비롯해 뉴스피드를 관리하는 엔지니어들은 게시물 공간을 최대한 순수하게 유지하고 싶어 했다.) 광고비 기준은 노출이 아니라 참여가 될 터였다. 몇 개의 눈동자가 광고를 훑었느냐가 아니라 클릭 횟수에 따라 광고비를 지불하는 것이다. 퀸들이 말한다. "구글 광고 안내서를 빼닮았죠. 다른 점은 입찰 대상이 검색어가 아니라 사람이라는 겁니다."

실제로 구글이 키워드를 입찰 기준으로 삼은 반면 페이스북은 인구학적 정보를 이용했다. 이 정보는 광범위할 수도 있었고(축구를 좋아하는 남자 대학생) 매우 구체적일 수도 있었다(특정 우편 번호에 해당하는 기혼여성 미식가). 페이스북은 이미 이런 타기팅 수법을 자신들의 구인 활동에 써먹은 적이 있었다. 경쟁사에서 일한다고 프로필에 써놓은 엔지니어들에게 광고를 보낸 것이다.

하지만 이것은 팬데믹의 일부에 불과했다. 팬데믹은 대규모 질주였다. 그 목표는 비즈니스용 기능들을 총망라한 패키지를 발표하는 것이었으며 이렇게 정해진 페이스북 광고 모델의 특성은 오늘날까지 이어지고 있다.

또 다른 요소인 '페이지Pages'는 기업이나 (록 밴드 같은) 단체가 독자적인 프로필을 가질 수 있게 하는 것으로, 이전까지는 사람만 계정을 개설할 수 있다는 페이스북의 정책에 어긋나는 일이었다. 페이지는 페이스북 안에 설치한 간판, 광고판, 심지어 웹사이트 격이었다. 프로필이 인명별 전화번호부라면 페이지는 업종별 전화번호부인 셈이었다.

페이지의 제품관리자는 저스틴 로즌스타인으로, 그는 그해 2007년 구글에서 나와 페이스북에 합류한 상태였다. 그는 페이스북에 입사하고서 예전 동료들에게 이렇게 이메일을 보냈다. "페이스북은 정말이지 꿈의 회사야. 세상을 변화시키는 일의 첨단에 서 있는 회사라고." 그는 아직까지 페이지의 세 가지 장점을 읊을 수 있다. "하나, 페이지는 이용자들이 자신에게 유익할 만한 것을 발견하게 해줍니다. 둘, 페이지는 그 페이지를 운영하는 사람들에게도 좋습니다. 우리는 소상공인들의 가치를 높여 더 많은 고객을 얻도록 도와줄 수 있고 예술가의 가치를 높여 더 많은 관객을 얻도록 도와줄 수 있습니다. 셋째, 페이지는 우리 사업에도 정말로 유익합니다. 페이지에서 자연 트래픽organic traffic뿐 아니라 유료 트래픽paid traffic도 발생할 수 있기 때문입니다."

페이스북이 패키지에 포함한 팬데믹의 요소는 하나 더 있었다. 비유명인 보증 광고를 활용한다는 점에서는 같았다. 하지만 이 경우에는 광고 게재와 직접 연계된 것이 아니라 페이스북 공유 철학을 웹 전반에 전파하고 기업 고객을 페이스북에 묶어두는 수단이었다.

이 서비스의 이름은 '비컨Beacon'이었다. 비컨의 작동 원리는 이랬다. 페이스북은 제휴사 44곳과 계약해 비컨이라는 눈에 보이지 않는 감시 장치를 그들의 웹페이지에 설치했다. 홍보 문구는 "코드 세 줄만 추가하면 수백만 이용자를 만날 수 있습니다"였다.[1] 비컨은 각 웹사이트에서 이루어지는 활동을 페이스북에 전달했다. 이용자가 어떤 사이트에서 물건을 사면 이 희소식은 친구들의 뉴스피드에 공유되었다. (일부 페이스북 직원들이 보기에) 깨져서는 안 되는 금기가 깨진 것이었다.

이전에는 페이스북 이용자들의 관심사는 이용자 자신이 게시하도록 되어 있었다. 사람들에 대한 몇 가지 소식, 이를테면 누구와 친구가 되었다거나 친구들이 사진을 올렸다는 등의 소식은 자동으로 올라갔지만, 적어도 이것은 페이스북 내에서 이루어진 활동에 대한 것이었다. 반면에 비컨은 웹에서 물건을 사는 사람들을 몰래 추적한 다음 그들의 개인 구매 소식을 유포했다(공개가 기본값이었다). 논의에 참여했던 한 임원이 말한다. "누군가 섹스 토이를 샀거나 특정 질병의 치료제를 샀다면 어떻게 되겠습니까? 비컨 때문에 곤란한 상황이 벌어질 수 있죠." 구매 소식이 유포된다는 사실을 통지하는 유일한 알림은 이 기능을 끄고 싶으면 어떻게 해야 하는지 알려주는 팝업 경고창뿐이었다. 경고에 응답하지 않으면(어떤 사람들은 경고 문구를 읽어보지조차 않았을 것이다) 페이스북은 무반응을 동의로 해석했다. 그러면 비컨은 이용자가 뭘 샀는지 이용자의 모든 친구에게 알렸다. 전반적인 이용자 행태로 볼 때 대다수 이용자는 경고문을 흘려버릴 것이 뻔했다.

켄들이 말한다. "옵트인(사전 동의) 방식으로 할지 옵트아웃opt-out(사후 동의) 방식으로 할지를 놓고 논쟁이 뜨거웠습니다." 옵트인 찬성파는 사람들에게 비컨 프로그램에 참여하고 싶은지를 먼저 물어야 하며 사람들이 흥미를 표현했을 때만 실행되어야 한다고 주장했다. 반면에 옵트아웃 찬성파는 구매 정보의 공유가 기본값이어야 한다며 공유를 기본값으로 하는 것이야말로 페이스북의 본질이라고 생각했다. 사람들에게 이 기능을 원하느냐고 물으면 비컨은 성공할 리 만무했다. 하지만 일단 실행되기만 하면 사람들이 좋아할 수 있었다. 뉴스피드가 그랬던 것처럼 말이다. 사람들이 좋아하지 않는다면 언제나처럼 되돌리면 되고.

페이스북 자문역 겸 최고정보보호책임자 크리스 켈리가 말한다. "우리는 통제권을 어떻게 할지를 놓고 발표 당일 새벽 2시까지 실랑이를 벌였습니다." 그를 비롯한 임원 몇 명은 비컨에 보호 장치가 없다면 나쁜 일이 일어날지 모른다고 경고했다. 당시의 임원 한 사람이 말한다. "마크의 의견이 기본적으로 모든 사람의 의견보다 우위에 있었습니다."

마이크로소프트와 계약하다

팬데믹 발표를 준비하면서 페이스북은 잠재적 걸림돌에 주의를 기울였다. 페이스북은 소셜 광고를 팔면서 동시에 마이크로소프트와 맺은 국내 광고 '독점' 제휴 계약을 위반하지는 않고 싶었다.

다행히 페이스북은 다시 한번 협상에서 우위를 차지했다. 페이스북은 해외 진출을 시작하고 있었기에 마이크로소프트와 처음에 맺은 계약을 외국 광고에 대해서도 제안할 수 있었다. 금상첨화로 마이크로소프트의 숙적 구글 역시 페이스북 광고 계약에 눈독을 들이고 있었다. 마이크로소프트는 꼭 계약을 따내야겠다고 마음먹었다.

협상이 뜨거워지기도 전에 페이스북은 유리한 상황을 이용해 마이크로소프트에 미해결 사안을 해결하라고 압박했다. 몇 달간 두 회사는 페이스북이 마이크로소프트의 핫메일과 MSN 메신저에서 데이터를 수집하는 것 때문에 불화를 빚고 있었다. 페이스북 또한 나름의 불만이 있었다. 핫메일이 앙갚음으로 페이스북 초대장에 스팸 딱지를 붙이기 시작한 것이다. 데이비드 커크패트릭의 《페이스북 이펙트The Facebook Effect》에 따르면 모스코비츠는 이 때문에 신규 가입자 수가 70퍼센트 하락했다고 말했다. 마이크로소프트가 광고 계약을 성사시키려고 안달이 나 있음을 알고 있던 모스코비츠, 밴 내타, 댄절로는 워싱턴주 레드먼드의 마이크로소프트 본사로 날아가 휴전 협상을 벌였다. 그 뒤로 페이스북은 핫메일 데이터를 마음껏 수집해 활용할 수 있었다.

마이크로소프트의 저명한 공동 창업자 빌 게이츠는 더는 최고경영자가 아니었지만, 차세대 빌 게이츠로 불리던 저커버그에게 회장으로서 관심을 갖고 있었다. 둘은 마침내 친구가 되었으며 게이츠는 경험에서 얼은 교훈을 전해주었다. 게이츠는 둘에게 비슷한 점이 있음을 인정했다. 둘 다 하버드를 중퇴해 패러다임을 깨뜨리는 소프트웨어 회사를 설립했으니 말이다. 하지만 빌 게이츠 V.2라고? 그러기엔 너무 일렀다. 게이츠는 내게 말했다. "마크는 코드를 나만큼 많이 작성해보지 않았어요. 이게 가장 중요한 점입니다. 이 말을 꼭 책에 넣어줘요!" 농담이었지만 어쩌면 농담이 아니었는지 모른다. 그는 이렇게 덧붙였다. "스티브 잡스가 여기 앉아 있었다면 이렇게 말했을 겁니다. '이봐, 마크는 아름답고 끝내주는 걸 한 번도 디자인한 적이 없어. 그런데 어떻게 그가 내 계승자라고 이야기할 수 있지?'"(농담이었을까? 아마 농담이었을 것이다. 빌은 선수니까.)

마이크로소프트의 페이스북 인수 가능성을 타진하는 논의에는 저커버그 역시 참석했다. 한번은 시애틀에서 회의가 열렸다. 물론 그는 실제로 회사를 매각할 의향이 전혀 없었다. 게이츠는 "우리는 거액을 던져봤죠"라며 저커버그가 미끼를 물 거라고는 전혀 기대하지 않았다고 말한다. 하지만 마이크로소프트는 해외 계약만은 꼭 성사시키고 싶었다.

광고 개시를 몇 주 앞둔 2007년 10월 결정적 시기가 찾아왔다. 댄 로즈가 말한다. "계약이 안 되면 구글과 논의를 다시 시작할 거라고 그들에게 말했습니다." 마이크로소프트의 협상 책임자 크리스 대니얼스Chris Daniels가 팰러앨토로 날아왔다(대니얼스는 4년 뒤 페이스북에 합류하게 된다). 10월 23일 오전 10시, 두 팀은 유니버시티애비뉴 사무실에서 마주 앉아 이튿날 오전 9시에 기자 회견을 열 수 있도록 그날 안에 협상을 마무리 지으려고 애썼다. 그날 밤늦은 시각, 다들 기진맥진해 있을 때 온 사무실에 힙합이 울려퍼졌다. 여느 때처럼 해카톤이 열리는 시각이었다. 로즈가 말한다. "마이크로소프트 친구들이 말하더군요. '뭐라고요?

이걸 한다고요?' 우리는 신나는 하우스 뮤직을 틀어놓고 다 같이 중국 음식을 먹으며 협상을 마무리했습니다. 새벽 6시가 되자 다들 1시간 동안 눈을 붙였죠."

이 계약으로 양측은 원하는 것을 얻었다. 마이크로소프트는 구글이 탐내던 파트너를 낚아챘고 페이스북은 종합 선물 세트를 받았다. 외국 광고를 위한 기반을 닦았고 새 소셜 광고를 팔 수 있도록 상황을 정리했다. 게다가 기술 업계를 들썩이게 한 반전이 있었으니, 회사 지분 1.6퍼센트를 대가로 마이크로소프트가 2억 4000만 달러의 자금을 지원한 것이다. 이것은 마이크로소프트가 페이스북의 가치를 150억 달러로 추산한다는 뜻이었다. 사람들이 저커버그를 야후의 10억 달러 제안을 일축한 멍청이라고 생각한 지 1년이 채 지나지 않았을 때였다.

이 일이 있기 몇 주 전 기술 업계에서 가장 마당발이자 기술 전문 온라인 매체 〈올싱스디지털All Things Digital〉 편집장 캐러 스위셔Kara Swisher는 마이크로소프트가 페이스북의 가치를 100억 달러로 평가해 투자할 것이라는 추측에 대해 논평하면서 (선견지명을 발휘해) 페이스북이 150억 달러를 주장할지 모른다고 보도했다. 그녀는 협상 결과를 비웃었다.[3] 페이스북이 그 정도 평가를 정당화할 수 있다고 생각하는 것은 "망상"이라고 코웃음 치면서 구글과 비교할 때 페이스북은 "노점lemonade stand" 수준이라고 말했다. 마이크로소프트가 페이스북의 한 조각을 "터무니없는 가격"에 매입한 것은 "묻지마 투자dumb money"라고 말이다.

마이크로소프트가 투자금을 현금화할 즈음 페이스북의 이 1.6퍼센트 조각은 80억 달러를 웃돌았다.

비컨 사태가 불러온 위기

페이스북은 팬데믹을 공개하면서 선언문을 발표하고 싶었다(현명하게 코드명은 철회했다). 이에 앞서 그해 '플랫폼' 출시를 성공적으로 치렀을 때와 마찬가지로 페이스북은 대형 출시 행사를 진행할 전문 기획자들을 섭외했다. 이번에는 뉴욕에서 개최할 예정이었다. 브랜디 바커가 말한다. "광고주들의 뒷마당에서 열고 싶었어요. 영업팀은 화려한 행사를 원했고 우리는 원하는 대로 해주었죠."

이번 역시 저커버그는 대규모 청중을 상대로 연설하기 위해 공들여 리허설을 했다. 그는 낯선 사람들을 상대해야 했다. 청중은 소프트웨어 개발자가 아니라 양복쟁이였다. 저커버그는 광고 업계에 대해 여전히 의구심이 있었지만 이번만은 광고 업계의 아바타를 자처했다.

2007년 11월 6일 웨스트사이드의 으리으리한 행사장에서 그는 플라스틱 의자에 앉은 청중을 향해 말했다. "100년마다 미디어의 변화가 일어납니다. 마지막 100년을 규정한 것은 매스 미디어였습니다. 다음 100년에는 정보가 사람들에게 무작정 주입되지 않을 것입니다. 사람들이 맺은 수백만 개의 연결들 사이로 공유될 것입니다."

행사장에 모인 사람들은 매디슨애비뉴(주요 광고 회사가 모여 있어 광고 업계의 대명사로 불린다-옮긴이)의 정복자를 자처하는 이 어리고 볼품없는 최고경영자를 보고서 당혹해하거나 즐거워하거나 둘 중 하나였다. 대개는 당혹해했다.

'플랫폼'이 성공을 거둔 뒤로 페이스북의 젊은 창업자는 물정 모르는 외부인으로 치부되기보다는 현자로 떠받들어졌다. 행사장의 청중 중에서 페이스북이 방금 역사상 최대의 실수를 저질렀음을 알아차린 사람은 거의 없었다.

팬데믹 출시를 알리는 머리기사들은 마이크로타기팅과 소셜 광고에 초점을 맞추었으나 관심은 이내 비컨으로 옮겨갔다. 켈리를 비롯한 사람들이 경고했듯 지정된 웹사이트에서 이루어진 구매 소식을 자동으로 퍼뜨리는 것은 달갑잖은 결과로 이어질 수 있었다. 극단적인 예를 들어보자면 누군가 제휴 사이트에서 다이아몬드 약혼반지를 샀는데 상대방이 이 사실을 무릎 꿇은 남자에게서가 아니라 페이스북 뉴스피드에서 알게 된다고 상상해보라.⁴ 이것은 실제로 일어난 일이다. 사람들은 자신의 구매 내역이 다른 사람들의 뉴스피드에 올라오기 시작하자 불만을 터뜨리기 시작했다. 그중 한 사람이 이름난 업계 분석가 샬린 리Charlene Li였다. 그녀는 오버스톡닷컴Overstock.com에서 커피 테이블을 구입했다는 소식이 페이스북 친구들에게 전달된 데 "경악"했다고 블로그에 썼다. '윌'이라는 사람이 그녀의 포스트에 자신의 사연은 더 어처구니없다고 댓글을 달았다.

> 새해 전야에 여자 친구를 놀라게 해주려고 오버스톡에서 다이아몬드 약혼반지를 샀습니다. …… 몇 시간 지나지 않아 약혼을 '축하'한다는 전화가 빗발치더군요. …… 오버스톡이 내 구매 내역을 나의 페이스북 뉴스피드에 시시콜콜(상품 링크와 가격까지) 올리고 내 친구 전부에게 알림을 보냈습니다. 내 여자 친구에게까지요.

실화인지는 아무도 확인할 수 없었지만 윌의 사연은 비컨의 프라이버시 침해를 상징하는 사건이 되었다.

보석 구매자가 비컨 때문에 구매 정보가 폭로되는 사태가 이후에 또 일어났다. 이번에는 신원이 밝혀졌다. 숀 레인Sean Lane은 아내의 크리스마스 선물로 오버스톡에서 14k 백금에 1.5캐럿 다이아몬드가 박힌 '영원의 꽃' 반지를 구입했다. 이 '소식'은 아내와 그녀의 페이스북 친구들에게 퍼졌는데, 문제는 51퍼센트 할인을 받아서 샀다는 사실이 함께 전달되었다는 것이다. 그는 《워싱턴포스트》에 이렇게 말했다. "크리스마스를 잡쳐버렸죠."5 비컨 제휴사인 블록버스터Blockbuster에서 무슨 영화를 대여했는지가 가족과 친구에게 알려져 분노한 사람들도 있었다. 이런 이야기가 퍼지면서 광고의 다음 100년이 과연 더 좋아지는 쪽으로 나아가는 개선일지 의문이 드는 건 당연했다.

비판이 커져만 갔으나 저커버그는 며칠간 침묵을 지켰다. 뉴스피드에서 배운 교훈 때문이었다. 어떤 기능이 도입되었을 때 사람들이 처음에는 싫어하더라도 나중에 장점을 발견할 테니 그대로 내버려두라는 교훈이었다. 하지만 사람들은 비컨에 우호적으로 돌아서지 않았다. 대신 페이스북이라는 이름의 이 오락거리가 믿지 못할 것일 수 있겠다는 생각을 처음으로 하기 시작했다.

그 시점에 페이스북은 위기 대응 홍보 전문가들을 불러들였다. 팀 켄들이 말한다. "그들이 대놓고 말하더군요. '이봐요, 이건 신뢰가 걸린 사안입니다. 브랜드 자산이 잿더미가 될 거라고요.'"

조시 퀴트너Josh Quittner는 《포춘》에 이런 기사를 썼다. "페이스북은 자기네를 응원하던 모든 사람을 폭도로 돌변시켰으며 한 달도 지나지 않아 미디어의 총아에서 악마로 추락했다."6 기사 제목은 〈근조 페이스북?〉이었다.

브랜디 바커가 말한다. "우리는 무엇에 대해서든 소통하는 일에 너무 굼떴습니다. 비컨을 어느 방향으로 가져갈 것인가를 놓고 내부적으로

　　　　　　　　　　　2부　플랫폼 제국 건설하기

이견이 분분했어요. 비컨의 작동 방식이 프라이버시를 심각하게 침해하기는 했지만 광고 기법으로는 (논란의 여지는 있으나) 매우 혁신적이었으니까요. 이런 식이었죠. '옵트아웃을 채택해야 할까, 옵트인을 채택해야 할까, 비컨을 계속 끌고 갈 제3의 방법이 있을까?'"

페이스북은 결국 옵트인이 기본값이 되도록 변경하기로 결정했다.[7] 페이스북은 구매 내역이 뉴스피드에 공개되기 전 이용자들에게 사전 동의를 받겠다고 약속했다. 애초에 페이스북 임원들이 저커버그에게 간청한 그 상태로 돌아간 것이다.

하지만 반발을 가라앉히기에는 역부족이었다. 무엇보다 전문가들이 비컨의 작동 방식에서 우려스러운 요소들을 찾아냈다. 소프트웨어 기업 CA 테크놀로지스CA Technologies의 위협연구그룹Threat Research Group 연구원 스테판 버토Stefan Berteau는 이용자가 옵트아웃을 선택했는데도 비컨이 데이터를 전송했으며 그 밖에 이용자가 외부 웹사이트에서 무엇을 하는지에 대해 여러 정보를 페이스북에 보냈음을 밝혀냈다.[8] 심지어 비컨은 페이스북에 가입하지 않은 사람들 정보까지 페이스북에 제공했다.[9] 버토가 이 사실을 폭로한 11월 29일, 페이스북은 마침내 임원 인터뷰를 수락했다. 버토의 보고서가 회자되는 동안에도 페이스북 운영 담당 부사장 차마스 팔리하피티야Chamath Palihapitiya는 《뉴욕타임스》에 옵트아웃을 선택하면 정보 전송이 중단된다는 거짓 호언장담을 하고 있었다.[10] 기술적 증거가 제시되자 페이스북은 버토의 말이 옳다고 인정했다. 하지만 이용자가 개인 정보 수집에 반대하면 정보를 삭제했다고 주장했다.

이쯤 되자 프라이버시 운동가들, 언론, 이용자들이 페이스북에 비컨의 전면 중단을 요구했다.[11](정치 단체 무브온MoveOn에서 조직한 청원에는 5

만 명 이상이 서명했다.) 비판을 잠재우는 최선의 방법은 문제를 고치겠다고 발표하는 것이었다. 이것은 저커버그가 뉴스피드에서 배운 교훈이었다. 그런데 이번에는 그가 수정 발표를 해도 누구 하나 누그러지지 않았다. 그가 이 문제를 개인적으로 언급하지 않은 것 역시 역효과를 냈다. 한편 비컨 제휴사들은 점점 불편해졌다. 코카콜라와 오버스톡은 참여를 중단했으며 다른 제휴사들 또한 철회를 고려했다.

일주일 더 고민한 끝에 저커버그는 〈비컨에 대한 생각〉이라는 게시물을 올렸다.[12] 뿌듯한 생각은 아니었다. 그는 사람들이 정보를 서로 공유하도록 도우려는 열정이 지나쳐서 페이스북이 실수를 저질렀음을 인정했다. 출시 이후 무대응이 사태를 악화시켰다는 점도 받아들였다. 그는 이렇게 썼다. "우리가 이 상황에 대처한 방식이 자랑스럽진 않습니다. 더 잘 할 수 있다는 사실을 알고 있습니다." 그가 마지막으로 내놓은 수정 사항은 '비컨을 완전히 *끄는* 프라이버시 컨트롤'이었다.

아우성은 잠잠해졌다. '사전 동의'를 선택한 사람은 드물었고 비컨을 중단하는 프라이버시 컨트롤을 찾지 못하면 구매 정보가 계속해서 페이스북에 전송된다는 사실을 아는 사람은 더 드물었기 때문이다. 구매 정보는 사람들의 뉴스피드에 나타나지 않을 뿐이었다. 페이스북은 그 뒤로 2년 가까이 비컨의 플러그를 뽑지 않다가, 비컨 때문에 프라이버시를 침해당했다고 여기는 이용자들이 집단 소송을 제기하자 그제야 손을 들었다. 대표 원고는 오버스톡에서 반지를 구입한 숀 레인이었다.

팀 켄들이 말한다. "우울했죠. 우리가 실수를 저질렀다는 생각이 들었어요. 하지만 우리는 그 뒤로 계속 나아갔습니다. 그게 이 회사의 저력이라고 생각해요. 그렇지 않습니까? '실패했다고 자기혐오에 빠지진 않는다.' 이게 페이스북이 그토록 성공을 거둔 중요한 요인입니다."

2부 플랫폼 제국 건설하기

그러나 비컨은 페이스북의 짧은 역사에서 일어난 나머지 위기들과 달랐다. 이제 사람들은 페이스북에 대해, 소셜 네트워킹(특히 광고에 의존하는 소셜 네트워크)과 관련한 프라이버시 상충 관계에 대해 까다로운 질문을 던지고 있었다. 이 새로운 회의론을 불식하려면 새로운 조치가 필요했다.

저커버그는 자신 곁에 노련한 경영자를 두어야 한다는 요란한 합창에 진지하게 귀를 기울이기 시작했다. 기술밖에 모르는 젊은 창업자를 보좌할 '후견인'이 필요하다고 투자자들이 요구하는 일은 흔한 풍경이었다. 그리하여 2인자를 찾으려는 탐색이 본격적으로 시작되었다. 최고 경영자의 위엄을 겸비한 사람이라면 금상첨화였다. 성별은 문제가 되지 않았다.

9

셰릴 월드와 '좋아요'의 탄생

2인자 셰릴 샌드버그의 입사와 역할 분담

"친밀함."

셰릴 샌드버그가 발표한 1991년 하버드 졸업 논문의 첫 문장이다. 그녀가 이 단어 하나를 한 문단으로 표현한 것은 애정 관계의 신성함이 폭력에 파괴되면 친밀함의 따스한 느낌이 끔찍하게 무너진다는 사실을 강조하기 위해서였다.

논문 제목은 〈경제적 요인과 친밀한 관계에서의 폭력Economic Factors & Intimate Violence〉이었다.[1] 첫 문장이 느닷없긴 하지만 실은 방정식으로 가득한 무미건조한 연구로, 금전적 압박을 받는 여성이 배우자의 학대를 더 오래 감수한다는 놀랍지 않은 주장을 공들여 설득력 있게 전개한다. 스물한 살 학부생의 것이라기엔 인상적인 이 저작에는 나중에 그녀의 트레이드마크가 된 특징인 여성 권리에 대한 조용한 열정, 고된 일에 대한 의연함, 그리고(여기에 반전이 있는데) 가장 개인적인 문제를 논리와 데이터로 끝까지 파고들 수 있다는 신념 등이 담겨 있었다. 이것이 셰릴의 에센스였다. 그녀는 당신을 끌어들여, 당신의 문제를 해결하는 공식을 찾게 도와준 다음, 회의가 있다며 당신을 시간 맞춰 내보낸다.

셰릴의 트레이드마크가 된 논문의 또 다른 특징은 멘토와 동료에게 감사를 아끼지 않았다는 것이다. 가장 큰 꽃다발을 받은 사람은 논문의 공동 지도 교수 로런스 서머스Lawrence Summers였다. 서머스는 경제학의 슈퍼스타로 훗날 하버드대학교 총장이 된다.

샌드버그가 하버드 총장의 총애를 얻기까지 승승장구하는 과정은 능력주의의 우화를 연상케 한다.[2] 그녀는 플로리다에서 자랐다. 어머니는 영어를 가르쳤고 아버지는 유명 안과 의사였으며 남동생과 여동생도 의학을 전공했다. 성취욕 강한 가족임에 틀림없었다.

샌드버그는 책에서 스스로를 조직화 강박이 있는 여성으로 묘사하면서 자신의 결혼식 때 여동생이 해준 축사를 인용한다. 미셸 샌드버그Michelle Sandberg는 이렇게 말했다. "여러분은 우리를 셰릴의 동생들로 알고 있겠지만 사실 우리는 셰릴의 첫 번째 직원이었습니다. …… 우리가 알고 있는 한 셰릴은 한 번도 아이였던 적이 없습니다. 셰릴은 다른 아이들의 놀이를 조직하기를 좋아했습니다."[3] 그녀가 이 발언을 인용한 것은 스스로를 낮추기 위한 것이었다. 하지만 우리는 이 말 속에서 그녀가 상처받았음을 감지할 수 있다.

훗날 샌드버그는 여자들이 자신감 있게 리더십을 발휘하면 '우두머리 행세'를 한다는 소리를 들으며 폄하된다고 개탄했다. 그녀는 자신이 거둔 성취를 종종 숨긴 한 가지 이유가 이것이라고 말한다. 모든 성취가 숨겨진 건 아니었다. 샌드버그가 열세 살 때 벌인 옛 소련 거주 유대인 지원 활동을 소개한 신문 기사에 따르면, 그녀가 이들을 지지하는 집회에 처음 참가한 것은 한 살 때였다고 한다.[4]

샌드버그의 하버드 시절은 그녀의 미래 보스와는 딴판이었다. 그녀는 열정과 활기를 내뿜으며 레깅스, 데님 미니스커트, 플로리다 게이터스 Florida Gators(플로리다대학교 스포츠팀을 통칭하는 말-옮긴이) 스웨터 차림으로 입학했다.[5] 학교에 다니면서는 4년 내내 에어로빅을 가르쳤다. 하지만 겉보기에 쾌활한 성격 뒤에는 남보다 앞서려는 욕구가 숨어 있었다. 이와 더불어 내적 자신감이 결여된 탓에 그녀는 남보다 두 배 열심히 노력했다. 훗날 그녀는 기분이 좋지 않을 때면 에어로빅 강습 중에도 1시간 동안 억지 미소를 지었다고 말했다.

샌드버그는 1학년 때 '헬레니즘 문명의 영웅' 수업을 따라가지 못해 애를 먹었다. (마크 저커버그는 일찍이 프렙 스쿨에서 공부한)《일리아스》와 《오디세이아》에 친숙하지 않았기 때문이다. 정치학 수업 과제는 5쪽짜리 보고서를 쓰는 것이었는데 고등학교 때 썼던 것보다 분량이 많았다. 며칠 동안 애썼는데 C 학점을 받자 그녀는 좌절했다. 학점이 후한 하버드에서 C는 사실상 F였기 때문이다. 그녀는 나중에 책에서 이렇게 말했다. "나는 정신을 차리고 더욱 열심히 공부해 첫 학기 말에는 5쪽짜리 논문을 쓸 수 있게 되었다."[6] 이것은 샌드버그가 훗날 직장 일을 대하는 태도를 특징적으로 보여준다. 충분히 준비하고 열심히 노력하면 언제나 A+를 받을 수 있다는 전략이다. 아무리 까다로운 문제라도 노력하면 해결할 수 있었다.

그녀는 졸업 뒤 직장에서도 이런 태도를 고수했다. 처음에는 서머스가 총재로 있던 세계은행에서 일하며 질병을 비롯한 개발도상국의 여러 문제에 대처하는 일에 주력했다(그곳에서 록 그룹 유투U2의 보컬이자 자선가로 이름난 보노Bono를 만났다). 그러다 하버드로 돌아가 MBA를 이수했다. 그 뒤 1990년대 중반에 하버드 MBA 출신이 다들 그러듯 매킨지McKinsey & Company에 잠깐 몸담았다. 1995년 빌 클린턴 대통령이 샌드버그의 멘토 서머스를 재무부 장관에 임명하자 서머스는 그녀에게 비서실장을 맡아달라고 요청했다. 서머스는 훗날《뉴요커》에서 이렇게 말했다. "셰릴은 하루가 시작될 때 할 일 목록이 30개였으면 하루가 끝났을 때 체크 표가 30개여야 한다고 늘 믿었습니다."[7]

클린턴 행정부의 임기가 끝나자 구글 최고경영자 에릭 슈밋Eric Schmidt이 그녀에게 전화 공세를 폈다. 샌드버그는 인터넷 조세 개념을 연구하다가 슈밋을 만난 적이 있었다. 그는 실리콘밸리에서 알거나 이해하는 사람이 거의 없는 정보를 그녀에게 귀띔했다. "셰릴, 우리는 수익을 올리고 있어요. 꼭 와야 해요." 그녀는 무슨 역할을 할 수 있을지 감이 오지 않았으나 슈밋은 상관없다고 말했다. "중요한 건 오로지 회사가 얼마나 빨리 성장하고 있느냐뿐이에요. 이건 로켓 우주선이에요. 올라타요."[8]

그녀가 말한다. "나는 집에 가서 생각했어요. '그 말이 옳아.' 그래서 입사했죠." 나중에 그녀는 실리콘밸리 진입을 고심하는 사람들에게 같은 조언을 건넸다. "로켓 우주선에 탑승하세요. 관건은 빠른 성장이랍니다."

그녀는 구글에서 영업 조직에 몸담게 되었는데, 어떤 사람들에게는 의아한 결정이었다. 그녀의 상사 오미드 코르데스타니Omid Kordestani가 말했다. "이건 트랙터에 걸맞은 직무예요. 당신은 포르셰라고요." 하지만 샌드버그는 구글이 대규모 디지털 광고 분야를 개척하고 있음을 알아차렸다. 구글은 역사상 가장 성공한 광고 상품 중 하나가 된 애드워즈 검색 광고의 출시를 앞두고 있었다. 그녀가 말한다. "이것이야말로 비즈니스의 미래라는 확신이 들었어요." 그녀는 그 과정에서 기꺼이 트랙터 역할을 맡아 조직을 구축하고 광고 영업의 성격을 대면 설득에서 분석으로 바꾸었다.

샌드버그는 "사악해지지 말자Don't Be Evil"(구글 사훈-옮긴이) 같은 말을 입에 올리는 사람들과는 거리가 멀었다. 그녀는 어떤 회사가 실제로 믿는 것은 겉으로 내세우는 모토와 '정반대'라고 언급한 적이 있다. 그녀는 내게 이렇게 말했다. "언제나 내 지론은 고개를 박고 내 할 일을 하는 게 낫다는 거였어요. 나는 수치를 달성하고 계량적 성과에 집중했죠."

하지만 2007년 말이 되자 구글을 떠날 때가 찾아왔다. 그녀는 차기 최고경영자가 공동 창업자 래리 페이지Larry Page로 정해졌음을 알게 됐으며 코르데스타니가 맡고 있던 전체 비즈니스 부문의 수장 자리를 제안받지도 못했다. 그녀가 재무부를 그만두었을 때 영입을 시도했던 워싱턴포스트컴퍼니 최고경영자 돈 그레이엄이 자기 회사 최고위직을 제안했다. 그런데 당시 샌드버그는 데이비드 골드버그David Goldberg라는 기업인과 결혼한 상태였다. 골드버그의 느긋한 성격은 일과 삶을 신경질적으로 대하는 그녀의 태도와 극명한 대조를 이루었다. 그레이엄은 워싱턴이 캘리포니아만큼 골드버그에게 사업 기회를 줄 수 없음을 인정해야 했다. 골드버그는 얼마 안 가서 서베이몽키SurveyMonkey라는 팰러앨토의 신생 기업을 맡아달라는 요청을 받는다. 그때 샌드버그가 그레이엄에게 깜짝 놀랄 말을 했다. "마크에 관해 말씀해주세요."

샌드버그는 야후 전 임원 댄 로즌스와이그의 집에서 열린 휴일 파티에서 마크 저커버그를 처음 만났을 때 이미 최고운영책임자 후보 명단에 올라 있었다(얄궂게 로즌스와이그 또한 후보 명단에 있었다). 샌드버그와 저커버그는 멘로파크의 플리 스트리트 카페Flea Street Cafe라는 레스토랑에서 본격적인 대화를 나누기로 했다. "농장에서 식탁으로"를 표방하는 이 식당은 샌프란시스코베이에어리어 미식가들의 안식처로 샌드버그가 무척 좋아하는 곳이었다. 둘은 얘깃거리가 무궁무진했다. 저커버그는 페이스북의 사명에 대해, 그 사명을 이루려면 무엇이 필요한지에 대해 이야기했다. 어찌나 대화에 몰입했던지 식당 문 닫을 시각이 되자 샌드버그의 집에 가서 이야기를 이어갔다. 결국 그녀는 그에게 집에 가라고 말해야 했다. 훗날 그녀는 이날의 대화를 오프라 앞에서 재연했다. "난 애들이 있어요! 5시간 뒤면 아이들이 일어나야 한다고요!"

구인 열기가 달아오르면서 샌드버그는 투자자 로저 맥너미에게 페이스북에 관심이 있다고 말했다. 그는 (여자들이 우세한 집안에서 자란) 저커버그가 연상의 여인에게서 기꺼이 조언을 받아들일 것임을 본능적으로 알아차렸다. 맥너미에 따르면 샌드버그는 저커버그가 자신의 상사가 되기엔 너무 어리다고 우려했다.(샌드버그는 이젠 맥너미와 관계를 대수롭지 않은 것으로 치부하며, 그가 물색없이 자신에게 《워싱턴포스트》 자리를 받아들이라고 조언했다고 말한다. 자신이 저커버그의 나이 때문에 우려했다는 그의 주장에도 이의를 제기한다.)

논의는 2008년 1월을 지나 2월까지 이어졌다. 저커버그는 그녀에게 사옥들을 구경시켜주었다(그즈음에는 팰러앨토 시내 곳곳에 사옥을 두고 있었다). 그가 그녀에게 어떻게 생각하느냐고 묻자 그녀는 정말 근사하다는 대답을 그가 기대하고 있음을 직감했다. 하지만 그녀는 사방으로 돌아다녀야 하는 건 비합리적이라고 그에게 말했다. "건물 하나로 통합하세요." 1년 뒤 페이스북은 거의 모든 부서를 팰러앨토의 한 건물로 이전했다.

샌드버그의 입사를 놓고 몇 달간 대화를 나누는 동안 두 사람은 회사에 대해 온갖 주제를 논의했다. 그중 한 가지 협상 항목은 페이스북의 구조를 향후 10년간과 그 이후까지 좌우할 사안이었다. 그것은 회사에서 어느 부분이 샌드버그의 책임 아래 있을 것인가와 어느 부분이 그녀의 보고 선상에서 제외될 것인가였다.

기본적으로 저커버그는 자신의 관심사가 아닌 분야인 영업, 정책, 홍보, 로비, 법률을 비롯해 컴퓨터광의 흥미를 끌지 못하는 모든 것을 샌드버그가 맡아야 한다고 생각했다. 그러고서 자신은 엔지니어가 만드는 것인 제품에 집중할 작정이었다. 이 분야가 페이스북의 본질이었다. 이것은 기본적으로 그가 파커, 밴 내타, 팔리하피티야 같은 이전 임원들을 상대한 방식이었다. 샌드버그는 그들 누구보다 높은 자리에 앉겠지만 저커버그의 생각은 그대로였다. 샌드버그는 자신의 역할을 이렇게 회상한다. "내가 할 일은 마크의 접시에서 많은 걸 덜어내는 거였어요. 무척 간단했죠. 그가 제품을 맡고 나는 나머지를 맡는 거였으니까요."

샌드버그가 자신을 '개발 인력'으로 여기지 않았고 또 영업 쪽에 경험이 있었기에 그런 역할 분담은 이치에 맞았다. 샌드버그는 자신과의 논의를 통해 비즈니스 모델 강화가 페이스북에 얼마나 중요한지 저커버그가 깨달았으리라 생각했다. 하지만 둘의 역할 분담은 기이한 분열로 이어졌다. 광고 상품(이를테면 뉴스피드에 포함될 새로운 종류의 광고)을 개발하는 엔지니어들은 광고 영업을 하는 조직과 전혀 다른 조직에 속한 채 저커버그에게 보고했다. 영업은 셰릴의 영토였다. 뉴스피드 자체를 구축하는 사람들은 저커버그에게 보고했지만, 사람들의 뉴스피드에 표시되기에 적절한 콘텐츠가 무엇인지에 대한 정책 결정을 책임지는 사람들은 샌드버그를 위해 일했다.

물론 모든 책임은 최종적으로 저커버그에게 귀결되었다. 샌드버그가 말한다. "내게 보고되는 건 모두 저커버그에게 보고돼요. 내가 그에게 보고하니까요. 그러니 역할 분담은 내가 무슨 일을 할 것인지를 결정한 셈이죠."

그럼에도 그 뒤로 10년간 대규모 성장과 이 엄청난 규모 때문에 전례 없는 문제를 맞닥뜨렸을 때 페이스북에는 사실상 2개의 조직이 존재했다. 하나는 저커버그의 영토, 다른 하나는 셰릴 월드였다. 둘은 결코 동등하지 않았다. 저커버그가 제품 부문인 엔지니어링을 이끈 것은 그쪽에 더 유능해서가 아니라 엔지니어링이야말로 회사의 심장부라고 생각했기 때문이다.

당시에는 당연해 보였다. 이것이 얼마나 큰 실수인지 저커버그가 깨달은 것은 10년이 지나서였다.

샌드버그의 주력 분야는 아직 태동기인 수익 창출 업무를 맡아 페이스북이 수익을 내도록 하는 것이었다. 그녀의 옛 직장처럼 무지막지한 수익을 낸다면 금상첨화였다. 하지만 저커버그의 경험이 일천했던 탓에 그녀는 훨씬 폭넓은 역할을 맡아야 했다. 그녀는 페이스북 '최고운영책임자'가 되었다. 그녀는 자신의 명시적 임무는 저커버그가 페이스북을 대기업으로 확대하는 일을 보좌하는 것이라고 명토 박았다. 그녀가 말한다. "비즈니스를 번창시키는 것도 그 일부이긴 하지만, 전부는 아니었어요."

하지만 그녀는 처음부터 비즈니스에 대해 확고한 생각이 있었다. 출근 첫날 신입 사원 오리엔테이션에 참석한 그녀는 으레 그러듯 크리스 콕스의 고무적인 연설을 들었다. 그는 페이스북 문화의 전설적 일부가 된 숭고한 사명을 칭송했다. 하지만 그때 그녀는 오리엔테이션의 관행을 무시하고 직접 연설에 나섰다. 그녀는 어안이 벙벙한 신입 사원들을 향해 광고에는 역피라미드가 있다고 말했다. 지금까지는 자신의 옛 직장인 구글이 사람들의 의도(사람들이 무엇을 검색하는가)에서 수익을 창출하는 역피라미드의 밑바닥을 지배했다고 설명했다. 하지만 페이스북의 비즈니스는 그보다 훨씬 규모가 크다고 그녀는 말했다. 새로운 '수요'를 창조해내고 그로부터 수익을 창출할 잠재력이 있기 때문이었다. 이것은 훨씬 넓은 부분인 역피라미드 꼭대기였다. 이용자들은 매일같이 페이스북에 와서 뭔가 새로운 것이 없나 둘러보고 자신의 관심사를 공유한다. 따라서 광고주는 페이스북 이용자들이 원하는 것을 그들이 요구하기 전에 만들어 팔 수 있을 터였다.

그녀와 저커버그는 매주 일주일을 시작할 때와 마무리할 때 만나기로 합의했다. 두 사람은 훗날 밀접한 사이로 발전할 관계를 만들어가기 시작했다. 샌드버그가 참석한 첫 임원진 회의 중 하나에서 그녀는 구인 과정에서 후보를 평가할 때 써야 하는 점수를 언급했다. 알맞은 척도는 1부터 5까지가 '유일'하다고 그녀는 역설했다. 처음에 저커버그는 미심쩍다는 듯 눈알을 굴렸다. 하지만 회의가 끝난 뒤 그는 깊이 사과하며 다시는 그녀를 그렇게 낮잡아보지 않겠다고 말했다.

샌드버그는 모든 사람을 찾아다니며 페이스북의 구조에 대해 배우고, 직원들이 어떻게 채용되는지, 회사 문화는 어떤지 물었다. 또 저커버그를 잘 아는 사람들에게 질문을 던지며 젊은 보스의 심리를 깊숙이 탐구했다. 그녀는 에릭 슈밋이 구글의 젊은 창업자들을 얼마나 능숙하게 다루는지 보았다. 슈밋은 그들이 결코 천재가 아님을 단 한 번도 공개석상에서는 언급하지 않았다. 조 그린이 말한다. "셰릴에게 《엔더의 게임 Ender's Game》을 주면서 말했죠. '마크를 이해하려면 이 책을 읽어봐요.'"

이 소설의 주인공은 전쟁 게임 훈련을 받다가 실전에 투입되어 세상을 구하는 십 대다. 그녀는 이따금 친구들과 만나는 사사로운 자리에서는 저커버그의 이런저런 특징을 이야기하며 눈알을 굴리기는 했다. 그렇지만 공개석상에서는 둘의 협력 관계를 열렬히 선전했다.

파커, 밴 내타, 팔리하피티아 같은 저커버그의 이전 참모들은 모두 혼란의 달인이었다. 그들은 자기네 보스가 사내다운 "빨리 움직여서 파괴하라" 정신을 제품 발표뿐 아니라 회사 자체의 경영 방식에서까지 마음껏 발휘하도록 내버려두었다. 하지만 샌드버그는 즉시 제동을 걸었다. 그녀는 부모 잃은 아이들의 섬에 낙하산 타고 투입된 웬디 같았다.

그녀는 취임 초기에 집에서 칵테일파티를 열고 핵심 여직원을 모두 초대했다(전부 모였는데 방 하나로 충분했다). 그녀는 사내다움의 시대가 끝났다고 그들에게 말했다. 구글에서 그랬듯 그녀는 회사의 젊은 여성들에게 다가가 빡빡한 일정의 일대일 면담을 하며 개인적 애로를 묻고 조언하고 자신이 눈여겨보겠노라 약속했다. 또 페이스북 내 여성 단체 여러 곳에 가입했다. 글로리아 스타이넘Gloria Steinem을 집에 초대해 페이스북 여직원들과의 만남을 주선하기도 했다.

데이브 모린은 샌드버그가 취임 초기에 문제가 생겼을 때 저커버그와 그의 이너서클이 무슨 생각을 하는지 직원들 사이에 소문이 퍼지도록 방치하지 않았다고 회상한다. 그녀는 팀들을 불러모아 바닥에 앉히고는 이야기를 나누었다. 모린이 말한다. "우리는 대부분 애들이었고 사람 다루는 법을 몰랐습니다. 섬세한 소통에 필요한 기술도 없었죠. 샌드버그는 그 문제를 해결하고 회사 분위기를 한층 성숙시켰어요."

대체로 사람들은 그녀가 저커버그를 완벽하게 보완한다고 생각했다. 에즈라 캘러핸이 말한다. "샌드버그는 마크에게 없는 모든 것을 가지고 있었습니다. 외교적이고 달변이고 공감 능력이 있었죠. 그녀는 회사의 모든 구성원이 스스로를 중요하게 여길 수 있도록 했습니다. 반면에 마크는 제품 엔지니어링이 쇼의 주인공이니까 나머지는 닥치고 할 일이나 하라는 식이었습니다. 그동안은 10억 달러짜리 회사가 내 발등만 찍는 것 같았는데, 드디어 '좋았어, 이제 제대로 되어가는군' 하는 생각이 들더군요."

2008년 3월 샌드버그가 입사하고 얼마 지나지 않아 저커버그는 더페이스북을 시작하고 처음으로 긴 휴가를 갔다. 한 달 넘게 전 세계를 도는 여행이었다. 그가 말한다. "셰릴이 합류한 뒤로 그래도 되겠다는 생각이 들더라고요. 그녀가 실력을 발휘할 시간을 주고 싶기도 했고요." 그는 짐을 가볍게 싸고 혼자 떠나 여러 곳의 친구들을 방문했다. 유럽에서 출발해 동쪽으로 갔다.

저커버그의 여행은 스물네 살 청년이 단독 외국 여행에서 겪을 법한 이런저런 일을 겪은 고난의 여정이었다. 그는 베를린, 헬싱키, 카트만두에 갔다. 러시아에도 가려 했으나 비자를 받지 못했다. 네팔에서는 트레킹을 하다 몸져누워 현지인들이 야크 젖으로 치료하려 했으나 별 효과가 없었다.

인도 외딴 지역의 아슈람을 찾기도 했다. 그곳에 가야 했던 한 가지 이유는 스티브 잡스가 애플을 창업하기 전 머문 바로 그 아슈람이었기 때문이다. 아슈람 방문에서 번득이는 깨달음을 얻지는 못했으나, 공교롭게도 폭풍우가 치는 바람에 하룻밤 묵으려다 여러 날 머물고 말았다. 그는 그 시간을 "글쓰기와 명상하기"로 보냈다. 하지만 그의 정신은 한 번도 페이스북을 떠나지 않았으며 그의 공책은 복귀 후 실행할 아이디어로 가득했다. 그가 말한다. "사람들이 어떻게 소통하는지, 집단들이 하나로서 어떻게 느끼고 행동하는지 오랫동안 생각한 기억이 나요. 그러면서 우리의 사명에 대한 신념이 확고해졌어요. 바로 세상을 개방되고 연결된 곳으로 만드는 일에 전념한다는 거였죠."

이 통찰은 훗날 또 한 번의 인도 여행으로 이어진다. 수행단을 거느린 호화로운 행차였던 두 번째 여정에서는 롤 모델로 환영받는 동시에 10억 인구에게 페이스북을 강요하는 식민주의자로 공격받는다. 하지만 그것은 몇 년 뒤 일이다.

비즈니스 모델 확립과 인재 쟁탈전

저커버그가 세계를 순례하는 동안 샌드버그는 그의 부재를 틈타 페이스북의 비즈니스 모델에 대한 합의를 이끌어냈다. 백지에서 시작할 필요는 없었다. 비컨이 완전히 실패하기는 했지만 팬데믹의 나머지 요소들인 페이지, 타기팅, 클릭당 과금 광고는 이미 구현되고 있었다. 여전히 수익 창출 부문을 이끌며 이젠 샌드버그의 팀에 즐겁게 합류한 팀 켄들이 말한다. "광고 매출 5억 달러를 달성했죠." 그는 2년 더 그 자리를 지키다가 페이스북을 떠나 핀터레스트Pinterest에 합류해 결국 사장이 되었다.

마이크로소프트와 협상 조건에는 페이스북에 대한 지원 증대가 포함되었는데, 이 덕분에 일정한 수입을 보장받을 수 있었다. 광고엔지니어링 책임자 마크 랩킨Mark Rabkin이 말한다. "우리에게 공중 엄호를 해준 셈이었죠." 페이스북이 자기네 시스템 어디에도 실을 광고가 없었을 때 마이크로소프트는 자사 고객들을 연결해 페이스북이 당시 얻을 수 있던 최고가에 계약하게 해주었다. 페이스북 광고 서버가 두어 번 먹통이 되었는데 그때 매출이 오히려 늘었다. 랩킨이 말한다. "서버를 복구한 뒤 조사해봤더니 5만 달러가 추가로 들어왔더군요. 우리 시스템이 다운되면 마이크로소프트 시스템에 통째로 넘어가는데, 그들이 더 높은 최소 수익 보장 금액을 지불한 거였죠." 몇 달 뒤에는 페이스북 광고주들이 더 높은 금액을 지불했기에 더는 이런 상황이 벌어지지 않았다. 심지어 마이크로소프트와 계약이 만료된 2009년 이전에도.

샌드버그는 페이스북의 비즈니스가 광고업이고 나머지 모든 것이 곁다리임을 분명히 깨달았다. 하지만 페이스북의 모든 사람이 그 생각을 달가워하지는 않았다. 특히 몇몇 젊은 직원들은 광고는 구리며 페이스북은 뭔가 덜 …… 가식적인 일을 해야 한다고 생각했다. 저커버그조차 전적으로 동의하진 않았다. 2007년 팬데믹 행사 이후 그해 가을에 랩킨은 직원을 더 채용해야 한다고 그에게 말했다. 엔지니어 5명으로는 10억 달러 규모의 시스템을 운용하기에 역부족이었다. 구글은 400명이었는데! 저커버그가 물었다. "세계 최고 시스템을 구축하려면 몇 명이 필요하다고 생각하나요?" 랩킨이 용기를 내어 말한 숫자는 …… 스물이었다. 저커버그가 말했다. "좀 많네요. 생각 좀 해보고요." 랩킨은 광고 개발팀 엔지니어가 20명이 되기까지는 한두 해가 더 지나야 했다고 말한다. 오늘날은 구글처럼 수백 명이다.

샌드버그는 화요일과 수요일 밤에 핵심 직원들과 범부서 면담을 잇따라 열어 어떻게 하면 페이스북이 광고 이외의 매출을 통해 거대한 사업을 구축할 수 있을지 탐구했다. 그녀는 화이트보드에 이렇게 썼다. "무엇으로 돈을 벌어야 할까?" 이용료 과금? 연구? 모든 것을 살펴보았고 모든 것에 미흡한 점이 있었다. 광고만 빼고.[9] 그녀가 가고 싶어 한 바로 그 방향이었다. 켄들이 말한다. "당시에는 무의미한 논의라고 생각했습

　　　　　　　　　　　　　　2부　플랫폼 제국 건설하기

니다. 하지만 돌이켜 보니 전사적으로 합의를 이끌어내는 탁월한 방법이더군요."

회의 참석자들은 합의에 도달했다. 페이스북은 셰릴이 입사 첫날 밝힌 것처럼 수요에 집중할 터였다. 페이스북은 이용자에 대해 수많은 정보를 보유했기에 언제 그들이 특정 제품의 판촉에, 심지어 정치인 후보에게 쉽게 걸려드는지 알 수 있었다. 광고주들에게 급전을 받고서 홈페이지를 판촉 광고로 도배하거나 큼지막한 배너 광고를 올리는 일은 결코 하지 않을 거라고 샌드버그는 장담했다(그런 방법은 저커버그도 반대한 적이 있었다). 그즈음 마이스페이스는 시작 페이지를 〈배트맨〉 영화에 할애했으며 그런 뒤에는 〈인크레더블 헐크〉 영화를 홍보하려고 페이지 전체를 초록색으로 칠하는 홍보 행사를 벌였다. 샌드버그가 말한다. "그때까지 광고 개념은 초록색 괴물이 홈페이지를 점령하는 식이었어요. 한 영화사와 가진 첫 회의에서 그들의 영화를 헐크식으로 홍보하지는 않겠다고 했더니 마케팅 책임자인 여성이 말 그대로 내게 비명을 질러대곤 자리를 박차고 나가버렸어요." 샌드버그는 페이스북이 더 잘할 수 있다고 생각했다. 광고는 이용자가 페이스북에서 하는 좋은 경험에 부합하는 좋은 경험이어야 했다. "헐크가 튀어나와야 할 이유는 없었죠."

여행에서 복귀해 대화에 참여한 저커버그도 샌드버그 모임의 결론을 받아들였다. 샌드버그는 자신의 팀을 꾸리기 시작했다. 그녀가 친구와 지인의 방대한 인맥을 활용했기에(그녀는 체계적으로 그들과 친분을 유지하고 있었다) 페이스북 직원들은 '포스FOSS'라는 말을 쓰기 시작했다. '셰릴 샌드버그의 친구들Friends of Sheryl Sandberg'이라는 뜻이었다. 그중에는 그녀의 친구 마니 러빈Marne Levine도 있었다. 러빈은 페이스북 정책 담당 부사장이 된다.

저커버그와 가장 가까운 지인들은 그의 비공식 자문단인 페이스북 경영진의 부분집합인 '스몰 그룹small group'이었다. 더 넓은 범위의 경영진 그룹은 'M팀'이라고 불렸다. 이와 달리 샌드버그는 보좌관과 부관으로 이루어진 조직 기반을 갖추고 싶어 했다. 래리 서머스의 비서실장을 지낸 그녀는 자신 역시 비서실장을 두었다.

그녀가 채용한 인물 중 가장 눈에 띄는 사람은 구글 홍보·정책 책임자 엘리엇 슈레이그Elliot Schrage로 페이스북에서도 같은 역할을 맡았다. 그때까지 홍보 담당 최고위직에 있던 브랜디 바커는 견책당한 심정이었다. 하지만 컨설턴트들이 페이스북 임원들에게 제공하던 기업인 전문 '코치'의 도움으로 이겨냈다. 그녀가 말한다. "페이스북이 추구하는 방향을 위해서는 엘리엇이 필요하다는 것과 페이스북이 내 역량을 넘어서 성장했다는 사실을 받아들여야 했어요." 바커는 제품 홍보 업무에서 만족을 찾았다. 저커버그와 이 문제를 논의하는 건 어림없는 일이었다. 그녀가 말한다. "마크는 다음 사람으로 넘어갈 준비가 됐을 때 누구에게도 직접 이야기하는 법이 없어요."

샌드버그는 구글과 한 계약 때문에 첫해에는 구글 인력을 페이스북에 끌어들일 수 없었다(슈레이그는 자발적으로 합류했다). 구글은 페이스북으로 떠나는 직원이 너무 많아지자 이미 경계심을 품고 있었다. 샌드버그가 페이스북에 입사한 지 몇 달 뒤에는 그의 옛 상사 조너선 로즌버그 Jonathan Rosenberg와 오미드 코르데스타니가 탈출 러시를 막으려고 그녀에게 전화를 걸었다.[10] (구글은 다른 회사들과 불법 스카우트 방지 협약을 맺었다가 법정에 서게 됐는데, 그 과정에서 제출된 진술서에 따르면 샌드버그는 두 사람의 요청을 거절했다고 한다.) 하지만 그 뒤로는 물꼬가 터졌다. 이직 권유 금지 기간이 끝나는 날 그녀는 함께 일하고 싶은 옛 동료들의 명단을 작성했다. 그녀의 그물에는 그레그 바드로스(2년 전 저커버그의 아파트에서 면접에 응한 인물)를 비롯한 임원 3명이 걸려들었다.

구글이 가장 두려워한 일이 현실이 되었다. 은밀한 스카우트 방지 협약이 없을 경우 거액의 인재 쟁탈전이 벌어지리라는 우려였다. 그 뒤로 몇 년간 두 회사는 상대 회사의 인력을 유인하고 경쟁사의 유혹으로부터 자사 인력을 지키려고 수억 달러를 쓰게 된다.

물론 샌드버그가 구글에만 그물을 던진 것은 아니었다. 그녀는 마이크로소프트에 합류한 지 얼마 되지 않은 광고 담당 최고위 임원인 캐럴린 에버슨Carolyn Everson을 영업 책임자로 빼냈다. 마이크로소프트 최고경영자 스티브 발머Steve Ballmer가 어찌나 낙담했던지 에버슨은 그에게 소식을 전하면서 그가 휘두르는 골프채를 유심히 지켜보았다. 그녀가 말한다. "다행히 내게 휘두르지는 않았어요."

에버슨이 면접을 보는 자리에서 그녀의 새 보스가 될지 모르는 저커버그는 왜 기업들이 브랜드 광고를 해야 하는지 여전히 의문이라고 말했다. 그는 에버슨에게 자신의 어머니가 늘 같은 샴푸를 쓴다고 말했다. "페이스북 광고가 샴푸를 바꾸게 할 수 있을까요?" 에버슨은 BMW와 메르세데스-벤츠의 예를 들었다. 젊은 사람들은 두 차의 구입을 고려하진 않을지 모르지만, 20년 이상 광고를 해 욕구를 심어놓으면 그들이 고급차를 장만할 나이가 되었을 때 구입할지 모른다고.

에버슨은 자리를 받아들이고서야 업무가 예상보다 힘들 것임을 알아차렸다. 그녀의 임무는 거대 브랜드의 마케팅 책임자들과 관계를 구축하는 것이었다. 그녀가 말한다. "페이스북으로 돈이 쏟아져 들어오고 그들이 모든 걸 이해한 것이 틀림없어 보였어요. 그런데 여기 와서 보니 우리가 모든 걸 이해하지 못한 거예요. 모든 게 완전히 새로웠으니까요.

지금도 만들어가는 중이고요."

저커버그는 이해하고 있었다. 늘 그렇듯 그는 장기적인 것에 집중했다. 마크 랩킨이 말한다. "마크는 페이스북이 정말로 광고에 전력할 거라면 진짜 제품을 제대로 만들어 전 세계에 보급하고 공유를 비롯한 모든 것을 장려하는 경주야말로 초기 수익 창출보다 훨씬 중요하다는 사실을 정확히 알았습니다." 여느 때처럼 '제품'이야말로 그의 관심사였다. 페이스북이 수익 창출의 길에 들어선 지금 어떤 광고를 새로 발명해야 할까?

비컨 기차가 탈선한 뒤로 스폰서 게시물이 뉴스피드에서 퇴출되자(뉴스피드에는 그 뒤로 몇 년간 광고가 실리지 못했다) 페이스북은 다른 창구를 찾아야 했다. 그해 페이스북이 취한 한 가지 조치는 '참여engagement' 광고라고 불렸다. 광고주가 이용자의 홈페이지에 행동을 요청하는 글(행사 초대장이나 광고주의 페이스북 페이지에 대한 방문 요청)을 게시하게 해주는 것이었다.

한편 페이스북은 이미 닦아둔 토대에 건물을 올리고 있었다. '페이지' 기능, 타기팅, 클릭당 과금 방식의 광고 입찰 등이었다. 그때 광고 가치를 끌어올리고 뉴스피드에 영향을 미치고 페이스북 자체를 세상 속으로 확장한 아이디어 하나가 떠올랐다. '좋아요Like' 단추였다.[11]

'좋아요'가 바꾼 세상

'좋아요' 단추가 처음으로 들썩인 것은 뉴스피드가 생긴 지 1년이 채 지나지 않은 2007년 7월이었다. 코드명은 '프롭스Props'로, 이용자들이 자신의 뉴스피드에 올라온 게시물에 긍정적 표시를 할 수 있게 하려는 시도였다.

팀의 디자이너 리어 펄먼은 한 친구에게서 게시물을 퇴출하는 '폭파' 단추를 만들어달라는 이야기를 듣고서 이 아이디어를 떠올렸다. 펄먼은 게시물이 마음에 든다고 표시할 수 있는 뭔가를 도입하자고 제안했다. 이렇게 하면 특정 게시물(취직, 약혼, 근사한 휴가)에 '축하해요!' 등의 천편일률인 댓글을 달지 않아도 될 터였다. 펄먼과 함께 좋아요 단추 아이디어를 구체화한 저스틴 로즌스타인이 말한다. "우리가 창조하고 있는 이 거대한 소셜 네트워크에서 어떻게 해야 긍정과 사랑과 지지의 작은 조각들을 최대한 쉽게 시스템에 퍼뜨릴 수 있을까, 하는 문제였습니다."

클릭조차 하지 않고서는 그럴 도리가 없었기에 한 번의 클릭이 최소한의 목표였다. 페이지의 제품관리자이던 로즌스타인은 이용자들이 페이지의 상업적 활동에 참여하도록 하는 데 좋아요 단추를 활용할 수 있겠다는 생각이 들었다. 로즌스타인이 말한다. "특정 페이지를 좋아하는 사람들과 관계있는 광고를 제작할 수도 있고, 어떤 페이지를 그와 비슷한 페이지들을 좋아하는 사람들에게 홍보할 수도 있죠." 따라서 마찰 없이 찬성을 나타낼 수 있는 방법은 게시물 순위를 결정하는 데 유용할 뿐 아니라 광고에까지 요긴할 가능성이 있었다. 좋아요 단추는 이용자가 자신의 관심사를 페이스북에 드러내놓고 공유하지 않더라도 이를 파악하는 교묘한 방법이 될 수 있었다.

이메일을 수없이 주고받은 끝에 실무진은 이 기능에 잠정적으로 '굉장해요Awesome' 단추라는 이름을 붙이기로 결정했다. 뉴스피드 출시를 아수라장으로 만든 바로 그 단어였지만 개의치 않았다. 고려할 것은 또 있었다. 별을 달까? 더하기표가 좋을까? 엄지손가락을 치켜든 모양은 어떨까? 그해 여름 해카톤에서 로즌스타인은 소규모 팀과 함께 굉장해요 단추의 시제품을 코딩하고 디자인했다. 아이콘은 별 모양이었다. 하지만 여러 이유로 인해 프로젝트 진행이 중단되었다.

그해 2007년 가을에 프렌드피드FriendFeed라는 스타트업 회사가 설립되었다. 이 회사의 웹사이트에도 피드가 있었는데, 여기에는 프렌즈터 이용자들이 여러 소셜 네트워크에 올린 모든 메시지와 게시물이 모여 있었다. 그리고 좋아요 단추가 있었다. 앤드루 보즈워스가 기록한 좋아요 단추 야사野史에 따르면 페이스북은 알면서 무시했다.[12] 저커버그가 '굉장해요'로는 피드백 기능을 제대로 표현할 수 없다고 판단해 명칭을 '좋아요'로 바꾸었을 즈음 페이스북은 이미 프렌드피드를 인수한 뒤였다. 인수는 2009년 이루어졌는데, 이 인수로 페이스북은 잠재적 위협을 시장에서 몰아낸 것 외에 프렌드피드 공동 창업자인 브렛 테일러Bret Taylor라는 전리품까지 얻었다. 구글에서 손꼽히는 엔지니어였던 그는 훗날 페이스북 최고기술책임자가 되었다.

프렌드피드의 또 다른 공동 창업자 폴 버크하이트Paul Buchheit는 페이스북이 좋아요 단추를 만들고 있다는 것을 알고 으쓱했지만 좋은 아이디어라고 생각했다. "그 단어가 프렌드피드에서 왔다고 잘라 말할 순 없습니다. 하지만 단어 하나가 얼마나 큰 차이를 만들어내는지 보여주는 흥미로운 사례예요. 사방에서 온통 '굉장해요'라고 하면 괴상하지 않겠어요? '좋아요'는 가볍고 별 의미 없으면서 매력적인 단어예요. 큰맘 먹고 해야 하는 말이 아닌 거죠."

그와 동시에 디자인팀은 페이스북에서 피드백이 작동하는 방식을 새로 디자인했다. 두 팀은 협력해 굉장해요 단추를 만들었으며 어느 정도 추진력을 얻었다. 엄지손가락을 치켜든 모양을 아이콘으로 하자는 결정은 페이스북 전통에서 비롯했다. 콕 찔러보기 단추도 손 모양이었으니까. 에런 시티그는 엄지손가락 모양 단추를 전 세계인에게 친숙해질 형태로 다듬었다.

하지만 페이스북에서 좋아요 단추를 발표하기까지는 1년 반이 더 걸렸다. 한 가지 이유는 저커버그가 제품 검토 때마다 미적지근한 반응을 보였기 때문이다. 일곱 번의 검토에도 최고경영자 저커버그는 엄지손가락을 들어 올리지 않았다. 중요한 이유는 뉴스피드 게시물에 클릭 한 번으로 의견을 표시할 수 있게 하면 실제 댓글이 달리지 않을 것이며, 흥미로운 대화 타래 대신 생각 없는 긍정적 클릭만 쌓이리라는 우려였다. 보즈워스는 좋아요 단추 프로젝트를 "저주받은 프로젝트"라고 불렀다.

2008년 12월 말 제품관리자 재러드 모겐스턴Jared Morgenstern이 골칫거리 좋아요 단추를 이어받아 저주를 풀 방법을 궁리했다. 까다로운 과제는 훨씬 높은 차원의 공유 형태인 댓글이 좋아요 단추에 잠식당하지 않을 것임을 입증하는 일이었다. 그는 좋아요 단추를 누르고 나면 커서가 댓글 상자로 이동하는 깃 같은 몇 가지 수법을 도입했다. 하지만 좋아요가 댓글을 억누르는지 알려면 결국 단추를 달아서 반응을 측정하는 수밖에 없었다. 모겐스턴은 또다시 저커버그에게 검토받는 대신 이메일을 보내 지나가는 말로 북유럽 나라들에 좋아요 단추를 출시할 거라고 언급했다. 그는 저커버그의 무반응을 묵인으로 해석했다. 북유럽에 좋아요 단추를 도입한 뒤 그들의 행동을 좋아요 단추가 없는 나라 이용자들의 행동과 비교했다. 그랬더니 좋아요 단추가 오히려 댓글을 '증가'시키는 것으로 나타났다.

저커버그는 좋아요 단추 프로젝트를 계속 추진하라고 지시했다. 그가 말했다. "엄지손가락을 치켜든 '좋아요'로 하죠. 이대로 제작해 출시해요. 이젠 지겨워요."

그리하여 2009년 2월 9일 마침내 좋아요 단추가 도입되었다. 그리고 모든 예상을 뛰어넘었다. 사람들은 즉시 빠져들었다. 애초의 의도대로 좋아요 개수는 뉴스피드 게시물의 순위를 매기는 중요한 기준이 되었다. 사람들이 어떤 게시물을 좋아한다는 표시로 바로 그 감정을 행동으로 직접 표현하는 것보다 더 분명한 게 어디 있겠는가? 뉴스피드의 목표는 사람들이 보고 싶어 하는 것을 그들에게 보여주는 것이었기에 페이스북의 일은 한결 수월해졌다.

하지만 더 중요하고 다소 불길한 결과는 페이스북이 좋아요 단추를 사이트 밖으로 확장해 인터넷의 다른 사이트들에 전파하기로 결정했을 때 찾아왔다. 사실상 페이스북은 월드 와이드 웹과 다음과 같은 계약을 맺은 셈이었다. 당신이 자신의 페이지에 좋아요 단추를 달면 당신이 무엇을 팔거나 홍보하거나 공개적으로 말하든 수백만 이용자들에게 암묵적인(어쩌면 본의 아닌) 승인을 받아 파급력을 높일 수 있다. 마치 웹 전체가 뉴스피드에 게시물을 올리는 격이었다. 페이스북 입장에서는 놀라운 데이터 공급원이 생긴 것이었다.

이것이 얼마나 놀라웠던지, 당시 네덜란드에서 박사 학위를 준비하던 프라이버시 전문가 아르놀트 로센달Arnold Roosendaal이 페이스북의 데이터 추출 과정을 분석해 논문을 발표하자 작은 소란이 일었다.[13] 페이스북 이용자가 웹사이트에서 언제 좋아요 단추를 누르는가의 정보는 그 자체로 가치가 있었다. 하지만 로센달은 좋아요 기능이 구현된 웹페이지에 이용자가 접속하기만 해도 페이스북이 방문자의 브라우저에 '쿠키cookie'(영구적인 정보 추적 장치)를 심는다는 사실을 발견했다. 로센달은 이렇게 썼다. "게다가 이용자가 페이스북 계정이 없으면 개별 인터넷 탐색 행동에 대한 별도의 데이터 집합이 생성될 수 있다. 이용자가 나중에 계정을 개설하면 새로 생성된 프로필 페이지에 그 데이터가 연결될 수 있다." 페이스북은 후자의 문제를 '버그'라고 불렀으며 최고기술책임자 브렛 테일러는 기자에게 좋아요 단추가 행동 추적에 쓰이지 않았다고 말했다.[14]

그럼에도 이 수법은 저커버그가 2006년에 〈변화의 책〉에서 설명한 '다크 프로필' 개념과 무척 비슷해 보였다. 프라이버시 소프트웨어 제작자 롭 셔벨Rob Shavell은 《뉴욕타임스》에 이렇게 말했다. "사람들이 알지 못하는 사실은 이 단추 하나하나가 은밀한 비디오카메라와 같다는 겁니다. 여러분이 단추를 보면 단추도 여러분을 보고 있는 거죠."[15]

좋아요 단추의 단점은 프라이버시 우려만이 아니었다. 좋아요 경쟁 또한 골칫거리였다. 사람들이 클릭을 많이 받을 수 있게 게시물을 손보도록 하는 데는 미묘한 인센티브가 필요하지 않았다. 사람들은 자신에게 의미 있는 게시물이 좋아요를 받지 못하면 속상해했다. 기업 입장에서는 좋아요를 끌어내는 것이 중대한 목표가 되었다. 좋아요 개수는 기업의 페이지가 페이스북의 수많은 이용자에게 노출될 것인가를 좌우했다. 사람들이 페이지에 흥미를 나타내면 광고주들은 자기네 게시물이 그들의 뉴스피드에 올라가도록 할 수 있었다. 좋아요를 많이 받은 게시물은 뉴스피드 알고리즘에 따라 더 널리 퍼져서 그 사람들의 친구들 뉴스피드에 유입되는 '자연' 트래픽을 발생시켰다. 공짜 광고였다.

세계 최대의 기업들을 비롯한 많은 기업이 사람들을 유인해 자사 페이지에 좋아요를 받으려는 주목도 전쟁에 뛰어들었다. 때로는 엄지손가락을 치켜들어주는 사람들에게 특전을 제공했다. 어떤 페이지는 좋아요 암시장에 뒷돈을 댔다. 일정액을 내면 좋아요 수천 개를 살 수 있었다.

이따금 중국 같은 나라의 저임금 노동자 군단이 노동력 착취 사업장에 앉아 집게손가락을 마우스 단추에 올린 채 좋아요를 눌러 브랜드를 홍보했다.

좋아요 단추는 페이스북 자체의 상징이 되었으며 엄지손가락 아이콘은 페이스북 본사 사옥 앞에 전시되었다. 사람들은 그 앞에서 셀카를 찍어 소셜 네트워크에 사진을 올렸다. 물론 친구들이 사진에 좋아요를 누르리라 기대하면서.

그리하여 단순하기 그지없는 요소 하나가 페이스북의 비즈니스를 부양하고 이용자들에게 스스로를 표현할 손쉬운 방법을 선사했다. 동시에 사소하거나 분노를 유발하는 콘텐츠가 지나치게 강조되는 우려스러운 상황으로 회사를 내몰았다. 좋아요 단추가 페이스북이 자기네 테두리를 넘어 데이터를 수집하기 위한 관문 마약이었음은 두말할 필요 없다.

좋아요의 창안자 로즌스타인, 펄먼, 모겐스턴(지금은 누구도 페이스북에서 일하지 않는다)은 최근 자신들의 작업이 사회를 타락시키고 옛 고용주가 이용자 정보를 마구잡이로 수집하는 데 일조했다는 깨달음(후회까지는 아니지만)을 진심으로 표명했다. 그들은 모두 당시에는 그것이 옳은 일이었다고 생각했다. 하지만 이제는 의도하지 않은 결과가 벌어지지 않도록 페이스북이 노력했어야 한다며 아쉬워한다. 그들은 페이스북의 사업 전반에서 이런 아쉬움을 느꼈으리라.

좋아요 단추의 웹 정복은 페이스북에 어마어마한 성공을 가져다주었다. 비컨의 참패를 보기 좋게 설욕한 셈이었다. 비컨은 웹사이트에서 얻은 데이터를 페이스북의 다른 이용자들에게 공유하는 방법이었다. 그러나 좋아요 단추는 페이스북이 이 데이터를 자기네 목적을 위해, 주로 이용자 데이터베이스를 구축해 광고에 활용하는 쪽으로 이용하게 해주었다.

페이스북은 수익 창출 영역을 경계 밖으로 확장하는 것이 질적 변화를 가져올 수 있음을 깨달았다. 훗날 페이스북은 한발 더 나아가 데이터 브로커들에게서 정보를 사들인다. 최고정보보호책임자에게 '신성 모독'이던 것이 이제는 페이스북의 일상 사업이 되었다.

한술 더 떠서 페이스북이 더 많은 데이터를, 대부분 실시간으로 수집함에 따라 회사는 셰릴 샌드버그의 수입 예측조차 뛰어넘는 실적을 거두고 있었다. 그녀는 페이스북에 입사한 날부터 이 회사의 수입원이 제품 '수요'를 창출하는 광고에 국한될 것이라고 생각했다. 물론 이것 역시 거대한 시장이긴 했다. 하지만 사람들이 웹에서 무엇을 하는지(무엇을 쇼핑하는지, 무엇에 환상을 품는지)에 대한 정보를 수집함으로써 페이스북은 사람들의 '의도intent'라는 귀중한 정보를 포착할 수 있었다.

이것이라면 광고주들이 지갑을 더 열게 할 수 있었다. 이로써 페이스북은 온라인 광고 매출에서 알짜를 차지하기에 훨씬 유리한 위치에 올라섰다.

샌드버그가 말한다. "우리가 먹이 사슬의 위로 올라가 수요보나는 의도를 충족할 수 있다는 발상은 …… 매우 핵심적이었어요."

그리하여 페이스북은 마침내 비즈니스 모델을 확립했다. 물론 더 다듬어야 했고 개인 정보를 더 깊이 들여다보아야 했다. 무엇보다 사람들이 데스크톱을 버리고 자신의 온라인 세계를 휴대용 기기로 옮기고 있었다. 하지만 달러가, 수십억 또 수십억 달러가 전통 광고 부문에서 빠져나와 페이스북의 금고로 쏟아져 들어오면서 마크 저커버그가 팬데믹을 소개하면서 밝힌 포부는 더는 허황하게 들리지 않았다. 어쩌면 마케팅 역사의 다음 100년은 정말로 페이스북으로부터 시작될지 몰랐다.

10

성장, 또 성장

직장은 가정이 아니다

페이스북 입사 초기에 셰릴 샌드버그는 차마스 팔리하피티야와 잇따라 대화를 나누었다. 둘은 서로를 잘 알았다. 팔리하피티야는 샌드버그와 가족끼리 아는 사이였고 그녀의 남편 데이브 골드버그와 정기적으로 포커를 치는 멤버였다. 두 남자는 종종 라스베이거스로 남자들만의 여행을 떠났다. 팔리하피티야는 아버지였기에 샌드버그의 자녀들에게도 근사한 어른 노릇을 했다. 그렇게 샌드버그는 서른한 살의 임원이 들려주는 말에 귀를 기울였다.

팔리하피티야는 페이스북에서 갈림길에 서 있었다. 벤처 투자자라는 직업을 버리고 페이스북에 합류한 지는 1년이 채 안 됐다. 이전에는 AOL에서 최연소 부사장을 지냈다.

팔리하피티야는 그 자리에 오르기까지 승승장구했다. 스리랑카 태생인 그는 공무원인 아버지가 캐나다로 발령받으면서 여섯 살에 이주했다.[1] 몇 년 뒤 아버지가 일자리를 잃자 가족의 고난이 시작되었다. 팔리하피티야가 2017년 《뉴욕타임스》에 밝힌 내용에 따르면 그들은 빨래방 위층의 11평짜리 아파트로 이사했다. 아버지는 좀처럼 일자리를 구하지 못했다. "술을 드시고 그랬죠"라고 팔리하피티야는 회상했다. 어머니는 간호사 훈련을 받았지만 가정부와 간호조무사로 일했다.

팔리하피티야도 일을 했다. 처음에는 버거킹에서 아르바이트를 했다. 하지만 고등학교 구내식당에서 블랙잭을 하는 편이 더 짭짤하다는 것을 알게 되었다. 그는 쉬는 시간에 40~50달러를 긁어모았다. 그런 다음에는 그 돈을 들고 카지노로 가서 불리려고 시도했다(카지노에 입장할 수 있는 가짜 신분증을 구했다). 그는 판돈이 큰 포커에 재주가 있었다. 나중에는 포커 월드 시리즈World Series of Poker, WSOP에 참가하기까지 했다.

1999년 워털루대학교 전기공학과를 졸업한 뒤에는 투자은행에서 1년간 일했다. 훗날 그는 파생 상품을 거래하던 자신의 업무를 "내 시간을 가장 따분하고 한심하게 보내는 방법"이라고 일컬었다.[2] (지적인 독설을 내뱉는 그의 솜씨는 실리콘밸리에서 독보적이었다.) 그는 투자은행을 그만두고 온라인 부문에서 일자리를 구하다가 결국 음악 스타트업에서 일하려고 캘리포니아로 이주했다. 고등학교 시절 저커버그와 댄절로에게 영감을 준 음악 재생 프로그램 윈앰프를 만든 그 회사였다. 윈앰프는 근사한 애플리케이션으로 평가받았지만 팔리하피티야의 눈에는 플랫폼으로 보였다. 외부인이 윈앰프를 예쁜 '스킨'으로 장식하거나 창의적 플러그인으로 성능을 끌어올릴 수 있었기 때문이다(저커버그와 댄절로가 고등학교 때 수업 과제로 만들었던 시냅스가 그런 플러그인 중 하나였다). 플랫폼 개념을 내세우자 유능한 엔지니어들과 디자이너들이 제품을 공짜로 개량했으며 그 결과 윈앰프는 경쟁자들이 넘보기 힘든 더 좋은 프로그램이 되었다. 팔리하피티야는 윈앰프에서 숀 파커를 만났고 둘은 자연스럽게 단짝이 되었다.

1999년 AOL이 윈앰프를 인수하자 팔리하피티야는 당시 세계에서 가장 인기 있던 온라인 기업에 합류하게 되었다. 큰 기대를 모았지만 결국 재앙으로 끝난 AOL과 타임 워너Time Warner의 합병이 이루어지기 1년 전이었다. 그러다 2005년에 파커가 전화를 걸어 이렇게 말했다. "더페이스북이라는 회사의 사장이 됐어. 만나서 이 회사에 대해 알려주고 창업자와 만나게 해주고 싶어."

파커와 저커버그는 AOL 본사가 있는 버지니아주 덜레스로 날아와 팔리하피티야와 AOL 임원 짐 뱅코프Jim Bankoff를 만났다. 파커가 대화를 주도했으며 저커버그는 여느 때처럼 모임 내내 무음 모드였다. 하지만 팔리하피티야는 감명받았다. 나중에 그는 뱅코프에게 AOL이 더페이스북 인수를 고려해야 한다고 말했다. 하지만 AOL은 타임 워너와 합병이라는 열차 사고의 잔해를 수습하느라 이 제안에 신경 쓸 여력이 없었다. 물론 저커버그도 생각이 없었겠지만.

AOL은 사람들이 페이스북에서 AOL 인스턴트 메신저 친구들을 찾을 수 있도록 AOL 인스턴트 메신저를 더페이스북 웹사이트와 연결하는 소소한 계약을 맺었다. 팔리하피티야는 이것이 AOL에만 유리했다고 종종 이야기했다.

하지만 이 계약의 가장 중대한 결과는 팔리하피티야와 저커버그가 인연을 맺었다는 것이다. 2005년 팔리하피티야는 AOL을 나와 멘로파크에 있는 벤처 캐피털 회사 메이필드Mayfield에 합류했다. AOL에서 경험을 통해 그가 얻은 교훈 한 가지는 "대부분의 회사에서 대부분의 사람들은 정말이지 개차반이다"[3]라는 것이었다고 그는 훗날 말했다. 팔리하피티야는 두어 달에 한 번씩 저커버그와 어울렸다. 그는 당돌하면서도 수줍은 저커버그의 성격에 매력을 느꼈다.

그렇다고 해서 젊은 최고경영자 저커버그가 언론과 실리콘밸리 이너 서클에서 누리는 영웅 대접에 팔리하피티야가 반드시 동의했다는 뜻은 아니다. 기술 업계와 비즈니스 잡지에서는 성공한 창업자를 판테온의 신들에 비유하는 밈이 성행했지만 그는 한 번도 거기에 동조하지 않았다. 그가 보기에 성공한 창업자들은 경제적·사회적 여건을 잘 타고난 행운아에 가까웠다. 저커버그가 하버드 대신 오하이오주립대학교에 갔다면 이 모든 일이 벌어지지 않았을지 모른다고 그는 생각했다. 스탠퍼드나 아이비리그 대학에 다니지 않았다는 자격지심은 그에게 지워지지 않는 흔적을 남긴 듯하다.

그럼에도 활달한 팔리하피티야와 내성적인 저커버그는 비즈니스와 기술에 대해서는 견해가 비슷했다. 팔리하피티야가 페이스북에 합류하면 어떨까 하는 생각이 떠오른 것은 필연적이었다. 공식 제안은 전혀 없었다. 하지만 야후 사태 이후 밴 내타에게 불만을 느낀 저커버그는 자기편이 되어줄 사람이 경영진에 들어오길 바랐다.

그리하여 2007년 초 팔리하피티야는 유니버시티애비뉴 사옥을 찾아갔다. 별 뜻 없이 그냥 둘러보러 간 것이었다. 저커버그가 없어서 모스코비츠와 이야기를 나누었다. 모스코비츠는 그에게 왜 페이스북에서 일하고 싶으냐고 물었다. 팔리하피티야는 입사 지원자 취급을 받자 부아가 났다. 그가 말했다. "제기랄, 잠깐만요. 난 당신한테 면접 보는 게 아니라고요." 그러고는 페이스북에서 잘못된 게 한두 가지가 아니라고 말했다. 목록은 길었지만 그것은 모스코비츠와 저커버그가 멍청이라는 뜻이 아니었다. 사업 경험이 전무하다는 점을 고려하면 그들은 최선을 다하고 있었다.

팔리하피티야를 감명시킨 것은, 그리고 실제로 입사하게 만든 것은 문제를 해결할 수 있는 제안들에 저커버그와 그의 무리가 열린 자세로 귀를 기울였다는 것이다. 팔리하피티야는 이 기회를 붙잡아도 괜찮겠다는 생각이 들었다. 그렇지만 그는 입사 결정을 질질 끌었다. 그가 햄릿처럼 우유부단한 태도를 보이자 한번은 저커버그가 로저 맥너미를 불러 팔리하피티야에게 회사를 잘 소개하면서 설득해달라고 부탁하기까지 했다. 맥너미가 말한다. "나는 차마스가 이미 합류하기로 마음먹었다고 생각해요. 그냥 나를 갖고 논 거죠."

2007년 마침내 회사에 합류한 팔리하피티야는 '제품 마케팅 및 운영'이라는 포괄적 직함으로 상당한(어쩌면 막연할 수 있는) 임무를 부여받았다. 사실상 밴 내타가 빼앗긴 책임들이었다. 밴 내타는 야후 사태 때 충성심을 보이지 않은 탓에 최고운영책임자 자리에서 사실상 좌천되었다(페이스북은 이 직함을 일시적으로 없앴다).

팔리하피티야는 즉각적인 변화를 가져왔다. 수익 창출 책임자 팀 켄들은 그의 재능에 감동했다(반면에 그의 성미에는 질겁했다). 그가 말한다. "팔리하피티야는 믿을 수 없을 만큼 기민한 리더죠. 그에게서 많은 걸 배웠어요. 하지만 다시는 그의 밑에서 일하고 싶지 않습니다."

팔리하피티야는 지난 2년간 직원을 무계획적으로 채용한 탓에 불필요한 인력이 회사에 들어오게 되었다고 말했다. 그러면서 게으름뱅이를 가려내어 퇴출시키는 '강제 순위 매기기' 절차를 도입했다. 합리적 조치이긴 했다. 그렇지만 역량을 최대한 발휘하지 않는 사람들에 대한 그의 공개 질타는 높은 성과를 올린 직원들조차 겁먹게 했다. 나이와 경력이 많은 직원 대부분은 페이스북의 미숙한 문화에 물들어 있었다. 팔리하피티야는 소신을 굽히지 않고 나름의 사리 분별, 엄격한 규율, 그리고 하버드 출신의 순응적 태도에 대한 경멸감을 완강히 유지했다.

팔리하피티야는 못된 상사 노릇 또한 서슴지 않았다. 회의 때는 사람들에게 면박을 주고 외모를 비하했다. 갓 중년이 된 임원에게 이마가 벗어졌다고 놀렸다. 또 다른 전직 임원은 내가 녹음기를 꺼야 팔리하피티야에 대해 이야기하겠다고 했다. 그에게 받은 언어적 모욕을 되새기다 눈물을 글썽이기까지 했다. 마치 팔리하피티야가 덤불 뒤에서 나타나 구타를 다시 시작할까봐 아직도 두려워하는 것 같았다.

팔리하피티야에게 이 사실에 대해 묻자 야멸찬 대답이 돌아왔다. "걸리적. 거리지. 말라는. 겁니다. 바로 이 순간 수백만 달러짜리 저택에서 친칠라 담요를 두른 채 빈둥거리고 있으면 양심의 가책을 느껴야죠." 그는 직장은 가정이 아니라고 잘라 말한다. 그리고 자신에게 오글거리는 애정 표현을 듣길 원하는 사람들을 두고 이렇게 빈정댄다. "좋은 회의가 되지 않았을 겁니다. 그 사람들은 지적으로 괴롭힘당한다고 느꼈을 테니까요."

다른 한편으로 그는 사람들에게 영감을 주었다. 그는 탁자에 올라서서 페이스북이 얼마나 커질 것인지 사람들에게 이야기했다. 페이스북의 가치가 100억 달러로 평가되리라는 전망에 사람들이 들썩거릴 때 그는 그 열 배가 되리라고 호언장담했다(훗날 더는 미친 소리로 들리지 않게 되었을 때 1조 달러 가치를 언급하기까지 했다). 또한 그는 페이스북이 목표를 달성할 수 있을 만큼 충분히 빠르게 움직이지 않고 혁신하지 않는 듯 보이는 사람들을 내쫓는 데 전혀 거리낌이 없었다. 그중 몇몇은 동료들이 보기에는 수준 이하였으나 저커버그가 직원을 해고하는 일에 소심한 덕에 자리를 보전하고 있던 사람들이었다.

하지만 이런 재능과 호기를 가졌음에도 팔리하피티야는 첫 몇 달간은 페이스북에서 그다지 승승장구하지 못했다. 실제로 플랫폼팀에 기여한 점은 많지 않았다. 그가 가장 깊이 관여한 일은 페이스북의 가장 뼈아픈 실책 중 하나인 비컨이었다. 그는 《뉴욕타임스》에 인용된 자신의 실언(비컨은 이용자가 원하지 않으면 데이터를 전송하지 않는다는 말)이 곡해되었다고 생각했다. 그가 말한다. "기자들 앞에서는 기술적으로 깊이 들어가지 말아야 한다는 걸 배웠습니다." 하지만 이 일로 안 그래도 삐걱거리던 저커버그와의 관계가 더 틀어졌다.

2007년 말이 되자 팔리하피티야조차 자신의 일 처리가 형편없었음을 인정했다. 그는 단지 운이 좋았기 때문에 성공한 사람들 중 하나였는지 모른다. 그는 비컨 사태 이후에 열린 회의에서 저커버그에게 말했다. "내가 당신이라면 날 해고했을 거요." 두 사람은 그가 업무 범위를 좁혀 마지막으로 한 번 더 시도해봐야 한다는 데 합의했다.

성장 시스템 만들기

이제 샌드버그의 사무실에서 팔리하피티야는 회심의 일격을 날릴 참이었다. 그의 머릿속에는 페이스북의 미래 성공에 결정적인 역할을 할 무언가가 들어 있었다. 그것이 실패의 원인이기도 하리라는 것은 예상하지 못했지만.

2008년 초 그 시점에 페이스북은 성장이 둔화했다. 오픈레지와 뉴스
피드가 도입되기 전인 1년여 전에도 비슷한 하락세가 페이스북을 강타
한 적이 있었다. 하지만 이번에는 심상치 않았다. 내놓을 만한 획기적인
제품이 전무했기 때문이다. 하락세의 원인도 오리무중이었다. 한 임원
이 말한다. "모든 게 멈추었어요. 이날까지 우린 이유를 모릅니다."[4]

저커버그는 이렇게 회상한다. "성장이 9000만 명 선에서 정체했어요.
그때 사람들이 과연 1억 명을 넘을 수 있을지 모르겠다고 말한 기억이
나요. 우리는 사실상 벽에 부딪혔고 거기에 집중해야 했죠."

팔리하피티야는 한 가지 해결책을 들고나왔다. 막강한 권한을 가진
독립 팀을 만들어 이용자를 끌어들이고 잡아두는 일에 주력하게 한다
는 전략이었다. 그는 자신이 페이스북의 북극성을 찾아냈다고 생각했
다. 페이스북의 비즈니스와 재무 건전성을 규정하는 가장 기초 요소였
다. 바로 '월간 활성 이용자Monthly Active User, MAU'(월간 실사용자) 개념이
었다.

다른 인터넷 업체들은 매일 얼마나 많은 사람이 사이트에 있는지, 아
니면 총 몇 명이 가입했는지를 집계했다. 하지만 월 단위가 더 나은 지
표였다. 한 달 내내 꾸준히 서비스를 이용한 사람은 계속 머물 가능성이
크기 때문이었다. 따라서 이 숫자에는 '이탈churn'(얼마나 많은 사람이 페이
스북을 떠나는가)이 반영되어 있었다. 팔리하피티야는 월간 활성 이용자
에 전적으로 매달려야 한다고 주장했다. 페이스북 비즈니스의 모든 부
분을 이 기준에 비추어 바라보고, 무엇이 월간 활성 이용자를 끌어올리
는지 알아내고, 월간 활성 이용자를 증가시키지 않는 것을 바로잡고, 월
간 활성 이용자를 더욱 끌어올릴 새 부문을 구축해야 한다고 역설했다.

샌드버그는 이 개념에 매료되었다. 그녀가 물었다. "뭐라고 부를까요?"

팔리하피티야가 말했다. "모르겠어요. 우리 임무는 성장을 위한 것이어야 합니다. 모든 게 월간 활성 이용자 성장으로 이어져야 해요."

그녀가 말했다. "그냥 성장이라고 불러야 할지 모르겠네요."

샌드버그는 정확히 어떤 자리였는지 기억나지 않는다면서도(그녀는 팔리하피티야와 무수히 만났다) 이런 대화가 오갔던 건 사실이라고 확인해주었다.

팔리하피티야는 자신의 발상을 다듬어 다음 이사회에서 발표했다. 그는 자신이 공격적 기법을 동원해 이용자 수를 두세 배 증가시킬 수 있으며, 페이스북의 '플랫폼' 자체를 통째로 성장 엔진으로 바꾸면 그 이상까지 달성할 수 있다고 주장했다.

이사회는 시큰둥했다. 그러자 팔리하피티야가 말했다. "추진할 시간을 조금만 줘보시죠." 몇 분기가 지난 뒤 성과가 마음에 들지 않으면 자신을 퇴출해도 군말하지 않겠다면서.

팔리하피티야는 자신이 합류하기 전에 불기 시작한 성장 열풍을 한층 강화했다. 그에게 독립 팀을 이끌도록 승인한 시점에 이미 샌드버그는 페이스북이 철저한 성장 기계라고 여기고 있었다. 페이스북의 탄생 스토리 자체가 성장의 우화였다. 2004년 한 달 만에(그것도 1년 중 가장 짧은 2월에!) 저커버그는 더페이스북을 하버드에서 다른 캠퍼스들로 확장했다. 2005년에 노아 케이건Noah Kagan이라는 초창기 직원(훗날 제품 출시 계획을 업계지 〈테크크런치〉에 유출했다가 해고당했다)이 저커버그에게 사이트의 페이지에 나열된 여러 행사의 입장권을 페이스북에서 판매하자고 제안했다. 저커버그는 대답 대신 어디에나 있던 화이트보드 하나

2부 플랫폼 제국 건설하기

에 다가가 마커로 한 단어를 끄적였다. 바로 "성장"이었다. 케이건은 이렇게 썼다. "저커버그는 성장에 도움이 되지 않는 기능은 뭐가 됐든 아무 관심 없다고 말했다. 성장이야말로 유일하게 중요한 관심사였다."5

심지어 2005년에 벌써 페이스북은 이용자를 더 끌어들이기 위해 자기네가 수집한 정보를 분석할 전문가들 영입을 추진했다. 이 일은 2006년 1월 자전거 사고로 목숨을 잃은 과학자 댄 플러머의 주 임무가 될 예정이었다. 그를 대신할 사람이 페이스북에 입사한 계기는 저커버그의 누나 랜디와 관련한 우연한 만남이었다(2004년 말 저커버그는 랜디에게 페이스북에 들어와달라고 요청했다). 뉴욕에서 열린 그녀의 고별 파티에서 제프 해머바커Jeff Hammerbacher라는 엔지니어가 저커버그의 눈에 익었다. 알고 보니 하버드에서 세미나를 함께 한 적이 있었다. 해머바커는 랜디의 친구인 자기 여자 친구에게 이끌려 파티에 온 참이었다. 저커버그의 권유에 따라 그는 페이스북에 입사 지원을 했다.

그의 원래 계획은 1년 동안 캘리포니아에서 주거를 마련한 뒤 주 거주민 장학금을 받아 대학원에 간다는 것이었다. 하지만 자신을 면접한 페이스북 엔지니어들에게 깊은 인상을 받았다. 그는 애덤 댄절로의 명함에 '데이터 마이닝'이라고 쓰여 있는 것에 끌렸다. 데이터 마이닝은 해머바커의 최고 관심 분야였기 때문이다. 이 작은 팰러앨토 스타트업의 관심사 역시 데이터 마이닝이었다.

해머바커는 대개 다른 사람들과 협력해 페이스북에서 벌어지는 행동을 분석하면서 자신들이 발굴한 데이터가 성장에 도움이 될 수 있는지 눈여겨보았다. 더 중요한 사실은 페이스북이 막대한 양의 정보를 수집하고 분석해 회사 발전에 보탬이 되는 결론을 이끌어낼 수 있도록 그가 시스템을 구축했다는 것이다. 그는 페이스북 이용자의 클릭 하나하나를 로그로 기록하는 시스템을 만들었다. 그는 나중에 여기에 '정보 플랫폼 Information Platform'이라는 이름을 붙였다.[6] 첫날 그가 수집한 정보는 400 기가바이트였다.

그는 나오미 글라이트Naomi Gleit와 맷 콜러의 도움을 받아 성장이 시작된 학교들을 살펴보고 이를 성장이 정체한 학교들과 비교하며 성공과 실패의 요인을 이해하고자 했다. 페이스북이 오픈레지를 공개했을 때 그는 이용자들이 어떻게 페이스북에 들어오는지 알아내려고 데이터를 들여다보다 한 엔지니어가 만든 프로그램이 가장 큰 유입 출처임을 발견했다. 그것은 마이크로소프트 핫메일 연락처를 가져오는 프로그램이었다.

'친구 찾기Find Friends'라는 이름의 이 프로그램을 만든 사람은 페이스북 엔지니어 재러드 모겐스턴이었다. 이 프로그램은 핫메일뿐 아니라 지메일과 야후 메일에서도 연락처를 가져올 수 있었다. 이용자가 아이디와 비밀번호를 입력하면 페이스북이 연락처에 있는 모든 사람을 검색해 자기네 데이터베이스에 전송했다. 페이스북에 있는 사람들과 일치하는 연락처에는 친구 초대가 발송되었다. 페이스북에 없는 사람들의 명단은 이용자에게 통보되었는데, 이름 옆에 있는 체크 상자를 클릭하기만 하면 페이스북 가입을 권유하는 이메일이 발송되었다. 절차가 완료되면 페이스북은 로그인 정보를 삭제했다.

마이크로소프트는 이 작업에 반대했다. 논의에 참여한 마이크로소프트 임원이 말한다. "그들은 뻔뻔하게 도둑질을 했습니다. 남의 등 뒤에 자기네 소셜 네트워크를 만들려 했죠." 저커버그는 항의에 직면하자 대수롭지 않다는 듯한 태도를 보였다. 마이크로소프트 임원이 말한다. "저커버그는 이런 식이었습니다. '그래요, 짜증스럽다는 거 알아요. 신경 쓰

2부 플랫폼 제국 건설하기

이면 그만둘게요.' 하지만 그만두지 않았죠." 마이크로소프트의 관점에서 이것은 이용약관에 위배될 뿐 아니라 (논란의 여지가 있지만) 비윤리적인 데이터 가로채기였다. 자신의 연락처가 누군가의 핫메일에 있다고 해서 페이스북 데이터베이스에 등록되어도 괜찮다고 말할 수는 없었다. '친구 찾기'로 인한 마이크로소프트와의 갈등은 2007년 마이크로소프트가 페이스북에 투자하기 전날에야 해소되었다.

이런 기법은 페이스북에는 산소처럼 필수적이었다. 사람들은 자신의 소셜 그래프를 굳이 채우려 들지 않았기 때문이다. 2011년 저커버그는 내게 말했다. "페이스북 이용자의 상당수는 친구 요청조차 거의 보내지 않아요. 가장 기본적인 관계조차 맺으려 하지 않는 거죠. 자신에게 오는 연결을 받아들이는 게 고작이에요."

성장을 지속하기 위해 페이스북은 핫메일뿐 아니라 다른 무수한 서비스들에서 데이터를 수집해야 했다. 각 이메일 업체에 대해 별도로 작업을 해야 했기에 시간이 오래 걸리는 프로젝트여서 이 임무에 배정한 엔지니어 1명으로는 진행할 수 없었다. 야후에서 으뜸가는 협상가로 일하다가 페이스북 초창기에 입사한 직원 제드 스트레멀Jed Stremel이 이 문제를 맡았다. 그는 연락처 수집의 세계적 귀재들이 옥타젠Octazen이라는 말레이시아의 2인 기업을 운영하고 있다는 것을 알아냈다. 스트레멀은 페이스북을 위해 작은 데이터 걸귀乞鬼를 만들어달라며 그들과 재빨리 계약을 맺었다. 그가 기억하기에 계약 금액은 약 400달러였다. 그가 회상한다. "'빨리 움직여서 파괴하라' 정신에 따른 거였죠. 뭐든 빨리 해내는 게 중요했어요." 2010년 페이스북은 옥타젠을 인수했다.

페이스북의 초창기 직원 몇몇은 페이스북이 폐쇄적 네트워크가 아닌 세계 전체를 대상으로 처음 경쟁하게 되었을 때 이메일 수집이야말로 페이스북의 성장에서 가장 중요한 단일 요인이었다고 회고한다.

팔리하피티야가 성장에 치중하게 되었을 즈음 해머바커는 자신이 페이스북에서 실현하고 있던 사명에 의구심이 커졌다. 그는 2008년 9월 퇴사했다. 그는 한 인터뷰에서 이렇게 말했다. "한 곳을 착취하면 다른 곳으로 가서 또 착취하는 식이었습니다."[7] 그는 데이터를 인터넷 클라우드에 저장하는 회사 클라우데라Cloudera의 공동 창업자가 되었다가 훗날 데이터 분석으로 암을 해결하는 일에 몸담았다. 옛 직장에 적개심을 품지는 않았지만 이따금 페이스북의 의도에 대해 뼈 있는 말을 던지곤 했다. 2011년 그가 페이스북을 비롯한 소셜 네트워크 기업에서 데이터과학자들이 수행하는 작업을 평가하면서《비즈니스위크》기자에게 한 말은 그 뒤로 오랫동안 회자되었다. "우리 세대 최고의 지성들이 어떻게 하면 사람들이 광고를 클릭하게 만들지 궁리하고 있습니다. 한심합니다."[8]

성장서클의 탄생

오래전 TV 드라마 〈미션 임파서블Mission: Impossible〉에서는 매회 시작할 때마다 대장 짐이 스파이, 독재자, 유명인의 신상명세서를 뒤적인 뒤 요원 중에서 탈락자들의 사진은 한쪽에 치우고 그 임무에 적격인 유능한 사람들의 사진을 커피 테이블 위에 던져둔다. 팔리하피티야 역시 팀원을 선발할 때 이와 비슷하게 다른 팀이나 외부의 후보들 중에서 다이아몬드를 골랐다. 그는 재능을 알아보는 감식안이 탁월했다. 그가 발탁한 인재 중에는 페이스북 초기 소수 직원 중 한 사람인 나오미 글라이트, 스페인 출신 엔지니어 하비에르 올리반Javier Olivan, 영국 태생 마케터 앨릭스 슐츠Alex Schultz, 데이터 도사 대니 페란테Danny Ferrante, 오픈소스 파이어폭스Firefox 브라우저의 공동 개발자인 스타 해커 블레이크 로스Blake Ross가 있었다.

면면은 각양각색이었다. 대부분은 외국에서 태어났거나 최소한 부모가 외국인이었다. 둘은 동성애자였다. 임원 중 한 사람인 글라이트는 여성이었다. 외부인으로 이루어진 데이터 군단인 그들은 소총이 아니라 스프레드시트로 무장했다. 선택은 탁월한 것으로 드러났다. 특히 올리반, 글라이트, 슐츠 삼인방은 10년 지난 뒤까지 페이스북에 남아 막강한 경영진 '스몰 그룹'을 형성했다.

페이스북의 초창기 엔지니어 마크 슬리Mark Slee는 삼인방을 이렇게 평한다. "차마스가 정신 나간 연설 같은 걸로 모든 사람을 들뜨게 하는 드문 능력이 있었던 반면에, 그 세 사람은 삼총사 같았죠. 일과가 끝났을 때 엔지니어와 제품관리자 무리를 이끌고 정말 따분한 업무를 처리해낸 건 결국 그 세 사람이었습니다. 다들 근사한 제품 만드는 일을 하고 싶어 했지만, 그들은 더 많은 이용자를 실제로 페이스북에 끌어들이는 일을 한 겁니다."

페이스북 최초 직원 중 하나인 글라이트에게는 말이 필요 없는 도덕적 권위가 있었다. 어떤 면에서 그녀는 페이스북의 성장을 출발점부터 뒷받침했다. 회사 내 모든 사람과 마찬가지로 그녀도 마크 저커버그의 끝 모를 야망을 제품과 사업으로 구현하는 작업을 했다. 저커버그가 처음부터 페이스북을 다른 대학들에 전파하기 시작했음을 언급하며 그녀가 말한다. "우리는 언제나 성장 프로젝트를 추진했어요." 글라이트가 합류한 2005년 페이스북은 고등학교에 진출하고 있었으며 이미 오픈레지를 준비하고 있었다. 몇몇 팀원은 그녀가 팔리하피티야 못지않게 이 새로운 사업을 위한 비전을 제시했다고 말할 것이다.

팔리하피티야는 성장팀이 회사 내에서 특별한 위상과 뚜렷한 하위문화를 지닌 힘의 중심이기를 바랐다. 페이스북 내 다른 집단과 거리를 두기 위해 구성원들은 스스로를 '팀'이 아니라 '서클'이라고 불렀다. 이른바 '성장서클Growth Circle'의 탄생이었다.

그들은 팰러앨토의 빌딩 한 곳에 자신들의 작은 동굴을 마련했다. 2009년 페이스북이 팰러앨토 시내에서 새 본사로 이전하자 팔리하피티야는 나머지 모든 사람과 떨어진 1층 어두운 구석 자리를 요구했다. 글라이트가 말한다. "이름만 봐도 얼마나 특별했는지 알 수 있어요. 우린 성장서클이었고 일사불란했고 A+ 팀이었어요. 거의 마법 같았죠."

하지만 잔혹한 측면 또한 있었다. 팔리하피티야는 자신을 페이스북의 이상주의적이고 대체로 동질적인 직원들보다 세속적이고 실용적인 사람으로 여겼다. 그는 나머지 직원들이 누리는 행운의 삶을 경멸했다. 그가 보기에 페이스북의 채용 절차는 성취(눈부신 시험 성적, 하버드나 스탠퍼드, 부러운 인턴 경험)라는 체크 상자에 표시를 하면서 인생을 살아온 사람들을 우대했다. 그들의 페이스북 피드를 보면 알 수 있었다. 각 게시물은 비디오 게임에서 레벨을 하나씩 깨는 것처럼 보였다. 하지만 체크 상자 방식 삶의 문제점은 미리 정해진 경로를 벗어나지 못한다는 것이었다.

일탈한다는 생각, 단정하게 정돈된 체크 상자들을 버린다는 생각은 그들의 사고방식에 들어맞지 않았다. 그들의 깜냥 밖이었다. 그리하여 팔리하피티야는 심리적 속임수로 그들의 뇌를 개조해 승인과 긍정에 얽매이지 않도록 그들의 정신을 휘젓기로 했다. 자신의 팀을 서클(원)이라고 부른 것은 그 일환이었다. 가장 중요한 사람이 상석에 앉는 서열 개념을 타파하려는 시도였다. 팀의 모든 사람에게 권한을 부여하겠다는 발상이었다.

서클에서 팀 내 권력 서열이 동등하다고는 하지만 중심은 여전히 팔리하피티야였다. 그의 방식은 반발을 사기에 충분했다. 그의 입에서 나오는 말은 서너 마디 중 한 마디가 욕설이었으며, 대개는 불륜의 동의어를 활용한 것이었다. 누군가가 번번이 멍청한 짓이나 말을 한다고 생각하면 그는 모욕을 퍼부었다. 하지만 이런 수모는 인사과에 제보할 만한 성질의 것은 아니었다. 페이스북 사람들은 팔리하피티야의 행동을 그러려니 하며 받아넘겼다.

성장서클에서 일어난 일이 성장서클 바깥으로 불거지는 일은 없었다. 성장서클의 핵심 구성원들은 팔리하피티야를 여전히 높이(존경심을 담아) 평가한다. 하지만 이 집단 내에서도 엇갈린 감정은 존재한다. 앨릭스 슐츠가 말한다. "그의 밑에서 일하고 싶지 않았습니다. 그도 그 사실을 알았고요. 하지만 전반적으로 보면 그가 옳았습니다. 리더로서 우리를 올바른 방향으로 이끈다는 생각이 들더군요."

궁극적으로, 페이스북 사람들이 팔리하피티야의 행동을 용인한 것은 그가 회사의 이익을 염두에 두는 것이 분명했기 때문이다. 성장서클의 월권을 제어하는 역할을 맡은 크리스 켈리가 말한다. "나는 차마스와 사이가 좋았습니다. 경계가 어디인지에 관해 대화를 나누었죠. 대개는 사전에 논의했습니다. 일탈은 그들의 목표가 아니었어요. 성장이 그들의 목표였습니다. 일탈을 너무 편하게 여긴 감이 있긴 했지만, 목표는 성장이었습니다."

최대 걸작 '알 수도 있는 사람'

성장서클은 페이스북의 수치를 개선할 수 있는 손쉬운 수단들을 일찌 감치 찾아냈다. 그중 하나는 검색 엔진 최적화search engine optimization, SEO 로 콘텐츠의 구글 검색 순위를 끌어올리는 수법이다. 페이스북 미경험 자가 구글을 이용하다가 친구의 프로필을 보게 되면 그는 서비스에 가 입하고 싶은 생각이 들 수 있다. 하지만 페이스북의 검색 엔진 최적화는 너무 부실해 '페이스북'이라는 단어를 구글에 입력했을 때 실제 사이트 를 보려면 한참을 스크롤해 내려가야 했다.

전해(2007년)에 페이스북은 처음으로 이용자 프로필(또는 프로필의 축 약된 형태)이 구글 검색 결과에 나타나는 것을 허용했다. 하지만 높은 순 위에 오르지는 못했다. 한 가지 이유는 프로필이 페이스북 안에 꽁꽁 숨 겨져 있어서 구글의 웹 크롤러가 프로필을 찾으려면 페이스북 깊숙이 파고들어야 했기 때문이다. 슐츠와 글라이트는 사람들의 프로필을 구글 에 알맞은 방식으로 서로 연결해 페이스북 명부를 통합했다. 그러자 프 로필의 순위가 높아졌으며, 프로필을 발견한 사람들은 구글 검색 엔진 에서 직접 친구 신청을 할 수 있었다. 이런 식으로 페이스북은 신규 이 용자를 얻을 수 있었다.

슐츠가 말한다. "신규 이용자가 두 배로 증가한다거나 하지는 않았지 만 5퍼센트, 어쩌면 10퍼센트는 늘었을 겁니다. 하지만 중요한 건 한 가 지 시도마다 1퍼센트씩만 늘더라도 다른 수법을 통해 1퍼센트에 1퍼센 트에 1퍼센트가 쌓이면 적잖이 불어난다는 거예요. 기업 차원의 성장 이라는 측면에서 보면 훨씬 바람직한 상황이죠. 그래서 우리는 한 번에 하나씩 승리를 얻기 위해 기꺼이 싸웠습니다." 팔리하피티야가 말한다.

"우리는 새로운 시도에 무척 개방적이었습니다."

하지만 성장서클의 최대 걸작은 '알 수도 있는 사람People You May Know'이었다. 다빈치의 〈모나리자〉나 밥 딜런의 〈구르는 돌처럼Like a Rolling Stone〉 또는 영화 〈대부〉에 비길 만한 작품이었다. 뉴스피드에서 결혼식, 휴가, 정치적 분노 못지않은 요소가 된 기능으로 내부에서는 PYMK라는 약자로 통한다. 2008년 8월 공식 출시된 '알 수도 있는 사람'은 개인별로 엄선된 친구 추천 목록이다. 이 기능은 성장서클의 가장 효과적인 도구이자 가장 논란거리가 된 도구였으며, 성장 해킹의 흑마법이 예상치 못한 결과를 낳을 수 있음을 보여주는 상징이 되었다.

'알 수도 있는 사람'은 페이스북의 발명품이 아니었다. 성장에 미친 또 다른 회사 링크트인이 한발 앞섰다. 리드 호프먼은 막무가내식 성장이라는 현상을 칭송하며 여기에 '블리츠-스케일링blitz-scaling'이라는 이름을 붙였다. 하지만 페이스북은 기존 회원을 신규 이용자와 기존 이용자에게 소개한다는 발상을 아찔한 수준까지 끌어올렸다.

'알 수도 있는 사람'은 겉보기에는 아무런 해가 없어 보인다. 자신과 관계가 있을 수 있되 페이스북 친구는 아닌 사람들의 프로필 사진을 늘어놓은 것에 불과하니 말이다. '알 수도 있는 사람'의 추진력은 성장팀 연구자들이 밝혀낸 사실에서 나왔다. 신규 페이스북 이용자가 새 친구 7명과 연결되지 않으면(그것도 빨리 연결되지 않으면) 서비스를 해지할 가능성이 크다는 것이었다. 친구 없이 페이스북을 하는 것은 혼자서 축구하는 꼴이기 때문이다.

페이스북은 아직 친구들과 연결되지 않은 신규 가입자를 위한 수법들을 마련해두었다. 팔리하피티야가 말한다. "한번은 '심심풀이 이야기fluff story'라고 불리는 가짜 게시물을 만들었습니다. 이런 식이었죠. '사람들의 생일에 대한 이야기를 지어내거나 흥미로운 기사 같은 걸 가져오면 어떨까?' 그러니까 내 눈에 보이는 것이 친구가 쓴 이야기가 아니라 시스템에서 생성된 이야기라는 거죠. 요는 그것이 심심풀이라는 겁니다." 취지는 사람들이 진짜 이야기를 볼 수 있을 만큼 친구가 충분히 생기기 전까지 지루함을 달래주자는 것이었다.

하지만 심심풀이 이야기는 진짜 페이스북 친구를 대체하지 못했다. 성장팀 데이터과학자들이 수행한 연구는 새내기들, 특히 적극적인 신규 가입자들에게 친구를 찾아주는 일이 페이스북에 얼마나 중요한지를 잘 보여준다. 연구의 제목은 〈날 먹여줘: 소셜 네트워크 사이트에서 참여 촉진하기Feed Me: Motivating Contribution in Social Network Sites〉였다.

> 이용자들이 콘텐츠를 올리도록 유도하는 일은 소셜 네트워킹 사이트 개발자에게 무척 중요하다. 개개인의 경험을 좌우하는 것은 그 사람과 연결된 사람들이 올린 콘텐츠이기 때문이다. 새내기의 지속적 참여를 유도하는 일이 무엇보다 중요하다(쉬운 일은 아니지만).[9]

그리하여 '알 수도 있는 사람'은 페이스북의 필수 요소가 되었다. 친구가 될 만한 사람들을 보여주는 것은 회원의 경험을 향상시키는 방법이다. 이렇게 하면 그들이 더 많이 공유할 가능성을 높이고, 무엇보다 사람들이 페이스북에서 떠날 가능성을 낮출 수 있다.

많은 이들에게 '알 수도 있는 사람'은 반가운 기능이다. 페이스북 활동을 유익한 경험으로 만들어줄 수 있는 사람들과 관계를 맺도록 해주니 말이다. 하지만 이따금 '알 수도 있는 사람'은 사람들을 불편하게 만들 수 있다. 애매한 관계이거나 때로는 달갑지 않은 사람들이 왜 뉴스피

2부 플랫폼 제국 건설하기

드에 카메오 출연을 하는지 의아하게 만들기 때문이다. 한 매춘부는 자신의 고객들을 페이스북 친구로 추천받았다(그녀의 신원을 모르는 사람들이었다). 한 정자 공여자는 한 번도 만난 적 없는 생물학적 자녀를 추천받았다. 한 정신과 의사는 페이스북이 자신의 환자들을 서로 친구로 추천하고 있다는 것을 발견했다. 자녀의 친구들, 별로 친하지 않은 사람의 배우자, 기억하고 싶지 않은 10년 전 소개팅 상대와 관계를 맺으라는 페이스북의 권유에 수많은 사람이 역겨움을 느꼈다.

'알 수도 있는 사람'을 조사한 기자들은 이 기능이 정확히 어떤 식으로 작동하는지에 대해 페이스북으로부터 한 번도 설명을 듣지 못했다. 대표적으로 디자인, 기술, 과학, SF 전문 웹사이트인 〈기즈모도Gizmodo〉의 캐시미어 힐Kashmir Hill은 이 문제를 파헤치느라 적잖은 시간을 들였다.[10] 오래전에 헤어진 아버지의 정부를 친구로 추천받은 여성의 이야기를 찾아낸 사람이 바로 힐이다. 힐 또한 '알 수도 있는 사람'으로 추천된 사람이 알고 보니 전혀 만난 적 없는 큰할머니라는 사실을 알고 놀랐다. 그녀는 어떻게 자신들 둘을 짝지었는지에 대해 페이스북에 정보를 요청했지만 답변을 받지 못했다.

나중에 힐은 '알 수도 있는 사람'이 정신과 의사의 환자들을 서로 친구로 추천한 사례도 소개했다. 그 의사는 환자들과 페이스북 친구조차 아니었다. 힐은 의사가 언젠가 자신의 전화번호를 페이스북에 공유했는데 페이스북이 그녀의 연락처를, 그와 더불어 그녀 환자의 연락처까지 수집한 것 때문이 아닐까 추측했다. 이번 역시 페이스북은 설명을 내놓지 않았다.

'알 수도 있는 사람'이 신규 이용자에게 대뜸 친구를 추천하는 것은 페이스북에 가입하지 않은 사람들에 대한 정보를 저장하고 그들이 가입할 때 '그림자 프로필shadow profile'을 이용하기 때문이 아니냐는 힐의 물음에도 페이스북은 답변하지 않았다.

몇 해 뒤 마크 저커버그는 의회 증언에서 페이스북이 그런 행위를 벌이지 않는다고 말했다. 비이용자에 대한 정보를 일부 보관하기는 하지만 가짜 계정을 막기 위한 보안 목적일 뿐이라고(저커버그는 일찍이 〈변화의 책〉에서 다크 프로필을 창안한 일은 언급하지 않았다). 훗날 더 자세한 설명에서 페이스북은 "우리는 페이스북 이용자가 아닌 사람들에 대해 프로필을 만들지 않습니다"라고 밝혔다. 하지만 누군가 가입하려고 마음먹었을 때 "이용자가 쓰는 기기에서 가입 절차를 최적화하는" 등의 조치를 위해 비이용자가 어떤 기기와 어떤 운영체제 버전을 쓰는지와 같은 일부 정보를 보관한다고 인정했다.[11]

하지만 팔리하피티야는 다크 프로필이 실제로 존재했으며 성장팀에서 활용했음을 시사한다. 그는 페이스북이 비이용자의 이름을 키워드로 이용해 구글에서 검색 광고를 진행했다고 말한다. 광고를 클릭하면 비이용자의 (존재하지 않는다던) 다크 프로필로 연결되는 것이다. 그가 말한다. "인터넷에서 당신 이름을 검색하면 페이스북 다크 프로필을 보게 될 겁니다. 그때 '어라, 이게 뭐지?' 하면서 빈칸을 채우면 '알 수도 있는 사람'이 끼어들어 당신한테 친구들을 소개하는 거죠."

'알 수도 있는 사람'의 비밀 몇 가지는 페이스북의 데이터과학자 겸 엔지니어 라스 백스트럼Lars Backstrom의 2010년 강연에서 언급되었다.[12] 백스트럼은 이 기능이 "페이스북에서 이루어지는 친구 맺기 중 상당 부분을 차지한다"라면서 페이스북이 추천 대상을 선택하는 기술적 절차를 차례대로 설명했다. 그의 발표에 따르면 가장 중요한 사냥터는 '친구의 친구 friends of friends, FoF' 영역이다. 그런데 이 집합은 규모가 어마어마하다.

이용자는 평균 130명의 친구가 있으며 그 친구들 또한 각자 130명의 친구가 있다고 그는 말했다. 이것은 이른바 '던바의 수Dunbar's number'와 가깝다. 사회학자 로빈 던바Robin Dunbar는 대다수 사람이 150명 이상과는 관계를 제대로 유지할 수 없음을 밝혀냈다.[13] 따라서 일반적인 이용자는 '친구의 친구'가 4만 명이며, 친구가 수천 명인 파워 유저는 '친구의 친구'가 80만 명에 이를 수 있다. 여기에 다른 데이터가 결부된다. 공통 친구와 공통 관심사의 개수나 친밀도 같은 신호를 찾고 여기에 '저렴하게 구할 수 있는 데이터'를 동원해 '알 수도 있는 사람' 명단을 클릭하게 만들 만한 사람을 가려낸다. 데이터가 추려지면 페이스북은 기계학습을 이용해 최종 추천 명단을 작성한다.

백스트럼은 '알 수도 있는 사람'에 대한 행동에 따라 페이스북이 누구를 추천하는지, 얼마나 자주 추천하는지가 달라진다는 사실도 언급했다. 당신이 이 기능에 매료되었다고 페이스북이 판단하면 '알 수도 있는 사람'은 뻔질나게 돌아와 당신의 친구 명단을 약한 연결weak ties로 채운다.

백스트럼의 발표에는 '알 수도 있는 사람'에서 페이스북이 이용하는 데이터 출처가 '친구의 친구' 분석 외에 무엇이 있는지에 대한 구체적 정보가 빠져 있다. 페이스북이 '알 수도 있는 사람'을 도입한 2008년 이후로 데이터 출처가 꾸준히 발전한 것은 분명하다. 페이스북이 당신의 이메일을 지켜보고 당신이 누구와 연락하는지 감시하는 것은 거의 확실하다. 어쩌면 당신의 일정표와 당신이 누구를 만나는지도 살펴보고 있을 것이다. 다른 자료에 따르면 누군가 당신의 프로필을 들여다보았다면 이 때문에 그 사람이 당신의 '알 수도 있는 사람' 명단에 올라올 가능성이 커질 수 있다고 한다. 누군가를 '생각'하는 것만으로 그가 당신의 '알 수도 있는 사람' 라인업에 포함될 것 같지는 않다. 그런데 왠지 그럴 것 같기도 하다.

앨릭스 슐츠는 어떤 데이터가 '알 수도 있는 사람'에 이용되는지와 관련한 많은 추측이 음모론이라고 말한다. 페이스북이 자신의 연락처와 이메일을 이용하도록 허락해놓고 사람들이 깜박하는 경우가 많다는 것이다.(허락을 받았다는 공지가 불충분했던 건 아닐까?) 어쨌든 누군가가 '알 수도 있는 사람' 명단에 올라오는 가장 큰 이유는 당신을 '알 수도 있는' '친구의 친구'이기 때문이라는 것이 그의 설명이다.

한때 페이스북 데이터과학팀을 이끈 적 있는 캐머런 말로Cameron Marlow는 이렇게 표현한다. "목표는 당신이 가진 관계 중에서 페이스북에 이미 존재하지만 당신이 아직 모르는 걸 찾아내는 겁니다."

'알 수도 있는 사람'이 심란하기는 하지만, 두려운 점은 더 나빠질 수 있었다는 사실이다. 페이스북 최고정보보호책임자 크리스 켈리는 성장팀이 제안한 기법 중 문제가 될 만한 몇 가지를 자신이 막았다고 말한다. 그는 "규칙이 있어야 했습니다"라면서도 자신이 퇴짜 놓은 제안이 무엇인지는 밝히기를 거부했다.

'알 수도 있는 사람'의 또 다른 문제들은 미묘하지만 결코 덜 심란하지 않다.(조심하기 바란다. 이제 토끼굴로 내려갈 시간이다.) 페이스북 초창기 임원 데이브 모린은 '알 수도 있는 사람'이 좋은 이용자 경험을 희생해 회원 수를 끌어올리는 은밀한 수단이라고 생각하게 되었다. '알 수도 있는 사람'의 핵심 목표는 신규 이용자가 느끼는 페이스북의 가치를 끌어올리는 것이었다. 그러려면 뉴스피드를 채울 만큼 충분한 친구가 있어야 했다. 그래서 친구로 추천된 사람들보다는 새내기에게 더 도움이 되도록 구성되었다. 페이스북에 특히 유리한 방식은 게시물을 대량으로 올리는 이용자를 추천하는 것이었다. (〈날 먹여줘〉 연구에서 입증되었듯)

극도로 활발한 이용자들과 초기에 교류하는 신규 이용자는 페이스북 활동을 하는 동안 더 많이 공유하는 경향이 있기 때문이다.

모린이 말한다. "페이스북은 당신이 관계를 맺어야 하는 사람들을 보여줄 때 그 알고리즘이 어떻게 작동할지 선택할 수 있죠. 당신과 더 가까워질 수 있는 사람, 당신의 세상에 들어와 당신을 더 행복하게 만들어 줄 사람을 보여줄 수도 있고 페이스북의 가치와 부를 증가시키고 시스템을 더 좋게 만들어 페이스북에 이익이 되는 사람을 보여줄 수도 있어요." 그는 페이스북이 후자를 선택했으며, 자기네 이익을 위해 이용자를 희생한다고 말한다.

'알 수도 있는 사람'은 오래된 이용자에게는 '더 나쁜' 경험을 가져다줄 수 있다. 뉴스피드는 제로섬이다. 사람들이 보는 게시물 개수에는 한계가 있기 때문이다. 페이스북은 새로 가입한 데면데면한 친구들의 게시물을 우선적으로 보여준다. 그들을 페이스북에 붙잡아두고 싶기 때문이다. 그러면 당신은 정작 자신이 좋아하는 사람들 소식은 보기가 힘들어진다. 모린이 말한다. "시스템은 내가 당신에게 긍정적으로 반응하면 당신의 참여도가 높아지리라는 걸 알고 있어요. 사실상 당신이 나를 스토킹하는 셈이죠. 나는 당신의 소셜 그래프에서 멀리 있지만 당신이 알고 싶어 하는 사람과 같으니까요. 타블로이드 신문 보는 것과 흡사하달까요." 모린은 이 준스토킹 요소가 "'알 수도 있는 사람'의 주요 변수가 되었어요"라고 말한다.

어떤 사람들은 이 사안으로 팔리하피티야를 몰아붙이며 이런 방식이 페이스북답지 않다고 주장했다. 팔리하피티야는 모든 사람을 페이스북에 끌어들이는 것이 궁극적 목표이니 길게 보면 문제가 되지 않는다고 말했다. 그보다 더 적나라하게 말하긴 했지만. 모린이 말한다. "대략 이렇게 말했습니다. '엿이나 먹어.' 그러고는 회의실을 나가버렸죠."

결국 모린은 페이스북을 그만두고 패스Path라는 자신의 소셜 네트워크를 창업했다. 패스의 기본 아이디어는 소셜 네트워크의 규모를 연결이 유의미할 수 있는 수준으로 제한한다는 것이었다. 던바의 수에 따르면 친구는 150명을 넘을 수 없었다(모린은 나중에 최대 친구 수를 늘렸다). 비평가들의 찬사를 받았음에도 패스는 페이스북의 경쟁 상대가 되지 못했으며 결국 실패했다.

저커버그가 '알 수도 있는 사람'을 변호하는 방식을 보면 그의 사고 과정과 제품 감각을 엿볼 수 있다. 내가 그에게 위의 난제를 제기하면 그는 매우 진지해진다. 그가 말한다. "이건 우리가 서비스를 어떻게 운영하는가와 관련해 정말로 심오한 철학적 문제로 연결돼요." 그는 이용자들이 '알 수도 있는 사람'의 추천을 받아들여 약한 연결의 지인과 친구를 맺으면 이용자 경험이 다소 저하될 수 있음을 인정한다. 하지만 여기에는 더 중요한 사안이 결부되어 있다고 그는 주장한다. 그것은 네트워크 전반의 건전성이다. 그가 말한다. "우리는 이용자의 서비스 경험을 1인용 게임으로 바라보지 않아요." 물론 단기적으로 '알 수도 있는 사람' 친구 맺기가 일부 이용자에게만 유리할 수는 있다. 하지만 이용자 자신이 아는 모든 사람이 페이스북에 가입하면 모든 이용자가 혜택을 누리리라는 것이 그의 주장이다.

그는 '알 수도 있는 사람'을 일종의 '주민세'로 간주해야 한다고 말한다. 부의 재분배라고 말할 수도 있겠지만. "당신이 부유하고 여유로운 삶을 누리고 있다면, 동네의 다른 사람들 역시 부유해질 수 있도록 비용을 좀 더 지불하는 데 동의할 거예요. 공동체를 이런 식으로 바라보는 접근법이 우리가 성공한 이유이고, 이 방법이 우리 사회의 여러 부문에 적용되고 있다고 나는 진심으로 생각해요."

게다가 저커버그는 약한 연결의 지인(여기에는 거의 알지 못하는 사람들까지 포함된다)과 친구를 맺으면 그들과 더 가까워진다고 확신한다. 페이스북은 사람들이 감당할 수 있는 유의미한 인맥의 개수를 잡아 늘임으로써 사회적 상호작용의 물리학에 구애받지 않으려는 것인지 모른다. 그가 말한다. "던바의 수라는 유명한 개념이 있어요. 인간이 공감 관계를 유지할 수 있는 한계가 약 150명이라는 거죠. 나는 페이스북이 그 한계를 늘린다고 생각해요."

이것은 물리학의 관점에서 보자면 빛의 속도를 뛰어넘겠다는 발상이다. 만에 하나 누군가 이 일을 해낼 수 있다면 그것은 페이스북 성장팀일 것이다.

해외로 뻗어 나가다

성장 프로젝트에 뛰어든 지 얼마 지나지 않아 팔리하피티야는 샌드버그를 만나 자신이 성장을 위한 가장 기름진 영토에 주력할 거라고 말했다. 바로 세계 시장이었다.

당시 페이스북은 북미 시장에서 상당한 몫을 차지하긴 했지만 나머지 세계에는 아직 본격적으로 진출하지 못했다. 팔리하피티야는 외국 진출을 지원하기 위해 팀을 확대하고 싶어 했다. 샌드버그는 야후와 이베이 같은 회사들이 전 세계에서 이용자를 끌어들일 때 어떻게 했는지 살펴보라고 제안했다. 팔리하피티야는 다음 면담에서 자신이 하지 않을 일이 있다고 그녀에게 말했다. 백인 아이비리그 졸업생을 채용하지는 않겠다는 것이었다. 그가 원하는 인력은 현지어를 아는 길거리 싸움꾼이었다.

그는 하비에르 올리반에게 이 일을 맡겼다. 올리반은 스페인 출신 엔지니어로 스탠퍼드 MBA를 취득하려고 2005년 미국에 왔다. 그의 꿈은 회사 창업이었다. 페이스북이 캠퍼스 생활을 장악하는 것을 보고서 즉시 매료된 그는 이 아이디어를 사실상 베껴야겠다고 마음먹었다. 그는 스탠퍼드에 다니면서 친구들과 손잡고 스페인에서 대학 소셜 네트워크를 시작했다. 어느 날 그가 듣는 수업에서 저커버그가 강연을 했다. 올리반은 수업이 끝난 뒤 외국 확장 문제에 대해 저커버그와 담소를 나누었다. 얼마 지나지 않아 그는 페이스북에 입사해 팔리하피티야의 팀에 소속되었다. 그가 말했다. "내가 맡은 임무는 국제적 성장이었습니다. 가장 명백한 과제는 사이트를 최대한 많은 언어로 최대한 빨리 구축하는 것이었죠."

페이스북이 번역 작업을 시작한 것은 이미 몇 달 전이었다. 국제화를 담당하는 소규모 팀이 '페이스북 번역Translate Facebook'이라는 앱을 제작했다. 이 앱은 사람들이 영어 단어를 자기네 언어로 번역할 수 있게 해주었다. 물론 페이스북은 사람들이 자원할 때까지 기다리고 있지 않았다. 로그를 분석해 페이스북 영어판을 이용하면서 외국에서 접속한 사람들을 찾아냈다. 이렇게 선발한(물론 알고리즘이 선발한) 사람들의 뉴스 피드 맨 위에는 페이스북 번역을 도와줄 의향이 있느냐고 묻는 메시지가 표시되었다. 이 무급 봉사자들(크라우드소싱의 또 다른 이점이다)의 초벌 번역을 통해 페이스북은 각 언어별 버전을 제작할 때 주의해야 할 점이 무엇인지 사전에 파악할 수 있었다.

이 첫 단계가 끝나면 페이스북은 용어 번역 과정을 모든 사람에게 개방할 계획이었다. 이따금 사람들에게 힌트를 청하는 방식이 쓰일 수 있었다. 해당 언어의 원어민에게 "안녕하세요. 이 언어를 구사한다면 이 광고의 번역을 도와줄 수 있나요?"라고 묻는 팝업 창이 뜨는 식이었다. 때로는 크라우드소싱을 활용해 기계 번역을 다듬었다.

관건은 좋은 번역을 얻는 것이었다. 페이스북 번역판을 공개하려면 번역이 정확하고 섬세한지 검증이 필요했다. 꼴사나운 영어식 표현으로 결례를 범하는 일은 더더욱 없어야 했다. 언어에 따라서는 간단한 단어 번역조차 까다로운 경우가 있었다. 어떤 언어에서는 건물의 구조적 요소를 뜻하는 '담벼락wall'을 프로필 페이지의 가상 게시판이라는 비유적 의미로 번역하기가 쉽지 않았다. '콕 찔러보기poke'를 쉽게 번역할 수 있으리라는 기대는 애당초 접어야 했다. 영어 화자조차 의미 파악에 어려움을 겪었으니까. 소셜 웹사이트 레딧Reddit의 열성 팬인 번역팀의 엔지니어 한 사람은 레딧에서 콘텐츠 정렬에 쓰는 '위로(⬆)' 단추와 '아래로(⬇)' 단추를 페이스북에 도입하자고 제안했다.

크라우드소싱 접근법은 통념에 반하는 방식이었다. 기존에 입증된 방법은 80/20 법칙으로 알려져 있었다. FIGSCJK(프랑스어, 이탈리아어, 독일어, 스페인어, 중국어, 일본어, 한국어)라 불리는 핵심 언어들에 자원을 집중하고 전문 인력을 모집하는 방식이다. 이렇게 하면 온라인 잠재 이용자 대부분을 포괄할 수 있다. 올리반이 말한다. "우리 회사는 언제나 세계를 연결한다는 사명을 추구했어요. 그런데 80/20 법칙은 거기에 못 미쳤죠. 우리는 페이스북이 모든 사람을 연결하기를 진정으로 바랐습니다." 그러려면 페이스북은 전문가가 필요 없도록 크라우드소싱 도구를 개량해야 했다. 그들의 발상은 어디에나 페이스북이 있게 한다는 것이었다. 페이스북 직원 중 누구에게도 친숙하지 않은 많은 언어로 보급해야 했다.

하지만 크라우드소싱의 역할은 거기까지였다. 페이스북은 (해당 국가의 GDP를 기준으로) 가장 중요하다고 간주되는 언어들에 대해서는 전문 번역사가 필요하다는 사실을 받아들여야 했다. 국제화팀에서는 해당 국가에서 영어를 가르치는 현지어 원어민과 면담을 실시한 뒤 사이트에 쓰인 단어들에 대한 번역을 며칠간 검증했다.

그럼에도 우선순위는 완벽이 아니라 기한에 놓였다. 국제화팀의 초창기 직원 케이트 로스가 말한다. "사이트에서 가장 자주 쓰는 단어들의 목록을 만들었어요. 우리는 이렇게 생각했죠. '좋았어, 이 단어들에 대해서만 물어봐야지.' 한 번밖에 안 나오는 단어가 수백 개였는데, 그것들은 틀려도 신경 쓰지 않았어요. 우선순위가 있으니까요. 기본적으로 우리 작업은 앱에 들어간 번역이 출시에 지장이 없을 만큼만 훌륭한지 검증하는 거였어요."

이러한 고속 저비용 접근법에는 한계가 있었다. 이를테면 페이스북이 일본 진출을 공식 선언했을 때 출시 행사를 위해 일본으로 날아간 고위급 입원들은 비판의 벽에 부딪혀 정신이 얼얼했다. 저커버그 또한 2008년 개인적으로 인도에 갔다가 귀국하는 길에 일본에 들렀다.

페이스북 저팬Facebook Japan의 출범 선언은 훗날 많은 나라에서 불거질 문화 충돌을 미리 보여주었다. 한편으로 페이스북은 번역 과정에 자부심을 표했다. 3주에 걸쳐 1500명의 '아마추어 번역가와 전문 번역가'가 페이스북상의 영어 텍스트(페이지, 대화 상자, 메시지)를 일본어로 번역하는 일에 동참했다. 그런 뒤 논의를 통해 번역을 개선했다. 하지만 현지 반응은 엇갈렸다. 일부 일본인 이용자는 페이스북이 신중한 디자인 개편이 아니라 피상적 번역만 해놓고서 미국 제품을 일본인 이용자에게 선보인 일을 불쾌해했다. 《저팬타임스Japan Times》에서는 이렇게 질타했다. "페이스북은 일본 지사를 설립하거나 현지 대표를 선임하지 않았다. 사실 페이스북 저팬에는 고유한 특징이 단 하나도 없다."[14]

행사에 참석한 하비에르 올리반은 《저팬타임스》로부터 이 문제에 대한 질문을 받았다. 이때 그는 페이스북이 자기네 서비스를 통해 미국적 가치를 수출한다는 일본인의 우려를 부채질했다. 그가 말했다. "페이스북은 전 세계 어딜 가나 똑같습니다." 페이스북 저팬은 결국 경쟁사들을 물리치고 2016년 일본 소셜 미디어 시장의 4분의 3을 장악했다. 하지만 2019년 중반에는 점유율이 3분의 2로 급락했다.[15]

올리반의 지휘 아래 국제화 과정은 탄탄대로를 걸었다. 번역이 완료되면 국제화팀은 해당국에 번역판을 보급했고 그러면 이용자 수가 급증했다. 이때마다 그들은 사무실 좁은 구석에 깃발 하나를 더 꽂았다. 그 깃발들은 페이스북이 해당 언어로 번역판을 제공하는 국가들을 상징했다. 몇 달 만에 페이스북의 언어는 영어 하나에서 수백 개로 늘었다.

2012년 페이스북은 아이리스 오리스Iris Orriss라는 여성을 채용해 번역 과정을 더욱 개량하게 했다. 그녀는 소프트웨어 테스트 업무로 커리어를 시작했다가 엔지니어링 팀으로 옮겨갔다. 그러다 기술을 다른 나라로 확장하는 작업이 자신에게 가장 큰 만족을 준다는 사실을 깨달았다. 그녀는 언어와 문화와 세계화에 열정을 느꼈다. 마치 소명을 찾은 것 같았다. 마이크로소프트에서 음성 소프트웨어를 다른 언어로 확장하는 일을 하고 있던 그녀는 페이스북으로부터 입사 제안을 받자 페이스북을 조사했다. 그녀는 페이스북의 국제화에는 예전에 일한 직장들과 다른 무언가가 있다고 결론 내렸다. 그곳에는 사업 전체를 추동하는 사명이 있었다.

그 핵심은 성장이었다. 다른 기업들은 외국 진출을 영업 사안으로 여긴다. 그녀가 말한다. "이것이 영업 문제라면 비용 중심 사고방식에 치우치게 돼요. '최대한 많은 번역을 최대한 값싸게 가져와'라는 식이죠. 하지만 성장의 문제라면 기회에 모든 초점을 맞추게 되죠. '어떻게 하면 이것을 실제로 통합해 모든 사람을 연결하고 세상을 더 열린 곳이면서도 더 좁은 곳으로 만들 수 있을까?' 하고 생각하는 거예요."

오리스는 페이스북이 이 사명을 추구하는 데 크라우드소싱이 어떻게 도움이 될지(특히 소수 언어의 경우에) 알고 있었다. 아프리카의 풀라어 Fula를 예로 들어보자. 풀라어는 두 가지 방언이 있는데, 하나는 사하라 이남 아프리카 북서부에서 쓰고 다른 하나는 나이지리아 주변에서 쓴다. 두 방언은 차이가 커서 서로 다른 두 언어라고 봐도 무방할 정도다. 페이스북은 두 방언을 알고 기술을 이해할 수 있는 언어학자를 찾을 도리가 없었다. 그래서 번역 도구를 일반에 공개했다.

결과는 대성공이었다. 여러 언어가 쓰이지만 공식 비즈니스는 하나의 언어(또는 방언)로만 이루어지는 나라 역시 지역 방언을 구사하면 더 나은, 또한 더 수익성 높은 페이스북 이용자에게 접근할 수 있었다. 사람들은 자신의 언어가 쓰일 때 훨씬 더 열심히 참여했다. 오리스가 말한다. "사람들에게 알맞은 건 로컬이에요. 지구 반대편에서 벌어지는 일을 번역해놓은 걸 누가 보고 싶겠어요? 바로 여기서 일어나는 일을 알고 싶죠."

하지만 이러한 확장에는 한 가지 측면에서 문제가 있었는데 페이스북은 이 문제를 대체로 간과했다. 국제화 과정을 크라우드소싱으로 처리하면서 페이스북은 해당 언어를 구사하는 직원이 거의 또는 전혀 없는 지역에서 영업을 시작했다. 이 때문에 적절한 고객지원을 제공하거나 사람들이 올리는 게시물을 감독할 수 없었다. 페이스북 기준에 어긋나는 게시물들은 위험하거나 치명적일 수 있었다. 현지 이용자들이 위반 사실을 신고해봤자 해당 언어를 할 줄 아는 직원이 없었기에 페이스북은 대응할 수 없었다.

인터넷닷오그: 전 세계 인터넷 보급 프로젝트

하지만 2013년 국제적 성장과 관련한 페이스북의 우려는 그런 결과가 아니었다. 문제는 아무리 노력해도 조만간 이용자 수가 정점에 도달할지 모른다는 우려였다. 물론 페이스북이 10억~20억 인구를 자기네 커뮤니티에 끌어모을 수 있다는 건 대단한 일이었다. 하지만 그것이 전 세계는 아니었다. 인터넷이 깔려 있고 데이터 이용료를 낼 돈이 있는 여유로운 인구만 페이스북 이용자가 될 수 있었다. 아직 페이스북에 가입하지 않은 수십억 명 중 상당수는 여유로운 인구에 포함되지 않았다. 페이스북이 보기에 그들은 너무 가난하거나 인터넷에 접속할 방법이 없는 사람들이었다. 또는 둘 다이거나.

해결책은 무엇이었을까? 우선 값싸게 이용할 수 있는 페이스북 버전을 만들어야 했다. 그다음에는 인프라를 구축해야 하는 한이 있더라도 그들이 인터넷에 접속할 수 있도록 해야 했다.

마크 저커버그는 이 발상을 열성적으로 받아들였다. 그 추진력은 전 세계인을 페이스북에 연결한다는 성장팀의 목표에서 비롯했지만, 저커버그는 이 사업을 수십억 명의 삶을 바꾸는 박애주의적 시도로 볼 것을 주장했다. 그가 이 인터넷 보급 사업에 붙인 이름은 비영리 단체나 재단

에서 주로 쓰는 최상위 도메인 접미사를 붙인 '인터넷닷오그Internet.org' 였다.[16]

2013년 저커버그는 자신의 구상을 설명하는 10쪽짜리 백서를 썼다. 제목은 〈연결은 인권인가?Is Connectivity a Human Right?〉였다.[17] 답은 단연코 '그렇다'였다. 그는 이렇게 썼다. "모든 사람이 인터넷에 연결되어 더 많은 지식, 경험, 진보를 누리게 되면 모든 사람이 혜택을 받을 것이다. 세계를 연결하는 것은 우리 모두가 평생에 할 수 있는 일 중에서 가장 중요한 일 중 하나일 것이다."

그해 9월 그가 내게 사업 개요를 설명했을 때 나는 왜 이 사업을 단지 페이스북이 고객을 더 많이 확보하려는 방법으로 보면 안 되느냐고 물었다.[18]

저커버그가 말했다. "이론상으로 우리는 어떤 면에서 이 사업으로부터 혜택을 봐요." 하지만 그는 그 때문에 인터넷 보급 사업을 하는 건 아니라고 주장했다. "페이스북이 이익을 위해 이렇게 한다는 사람들 생각이 터무니없는 건 이미 페이스북에 가입한 10억 명이 가진 돈이 나머지 60억 명이 가진 돈보다 훨씬 많기 때문이에요. 따라서 우리가 정말로 돈 버는 일에 주력하고 싶었다면 올바른 전략은 선진국과 페이스북 기존 가입자에게 초점을 맞추고 그들의 참여를 늘리는 거예요. 이 사람들을 가입시키는 게 아니라요." 페이스북은 이번 사업에서 수익을 전혀 거두지 못할지 모른다고 그는 말했다. "그럼에도 내가 기꺼이 투자하는 건 이 일이 정말로 세상에 좋다고 생각하기 때문이에요."

페이스북은 이른바 '다음 수십억 명'에게 인터넷을(그리고 페이스북을) 전파할 여러 사업을 창안했다. 우선 많은 저개발 지역의 문제를 해결하는 일에 착수했다. 그곳 사람들은 모바일 인터넷을 이용하기 위한 데이터 요금을 감당할 수 없었다. 페이스북의 대응 방안은 두 가지였다. 첫째, 데이터를 덜 쓰는 페이스북 버전을 만드는 것이었다. 둘째, 통신 사업자와 제휴해 특정 인터넷 서비스를 사람들이 무료로 이용할 수 있게 하는 것이었다. 물론 특정 인터넷 서비스에는 페이스북이 포함되었다.

하지만 가장 야심 찬 계획은 다음 수십억 명에게 인터넷을 제공할 수단을 직접 만드는 것이었다. 저커버그는 여러 해에 걸친 F8 콘퍼런스 기조연설에서 자신의 계획을 자랑스럽게 소개했다.

한 가지 방법은 인공위성을 이용해 사하라 이남 아프리카에 무선 인터넷을 쏘아주는 것이었다. 이 방법은 2016년 우리가 나이지리아에 갔을 때 일론 머스크의 발사대에서 허공으로 날아가버렸다.

하지만 저커버그는 또 다른 고속 인터넷 접속 수단을 염두에 두고 있었다. 심지어 더 근사했다. 그것은 초경량 태양 전지 드론으로 인터넷을 쏘아주는 것이었다. 5년쯤 지나자 저커버그는 드론 인터넷을 숭배하다시피 했다. 생각해보라. 페이스북 공군이라니! 드론은 높은 고도에서 선회하며 광대역 신호를 지상으로 전송할 수 있을 터였다.(구글도 기상 관측 열기구를 개조해 고고도 인터넷을 제공한다는 계획을 세우고 있었다.)

이 별난 아이디어는 진지한 관심을 받았다. 어센타Ascenta라는 회사가 정말로 그런 항공기를 제작하고 있었다. 어센타 최고경영자는 '쥬라기 월드Jurassic World' 테마파크의 탈것을 제작한 인물이다. 페이스북은 (보도에 따르면) 2000만 달러에 이 회사를 인수해 아퀼라Aquila라는 드론 시제품을 만들기 시작했다. 태양 전지판으로 덮인 날개 길이는 에어버스 A320(무게 45톤)과 같았으나 독특한 소재로 프레임을 제작한 덕에 무게를 일반 세단 승용차보다 가벼운 450킬로그램 이하로 줄일 수 있었다. 아퀼라는 페이스북의 비공식 마스코트가 되었다. 한때 저커버그는 방문객이 찾아오면 아퀼라 날개가 매달려 있는 곳으로 데려가 자기 키보다 높은 날개를 마치 연처럼 들어 보이곤 했다.

몇 년 동안 우렁찬 팡파르가 울려퍼지다가 마침내 2016년 아퀼라의 비공식 시험 비행을 실시할 준비가 끝났다. 저커버그는 시험장인 애리조나주 유마로 날아가 아퀼라가 하늘로 날아오르는 광경을 지켜보았다. 그가 돌아오자 페이스북은 온라인 기술 매체 〈더버지〉의 기자를 섭외해 아퀼라가 시험 비행을 얼마나 근사하게 마쳤는지 기사를 쓰도록 했다.[19] 나중에 밝혀진 사실에 따르면 아퀼라에는 '구조적 결함'이 있었으며 이로 인해 착륙 시 파손되어 연방교통안전위원회에서 조사에 착수했다. 하지만 저커버그는 이 사건을 한 번도 언급하지 않았다. 두 번째 시험 비행은 처음보다 나았다고 알려졌지만, 페이스북은 2018년 아퀼라 프로젝트에서 손을 뗐다.

인공위성이 전소하고 아퀼라가 추락한 사건에서 보듯 인터넷닷오그의 정책 사업은 수포로 돌아갔다. 무엇보다 페이스북의 최대 목표이던 인도 진출이 타격을 입었다. 인구가 10억을 넘는 이 나라는 전 세계를 연결한다는 성장팀의 목표로 가는 지름길이었다. 저커버그에게 인도 진출은 개인적인 십자군 원정이었다. 그는 2014년 인도를 방문해 총리와 환담하고 시골 학교 교실을 찾아갔다. 《타임》의 레브 그로스먼Lev Grossman이 저커버그와 동행했는데, 그는 저개발 지역에 인터넷을 보급한다는 취지에는 공감하면서도 이 프로그램을 다른 각도에서 볼 수 있다고 언급했다. "페이스북이 아무리 이타적 노력으로 포장하더라도 이 사업은 실은 이기적인 기술 식민주의 행위이다. …… 페이스북은 소일렌트 그린Soylent Green(같은 제목의 SF 디스토피아 스릴러 영화에 나오는 인육으로 만든 대체 식량-옮긴이)처럼 사람들로 이루어져 있으며, 언제나 더 많은 사람을 필요로 한다."[20]

드론과 인공위성은 인터넷이 깔리지 않은 15퍼센트의 세계에 인터넷을 보급하려는 시도였다. 하지만 인터넷닷오그 사업의 진짜 토대는 현지 통신 사업자와 제휴해 무료 데이터 서비스를 제공하는 프로그램이었다. 2014년 페이스북은 인도를 비롯한 여러 나라에서 이 사업을 시작했다. 하지만 페이스북을 비롯한 선별적 앱만 무료로 제공해 경쟁사들에 불이익을 준다는 비판을 받았다. 이것은 모든 개발자가 인터넷에 동등하게 접근할 수 있어야 한다는 망 중립성net neutrality 원칙을 위반한 것으로 보였다. 2015년 4월 몇몇 업체가 이 프로그램에서 탈퇴했다.

페이스북은 인터넷닷오그를 모든 개발자에게 개방한다고 발표했지만 비판은 사그라들지 않았다. 저커버그는 페이스북 본사에서 밤늦게 동영상을 촬영해 비판을 삼가달라고 간청하는 게시물을 올렸다. 보편적 연결과 망 중립성은 공존할 수 있으며 아무도 그 어떤 사이트도 차단하지 않는다고 그는 주장했다. 물론 비판자들의 불만은 그 문제가 아니라 페이스북이 스스로를 '무료' 부류에 포함해 유리한 위치에 놓는다는 것이었다. 저커버그는 뭐라고 답했을까? "인터넷 요금을 낼 여력이 없는 사람이 있다면 무언가에든 접속할 수 있는 것이 아무것에도 접속하지 못하는 것보다 항상 낫습니다."

비판은 가라앉지 않았다. 저커버그는 인터넷닷오그가 인터넷의 전면 무료화를 거짓으로 약속했다는 불만을 잠재우려고 프로그램 명칭을 '프리 베이식Free Basics'으로 바꾸었다. 하지만 2016년 2월 인도는 서비스를 금지했다. 다른 나라들에서도 분쟁이 발생했다.

인터넷닷오그 소동에는 훗날 페이스북 서사에 다시 등장하는 요소들이 있다. 페이스북에 부수적 혜택을 가져다주는 외견상 선의의 사업을 관료와 일반 대중이 거부한다는 점이다. 페이스북을 공격하는 일이 유행이 되기 전에 이미 사람들은 이 회사의 동기가 순수하다고 믿지 않았다.

페이스북은 인터넷닷오그 프로그램이 성공을 거두었으며 1억 명가량이 이용하고 있다고 주장한다.[21] 하지만 성공마저 근심거리임이 드러날 터였다. 제어 장치 없는 거대한 발언대가 난데없이 차려지자 준비되지 않은 지역의 사람들은 페이스북을 이용해 여론을 조작하고 거짓 정보를 퍼뜨리고 폭력을 선동하는 자들의 먹잇감이 되었다.

이즈음 마크 저커버그는 기조연설에서 인터넷닷오그를 언급하는 일이 부쩍 줄었다. 그에게는 홍보해야 할 다른 제품들이 있었고 변호해야 할 새로운 실수들이 있었다.

진정한 사명은 연결이 아닌 성장과 참여

2011년 차마스 팔리하피티야가 성장팀을 떠났다. 하비 올리반이 빈자리를 채웠다. 올리반은 차마스의 제자답게 페이스북의 수치를 끌어올리는 일에 강박적으로 매달렸다. 하지만 엔지니어이기도 했던 그는 다른 조직에 보고하면서 프로젝트를 구현하던 성장서클 밖 코더들까지 성장팀에 합류시켰다.

성격 또한 차마스와는 딴판이었다. 둘의 차이를 묻자 앨릭스 슐츠가 대답한다. "하비는 무척 다정하고 이해심이 많습니다. 한마디로 …… 윤리적이고 훌륭한 친구죠."

또 다른 큰 변화는 더 근본적이었다. 이날까지 성장팀은 페이스북의 핵심인 블루 앱(페이스북 사이트)의 이용자와 참여도를 늘리는 일에 주력했다. 저커버그의 후원 아래 올리반은 영역을 확장했다. 회사의 필수 부문들이 성장팀 산하에 들어왔다.

성장팀은 페이스북이 자사의 거의 모든 활동을 들여다보는 렌즈가 되었다. 2012년 페이스북에 입사한 롭 골드먼Rob Goldman이 말한다. "성장팀이 제품에 대해 생각하는 방식은 이 세상 모든 창업가나 기업인이 제품에 대해 생각하는 방식과 달라요. 이런 사고방식은 여태껏 본 적이 없었죠. 전 세계인이 매일 이 제품을 써야 한다는 전제가 깊이 깔려 있었거든요."

저커버그는 전 세계인을 연결한다는 사명을 주창했지만 이를 실현하는 임무는 성장 조직 소관이었다. 그러니 페이스북의 진정한 사명은 연결이 아니라 성장이라는 주장에는 일리가 있었다. 페이스북 홍보 책임자 브랜디 바커는 2009년경 저커버그와 면담한 일을 회상한다. 그 자리에서 그는 페이스북에 더 많은 홍보가 필요한 이유는 성장과 참여를 위해서라고 말했다. 그녀가 말한다. "성장과 참여야말로 우리가 이 일을 하는 유일한 이유라는 거죠!"

성장팀의 나오미 글라이트가 말한다. "처음에는 팀 규모가 훨씬 작았어요. 우리는 성장에만 초점을 맞추었죠. 우리 소관 분야는 가입 경험, 초대 경험, 신규 이용자 경험이었어요. 그러다 시간이 지나면서 범위가 커졌어요. 마크는 이런 식이었어요. '좋아요, 이거 맡을 수 있어요? 성장과 메신저를 접목할 수 있겠어요? (   )도 맡을 수 있을까요?'" 그녀가 웃음을 터뜨리며 괄호 안에 넣을 수 있는 말이 한두 가지가 아니라고 말한다.

성장팀은 국제화를 담당했다. 또 모바일 부문을 장악했다. 최근 들어 페이스북이 신뢰(부분적으로는 성장팀의 관행 때문에 무너진 신뢰)를 되찾으려면 막대한 자원을 들여야 하리라는 사실이 분명해지자 성장팀은 이

일까지 떠맡았다. 페이스북 내에서 알고리즘의 어두운 측면을 악용하는 것으로 악명이 자자한 성장 조직이 진실성을 다룬다는 것은 어떤 사람들이 보기에 아이러니한 일이었다. 심지어 페이스북에서 '사회적 선social good'(공동선)이라고 부르는 분야조차 페이스북에서 점점 막강해져가는 성장 조직에 넘어갔다.

글라이트는 문제에 대처하는 성장팀 특유의 접근법이 다른 사업에까지 훌륭히 적용된다는 점을 이유로 든다. "이 사업들의 진짜 공통점이 뭘까요? 문제에 데이터 중심, 제품 중심으로 접근한다는 겁니다. 이해하고 식별하고 실행하는 똑같은 접근법을 어디에서나 적용하는 거죠."

성장팀이 가진 데이터 중심의 비타협적 DNA, 즉 팔리하피티야 방식이 모든 사업에 스며들었다. 팔리하피티야는 2011년 회사를 떠나 벤처캐피털 펀드를 창업했다. 페이스북과 여러 전현직 직원이 투자자가 되었지만 저커버그는 참여하지 않았다. 그는 고별 메모에서 모든 여정의 테마는 승리였다며 나머지는 전부 2등이라고 말했다. 그러면서 페이스북 직원들에게 '여러분이 모르는 회사'를 주시하라고 경고했다. 그런 회사들의 원대한 아이디어가 페이스북의 아이디어를 대체할지 모른다는 뜻이었다.[22]

다 좋은 얘기였지만, 이 메모가 페이스북에서 기억되는 것은 그가 문을 나서면서 던진 마지막 명언 때문이다.

"찌질이가 되지 마라Don't be a douchebag."

11

빨리 움직여서 파괴하라

두려움과 느림은 페이스북의 적

2008년 벤 배리Ben Barry라는 텍사스주 오스틴 출신 포스터 제작자가 페이스북에서 광고를 보았다. 타기팅은 적중했다. 광고 문구는 페이스북에서 디자이너를 찾고 있다는 내용이었다. 그와 같은 사람을.

배리는 몇 년 전 대학을 졸업한 뒤로 페이스북을 거의 이용하지 않았지만 어쨌거나 지원하기로 마음먹었으며 여러 번의 면접 끝에 합격했다. 그는 2008년 9월에 팰러앨토로 이사했다. 페이스북은 그를 또 다른 신입 디자인 직원 에버렛 캐티그백Everett Katigbak과 한 팀으로 묶었다.

배리가 처음 맡은 업무 중 하나는 다가올 대통령 선거에서 페이스북이 할 일이 있는지 알아보는 것이었다. 그의 상사들은 당시 워싱턴에서 (재택근무로) 일하던 유일한 페이스북 직원에게 연락해보라고 했다. 그들은 '투표했어요Voted' 단추를 만들기로 했다. 이용자들이 투표소에 다녀와서 버튼을 클릭하리라는 생각에서였다. 2008년 11월 선거 당일 배리는 상황판을 확인하다 깜짝 놀랐다. 확인할 때마다 클릭자 수가 수천 명씩 늘었기 때문이다. 최종적으로 600만 명가량이 이 기능을 이용했다.

흠, 페이스북이 투표자들의 선택에까지 뭔가 영향을 미쳤을까?

하지만 배리가 페이스북에 가장 크게 기여한 일은 따로 있었다. 면접 중에 그가 페이스북 사무실에 붙일 포스터를 만들면 어떻겠느냐는 아이디어가 나왔다. 현명하게도 페이스북은 데이비드 최가 그린(그 덕분에 돈방석에 앉은) 여성 혐오적 그라피티와는 다른 방식을 쓰기로 했다. 셰릴 샌드버그의 시대를 맞아 페이스북은 더 세련되면서 페이스북 문화를 반영하는, 어쩌면 심지어 규정하는 무언가로 벽을 장식하고자 했다.

배리는 오스틴에 있을 때 콘서트 포스터와 아트워크의 실크 스크린 작업을 많이 했다. 그는 디지털로 디자인이 이루어지고 코딩으로 캔버스가 제작되는 곳에서도, 그런 곳에서 '더더욱' 실물 예술품을 제작하는 일이 꼭 필요하다고 생각했다. 그는 직원들의 참여로 수많은 포스터를 제작해 끊임없는 영감의 원천으로 만든다는 구상을 했다. 하지만 페이스북이 팰러앨토에서 임차한 비좁은 사무실에는 전시실로 쓸 공간이 전혀 없었다.

2009년 초 페이스북은 칼리지테라스로 알려진 엘카미노로드 남쪽 지역의 캘리포니아애비뉴 1601에 있는 1만 4000제곱미터의 새 본사 건물로 이전했다.[1] 배리는 페이스북이 인근에 다른 공간도 확보했고 그중 한 건물에 필요 없는 창고 자리가 있다는 얘길 듣고서 그곳을 포스터 제작

시설로 쓰게 해달라고 요구했다. 그와 캐티그백은 홈디포Home Depot 매장에 가서 탁자용 목재, 소형 활판 인쇄기, 실크 스크린용 용품을 장만했다. 관리실에 수도 시설이 있어서 배리는 근처에 탁자를 놓았다. 배수구가 없었기에 물은 양동이에 담아서 버려야 했다. 그러다 배리는 샌프란시스코에서 누군가 종이 재단기를 파는 것을 보았다. 포스터를 대량으로 절단하려면 꼭 필요한 장비였다. 300킬로그램의 거대한 장치로 구텐베르크 시대의 유물처럼 보였다. 운반은 지게차를 동원해야 했다. 그는 재단기를 자비로 구입했으며 창고에 두어도 좋다는 허락을 받아냈다.

배리는 이 방을 아날로그연구소Analog Research Lab라고 불렀다.[2] 그가 염두에 둔 것은 20세기 초의 선전 포스터, 구체적으로는 1920년대 반전 단체인 전국군축위원회National Council for Reduction of Armaments에서 제작한 것들이었다. 그는 의회 도서관 웹사이트에서 이 포스터들을 보았다. 포스터들은 굵은 대문자를 써서 스피드볼Speedball의 아크릴 잉크 중 파이어레드Fire Red 색깔로 인쇄했다. 페이스북의 깔끔한 온라인 맵시를 의식적으로 거부한 방식이었다. 배리가 말한다. "구식으로 하고 싶었고 파란색을 안 쓰고 싶었어요." 그리하여 웹사이트는 현대식이고 점잖았던 반면에 배리가 디자인한 포스터는 옛 영화에서 신문 인쇄 윤전기가 멈추면서 36포인트 글꼴의 충격적 헤드라인이 화면을 가득 채우는 순간 울려 퍼지는 트럼펫 소리를 연상시켰다.

이 실크 스크린 포스터를 보면 조지 오웰의 《1984》 오리지널 영화에 나오는 빅 브라더 포스터가 떠오르지 않을 수 없었다. 문구는 배리가 페이스북에서 들은 것들로, 어떤 것은 그의 시각에서 바라본 회사 문화를 구체화한 구절이었고 또 어떤 것은 회사가 스스로를 규정하는 과정에서 도출되었다. 포스터 제작은 2년가량 진행되었다.

한편 저커버그는 2006년 야후 위기 때 자신의 사명이 얼마나 중요한지 사람들에게 제대로 전달하지 못한 일을 계속 아쉬워하고 있었다. 2007년 저커버그는 마이크로소프트 최고경영자 스티브 발머와 함께 걷다가 그에게 마이크로소프트는 직원들이 본보기로 삼아야 하는 덕목을 어떻게 전달하느냐고 물었다. 발머는 마이크로소프트에는 스스로를 규정하는 덕목들의 목록이 있다고 말했다. 저커버그는 집에 돌아가 그런 덕목을 잔뜩 써서는 사무실 냉장고에 붙였다. 회사에서 목록은 그다지 인기를 끌지 못했다. '높은 지능지수'에 대한 설명에 부아가 치민 누군가가 그 항목을 목록에서 지워버리는 일도 있었다.

2009년 저커버그는 회사의 가치를 본격적으로 정의할 때가 되었다고 생각했다. 한번은 신임 구인 책임자 로리 골러Lori Goler가 구인 담당자들이 페이스북의 직장 생활에 대해 사람들에게 설명할 때 뭐라고 말하면 좋겠느냐고 저커버그에게 물었다. 이 질문을 계기로 그는 더 폭넓은 자기규정을 위한 대규모 탐색을 벌여야겠다고 생각했다. 저커버그는 한 회의에서 말했다. "우리가 성장했을 때 어떤 존재가 되고 싶은가요?" 콕스의 감독 아래 그녀는 질문의 답을 찾기 시작했다.(이베이 마케팅 책임자로 일하다가 셰릴 샌드버그를 통해 입사한 골러는 곧 콕스를 제치고 인사 책임자가 되었다.)

골러는 비교적 최근에 입사한 몰리 그레이엄Molly Graham과 함께 일했다. 전 구글 직원이던 그레이엄이 페이스북에 들어온 한 가지 이유는 샌드버그와 엘리엇 슈레이그와 가까운 사이였기 때문이다(그녀는 슈레이그의 비서실장을 지냈다). 그녀는 돈 그레이엄의 딸이었다.

페이스북의 쓴소리꾼 차마스 팔리하피티야도 이 프로젝트에 관여했다. 그레이엄이 말한다. "마크가 그를 합류시킨 건 그가 고집불통이어서 좋은 게 좋은 거라고 넘어가지 않을 것이기 때문이었어요." 그즈음 넷플릭스는 자사의 가치(넷플릭스는 딴 회사들이 떠벌리는 모호하고 허황한 가치가 아니라 '진짜' 가치라고 명토 박았다)를 주입하는 슬라이드를 제작했는데, 이 슬라이드가 널리 회자되어 실리콘밸리의 모든 회사가 부러워했다. 특히 팔리하피티야는 페이스북이 가치 경쟁에서 뒤질 수 없다고 생각했다.

그레이엄은 정답이 저커버그 자신에게 있음을 금방 알아차렸다. '그'가 바로 페이스북 문화였다. 그녀가 말한다. "기업들은 창업자의 형상대로 빚어지죠. 한동안 페이스북은 열아홉 살짜리의 기숙사 방 같았지만, 지금은 '시도하고 반복하라'의 장소가 됐어요. 이게 인간으로서 마크의 현재 모습이에요. 그는 해보면서 배우는 사람이에요. 그건 페이스북의 DNA이기도 해요. 페이스북은 완벽을 신봉하지 않아요."

어떤 의미에서 페이스북의 자기규정은 6개의 알파벳으로 요약할 수 있다. 그레이엄이 말한다. "우리는 회의실에 소집단으로 모여서는 이렇게 말했어요. '입사 지원자나 친구에게, 엄마에게, 형제에게 페이스북을 어떻게 묘사하나요? 최근 3명의 입사 지원자에게는 뭐라고 말했나요? 어떤 표현을 썼나요?'" 그러자 단어 하나가 거듭거듭 등장했다. 'hacker'(해커)였다.

일반인에게 '해커'라는 단어는 첨단 기술로 무장한 대단히 위험한 허무주의자 또는 원격 시스템을 파괴하거나 신용카드 정보를 훔치는 악당을 연상시켰다. 하지만 스타트업 문화에서는 단어가 원래 의미대로 쓰였다. 바로 '자신의 노력이 망가진 세상을 더 나은 곳으로 바꾼다고 믿는 뛰어난 실력의 정의로운 코더'다. 그레이엄이 말한다. "바깥세상에서는 이 단어를 좋음과 짝짓지 않아요. 하지만 우리는 매우 긍정적인 의미로 받아들였죠."[3]

페이스북이 어떤 의미에서 해커 기업인지 이해하자 네 가지 가치를 정할 수 있었으며 최종적으로 저커버그에게 보고되었다. 이는 마치 그에게 거울을 보여주는 듯했다.

- 성과에 집중하라Focus on Impact
- 대담하라Be Bold
- 빨리 움직여서 파괴하라Move Fast and Break Things
- 열려 있으라Be Open

저커버그는 가치들이 맘에 들었지만 다섯 번째를 넣자고 고집했다. "사회적 가치를 구축하라Build Social Value"가 그것이었다. 앞의 네 가지가 내부 지침이었다면 이 다섯 번째 가치는 페이스북이 바깥세상에 미치는 영향을 강조했다. 저커버그는 페이스북이 절대적으로 긍정적인 영향을 세상에 미친다고 믿었다(여전히 그렇게 믿고 있다).

이 가치들 중 하나가 페이스북 특유의 것, 저커버그 특유의 것으로 부각되었다. "빨리 움직여서 파괴하라"는 어떤 의미에서 이미 페이스북과 동의어였다. 정확한 문구가 언제 처음 등장했는지 확실히 아는 사람은 없지만 아마 팰러앨토 해밀턴스트리트 사무실에서 열린 전 직원 회의에서였을 것이다. 회사 규모가 너무 커져 모든 아르바이트생이 댄절로나 다른 임원에게 일일이 보고할 수 없게 되자 처음으로 관리자들을 채용했을 때였다. 먹이 사슬 저 아래에 있는 사람들까지 '노'라고 말할 권한을 가지는 것이 저커버그에게는 중요한 관심사였다. 그래서 그는 모두에게 두려워할 여유가 없으니 빨리 움직여서 파괴하라고 강조했다.

벤 배리는 이 가치의 우물에서 물을 길을 수 있었으며 자신이 들은 내용에서 다른 슬로건들을 뽑아냈다. 그는 페이스북 정신에 걸맞게 포스터의 스타일, 문구, 심지어 계획 자체까지 상급자에게 승인받지 않았다.

어느 날 그의 포스터들이 난데없이 나타났다. 마치 악당의 인공지능 연구실에서 탈출한 미친 해커 선동가가 페이스북 본사를 휘젓고 돌아다니는 것 같았다.

- 완성이 완벽보다 낫다DONE IS BETTER THAN PERFECT
- 여기가 기술 회사라고?IS THIS A TECHNOLOGY COMPANY?
- 과감히 앞으로 나아가라PROCEED AND BE BOLD
- 하루를 일주일처럼EVERY DAY FEELS A WEEK

마지막으로 페이스북의 비공식 사훈이 될 표어가 붙어 있었다.

- 빨리 움직여서 파괴하라

포스터들은 글자로만 되어 있었기에 페이스북 최고 리더를 시각적으로 묘사하지는 않았다. 하지만 이 말들이 그의 입에서 나왔든 아니든 이 포스터들은 저커버그의 내면 깊숙한 생각들을 전달하는 수단으로 이해되었다.

처음에는 몇몇 직원들이 섬뜩한 칙령처럼 보인다며 반발했다. 하지만 이 표어가 자신들이 사랑하는 리더를 비롯해 자신들의 문화를 만든 사람들에게서 나왔다는 것을 알게 되자 반발은 사그라들었다.

얼마 지나지 않아 또 다른 표어의 포스터가 등장했다.

• 두렵지 않다면 무엇을 할 것인가?WHAT WOULD YOU DO IF YOU
  WEREN'T AFRAID?

"빨리 움직여서 파괴하라"가 페이스북 대뇌 피질에서 나온 것 같다면
(빠른 속도는 다른 회사와 격차를 벌리는 전술적 강점이었다) 이 도발적 질문
은 페이스북의 심장에서 꺼낸 것 같았다. 이 슬로건을 비공식 사훈으로
받아들임으로써 페이스북은 비즈니스를 대하는 자세뿐 아니라 자기실
현에 이르는 길을 표현한 셈이었다.

　두려움은 일에서나 삶에서나 적이었다. 슬로건은 이렇게 재촉했다.
"저질러버려. 밑져야 본전이잖아?Do it, What's the worst that could happen?" 훗
날 아날로그연구소의 굵은 붉은색 글자 포스터들에는 두려움을 모르
는 사람들, 이타적 대의를 위해 모든 위험을 무릅쓰고 계란으로 바위 치
기를 한 사람들의 초상화가 실렸다. 돌로레스 후에르타Dolores Huerta(노
동 인권 운동가), 셜리 치점Shirley Chisholm(미국 최초 흑인 여성 의원), 세사르
차베스Cesar Chavez(농장 노동 운동가)가 그들이었다. 초기 스톡옵션을 받
은 수백만장자들과 대학에서 졸업하자마자 여섯 자리 연봉을 받는 엔지
니어들이 억압받는 사람들의 영웅과 스스로를 동일시한 것이다.

　어떤 사람들은 포스터 이면에서 어두운 의미를 읽어냈다. 페이스북
에서 나와 인도적기술센터Center for Humane Technology에서 일하는 샌디 파
라킬라스Sandy Parakilas가 말한다. "이 모든 문구에는 공통 테마가 있어요.
기본적으로 관심사가 성장뿐이라는 겁니다. '성장'이야말로 유일한 초
점이에요. 그 밖에 벌어질지 모르는 나머지 문제들은 살펴보지도 집중
하지도 않아요. 성장을 위해 할 수 있는 일은 뭐든 하면서 말이죠. 솔직
히 말해 생산물의 마감이나 완성도에는 별로 신경 쓰지 않아요. 빨리 움

직이고, 원하는 변화를 일으킬 물건을 내놓고, 계속 앞으로 나아가고만 싶어 하죠."

사실 이 슬로건들은, 특히 "빨리 움직여서 파괴하라"는 오해를 사기 십상이었다. 그레이엄이 말한다. "이 말은 실패를 두려워하지 말고 계속 시도하라는 뜻이었어요. 그렇다고 대충 하라는 얘긴 아니었어요. 서버를 손본답시고 덕트 테이프를 덕지덕지 붙여놓고 달아나라는 말이 아니었죠." 하지만 구글의 사훈 "사악해지지 말자"가 제 발등을 찍은 것처럼 페이스북의 사훈에서 "파괴하라" 구절 역시 비판자들에게 곤봉으로 쓰일 수 있었다. 사람들은 페이스북이 레스토레이션 하드웨어 매장에 난입한 황소의 디지털 버전처럼 정말로 사물을 파괴한다고, 나아가 사회 질서를 파괴하고, 민주주의를 파괴하고, 문명 자체를 파괴한다고 비난했다.

몇 년 뒤인 2014년 저커버그는 F8 콘퍼런스에서 사훈을 "안정된 인프라를 갖추고 빨리 움직여라Fast Move With Stable Infrastructure"로 바꾸었다. 예전만큼 반향은 없었다. 하지만 "빨리 움직여서 파괴하라"의 정신은 여전히 페이스북에 스며 있었다. 저커버그부터 말단 직원까지 모든 사람이 페이스북의 강점은 속도와 리스크 감수에서 비롯한다고 믿었다. 느린 행보는 죽음을 의미했다.

창업 공신들의 퇴장과 저커버그의 경고

이 포스터들은 대학 중퇴자의 DNA에서 발생해 진화해가는 페이스북 문화에서 가장 눈에 띄는 일면에 불과했다. 페이스북의 초창기(종종 현재까지) 성격을 묘사할 때 사람들은 한결같이 "기숙사 방"을 관형어로 쓴다. 이에 반해 경쟁사 구글은 대학원생 이미지였다.

구글의 원로들은 경영진이 공부한 교과서를 쓴 교수들이었지만 페이스북은 마크 저커버그의 하버드 조교를 채용했다. 실제로 2005년 들어서까지 직원 중에서 30대는 거의 없었다. 결혼해서 자녀를 둔 직원도 몇 명뿐이었다. 저커버그는 제프 로스차일드 같은 노장의 가치를 인정하면서 내심으로는 젊은 사람들이 더 …… 똑똑하다고 믿었다. 그는 2007년 스타트업 인큐베이터이자 액셀러레이터인 와이콤비네이터Y Combinator의 스타트업 스쿨에서 정확히 그렇게 말했다. 650명의 창업 지망자들에게 젊고 기술에 해박한 사람들을 채용하라고 권고하면서 그는 물었다. "왜 체스 명인은 대부분 서른 살 미만일까요?"[4]

나중에 그는 이 말을 사과했다. 페이스북의 채용 정책이 실제로 이랬다면 연방 노동법을 위반한 것이었기 때문이다. 하지만 원래 발언이 자신의 세계관과 완전히 일치한다는 사실을 숨기지는 않았다.

물론 페이스북 문화는 그보다 더 복잡했으며, 회사가 성장할수록 채용 과정은 점차 전문적으로 바뀌어 더 신중하게 직원을 채용했다. 샌드버그가 한몫하긴 했지만 대개는 회사 규모가 커진 결과였다. 이 성숙한 신입 사원들은 페이스북의 무모한 속도와 씨름하면서 이 속도를 얼마나 받아들이고 얼마나 누그러뜨려야 할지 고민했다. 저커버그의 메시지는 (최소한 처음 몇 년간은) 계속해서 빨리 움직이라는 것이었기에 경영진은 속도를 받아들이는 법을 배웠다. 그러나 규모가 커진 회사의 무게가 어느 정도 브레이크 역할을 한 것은 틀림없다.

저커버그에게는 이런 현상이 반드시 바람직하지만은 않았다. 전 직원 회의에서 그가 연설할 때마다 꾸준히 등장한 테마는 페이스북이 원대한 사명을 추구한다는 것이었다. 2009년 봄 그는 직원들을 팰러앨토 셰러턴에 소집했다. 페이스북이 캘리포니아애비뉴로 이전하기 직전이었다. 《월스트리트저널》에서 나중에 보도한 대로,[5] 저커버그는 구글과 인재 쟁탈전을 벌이고 있던 구인 담당자들을 격려하는 자리에서 자신이 애용하는 수법으로 돌아가 고대인을 들먹였다. 이번에는 자신의 영웅 호메로스를 인용하지 않고 2004년 개봉한 최근 영화 〈트로이〉에서 테살로니키(데살로니카)인들과 싸우는 게 두렵다고 전령이 아킬레우스에게 고백하는 장면을 예로 들었다. 아킬레우스는 이렇게 말했다. "그래서 아무도 네 이름을 기억하지 못하는 거야." 채용 대상자가 왜 자신이 페이스북에 입사해야 하느냐고 물었을 때 이렇게 받아치라고 저커버그는 구인 담당자들에게 말했다. "사람들에게 말해요. '페이스북에 들어오면 사람들이 당신 이름을 기억할 테니까요'라고!"

그즈음 페이스북은 회사 역사에서 가장 중요한 몇몇 이름을 잃었다. 퇴사자 중에는 공동 창업자 크리스 휴스와 더스틴 모스코비츠, 그리고 고등학교 시절부터 지커버그의 친구이던 애덤 댄질로가 있었다. 휴스는 2007년 퇴사해 페이스북에서 배운 교훈을 오바마 선거 운동에 써먹었다. 콜러는 2008년에 떠나 벤치마크Benchmark에 취직했다. 모스코비츠는 아사나Asana라는 소프트웨어 회사를 창업했다. 댄절로는 2008년 5월에 나갔다.

작별은 겉보기에는 화기애애했다. 퇴사자들은 자신들의 앞에 놓인 근사한 모험을 언급했을 뿐 퇴사를 지긋지긋한 무엇 또는 누군가의 탓으로 돌리지 않았다. 전 페이스북 최고위직 한 사람은 이렇게 설명한다. "페이스북 직원들이 세상 모든 가치 중에서 가장 중요하게 여기는 건 자유예요. 페이스북에서 일할 때는 자유가 전혀 없거든요. 돈은 벌지만 자유는 조금도 얻지 못해요. 그들 중 상당수는 그저 자유를 원할 뿐이죠." 여기서 자유란 '저커버그로부터 자유'를 암시한다.

휴스는 퇴사 후 저술가 데이비드 커크패트릭에게 이렇게 말했다. "마크와 일하기는 무척 힘들죠. …… 마크와는 함께 일하기보다 그냥 친구로 지내는 편이 훨씬 낫습니다."[6]

그중에서 저커버그에게 가장 뼈아픈 일은 모스코비츠의 퇴사였을 것이다. 그는 더페이스북을 하버드 바깥으로 확장하는 데 결정적인 역할을 한 일꾼이자 페이스북을 야후에 매각하지 않겠다는 저커버그의 소신을 가장 굳게 지지한 임원이었다. 2007년 모스코비츠는 페이스북이 성장함에 따라 소프트웨어 도구가 필요해지리라 생각해 경영에서 손을 떼고 소프트웨어 구축에 매달렸다. 소프트웨어 개발이 대단히 성공적이어서 2008년 그는 비슷한 도구를 개발할 회사를 설립하기로 마음먹었다. 공동 창업자는 저스틴 로즌스타인으로, 그는 페이스북이 '꿈의 회사'라고 공언한 지 2년 만에 퇴사했다. 모스코비츠는 퇴사하고 여러 해가 지나도록 여전히 우호적인 관계를 유지한 듯하다.

하지만 댄절로의 행보는 쓰라린 뒤끝을 남겼다. 2009년 6월 댄절로는 쿼라Quora라는 회사를 전 페이스북 엔지니어 찰리 치버Charlie Cheever와 공동 창업했다. 쿼라는 누구나 질문을 올릴 수 있고 질문에 가장 잘 답할 수 있는 사람이 자발적으로 답을 올리는 플랫폼으로 구상되었다.

쿼라가 페이스북의 경쟁 상대가 아님은 명백했다. 실제로 쿼라는 처음부터 페이스북 플랫폼과 협력했다. 하지만 저커버그는 쿼라를 적대시했다. 비슷한 계획을 품고 있는 페이스북 직원들에게 경고 메시지를 전하고 싶었던 것인지, 정말로 쿼라를 미래의 위협으로 여긴 것인지는 확실치 않다. 어쨌거나 저커버그의 수석 엔지니어 중 한 사람인 블레이크로스는 '질문Questions'이라는 기능을 개발하기 시작했다. 쿼라가 의도한 것과 똑같은 기능이었다. 로스가 쿼라 계정을 너무 많이 만드는 바람에 쿼라 엔지니어들은 그를 스패머로 간주해 차단했다. 2010년 7월 질문 기능이 페이스북에 도입되자 다들 쿼라가 끝났다고 생각했다.[7] 페이스북 이용자 5억 명과 어떻게 맞설 수 있겠는가?

하지만 시들해진 쪽은 페이스북 질문이었으며, 결국 페이스북은 이 기능을 내렸다. 궁극적으로 이 개념을 가지고 스타트업을 세운 두 창업자의 열정에 상대가 되지 않았던 셈이다.

일부 직원들은 저커버그의 의도가 기존 직원들이 독자적인 소셜 서비스를 시작하지 못하게 경고하는 데 있다고 생각했다. 아무튼 이 사건은 저커버그가 위협의 냄새를 맡으면 그 위협을 짓밟으려고 전력을 기울인다는 사실을 입증해주었다.

사이트의 위해성 논란과 콘텐츠관리 강화

그즈음 페이스북에서는 또 다른 일이 벌어지고 있었다. 이용자 수가 증가함에 따라 그들이 공유하는 콘텐츠에서 발생하는 문제 또한 덩달아 증가했다. 게다가 외부인들은 문제에 대처할 책임을 페이스북에 지울 터였다.

2004년 저커버그가 더페이스북을 시작할 때는 이 사이트에서 무엇이 (그것이 무엇이든) 허용되고 허용되지 않는가 여부가 사실상 전 세계 언론 자유의 성격을 규정하리라 생각한 사람은 전혀 없었다. 그러나 숨아내거나 금지해야 할 것들이 이 새로운 서비스에서 등장할지 모른다고 시사하는 징후는 처음부터 있었다. 최소한 이용자들에게 해로울지 모르는 것을 사람들이 페이스북에서 목격했을 때 신고할 수 있도록 방안을 마련해야 했다.

애초에 이 임무는 고객지원팀에 떨어졌다. 그들의 임무는 책상 앞에 앉아 온갖 이메일에 응답하는 것이었다. 대부분은 비밀번호 복원 같은 간단한 요청이었다. 하지만 게시물에 대한 불만도 적지 않았다. 페이스북은 기본적 보호 장치를 두었다. 사람들은 폐쇄적 커뮤니티 안에서 실명을 썼으며 네트워크 바깥의 사람들이 자신의 프로필을 보지 못하도록 공개 범위를 설정할 수 있었다. 그렇지만 괴롭힘, 모욕적 발언, 부적절한 사진을 완전히 막을 수는 없었다. 고객지원팀의 초창기 직원 케이트 로스 말마따나 이는 더 큰 문제를 예고하는 거품이었다.

2005년 가을 페이스북 이용자 수 증가에 따른 불만 증가에 대처하기 위해 지원팀이 급속히 확대되어 2006년 말에는 전 직원의 3분의 1을 차지했다. 지원팀의 급여는 엔지니어들이 받는 것보다 훨씬 적었다. 하지만 초창기 직원들은 스톡옵션을 받았기에 나중에는 메이저리그 야구 선수보다 더 많은 돈을 벌었다. 이상적이지는 않지만 필요한 조치였다. 에즈라 캘러핸이 말한다. "사훈이 '빨리 움직여서 파괴하라'인데 이용자를 너무 소외하면 안 된다는 인식이 있었죠."

고객지원팀 책임자는 스탠퍼드를 갓 졸업한 폴 잰저였다. 그는 자신이 기술 업계에서 일하게 될 줄 몰랐다. 그의 계획은 로스쿨 입학이었으며 뉴욕대학교에 합격까지 했다. 하지만 막판에 마음을 돌려 샌프란시스코베이에어리어에서 일종의 갭이어를 보내기로 했다. 그는 법률 사무보조원으로 일하면서 학비를 벌 작정이었으나, 어느 날 페이스북을 이용하다가 화면 오른쪽에서 고객지원팀을 창설할 사람을 찾는다는 광고를 보았다. 그때가 2005년 8월이었다. 그는 이력서를 제출하고 면접을 보고 일주일이 지나기 전에 고객지원 및 콘텐츠관리 부서에서 일하는 최초의 전업 직원이 되었다. 이전에 이 업무 담당자는 캘리포니아주 버클리에서 일하던 프리랜서였는데, 그의 받은편지함에는 미해결 요청과 불만이 7만 5000건이나 쌓여 있었으며 계속 불어나고 있었다.[8] 잰저는 스물두 살이었다.

그가 받은 훈련이라고는 파트타임으로 고객 응대를 하던 엔지니어 한 사람과 15~20분 대화를 나눈 것이 전부였다. 그 엔지니어는 잰저에게 그가 보게 될 이메일의 종류를 알려주었다. 정해진 규칙은 없었다. 엔지니어는 대개 자유롭게 응대했다. 그는 잰저가 똑같이 하리라 예상했다.

처음에는 잰저 역시 그렇게 했다. 그가 신입 직원들을 영입해 꾸린 작은 팀도 마찬가지였다. 하지만 그는 페이스북이 계속 성장하면 이런 임기응변식 접근법의 효과가 점점 떨어질 것임을 깨달았다. 회색 지대와 미묘한 구석이 너무 많았다. 지원팀은 판단하기 애매한 사진이나 댓글을 발견하면 옆에 있는 직원에게 물어보았다. 대개는 베테랑 중 하나였다. 이 경우 '베테랑'이란 한두 달 전에 입사한 사람을 가리켰다. 잰저 또한 베테랑이었지만 그조차 뚜렷한 해법이 보이지 않는 사례가 한둘이 아니었다. 페이스북 법무책임자이자 최고정보보호책임자 크리스 켈리에게 질문하는 횟수가 점점 늘었다.

고객지원팀은 비공식적으로 일종의 온라인 판결을 내리기 시작했다. 야구에서 착안한 '삼진 아웃' 제도가 도입되었다. T팬티가 보이면 너무 야하다는 'T팬티 규칙thong rule'이 마련되었다. 노출이 심한 비키니도 규제 대상이었다. 에즈라 캘러핸이 말한다. "매출과 마케팅 면에서 당시 우리가 그나마 가진 장점은 점잖다는 거였죠. 대학 사이트라서 이용자들이 그런 문제에 엄청 예민했거든요." 숀 파커가 코카인 소지 혐의로 체포된 뒤로 압박은 더욱 심해졌다.

잰저는 더 체계적인 접근법이 필요함을 깨달았다. 그의 팀이 콘텐츠를 삭제하는 절차는 어처구니없었다. 우선 페이스북 내부 도구를 통해 직원들에게 부여된 막강한 권한을 이용해 문제가 되는 게시물을 제보한 사람의 계정으로 로그인해 게시물을 확인한다. 게시물이 기준에 어긋나면 내부 도구를 이용해 게시물 작성자의 계정으로 로그인해 게시물을 삭제한다. 이 과정에서 '두' 사람의 프라이버시를 침해하게 된다.

마크 저커버그가 이 문제에 주목하지 않은 것은 분명하다. 당시 그는 하급 직원들이 모르는 최고경영자의 업무를 처리하고 있었다. 고객지원팀 직원들은 엔지니어가 아니었으며 저커버그가 보기에 페이스북에서 하등 생물에 해당했다. 하지만 페이스북은 거의 배타적으로 자기들끼리만 교류하는 젊은이들의 소집단이었기에 어떤 면에서 그들은 또래이기도 했다.

2005년 9월 케이트 로스가 골치 아픈 문제 하나를 제기했다. '게이들에게 반대하는 시체들'을 자처하는 그룹이었다. 그녀가 말한다. "시체 게시물과 동성애자 비난 글만 올라오는 끔찍한 그룹이었어요."

이런 그룹은 대학 사이트에 있을 자리가 없다는 그녀의 생각은 매우 합당했다. 하지만 어떤 근거로? 어떤 기준으로? 표현이 괴롭힘이나 증오 발언으로 번지는 것은 언제일까? 누가 실제로 사람에게 명시적 협박을 했다면 판단은 식은 죽 먹기다. 그냥 퇴출하면 된다. 하지만 협박이 명시적이지 않고 관점에 따라 달리 볼 수 있다면 문제가 애매해진다. 만일 그룹 전체가 비도덕적이면 어떻게 해야 할까? 어디까지 증오로 봐야 할까? 크록스Crocs 신발을 신는 사람들을 증오하는 그룹도 있었다. 패션에 대한 익살맞은 공격을 금지해야 한다고 생각하는 사람은 아무도 없었다(게다가 크록스가 끔찍한 건 사실이니까). 하지만 살해 협박과 풍자는 한 끗 차이였다.

고객지원팀이 자리한 유니버시티 156 근처에는 사람들이 점심을 먹거나 이따금 한가로이 앉아 담소를 나누거나 비디오 게임을 하는 공용 공간이 있었다. 어느 날 오후 불만을 처리하는 문과 출신 한 무리가 이곳 소파에 앉아 대학 시절 기숙사 자유 토론(상당수는 몇 주 전까지 하고 있던)과 비슷한 토론을 벌였다. 페이스북 법무책임자 크리스 켈리가 동석했다.

저커버그나 모스코비츠에게 가져갈 토론거리는 아니었다. 로스가 말한다. "그 까다로운 인간관계 문제랑 사회학적 문제랑 이용자들 간 표현 문제는 기술적 측면에서 관심사가 아니었기에 중요하지 않은 걸로 치부됐어요." 그녀는 페이스북의 성차별을 항상 날카롭게 지적했으며, 백만장자로 퇴사한 뒤에는 이를 비판하는 책을 썼다.[9]

하지만 저커버그가 제시한 일종의 가이드라인이 있어서 토론의 방향에 영향을 미쳤다. 저커비그는 사람들이 페이스북에서 (남들을 불쾌하게 하는 한이 있더라도) 수정 헌법 제1조(종교·언론·출판·집회·결사의 자유)를 행사할 수 있길 바란다고 곧잘 밝혔다. 그는 또한 페이스북이 안전한 장소이길 바랐지만, 이용자들의 자기표현을 검열하는 일은 극단적 경우에 동원하는 최후의 수단이어야 한다고 여겼다.

앞의 토론에서 공식 콘텐츠 정책이라 할 만한 것이 최초로 탄생했다. 마크 저커버그조차 동의할, 페이스북에서 용납되지 않는 것들을 가려내는 기준이었다. 그들은 일종의 내부 위키(크라우드소싱으로 만드는 문서)를 구축하기로 합의했으며 이것은 결국 일련의 규정으로 발전했다. 잰저가 저커버그의 취지를 이어받아 말한다. "우리의 최초 입장은 개방적 소통을 허용하는 쪽이었어요. 하지만 선이 정해져 있어야 한다는 걸 알고 있었죠. 사람들이 페이스북을 안전하게 이용하지 못하게 만드는 모든 것으로부터 페이스북을 보호하고 싶었어요."

표현을 규제하는 기본 도구 중 하나는 실명을 쓰도록 강제하는 페이스북의 정책이었다. 페이스북은 초창기부터 익명이나 가짜 이름에 선을 그었다. 페이스북에서 '나'는 '나'여야 했다. 잰저가 말한다. "그러면 사람들이 나쁜 짓을 할 때까지 기다리지 않아도 되죠." 가짜 신분을 쓰면 말썽을 일으킬 가능성이 커지는 법이다.

2005년 말이 되자 고객지원팀에서는 15~20명이 일하고 있었는데 페이스북에서 꽤 큰 비중을 차지했다. 신참들은 금기 사항이 나열된 짧은 워드 문서를 받았다. 2008년 페이스북에 입사해 몇 해 뒤 잰저의 자리를 물려받은 데이브 윌너Dave Willner가 말한다. "관습법을 기록한 것에 가까웠어요. 이런 식이었습니다. '히틀러? 안 돼. 바지? 입어야 해.'"

하지만 2006년 페이스북이 두 가지 중대 변화를 도입하면서 고객지원팀은 그 뒤로 격랑에 휘말리게 된다.

첫째 변화는 뉴스피드 출시였다. 이로써 페이스북의 모든 초점은 사람들 눈앞에 들이밀어지는 콘텐츠 스트림으로 옮겨갔다. 다음으로 오픈레지가 문을 활짝 열어 누구나 페이스북에 들어올 수 있게 되었다. 대학교나 고등학교의 소규모 네트워크에서는 예컨대 여성 혐오성 욕설을 내뱉었다가는 자신의 현실 커뮤니티에 속한 사람들이 알아보고 멀리할 수 있었기 때문에 못된 짓이 억제되었다. 이용자는 행동의 대가를 치러야 했다. 하지만 잘 모르거나 아예 모르는 사람들이 자신의 뉴스피드에 글을 올릴 수 있게 되면서 그런 자연 보호 장치가 사라졌다. 알지만 좋아하지는 않는 사람들까지 이제는 이용자를 성가시게 할 수 있게 되었다. 마치 십 대 전용 클럽이 성인 나이트로 바뀌어 청소년들이 난데없이 매춘부들과 뒤섞이게 된 것 같았다. 최고정보보호책임자 크리스 켈리는 저커버그와 관리팀에 '비상벨'을 울렸다.

사람들이 페이스북에서 안전해야 한다는 데는 모두 동의했다. 하지만 실제로 뭔가 조치를 취하는 일은 별개 문제였다. 켈리는 이런 상황에 친숙했다. 그가 말한다. "회사가 실제로 새롭게 초점을 맞추려면 타격을 받아야 할 때가 많았어요."

타격은 금세 찾아왔다. 2007년 중반 마이스페이스에서 벌어지는 아동 성 착취와 포르노에 우려를 품은 여러 주의 검찰총장들이 회사로부터 합의를 이끌어냈다. 소셜 네트워크의 안전성이 갑자기 뜨거운 쟁점으로 떠올랐다. 뉴욕주의 앤드루 쿠오모Andrew Cuomo(훗날 주지사), 코네티컷주의 리처드 블루먼솔Richard Blumenthal(훗날 상원의원), 노스캐롤라이나주의 로이 쿠퍼Roy Cooper(훗날 주지사)를 비롯한 검찰총장들이 사건에 뛰어들었다. 마이스페이스 다음 표적은 페이스북이었다.

그해 7월《뉴욕타임스》는 '걱정하는 부모'가 페이스북이 얼마나 위험한 곳인지 알아보겠다며 열다섯 살 여자아이 프로필을 가짜로 만든 사건을 보도했다.[10] 가상의 십 대는 "말썽거리 찾고 있음"이라고 프로필에 썼다. 그녀는 자신이 "임의의 놀거리"와 "할 수 있는 건 아무거나"를 추구한다고 밝혔다. 그러고는 '페이스북 프리섹스주의자들'과 '근친상간에 관심 있는 사람들' 같은 그룹에 가입했다. 그녀가 부적절한 사람들과 친구를 맺게 된 것은 놀랄 일이 아니었다. 켈리는 훗날 내게 '걱정하는 부모'의 가짜 계정을 페이스북이 추적했더니 뉴스코프(당시 마이스페이스를 인수한 머독의 회사)를 대리하는 법률 사무소로 연결됐다고 주장했다.[11] 그건 그렇고 …… 저런 그룹들은 페이스북에서 대체 무슨 짓을 하고 있었을까?

켈리는 블루먼솔과 쿠퍼를 만나 페이스북이 이런 상황에 대처하고 있음을 납득시키려고 애썼다. 그가 말한다. "규제 당국에 늘 말했어요. '저기요, 사람 사는 곳에서는 나쁜 일이 일어나기 마련이잖아요. 그러니 페이스북에서도 일어날 수 있어요.'" 그는 페이스북을 대변할 컨설턴트 2명을 채용했는데, 한 사람은 전 인디애나주 검찰총장이었고 다른 한 사람은 최근까지 연방거래위원회에 근무한 인물이었다. 두 사람은 쿠퍼와 블루먼솔과 면담 일정을 잡았다. 하지만 검찰총장들이 페이스북 사이트에서 무더기로 찾아낸 포르노를 들고 오는 바람에 면담은 수포로 돌아갔다.

뒤이어 앤드루 쿠오모 검찰총장이 벌인 함정 수사의 결과가 나왔다. 뉴욕주 검찰은 미성년자를 가장한 가짜 계정을 여러 개 만들었다. 얼마 지나지 않아 성범죄자들이 이 가상의 순진무구한 아이들에게 수작을 걸기 시작했다.

블루먼솔은 페이스북에 유난히 심기가 불편했다. 그의 자녀들이 페이스북을 이용하고 있었기 때문이다. 그는 가입제한해제를 문제의 원인으로 지목했다. 그는《뉴욕타임스》에 이렇게 말했다. "페이스북이 다소 다른 사이트로 변하는 걸 목격했어요. 예전에 없던 우려스러운 점들이 페이스북의 기능과 문화에 도입되었습니다." 10년이 지난 뒤까지 블루먼솔의 우려는 전혀 잦아들지 않았다.

쿠오모는 이런 부정행위에 대한 감시를 강화하는 데 페이스북이 동의하도록 압박을 가했다. 3주간의 열띤 협상 끝에 페이스북은 뉴욕주와 합의에 도달했다. 합의에 따르면 원치 않는 괴롭힘이나 포르노 사례가 제보될 경우 무조건 24시간 안에 처리해야 했다. 이는 고객지원팀에 여러 변화를 촉발했다. 사상 처음으로 페이스북은 매일 콘텐츠를 모니터링해야 했다.

페이스북 직원들은 검찰의 주요 관심사가 언론의 주목을 받는 것이라고 생각했다. 하지만 합의는 페이스북의 콘텐츠관리 업무를 체계화하는 데에도 도움이 되었다. 2007년 페이스북에 입사한 샬럿 윌너Charlotte Willner가 말한다. "이로 인해 당시 매우 미숙한 회사였던 페이스북은 온갖 어려움을 겪었지만 합의는 무척 필요한 일이었어요. 그때가 아니었다면 언제 우리가 포르노 제보를 우선순위로 삼았겠어요?" 그녀는 나중에 남자 친구이자 미래의 남편 데이브 윌너를 페이스북에 데려왔다. 데이브 윌너가 말한다. "우리는 24시간 시한을 매우 매우 심각하게 받아들였어요. 합의서에 벌칙이 있어서는 아니었습니다. 페이스북의 명예가 걸린 문제가 된 거죠."

페이스북 이용자 수가 증가하면서 콘텐츠관리자 수요 또한 (특히 미국 바깥에서) 증가했다. 2009년 페이스북은 관리운영팀을 더블린으로 확장했으며 채용 업무를 외부 회사에 위탁하기 시작했다. 또 비영어 사용자를 더 많이 채용하기 시작했다. 2010년에는 인도 하이데라바드에 사무소를 열었다. 하지만 2012년까지도 콘텐츠 검사 인력은 대부분 페이스북 전업 직원이었으며 그들이 하는 일 대부분은 포르노와 알몸 적발이었다. 그러다 그해 페이스북은 계약직을 쓰는 편이 더 효율적이고 저렴하다고 판단했다. 그리하여 아웃소싱 회사 액센추어Accenture와 계약을 맺고 필리핀 마닐라에 대형 관리 센터를 설립했다. 그 뒤로 몇 년간 콘텐츠관리자의 수가 급증했다. 인력이 늘고 언어가 다양해졌다. 업무 성격 또한 단지 알몸 찾아내기를 넘어 괴롭힘, 증오 발언, 심지어 식인 같은 행위로까지 확대되었다(인육 섭취는 페이스북 이용약관에 위배된다).

잰저가 일을 그만둔 2015년 즈음에는 팰러앨토, 오스틴, 더블린, 하이데라바드 등 네 곳의 사무소에서 250명이 일하고 있었다.

이쯤 되자 크라우드소싱으로 제작한 워드 문서는 지침서로서 효력을 상실했다. 알몸처럼 명백해 보이는 것조차 까다로운 측면이 있었다. 잰저가 말한다. "우리는 알몸이 무엇인지 '정의'해야 했어요. 가장 뚜렷한 기준 중 하나는 '젖꼭지가 안 보일 것'이었죠."

하지만 이 정책을 집행하다보니 페이스북 지원팀은 여성이 아기에게 젖을 먹이는 사진도 삭제해야 했다. 예상하지 못한 일은 아니었다. 잰저는 모유 수유를 예외로 둘지 자신의 팀이 고려했으나 '젖꼭지가 안 보일 것' 정책의 명료함을 유지하는 쪽으로 결정했다고 말한다. 젖을 물고 있는 사진이라고 해서 예외가 될 순 없었다.

하지만 여성 중에는 공개적으로 젖을 먹일 권리를 단호하게 옹호하는 사람들이 있었는데, 이들은 사진이 삭제되자 격분했다. 그들이 보기에 페이스북은 모성애의 정점을 저속한 행위로 여기는 꼴이었다. 점차 고조되던 불만이 폭발했다. 2009년 모유수유행동주의자Lactivist 그룹이 페이스북 사옥 바깥에서 시위를 벌였다. 온라인에서는 1만 1000명의 엄마들이 가상 '젖 먹이기 시위'에 동참했다.[12] 페이스북은 처음에는 자신들의 조치를 변호하려 했으나 결국 정책을 수정해 신생아가 물고 있는 젖꼭지는 예외로 허용했다.

공인에 대한 괴롭힘 역시 정책이 오락가락했다. "에런 로저스 엿 먹어라"라고 말하는 건 괜찮다지만 프로 미식축구 선수가 아니라 유명한 대학 쿼터백을 욕하는 거라면? 고등학교 쿼터백이라면 어떨까? 주의 유명인이라면 문제가 될까? 얼마나 훌륭한 쿼터백이라야 욕하는 걸 내버려둬도 될까? 다른 나라로 가면 누가 공인이고 무엇이 괴롭힘의 범주에드는지의 선을 어디에 그어야 하는지 대체 어떻게 알 수 있을까?

데이브 윌너가 말한다. "터키 헌법에서는 공화국을 창건한 무스타파 케말 아타튀르크(케말 파샤)를 비방하는 것이 금지됩니다. 아르메니아인 집단 학살은 아타튀르크에 대한 비방이라는 게 그들의 통념인데, 그건 물론 아타튀르크가 이 집단 학살을 진두지휘했기 때문이죠. 그래서 아르메니아인 집단 학살을 거론하는 걸 많은 터키인은 문화적 모욕으로 여깁니다. 뒤집어 보면 그리스와 터키의 역사적 갈등 때문에 그리스 출신 중에는 아타튀르크의 입술에 루주를 바른 포토샵 합성 사진 만들기 같은 걸 좋아하는 사람들이 있죠. 그러면 터키 사람들의 화를 돋울 수 있다는 걸 아니까요."

데이브 윌너는 기준을 다듬는 업무를 자청했다. "우리가 문서로 작성한 것과 우리가 목격한 모든 것으로부터 기준을 도출하는 작업이었죠. 사진을 하루에 1만 5000장씩 보던 기억이 나요. 이런 식입니다. 벌거벗은 사진으로 도배된 사이트를 좋아할 사람은 없죠. 사람들을 위협하거나 하는 온갖 나쁜 짓 역시 마찬가지죠. 우리는 사실상 우리 행동을 어떻게 정당화할지 고심하면서 존 스튜어트 밀의 위해 원칙harm principle을 근거로 삼았습니다."('위해 원칙'은 다른 사람에게 해가 되지 않는 한 나의 자유는 침해당할 수 없다는 원칙이다-옮긴이)

하지만 페이스북은 공통된 인식 틀을 넘어서는 고차원의 원칙들이 필요했다고 윌너는 말한다. 왜 어떤 것들은 금지되고 다른 것들은 금지되지 않는가? 그는 모든 원칙이 하나로 귀결했다고 말한다. 바로 사명이었다. 사람들에게 공유 능력을 부여하고 세상을 더 개방되고 연결된 곳으로 바꾼다는 사명.

이것은 표현의 자유를 중시하는 철학과 무척 흡사했으며 마크 저커버그의 견해와 일맥상통했다. 월너가 말한다. "마크는 회사의 사명과 환경을 규정하는 지적 틀을 마련하고자 나섰죠. 그는 '표현의 자유 규칙을 정합시다'라는 식으로 말하지 않았어요. 실은 아무도 그런 규칙을 정하려 하지 않았습니다. 그래서 내가 나섰죠. 필요한 일이었으니까요."

문서는 약 1500단어 분량이었다. 하지만 규칙을 적용하는 실제 업무는 여전히 고역이었다. 사람들이 오판을 저지르는 것은 불가피했다. 월너가 말한다. "이건 지독하게 복잡한 일이에요. 사람들이 만들어내는 수백만 가지 콘텐츠에 대해 지독하게 복잡한 절차를 진행하다보면 오만 가지 잘못을 저지르게 됩니다. 사람들은 우리가 가치와 도덕적 근거에 대해 명확한 구별을 내려주길 바라지만 그것을 실제로 명문화하기는 쉬운 일이 아니죠." 심지어 모유 수유 문제조차 완전히 해결되지 않았다. 아기에게 젖을 먹이는 여성이 다른 면에서 알몸에 해당할 수 있기 때문이다. 월너가 질문에 대뜸 답한다. "누군가 젖을 먹이고 있는데 바지를 안 입고 있다면 어떻게 봐야 할까요? 바지가 우선입니다. 사진을 내려야죠." 그가 한숨을 내쉰다.

월너는 페이스북을 떠나 에어비엔비Airbnb의 콘텐츠 기준 작성을 주도하고 있다. 이곳 역시 아파트와 주택을 등록하면서 미풍양속을 거스르는 경우가 많다. 그의 아내 샬럿은 핀터레스트의 신뢰 및 안전 책임자다. 데이브가 덧붙인다. "말하자면 콘텐츠관리가 없었다면 페이스북이 얼마나 개차반이었을지는 말로 표현할 수 없습니다. 지금처럼 점잖아진 건 기적이나 마찬가지예요."

저커버그의 새해 결심 습관

2009년 페이스북이 캘리포니아애비뉴 1601로 이전하면서 저커버그가 바라보는 페이스북의 모습을 물리적으로 표현할 기회가 생겼다. 사무실은 모두가 기다란 탁자 위 거대한 모니터(최소한 2개) 앞에서 일하고 임원들이 평사원들 사이에 간간이 섞여 있는 초평등주의식 형태였다. 저커버그 역시 마찬가지여서, 디지털 록 콘서트 무대의 스탠딩석에 해당하는 자신의 자리를 활용해 시급한 사안을 다루는 팀을 가까이 두었다. 페이스북 직원들에게서는 최고경영자 저커버그로부터 1~2미터 떨어진 자리에서 근무했다는 이야기를 흔히 들을 수 있다.

저커버그의 면담 장소는 '어항the fishbowl'으로, 1층의 넓은 업무 공간 한가운데에 유리 벽으로 둘러싸인 장소였다. 훗날 2011년 페이스북이 멘로파크의 옛 선 마이크로시스템스Sun Microsystems(2009년 오라클에 인수되었다-옮긴이) 사옥으로 이전하자 저커버그는 업무 환경을 더욱 개방적으로 바꾸었다. 1층 그의 사무실에는 안뜰이 훤히 내다보이는 커다란 창문이 있었는데 그 앞으로 페이스북 직원들과 방문객들이 줄기차게 지나다녔다. 몇몇 구경꾼이 그의 창문을 마치 진짜 수족관처럼 들여다보게 된 것은 필연적이었다. 수족관 안에는 바닷속 어느 해양 생물보다 기이한 생물이 살고 있었다("사람들은 내가 생각한 것보다 더 관음증적"임을 발견한 페이스매시 제작자에게는 놀라운 일이 아니었을 것이다). 페이스북은 서성거리지 말아 달라는 표지판을 세웠다.

저커버그는 걷기를 좋아했다. 흔히 방문객이 수족관 문턱을 넘기 전 걸으면서 면담해도 되겠느냐고 물었다. 그는 방문객을 데리고 업무 공간을 지나 작은 로비를 거쳐 칼리지테라스의 목가적인 거리로 나섰다.(저커버그는 현재 프리실라 챈과 함께 살고 있는데, 마침내 진짜 가구가 갖춰진 주택을 회사에서 몇백 미터밖에 떨어지지 않은 곳에 장만했다.) 훗날 페이스북이 염습지 근처 멘로파크의 외진 동네로 이전했을 때에도 그의 걷기 습관은 계속되었다. 한번은 임원 한 사람이 그와 함께 걷다가 길 가까이에서 커다란 뱀을 보았다. 저커버그는 대화를 멈추지 않았다.

회사가 성장하는 동안 저커버그는 샌드버그와 약속한 합의를 지켰다. 저커버그는 페이스북의 제품과 회사의 장기 계획에 주력했다. 영업, 정책 사안, 투자자 관계, 언론 대응 등 대부분의 회사 업무는 샌드버그에게 일임했다.

그럼에도 그는 자신이 장차 대기업이 될 회사의 최고경영자임을 의식했으며 대중 연설과 정치인이나 언론 상대 같은 자신의 취약 분야를 개선하려고 노력했다. 초창기에 저커버그가 정치인이나 관료와 만날 때 길잡이가 되어주던 크리스 켈리는 그에게 대화에 적극 참여할 것을 주문했다. 켈리가 말한다. "마크는 의자에 기대앉은 채 사람들을 물끄러미 바라보죠." 이 태도는 시간이 지나면서 점차 사라졌다. 그가 처음으로 만난 정치인 중 한 사람은 당시 뉴욕 시장이던 마이클 블룸버그Michael Bloomberg였다. 안쓰러운 침묵이 흐른 뒤 저커버그가 그에게 물었다. "왜 이 일을 하고 계신 거죠?" 질문은 화기애애한 대화로 이어졌다.

다른 면에서 그는 여전히 부모가 두 손 두 발 다 든 고집불통 아이였다. 그에게는 수수께끼 같은 습관과 비밀스러운 의식이 있었다. 다소 널리 알려진 예로는 그의 새해 결심이 있다.

세계적 불황이 갓 시작된 2009년 1월 그는 겨울 휴가가 끝나고 전 직원을 상대로 연설하면서 상황의 심각성을 강조하기 위해 넥타이를 맺다.(2008년 미국 서브프라임 모기지 사태와 세계 금융 위기로 2009년 2차 세계대전 이후 최악의 경기 후퇴인 대침체Great Recession가 발생했다-옮긴이) 그 해 말에 그는 내게 말했다. "올해에 접어들었을 때 다들 세상이 무너지고 있다고 생각했어요. 나머지 회사들은 전부 채용을 중단하고 매출과 자금 운용에 총력을 기울였죠. 하지만 나는 생각했어요. '우리는 그렇게 하지 않을 거야.' 꽁무니를 뺀 채 자금 사정이 안 좋으니까 모든 자원을 수익에 돌리겠다고 말하지는 않을 작정이었어요. 제 궤도를 유지하며 계속 성장에 집중할 계획이었죠."

한 직원이 저커버그에게 페이스북의 성패를 좌우하는 그런 해에는 항상 넥타이를 매라고 조언했다. 그는 조언을 받아들였다. 실제로 페이스북은 2009년 성장했다. 매출은 두 배가 되었으며 처음으로 수익을 냈다. 나는 저커버그에게 추진력을 유지하려면 계속 넥타이를 매는 게 어떻겠느냐고 제안했으나 그는 귀담아듣지 않았다. 그가 말했다. "넥타이는 부적 같은 거죠. 대개는 목을 조를 뿐이에요."

그는 새해 도전을 계속하기로 마음먹었다. 처음에는 비교적 소박했으나 사람들에게 점점 알려지면서 마케팅의 성격을 띠어갔다. 그는 연초에 새해 결심을 성대한 팡파르와 함께 발표하고 연말에는 보고서로 마무리했다. 2010년에는 중국어를 배우기로 결심했다(냉소적인 사람들은 페이스북을 금지한 중국 지도자들에게 환심을 사려는 수작이라고 추측했다). 또 다른 해에는 스티븐 핑커에서 윌리엄 제임스와 헨리 키신저에 이르기까지 2주에 1권씩 책을 읽겠노라 다짐했다.

2011년 결심은 좀 더 사적인 것으로 채식주의자가 되겠다고 공언했다. 고기는 직접 잡은 것만 먹기로 했다. 이것은 살아 있는 동물을 먹는다는 것의 의미에 대한 그의 순수한 호기심에서 비롯했다. 자신의 결심이 유출되자 그는 한 기자에게 이렇게 썼다. "우리가 고기를 먹으려면 살아 있는 존재가 죽어야 한다는 걸 많은 사람이 잊어버린 것 같습니다. 그래서 나는 그 사실을 잊지 않고 내가 가진 것에 감사하는 일을 목표로 삼고 있습니다."[13]

당시 그의 이웃 중에는 유명한 유기농 레스토랑 플리 스트리트를 소유한 경영자 제시 쿨Jesse Cool이 있었다(저커버그는 이 레스토랑에서 샌드버그를 만나 페이스북 입사를 처음으로 논의했다). 쿨은 뒷마당에 닭을 키웠는데 저커버그는 그녀의 지도 아래 닭 한 마리를 잡아 집에 가져가서 요리했다. 나중에는 돼지와 염소로 발전해 농장이나 인증받은 시설에서 동물을 도살하고 해체한 다음 고기를 얼려 친구들에게 요리해주었다. 그는 생명을 취하기 전에 잠시 침묵하며 동물에게 손을 얹었다. 쿨에 따르면 그것은 존중의 표시였다. 그녀가 말한다. "마크는 자신이 먹는 음식을 진정으로 이해하는 여정을 걸었어요." 그녀는 사람들이 그의 도전을 조롱하거나 비난하는 것이 가슴 아팠다. 동물 권리 단체 페타PETA는 저커버그에게 '맛있는 비건 음식'을 한 바구니 보냈다.[14] 심지어 몇 해 뒤에는 트위터 최고경영자 잭 도시가 저커버그의 집에서 덜 익힌 염소 고기를 저녁 식사로 대접받은 일이 언론에 대서특필되었다.

잭 도시는 복수와 달리 염소는 식혀 먹어서는 안 된다고 생각한 것이 분명하다('복수는 서두르면 안 된다'는 뜻의 "복수는 식혀서 내놓아야 제맛이다Revenge is a dish best served cold"라는 영어 속담에 빗댄 표현-옮긴이). 트위터의 사례를 보건대 저커버그는 요리보다 복수에 능했다.

　　　　　　　　　　　　　　　　　2부 플랫폼 제국 건설하기

페이스북의 경쟁자 대응 전략: 트위터 사례

저커버그가 트위터에 쓴 수법은 이후 그가 경쟁자를 상대하는 친숙한 전략이 되었다. 첫째, 현재나 미래에 위협이 되는 회사를 찾아낸다. 둘째, 인수를 시도한다. 셋째, 팔지 않으면 베낀다.

2008년 트위터의 성장과 영향력은 폭발적이었다. 트위터 역시 페이스북과 마찬가지로 이용자 제공 콘텐츠 스트림을 중심으로 한 소셜 서비스였다. 하지만 뉴스피드와는 여러 면에서 구별되었다. 게시물인 트윗tweet의 순서는 시간 역순으로 엄격히 정해졌다. 트위터는 이용자의 개인 소셜 네트워크에 의존하지 않았다. 이용자들이 보는 트윗은 자신이 '팔로follow'하기로 한 사람들의 트윗이었다. '친구 맺기' 의식 따위는 없었으며, 누군가를 팔로하기 위해 허락을 받을 필요도 전혀 없었다. 그리고 실시간으로 작동했다.

트위터 경영진은 내부 갈등을 겪고 있었다. 잭 도시가 트위터 아이디어를 떠올린 것은 창업가 에빈 윌리엄스Evan Williams가 이끌던 회사 오디오Odeo에서 일하던 때였다. 트위터 기술 부문 창업자이자 당시 최고경영자이던 도시의 최고경영자 역량에 불만을 품은 윌리엄스와 또 다른 공동 창업자 비즈 스톤Biz Stone은 도시 몰아내기 수순에 들어갔다.

한편 도시는 페이스북과 논의를 시작했다. 그는 샌프란시스코의 한 커피숍에서 크리스 콕스와 예비 면담을 진행했다. 각자의 회사에서 스트림을 관리하는 최고 책임자 두 사람은 개념을 놓고 의견이 엇갈렸다. 도시가 말한다. "사실상 나는 우리가 서로 다른 2개의 모델이라고 그에게 말했죠."

하지만 페이스북은 트위터가 가진 것을 원했다. 정확하게는 트위터 자체를 원했다. 도시가 윌리엄스에게 밀려 축출되자 저커버그는 신임 최고경영자에게 전화를 걸어 그와 비즈 스톤을 페이스북에 초대했다. 두 사람은 윌리엄스의 포르셰에 올라타 팰러앨토 시내로 향했다.[15] 윌리엄스는 저커버그가 트위터를 인수하려 들 것이라고 정확하게 예측했으며 둘은 자신들이 생각할 수 있는 최고 금액을 부르기로 했다. 페이스북 사옥에 도착하자 차마스 팔리하피티아가 두 사람을 저커버그에게 안내했다. 저커버그는 회의실이라기보다는 전화박스 같은 좁은 공간에 앉아 있었다. 윌리엄스와 스톤은 2인용 의자에 꾸역꾸역 앉았고 저커버그는 하나 남은 의자에 앉았다.

윌리엄스가 물었다. "문을 열어둘까요 닫을까요?"

저커버그가 "예"라고 대답하자 윌리엄스는 갈피를 잡을 수 없어 그냥 닫았다.

저커버그는 곧장 본론으로 들어갔다. 그는 인수 논의를 숫자로 시작하고 싶지 않았다. 하지만 가격을 염두에 두지 않는다면 무엇을 염두에 둘 수 있겠는가?

윌리엄스가 트위터의 당시 평가액보다 두 배가 더 되는 금액을 불렀다. "5억 달러요."

저커버그가 말했다. "많네요." 그는 금액을 낮춘 역제안을 내놓지 않았다. 대신에 충격적인 선언을 내놓았다. 저커버그는 말을 많이 하지 않았지만, 트위터의 두 경영자는 자신들이 회사를 팔지 않으면 저커버그가 트위터의 기능을 페이스북에 복제할 것임을 알아들었다. 두 사람은 그가 어차피 이럴 거라 짐작했으나 직접 들으니 오싹했다.

윌리엄스는 심지어 자신들이 요구한 부풀려진 평가액으로도 회사를 팔 생각이 없었다. 그는 트위터의 가치가 훨씬 커지리라 확신했다. 실제로 몇 년 뒤인 2013년 트위터가 상장되었을 때 평가액은 140억 달러였다. 또한 그는 트위터가 현금 대신 받게 될 페이스북 주식에 대해 의구심을 품었다(이 예상은 틀렸다. 2008년 당시 페이스북 주식 5억 달러는 결국 '수십억' 달러가 되었기 때문이다). 한마디로 그는 페이스북과 마크 저커버그 둘 다 신뢰하지 않았다. 무언가가 그를 들쑤셔 젊은 최고경영자 저커버그에게 반감을 갖게 했다. 하지만 그는 맡은 임무에 충실해 이 문제를 이사회에 상정했으며 반대 의견을 제시했다. 이사회는 그의 의견에 동의했다.

저커버그는 트위터를 소유할 수 없게 되자 뉴스피드를 트위터처럼 바꿔 물타기를 하기로 마음먹었다.

어떤 의미에서 페이스북은 2006년부터 트위터를 모방하고 있었다. 뉴스피드에 상태 업데이트를 추가할 권한을 이용자에게 부여한 것이 시작이었다. 에즈라 캘러핸이 말한다. "상태 업데이트는 매우 늦게 도입된 것으로 트위터를 대놓고 베낀 겁니다. 어쩔 수 없었습니다. 트위터의 인기가 급속히 올라가고 있었거든요. '우리도 하자'라는 생각이었죠. 우리가 누군가를 대놓고 베끼기는 그때가 처음이었습니다."

저커버그가 트위터의 핵심 원리들을 페이스북에 구현하기로 한 것은 페이스북의 초점을 담벼락에서 피드로 옮기는 기존 변화를 집대성하겠다는 뜻이었다. 페이스북은 이용자의 프로필 페이지에 있는 댓글 담벼락을 사실상 해체해 뉴스피드 자체를 공개적 상호작용의 무대로 만드는 작업에 이미 착수했다. 작업을 앞당긴 요인은 트위터에 대한 질투심이었을 것이다.

2008년 이 디자인 개편을 담당한 제품관리자는 마크 슬리였다. 그가 말한다. "마크야말로 진짜 제품관리자였다고 말할 수 있죠." 그는 스스로를 보스의 아이디어를 해석하고 구현하는 사람으로 묘사했다. 이 아이디어들은 많은 내부 토론을 거쳐 탄생했다. 페이스북에 올라오는 콘텐츠의 성격을 바꾸는 일이었기 때문이다. 뉴스피드는 페이스북 활동을 알리는 시점을 3인칭("마크 님이 사진을 올렸습니다")에서 게시물을 올리는 사람 자신("이것 봐, 내가 사진을 올리고 있어!")으로 바꾸었다. 페이스북은 이용자들이 텍스트와 개인 사진 이외에 더 다양한 콘텐츠를 공유하도록 유도하기 시작했다. 뉴스피드는 더 많은 외부 미디어(기사와 동영상의 링크)의 유입을 환영했다.

이런 조치는 페이스북을 개선하고 콘텐츠 스트림의 위력을 인정한다는 취지에서 이루어졌다. 하지만 이 모든 의사결정의 배후에는 어떤 경쟁자든 물리치고 말겠다는 저커버그의 집념이 도사리고 있었다. 슬리가 말한다. "페이스북에 트위터 비슷한 기능들을 넣어야 한다고 마크가 생각했는지는 모르겠습니다. 내가 해석하기로 마크는 경쟁심이 매우 강해서 남에게 우리를 앞지를 기회를 결코 주고 싶어 하지 않아요. 페이스북은 페이스북이어야 하지만, 잠재 위협에 맞서 수비를 해야 할 때가 있는 법이죠."

디자인 개편은 뉴스피드에, 페이스북에, 또한 (이렇게 말해도 과언이 아닐 텐데) 인류 자체에 심대한 영향을 미칠 터였다. 그 시점까지는 뉴스피드의 게시물 스트림을 결정하는 것은 친구 네트워크에 비추어 이용자에게 중요한 것이 무엇인지 알려주는 특징들이었다. 뉴스피드 알고리즘은 '에지랭크EdgeRank'로 불렸다.[16] 이것을 좌우하는 요인은 친밀성Affinity, 중요성Weight, 속보성Time Decay 세 가지였다.

친밀성은 게시물을 작성한 사람이 이용자와 얼마나 가까우냐에 따라 측정되었다. 이용자의 형제나 절친한 친구가 작성한 게시물은 높은 점수를 받았다. 중요성은 이용자의 관심사와 예전 행동을 토대로 그가 게시물에 반응할 가능성을 예측하는 공식에 따라 결정되었다. 속보성은 게시물이 얼마나 최근 것인가와 관계가 있었으며 새로울수록 순위가 높았다. 이 기준들에 따라 점수를 부여하는 데에는 여러 컴퓨터 기법이 동원되었다. 게시물이 이용자의 피드 어디에 표시되는가(또는 표시라도 되는가)는 각 요인이 어떤 비중을 차지하는가에 따라 결정되었다. 여기서 중요한 점은 세 가지 요인 각각이 게시물의 점수 결정에 얼마나 영향을 미치는가를 측정하는 손잡이를 페이스북이 어떻게 조절하는가였다. 임의의 이 알고리즘이 달라지면 한 요인의 중요성이 다른 요인에 대해 재조정될 수 있었다.

트위터와 더 비슷해진다는 것은 뉴스피드가 참여와 시의성을 더 중시한다는 뜻이었다. 세상에서 일어나는 일을 그때그때 반영하는 트위터의 능력을 복제하고 트위터의 역동성을 닮으려는 시도였다.

2009년 디자인 개편을 통해 뉴스피드는 트위터와 '더욱' 비슷해졌다. '니일The Nile'이라는 코드명의 프로젝트는 속보성에 더 중점을 두었다. 페이스북과 트위터의 근본 차이점 중 하나는 소셜 그래프의 작동 방식이었다. 트위터는 순수한 소셜 네트워크라기보다는 나노 방송 매체에 가까웠다. 트윗은 게시자가 누구이든 그를 '팔로'하는 사람들에게 전파되었다. 이용자가 자신의 트윗을 비공개로 설정하지 않는 한(그러는 사람은 매우 드물었다) 수백만 트위터 이용자 누구나 그를 팔로할 수 있었다. 유명인들과 인플루언서들은 수십만, 심지어 수백만 팔로어를 거느릴 수 있었으며 그들의 트윗은 뉴스 서비스나 대형 스탠드업 코미디 클럽, 140글자 공연장 역할을 할 수 있었다. 반면에 페이스북에서는 친구 관계가 상호적이었다. 프라이버시 우려 때문에 게시물은 이용자 자신의 통제 아래 있는 제한된 범위 안에서만 유포되었다. 하지만 이제 페이스북은 뉴스피드를 트위터처럼 쓰라고, 유명인과 다양한 분야 전문가의 소식을 놓치지 말라고 권유하고 있었다. 당신이 반응을 보이면 그들의 게시물이 당신을 찾아올지 모른다고.

눈요깃거리를 도입했다가 사이트의 소셜적 가치가 완전히 사라지지 않도록 페이스북은 몇 가지 조정을 시행했다. 저커버그의 친척이 그즈음 아기를 가졌는데 이 게시물이 저커버그의 뉴스피드 꼭대기에 올라오지 않아서 그가 격분했다는 사연은 페이스북 내에서 유명한 이야기다. 저커버그는 당시 내게 말했다. "친구가 아기를 가졌다는 소식을 알리려고 게시물 수백 개를 뒤적이고 싶은 사람은 없을 거예요. 그런 소식은 맨 위에 올라오는 게 좋아요. 안 그러면 이용자는 화가 날 거예요. 우리는 임무를 다하지 못한 거고요."[17] 그래서 페이스북은 출생, 결혼, 부고 같은 문구를 놓치지 않도록 조정되었다. 또한 '축하해요'라는 댓글이 달렸다는 것은 삶에서 중요한 일을 겪었다는 주요 정보이므로 그런 게시물은 높은 순위에 랭크되었다.

슬리의 말을 빌리자면 페이스북은 여전히 페이스북이었다. 하지만 이젠 이용자 자신의 소셜 네트워크에 대한 정보나 오락의 공급원에서 더 나아가 '모든' 정보와 오락의 공급원이 되고자 역할을 확장했다. 정보는 이용자가 아는 누군가에 대한 소식일 수도 있었고 이용자의 친구가 공유한 비욘세 뉴스일 수도 있었다. 이용자가 어떤 주제나 인물에 대해 관심이 있으면 페이스북은 관련 이야기를 제공하고 싶어 했다. 페이스북이 이용자의 관심사를 감지하는 주된 방법은 이용자가 비슷한 무언가에 참여하는가 여부였다. 게시물을 페이스북에서 더 널리 유포하고 싶은 사람들은 자신의 게시물에 사람들이 반응할 때(클릭하거나 좋아요를 누르거나 심지어 눈동자가 머물러 있기만 하더라도) 보상을 얻을 수 있음을 알게 되었다.

어떤 면에서 뉴스피드는 '플랫폼' 초창기에 일부 개발자들이 자행한 스팸 공격의 재탕을 부추기고 있었다. 하지만 이번 경우에 '스팸'은 누군가 게임을 내려받았다거나 당신에게 양을 던졌다는 짜증스러운 알림이 아니라 눈요깃거리가 되는 무언가였다. 가슴이 따뜻해지는 뉴스 기사일 수도 있었고 고양이 사진일 수도 있었고 〈스타워즈〉 등장인물 중에서 자신이 누구를 가장 좋아하는지 알 수 있는 기회일 수도 있었다. 바이럴 기법은 대동소이했다. 이번에 달라진 점은 페이스북이 이젠 이런 게시물을 은밀히 장려하지 않았다는 것이다. 최상위 게시물은 당을 섭취했을 때와 비슷한 쾌감을 선사하는 게시물일 가능성이 가장 컸다. 페이스북의 관점에서 이것은 사람들에게 그들이 원하는 것을 공공연하게 주는 셈이었다.

페이스북 알고리즘이 가장 흥미로운 이야기를 판단하는 기준을 어떻게 정할지에 대한 논의가 뉴스피드의 역사 초창기에 있었다. 어떤 사람들은 그런 이야기를 맨 위에 표시하면 안 된다고 생각했다. 그런 이야기를 읽으려고 사람들이 계속 스크롤을 하도록 유도해야 한다는 이유에서였다. 하지만 저커버그는 이용자를 너무 일찍 만족시키는 위험을 감수하더라도 크림을 맨 위에 얹어야 한다고 판단했다. "이용자가 게시물을 3개만 본다면 그 3개가 아주 훌륭해야 해요." 현실적으로도 3개의 좋은 게시물이 더 많은 스크롤을 유도할 가능성은 충분했다.

페이스북은 소셜 관리자가 아니라 발행인처럼 생각하고 있었다. 페이스북은 어떤 이야기가 당신에게 솔깃하리라는 사실을 알게 되면 당신의 소셜 네트워크 가장자리(가장 약한 연결)까지 훑으며 그 이야기를 당신피드의 맨 위에 올려놓을 것이다. 어쩌면 그 게시물은 당신의 네트워크에 있는 누군가가 작성한 게 아니라 그의 친구가 게시했고 그는 댓글을 단 것일 수도 있다. 이 경우에 당신의 친구가 전파하는 게시물은 당신과 개인적 관련성은 적을지 몰라도 당신을 즐겁게 하거나 화나게 할 수 있는 무언가일 것이다. 어쩌면 당신 또한 댓글을 달고 싶을 수 있다.

이 모든 요인이 어우러져 뉴스피드는 바이럴 엔진으로 탈바꿈했다. 정치 행동 단체 무브온이나 밈 생산 공장인 온라인 뉴스 및 엔터테인먼트 매체 〈버즈피드BuzzFeed〉 같은 곳들은 이 사실을 일찌감치 알아차렸다. 그들은 분노를 유발하거나 심금을 울리는 이야기를 신속히 전파할 수 있는 페이스북의 능력을 운동이나 사업의 토대로 삼을 수 있음을 간파했다.

페이스북은 이 변화를 속속들이 꿰뚫고 있었다. 페이스북 성장 조직에 속한 데이터과학팀이 이 문제를 연구했는데, 그들은 이 변화를 위협이 아니라 가장 효율적으로 활용하기 위해 이해해야 할 현상으로 여겼다. 코어데이터Core Data 부서에서는 〈콜록! 페이스북 뉴스피드를 통한 전염의 모델링Gesundheit! Modeling Contagion through Facebook News Feed〉이라는 제목의 보고서를 내놓았다. '확산 이벤트diffusion event'('바이럴 효과'를 근사하게 표현한 문구인 듯하다)가 일어난 26만 2985개의 페이지를 비롯해 2008년 2월부터 8월 사이에 만들어진 페이스북 페이지 전체의 데이터 집합을 분석한 보고서였다.[18] 취지는 '대규모 소셜 미디어 네트워크를 통한 확산의 경험적 조사' 수행이었다. 이 연구에서 뉴스피드의 작동 방식이 페이지의 '팬'이 되는 사람들을 급증시킨다는 사실이 밝혀졌다(이 연구는 좋아요 단추가 생기기 전에 진행되었다). 보고서는 전염병 연구에 쓰이는 용어로 가득하다. 적절한 여건이 조성되면 뉴스피드는 '글로벌 전파'를 촉발할 수 있는데, 이것은 코멘트가 수많은 사람에게 읽힌다는 뜻이다.

엄밀히 말해 연구의 일환은 아니었지만, 과학자들은 뉴스피드가 바이럴화되면 누가 가장 큰 혜택을 볼지 언급하지 않을 수 없었다. 연구자들은 이렇게 기록했다. "이 모델들은 마케터, 특히 소셜 미디어를 통한 광고에 관심이 있는 마케터에게 현실적으로 중대한 의미가 있다."

한편 트위터의 혁신을 일부 도용한 시점에 페이스북은 트위터의 뉴스피드 접근을 차단했다. 오래전부터 사람들은 트윗을 올리면서 페이스북에 자동으로 게시되도록 할 수 있었다. 그런데 2011년 저커버그는 당시 트위터 최고경영자이던 딕 코스톨로Dick Costolo에게 전화해 페이스북이 트위터를 API(애플리케이션 프로그래밍 인터페이스)에서 제거할 것이며 '교차 게시cross-post'가 중단될 것이라고 말했다. 그는 설명을 내놓지 않았으며 그럴 필요도 없었다. 코스톨로가 말한다. "그렇게 되리란 건 진작부터 알고 있었어요. 덩치가 커지면 그들에게 차단당한다는 건 상식이었죠. 우리가 더 강해지면 그들은 산소 공급을 더욱더 차단하는 겁니다. 페이스북의 눈에 띄면 곤란해지는 거죠."

프라이버시 정책 변경: '친구만'에서 '전체 공개'로

2009년 9월 페이스북은 트위터의 특징을 받아들이면서 또 다른 변화가 생겼다. 이 변화는 훗날 페이스북에 함정이 된 프라이버시와 관계가 있었다

트위터에 글을 올리는 것은 언제나 공개된 행위였다. 허락받은 사람

만 트윗을 볼 수 있도록 지정하는 옵션이 있긴 하지만 트위터 이용자 절대다수는 기본 설정을 이용해 자신의 콘텐츠를 모든 트위터 이용자가 볼 수 있도록 한다. 트윗은 검색 엔진에서도 볼 수 있으며 심지어 미국 의회 도서관마저 수집했다.

이제 페이스북 역시 공개의 길을 걸을 터였다. 무엇보다 저커버그는 이용약관을 개정하고 싶어 했다. 핵심 변화는 기본 설정을 '친구만'에서 '전체 공개'로 바꾸는 것이었다. 이용자가 공개를 제한하는 구체적 조치를 취하지 않으면 그들의 게시물, 좋아요, 친구 명단, 일부 프로필 정보는 페이스북 내에서 공개될 뿐 아니라 구글 같은 검색 엔진에도 표시되었다(이전에는 이용자의 이름과 어느 네트워크를 이용하는지만 공개했다).

크리스 콕스는 기자들과 전화 통화에서 트위터가 이 변화의 계기였음을 인정했다.[19] 그러나 트위터에서 영감을 받은 부분은 일부에 지나지 않았다. 진짜 추동력은 성장팀에서 왔다. 페이스북의 정보를 구글에서 더 잘 보이게 하면 사람들이 구글에서 더 많은 친구를 찾고 어쩌면 가입하지 않고 버티는 사람들의 가입까지 유도할 수 있었다.

페이스북과 이용자가 애초에 맺은 계약을 완전히 파기하는 셈이었다. 더페이스북과 초창기 페이스북의 본질은 모든 개인 정보가 커뮤니티 밖으로 새어 나가지 않는다는 것이었기 때문이다. 페이스북은 2006년 프라이버시 정책에서 이렇게 천명했다. "우리는 여러분이 세상 모든 사람에게 정보를 공유하고 싶어 하지 않는다는 것을 알고 있습니다." 심지어 페이스북은 그해에 오픈레지를 도입해 누구나 서비스에 가입할 수 있도록 하면서도 이용자 프로필이 공개되는 일은 없을 거라고 약속했다. 페이스북 블로그에서는 이 변화를 공지하면서 이렇게 말했다. "여러분의 프로필은 전과 마찬가지로 비공개입니다. 우리 네트워크 구조는 변하지 않습니다. 대학과 직장의 네트워크에 가입하려면 여전히 인증된 이메일 주소가 필요합니다. 여러분의 네트워크에 속한 사람들과 검증된 친구들만 여러분의 프로필을 볼 수 있습니다."[20]

공개 기본값을 '전체 공개'로 바꿔 세상 모든 사람이 볼 수 있도록 한다는 것은 2006년에는 상상조차 할 수 없는 발상이었다. 그런데 이제는 필수 조치가 되었다.

게다가 페이스북이 이 정책을 시행하려던 시점은 비컨으로 잃은 신뢰를 회복하지 못하던 때였다. 그에 앞서 2009년 초 페이스북이 발표한 새 이용약관은 사람들이 페이스북에 공유하는 모든 개인 정보를 페이스북이 마음대로 이용할 수 있는(심지어 계정을 폐쇄하더라도) 완전한 자유를 부여한 것처럼 보였다. 온라인 소비자 전문 매체 〈컨슈머리스트 Consumerist〉 필자는 글의 내용을 제목에 요약했다. 〈페이스북의 새 이용약관: 우리는 당신의 콘텐츠로 우리가 원하는 것은 무엇이든 할 수 있다. 영원히Facebooks New Terms of Service: We Can Do Anything We Want with Your Content Forever〉.[21] 항의는 즉각적이고 광범위했다. 7만 명이 '새 이용약관에 반대하는 페이스북 이용자들' 그룹에 가입했다. 전자프라이버시정보센터Electronic Privacy Information Center는 8개 단체와 협력해 페이스북을 (안 그래도 페이스북 조사에 흥미를 가졌다고 알려진) 연방거래위원회에 정식으로 제소했다. 압박이 너무 거세자 페이스북은 일주일 만에 이전 이용약관으로 돌아갔으며 저커버그는 '실수'를 인정했다. 얼마 지나지 않아 저커버그는 비판을 미연에 방지할 기발한 아이디어를 내놓았다. 정책 변화를 이용자 투표에 부친다는 것이었다. 이용자 수로 따지면 페이스북은 지구상에서 여섯 번째로 큰 나라이니 국민에게 발언권을 주어야 한다는 논리였다. 그는 그들의 결정에 구속력을 부여할 작정이었다.

저커버그는 논란이 된 그해 2월 기자 회견에서 이렇게 말했다. "지난 일주일을 겪으면서 우리는 사람들이 페이스북을 얼마나 아끼는지, 페이스북의 운영에 얼마나 참여하고 싶어 하는지 절감했습니다."[22] 프라이버시 옹호자들조차 그의 제안을 대담하고 흥미롭게 여겼다.

하지만 이용자에게 정책 결정권을 부여하겠다는 페이스북의 제안에는 꼼수가 숨어 있었다. 전체 이용자의 30퍼센트가 투표한 경우에만 구속력이 발생하도록 한 것이다. 서비스 이용자 수가 어마어마하고 프라이버시 규제 같은 난해한 사안에 관심이 있는 사람은 비교적 소수임을 감안하면 투표율이 그렇게 높을 가능성은 희박했다. 페이스북은 이 실험에서 세 차례 표결을 실시했는데, 투표율은 매번 1퍼센트를 넘지 못했다. 페이스북은 이용자 중심 민주주의라는 발상을 조용히 철회했다.[23]

2009년 하반기의 프라이버시 설정 변경은 결코 표결에 부쳐지지 않았다. 하지만 페이스북 내에서조차 통과되었을지는 미지수였다. 반대파 중 한 사람인 데이브 모린이 말한다. "이 결정을 두고 회사가 둘로 갈라졌어요."

그즈음 원래 최고정보보호책임자 크리스 켈리는 페이스북을 떠나 캘리포니아주 검찰총장에 출마했다(하지만 낙선했다). 그의 뒤를 이어 페이스북 내부 프라이버시 감시를 맡은 인물은 인터넷에 빠삭한 팀 스파라파니Tim Sparapani라는 변호사였다. 미국시민자유연맹American Civil Liberties Union, ACLU에서 일한 적 있는 스파라파니는 프라이버시 전문가였으며 이용자 권리를 옹호했다.

스파라파니는 페이스북 최초의 워싱턴 주재 정책 담당관을 겸했다. 그는 미국 수도의 두 번째 페이스북 직원이었으며 그곳에 최초의 사무소를 열었다. 사무소 위치는 TV 드라마 〈웨스트 윙The West Wing〉 촬영지었다. 확인되지는 않았지만 새 임차인들은 자신들이 프라이버시와 정책 사안을 논의하는 회의 탁자가 드라마 속 가상의 대통령 제드 바틀릿의 참모들이 국가 중대사와 씨름하던 바로 그 탁자라고 믿었다.

　페이스북에서의 논의는 이따금 난타전에 가까웠다. 2009년 프라이버시 조항은 그들의 주먹을 피로 물들였을 것이다.

　한편으로 스파라파니를 비롯해 프라이버시를 우려하던 페이스북 직원들은 변화를 선언하면서 프라이버시 선택권을 실제로 늘리는 여러 방안을 함께 제시하게 되어 기뻤다. 사상 처음으로 사람들은 각 게시물을 일부 친구들에게만 보이게 할지 친구의 친구들에게만 보이게 할지 지정할 수 있었다. 이용자들이 새로운 규정에 따라 공개 수준을 정할 수 있도록 '전환 도구transition tool'를 만들었다. 점차 복잡해지고 애초에 찾기조차 점점 힘들어지던 당시의 설정 방식에 비하면 확실히 개선된 것이었다. 스파라파니가 말한다. "설정 방법을 이해하려면 페이스북 박사 학위가 필요할 정도였죠. 엄청난 시간이 소요되었고요."

　하시만 페이스북이 알고 있었듯 대다수 사람늘은 이렇게 더 간편해진 설정 방식조차 이용하려 들지 않았다. 절대다수의 이용자가 원래 설정을 고수한다는 것은 업계 상식이다. 실제로 페이스북이 나중에 밝힌 바에 따르면 80~85퍼센트의 이용자는 기본값을 변경하지 않았다.

　한편으로 페이스북이 프라이버시 설정을 재고한 데는 충분한 이유가 있었다. 수억 명이 친구들 그리고 다양한 네트워크의 지인들과 소통하는 상황에서 정보 공유를 대학 동급생으로 국한한다는 애초 발상을 프라이버시 정책의 토대로 삼기는 불안했다. 새 정책이 시행되던 시점에 페이스북에 채용된 워싱턴 변호사 콜린 스트레치Colin Stretch가 말한다. "그 모델은 무효가 되었습니다. 페이스북이 모든 사람에게 개방되면서 별 의미가 없어졌죠."

그럼에도 페이스북 내에서조차 일부 사람들은 당시 3억 5000만 페이스북 이용자의 개인 정보에 대한 기본 설정 변경이 거대한 배신이라고 느꼈다. 게다가 합법적이지 않을 가능성이 있었다.

스파라파니는 페이스북이 제안한 변화가 개인정보보호법privacy law의 취지나 조문에 어긋날 수 있다고 주장했다. 이 법에 따르면 어떤 변경이든 명백하게 공지해야 하며 명백한 동의를 얻지 않고서는 변경을 시행할 수 없다. 논쟁에서 그의 적수는 팔리하피티야와 그의 성장팀이었는데, 그들의 목표는 이용자를 더 많이 끌어들이고 붙잡아두는 것과 그 이용자들이 더 많이 공유하도록 하는 것이었다.

최종 결정은 늘 그렇듯 저커버그의 몫이었다. 그는 성장팀 편을 들었다.

노파심에서 말해두자면, 저커버그에게 반대한 사람들도 그가 비윤리적이라거나 이용자들의 신뢰를 저버리고 있음을 스스로 의식하고 있다고 생각하지는 않았다. 당시의 한 이너서클 임원이 말한다. "마크는 목적이 수단을 정당화한다는 생각을 나보다 강하게 품었을 뿐이에요. 그가 아예 관심 없다고 생각했다면 나는 당장 그만두었을 겁니다."

저커버그는 얼마 지나지 않아 한 무대 인터뷰에서 자신의 논리를 설명했다. "많은 회사가 스스로 세운 관습과 유산이라는 함정에 빠집니다. 3억 5000만 이용자에 대해 프라이버시 정책을 변경하는 것은 많은 회사가 취할 만한 조치는 아닙니다. 하지만 우리는 언제나 초심을 잃지 않고 우리가 이제 막 회사를 시작했다면 어떻게 했을지 생각하는 것이 정말로 중요하다고 보았습니다. 우리는 이것이 이제 사회 규범이 될 것이라고 판단했으며 이를 단호하게 추진했습니다."[24]

2부 플랫폼 제국 건설하기

이용자 아이디 유출을 묵인하고 조장하다

이 시기에 페이스북이 단행한 또 다른 변화는 개발자들이 페이스북의 이용자 정보 창고를 활용하기 위해 이용하던 API(애플리케이션 프로그래밍 인터페이스)를 변경한 일이었다. 오픈 그래프 또는 그래프 API V1이라고 알려질 이것은 페이스북을 경계 밖으로 확장하려는 저커버그의 또 다른 시도였다.

이 조치는 개발자들이 자신의 서비스에 가입하거나 페이스북 커넥트로 로그인한 사람들의 정보뿐 아니라 이용자 친구의 데이터까지 가져오던 수상한 관행을 지속한다는 뜻이었다. '친구의 친구'는 생일, 이메일 주소, 좋아요, 연애 상태 같은 자신의 정보를 보호하기 위해 할 수 있는 일이 전혀 없었다. 논란의 여지가 있지만 이것은 앱이 제대로 작동하는 데 필요한 조건이었다. 이를테면 소개팅 앱은 사람들의 결혼 여부를 알아야 할 테니 말이다. 하지만 가장 심각한 우려는 개발자가 페이스북 정보의 방대한 데이터베이스를 모조리 빨아들여 임의로 이용하거나 판매할지(이것만은 제발!) 모른다는 것이었다.

스파라파니는 이 관행을 중단시킬 수 없음을 알았다. 하지만 그는 데이터 수집을 통해 개인 정보를 얻는 개발자들에 대한 감사를 진행할 것임을 새 API 도입 전에 회사 측에서 공개 선언하라고 요구했다. 페이스북은 그러한 조치를 취할 것이고 어떤 정보가 제공되는지 추적하고 개발자들이 정보를 보유하지 못하도록 시스템을 구축할 것이라고 그에게 장담했다.

하지만 당시 여러 임원들의 말에 따르면 페이스북은 그런 시스템을 구축하지 않았다. 임무를 맡은 엔지니어들이 다른 작업에 시간을 빼앗겼는지, 누군가가 조치를 취하지 말라고 실제로 지시했는지는 불분명하다. 하지만 우선순위에서 밀린 것은 분명하다.

이 사안으로 생길 수 있는 말썽에 대해 페이스북이 종종 경고를 받지 않은 것은 아니다. 이를테면 2010년 10월《월스트리트저널》은 페이스북이 친구 명단, 관심사, 성별 같은 데이터뿐 아니라 비밀로 취급해야 하는 이용자 아이디(회사 측이 이용자 식별에 쓰는)까지 개발자들에게 제공했다는 사실을 폭로했다.[25] 이용자 아이디의 유출이 무엇보다 심각한 것은 외부인이 이를 이용해 프라이버시 보호 장치를 우회할 수 있기 때문이다. 개발자가 이 아이디를 손에 넣으면 친한 친구에게조차 공유되지 않도록 지정한 정보에 접근할 수 있었다. 이 아이디를 이용하면 페이스북 신원을 통해 주소와 금융 정보 같은 현실 정보까지 알아낼 수 있었다.

페이스북은 이용자 아이디 유출이 고의가 아니라고 해명했으며《월스트리트저널》의 취재에 응한 개발자들은 자신들이 아이디를 요구하지도 이용하지도 않았다고 말했다. 하지만 신문 기사가 실리기 전에 페이스북은 이 문제에 대처할 기회가 있었다. 이제야 밝혀진 사실이지만 페이스북은 그 데이터를 원하지 않은 적어도 한 사람의 개발자에게 항의를 받은 적이 있었다. 아이라이크의 냇 브라운이 말한다. "우리는 페이스북과 면담 자리에서 이렇게 말했습니다. '이용자 3000만 명에 대해 친구의 이용자 아이디와 친구의 친구의 이용자 아이디까지 우리에게 주겠다는 건가요! 3000만 명을 볼 수 있고 그들에 대한 이 모든 정보를 알 수 있다니. 하지만 우리는 그러고 싶지 않습니다!'"

설상가상으로 이 중요한 아이디들이 데이터 브로커의 손에 들어가고 있었다. 아이디를 마케팅이나 페이스북 이용자 추적에 이용하는 자들 말이다.《월스트리트저널》에서 구체적으로 지목한 데이터 브로커 업체는 랩리프RapLeaf였다.

랩리프의 존재 자체만으로 외부인이 페이스북 이용자에 대한 정보를 취득하는 방식에서 묵인된 프라이버시 위기가 발생했음을 알 수 있었다. 이는 이용자 정보의 지하 경제라는 빙산의 일각이었으며 페이스북 데이터는 그중 일부에 불과했다.《월스트리트저널》등에서 파헤치기는 했지만, 개인 정보가 이토록 널리 교환되고 있다는 사실에 대한 대중의 인식은 미미한 수준이었다. 페이스북은 개의치 않는 듯했다. 하지만 만일 주의를 기울였다면 언젠가 이 문제가 자기네 얼굴 앞에서 터질 것임을 깨달았을지 모른다.

2006년 랩리프를 공동 설립한 사람은 오런 호프먼Auren Hoffman이라는 약삭빠른 창업가로, 그는 최고경영자이자 얼굴마담 역할을 했다. 시드머니의 일부는 피터 틸이 댔다. 물론 틸은 페이스북에도 투자했으며 이 사회의 일원이었다. 데이터 브로커 호프먼은 인터넷 이용자들에게서 유출된 개인 정보를 수집해 마케터들에게 판매했다. 호프먼이 말한다. "우리는 페이스북을 크롤링crawling하고 링크트인을 크롤링하고 마이스페이스를 크롤링하고 블로그를 크롤링하고 뭐든 크롤링했습니다." 그는 자신의 목표가 마케팅 정보를 기업들에 판매하는 것이었다고 말한다. 페이스북 데이터가 유난히 쓸모 있었던 것은 비틀스를 좋아하는지, 독신인지, 어디 사는지와 같은 관심사나 상태를 구체적으로 보여주는 데이터였기 때문이다.[26]

호프먼은 자신은 페이스북이 제공한 기회를 활용했을 뿐이라고 말한다. 그는 페이스북이 자신의 행위에 대해 전부 알고 있었다고 주장한다(자신이 크롤링한 나머지 회사들도 마찬가지라고 덧붙였다). 페이스북은 그를 '도와주기까지' 했다. "최고위급 임원들은 모두 알고 있었어요. 그들은 똑똑한 사람들입니다. 자기네 사이트에서 일어나는 일은 모조리 알고 있었죠. 실제로 우리는 어떤 방법을 쓰는지 그들에게 털어놨어요. 그러자 그들은 어떻게 하면 효율성을 높일 수 있는지 우리에게 조언해주었죠. 우리가 서버에 부하를 일으키지 않도록 하기 위해서였어요. 그들은 모든 걸 지켜보고 있었습니다. 그들은 40곳의 다른 회사들 역시 이렇게 한다고 우리에게 말했어요. 지금도 여전히 그렇게 하고 있을 겁니다."

이따금 페이스북은 랩리프가 사람들의 개인 정보를 '지나치게' 많이 수집한다고 느꼈다. 호프먼이 말한다. "이런 식이었죠. '이봐요, 이건 너무 공격적이잖아요'라거나 '그건 수집하지 말아요'라고요. 우리가 멍청한 짓을 많이 한 건 사실입니다. 해커처럼 그냥 이것저것 해본 거죠."

유출된 이용자 아이디를 개발자들에게서 사들여 마케터들에게 파는 회사는 랩리프 말고도 수없이 많았을 것이다. 브로커들은 자신의 명단에 실린 이름에다 페이스북 프로필의 모든 정보를 더해 가치를 훨씬 끌어올릴 수 있었다. 이를테면 이용자가 총기 애호가이거나 여성 건강 옹호자라면 정치 캠페인을 벌이는 곳에서 무척 관심을 가질 것이다. 이것은 단순한 추측이 아니었다. 페이스북에서 광고 진행 업무를 담당한 샌디 파라킬라스가 말한다(그는 훗날 페이스북을 가장 거세게 비판하는 사람 중 하나가 되었다). "랩리프는 그 정보를 정치 광고 캠페인 측에 팔았습니다."

《월스트리트저널》 기사가 나가자 페이스북은 이에 대응해 이용자 아이디의 유출 경로가 된 빈틈을 막았다. 또한 랩리프가 그동안 수집한 페이스북 이용자 아이디를 삭제하고 페이스북 플랫폼에서 철수하도록 하는 "합의에 도달"했다.

호프먼은 이것을 짜고 치는 고스톱으로 여겼다. 그가 말한다. "페이스북 친구들은 기본적으로 많은 일을 그냥 내버려둘 겁니다. 무척 너그러울 거라고요. 그러다 비판적인 기사가 나거나 무슨 일이 생기면 일제 단속을 벌이는 거죠. 우리는 본보기로 당한 게 틀림없습니다.”

페이스북은 랩리프를 퇴출시킴으로써 논쟁이 일단락되었다고 생각했다. 하지만 이 사건은 페이스북이 무시한 또 하나의 경고였다.

심각한 프라이버시 침해 기능 '즉각적 개인 설정' 사태

사실 2010년 오픈 그래프를 통해 페이스북은 자신들의 사이트 바깥으로 공유를 확장하기 위해 개발자들에게 정보를 전달할 '더 많은' 방법을 추구했다. 그해 F8 콘퍼런스에서 저커버그는 '즉각적 개인 설정Instant Personalization'이라는 기능을 열정적으로 소개했다.

이 기능은 웹사이트 개발자들이 페이스북의 친구 명단, 성별을 비롯해 '전체 공개'로 공유되는 거의 모든 개인 정보를 이용할 수 있게 하고, 또 코드를 구현해 스스로를 페이스북화함으로써 페이스북 이용자가 자기네 사이트를 방문하자마자 이 데이터를 이용할 수 있게 한다는 것이었다. 그러면 해당 사이트는 사전에 '개인 설정'이 완료된다. 이것은 호텔이 고객의 기호를 알아서 고객이 도착하자마자 객실에 적당한 베개와 좋아하는 음료를 비치하고 좋아하는 음악을 틀어주는 것과 비슷한 서비스였다. 이 기능 출시 제휴사 3곳 중 하나인 판도라Pandora를 방문하면 페이스북에서 좋아요를 누른 음악이 그를 반겼다. 나머지 2곳은 마이크로소프트와 옐프였다.

이 프라이버시 문제는 명백하고 충격적인 사안이었다. 즉각적 개인 설정은 자동으로 적용되도록 되어 있었다. 중단하려면 이용자가 이 기능의 존재 여부를 사전에 알아서 설정을 찾아 해제해야 했다. 이번 역시 일부 페이스북 경영진은 반대했다. 문제는 즉각적 개인 설정만이 아니라 그래프 API 자체였다. 개발자들이 이용자 프로필에 더 속속들이 접근할 수 있게 되었을 뿐 아니라 이용자가 친구에게만 공유되도록 지정한 정보까지 볼 수 있었기 때문이다. 그럼에도 저커버그는 2010년 F8 콘퍼런스에서 그래프 API와 즉각적 개인 설정을 발표했다.

즉각적 개인 설정은 한 평론가의 말을 빌리자면 (고양이가 위장에 쌓인 털 뭉치를 토해내듯 게워내야 할) "프라이버시 헤어볼privacy hairball"이었다.[27] 여러 기술 사이트에서 이 기능을 끄는 법을 다룬 기사를 내보냈다. 기술 전문 저널리스트 캐러 스위셔와 월트 모스버그Walt Mossberg가 운영하는 'D: 디지털의 모든 것D: All Things Digital' 기술 콘퍼런스에서 저커버그는 인터뷰 중에 이 문제로 닦달을 당했다.[28] 인터뷰이에게 제공되는 콘퍼런스 특유의 빨간색 의자에 앉은 저커버그는 프라이버시에 대한 단도직입적 질문에 제대로 대처하지 못했으며 즉각적 개인 설정 문제가 제기될 즈음에는 하도 땀을 흘려서 후드 티셔츠를 벗어야 할 정도였다.

모스버그는 페이스북이 왜 이 기능이 이용자에게 동의 여부를 묻지 않고 작동하도록 설계되었는지 여러 차례 물었다. 저커버그는 사람들에게 허락 단추를 한 번 눌러달라고 하는 것만으로 상당한 저항을 불러일으킬 수 있다고 설명했다. 사람들은 결국 이 공유 방식을 좋아하게 될 텐데 절차가 번거로우면 시도조차 해보지 않을 것이라고 주장했다. 뉴스피드가 꼭 그랬으니까! 저커버그는 언젠가 사람들이 과거를 되돌아보면서 '웹사이트에서 이런 기능을 이용하지 않던 때가 있었다니' 하며 신기해할 거라고 말했다. "세상은 사람 중심으로 설계되는 방향으로 나아가고 있습니다. 나는 그것이 강력한 방향이라고 생각합니다." 그의 웅

　　　　　　　　　　　　　　　　　2부　플랫폼 제국 건설하기

변은 설득력이 없었다.

즉각적 개인 설정의 여파는 이것만이 아니었다. 훗날 페이스북 법무 책임자가 된 콜린 스트레치가 말한다. "실제로 연방거래위원회에서는 즉각적 개인 설정이 발표되자마자 조사에 착수했어요."

페이스북의 행위에 대한 불만이 연방거래위원회에 쏟아져 들어왔다. 이와 더불어 위원회 내에서는 신생 기술 기업들이 합법과 불법의 경계를 넘어서고 있다는 우려가 점점 커졌다. 전직 연방거래위원회 위원이 말한다. "우리는 몇몇 기술 기업을 눈여겨보기 시작했습니다. 행동에 일관성이 없어 보였거든요. 빠르게 성장하고 있던 신생 기업인 그들은 약속을 지키지 않을 때가 많았죠." 연방거래위원회는 마크 저커버그의 회사에 대한 조사에 착수했다. "페이스북은 위법 가능성이 있는 행위에 관여했고 우리는 이 문제를 정말 심각하게 받아들였죠."

빨리 움직여서 파괴하고 사과는 나중에 하라

저커버그의 몇몇 공개 발언은 사태 해결에 아무런 도움이 되지 못했다. 2010년 한 시상식에서 무대에 오른 그는 프라이버시에 대한 사회 규범이 달라졌다고 말했다. "사람들은 더 많은 정보와 다양한 종류의 정보를 공유하는 일뿐 아니라 이를 더 개방적으로 더 많은 사람과 공유하는 일에 정말로 친숙해졌습니다. 이 사회 규범은 시간이 흐르면서 발전해 왔을 뿐입니다."[29] 주장 자체는 변호할 여지가 있었다. 하지만 그는 사회 규범의 변화에 자신의 역할이 있었음을 언급하지 않았다. 그는 사람들이 더 많은 공유를 받아들이는 쪽으로 프라이버시에 대한 견해를 수정하면 세상이 번영할 것이라고 믿었다.

페이스북의 변호사들과 정책 담당자들이 조사에 대응하는 동안에도 저커버그는 시행착오 방식으로 프라이버시를 다룰 수 있다고 여전히 믿는 듯했다. 그는 2011년 중반 내게 말했다. "프라이버시와 관련해서든 아니든 우리가 이만한 규모의 변화를 가져올 때마다 이것을 좋아하는 사람도 있고 싫어하는 사람도 있을 거라 예상해야 해요. 우리가 제품을 출시하는 건 사람들에게 자신들이 원하면 시도해볼 기회를 주는 거예요. 그런 다음 모든 피드백을 반영해 일정 기간 동안 수정한 뒤 본격적으로 출발하는 거죠."

연방거래위원회 위원들은 페이스북이 이용자를 오도하고 이용자 프라이버시를 여러 면에서 침해했다는 데는 모두 동의했으나 제재에 대해서는 의견이 엇갈렸다. 몇몇은 저커버그를 직접 언급해야 한다고 생각했는데, 이는 심각한 여파를 불러올 수 있었다. 그가 거명된 상황에서 페이스북이 부정행위를 그만두지 않으면 저커버그는 민사상, 심지어 형사상 처벌까지 받게 될 수 있었다. 실제로 합의안 초안에서는 저커버그를 개인적으로 언급했다. 하지만 페이스북 변호사들과 협상을 진행한 끝에 최종본에는 저커버그의 이름이 빠졌다.

2011년 11월 페이스북과 연방거래위원회가 마침내 합의했다. 페이스북은 부정행위를 전혀 인정하지 않았으나, 부실 표시 혐의에 이의를 제기하지 않은 채 사건을 마무리했다. 또한 20년간 외부 감사관에게 감독을 받되 비용은 페이스북이 지불하는 데 동의했다.[30] 연방거래위원회는 일곱 가지 구체적 범법 행위를 열거했다. 그중 몇 가지는 페이스북 임원들의 경고나 반대를 무릅쓰고 저질러진 일들이었다. 연방거래위원회의 판단은 아래와 같다.

- 2009년 12월 페이스북은 이용자가 비공개로 지정했을 수도 있는 일부 정보(이를테면 친구 명단)가 전체 공개로 바뀌도록 웹사이트를 개편했다. 그들은 이용자들에게 이러한 변경이 예정되어 있음을 경고하거나 사전에 승인을 받지 않았다.
- 페이스북은 이용자들이 설치한 서드파티 앱들이 작동에 필요한 이용자 정보에만 접근할 것이라고 주장했다. 사실 그 앱들은 이용자의 거의 모든 개인 정보(앱에 필요하지 않은 데이터)에 접근할 수 있었다.
- 페이스북은 이용자가 데이터의 공유를 제한적 대상(이를테면 '친구만')에게 국한할 수 있다고 말했다. 사실은 '친구만'을 선택해도 친구들이 이용하는 서드파티 애플리케이션에 자신의 정보가 공유되는 것을 막을 수 없었다.
- 페이스북은 '인증 앱Verified Apps' 프로그램을 시행했으며 프로그램에 참여한 앱들의 보안을 검증했다고 주장했다. 사실은 검증하지 않았다.
- 페이스북은 이용자의 개인 정보를 광고주들에게 공유하지 않겠다고 약속했다. 사실은 공유했다.
- 페이스북은 이용자가 계정을 비활성화하거나 삭제하면 사진과 동영상에 대한 접근이 차단된다고 주장했다. 하지만 페이스북은 이용자가 계정을 비활성화하거나 삭제한 뒤에도 콘텐츠에 대한 접근을 허용했다.
- 페이스북은 미국과 유럽연합 간 데이터 전송을 관장하는 미국유럽연합안전항협정US-EU Safe Harbor Framework을 준수한다고 주장했다. 사실은 준수하지 않았다.

'인증 앱' 표시는 이용자들에게 해당 앱의 신뢰성이 검증되었다는 인상을 주었다.³¹ 그런데 사실 개발자들은 페이스북에 수수료를 지불하고 인증을 받았다.

합의 내용을 페이스북에 올리면서 저커버그는 기시감이 들었을 것이다. 이번 사건은 페이스매시를 시작으로 뉴스피드, 비컨, 2009년 이용약관, 프라이버시 설정에 이르기까지 자신이 잘못이나 부정행위에 연루된 앞선 사례들과 비슷한 점이 있었다. 그는 이렇게 썼다. "우리가 많은 실수를 저질렀음을 내가 앞장서서 인정합니다. 무엇보다 4년 전 비컨 사태와 2년 전 프라이버시 모델 전환의 부실한 운영 같은 소수의 중대 실수 때문에 우리가 한 좋은 일들 상당수가 흔히 가려졌다고 생각합니다."

페이스북은 사무실 벽에 이런 포스터를 새로 붙여도 좋았으리라.

- 빨리 움직여서 파괴하고 사과는 나중에 하라

이것 또한 페이스북의 문화였으니까.

모바일 전환 위기에 대처하기

아이폰용 페이스북 앱을 개발하다

2012년이 다가오면서 페이스북은 그해가 가기 전에 10억 이용자를 돌파할 기세였다. 광고주들이 페이스북에 합류하면서 매출은 40억 달러에 육박했다. 그중 10억 달러가 이익이었다.

하지만 페이스북이 세운 모든 것이 위험에 처했다. 마크 저커버그는 자신의 업계에 닥친 거대한 변화를 준비하지 못했다. 이 변화는 페이스북의 존재 자체를 위협했다.

세상은 스마트폰 쪽으로 이동하고 있었으며 페이스북은 전환에 서툴렀다.

페이스북이 모바일 기술에 문외한은 아니었다. 하지만 오랫동안 특이한 임기응변으로 대응했다. 2005년 페이스북은 사람들이 당시 이용하던 원시적 '피처폰'에 페이스북의 기능을 몇 가지 넣도록 통신 사업자들과 협상했다. 이 일을 주도한 인물은 야후의 전 사업개발 담당 임원 제드 스트레멀이었다. 그는 누군가가 보여준 페이스북의 경이로운 수치를 담은 슬라이드를 접한 뒤 페이스북에 일자리를 달라고 애걸했다. 그는 일자리를 얻자마자 2004년 12월 피터 틸이 주최한 페이스북 이용자 100만 명 달성 축하 파티에 참석했다. 당시 서른 살이던 스트레멀은 온통 스포츠 재킷 차림인 그 자리에 위화감을 느꼈다.

그 뒤로 2년간 그는 사실상 혼자서 통신 사업자들과 계약을 성사시켰다. 그가 말한다. "2005년부터 2007년까지는 모바일팀이 없었습니다. 나혼자였죠." 2006년 그가 싱귤러Cingular, 버라이즌Verizon, 스프린트Sprint와 맺은 계약은 페이스북 최초의 모바일 상품으로 이용자들은 문자로 페이스북 메시지를 보낼 수 있었다(페이스북은 문자 발송 비용을 할인받았다). 하지만 당시의 초보적 휴대폰은 페이스북에서 가장 인기 있는 활동인 사진을 지원할 수 없었기에 페이스북은 모바일 업계에 관심이나 자원을 그다지 투입하지 않았다. 스트레멀은 묵묵히 페이스북을 위해 전세계 통신 사업자들과 계약을 체결했으나 회사 내에는 모바일이 기술의 미래라는 그의 생각에 동의하는 사람이 거의 없었다.

그리하여 애플이 2007년 아이폰으로 모바일의 미래를 열었을 때 페이스북은 기회를 잡기엔 역부족이었다. 도움의 손길은 뜻밖의 인물로부터 찾아왔다. 주인공은 조 휴잇Joe Hewitt이었다.

휴잇은 자신의 2인 스타트업 패러키Parakey가 페이스북에 인수되면서 2007년 7월 입사했다. 휴잇의 동업자 블레이크 로스는 매각에 들떴으나 휴잇은 페이스북을 한심한 대학 사이트로 여겼기에 합병이 탐탁지 않았다. 그가 말한다. "개인적으로는 거기서 일하는 것에 눈곱만큼도 관심 없었어요. 길어야 두어 달 일하면서 어떤 곳인지 알아볼 생각이었죠."

그는 결국 베스팅 스케줄 기간인 4년을 꼬박 채워 자신이 받을 수 있던 스톡옵션 수백만 달러를 한 푼 남김없이 챙겼다.

휴잇은 출근 2주 전에 갓 출시된 아이폰을 장만했다. 앱들은 근사해 보였다. 하지만 외부 앱들이 애플의 세련미와 성능에 필적하기란 여간 힘든 일이 아니었다. 아이폰의 기본 앱들은 자체 하드웨어에 접근할 수 있도록 특수하게 제작된 '네이티브native'였다. 애플은 외부인에게 하드웨어에 직접 접근할 권한을 부여하지 않았기에 소프트웨어 개발자들은 네이티브를 제작할 수 없었다. 외부인이 진입하려면 아이폰의 인터넷 브라우저인 사파리Safari에 맞게 디자인된 웹페이지를 만드는 수밖에 없었다. 휴잇은 네이티브 앱의 외관과 인터페이스를 흉내 내는 웹페이지를 개발하기 위해 실험을 하기 시작했다. 그는 페이스북에 입사했을 때 이 방면의 작업을 계속해도 되겠느냐고 물었다. 회사 측에서는 블랙베리BlackBerry 같은 휴대폰용 페이스북 애플리케이션을 만드는 소규모 팀에 합류할 것을 제안했다. 하지만 그런 쓰레기 휴대폰에 시간을 허비하고 싶지 않았다. 두어 번 면담한 뒤 그는 혼자서 일하기로 했다. "딱히 회사에 적응해야겠다는 생각은 없었어요. 나는 그냥 내가 하고 싶은 일을 하고 그들은 내가 원하는 일을 하게 참아주고, 한동안 그렇게 흘러갔죠."

그가 원한 일은 아이폰용의 근사한 페이스북 애플리케이션을 만드는 것이었다. 그는 유니버시티애비뉴 사무실에서 잠깐 일했다. 하지만 개방형 업무 공간을 질색했으며 그라피티 벽화에도 시큰둥했다. 어느 날 그는 재택근무를 하기로 결정했고 그 뒤로 사람들은 그를 좀처럼 볼 수 없었다. 그의 부서가 다른 건물로 이전하자 그는 자리조차 맡아두지 않았다.

페이스북의 모바일 책임자 스트레멀은 구경꾼 신세였지만 사이드라인 밖에서 환호를 보냈다. "우리 프로젝트에는 엔지니어가 전무해서 앱 제작 역량이 없었어요. 조는 뛰어난 엔지니어였고 맡은 업무도 없었고 보고할 사람도 없었죠. 그냥 하고 싶은 대로 하다가 해낸 겁니다."

2007년 8월 휴잇은 두 달 만에 앱을 제작해냈다. 언론은 열광했으며 몇몇은 아이폰 사상 최고의 앱으로 꼽았다.[1] 이 앱은 회사의 미래를 짊어졌으나(논란의 여지가 있지만) 팡파르도 없이 출시되었다. 그가 말한다. "나는 황야의 총잡이나 마찬가지여서 누구에게도 허가받을 필요가 없었어요." 그는 저커버그 앞에서 시연조차 하지 않았다. "출시하기 전에 보긴 했을 겁니다. 하지만 마크를 만나서 디자인 조언을 들을 필요는 없었죠." 휴잇은 하루가 지나도록 블로그에 소개조차 하지 않았다.

1년 뒤 애플은 제한을 풀어 개발자들이 네이티브 앱을 개발할 수 있도록 허용했다. 여전히 아이폰용 페이스북 앱을 혼자서 맡고 있던 휴잇은 감격했다. 스티브 잡스는 휴잇과 저커버그를 만나 페이스북 앱 문제를 논의하기 위해 직접 해밀턴애비뉴 사무실을 찾았다. 휴잇이 말한다. "우리는 여러 시간 동안 대화를 나누었죠." 무엇보다 흥미로웠던 일은 저커버그와 잡스 사이의 힘겨루기였다. 휴잇이 말한다. "잡스는 저커버그를 문하생 대하듯 하며 많은 지식을 전해주려고 했어요. 실리콘밸리의 온갖 잡다한 이야기들을 들려주었죠. 마크는 분명히 스티브를 존경했으며 기꺼이 그에게 배우겠다는 마음가짐이었어요. 하지만 스스로에게 확신이 있었던 그는 스티브 잡스에게 조언 같은 걸 구걸하지는 않았죠."

2009년이 되자 아이폰은 날개를 달았으며 페이스북은 아이폰의 최고 인기 앱이었다. 놀랍게도 휴잇은 여전히 (기본적으로는) 혼자서 페이스북 앱을 만들고 있었다. 하지만 회사 내에서 그는 호전적 독불장군 기질로 사람들과 소원했다. 특히 페이스북 홍보팀과 마찰이 잦았다. 그가 말한다. "나는 신제품 홍보를 하지 않는 성격이었어요. 그냥 트위터에 공지하거나 아무 군소 언론인에게 대답해주는 식이었죠."

그는 또 애플에 끊임없이 이를 갈았다. 애플 앱스토어의 엄격한 큐레이션 정책에 반대한 그는 애플이 골목대장 노릇을 한다고 생각했다. 한번은 아이폰용 페이스북 앱의 3.0 버전을 애플이 빨리 승인해주지 않는데 부아가 치밀어 블로그에 신랄한 비방 글을 올렸다.[2]

휴잇은 해마다 연례행사처럼 사직서를 제출했는데 2009년 역시 다르지 않았다. 그가 말한다. "첫 2년 동안은 주가가 그렇게 오를 거라 생각하지 않아서 내 스타트업으로 돌아가고 싶었어요. 이후 2년간은 '젠장, 이거 엄청나게 오르겠는걸' 하는 생각이 들었어요. 그래도 그만두려고 했죠." 차마스 팔리하피티야는 그에게 원하는 건 무엇이든 해주겠다고 약속하며 그를 붙들려고 애썼다.

휴잇은 애플 모바일 운영체제용 프로그래밍 언어를 개발하려는 구상이 있었다. 하지만 애플이 2009년 4월 새 개발자 계약을 발표하면서 차질이 생겼다. 자신이 모바일 앱용으로 개발하던 새 언어를 쓸 수 없게 된 것이다. 그가 말한다. "내가 도저히 동의할 수 없는 매우 엄격한 조항이 들어 있었어요. 물먹은 거죠." 휴잇은 스티브 잡스와 애플 소프트웨어 책임자 스콧 포스톨Scott Forstall에게 분노에 찬 이메일을 보냈다.

잡스는 저커버그에게 직접 전화해 불만을 제기했다. 저커버그는 휴잇을 불러들였다. 이 사건은 저커버그를 흡족하게 했다. 그는 다른 문제로 잡스와 연락을 시도하고 있었는데 휴잇의 돌출 행동 덕분에 잡스가 마침내 그에게 연락을 해왔으니 말이다. 저커버그는 휴잇에게 자신이 그의 편이라고 말했지만 애플은 페이스북에 중요한 존재였다. 그가 휴잇에게 말했다. "스티브는 살짝 돌았어요. 하지만 한 번만 더 애플을 적대시하면 그땐 당신을 해고할 수밖에 없어요."

어떤 면에서 이 모든 소동은 헛소동이었다. 염증을 느낀 휴잇이 페이스북의 아이폰용 앱 작업을 그만두었기 때문이다. 여느 때와 마찬가지로 그는 트위터로 이직한다고 선언하고는 나중에 성명을 발표했다. 그는 이렇게 썼다. "플랫폼을 자기들 원하는 대로 관리할 [애플의] 권리를 존중합니다. 그들의 검토 절차에 대해 내가 철학적으로 아무리 반대 입장이더라도 말입니다. 이번 일이 다른 소프트웨어 플랫폼들에 끔찍한 선례가 되어 조만간 모든 소프트웨어 개발자의 삶에 문지기들이 들끓을까봐 무척 우려스럽습니다."[3]

페이스북은 한 무리의 엔지니어에게 휴잇이 하던 작업을 맡겼다. 어쨌거나 그렇게 중요한 업무를 한 사람이 좌우하는 건 이상적이지 않았다. 지금은 하와이에서 유기농 채소를 기르는 휴잇이 말한다. "그들은 팀을 꾸렸고 그 팀이 성장해서 지금은 어엿한 회사가 되었죠."

그런데 그전에 마크 저커버그는 한 가지 제품 개발 결정을 내렸는데, 훗날 그는 이것을 자신의 생애를 통틀어 최대의 실수로 꼽는다.

모든 휴대폰에서 작동하는 한 가지 프로그램의 꿈

휴잇의 경이로운 앱 작업 덕분에 페이스북은 어떤 중대 문제에 대처하는 일을 미룰 수 있었다. 이것은 페이스북이 패러다임 전환에서 잘못된 편에 서 있었다는 의미였다. 2004년 더페이스북을 시작할 때부터 저커버그는 웹 기반 컴퓨터 언어인 PHP를 채택했다. 당시 그보다 연상의 컴퓨터과학자들은 거부했을 선택이었다. 하지만 저커버그는 온라인 프로젝트를 후딱 대충 작성하면서 자랐으며 젊은 언어 PHP 시스템을 쓰는 일은 그에게 숨 쉬는 것과 같았다.

PHP의 뛰어난 강점은 안전망이 내장되어 있다는 것이었다. 전통적 언어로 작성한 프로그램은 버전별로 발표되었다. 프로그래머들은 기능을 추가하거나 (심지어) 버그를 고치고 싶으면 다음 버전에 포함했는데, 이용자가 업데이트를 내려받아야 비로소 효과를 볼 수 있었다. 이 탓에 인기 프로그램은 발표 시기가 제각각인 여러 버전이 돌아다녔으며 오래된 버그들이 계속 문제를 일으켰다.

반면에 PHP는 언제나 최신 버전이었다. 변경 사항이나 새로운 기능을 재빨리 구현해 웹 서버에 보낼 수 있었으며 서버는 마크업markup 코드를 뿌려 웹페이지를 생성했다. 망쳐도 쉽게 고칠 수 있었다. 새 코드를 작성하면 다음번에 이용자가 웹브라우저를 새로 고침 하면 새 버전이 돌아갔다. 이용자가 돌리는 것은 언제나 새롭고 (아마) 버그가 적은 버전이었다. 페이스북의 성장을 견인한 비밀 제트 연료이던 속도가 가능했던 것은 사실상 PHP 덕분이었다.

이제 새 시대가 도래해 사람들은 데스크톱을 점점 덜 쓰다가 …… 조만간 거의 쓰지 않게 되었다! 모바일은 달랐다. 앱은 이용자에게 직접 도달하는 것이 아니라 애플이나 구글 같은 하드웨어 설계자들이 큐레이션 정책에 따라 제품을 엄선해 운영하는 온라인 매장에서 팔렸다. 매 버전마다 특정 기준을 충족하고 문지기들의 검열을 통과해야 했다. 갑자기 페이스북은 뒤처지지 않으려고 안간힘을 쓰는 구닥다리 기업이 되었다.

설상가상으로 페이스북은 이 새로운 전쟁에 내보낼 버젓한 군대가 없었다. 버널이 추산하기에 페이스북 엔지니어 400명 중에서 애플 운영체제인 iOS에 능숙한 사람은 5명뿐이었으며 3명 정도가 구글 오픈 소스 운영체제인 안드로이드에 대해 알았다. 그가 말한다. "우리는 이것들에 실제로 능숙한 사람이 부족했어요. 이 때문에 모바일 제품 개발이 무척 늘어졌습니다."

이 문제를 들여다본 또 다른 임원이 말한다. "우리 회사는 네이티브 애플리케이션 만드는 법을 몰랐죠." 실제로 페이스북의 채용 과정은 모바일 앱 코딩에 재능 있는 사람들을 '걸러내는' 방식이었다. 2009~2010년경을 시작으로 최고의 젊은 엔지니어들은 아이폰용이나 안드로이드 스마트폰용 네이티브 앱을 제작하는 사람들이었다. 하지만 페이스북은 그들을 면접하면서 데스크톱 업계에 치우친 질문을 던졌다. 최우수 후보들은 답을 몰랐으며 또 관심 없다고 말했다. 그들이 원하는 일은 근사한 모바일 앱 제작뿐이었기 때문이다. 채용위원회에서는 이 코더들(페이스북에 정말로 필요한 인재들)이 데스크톱 개발에 대해 모르고 덤으로 태도까지 불량하다며 부적격 판정을 내렸다. 채용 담당 임원이 말한다. "우리는 이 사람들을 채용할 생각이 없었죠."

그런데 난데없이 기적의 기술이 모든 문제를 바로잡을 해결책처럼 보였다. 바로 웹의 공통어인 '마크업 언어'의 새로운 버전, HTML5였다. 페이스북 같은 소프트웨어 회사들이 자사 제품을 다양한 모바일 시스템에 이식하는 문제를 어떻게 해결할 수 있을까? HTML5는 골치 아픈 이 문제에 대한 만병통치약이 될 수 있을 것 같았다. 페이스북을 자기 스마트폰에서 이용하고 싶어 하는 사람들이 점점 늘었다. 하지만 아이폰, 안드로이드폰, 블랙베리, 팜Palm, 윈도폰 등 저마다 쓰는 시스템이 달랐다.

시스템마다 나름의 운영체제와 고유한 하드웨어를 채택했다. 최고의 앱은 특정 하드웨어에 최적화된 네이티브였지만 그러려면 모든 운영체제에 대해 일일이 별도의 코드를 작성해야 했다.

마이크 버널이 말한다. "사람들은 똑같은 것을 iOS와 안드로이드에 새로 구현해야 하는 상황을 반기지 않았습니다. 그래서 모바일 앱을 하나 제작해 iOS와 안드로이드 둘 다에 설치할 수 있는 프레임워크를 구축할 수 있지 않을까, 하는 기술적 질문이 제기되었죠. 어쩌면 윈도폰에서 작동할 여지도 조금은 있는 그런 거요."

HTML5는 해결책을 약속했다. 한 번 작성하면 많은 시스템에서 돌아가는 앱 말이다. 구글 출신으로 모바일팀에 갓 채용된 엔지니어들에게는 더더욱 솔깃했다. 구글은 HTML5로 구현되는 개방형 웹open-web 철학의 신봉자들이 모여 있는 온상이었다.

성장팀은 HTML5 접근법을 매우 좋아했다. 그들의 관심사는 페이스북 서비스가 아직 자리 잡지 못한 지역에 페이스북을 퍼뜨리는 일이었다. 대상 지역 중 상당수는 개발도상국으로 그곳 사람들은 서가 휴대폰으로만 인터넷을 쓸 수 있었다. 페이스북 프로그래머들이 그런 모든 휴대폰에서 작동하는 하나의 프로그램을 작성할 수 있다는 것은 성장팀에게 꿈 같은 상황이었다.

성장팀은 원하는 것을 대개는 얻어냈다. 모바일에서는 더더욱 그랬다. 신규 고객, 특히 외국 고객은 휴대폰을 쓸 것이라는 논리에 따라 성장팀은 페이스북의 모바일 사업을 통째로 '소유'했다. 성장팀이 관할하는 나머지 분야에서와 마찬가지로 이용자를 끌어들이고 붙잡아둔다는 사명이 페이스북 모바일 사업의 우선순위를 결정했다. 버널이 말한다. "HTML5가 충분히 제 몫을 하리라 믿고 싶어 하는 사람이 많았습니다."

그리하여 페이스북은 '페이스웹Faceweb'이라고 명명한 자체 버전의 HTML5를 구현하기 시작했다. 머지 않아 페이스웹은 모바일 웹의 공식 전략이 되었으며, 금세 수억 명의 페이스북 고객들이 페이스북에 접속 하는 주요 수단이 되어갔다. 그리고 그것은 재앙이었다.

네이티브 앱 개발로 위기를 극복하다

코리 온드레이카Cory Ondrejka는 페이스북이 2010년 인수한 스타트업 출신이었다. 페이스북이 이런 식으로 이른바 '인재 인수acqui-hire'를 한 기업은 한둘이 아니었다. 이런 기업들은 제품 때문이 아니라 인재 때문 에 인수되었다(제품은 대개 폐기되었다). 온드레이카는 한때 〈세컨드 라이 프Second Life〉라는 온라인 시뮬레이션 게임 팀의 핵심 인력이었다. '슈렙 Schrep'으로 불리던 당시 페이스북 엔지니어링 담당 부사장 마이크 슈레 퍼Mike Schroepfer는 그에게 모바일을 수정하라고 지시했다.(슈렙은 2013년 최고기술책임자가 된다.)

수정이 필요한 것은 분명했다. 페이스웹으로 제작된 앱들은 최악이었 기 때문이다. HTML5는 네이티브 앱만큼 매끄럽게 작동한다고 대대적 으로 선전했지만 터무니없는 소리였다. 페이지를 페이스웹에서 실제 기 기로 변환할 때마다 성능이 저하되었다. 스크롤을 내리면 페이지가 버 벅거렸다. 게다가 페이스북의 대표 기능인 뉴스피드는 아예 작동하지 않았다.

온드레이카가 말한다. "2011년 페이스북 기사에는 '끔찍한 모바일 앱' 이라는 말이 절대 빠지지 않았어요."

그는 임무를 맡으면서 무척 망설였다. 그가 말한다. "페이스북에서 모바일 사업을 맡는다는 건 스파이널 탭Spinal Tap 밴드의 드러머가 되는 것과 같았죠."(스파이널 탭은 미국의 코미디언이자 뮤지션인 마이클 매킨이 만든 가상의 영국 헤비메탈 밴드로 이 밴드의 드러머는 모두 사망하는 것으로 설정되었다-옮긴이)

온드레이카가 처음 한 일은 "구덩이에 빠졌으면 그만 파라"라는 옛 속담에 들어맞는 것이었다. 그는 약 20명으로 구성된 모바일팀에 업무 중단을 지시하고는 집에 가서 잠이나 자라고 했다. 그러고는 다음 주에 전략을 가지고 돌아와 만나자고 말했다. 이윽고 그들은 회의실에 모였다. 모바일 문제에 대해 확고한 의견을 가진 회사 내 엔지니어와 임원 몇 명도 참석했다. 몇몇은 여전히 페이스웹에 애착을 품었고 몇몇은 다른 웹 접근법을 원했으며 또 몇몇은 페이스북이 기기마다 네이티브 앱을 개발해야 한다고 생각했다.

회의가 끝날 무렵 온드레이카는 백지에서 출발해 각 시스템마다 네이티브 앱을 제작하는 것이 최선이라고 판단했다.[4] 조 휴잇이 애플의 앱스토어 큐레이션 정책에 불만을 품고 작업을 중단하기 전까지 아이폰에 대해 하던 일이 그것이었다. 다음 단계는 저커버그를 설득하는 일이었다. 온드레이카가 말한다. "슈렙에게 가서 마크를 구워삶아야 한다고 말했죠. 우리는 회의실에 들어가 이렇게 말했습니다. '망했어요. 네이티브 앱을 만들어야 해요.'"

저커버그는 동의했으며 엔지니어링 팀들은 네이티브 모바일 앱을 제작하기 위해 '감금'에 돌입했다. 다행히 그즈음 페이스북은 모바일에 정통한 엔지니어를 몇 명 영입한 상태였다. 최근에 iOS와 안드로이드 쪽 엔지니어링 능력을 갖춘 회사들을 인수했는데, 하나는 푸시팝 프레스

Push Pop Press라는 iOS 스타트업이었고 다른 하나는 벨루가_{Beluga}라는 메시징 시스템을 개발하던 회사였다.

온드레이카는 모바일 앱 제작에 잔뼈가 굵은 사람들을 영입하라고 팀에 지시했다. 또한 페이스북은 3주짜리 모바일 엔지니어링 강좌를 개설해 기존 엔지니어들을 재교육하기 시작했다. 엔지니어 수백 명이 훈련을 이수했다.

골치 아픈 문제는 저커버그 자신이었다. 아직 서른이 되지 않았는데 그가 자라면서 배운 기술은 벌써 한물갔다. 그는 새로운 기술의 원리를 이해해야 했다. 어쨌든 새 앱들에 대한 최종 결정은 그가 내려야 했으니까. 온드레이카가 말한다. "마크에게 가서 말했어요. '한 가지 문제는 당신이 네이티브 개발을 이해하지 못한다는 거예요. 당신은 하루에 천 가지 결정을 내리지만 네이티브에는 하나도 들어맞지 않아요.'" 그리하여 새 모바일팀은 저커버그를 훈련하기 시작했고 모바일 생태계의 디자인에서, 제품 개발에서, 경제에서 무엇이 다른지 보여주었다. 저커버그가 새로 배워야 했던 한 가지 교훈은 실수의 대가였다. 버전 1이 계속 충돌하고 버그 수정을 위해 애플의 승인 절차를 기다려야 한다면 "완성이 완벽보다 낫다"는 그다지 좋은 방법이 아니다.

저커버그는 빨리 배우기로 소문난 사람이다. 얼마 안 가 그는 모바일에 빠삭한 엔지니어들을 쩔쩔매게 하는 날카로운 질문을 던지기 시작했다. 온드레이카가 말한다. "우리는 이런 생각이 들었죠. '좋았어, 당신 두뇌가 이제야 제대로 돌아왔군.'"

그 뒤로 몇 달간 애플팀과 안드로이드팀은 네이티브 앱을 만들기 시작했다. 페이스웹을 통째로 폐기할 필요는 없었다. 친구 명단을 관리하는 등의 기능은 순조롭게 작동했기에 한 번 작성하면 다양한 모바일 시스템에서 이용할 수 있었다. 하지만 다른 기능들이 네이티브에서만 제대로 돌아간다는 것은 뼈아픈 사실이었다.

가장 큰 문제는 뉴스피드였다. 뉴스피드는 페이스북의 기술적 걸작이었다. 이용자가 페이지를 열 때마다 개인 맞춤형 최신 게시물들이 새로 정렬되어 표시되었다. 페이스웹 같은 브라우저 기반 기술로는 휴대폰에서 뉴스피드를 처리할 수 없었다. 처리 성능이 낮고 연결이 불안정했기 때문이다.

한편 저커버그는 나름의 선언을 준비하고 있었다. 어느 날 한 팀이 저커버그에게 디자인 검토를 받기 위해 어항에 들어왔다. 그가 물었다. "모바일 사양은 어디 있죠?" 어디에도 없었다. 그러자 저커버그는 팀을 사무실 밖으로 내쫓았다. 이제 새로운 규칙이 생겼다. "모바일 디자인이 없으면 아무도 내 사무실에 들어올 수 없다." 모두가 다시는 실수를 저지르지 않았다.

사실 회사 전체가 모바일을 의식적으로 받아들였다. 최고기술책임자 브렛 테일러가 말한다. "많은 사람이 노트북을 아예 안 쓰기로 했습니다."

페이스북의 야심 찬, 그리고 비현실적인 목표는 네이티브 앱 제작을 2012년 2월까지 완료한다는 것이었다. 목표는 성공했다. 3월이 되자 저커버그는 뉴스피드가 매끄럽게 작동하는 시제품을 손에 쥘 수 있었다.

온드레이카의 방침이 효과를 발휘하고 있었다. 모바일 시대가 도래하는 등의 기술적 패러다임 전환 과정에서 거대 기술 기업들이 무너졌다. 하지만 페이스북은 변화를 이기고 살아남을 수 있는 올바른 선택을 했다. 그러다 온드레이카는 페이스북을 전혀 다른 궤도에 올려놓을 수도 있는 비밀 내부 프로젝트에 대해 알게 되었다.

페이스북은 '독자적인' 휴대폰과 운영체제를 개발해 애플과 구글을 따라잡을 계획이었다.

페이스북폰 개발 시도: 구글과 애플의 대항마 찾기

그즈음 차마스 팔리하피티야는 따분했다. 그가 보기에 성장이라는 목표는 이미 달성되었다. 성장팀을 이끄는 것은 더는 그의 관심사인 지적인 과제가 아니었다. 또한 그는 약체일 때, 반골일 때, 회의실 뒤쪽에서 툭툭 의견을 던지는 예측 불가능한 삐딱이일 때 가장 행복했다.

그는 페이스북이 모바일과 씨름하는 과정을 쭉 지켜보았다. 그런데 그의 근심거리는 훌륭한 앱이 없다는 점이 아니었다. 그는 진화하는 모바일 생태계 자체가 페이스북의 존재를 위협한다는 사실을 간파했다. 디지털 업계에서 앞서가려면 자신의 모바일 운영체제를 운영해야 하며 그러지 않으면 그런 업체의 졸 노릇을 해야 한다는 것이 그의 생각이었다. 버젓한 운영체제가 있는 곳은 애플과 구글뿐이었다.

팔리하피티야는 해결책은 하나뿐이라고 생각했다. 바로 페이스북이 독자적으로 스마트폰을 만들어야 한다는 것이었다. 페이스북이 이 독점 지배 클럽에 끼어들기는 쉽지 않을 터였다. 하지만 사람들이 스마트폰으로 하고 싶어 하는 첫 번째 일은 …… 페이스북에 들어가는 것이었다. 그러니 사람을 위주로 하는 모바일 운영체제를 만들지 못할 이유가 없지 않겠는가? 구체적으로 말하자면 페이스북이 모든 활동의 중심이 되는 모바일 기기를 만든다는 것이었다.

팔리하피티야는 설득의 귀재였다. 그는 저커버그의 승인을 얻어 팀을 꾸리기 시작했다. 그는 사람들을 점심 식사에 초대해 지금의 자리는 시간 낭비라고 말했다. 아니, 적어도 자신이 지금 하는 일보다는 덜 중요하다고 말했다. 그런 다음 휴대폰 이야기를 꺼냈다. 그의 포섭 대상 중한 사람은 그의 제안에 어리둥절했다고 회상한다. '왜 그런 일을 해야하지? 끔찍한 아이디어 같아! 우리는 하드웨어를 잘 다루지 못해. 한 번도 하드웨어로 성공하지 못했다고.'

하지만 팔리하피티야가 반대론에 대해 구두로 도스DoS 공격을 퍼붓자 엔지니어들은 꺼림칙해하면서도(이것은 선견지명으로 드러났다) 팀에 참여했다.

몰리 그레이엄은 제품관리자가 되는 데 동의했으며 페이스북 최고의 디자이너 중 하나인 맷 케일Matt Kale이 합류했다. 하지만 팔리하피티야가 영입 작전에서 낚은 최대어는 조 휴잇이었다. 팔리하피티야에게 권유를 받았을 때 그는 성공 가능성에 회의적이었으나 스톡옵션 효력 발생 때까지 시간을 벌 좋은 기회라는 생각이 들었다. 게다가 팔리하피티야가 자신을 늘 지지한 것도 고마웠다. 휴잇이 말한다. "차마스의 호언장담과 대담함이 맘에 들었어요."

원래의 코드명(여러 번 바뀌었다)인 GFK는 홍콩 쿵푸 영화 〈쌍마연환雙馬連環, Mystery of Chessboxing〉에 등장하는 악당 귀면살수鬼面殺手의 영어식 이름 고스트 페이스 킬러Ghost Face Killer에서 따왔다(유명 힙합 그룹 우탱 클랜Wu-Tang Clan의 멤버인 고스트페이스 킬라Ghostface Killah의 이름도 거기서 유래했다). 팔리하피티야는 프로젝트를 철저히 비밀에 부쳐야 한다고 주장했다. 이는 아마존의 일급 비밀이던 스컹크 워크스Skunk Works 팀에서 킨들을 개발한 사실에서 착안한 것이었다. 그는 자신의 부대를 이끌고 캘리포니아 1601에서 나와 길 아래쪽 평범한 건물 2층에 입주했다.

심지어 신분증 형태조차 페이스북과 달랐다. 페이스북 직원들이 소문을 듣고 물으면 회사에서는 사실을 부인했다. 에즈라 캘러핸이 말한다. "내가 기억하기로 페이스북이 회사 내부 사람들에게 거짓말을 한 건 그때가 처음이었어요."

한 팀원에 따르면 팔리하피티야는 스티브 잡스에게 집착했으며 훨씬 아름다운 휴대폰을 만들어 그를 능가하고 또 파멸시키고 싶어 했다. 잡스에게 수석 디자이너 조니 아이브Jony Ive가 있었다면 팔리하피티야에게는 이브 베하르Yves Béhar가 있었다. 존경받는 실리콘밸리 디자이너인 그는 하드웨어 외관을 만드는 임무를 맡았다. 베하르는 굴곡진 표면에 특이한 홈이 있어서 엄지손가락으로 스크롤할 수 있는 미끈한 기기를 스케치했다.

마이크로프로세서microprocessor, 즉 중앙 처리 장치CPU를 조달하기 위해 페이스북이 손잡은 파트너는 당연히 인텔이었다. 칩 업계의 거인 인텔은 1세대 스마트폰을 놓치는 사상 최대의 실수를 저지른 뒤였다. 애플과 안드로이드 둘 다 인텔의 경쟁사 칩을 사용했다. 그랬기에 페이스북폰을 기회로 삼아 실패를 (뒤집지는 못하더라도) 만회할 생각이었다.

또한 인텔은 여러 흥미로운 기술을 기꺼이 페이스북과 공유하고자 했다. 그중에는 한 동작으로 휴대폰 잠금 해제와 스크롤을 동시에 할 수 있는 혁신적 터치 센서가 있었다. 게임 컨트롤러의 트리거인 셈이었다. 하지만 구조상 오른손잡이만 쓸 수 있었다. 한 팀원이 말한다. "왼손잡이는 무시하기로 했죠."

애플이 거부한 휴잇의 장인적 프로그래밍 언어로 작성된 페이스북폰 소프트웨어는 이용자의 페이스북 지인들과 소통을 염두에 두고 설계되었다. 기본 발상은 페이스북폰을 이용자의 소셜 그래프와 관심사에 밀접하게 연결해 이용자 자신과 뗄 수 없게 만드는 것이었다.

페이스북폰을 켜는 순간 자신의 특징과 친구들의 활동을 토대로 권장 활동 목록이 표시된다. 생판 모르는 사람이 전화하면 전화벨이 울리지 않는다. 하지만 친구의 전화, 약혼이나 출산, 트러플 피자 사진 같은 중요한 개인 소식에 대한 문자가 도착하면 최대 볼륨으로 알려준다. 친구와 소통하고 싶을 때 의사를 표현하기만 하면 휴대폰이 가장 좋은 연락 방법을 찾아준다(심지어 친구의 일정표나 위치를 참고할 수도 있다). 이를테면 회의 중이라면 문자를 보낸다. 쇼핑할 때는 좋아요를 기준으로 상품을 추천해준다. 친구의 생일잔치에서 사진을 찍으면 그 즉시 페이스북에 올라간다. 팔리하피티야는 과도한 공유가 제한되도록 이용자가 프라이버시 설정을 조정할 수 있는 손쉬운 방법이 설계 사양에 명시되어 있다고 말한다.

폭스콘Foxconn(타이완의 거대 제조사로 아이폰 등을 만든다)과 손잡고 페이스북은 시제품을 제작했다. 하지만 생산 개시일이 다가오면서 실제 제품 제작에 들어갈 투자 규모가 걱정되기 시작했다.

온드레이카를 비롯한 내부의 적들은 이렇게 머뭇거리는 틈을 놓치지 않았다. 그는 프로젝트에 대해 처음 들었을 때 브렛 테일러에게 중단해야 한다고 말했다. 테일러는 저커버그와 상의하라고 했다. 온드레이카가 말한다. "마크와 넉 달간 논쟁을 벌였죠." 그는 모바일 생태계가 두 운영체제로 재편되는 마당에 페이스북이 독자적 운영체제를 만들 필요가 없다며 보스를 설득하려 했다. 페이스북은 전 세계에서 가장 인기 있는 앱이 되고 있으니 구글이나 애플 어느 쪽도 페이스북을 괴롭히지 않을 거라고 말했다. 하지만 저커버그는 여전히 페이스북폰을 보험용으로 가지고 싶어 했다.

문제를 해결한 것은 타협이었다. 페이스북이 독자적인 휴대폰을 만드는 것이 아니라 대안적 버전의 안드로이드 운영체제를 제작해 규모를 줄인 GFK 경험을 만들어낸다는 것이었다. 그런 뒤 다른 휴대폰 제조사들에 이 경험에 대한 라이선스를 부여할 계획이었다. 타협안은 원래 아이디어를 일부 포함했다. 이 '페이스북 홈Facebook Home' 휴대폰은 이용자가 전화기를 집어들기 전인 '잠금 화면' 모드에서조차 페이스북이 작동되었다.

그러나 현재의 모바일 강자들을 정면으로 공격하기에는 역부족이었다. 팔리하피티야는 페이스북폰팀만 그만둔 게 아니라 아예 페이스북을 떠나 벤처 캐피털 회사를 차렸다.

2013년 4월 '페이스북 홈' 휴대폰이 마침내 모습을 드러냈다. HTC에서 첫 제품을 생산했고 삼성이 뒤를 이었다. 저커버그는 출시 직후 내게 말했다. "최대한 많은 휴대폰이 페이스북폰으로 돌아서도록 할 수 있으면 좋겠어요."

하지만 페이스북폰은 폭삭 망했다. 페이스북은 그즈음 단연코 가장 인기 있는 모바일 앱이었지만 페이스북이 24시간 돌아가는 휴대폰을 원하는 사람은 거의 없었다. 첫 번째 버전이 마지막 버전이었다.

기업공개를 단행하다

페이스북에 모바일 위기가 찾아온 때는 상상할 수 있는 최악의 시기였다. 사람들이 기술을 이용하는 방식에서 패러다임 전환이 일어나면서 페이스북의 미래가 위험에 빠진 바로 그때 페이스북은 주식 시장에서 가치를 끌어올릴 방법을 모색하고 있었다.

셰릴 샌드버그가 말한다. "그런 전환의 와중에 있는 회사에 상장을 권유하겠느냐고요? 아니요! 우리도 2년 전이나 2년 후에 상장했으면 훨씬 나았을 거예요."

하지만 페이스북은 선택의 여지가 없었다. 일찍이 2007년부터 기자와 애널리스트들은 "페이스북이 언제 기업공개를 할까?"라고 묻기 시작했으며 해가 갈수록 질문은 집요해졌다. 저커버그는 개별 제품에 대해서는 빨리 움직여서 파괴하는 게 상책이라고 믿었지만 5년, 10년에 걸쳐 꾸준히 페이스북의 행로를 그려가는 장기적 안목 또한 보유하고 있었다. 그는 성장을 위해 수익을 뒤로 미룬다고 곧잘 이야기했으며 기업공개의 냄새만 풍겨도 "금세 돈을 벌 줄 알고서 회사에 합류하고 싶어 하는"[5] 사람들이 몰려들 거라고 불평했다. 그는 모든 최고경영자에게 요구되는 분기마다 실적을 정당화하는 일이 달갑지 않았다.

저커버그는 할 수 있는 한 시간을 끌었다. 2007년 마이크로소프트의 투자 이후 페이스북은 대형 사모 펀딩 라운드로 자금을 마련했다. 대표적으로 2009년 러시아의 거물 유리 밀너Yuri Milner로부터 현금 2억 달러를 유치했다. 이런 후순위 투자는 거의 모두가 무리수라며 조롱받았다. 그러나 알고 보니 전부 현명한 투자였다.

하지만 언제나 문제는 기업공개를 할 것이냐 말 것이냐가 아니라 언제 할 것이냐였으며 필연적 수순을 막기 위해 저커버그가 할 수 있는 일은 많지 않았다. 2010년 페이스북은 상장사로 전환을 순조롭게 추진하기 위한 조치들을 취하기 시작했다. 기존 이사인 돈 그레이엄, 넷스케이프 공동 창업자 마크 앤드리슨Marc Andreessen, 피터 틸 이외에 넷플릭스 최고경영자 리드 헤이스팅스Reed Hastings와 빌 클린턴 비서실장을 지낸 어스킨 볼스Erskine Bowles를 영입해 이사회의 덩치를 키웠다. 볼스는 저커버그와 협상을 했는데, 저커버그가 한 무더기의 금융 관련서를 읽는다는 조건으로 감사위원회 위원장직을 수락했다. 그는 저커버그에게 책을 주면서 이렇게 말했다. "이봐요, 당신은 상장사의 최고경영자가 될 거니까 이걸 이해해야 해요."

2011년 가을, 제넨테크Genentech 최고재무책임자에서 페이스북 최고재무책임자가 된 데이비드 에버스먼David Ebersman이 몇몇 은행들과 접촉하기 시작했다. 기술 업계 최대의 기업공개가 될 절차는 조용히 시작되었다.

페이스북이 기업공개 주간사 회사로 모건 스탠리를 선택한 것은 놀랄 일이 아니었다. 모건 스탠리의 수석 은행가 마이클 그라임스Michael Grimes는 가장 짭짤한 기업공개를 연이어 성사시켰다.[6] 그의 사무실은 뉴욕이나 (심지어) 샌프란시스코 금융가가 아니라 대형 벤처 캐피털 회사들이 운을 시험하는 멘로파크 샌드힐로드에 있었다. 그는 구글 기업공개를 진행했으며 최근에는 링크트인 기업공개를 맡았다. 셰릴 샌드버그와도 친했다. 그리고 여느 때처럼 골드만삭스와 JP모건을 비롯한 다른 투자은행들과 자문사들이 합류했다.

저커버그는 페이스북의 주식 구조 운용에 대해 확고한 견해가 있었다. 핵심은 저커버그 자신이 계속, 아마 영원히, 통제권을 쥐는 것이었다. 방법은 주주를 두 등급으로 나누어 상위 등급(자신이 절대다수의 지분을 가진 등급)에 모든 표결에서의 지배권을 부여하는 것이었다. 이것은 그의 멘토 돈 그레이엄의 《워싱턴포스트》 같은 가족 소유 신문 기업들이 소수 지분으로 회사를 지배하는 수법과 비슷했다. 구글의 래리 페이지와 세르게이 브린Sergey Brin 역시 같은 방법을 썼다. 하지만 페이스북의 계획은 창업자 1인이 가진 통제권 면에서 그들을 뛰어넘었다. 저커버그는 의결권주의 56퍼센트를 보유했으며 경우에 따라서는 다른 주주들이나 이사들의 명령에 거부권을 행사할 수 있었다.

마찬가지로 그는 구글 창업자들을 흉내 내어 2010년 2월 1일 신청할 기업공개의 조건들을 명시한 S-1 사업 설명서에 주주들에게 보내는 편지를 실었다. 그는 초안을 휴대폰으로 작성했는데 '모바일 우선Mobile first' 전략에 걸맞은 행동이었다. 편지에서 그는 이렇게 서두를 뗐다. "페이스북은 원래 회사가 되려고 설립된 게 아닙니다. 사회적 사명을 달성하려고 설립되었습니다. 그 사명은 세상을 더 개방되고 연결된 곳으로 만드는 것입니다." 그러고는 1년 전 몰리 그레이엄과 로리 골러의 도움을 받아 명문화한 다섯 가지 가치를 자세히 설명했다. 마치 페이스북 사무실 벽에 붙은 포스터를 낭독하며 요점을 정리하는 것 같았다. 실제로 그는 자신의 회사에 투자할 주주들에게 보내는 공식 사업 설명서에 "빨리 움직여서 파괴하라"라고 썼다.

또한 저커버그는 페이스북의 운영 방식을 "해커 방식"이라고 불렀다. 그는 이 단어에 "(부당한) 부정적 의미"가 있음을 인정하면서도 "내가 만난 해커 대부분은 세상에 긍정적 영향을 미치고 싶어 하는 이상주의적인 사람들이었습니다"라고 단언했다. 그는 해커 방식을 이렇게 설명했다. "해커 방식은 끊임없는 개선과 반복을 통해 만들어가는 접근법입니다. 해커들은 무언가가 언제나 더 나아질 수 있으며 무엇도 결코 완벽하지 않다고 믿습니다. 해커의 할 일은 바로잡는 것뿐입니다. 때로는 불가능하다고 말하거나 현실에 안주하는 사람들의 면전에서 그렇게 해야 합니다."

하지만 기업공개에 대한 기대감에 찬물을 끼얹은 것은 이런 괴팍한 발언이 아니었다. 바로 모바일 전환에 대한 페이스북의 굼뜬 대처였다.

페이스북은 사업 설명서에서 이 점을 직접 언급했다. "당사는 현재 페이스북 모바일 상품의 이용으로부터 유의미한 매출을 직접 창출하고 있지 않으며 성공적으로 매출을 거둘 역량 또한 검증되지 않았습니다." 그때는 페이스북 이용자의 절반가량이 휴대폰으로 페이스북에 접속하고 있을 때였다. 페이스북이 모바일 애플리케이션에서 수익을 창출하지 않는다는 것은 광고를 유치할 기회를 잃고 있다는 뜻이었다. 이 추세가 지속되면 매출이 급감할 터였다.

사업 설명서가 공개된 뒤 모바일 이용자는 더 늘었으나 페이스북의 재무 실적은 더 주저앉았다. 저커버그는 챈에게 보낸 문자 메시지에서 이렇게 말했다(메시지는 훗날 소송 과정에서 공개되었다). "모든 게 엉망으로 흘러가고 있어."

어느 날 밤 뉴욕의 한 호텔방에서 소집된 회의에서 저커버그, 샌드버그, 에버스먼은 실제로 기업공개의 취소 여부를 고려하고 있었다. 저커버그는 챈에게 문자를 보냈다. "오늘 밤 결정을 내릴 거야." 나중에 그는 기업공개를 그대로 추진할 거라고 말했다.[7] 그녀는 "잘됐네"라고 답했다.

하지만 재무팀은 매출 감소에 어떻게 대처해야 할지 난감했다. 재무 정보를 숨겼다가는 소송당하거나 제재받을 가능성이 있었다. 그래서 에버스먼과 그라임스는 최근 추세를 경고하는 다섯 문장을 사업 설명서에 덧붙이기로 했다. 또 주요 애널리스트들에게 연락해 개별적으로 이야기하기로 했다. 정보를 월스트리트 내부자들에게만 건네고 일반인들에게는 숨기는 것처럼 비칠 위험은 감수하기로 했다.

이런 상황에서 투자은행가와 애널리스트의 접촉를 금지하는 미국 증권거래위원회Securities and Exchange Commission, SEC 규정 때문에 모건 스탠

2부 플랫폼 제국 건설하기

리의 그라임스는 한발 떨어져 있어야 했다. 골치 아픈 상황이었다. 그라임스는 기획의 중심에 있었으며, 심지어 페이스북 재무 담당자가 애널리스트들에게 낭독할 대본을 쓰는 데서 핵심 역할을 했기 때문이다. 그래서 재무 담당자가 호텔방 지휘소에서 전화할 때 그라임스는 홀에 내려가 바닥에 앉아 있었다. 그러나 증권거래위원회는 이 꼼수를 눈감아 주지 않았으며 모건 스탠리를 고소해 500만 달러의 벌금을 물게 했다.[8]

애널리스트들과의 전화 통화는 2012년 5월 18일로 예정된 기업공개가 일주일 조금 넘게 남았을 때 이루어졌다.[9] 그즈음 언론과 방송에서는 다가올 이벤트에 대해 매일같이 중대 뉴스를 전했다. 비판자들은 투자자들에게 잘 보여야 하는 '로드 쇼'(설명회)에서 저커버그가 후드 티를 입었다며 그의 성숙함에 의문을 제기했다. 이런 악재에도 페이스북은 시가를 주당 28~35달러 범위에서 35~38달러 범위로 올렸다. 그러면 페이스북은 1000억 달러짜리 회사가 된다. 지난해 수익의 100배에 달하는 가치를 가지는 셈이었다. 비판자들이 보기엔 무리수였다.

5월 15일 또 다른 악재가 터졌다. GM(제너럴 모터스)이 페이스북 광고의 효과를 더는 믿지 않으며 지출을 축소하겠다고 《월스트리트저널》에 밝힌 것이다.[10] GM이 페이스북의 주요 광고주는 아니었지만 페이스북 광고가 돈값을 못 할 수 있다는 주장은 회사의 장기적 전망에 한층 의구심을 드리웠다.

그리하여 기업공개일은 점점 다가오는데 불길한 조짐은 가라앉지 않았다.

회사 주식의 판매가 시작되면 나스닥 바닥에서 종을 울리며 그 순간을 축하하는 것이 상례였으나 저커버그와 최고위 임원들은 행사를 위해 뉴욕으로 날아가지 않았다. 대신에 직원들이 페이스북의 새로운 멘로파크 캠퍼스 공터에 모인 자리에서 저커버그가 원격으로 종을 울리기로 했다. 그가 캘리포니아에 머문 것은 어쩌면 다행이었다.

주식 판매가 시작되려는 찰나, 명성 드높은 경쟁자 뉴욕증권거래소보다 기술 분야에서 뛰어나다는 강점을 내세우던 나스닥에서 컴퓨터 오작동이 발생했다. 며칠간 여러 차례 시운전을 했음에도 시스템이 매수 주문 물량을 감당하지 못한 것이다. 나스닥은 개장을 연기했다. 하지만 1시간이 더 지나 멘로파크에서 기쁨의 포옹과 함께 함성이 터져나오며 주식 판매가 시작되었을 때에도 거래는 여전히 지연되었다.

이 때문에 시가에 주식을 예약한 소액 투자자들이 거래를 승인받지 못하거나 주가가 폭락해도 빠져나오지 못하는 사태가 벌어졌다. 일확천금의 꿈에 부풀어 있던 개미 투자자들이 매수 주문을 넣었는데 감감무소식이더라는 제보가 속출했다. 평생 저축한 돈의 절반을 페이스북에 쏟아부었다가 주문이 체결되지 않자 취소하려다 취소를 하지 못한 과부의 이야기가 대표적이었다.[11] 주가가 곤두박질하면서 노후의 희망 역시 곤두박질했다.

돌이켜 보면 이 기술적 사고가 반드시 그렇게 끔찍했던 것만은 아니었다. 단기 손실을 감수하고 주식을 계속 보유한 소액 투자자들은 몇 배의 수익을 거두었을 테니 말이다. 하지만 투자가 위험한 것은 뒤늦게 깨달아봐야 소용없기 때문이다. 그러니 과부의 항의를 쉽게 일축해서는 안 된다. 그녀는 결국 큰 손실을 입은 채 주식을 매도했다.

손실의 이유는 페이스북 주식이 마침내 등록되었을 때 투자자들이 망설였기 때문이다. 주가는 페이스북의 낙관적 전망치인 38달러로 출발했으나 시가를 간신히 넘기는 수준에서 장을 마감했다. 그나마 페이스북 주간사 회사가 마이너스로 장이 마감되는 것을 막으려고 폐장 전에

2부 플랫폼 제국 건설하기

주식을 도로 사들였기 때문이다. 전문 용어로는 '초과배정 옵션greenshoe option'이라 한다.

비슷한 수법으로 주가를 떠받칠 수 없게 되자 페이스북 주가는 하향세를 걸었다. 일주일이 지나자 주가는 32달러까지 떨어졌다. 2012년 9월에 접어들었을 때는 20달러 지폐로 페이스북 주식 1주를 사면 2달러와 잔돈까지 돌려받을 수 있었다.

심지어 3만 7500달러의 투자로 수억 달러를 벌어들인 초기 투자자 리드 호프먼조차 페이스북 기업공개를 "얼토당토않은 얼간이짓egregious fuck-up"으로 평했다.[12] 그 뒤로 몇 달간 피해를 입은 투자자들은 페이스북, 나스닥, 주간사 회사에 소송을 제기하느라 여러 관할지의 법원을 계단이 닳도록 들락거렸다. 이후 몇 년에 걸쳐 페이스북, 은행가들, 나스닥은 합의금으로 수백만 달러를 지불해야 했다.

기업공개가 실패로 돌아간 직후에 두 가지 사건이 벌어졌다.

첫 번째는 축하할 일이었다. 기업공개 다음날 저커버그는 가까운 지인 100명가량을 뒷마당 모임에 초대했다. 명목상으로는 프리실라 챈의 의대 졸업과 자신의 스물여덟 번째 생일을 축하하는 자리였다. 몇몇은 뭔가 이상한 낌새를 챘는데 아니나 다를까 저커버그는 양복 차림으로 나타났다. 그날 그는 페이스북 결혼/연애 상태를 '기혼'으로 바꾸었다. 이 상태 변경에는 좋아요가 100만 개 넘게 달렸다.

결혼 서약을 주고받음으로써 저커버그는 동료 억만장자가 기업공개 전날 CNBC에서 건넨 경고를 무시했다. "두 사람이 결혼하고 한두 해 뒤에 어떤 이유로 이혼을 하는데, 여자 쪽에서 100억 달러짜리 소송을 제기해 잭팟을 터뜨리는 겁니다."[13] 이렇게 말한 사람은 도널드 트럼프였다. 당시에 그는 신랑 신부와 일면식도 없었다.

두 번째는 저커버그가 페이스북 주가 폭락에 대처해 단행한 조치였다. 뒤늦긴 했지만 네이티브 앱으로 전환한 덕에 페이스북은 확산 일로에 있던 기술에 순조롭게 안착할 수 있었다. 네이티브 앱은 좋은 반응을 얻었다. 사람들은 아이폰이나 안드로이드폰을 쓰면서 평균 20퍼센트의 시간을 페이스북에서 보냈다. 뒤이은 경쟁자들은 3퍼센트에 머물렀다. 하지만 페이스북은 모바일에서 돈을 벌 수 있는 상품을 아직 개발하지 못했다.

주가 폭락은 직원 사기에 영향을 미쳤다. 댄 로즈는 전 직원 회의에서 응원 연설을 하기로 마음먹었다. 그는 닷컴 거품이 터질 때 아마존에서 겪은 일을 회상했다. 아마존 주가는 한 주당 120달러에서 약 6달러까지 주저앉았다. 이 탓에 가족이 살 집을 사려던 로즈의 개인적 계획은 보류되었다. 사람들이 회사를 떠나기 시작했다. 하지만 아마존과 수장 제프 베이조스Jeff Bezos는 꿋꿋이 버텼으며 지금은 상거래 업계를 장악했다.

페이스북 역시 마찬가지일 터였다. 로즈가 말했다. "우리가 무슨 일을 하고 있는지 세상은 모르지만 우리는 압니다." 모바일은 페이스북을 죽이는 게 아니라 새로운 경지로 끌어올릴 것이다. 사람들은 페이스북을 모바일에서 더 많이 이용한다. 좁은 휴대폰 화면에서도 페이스북은 돈을 벌고야 말 것이다. 그는 동료들에게 말했다. "우리는 모바일용 상품을 만들고 있습니다. 단지 아직 다 만들지 않았을 뿐이죠."

그가 하지 않은 말은 현 상황의 이면이었다. 모바일용 상품을 만들어내지 못하면 페이스북이 몰락하리라는 말이었다.

모바일용 광고 상품 개발에 사활을 걸다

위기가 닥치면 저커버그는 자신이 잘 알고 신뢰하는 사람들에게 의지한다. 회사의 운명을 뒤바꿀 모바일 광고 개발팀의 수장으로 낙점된 사람은 그가 오랫동안 알고 지낸 사람, 성실함을 의미하는 단어를 자기 몸에 말 그대로 새긴 사람, 바로 보즈였다.

기업공개로부터 얼마 지나지 않아 저커버그와 앤드루 보즈워스는 옛선 마이크로시스템스 캠퍼스를 산책했다. 두 사람은 바비큐 식당을 지나 대형 해커 표지판 아래로 아날로그연구소 앞까지 걸었다. 지난 몇 달간 보즈는 자칭 '레임덕 시기'를 맞아 이 팀 저 팀 전전하며 여러 프로젝트에 몸담았다. 그는 6년 근속자에게 제공되는 안식년 휴가를 쓰려던 참이었다. 저커버그에게서 광고엔지니어링팀을 맡아달라는 요청을 받았을 때 보즈워스는 끔찍한 아이디어라고 생각했다. 광고는 그의 기질과 전혀 맞지 않았다.

하지만 저커버그는 고집을 꺾지 않은 채 보즈가 그 자리를 맡으면 놀라운 일들이 일어날지 모른다고 주장했다. 그가 말했다. "보즈, 나는 당신이 앞으로 6개월 안에 40억 달러짜리 사업을 벌일 수도 있다고 생각해요." 저커버그는 차례로 네 가지 예를 들었다. 그중 하나는 모바일 맞춤형 광고 상품이었고, 다른 하나는 별도의 '프리미엄' 광고 상품이었다. 그가 언급한 나머지 두 가지는 역사의 뒤안길로 사라졌다. 저커버그와 보즈 둘 다 무엇이었는지 기억하지 못한다.

보즈워스는 자신이 적임자가 아니라며 다시 고사했다. 하지만 저커버그는 뉴스피드와 페이스북 소비자 상품에 친숙한 사람이 필요하다고, 현재 8억 명에 이르는 페이스북 이용자들의 중독을 바탕으로 솔루션을 내놓을 수 있는 사람이 반드시 필요하다고 말했다. 저커버그는 영영 떠안을 필요는 없다며 6개월만 맡아줄 수 있겠느냐고 물었다.

보즈워스는 수락했다. 한편으로 그는 저커버그가 자신에게 그런 중책을 부탁한 것에 감명받았다. 그즈음 보즈워스는 호전적 스타일 때문에 많은 사람과 척지고 있었기 때문이다. 케이트 로스는 자신의 책에서 그가 "다른 엔지니어들을 향해 자신을 화나게 하면 면상을 갈겨버리겠다고 농담조로 위협했다"라고 썼다.[14] 공개 사과를 해야 한 적도 있었다. 보즈워스는 인정한다. "나는 이따금 약간 열받을 때가 있고 가끔은 최고의 동료가 아닐 때가 있어요."

그는 자신의 팀을 광고 조직이 아니라 모바일 부서에 배치해달라고 요청했다. 그는 매주 소규모 팀을 소집했고 이 팀의 임무는 모바일용 광고 상품 개발이었다. 팀원으로는 마크 랩킨, 엔지니어 윌 캐스카트, 페이스북이 구글에서 꾀어낸 디자이너 마거릿 스튜어트Margaret Stewart가 있었다(그녀는 구글에서 유튜브 디자인을 개편했다). 그들은 옛 선 마이크로시스템스 캠퍼스 16동의 회의실에서 모였다. 그 시점부터 사실상 그들은 페이스북의 사업을 설계하고 있었다. 그들은 스스로를 '비밀결사Cabal'라고 불렀다.

비밀결사가 내놓은 첫 번째 결과물은 휴대폰에서 단기적으로 돈을 벌 방법이었다. 제품관리자 한 사람이 성장팀의 (모르는 게 없는) '알 수도 있는 사람' 기능에 착안해 아이디어를 떠올렸다. '알 수도 있는 사람'은 이미 뉴스피드에서 가장 좋은 자리를 차지하고 있었으며 사람들은 페이스북이 누굴 추천하는지 엿보고 싶은 마음을 억누르지 못했다(때로는 페이스북이 기상천외한 연결 고리를 찾아낸 것에 기겁하기는 했지만). 그의 아이디어는 '알 수도 있는 사람'들 가운데에 광고를 끼워넣으면 어떨까 하는 것이었다. 저 명단 사이에 자신의 페이지를 넣기 위해 기꺼이 돈을 지불할 사람이 있을지 모르니 말이다. 그리하여 페이스북은 '좋아할 수도 있는 페이지Pages You May Like'라는 스폰서 상품을 개발했다. 보즈워스가 말한다. "모바일에서 광고를 붙일 수 있는 몇 안 되는 장소 중 하나였죠."

단점은 이 신상품이 기본적으로 좋아요를 파는 수단이어서 페이스북에 위협이 될 수 있다는 것이었다. 자발적 행동이 아니라 조작의 결과인 좋아요의 개수가 너무 많아지면 좋아요의 광고 가치가 낮아질 것이기 때문이었다. 하지만 페이스북은 위험을 감수해야 했다. 몇 달 뒤면 페이스북 직원들의 주식 매도를 금지하는 봉쇄 기간이 끝날 예정이었다. 봉쇄가 끝났는데 회사 수익이 여전히 낮으면 주가는 기업공개 직후의 암울한 수준보다 더 내려갈 수 있었다. 유료 상품인 '좋아할 수도 있는 페이지'는 2012년 8월에 출시되었다.

비밀결사가 다음으로 내놓은 솔루션은 더 장기적이었다. 바로 뉴스피드에 광고를 싣는 것이었다. 비컨 사태 이후 몇 달이 지났을 때 광고는 페이스북의 이 대표적 기능에서 배제되어 좌우의 선통적인 공간으로 밀려났다. 하지만 모바일 화면에는 좌우 여백이 전혀 없었다. 그러기엔 화면이 너무 작았다.

저커버그가 말한다. "데스크톱에서는 광고를 실을 공간이 따로 있었기 때문에 뉴스피드 광고를 고민하지 않고 정말 근사한 비즈니스를 구축할 수 있었어요. 그 비즈니스는 수십억 달러 규모로 성장했고 우리는 독자적으로 활동하는 별도의 팀을 꾸렸죠. 그들은 뉴스피드팀과 이야기할 필요가 없었고 그건 멋진 일이었죠. 하지만 모바일에서는 그럴 수 없어요. 모바일에는 오른쪽 열에 여백이 전혀 없으니까요."

그 시점까지 저커버그는 '스폰서 게시물'(이용자의 친구가 작성했거나 친구에 관한 자발적 게시물과 구별되지 않지만 실은 광고인 게시물)이 소셜 방식으로 생성되어야 한다는 입장이 확고했다. 펩시나 GM, 동네 네일숍이 당신의 뉴스피드에 파고들고 싶으면 당신의 친구가 그들의 페이지에 좋아요를 눌러서 은근슬쩍 추천되는 방법밖에 없었다(당신에게 유익한 추천인지는 별개 문제이지만).

하지만 보즈워스를 비롯한 직원들은 이 접근법이 너무 제한적이라고 생각했다. 스폰서 게시물의 골자는 적지만 양질의 광고를 사람들에게 보여준다는 것이었다. 하지만 어떤 사람에게는 보여줄 수 있는 광고가 너무 적어(당신의 '친구들'이 좋아하는 페이지 개수에는 한계가 있으니까!) 재고가 모자랐다. 고를 수 있는 광고 자체가 너무 적으니 양질의 광고 중에서 이용자에게 알맞은 것이 없을 가능성이 컸다.

광고주들이 특정 대상을 겨냥한 게시물을 뉴스피드에 직접 올릴 수 있다면 광고의 수준이 높아질 터였다. 기업공개 전날 페이스북에 입사한 마거릿 스튜어트가 말한다. "사람들이 광고를 보고도 광고인 줄 모를 때 기분이 좋아요. 훌륭한 광고는 그냥 하나의 훌륭한 콘텐츠이며 반드시 광고로 분류되지는 않아요. 광고는 대개 관련성이나 가치가 없는 것으로 치부되잖아요."

저커버그 또한 이런 정서에 동조했다. 페이스북 초창기부터 그는 달갑지 않은 광고가 산통을 깨뜨리는 것을 원하지 않았다. 그런데 이제 페이스북이 가진 데이터와 보즈워스가 꾸린 제품 개발팀의 전문성 덕에 그는 페이스북이 자발적 게시물만큼 환영받는 광고의 개발을 시작할 수 있겠다는 생각이 들었다. 그는 뉴스피드 광고를 승인했으며 모바일팀은 개발에 착수했다.

저커버그는 모바일 상품 전환이 완료된 뒤 내게 말했다. "페이스북이 첫 5년 동안 광고를 좌우에만 배치한 건 일종의 면피였다고 생각해요. 광고를 이용자 경험에 녹아들 만큼 근사하게 만들려면 어떻게 해야 하는가, 하는 난제와 씨름하지 않았으니까요." 그렇다고 해서 그에게 선택의 여지가 있었던 것은 아니다. 휴대폰용 페이스북 앱에는 광고를 실을 공간이 어디에도 없었으니까.

메이시 백화점의 옷 광고, P&G(프록터 앤드 갬블)의 잡화 광고, 워너 뮤직의 음반 광고 등 페이스북의 셀프서비스 시스템을 이용하는(알고리즘으로만 절차가 진행되는) 수백만 기업의 제품 광고가 뉴스피드에 뒤섞였다. 이 광고들은 여느 게시물과 다를 바 없었으며 무료 게시물과 똑같이 좋아요를 받고 공유되었다. 광고주들은 첫 게시에 대해서만 비용을 지불했으며 그 뒤로 전파되는 것은 공짜였다. 따라서 저렴한 광고를 싣더라도 폭넓게 노출될 가능성이 (희박하기는 하지만) 존재했다.

뉴스피드 속 모바일 광고는 엄청난 성공을 거두었으며 페이스북의 연매출을 수백억 달러로 끌어올렸다. 물론 뉴스피드 광고의 창의적 작동 방식이 언젠가 국가적 선선 공작에 악용되어 미국 대통령 선거에 영향을 미칠지 모른다고 생각한 사람은 아무도 없었다.

논란, 위기, 긴장의 해였던 2006년과 마찬가지로 2012년에 페이스북은 새로운 차원의 성공을 거둘 토대를 놓았다. 페이스북을 집어삼킬 듯하던 스마트폰 물결은 뉴스피드 이후 최대의 호재로 드러났다. 페이스북 홈이 참담하게 실패하긴 했지만 iOS용과 안드로이드용 네이티브 앱은 각 플랫폼에서 단연 가장 큰 인기를 끌었다. 페이스북 자체의 '플랫폼'으로 말할 것 같으면 수천 명의 개발자가 자신들이 만든 앱의 로그인 수단으로 페이스북 커넥트를 기꺼이 받아들였다. 이 덕에 페이스북은 전 세계에 구축하고 있던 디지털 창고(오리건, 텍사스, 노스캐롤라이나에 수십억 달러 규모의 데이터 센터를 지었다)에 훨씬 많은 데이터를 수집할 수 있었다.

이 추세대로만 굴러간다면 향후 몇 년간 그 무엇도 페이스북의 앞길을 가로막을 수 없을 것 같았다. 마이스페이스는 추억으로 사라졌다. 돈이 쏟아져 들어왔다. 가입자 수는 10억 명을 넘어 20억 명으로 늘었다. 투자자들의 관심 역시 돌아왔다.

2013년 여름 페이스북의 주가는 마침내 공모주 가격인 38달러를 회복했으며 그 뒤로 꾸준히 상승했다. 결국 페이스북의 평가액은 5000억 달러를 넘어섰으며 마크 저커버그가 기숙사 방에서 만든 회사는 세계 10대 기업으로 올라섰다.

샌드버그가 말한다. "우리의 기업공개에 투자한 사람들 중에서 끝까지 버틴 사람들은 엄청난 수익을 거두었어요. 우리는 처음부터 솔직하게 밝혔어요. 이렇게 말했죠. '우리는 모바일 광고 매출이 전혀 없습니다. 그래서 모바일 광고 시스템을 구축해야 할 겁니다.' 시간이 걸리는 일이었어요. 우리는 모바일로 전환할 거라고 말했어요. 마침내 전환해냈고요."

샌드버그와 저커버그가 2012년에 알아차리지 못한 사실은 지난 5~6년간의 타협이 장차 페이스북뿐 아니라 기술 업계 전체를 뒤흔들 연쇄 폭발의 씨앗을 심었다는 것이다. 프라이버시 무시, 개발자들과 데이터 맞바꾸기, 무모한 해외 확장, 성장의 갈망에 양보한 수많은 원칙 등이 그것이었다.

첫 번째 대형 폭탄은 2016년 미국 대통령 선거일에 터졌다.

　　　　　　　　　　　2부 플랫폼 제국 건설하기

13

미래를 사다

인스타그램의 탄생

케빈 시스트롬은 창업자가 되겠다고 꿈꾸기 시작한 순간을 회상한다.[1] 때는 2005년이었다. 그는 팰러앨토의 원래 페이스북 사무실에서 마크 저커버그와 이야기하고 있었다. 보스턴 외곽 부촌에서 자라 기숙 학교를 거쳐 스탠퍼드에 입학한 시스트롬은 취업 면접을 하고 있었지만 학업을 중단하는 것이 선뜻 내키지 않았다. 그와 저커버그는 몸을 숙여 창문 밖으로 기어올라 옥상에 올라갔다. 키 196센티미터의 시스트롬은 몸을 한껏 구부려야 했다. 171센티미터인 저커버그는 수월하게 창문을 통과했다. 맥주를 홀짝이면서 저커버그는 회사를 설립하는 것이 얼마나 힘든 일인지 이야기했다. 하지만 시스트롬의 머릿속에는 페이스북 같은 회사를 세우면 얼마나 근사할까 하는 생각뿐이었다. 그는 생각했다. '언젠간 꼭 이렇게 하고 싶어.'

시스트롬은 입사하지 않았다. 하지만 실리콘밸리 사다리를 차근차근 밟아 올라가는 동안 저커버그와 계속 연락을 주고받았다. 사다리의 첫 발판은 유명 창업가 에번 윌리엄스가 경영하는 팟캐스팅 회사 오디오의 인턴 자리였다. 그는 잭 도시라는 오디오 직원과 같은 주에 근무를 시작했다(도시는 팟캐스팅 아이디어가 무산되자 다른 서비스를 개발했는데 그것이 트위터다). 그런 다음 시스트롬은 구글에 취직했다. 그는 제품 부관리자로 채용되길 바랐다. 그러면 회사의 굵직한 업무를 다루어 총애를 받고 출세 가도에 오를 수 있기 때문이었다. 하지만 제품 부관리자가 되려면 컴퓨터과학 학위가 필요했다. 시스트롬은 꿩 대신 닭으로 제품 '마케팅' 부관리자가 되었다. 그가 말한다. "마케팅 분야에서 가장 밑바닥이었습니다. 하지만 내가 원한 곳이었죠."

거기서 많은 것을 배웠지만 시스트롬은 스타트업으로 마음이 기울었다. 그는 전 구글 직원이 공동 창업한 회사에 합류했다. 소셜 네트워크에서 여행 관련 추천을 받는 사이트였다. 한편 그는 자신의 회사를 위한 아이디어를 계속 생각했다. 당시는 2010년 초였다. 그는 사람들이 가지고 다니면서 끊임없이 들여다보는 스마트폰을 중심에 놓아야 함을 알았다.

그는 남는 시간에 버븐Burbn이라는 소셜 앱의 코드를 짜기 시작했다(그가 좋아하는 성인용 음료에서 딴 이름이었다). 버븐은 자신이 무엇을 하고 어디에 있는지 친구들에게 알리는 서비스였다. 독창적인 아이디어는 아니었다. 트위터에서는 이미 상태를 텍스트로 게시할 수 있었다. 자신이 방문 중인 술집이나 레스토랑이나 동물원에 출석하는 버븐의 대표 기능 '체크인' 또한 포스퀘어Foursquare라는 앱의 인기 기능이었다.

그런데도 시스트롬은 50만 달러의 시드 머니를 확보했다. 그중 절반은 실리콘밸리에서 가장 잘나가는 벤처 캐피털 회사 앤드리슨 호로위츠Andreessen Horowitz에서 댔다. 전주錢主들이 자금을 내놓은 것은 아이디어 못지않게 창업자를 믿었기 때문이다. 스탠퍼드 학위, 구글 출신, 투자 유치 면담에서 상대방을 감명시키는 담담한 열정까지 시스트롬은 벤처 투자자들이 찾는 조건을 모두 갖추었다.

시스트롬은 소셜 여행 사이트를 그만두었다. 그런데 얼마 지나지 않아 페이스북에서 이 사이트를 사들였다. 시스트롬은 마크 저커버그와 일할 기회를 다시 한번 놓쳤다.

마크 앤드리슨은 시스트롬에게 소프트웨어 구루를 찾아가 동업자로 영입하라고 조언했다. 그 구루는 마이크 크리거Mike Krieger, 브라질 태생으로 스탠퍼드에서 기호 체계 프로그램을 전공한 엔지니어였다. 크리거는 시스트롬에게 버븐에 대한 설명을 듣고서 처음에는 시큰둥했다. 그러나 베타 테스트에 참가하는 데 동의한 뒤에는 (현혹까지는 아니지만) 매혹되었다. 그의 관심을 끈 것은 장소에 체크인한다는 아이디어만이 아니라 친구들에게 사진, 동영상 등 리치 미디어rich media를 보여주는 기능이었다. 평소 출퇴근길 캘트레인 열차 안에서 영화를 봤던(미국영화연구소AFI 100대 영화를 섭렵하고 있었다) 그는 어느덧 자신이 창밖 사진을 찍어 버븐으로 공유하고 있음을 알아차렸다. 그는 시스트롬과 손잡았다.

그 뒤로 몇 주 동안 버븐 베타 테스터들은 작지만 충성스러운 커뮤니티를 이루었다. 여기서 '작다'에 방점을 찍어야 한다. 크리거는 훗날 인스타그램의 출발점을 설명하는 글에서 이렇게 썼다. "세상에 불을 지르거나 한 건 아니었다. 우리가 만드는 게 무엇인지 설명하면 사람들은 종종 멍한 표정을 지어 보였으며 이용자 수는 1000명이 한계였다."

버븐 창업자들은 앱의 흥밋거리 정도로 구상했던 사진 공유가 오히려 가장 인기 있는 기능임을 알게 되었다. 플리커나 (심지어) 페이스북 같은 가장 인기 있는 사진 공유 사이트는 사진을 마치 화랑이나 스크랩북의 작품처럼 표시했다. 하지만 버븐에서는 사람들이 사진을 일종의 소통 수단으로 이용했다. 시스트롬과 크리거는 이 요소가 부각되도록 버븐을 새로 제작하기로 마음먹었다.

아이폰용으로 만든 이 앱은 카메라에 연동되어 시각 신호를 포착해 세상에 전송했는데, 이용자가 어디에 있고 누구와 있는가뿐 아니라 어떤 사람인지까지 보여주었다. 원초적이고 언어를 초월했으며 끝없는 상상력을 자극했다. 사진은 피드에 올라왔는데, 피드는 이용자가 '팔로'하는 사람들이 공유한 사진들로 이루어진 끊임없는 스트림이었다. 또한 기본 설정에서 모든 이용자가 사진을 볼 수 있도록 함으로써 각 이용자가 일종의 공연 행위performance mode를 하도록 유도했다. 이 점에서는 페이스북보다는 트위터와 훨씬 비슷했다.

버븐을 카메라 위주의 앱으로 전환하는 작업은 시스트롬에게 즐거운 일이었다. 그는 언제나 사진을 좋아했다. 또 오래되고 고풍스러운 물건에 호감을 느꼈다. 그는 낡은 빅트롤라 축음기를 사서 예술품처럼 진열하는 유형의 사람이었다. 또한 그에게는 장인 기질이 있었다. 디테일에 대한 그의 기준은 잡스를 연상시켰다. 자신의 기준에 못 미치는 결과를 내놓는 사람들에게 경멸적 욕설을 퍼붓지는 않았지만. 그와 크리거는 카메라 아이콘의 모서리를 둥글게 하는 등의 사소한 세부 사항에 몇 시간씩 공을 들였다. "빨리 움직여서 파괴하라"와는 정반대였다.

개선된 앱의 주요 돌파구 하나가 뚫린 것은 시스트롬이 여자 친구 니콜Nicole과 멕시코에서 휴가를 보내고 있을 때였다. 그에게는 실망스럽게 니콜은 시스트롬이 매일 24시간씩 만들고 있던 제품을 쓰기 꺼려진다고 말했다. 자신이 올린 사진이 친구들이 올린 사진만큼 근사해 보이지 않았기 때문이었다. 시스트롬은 친구들이 사진을 더 매력적으로 보이게 하는 필터를 써서 그런 거라고 말했다. 그러자 니콜은 '그'의 제품에도 필터를 쓰는 게 어떻겠느냐고 제안했다. 시스트롬은 훗날 니콜과 결혼한다.

그는 재빨리 앱에 필터를 추가했으며 커플은 이튿날 타코 노점에서 강아지 사진을 찍었다. 사진 가장자리에는 니콜의 비치 샌들 신은 발이 보였다. 강렬한 색감이 눈길을 사로잡는 사진이었다. 이것은 그가 버븐의 후속작 베타 버전에 올린 최초의 사진이었다. 그리고 이 후속작은 '인스턴트instant'와 '텔레그램telegram'을 합친 '인스타그램'으로 불리게 된다.

결국 그와 크리거는 사람들이 사진을 여러 방식으로 '인화'할 수 있도록 다양한 필터를 제작했다. 훗날 잘난 체하는 인스타그램 이용자들은 자신이 그런 분칠을 하지 않았음을 과시하려고 사진에 #nofilter라는 해시태그를 달았다. 인스타그램이 디지털 필터를 채택한 최초의 앱은 아니었다. 하지만 필터링된 사진을 소셜 네트워크에서 표현 수단으로 삼았다는 점에서는 독보적이었다. 회사의 사명에 걸맞게 필터는 '촬영자가 무엇을 보는가'보다 '사진을 올리는 사람에 대해 무엇을 의미하는가'에 맞춰졌다.

2010년 10월 6일 밤샘 프로그래밍 끝에 마침내 인스타그램이 출시되었다. 반응은 즉각적이고 놀라웠다. 이미 대기 수요가 있었는데, 그중 일부는 베타 버전에 푹 빠진 실리콘밸리 유명 인사들이 만들어낸 수요였다. 사실 소수의 인스타그램 베타 테스트 그룹은 이미 버븐의 전체 이용자보다 더 많은 콘텐츠를 생산하고 있었다. 그중에서 가장 열심인 사람은 트위터 창업자 잭 도시였다. 도시는 인스타그램을 강박적으로 이용하기 시작했으며 자신의 무수한 팔로어들에게 인스타그램을 찬미하는 트윗을 올렸다.

열광적 반응 때문에 그들이 임차한 서버 케이지에 과부하가 걸릴 지경이 되었다. 그러자 시스트롬은 자신이 아는 가장 똑똑한 엔지니어 중한 사람인 애덤 댄절로에게 긴급 구조 요청을 보냈다. 댄절로는 30분간 그와 통화하면서 트래픽 폭주 해결 방안을 알려주었다. 첫날 가입자 수는 2만 5000명이었다. 인스타그램은 부하를 처리하기 위해 서버를 아마존 클라우드 서비스로 긴급 이전해야 했다. 시스트롬이 크리거에게 말했다. "이게 얼마나 커질지 모르겠지만 뭔가 있는 것 같긴 해."

몇 주 지나지 않아 인스타그램 이용자는 수십만 명으로 늘었다. 그들은 앱의 단순한 규칙을 활용해 기발한 공유 방법을 만들어내기 시작했다. 해시태그 기능을 이용해 주제에 따라 사진에 이름표(이를테면 #circlesinsquares)를 달았는데, 그러면 주제별 갤러리가 뚝딱 하고 생겨났다. 자기 앞에 놓인 음식 사진 찍기가 유행해, 도전 정신으로 충만한 주방장이 있는 고급 레스토랑에서나 신기한 길거리 음식을 파는 노점에서 흔히 볼 수 있는 광경이 되었다. 한마디로 인스타그램은 사람들의 동선과 시선을 시시콜콜 기록하는 그림일기가 되었다.

팝 가수 저스틴 비버가 진솔한 사진을 올리면서 인스타그램은 유명인들의 중요한 홍보 수단이 되었다. 이전까지 필수품이던 허세 증폭기 트위터로부터 관심을 앗아 갔지만 잭 도시는 개의치 않은 채 계속 인스타그램을 했다. 결국 인스타그램은 팝 스타, 패션모델, 리얼리티 TV 인스타 유명인 세대의 필수 브랜딩 엔진이 되었다.

2011년 2월 탄생 6개월이 안 된 인스타그램은 벤치마크 캐피털Benchmark Capital의 주도 아래 'A' 펀딩 라운드를 진행했다. 거래 파트너는 맷 콜러였다. 소규모 참가자로는 잭 도시와 애덤 댄절로가 있었다. 두 사람은 인스타그램의 가치를 2000만 달러로 평가해 투자했다.

최대 위협 인스타그램을 인수하다

일찍이 마크 저커버그는 인스타그램의 새로운 사진 공유 방식을 눈여겨보았다. 사진 공유가 페이스북에서 가장 인기 있는 기능이었기에 그는 이 작은 스타트업이 페이스북은 못 하는 무언가를 하고 있음을 깨달았다. 그는 그 뒤로 한두 해 동안 시스트롬을 여러 차례 만나 페이스북이 인스타그램 앱에 관심을 가지고 있음을 분명히 밝혔다. 하지만 트위터 역시 관심을 보였다. 인스타그램 광신도 잭 도시는 이사회에서 딕 코스톨로를 최고경영자로 앉힌 뒤 회사에 복귀했다.

2012년이 되자 인스타그램은 기하급수적으로 성장했으며 그에 따라 더 많은 자금이 필요했다. 사업 계획을 내놓느라 골머리 썩이지 않고 제품과 성장에 집중한다는 표준적 방침을 채택했기에 인스타그램은 매출이 전무했다. 인스타그램이 새 펀딩을 위해 제시한 평가액은 5억 달러였으나 투자자를 찾는 데는 전혀 문제가 없었다. 이번 라운드는 세쿼이아가 주도했으며 조시 쿠슈너Josh Kushner가 뉴욕에서 운영하는 벤처 캐피털 회사 스라이브 캐피털Thrive Capital을 비롯한 여러 투자사가 참가했다.

트위터나 페이스북 둘 다 일이 이렇게 흘러가길 바라지 않았다. 인스타그램은 반드시 손에 넣어야 하는 앱을 저커버그와 페이스북이 어떻게 확보하는가를 보여주는 첫 번째 시험대였다.

저커버그는 자신에게 지평선 너머를 볼 수 있는 능력이 있다고 자부했으며, 자신의 계획에 위협이 될 만한 것은 무엇이든(회사이든 기술 변화이든) 주시했다. 2011년 구글이 자체 소셜 네트워크 상품 '구글 플러스 Google Plus'를 출시하자 저커버그는 몇 주 동안 회사 문을 걸어 잠근 채 아무도 퇴근하지 못하게 했으며 주말에도 구내식당을 운영했다. 전 직원 대상 연설에서 그는 자신의 고대 로마 영웅 카토를 소환해 "카르타고 델렌다 에스트Carthago delenda est"(카르타고는 멸망해야 합니다)라는 외침으로 연설을 마무리했다. 아날로그연구소는 인쇄기를 켜서 이 라틴어 명구가 적힌 포스터를 찍어냈다.[2] 사실 저커버그는 걱정할 필요가 없었다. 구글 플러스는 실패작이었다.

1년이 지난 지금 그는 누군가 소셜 사진 공유의 미래를 낚아채면 페이스북이 곤란해지리라는 것을 알고 있었다. 가장 좋은 방안은 페이스북이 인스타그램을 사들이는 것이었다.

하지만 안쪽 레인을 차지하고 있던 쪽은 트위터였다. 시스트롬과 도시의 친분으로 인해 인스타그램은 펀딩 라운드에서 투자자들이 합의했을 5억 달러를 훨씬 웃도는 평가액으로 트위터와 계약을 체결하기 직전이었다. 트위터 최고경영자 코스톨로는 이사회에서 승인을 받았으며 계약이 성사되리라 생각했다. 2012년 봄 시스트롬과 크리거는 사우스 바이 사우스웨스트South by Southwest 콘퍼런스에 참가할 참이었기에 우선 거기에 집중하고 싶어 했다. 코스톨로가 말한다. "그들과 함께 결승선을 통과하지는 못했습니다."

잭 도시에게는 자신과 코스톨로가 기회를 놓친 것에 대해 누구보다 우려해야 할 이유가 있었다. 자신의 회사 트위터가 2007년 사우스 바이

사우스웨스트에 참가했을 때 회의장에 모인 힙스터들이 트위터에 반하는 것을 보고 트위터 앱이 독자 생존을 하지 못하리라는 두려움에서 벗어난 경험 때문이었다.

실제로 인스타그램 사람들은 오스틴에서 록 스타 대접을 받았다. 그리고 콘퍼런스가 끝난 뒤 시스트롬은 도시와 코스톨로에게 인스타그램이 독립 기업으로 확실한 가능성이 있으며 세쿼이아 라운드를 진행할 것이라고 말했다. 도시는 실망스러웠다. 하지만 후배에게 행운을 빌고는 상황이 바뀌면 언제든 대화를 재개할 준비가 되어 있다고 말했다.

며칠 뒤 도시는 자신이 두 번째로 공동 창업한 회사 스퀘어Square에 출근하려고 버스를 탔다. 승객이 자기뿐이라 끊임없이 이용하는 인스타그램을 켜서 사진을 찍기에 완벽한 기회 같았다. '소박한 아침의 즐거움: 텅 빈 버스'라는 문구가 달린 사진은 그의 마지막 인스타그램 게시물이 되었다.

2012년 4월 그날 업무를 시작하자마자 페이스북이 10억 달러에 인스타그램을 인수한다는 마크 저커버그의 게시물을 보았기 때문이다. 코스톨로는 그때 도쿄에 있었는데, 트위터가 대응 기회를 얻지 못한 것에 낙심했다. 그는 인스타그램을 인수할 수만 있다면 트위터가 보유한 현금을 탈탈 털고 거기다 더 얹어서 내어줄 각오가 되어 있었다. 그가 말한다. "우리는 낌새를 채지 못했습니다. 그랬다면 틀림없이 은행에서 돈을 빌렸을 겁니다."

무슨 일이 일어났을까? 범인은 마크 저커버그였다. 시스트롬과 크리거가 인스타그램을 팔 생각이 없다고 그에게 말했을 때 그는 행운을 빌며 오스틴에서 엽서나 한 장 써 보내달라고 말하지 않았다. 저커버그는 시스트롬을 팰러앨토의 자기 집으로 불러들여 그가 거부할 수 없는 제

안을 했다.[3]

페이스북은 그때까지 20곳 남짓 되는 회사를 인수했지만 인수 금액은 대개 5000만 달러를 밑돌았다. 가장 큰 금액은 2011년 모바일 앱 개발 회사를 인수하면서 지불한 7000만 달러였다. 인스타그램은 그런 차원을 훌쩍 뛰어넘을 터였다. 하지만 다년간 회사 매입 경험을 통해 저커버그는 대형 인수를 위한 전략을 체득했으며 이것을 인스타그램에서 시도해 볼 작정이었다.

첫 번째 원칙은 저커버그 자신이 직접 나서 사냥감을 구워삶는다는 것이었다. 두 번째 원칙은 독립을 보장하는 것이었다. 공동 창업자들은 자신의 회사에 대한 창의적 결정을 내릴 권한을 계속 보유할 것이며(페이스북이 그 회사들에 매력을 느낀 것은 그들의 천재성 때문이니까!) 페이스북은 인프라, 안전, 사무 공간, 마케팅 같은 지루한 요소를 모두 대신해 줄 터였다.

또한 페이스북에는 비밀 무기가 있었다. 1년 전 페이스북은 기업개발 책임자를 채용했는데 그는 페이스북 최고의 협상가가 되었다. 그의 이름은 아민 주포넌Amin Zoufonoun으로 구글 사업개발팀 출신이었다.[4] 그전에는 지식재산권 변호사로 일했다. 하지만 이렇게 축약한 약력으로는 세상에서 가장 흥미로운 인물인 주포넌의 참모습을 온전히 묘사할 수 없다.

그는 이란의 유명 음악가 집안에서 태어났다. 그의 아버지 오스타드 주포넌Ostad Zoufonoun은 이름난 바이올린 연주자였고, 할아버지 또한 전설적인 타르 연주자였다. 그의 가족은 혁명으로 이란 군주 샤가 타도되기 직전 이란에서 탈출해 샌프란시스코베이에어리어로 이주했으며 이곳에서 주포넌 일가는 페르시아 음악의 중심이 되었다. 그들은 주포넌

앙상블을 결성해 연주 활동을 했으며 아민은 시타르를 연주했다. 나머지 가족들이 음악의 길을 걸은 것과 달리 아민은 로스쿨에 진학했지만 그 뒤로도 가족과 함께 공연했다.

모바일 기업에서 잠시 지식재산권 변호사로 일한 뒤 주포넌은 기업공개 이전이던 2003년 구글에 입사해 다른 종류의 음악을 마스터했다. 바로 스타트업을 팔라고 창업자들에게 구애하는 대기업의 유혹적 선율이었다. 타고난 미남이자 능란한 협상가인 그는 여러 주요 인수 작업을 순조롭게 완수했다. 그가 구글에서 두 번째로 경험 많은 인수 합병 임원일 때 구글과 인재 쟁탈전을 벌이던 페이스북이 그를 낚아챘다.

주포넌은 흔들리는 법이 없었고 세부 사항에 정통했으며 아마포처럼 냉철했다. 그의 인수 표적이던 한 기업의 창업자는 자신의 회사가 독립 법인으로 남아 페이스북만큼 커진다면 맨 먼저 주포넌 같은 사람을 채용해 다른 회사들을 사들일 거라고 공언했다.

하지만 제휴 사업 책임자로서 주포넌의 상사이던 댄 로즈는 잘라 말한다. 인수 합병 담당자가 뛰어났던 것은 사실이지만 페이스북이 성사한 여러 획기적 인수 작업의 공로는 거의 전적으로 마크 저커버그에게 돌아가야 한다고. "저커버그는 이 회사들에 상승효과 요인이 있음을 간파했고, 누구보다 먼저 그들의 잠재력을 알아차렸으며, 페이스북이 적절한 보금자리이고 이곳에서 자기네 회사의 비전과 사명을 (그들 자신의 회사를 비롯한) 다른 어느 곳보다 훌륭히 달성할 수 있다고 설득하는 작업을 개인적으로 주도했습니다."

인스타그램 인수에서도 같은 일이 벌어졌다. 인스타그램이 5억 달러의 가치 평가를 받은 채 라운드를 마무리하는 중이라고? 좋았어! 그러면 우리는 '10억' 달러를 내놓겠어!

이 인수에서 가장 특이했던 점은 페이스북이 기업공개를 몇 주 앞두고 있었다는 것이었는지 모른다. 이제 페이스북은 작은 회사에 10억 달러를 지불하는 사상 최대의 인수를 진행하고 있었다.

이 정도의 거액이면 연방거래위원회에서 심사에 착수해야 하는데 역시 예외가 아니었다.[5] 심사 절차에 따르면 예비 조사를 진행해 합병으로 인한 반독점 위반이나 소비자 피해가 예상되면 2단계 심사가 실시된다. 한 위원은 인스타그램이 페이스북의 현재 소셜 미디어 지배력을 한층 강화할 것이라 우려했기에 2단계로 상향하기를 바랐다. 하지만 위원 5명의 과반수를 얻지 못해 심사는 종료되었다. 심사해봤자 결과는 마찬가지였을 것이다. 인스타그램은 매출이 제로였기 때문이다.

계약이 체결되자 인스타그램은 트위터에 대한 지원을 중단해 두 시스템에 사진을 간편하게 교차 게시하는 인기 기능을 없애버렸다.

스냅챗 인수 실패와 베끼기 전략

저커버그가 인스타그램을 손에 넣고 한숨 돌리려는 찰나 또 다른 위협이 등장했다. 인스타그램과 마찬가지로 사진 위주인 이 애플리케이션은 십 대와 청년 사이에서 선풍적 인기를 끌고 있었다. 그리고 페이스북의 명치를 강타할 만한 몇 가지 특징이 있었다. 무엇보다 사진이 휘발성이었다. 몇 초 뒤면 사라졌기 때문에 수십 년 뒤까지 이용자를 따라다닐수 없었다. 이를 비롯한 몇 가지 특징, 이를테면 직관적이지 않아서 스물한 살 넘은 사람들은 이해하기 힘든 인터페이스 덕에 스냅챗Snapchat은 젊은이들에게 사랑받았다.[6] 공동 창업자인 최고경영자 에번 스피걸

Evan Spiegel은 떠오르는 별이 될 것 같았다.

스피걸은 로스앤젤레스에서 잘나가는 변호사인 아버지를 둔 가정에서 유복하게 자랐다. 명문 사립 학교인 크로스로즈스쿨을 나왔으며 스탠퍼드에 다닐 때는 캐딜락 에스컬레이드를 몰았다. 2학년 때 MBA 2학년생을 위한 창업 과정을 편법으로 수강했는데 이때 자신의 회사를 설립하겠다는 열망이 더욱 커졌다.

그를 창업의 길로 이끈 아이디어는 2010년 4월 기숙사 방에서 그의 친구 레지 브라운Reggie Brown에게 들은 한 문장이었다. "사라지는 사진을 보낼 수 있다면 어떨까?"

스피걸은 이 개념을 기업으로 발전시키겠다는 포부를 품었다. 그는 기술과 인간 행동의 접점을 예리하게 꿰뚫어 보았다. 페이스북이 인기를 끈 이유뿐 아니라 점점 미움을 받는 이유도 간파했다. 그는 대학 시절에 뉴스피드가 친구들에 대한 최근 소식에서 외부 콘텐츠의 산사태로 바뀌는 과정을 두 눈으로 목격했다. 한때 페이스북은 스탠퍼드 학창 생활에서 맥주를 능가하는 필수품이었으나 이제는 이용하는 사람이 거의 없었다.

스피걸의 가장 친한 친구 보비 머피Bobby Murphy가 세 번째 공동 창업자로 합류했다. 그들은 자신들의 아이디어를 가지고 '피커부Picaboo'라는 앱을 만들기 시작했다. 그들은 제품 개발 과정을 되풀이하면서 파란만장한 첫해를 보냈다. 그리고 스피걸과 머피는 브라운을 내쫓았다. 이 일로 에드와도 새버린과 페이스북의 소송을 연상시키는 소송이 훗날 벌어졌는데, 결과 또한 비슷했다. 쫓겨난 공동 창업자는 두둑한 합의금을 받고 회사에서 영영 손을 뗐다.

2012년 초가 되자 앱은 이제 '스냅챗'이라는 이름으로 불리며 인기를 끌기 시작했다. 휘발성이라는 참신한 성격은 중독적이고 친근했다. 영구적 기록을 남긴다는 부담감이 없었기에 한심한 짓을 할 수도 있었고 비밀을 올릴 수도 있었다. 알몸 셀카를 보낼 수도 있었지만 소문만 무성했을 뿐 현실에서 그러는 사람은 없었다.

스냅챗의 성공은 관심을 끌었다. 이제 벤처 투자자가 된 차마스 팔리하피티야는 《비즈니스위크》에 이렇게 열변을 토했다. "스냅챗이 처음 등장했을 때 찻잔 속의 태풍인 줄 알았는데, 나의 오판이었습니다. 아무리 못해도 차세대 MTV요, 잘하면 차세대 바이어컴이 될 겁니다."[7]

마크 저커버그가 스냅챗을 손에 넣고 싶어 한 것은 필연이었을 것이다. 2012년 11월 28일 그는 스피걸에게 이메일로 미끼를 던졌다. 그는 이렇게 썼다. "안녕, 에번. 나는 당신이 스냅챗으로 하고 있는 일의 열렬한 팬이에요. 언제 한번 만나서 당신이 무슨 생각을 하는지 들어보고 싶군요. 생각 있으면 알려줘요. 언제 오후에 페이스북 본사 주변에서 산책이나 하자고요."[8]

대수롭지 않은 듯한 말투였지만 그 속에는 진지함과 주도면밀한 계획이 숨어 있었다. 저커버그가 인스타그램에 대해 내린 결론과 마찬가지로 스냅챗은 위협이었으며 위협을 제거하는 최선의 방법은 내 것으로 만드는 것이었다. 그러면 페이스북의 자산을 활용해 더 빠르게 성장시킬 수 있었다.

저커버그의 대수롭지 않은 듯한 태도에 스피걸은 한술 더 떠서 답장에 이모티콘까지 달았다. 그는 이렇게 썼다. "고마워요. :) 나도 만나보고 싶네요. 샌프란시스코베이에어리어에 가게 되면 연락드리죠." 풀이하자면 이런 뜻이었다. "만사 제쳐두고 위대한 페이스북 최고경영자를 만나러 가지는 않을 거예요." 저커버그는 이메일에 "마크"라고 서명을 남겼지만 스피걸은 서명하지 않았다. 이것은 저커버그보다 어린 사람들의 습관이었다. 스피걸: 1점 획득.

저커버그는 무례를 무시하기로 했다. 다음번 이메일에서 그는 우연히 로스앤젤레스에 들를 일이 생겼다고 말했다. 그는 사무실 밖에서 만나기로 스피걸과 약속을 잡았다.

스피걸은 경계할 이유가 없었다. 페이스북이 그해에 인스타그램을 인수했을 때 사람들 대부분은 10억 달러라는 가격표에 심장이 철렁했지만 스피걸은 심드렁했다. 그는 인스타그램 친구들이 재앙 수준의 실수를 저질렀다고 생각했다. 물론 페이스북이 떠받쳐주면 덩치를 키우기가 수월해질지 몰랐다. 하지만 그는 페이스북의 제품 감각을 높이 사지 않았다.

면담에서 저커버그는 합병으로 기대되는 이익을 홍보했다. 페이스북의 인적·물적 토대와 세계적 규모의 전문성을 로켓 연료로 삼으면 스피걸과 머피는 스냅챗을 훨씬 빨리 성장시킬 수 있다고 했다. 성가신 일을 페이스북에 맡기고 두 사람은 근사한 제품을 만드는 일에 집중할 수 있다고 했다. 물론 부자가 될 것이라는 말도 빼놓지 않았다. 인수 가격에 더해 둘은 시간이 지나면 막대한 주식 보너스까지 기대할 수 있었다.

이것은 당근이었다. 저커버그에게는 채찍 또한 있었다. 그는 스냅챗 창업자 두 사람이 흥미로워할 프로젝트를 페이스북이 진행 중이라고 말했다. 그것은 메시지가 사라지는 채팅 기능이었다! 그는 '포크Poke'라는 이름을 염두에 두고 있다고 말했다.

스냅챗 창업자들은 인수 제안을 거절했다.

2012년 12월 21일 저커버그는 스피걸에게 이메일을 보냈다. "포크를 즐기시길."9 내용은 그게 전부였다.

인수 제안을 거절당한 뒤 짝퉁 제품을 출시하는 것은 이제는 친숙해진 저커버그의 수법이었다. 물론 애덤 댄절로의 쿼라와 경쟁할 '질문'을 내놓기 전에 인수 제안을 하지 않은 것은 사실이다. 하지만 2년 전 포스퀘어 인수 제안을 거절당하고서 내놓은 제품은 정말로 포스퀘어를 죽이려는 시도였다. 포스퀘어는 위치 정보와 게임 기법을 이용해 사람들이할 일을 발견하고 서로를 찾게 도와주는 모바일 앱이다.

포스퀘어의 GPS 기술은 독보적이었으며 페이스북은 이 회사를 사들이고 싶었다. 게다가 다른 기술 기업들도 군침을 흘리고 있었다. 포스퀘어의 공동 창업자이자 최고경영자인 데니스 크롤리Dennis Crowley는 저커버그와 여러 번 만났다. 둘은 팰러앨토에서나 뉴욕 유니언스퀘어에 있는 포스퀘어 본사 근처에서 산책을 했다. 결국 인수가 제안되었고 금액은 1억 2000만 달러 규모였다.

회사를 매각한 경험이 있던 크롤리는 경계심을 품었다(몇 해 전에 구글이 그의 스타트업을 사들여 망쳐버렸다). 그가 말한다. "저커버그가 우리를 원하는 게 우리 회사가 정말로 근사해서인지 확신이 없었어요. 다들 우리더러 차세대 트위터가 될 거라고 했거든요." 그래서 크롤리는 가격으로 저커버그의 관심을 떠보기로 했다. '1억 5000만 달러로 올려도 수락할까?' 두 회사가 여전히 협상하던 와중에 크롤리는 자신의 팀과 회의 끝에 회사를 매각하지 않고 독립 기업으로 시도해보기로 결정했다. 크롤리는 저커버그에게 전화로 통보했다. 크롤리가 말한다. "저커버그가 얼마나 너그럽게 굴던지 그때 기억이 아직 생생해요."

두 최고경영자는 계속 연락을 주고받았으며 크롤리는 종종 페이스북 캠퍼스를 방문했다. 한번은 저커버그가 페이스북 엔지니어 몇 명을 데려왔다. 그즈음 포스퀘어는 와이파이, 이동 통신, GPS 등 다양한 신호를 이용해 정확한 위치를 파악하는 기술을 발전시켰는데, 페이스북은 위치 측정 기술을 개발하느라 고전하고 있었다. 크롤리는 페이스북 직원들에게 포스퀘어의 작동 원리를 아낌없이 설명해주었다. 그로부터 얼마 지나지 않아 그는 페이스북이 자체 위치 앱을 개발한다는 소식을 들었다. 크롤리가 말한다. "이런 식이었죠. '좋아, 포스퀘어가 페이스북에 회사를 팔고 싶지 않다면 우리도 같은 걸 만들겠어. 사람들이 원하는 걸 당신들이 만들었으니까.'"

아니나 다를까 2010년 늦여름 페이스북은 '장소Places'라는 자체 위치 애플리케이션을 선보였다. 포스퀘어와 '완전히' 똑같지는 않았다. 하지만 이용자가 업체나 장소에 '체크인'하는 것은 페이스북의 좋아요 단추만큼이나 포스퀘어의 대표적 기능이었다. 그런데 크롤리를 정말 화나게 한 것은 페이스북이 체크인 기능에 이용한 로고였다. 위치를 의미하는 표준 아이콘인 빨간색 물방울 모양 핀이 네모square 위에 놓여 있었다. 네모 표면에는 무늬가 그려져 있었다. 무늬는 숫자 4four였다. 크롤리가 말한다. "헛웃음이 나왔어요. '페이스북이 우리를 죽이려 드는군. 게다가 우리를 놀리고 있어'라고 우리는 생각했죠." 크롤리는 이런 모욕이 자신의 팀을 더욱 분발하게 했다고 말한다. 고객들이 포스퀘어가 페이스북의 경쟁 상대가 되지 못하리라 생각했기에 회사는 한동안 침체기를 겪었으나 결국은 살아남았다.

'장소'는 실패로 돌아갔다. 그러다 2011년 페이스북은 포스퀘어의 주요 경쟁사 고왈라Gowalla를 인수했다.

스피걸과 머피는 포크가 스냅챗을 어설프게 베꼈다고 여겨 웃어넘겼다. 출시 직후 애플 앱스토어에서 1위를 차지했을 때는 약간 초조했을지 모른다. 하지만 그 뒤로 며칠에 걸쳐 포크의 순위가 급전직하하자 기분이 한결 좋아졌다. 포크는 페이스북에는 실패였지만 스냅챗에는 선물이었다. 스냅챗의 제품 구상이 옳은 것으로 드러났으니 말이다.

스냅챗은 계속 성장했으며 저커버그는 더더욱 몸이 달았다. 2013년 그는 사냥을 재개해 자신의 수석 협상가 아민 주포년을 이끌고 스냅챗의 베니스비치 본사를 찾아갔다. 그는 확실히 프로였다. 수치를 능란하게 구사하고 스피걸과 머피가 어떤 이익을 거둘지 설명했다. 그렇지만 스피걸의 마음을 바꾸지는 못했다.

저커버그는 계속 밀어붙였다. 2013년 5월에 보낸 이메일에서 저커버그는 스냅챗이 페이스북 아래 들어왔을 때 일어날 수 있는 근사한 일들을 모조리 나열했다. 스냅챗이 페이스북에 팔리면 페이스북은 이용자 수를 10억 명까지 끌어올려줄 복안이 있다고 했다. 개발자들과는 공유하지 않는 비밀 API(애플리케이션 프로그래밍 인터페이스)도 있다고 했다. 게다가 저커버그는 젊은 창업가 스피걸이 스냅챗을 상당한 자율성을 가지고 운영할 뿐 아니라 페이스북 본사에 영향력을 행사할 기회 또한 가질 것이라고 약속하며 스피걸 개인에게도 구애했다.

그렇게 당신이 스냅챗을 계속 운영하더라도 우리와 함께 일하면서 페이스북이 어떻게 진화하는지 가까이서 지켜보면 재미있을 거예요. 시간이 지나면 당신이 스냅챗을 이끄는 것을 넘어서 더 폭넓은 주도권을 행사할 수 있을 거라고 확신해요. 무엇보다 나와 함께 일하면서 더 깊은 관계를 맺는 것이 개인적으로 흥미로울 거라 생각해요. 지금까지 함께한 시간이 참 좋았어요. 우리는 서로 배우면서 근사한 일들을 함께 만들어갈 수 있을 것 같아요.

저커버그는 부티크 투자은행 허브 앨런 앤드 컴퍼니Herb Allen and Company에서 미디어 거물들을 위해 매년 개최하는 선밸리 콘퍼런스Sun Valley Conference의 가라오케에 스피걸을 초대하기까지 했다.

창업자들의 근속 연수에 따라 지급한 액수로 보건대 이즈음 페이스북의 제안 금액은 30억 달러까지 올라갔다는 것이 정설이다(실제 액수는 밝혀지지 않았다). 투자자보다 창업자에게 더 큰 몫이 돌아가도록 계약서를 작성하는 것은 페이스북의 유니콘 기업(기업 가치 10억 달러 이상, 창업 후 10년 이하인 비상장 스타트업 기업-옮긴이) 생포 전술의 또 다른 요소였을 것이다.

제안 금액이 너무나 커서 스피걸과 머피는 진지하게 고민할 수밖에 없었다. 하지만 스피걸이 보기에 페이스북 문화 안에서는 스냅챗이 승승장구할 것 같지 않았다. 페이스북이 모바일 전환에서 살아남는 인상적인 모습을 보였지만 스피걸이 보기에 이 회사는 여전히 데스크톱 사고방식에 치우쳐 있었다. 스피걸과 머피는 제안을 거절했다. 가라오케에도 가지 않았다.

어떤 의미에서 스피걸의 거절은 2006년 저커버그가 야후의 인수 제안을 거절한 것과 비슷했다. 두 경우 다 창업자들은 큰 회사가 일을 망칠 것이라 생각했다. 10년 전 저커버그는 인터넷에서 성장한 십 대였으며, 이런 이점 덕에 당시 기술 업계를 지배하던 늙은 용의 목을 벨 수 있었다. 하지만 지금 신세대의 기술 DNA에는 모바일 사고방식이 속속들이 배어 있었다. 젊은이들은 페이스북을 낳은 웹사이트 세상이 한물갔음을 알고 있었다.

스피걸은 마크 저커버그에게 무엇이 쿨한지 가르치면서 시간을 보낼 생각이 없었다. 자신과 머피가 쿨한 제품을 만들 것이며 저커버그는 부스러기나 먹게 될 터였다. 그리고 스피걸은 페이스북이 자기네를 베낄까봐 밤잠을 설치지 않았다. 저커버그의 포크 사태를 보면서 그는 페이스북이 스냅챗을 모방하는 것은 무리라고 확신했다.

스피걸은 마크 저커버그를 과소평가했다. 저커버그가 자신은 같은 실수를 두 번 저지르지 않는다고 한 말을 들어보지 못했는지 모른다. 포크의 경우에 잘못은 베꼈다는 것이 아니라 '형편없이' 베꼈다는 것이었다. 페이스북에 어울리지 않고 페이스북의 어마어마한 이용자 수를 활용하지 못한 앱이었기 때문이다. 결국 페이스북은 제품을 더 교묘하게 베끼는 법을 알아낼 터였다.

페이스북 메신저의 진화: 대화 도구에서 비즈니스 도구로

페이스북이 문어발을 뻗어 새 영역을 차지하는 방법은 인스타그램 같은 회사를 사들이는 것만이 아니었다. 직접 회사를 설립하는 방법이 있었다. 시간이 지나면서 페이스북은 새로운 기능을 만들려고 여러 차례 시도했는데 주로 남들의 작품을 베끼는 것이었다. 페이스북폰이 보기 좋게 망했듯 이런 시도들은 대체로 실패했다. 하지만 페이스북 자체에서 기능을 따로 떼어내 만든 한 가지 상품은 성공했다. 바로 2011년 8월 첫선을 보인 '페이스북 메신저Facebook Messenger'였다.

문자 보내기는 휴대폰의 알짜 용도가 되고 있었으며, 그 자체로 하나의 플랫폼이 되어 페이스북 같은 소셜 미디어 제품들과 시간과 관심도를 놓고 경쟁할 것처럼 보였다. 페이스북은 대전환 이전에 모바일을 전혀 따라잡지 못했듯 이번 역시 적응에 뒤처졌다.

2011년 초 페이스북은 벨루가라는 작은 스타트업을 인수했다. 그룹 채팅 애플리케이션을 만들던 전 구글 엔지니어 3명이 만든 회사였다. 페이스북은 그들의 제품을 사장하고는 페이스북 메시징용 별도 앱의 시제품을 개발하는 업무를 맡겼다. 그들은 작업에 착수했으나 저커버그는 단지 메시징을 위한 새 애플리케이션에 페이스북 이용자들을 끌어들이기 힘들까봐 걱정스러웠다. 어떻게 하면 애플이나 구글과 경쟁할 수 있을까?

그래서 새 페이스북 메신저를 완전히 다르게 만드는 게 아니라 리스크를 줄이기 위해 새 제품을 페이스북의 현재 메시지 기반에 접목하라고 팀에 지시했다. 이용자들은 메시지를 이 새로운 앱에서 보낼 수도 있었고 기존 모바일 페이스북 앱에서 보낼 수도 있었다. 벨루가 최고경영자를 지낸 벤 대븐포트Ben Davenport가 말한다. "가장 큰 걸림돌은 이 새 제품을 무에서 성장시키는 방법을 아무도 몰랐다는 겁니다. 마크의 생각은 하루에 50억 명이 이용하는 기존 앱에 이것을 접붙인다는 거였어요. 그렇게 해서 새로운 걸 기른다는 식이었죠."

이것이 페이스북의 방법이었지만, 메신저를 단지 페이스북에 프런트엔드로 결합하는 방식에는 구조적 문제가 있었다. 특히 별도 앱을 설치하지 않은 페이스북 이용자에게 누군가 메시지를 보냈을 때 난감한 상황이 벌어졌다. 하비에르 올리반이 말한다. "메시지 알림이 다른 것들과 뒤섞여버렸어요. 누가 메시지를 보내면 페이스북 앱에 알림이 뜨긴 하는데 이게 이용자에게 보이는 열일곱 번째 알림일 수 있었다는 거죠."

또한 페이스북을 블루 앱(페이스북 사이트)을 통해 이용하는 사람들과 독립 실행 앱을 이용하는 사람들 모두에게 맞춰야 했기에 메신저를 개선하는 데 한계가 있었다. 근사한 새 기능을 넣었다가 서로 다른 앱의 이용자들이 소통하지 못할 우려가 있었다.

메신저 앱의 성장은 지지부진했다. 대븐포트가 말한다. "선형적이었지 급성장은 아니었습니다. 기하급수적 성장은 더더욱 아니었고요." 페이스북에서 '선형적'은 '수평적'과 같다. 시장에 진출한 지 1년 만에 이용자 수는 약 1억 명 선에서 정체했다. 전체 이용자 중 10분의 1을 가까스로 넘는 수준이었다. 대븐포트가 말한다. "오랫동안 애를 먹었어요. 과녁에 적중시키지 못해 전전긍긍했죠."

이 모든 상황은 성장팀 안에서 비상경보를 울렸다. 사람들이 통신 업체에서 제공하는 기존 SMS(단문 메시지 서비스, 메시지 서비스, 문자 서비스) 시스템이나 구글 또는 애플에서 만든 메신저 서비스에 익숙해지면 메시징은 새로운 페이스북 경쟁사들의 놀이터가 될 터였다. 무엇보다 사람들이 주로 휴대폰으로 인터넷을 이용하는 지역이 근심거리였다. 이 나라들은 페이스북이 가장 큰 확장을 기대하는 곳이었기에 메시징 이슈는 성장을 가로막는 문제가 되었다. 페이스북에서는 어떤 문제에서든 성장이 결부되면 성장팀이 주도권을 쥔다.

해결책은 모바일용 페이스북 앱에서 메시징 기능을 빼내 사람들이 '강제로' 메신저를 내려받게 하는 것이었다. 당시 페이스북 모바일 책임자 코리 온드레이카가 말한다. "하비와 나는 이 문제를 살펴보면서 이렇게 생각했죠. '이것들을 쪼개야겠어. 그래야 성장을 관리하기가 더 쉬워지고 이용자 경험이 개선되고 알림이 더 좋아질 테니까.'"

이 결정은 이용자를 최우선으로 고려하는 모든 규칙에 어긋났다. 모바일 페이스북을 이용하는 사람들은 메신저 앱을 내려받지 않으면 ······ 메시지를 받을 수 없었다! 모바일 앱을 이용하는 사람이 페이스북에서 누군가에게 메시지를 보내려고 할 때마다 "이 기능은 조만간 없어질 예정이니 메신저 앱을 내려받으세요"라고 경고하는 팝업 창이 떴다. 그리고 페이스북은 협박을 실행에 옮겼다.

온드레이카가 말한다. "그때 사람들은 결국 우리를 증오하게 됐죠." 하지만 이용자들에게는 다른 수가 없었다. 그들이 무엇을 할 수 있었겠는가? '페이스북'을 그만 쓰기라도 하란 말인가? 그리하여 페이스북은 수십억 달러를 들여 회사를 사들이지 않고도 중요한 기능을 무에서 만들어낼 수 있었다.

페이스북 메신저가 자리 잡자 저커버그는 한 거물급 경영인에게 운영을 맡아달라고 꾀었다. 데이비드 마커스David Marcus는 페이팔의 사장이었다. 당시 페이팔은 이베이의 자회사였으나 실은 이베이에서 가장 흥미진진한 부문이었다. 많은 사람이 마커스가 페이팔의 최고위직에서 내려와 페이스북의 서자 격인 채팅 기능을 운영하는 것은 그의 역량에 걸맞지 않다고 생각했다.

그는 페이스북이 채팅 기능을 블루 앱에서 떼어내는 궂은일을 이미 감행했음을 알고 있었다. 이 때문에 잠시 이용자들이 격분하기는 했다. 하지만 뉴스피드를 비롯해 페이스북이 이용자들의 목구멍에 억지로 쑤셔 넣은 다른 알약들처럼 사람들은 메신저를 받아들이고 있었다. 마커스는 2015년에 내게 말했다. "성장팀이 그런 조치를 취한 것이 반가웠어요. 이제 우리가 전적으로 통제할 수 있는 제품이 생겼으니까요. 우리는 메신저를 픽셀 하나하나와 코드 한 줄 한 줄까지 통제합니다." 이제 그는 메신저를 비즈니스로 마음껏 키울 수 있게 되었다. 심지어 수익까지 창출할 수 있었다.

메신저는 친구들끼리 소통하는 서비스에서 사람들이 (대개 자동화된 '봇'을 이용해) 업체와 메시지를 주고받는 서비스로 확대되었다. 마커스는 미래의 비즈니스 소통은 메신저를 통해 이루어질 거라고 자신했다. 메신저 봇으로 뚝딱 식당 예약을 할 수 있는데 뭐하러 전화나 웹사이트에서 시간을 낭비하겠는가?

페이스북 메신저는 이용자가 10억 명이 넘는 앱으로서 페이스북에 동참할 참이었다. 인스타그램 역시 이 클럽에 가입할 터였다. 이즈음 저커버그는 이 클럽의 새 구성원 후보를 물색하는 습관이 생겼다. 머지않아 또 다른 후보가 나타났다.

2013년 페이스북 성장팀은 오나보Onavo라는 이스라엘의 모바일 빅데이터 분석 회사를 인수하는 일에 박차를 가했다. 2010년 가이 로즌Guy Rosen이 공동 창업한 이 작은 회사에는 서로 맞물린 두 가지 제품이 있었다. 첫 번째는 소비자용 '모바일 유틸리티' 앱으로, 데이터를 압축하고 배터리 이용 시간을 늘리는 등의 방법으로 스마트폰 성능을 향상시켰다. 두 번째는 '모바일 빅데이터 분석 도구'로, 이용자의 행동으로부터 정보(어떤 사이트를 방문하는가, 어떤 앱을 내려받는가)를 추출해 판매했다. 로즌이 말한다. "우리는 사람들에게 매우 요긴한 앱을 만들었습니다. 거기다 '오나보 인사이트Onavo Insights'라는 서비스가 있었는데, 이것은 사람들이 쓰는 온갖 애플리케이션이나 이용 행태에 대해 총체적인 고급 분석을 제공했죠." 기본적으로 이용자가 첫 번째 앱에서 혜택을 누리는 대가로 오나보는 그들을 염탐해 정보를 팔아치우는 방식이었다.

페이스북은 이 오나보 합병을 전 세계를 연결하려는 인터넷닷오그 사업의 일환으로 포장했다. 로즌은 이렇게 썼다. "우리는 인터넷닷오그의 가장 중요한 목표 중 하나인 더 효율적인 데이터 이용을 달성해 전 세계의 더 많은 사람이 연결하고 공유할 수 있도록 하는 데 필수 역할을 담당하기를 희망합니다."[10]

2부 플랫폼 제국 건설하기

하지만 페이스북의 진짜 동기는 개발도상국에 휴대폰 성능 개선 앱을 제공하는 일이 아니었다. 페이스북은 기만적인 '무료' 앱으로 데이터를 수집해 영리 비즈니스 첩보 활동에 활용하는 오나보의 비즈니스 모델을 그대로 유지했다. 모바일 성능 개선 도구가 정보 수집이란 목표에 부응하지 못하자 페이스북은 이용자 데이터를 얻기 위한 또 다른 수법인 '오나보 프로텍트Onavo Protect'를 만들었다. 이 앱은 공용 와이파이망보다 안전한 '가상 사설망Virtual Private Network, VPN'을 무료로 제공했다. 정보 수집이 진정한 목적인 프라이버시 도구를 사람들에게 건네려면 얼굴이 꽤 두꺼워야 한다.

이제 페이스북은 이용자 수천 명의 모바일 행동을 감시할 막강한 수단을 손에 넣었다. 성장팀은 데이터를 면밀히 분석해 결과를 정기 회의에서 발표했다. 오나보는 스냅챗에 특별히 관심을 기울였다. 스냅챗은 침입자를 차단하는 보안 기능이 있었다. 하지만 한 페이스북 임원에 따르면 오나보는 '중간자 공격man-in-the-middle attack'을 이용해 방화벽을 뚫고 데이터를 수집했다고 한다. 스냅챗은 이 사실을 알고 침입자를 퇴치하기 위한 보호 장치를 설치했다. 한 페이스북 임원이 내게 확인해준 바에 따르면 오나보 덕에 페이스북은 "스냅에 코드를 삽입해 사람들이 실제로 이 제품을 어떻게 내부적으로 이용하는지 볼 수" 있었다.《월스트리트저널》에 따르면 스냅챗은 페이스북의 행위를 기록한 파일에 이 사건을 적어넣었다. 파일의 제목은《해리 포터》에 등장하는, 이름을 부를 수 없는 악당에 빗댄 〈프로젝트 볼드모트Project Voldemort〉였다.[11]

이 시기에 페이스북 캠퍼스를 방문한 P&G의 임원 마크 프리처드Marc Pritchard는 떠오르는 스타트업들의 차트를 보면서 크기와 운동량의 차이에 대해 설명을 들었던 일을 회상한다. "그들은 새로 등장한 온갖 기업들을 보여주면서 자신들이 무엇을 찾고 싶어 하는지 말해주었어요. 바로 정말로 급상승하는 기업 대 꾸준히 상승하는 기업이었습니다."

매우 분명해진 사실이 하나 있었다. 왓츠앱이라는 메시징 회사가 어마어마한 속도로 성장하고 있다는 것이었다. 성장세가 너무나 대단해서 페이스북은 뭔가 조치를 취해야겠다고 판단했다.

싸고 건강한 메시징 서비스 왓츠앱의 출현

페이스북의 채용 절차가 덜 까다로웠다면 왓츠앱은 결코 존재할 수 없었을 것이다. 얀 쿰Jan Koum과 브라이언 액턴Brian Acton의 이력은 2008년 페이스북의 구인 담당자들에게 별 매력이 없었다. 둘 다 야후 엔지니어였지만(이 자체는 결격 사유가 아니었다) 많은 페이스북 직원들이 채운(차마스 팔리하피티야가 경멸한) 이력서의 필수 항목을 채우지 못했다. 하지만 두 사람이 페이스북에서 거절당한 뒤 만든 앱 왓츠앱이 어찌나 근사하던지 마크 저커버그는 인수를 위해 사설 경비 업체 브링크스Brink's의 현금 수송 트럭들을 준비해야 했다.[12]

쿰은 고향 키예프의 반유대주의를 피해 열여섯 살에 어머니와 함께 캘리포니아 마운틴뷰로 이주했다. 그때가 1992년이었다. 쿰은 우크라이나에서 빈곤층으로 살았으며(그의 학교에는 수도 시설조차 없었다) 신세계에 와서는 정부 보조 주택에서 긴급 식품권으로 연명하며 고생했다. 미국 생활은 쉽지 않았다. 어머니가 암에 걸렸을 때는 더더욱 힘들었다. 한 번도 권력자에게 호감을 가져본 적 없었던 쿰은 컴퓨터에 흥미를 느끼고 온라인 해커 단체에 가입했다. 그는 새너제이주립대학교에서 프로그래밍을 공부하면서 세계 4대 회계 업체 중 하나인 언스트 앤드 영Ernst & Young의 보안 감사인으로 생계를 유지했다.

액턴은 플로리다 태생으로 잡지에 실린 프로그램 소스를 자신의 레이디오색RadioShack 컴퓨터에 입력하면서 컴퓨터를 독학했다. 대학에 입학하려고 필라델피아에 가기 전에는 스탠퍼드대학교에 대해 들어본 적도 없었다. 하지만 가장 똑똑한 반 친구들이 어떻게 자기네가 불합격했는지 모르겠다고 불평하는 것을 듣고는 편입을 신청했다. 자신이 '너드 천국nerd bliss'에 살게 되리라는 그의 예언은 적중했다. 스탠퍼드대학교는 따끈따끈한 스타트업에 채용되는 근사한 통로이기도 했다. 1996년 액턴은 야후에 여섯 번째 엔지니어로 입사했다.

야후의 1세대 광고에 필요한 데이터 처리를 맡은 액턴의 임무 중 하나는 광고로 달성된 노출을 정확하게 집계한다는 회사의 주장을 감사인들과 함께 검증하는 일이었다. 감사인 중 한 사람이 쿰이었다. 두 사람은 친하게 지냈으며 몇 달 뒤 쿰이 야후에 채용되면서 다시 만났다.

하지만 무력하게 쪼그라드는 인터넷 거인 밑에서 10년 가까이 지내다보니 두 엔지니어 모두 점점 지겨워졌다. 2007년 두 사람은 같은 날인 핼러윈에 퇴사했다. 스톡옵션 효력이 발생했기에 한동안 먹고살기에는 충분했지만 평생 그럴 수는 없었다. 쿰은 남아메리카를 여행하고 미국으로 돌아왔다. 그때가 페이스북에 지원했다가 거절당한 때였다.

쿰은 러시아·우크라이나 재외국민 공동체의 친구들과 흔히 어울렸으며 친구 아이번 피시먼Ivan Fishman의 집에서 열리는 비공식 모임에 정기적으로 참석했다. 모임 이름은 '화요일 저녁 영화 상영회Thursday Dinner Movie Sessions'의 약자 TDMS였는데, 대화에 하도 열중하다가 영화를 건너뛰는 일이 많았다. 2008년 아이폰이 앱 개발을 개방하자 TDMS의 대화 주제가 이쪽에 치우치는 바람에 모임 내 영화 애호가들은 불만스러웠다. 어느 날 밤 부엌 조리대 앞에 서 있던 쿰이 피시먼에게 주소록 명단에 임시로 상태 업데이트를 붙이면 어떨까 하는 앱 아이디어를 이야기했다. 그러면 지금은 전화 통화가 곤란하다든지, 배터리가 얼마 안 남아서 전화를 받을 수 없다든지 하는 정보를 남들에게 알려줄 수 있었다. 피시먼은 앱 개발을 도와줄 러시아 프로그래머를 쿰에게 소개했다.

2009년 2월 뉴욕에 잠시 사는 동안 샌프란시스코베이에어리어를 방문한 액턴은 쿰과 함께 얼티밋 프리스비 경기에 참가했다. 쿰은 자신이 왓츠앱이라는 새 스타트업의 등록 서류를 제출했다고 액턴에게 흥분해서 말했다. 액턴은 근사한 것 같다면서도 딱히 관심을 보이지 않았다.

사실 쿰의 원래 아이디어는 조잡했다. 앱에 들어가서 연락처를 들여다보고 친구가 통화 가능 상태로 되어 있으면 앱에서 나와 전화를 거는 방식이었다. 그런데 그해 6월 애플이 푸시 알림을 도입했다. 그 덕에 앱이 열려 있지 않더라도 앱 내 활동이 어느 때든 이용자에게 전송될 수 있었다. 쿰의 베타 테스터들은 상태 게시 기능을 이용해 서로의 상태에 답장을 달기 시작했다. 알림을 통해 서로에게 문자 메시지를 보내는 셈이었다. 피시먼이 말한다. "아무도 왓츠앱을 원래 용도로 쓰지 않았습니다. 사람들은 메신저로 쓰려 들었죠."

이것은 계시였다. 쿰은 이용자가 왓츠앱에서 나와 직접 대화를 시작하는 게 아니라 앱 '안에서' 대화할 수 있음을 깨달았다.

당시에 사람들이 서로 문자를 보내려면 무선 통신 사업자가 제공하는 기능을 이용하는 수밖에 없었다. 버라이즌이나 AT&T의 문자 이용료가 굉장히 싸기는 했다. 그러나 울며 겨자 먹기로 문자 서비스를 이용하는 고객들은 정해진 개수의 SMS 문자 메시지에 대해 월 5달러의 기본료를 납부하고 이를 초과하면 한 문자당 10센트나 (심지어) 20센트를 내야 했다. 일부 십 대는 문자 메시지 요금만 매달 수백 달러에 이르기도 했다. 대다수 사람들은 문자 서비스를 아예 쓰지 않았다. 쿰은 이용자끼리 텍스트를 주고받는 앱을 이용하면 이 문자 메시지 요금제에서 완전히 벗어날 수 있음을 알아차렸다.

쿰은 전화번호 자체를 이용자 아이디로 쓰기로 결정했다. 전화번호는 고유하기 때문에 번호의 주인에게 통하는 가장 직접적인 경로였다. 전화번호는 점차 그 사람이 누구인가를 나타내는 일종의 민간 사회보장번호가 되었다. 왓츠앱에서는 전화번호가 '말 그대로' 그 사람 자신이었다.

쿰은 몇 주 동안 메시징에 초점을 맞춰 왓츠앱을 개량했다. 한편 액턴은 야후 이후에 무엇을 해야 할지 아직 고민하고 있었다. 그해 2009년 여름에 그도 페이스북 입사 면접을 봤다. 그는 8월 3일 트윗에 면접 결과를 올렸다. "페이스북에서 물먹었어. 멋진 사람들과 알고 지낼 수 있는 좋은 기회였는데. 인생의 다음번 모험을 기대해야지."

다음번 모험은 쿰의 프로젝트였다. 액턴은 메시징을 중심으로 삼는 것이 기발한 아이디어라고 생각했다. 그래서 그해 9월에 쿰이 동업하겠느냐고 묻자 합류했다. 그는 50만 달러 안쪽으로 투자를 했으며 둘은 액턴이 그 뒤로 공동 창업자를 맡는 데 동의했다. 그로부터 5년간 두 사람은 개처럼 일했다.

둘은 가장 큰 기회가 바다 건너에 있음을 일찌감치 깨달았다. 거대한 폭발적 성장이 왓츠앱에 처음으로 찾아온 곳은 서유럽이었다. 서유럽은 애초에 SMS 요금이 비쌌을뿐더러 무선 통신망으로 사진을 보내려면 50~90유로센트가 들었다. 하지만 왓츠앱에서는 공짜였다. 또한 유럽연합 대부분의 부문에서 관세를 철폐했지만 모바일 업계는 여전히 지역간에 분열되어 있어서 (이를테면) 독일에서 오스트리아로 메시지를 보내면 통신 업체가 수수료를 부과했다. 왓츠앱은 이 또한 무력화했다.

게다가 쿰은 왓츠앱이 아이폰과 안드로이드폰뿐 아니라 (이들 스마트폰에 가려 빛을 보지 못하는) 전 세계 인기 휴대폰에서도 작동하도록 했다. 대부분의 미국 회사들은 왓츠앱에 신경 쓰지 않았다. 쿰이 액턴에게 말했다. "미국은 잊어버려. 전 세계 사람들은 노키아 휴대폰을 쓰고 있다고!" 액턴이 말한다. "그건 우리가 라틴아메리카, 중앙아메리카, 인도에서 어마어마한 성장 잠재력이 있다는 뜻이었죠."

왓츠앱 창업자들은 자기네 회사의 비즈니스 모델에 대해 확고한 소신이 있었다. 두 사람은 투자자들에게 손을 벌리지 않아도 되도록 일찌감치 수익을 올리고 싶어 했다. 그래서 월 요금을 부과하기로 했다. 액턴이 말한다. "우리는 통신 서비스를 만들고 있었어요. 버라이즌에서 이 서비스를 이용하려면 매달 40달러를 내야 했죠. 나는 메시징 서비스에 연 1달러면 충분하다고 생각했습니다."

액턴은 훗날 이렇게 말했다. "광고는 뒷맛이 개운치 않거든요." 그가 간파했듯 광고를 사업의 토대로 삼으면 동기가 왜곡되어 실제 이용자에게 최상의 상품을 내놓지 못하게 된다. 그는 야후에 있을 때 상사에게 이렇게 일갈했다. "이건 몸을 파는 거나 마찬가지라고요!" 쿰과 액턴은 왓츠앱이 결코 그런 사악한 길을 걷게 하지 않겠노라 다짐했다. 2011년 쿰은 트위터에 이렇게 썼다. "광고는 우리가 차와 옷을 탐내게 만들고, 필요 없는 쓰레기를 사려고 싫어하는 직장에서 일하게 한다." 2012년 6월 두 사람은 블로그에 글을 올려 이 철학을 자세히 설명했다.

3년 전 독자적인 사업을 시작하기로 마음먹었을 때 우리는 그저 또 하나의 광고 중개 회사가 아닌 무언가를 만들고 싶었다. 우리는 제대로 돌아가고 돈을 절약하게 해주고 삶을 소소하게나마 낫게 만들어주기 때문에 사람들이 이용하고 싶어 하는 서비스를 만드는 일에 시간을 쓰고 싶었다. 우리는 이 모든 일을 해낼 수 있다면 사람들에게 직접 요금을 청구할 수 있음을 알았다. 그러면 사람들 대부분이 매일같이 원하는 일, 광고에서 벗어나는 일을 할 수 있음을 알았다.[13]

두 사람은 이렇게 썼다. "명심하라. 광고가 끼어들면 '이용자인 당신'이 곧 상품이다."

구글을 따돌리고 왓츠앱을 인수하다

2013년 왓츠앱은 계속 승승장구하고 있었다. 쿰과 액턴은 자신들의 순수주의식 접근법에 대해 한 가지 양보를 했다. 벤처 자금을 받아들인 것이다. 투자를 따낸 현명한 벤처 투자자는 세쿼이아의 짐 게츠Jim Goetz였다. 세쿼이아에는 자사의 벤처 투자자들이 진흙 속의 진주를 발견하도록 돕기 위한 '얼리 버드Early Bird'라는 도구가 있었다. 얼리 버드는 저평가된 유망주를 찾아냈다.

왓츠앱은 미국에서는 실적이 변변찮았지만 얼리 버드가 추적하는 69개국 중 35개국에서 1위 아니면 2위였다. 비밀리에 실행되는 앱이라고 말할 수는 없었다. 분명 수백만 명이 이용하고 있었으니까. 하지만 창업자들은 사실상 무명이었다. 소재지는 캘리포니아주 마운틴뷰로 되어 있었지만 정확한 주소는 아무도 몰랐다. 게츠는 주소를 알고 싶어서 왓츠앱 사무실이 표시된 표지판을 찾아봤으나 허사였다. 왓츠앱은 간판이 없었기 때문이다.

마침내 게츠는 야후 인맥을 통해 두 사람과 연락이 닿았다. 그는 커피숍에서 쿰과 만났다. 이렇게 시작된 구애 작전 덕에 쿰과 액턴은 의심을 거두고 800만 달러의 펀딩 라운드를 받아들였다.

이 투자를 받음으로써 왓츠앱은 운영과 성장의 독립성을 보장하고 필연적 매각 제안을 거부할 수 있는 자금을 확보했다. 처음에는 실리콘밸리에서 소문이 나는 것을 일부러 피한 탓도 있고 해서(왓츠앱은 언론을 멀리하기로 악명이 자자했다) 인수를 타진하는 회사가 많지 않았다. 구글은 성의 없이 두어 번 인수 제안을 했다. 2012년 접근한 임원은 머리사 메이어였다. 하지만 쿰과 액턴은 긍정적인 인상을 받지 못했다. 두 사람이 면담을 위해 구글의 마운틴뷰 사무실에 갔을 때 메이어는 캠퍼스 안에 있으면서 화상 회의로 참석했다. 액턴이 말한다. "팔 이유가 없었죠. 얼마나 재미있었는데요."

이에 반해 페이스북에서는 2013년 마크 저커버그가 직접 연락했다. 페이스북의 많은 일이 그렇듯 발단은 성장팀이었다. 왓츠앱이 레이더망에 들어오지 않은 것은 분명하지만(특히 미국에서는 존재감이 없었다) 페이스북은 이 회사가 얼마나 인기 있는지 잘 알고 있었다. 자회사 오나보가 수년간 몰래 수집한 비공개 데이터 덕분이었다. 어떻게 보면 왓츠앱을 발견한 것만으로 오나보 인수는 본전을 뽑은 셈이었다.

저커버그는 쿰에게 남들 눈에 띄지 않는 곳에서 만나자고 제안했다. 장소는 로스앨토스에 있는 에스터스 베이커리로 정해졌다. 세련된 커피숍이 아닌 것은 분명했다. 대화는 화기애애했다. 저커버그는 이날 끈질기게 설득하지 않고 페이스북의 스타트업 시절 이야기를 들려주었다.

만남은 순조롭게 끝났고 둘은 그 뒤로 몇 달간 연락을 주고받았다.

그러는 동안 쿰과 액턴은 약탈적 잠재 구매자들의 어떤 압박이든 이겨낼 수 있으리라 확신했다. 2013년 12월 《와이어드 UK》가 왓츠앱의 마운틴뷰 사무실에 찾아왔을 때 액턴은 매각 반대론을 자세히 설명했다. 액턴이 기자에게 말했다. "인수 회사가 우리 이용자들을 통해 무슨 짓을 할지 우려스럽습니다. 끝까지 우리가 하고 싶은 대로 내버려두지는 않을 테니까요. 누군가에게 우리를 판다는 건 지독히 비윤리적인 일처럼 느껴집니다. 그것은 나의 개인적 신념에 반하는 일입니다."[14]

돌이켜 보면 이것은 마치 젊은 권투 선수가 피도 눈물도 없는 챔피언에게 맞서 링에 오르기 전에 엄포를 놓는 것처럼 들린다. 괴물 같은 펀치 한 방을 머리에 맞으면 상황은 극적으로 달라지기 마련이다. 액턴이 호기롭게 말한 지 고작 몇 주일 뒤인 2014년 2월 강펀치가 날아왔다. 모건 스탠리의 투자은행가 마이클 그라임스가 쓴 보고서였다.

보고서는 세쿼이아와 페이스북이 왓츠앱을 기술 업계에서 가장 값진 인수 대상 중 하나로 점찍게 한 바로 그 데이터를 설득력 있게 분석했다. 이 보고서가 어떤 연유에서인지 유출되어 실리콘밸리에 유포되었다. 기밀 보고서를 누가 왜 유출했는지는 여전히 추측이 무성하다. 하지만 그라임스가 페이스북 기업공개의 핵심 은행가였음에 주목해야 한다 (그는 유출 혐의를 부인하고 있다).

모건 스탠리 보고서를 유출한 의도가 작은 광란을 일으키는 데 있었다면 효과가 있었다. 오나보의 놀라운 데이터를 계속 추적하던 페이스북 성장팀은 왓츠앱이 적의 손에 들어갈 수 있음을 이내 깨달았다. 이제 쿰과 액턴의 메시징 회사를 사들이는 일이 저커버그의 새로운 우선순위가 되었다. 규모와 금액 면에서 사상 최대가 될 인수 작업의 시동이 걸렸다.

한편 구글은 다시 손을 뻗었다. 이번에는 최고경영자 래리 페이지가 면담을 제안했다. 하지만 구글의 이전 시도보다 나을 게 없었다. 불가사의한 인물 페이지는 30분 늦게 나타났다. 그는 두 사람에게 만일 회사를 매각할 의향이 있다면 구글에 제안 기회를 달라고 부탁했다.

마크 저커버그는 그런 일이 일어나도록 내버려둘 생각이 없었다. 오나보 수치에 따르면 왓츠앱은 세계적 강자가 될 터였으며 전 세계에서 페이스북 자체 메시징 사업의 걸림돌이 될 수 있었다.[15] 왓츠앱 이용자는 4억 5000만 명이었는데 인도가 4000만 명, 멕시코가 3000만 명이었다. 어떤 나라에서는 시장의 3분의 2를 장악했다.

고작 2년 전인 2012년 저커버그는 인스타그램이 평가액의 절반으로 라운드를 종료할 때 10억 달러를 제시해 세계를 놀라게 했다. 이제 그는 왓츠앱에 훨씬 큰 금액을 쓸 각오가 되어 있었다. 쿰과 액턴이 자기네 회사를 트위터 수준(당시 약 200억 달러였다)으로 평가해달라고 요구했을 때 그는 멈칫거리지 않았다. 충격적이었다. 그때 왓츠앱은 직원이 55명 가량에 불과했다. 대다수 미국인은 왓츠앱을 들어본 적조차 없었다.

저커버그는 인수 작업이 시작되고 몇 주 뒤 내게 말했다. "미국인들과 많은 주류 언론이 그들의 규모를 터무니없이 과소평가한 건 실은 미국이 그들의 군소 시장이기 때문이에요. 하지만 성장률을 보면 아찔해요. 경험에 비추어 볼 때 이 네트워크는 10억 명이 이용하게 될 가능성이 아주 높아요. 10억 명에 도달한 여러 서비스를 살펴보면 결국 모두 엄청나게 값지고 중요한 것들임을 알 수 있죠."

페이스북을 완전히 장악한 채 자신이 하고 싶은 일은 무엇이든 할 수 있는 저커버그는 값을 치를 준비가 되어 있었다. 그들은 2014년 밸런타인데이에 저커버그의 집에 모여 아마 프리실라 챈에게 줄 선물이었을 초콜릿 입힌 딸기를 먹으면서 190억 달러짜리 계약에 합의했다. 나중에 페이스북 평가액이 변동하면서 금액은 약 220억 달러로 올라갔다.

왓츠앱 측에서 상상조차 할 수 없을 만큼 거액을 제시했는데, 페이스북이 이 '뻥카'에 콜을 부른 것이다.

액턴이 말한다. "마크 저커버그는 우리에게 외통장군을 불렀어요. 누군가 커다란 돈 가방을 들고 나타나면 수락해야 합니다. 합리적 선택을 내려야 하죠." 10억이나 20억이야 거절할 수 있다지만 200억은 그냥 높은 금액이 아니라 전혀 다른 차원이었다. 당신이라면 투자자, 직원, …… 어머니에게 자신이 200억을 퇴짜 놓았다고 어떻게 말할 수 있겠는가?

액턴은 자신이 지쳤다는 사실도 인정한다. 그가 쿰과 함께 왓츠앱을 시작했을 때는 인건비조차 벌지 못해 야후 주식으로 먹고살아야 했다. 세쿼이아로부터 투자를 받고서야 두 공동 창업자는 작으나마 월급을 가져가기 시작했다. 하지만 2014년 액턴은 결혼해 첫 아이를 낳았다. 그는 5년째 일주일에 80~90시간씩 일했다.

만일 인수 제안을 받아들이지 않는다면 왓츠앱은 앞으로 페이스북이라는 경쟁 상대와 맞서야 했다. 이 위협은 뾰족한 추가 달린 거대한 진자처럼 협상 테이블 위에 매달려 있었다. 왓츠앱의 계약 담당 은행 대리인은 모건 스탠리의 마이클 그라임스로, 이 경주의 출발 신호총 격이 된 보고서를 작성한 인물이었다.

왓츠앱 창업자들은 계약서에 조항 하나를 넣으려고 무척 애썼다. 바로 페이스북이 광고 기반 비즈니스 모델을 왓츠앱에 강요하지 않는다는 서약이었다. 그것은 그들의 꿈이 도달할 진정한 종착점이었다. 페이스북은 광고를 강요할 의도가 없다면서도 문구가 너무 포괄적이라며 반대했다.

마침내 양측은 페이스북이 (광고를 비롯한) '추가 수익 창출 사업'을 왓츠앱에 강요할 경우 창업자들은 (4년 뒤에야 효력이 생기는) 스톡옵션 패키지를 온전히 보유한 채 당장 사직할 수 있다는 조항에 합의했다. 광고가 왓츠앱에 기어들지 모른다는 쿰과 액턴의 두려움을 달래주는 문구는 아니었다. 하지만 그즈음 두 사람은 기진맥진해 있었다. 액턴이 말한다. "계약을 성사시키려고 무슨 말이든 해놓고 나중에 보면 먼지가 내려앉아 있는 거죠."

2014년 2월 19일 액턴, 쿰, 세쿼이아의 짐 게츠는 한때 쿰이 긴급 식품권을 받던 복지 기관 사무실 밖에서 이 계약서에 서명했다. 발표 현장에서는 다들 입바른 소리를 했다. 왓츠앱은 창업자들이 독자적으로 경영할 것이며 쿰은 심지어 페이스북 이사에 선임되기로 했다. 인스타그램의 케빈 시스트롬조차 받지 못한 특전이었다.

쿰과 액턴은 인수 소식을 발표하면서 달라지는 건 아무것도 없다며 이용자들을 안심시키려 했다.

> 페이스북과 손잡는 대가로 우리의 가치를 바꿔야 했다면 제휴하지 않았을 겁니다. 우리는 앞으로도 독립적이고 자율적으로 회사를 경영할 수 있는 제휴 관계를 맺는 것입니다.[16]

하지만 왓츠앱은 페이스북의 전액 출자 자회사가 되었기에 모든 것은 페이스북 최고경영자의 뜻에 달려 있었다. 어느 때든 왓츠앱이 마크 저커버그 소유물로 탈바꿈할 수 있음을 창업자들은 나중에야 알게 된다.

오큘러스 인수로 차세대 플랫폼 가상현실을 선점하다

페이스북은 이제 모바일 메시징 업계를 지배하기 시작한 것 같았다. 더는 휴대폰을 걱정할 필요가 없어진 저커버그는 다음에는 무엇이 페이스북을 위협할지 눈여겨보기 시작했다.

가상현실VR은 1990년대 초에 주목받은 기술로 수십 건의 열광적인 특집 기사의 주제였다. 하지만 가상현실 열풍은 내실 없는 허풍이었으며 별다른 성과를 내지 못했다. 파머 러키Palmer Luckey가 등장하기 전까지는.

2012년 남부캘리포니아에 사는 열아홉 살 청년 러키는 오래된 게임 콘솔의 축소판 제작에 열중했다. 그는 오래전부터 자신이 사랑하는 게임의 '내부'에 들어가보고 싶었다. 하지만 가상현실 장비는 값이 비쌌을 뿐 아니라 연산 능력이나 소프트웨어 기술이 열악해 완전히 만족스러운 경험을 제공하지 못했다. 가상현실 장비에 포함된 헤드셋은 잠수부 물안경을 시커멓게 칠한 생김새였는데, 컴퓨터에서 만들어낸 세상을 내장 화면에 표시했으며 고성능 컴퓨터에 연결해야 했다.

그래서 그는 직접 만들기로 했다. 남부캘리포니아의 천재 청년이 뚝딱 만들어낸 물건은 박사들과 연구진들이 나사(미국항공우주국)의 후원을 받아 제작한 하드웨어보다 성능이 뛰어났다. 그는 3D 동영상 애호가들이 많은 인터넷 뉴스 그룹에 작업 과정을 올렸다.

이 뉴스 그룹의 구독자 중 한 사람이 텍사스주 댈러스에 사는 존 카맥John Carmack이었다. 카맥은 게임 세계에서 엘비스 프레슬리와 가장 흡사한 인물이었다. 은하계 차원의 코더인 그는 〈둠Doom〉 같은 전설적 게임을 제작했다. 그는 가상현실 세계를 탐사하다 1990년대 이후로 이루어진 게 거의 없다는 데 충격을 받았다.

여러 불만거리 중 하나는 당시 실험적 시스템의 시야가 제한적이라는 것이었다. 이것이 걸림돌인 이유는 몰입감이야말로 가상 세계의 매력이기 때문이다. 고개를 돌렸을 때 환상이 중단되어서야 몰입감을 느낄 도리가 없다. 그런데 파머 러키의 장비는 기적과 같았다. 카맥이 말한다. "내가 사려던 1만 5000달러짜리 가상현실 헤드셋은 시야각이 60도였어요. 파머는 쉽게 구할 수 있는 부품들을 골판지 상자 안에다 조립해 300~500달러 범위에서 시야각 90도짜리 물건을 만들어냈죠."

카맥은 러키의 헤드셋(덕트 테이프를 붙여 만든)을 어느 콘퍼런스에 가져갔고, 이 체험판 시연은 선풍을 일으켰다. 이 소식은 메릴랜드주립대학교 캠퍼스 근처에 근거지를 두고 있던 게임 창업가 브렌던 이리브Brendan Iribe에게 전해졌다. 그는 오랜 동료 마이클 앤토노프Michael Antonov와 네이트 미첼Nate Mitchell을 데리고 로스앤젤레스의 고급 스테이크 레스토랑에서 러키를 만났다. 러키는 반바지와 비치 샌들, 낡은 아타리 티셔츠 차림으로 나타났다. 하지만 그가 입을 여는 순간 파머 러키가 기술 신동임이 분명해졌다. 이리브가 말한다. "기술이나 전자공학에 관한 거의 모든 질문에 대해 그는 왜 그게 작동하는지, 왜 종종 작동하지 않는지, 전체 제품이 어떻게 조합되었는지에 대한 역사적 배경까지 꿰고 있었죠." 저녁 식사가 끝나기 전 이리브와 친구들은 그에게 회사를 설립하자고 제안했다.

러키는 자신이 없었다. 그 뒤 몇 주 동안 이리브는 그를 쫓아다녔다. 쉬운 일은 아니었다. 러키가 스마트폰이 없었기 때문이다. 한번은 러키가 친구 몇 명과 킥스타터Kickstarter 프로젝트로 헤드셋 제작을 해볼 생각이라고 말했다. 킥스타터는 사람들이 조건부로 신제품에 투자하는 사이트로 펀딩 목표를 달성하지 못하면 제품은 빛을 볼 수 없다. 그런데 이제 러키는 자신의 기술을 보여줄 작동 시제품조차 없었다. 이리브는 그에게 부품 조달 비용으로 3700달러 수표를 써주었다. 러키는 감명받았고 둘은 악수를 교환했다. 두 사람은 사업 관계를 맺었으며 이리브의 친구들도 합류했다. 가상현실 스타트업 오큘러스Oculus VR의 시작이었다.[17]

2012년 7월 4일 러키는 헤드셋을 완성해 이리브 앞에서 첫 시연을 했다. 이리브는 구역질이 났다(원래 멀미에 약한 체질이었다). 킥스타터 출품작은 좀 더 전문성을 기하기 위해 중국에서 대량으로 제조할 계획이었다.

2012년 8월 1일 킥스타터가 개시되었다. 잠재 구매자들의 합계 금액이 25만 달러를 넘으면 프로젝트가 진행될 수 있었다. 오큘러스는 2시간 만에 목표를 달성했다. 며칠 뒤 약정 금액이 242만 7429달러에 도달하자 그들은 마침내 펀딩을 종료했다. 이제 전문 투자자들이 나섰다. 오큘러스는 'A' 라운드에서 1600만 달러를 유치했다.

2013년 말 무렵 오큘러스는 제품을 개발하는 동시에 증원된 인력을 관리해야 하는 스타트업의 고질적 문제로 씨름하고 있었다. 직원이 30명뿐이라 지연된 킥스타터 주문을 소화하기 위해 규모를 세 배로 늘릴 계획이었다. 이 비용을 마련하려면 다시 펀딩 라운드를 진행해야 했다. 이번 목표는 7500만 달러였다.

하지만 기술 개발은 순탄하지 않았다. 게임 기술 회사 밸브Valve에서 일한 적 있는 전 마이크로소프트 엔지니어 마이클 에이브러시Michael Abrash가 멀미를 최소화하는 화면 표시 기법인 '저잔상low persistence' 모드를 오큘러스 기술에 접목했다. 처음으로 이리브는 구역질을 하지 않으면서 가상현실을 이용할 수 있었다. 에이브러시는 결국 오큘러스에 합류해 연구소 책임자가 되었다.

오큘러스는 훌륭한 이사를 영입하면 그가 길잡이가 되어줄 거라 생각했다. 그들이 선택한 인물은 당연히 마크 앤드리슨이었다. 그의 벤처 캐피털 회사 앤드리슨 호로위츠는 'B' 라운드의 대표 투자자였다. 페이스북 이사회에 참석하고 있던 앤드리슨은 우선 마크 저커버그에게 문의해보라고 이리브에게 권했다. 2013년 11월 13일 앤드리슨은 저커버그에게 "오큘러스 본 적 있어요?"라는 제목의 이메일을 보냈다. 앤드리슨은 오큘러스를 보고서 "머리가 멍했어요"라고 말했다.[18]

이리브와 전화 통화에서 저커버그는 앤드리슨이 훌륭한 이사가 될 것이라고 확언했다(당연한 말이었다). 그러고는 가상현실에 대해 이야기하기 시작했다. 저커버그가 물었다. "이게 게임 말고 다른 데도 쓰일 수 있을까요?" 이리브가 말했다. "물론이죠! 안 보면 못 믿을걸요!"

2014년 1월 23일 이리브는 소수의 팀을 이끌고 페이스북으로 날아갔다. 저커버그의 유리 벽 회의실은 개방되어 있었기에(저커버그는 프라이버시를 위해 블라인드를 내리는 것을 못 견뎠다) 그들은 샌드버그의 사무실에 모였다.

저커버그는 헤드셋을 쓰고는 짐승들이 뛰어다니는 신기한 풍경을 탐사하기 시작했다. 체험판에는 저커버그에게 특히 인상적인 부분이 하나 있었다. 화면에 이탈리아 토스카나의 한 저택이 나왔는데 이용자가 주변을 돌아다니면 아름다운 시골 풍경이 펼쳐졌다. 저커버그는 생각했다. '정말 근사한걸. 여긴 이탈리아가 아니잖아. 셰릴의 회의실이라고. 그런데 정말 이탈리아에 와 있는 것 같아. 눈에 보이는 모든 게 내가 이탈리아에 있는 것처럼 느끼게 한다고!'[19]

이튿날 저커버그는 이리브에게 이메일을 보냈다. 그는 이렇게 썼다.

2부 플랫폼 제국 건설하기

"헤드셋을 벗고서 조금 어지러웠어요. 하지만 이게 다 어떻게 될진 분명해요. 정말 대단하네요." 그는 아직 오큘러스 인수를 제안하지는 않았다. 하지만 더 정교한 시연을 보기 위해 닷새 뒤 직접 어바인으로 날아갔다.

두 번째 시연은 화룡점정이었다. 며칠 만에 저커버그는 가상현실이 단순히 근사한 잠재적 묘기가 아니라 훨씬 큰 무엇이라고 결론 내렸다. 가상현실은 차세대 플랫폼이었다.

이것을 놓치는 것은 모바일을 놓쳤을 때와 같을 터였다. 페이스북이 모바일이라는 중심축에서 거의 탈락할 뻔한(저커버그에게는 사망 선고를 방불케 한) 사건을 겪은 지 2년밖에 지나지 않았을 때였다. 가상현실은 10년 뒤에야 빛을 발할지 모르지만 여기 그 토대를 닦는 회사가 있다고 저커버그는 생각했다. 페이스북이 이 회사를 소유하고 돈을 쏟아부어 가능성을 현실로 만들면 저커버그는 다음번 패러다임 전환에서 단순히 뒤처지지 않는 게 아니라 '주인'이 될 터였다.

이튿날 그는 이리브와 저녁을 먹으면서 회사를 인수하고 싶다고 말했다. 그로부터 하루 이틀 뒤 저커버그는 제안 이메일을 보냈다. 인스타그램과 스냅챗에 보냈고 얼마 전 왓츠앱에 보낸 것과 유사성은 명백했다. 기본 내용은 다음과 같았다. "물론 당신들은 혼자서 잘해내겠지만, 우리가 빠른 성장에 연료를 공급하고 최고의 사람들을 영입해주고 우리의 인프라를 제공하고 규모 확장을 도와줄 수 있어요."

제안 금액은 10억 달러 이하였다. 이리브는 그보다 몇 배 더 받기를 원했다. 그는 페이스북의 제안을 정중히 거절했다.

하지만 저커버그는 여전히 가상현실에 집착했다. 그는 협상의 달인 주포넌과 상의한 끝에 가격을 올릴 만한 가치가 있다는 데 동의했다. 2014년 3월 16일 일요일 그는 자신의 집으로 이리브를 초대했다. 저커버그는 약속했다. "시간 낭비가 안 되도록 할게요."

이리브는 존 카맥과 함께 저커버그의 집을 찾아갔다. 저커버그는 피자를 주문했다.[20] 그들은 포치에 앉아 사업 얘기를 시작했다. 저커버그는 설득당할 필요가 없었지만 카맥이 자신의 기술을 자신 있게 설명하자 오큘러스에 더욱 매력을 느꼈다. 카맥이 떠난 뒤 저커버그는 금액을 제안했다. 오큘러스에만 20억 달러, 차후 이익이 발생할 경우 7억 달러를 추가 지급하기로 했다. 이것은 페이스북이 장차 가상현실 기술 개발에 투자하게 될 수십억 달러의 시작에 불과했다. 이리브는 제안을 받아들였다.

8일 뒤인 3월 25일 계약이 체결되었다. 저커버그는 페이스북 역사상 최대 규모의 왓츠앱 인수를 성사시킨 직후 두 번째 대형 인수를 비슷한 기간인 약 일주일 만에 마무리했다.

몇 주 지나지 않아 페이스북은 문제가 생긴 것을 알게 되었다. 카맥의 전 고용주가 일부 오큘러스 기술의 소유권을 주장하고 나선 것이다. 이로 인한 소송에서 페이스북은 5억 달러를 지불해야 했다. 저커버그는 양복을 입고 나와 증언대에 섰다. 재판 중에 한 번은 사건이 지리멸렬한 지식재산권 논쟁을 초월해 너드의 꿈에 대한 논의로 승화하기까지 했다. 원고 측 변호인의 질문 공세에 이어 저커버그의 변호사들이 그에게 오큘러스를 인수한 이유가 무엇이냐고 물었다. 상대 변호인 앞에서 과묵하고 신경질적이던 저커버그가 갑자기 열변을 토하기 시작했다.

가상현실은 페이스북이 한 것과 같은 방식으로 사람들을 연결할 거라고 그는 말했다. 그는 아이가 걸음마를 시작하는 최초의 순간을 예로 들었다. 어린 마크가 첫걸음마를 내디뎠을 때 에드 저커버그와 캐런 저커버그는 이 장면을 육아 일기에 글로 기록했다고 그는 말했다. 몇 해 뒤에 누나 랜디 저커버그의 첫 아이가 첫걸음마를 시작하자 그녀는 스마트폰으로 사진을 찍었다. 둘째 아이가 걸었을 때는 동영상을 촬영했다. 그는 이렇게 말했다. "내 딸 맥스가 바로 몇 달 전 첫걸음마를 했을 때 나는 부모님에게 보내고 세상 사람들과 공유할 수 있도록 모든 장면을 가상현실로 기록했습니다. 덕분에 사람들은 마치 우리 거실에 우리와 함께 있는 것처럼 이 광경을 경험할 수 있었습니다."

바로 마크 저커버그가 오큘러스에서 원한 그것이었다. 일상을 마법에 빠뜨릴 만큼 거대한 소셜 경험 말이다. 그는 이것을 사람들에게 보여주고 싶어서 조바심이 났다. 10년이 걸릴지언정, 아직 실현되지 않은 여러 신기술이 필요할지언정 감수할 작정이었다. 그렇게 되면 세상 어느 기업도 페이스북의 가상현실 기술에 필적하지 못할 터였다.

저커버그는 완벽한 기반을 닦았다. 그 뒤로 5년이 지나면 이 모든 독립 기업들은 하나의 거대하고 행복한 페이스북 가족을 이룬다. 그리고 그 창업자들은 온데간데없이 사라지게 된다.

메타버스를 향하여

14

대통령 선거가 몰고 온 파란

러시아정보총국 산하 공작 부대들의 수상한 움직임

네드 모런Ned Moran은 페이스북 위협정보Threat Intelligence팀 소속이었다. 위협정보팀은 대부분 워싱턴 사무소에서 일했으며 대개 정책과 홍보 분야 출신이었다. 정책 실무자들과 변호사들이 의회에 로비를 하고 규제 기관을 상대하고 캘리포니아, 싱가포르, 더블린에 있는 동료들과 끝없이 화상 회의를 하는 동안 모런과 동료들은 코드와 인터넷 링크를 들여다보며 디지털 침입자와 불법행위자를 적발했다. 러시아인들이 페이스북을 이용해 미국 대통령 선거에 개입하고 있다는 사실을 네드 모런이 처음 알아차린 것은 워싱턴 사무소에 있는 자신의 컴퓨터에서였다.

위협정보팀은 악성 소프트웨어나 스피어 피싱spear phishing(특정한 개인이나 회사를 겨냥한 피싱-옮긴이) 같은 스파이 위협 추적에 잔뼈가 굵은 컴퓨터 보안 전문가로 이루어졌다. 공략 대상을 속여 링크를 클릭하게 함으로써 이용자 개인 정보나 심지어 페이스북의 코드에까지 접근하는 수법이 대표적인 위협이었다. 페이스북은 어쩌면 외국 정부를 위해 일하는 자들을 포함해 숙달된 공작원들이 공격 표적을 찾아내는 데 페이스북을 이용할까봐 우려했다.

이런 세력들이 암약하고 있다는 사실은 익히 알려져 있었다. 그중에서 보안 회사 크라우드스트라이크CrowdStrike는 최근 몇 년간 팬시 베어Fancy Bear와 코지 베어Cozy Bear라는 별명이 붙은 두 팀의 활동을 예의 주시하고 있었다. 그들의 실체는 봉제 완구의 귀여운 이미지와는 딴판으로 러시아에 본거지를 둔 별개의 디지털 약탈자 집단이었다. 정보기관에서는 그들을 미국의 CIA 격인 러시아정보총국GRU 소속 26165부대와 74455부대로 파악하고 있었다. 크라우드스트라이크의 사이버 정탐 전문가들은 이렇게 썼다. "그들의 솜씨는 탁월하며 작전 보안은 타의 추종을 불허한다. 그들은 '자급자족식 공격living-off-the-land attack' 기법(합법적 소프트웨어와 기능을 활용한 사이버 공격-옮긴이)을 폭넓게 활용해 많은 보안 대책을 쉽게 우회한다."[1]

페이스북은 몇몇 활동 계정이 러시아정보총국과 연계되었다는 사실을 알고 있었다. 하지만 위협정보팀은 계정을 차단하지 않은 채(어쨌거나 불법을 저지르지는 않았으므로) 계속 모니터링하면서 잠재적 보안 위험을 추적했다. 2016년 초 위협정보팀은 계정들의 배후에 있는 누군가가 페이스북에서 정부 관계자들, 언론인들, 힐러리 클린턴 선거본부와 관계된 민주당 인사들을 검색하기 시작했다는 사실을 포착했다. 그것은 이 사람들에 대한 스피어 피싱 공격의 전조처럼 보였다. 페이스북은 FBI(미국연방수사국)에 이 사실을 알렸으나 FBI는 보고서를 접수한 뒤 처리 결과를 페이스북에 공유하지 않았다.[2]

두 마리 곰은 더 적극적으로 움직이기 시작했다. 2016년 6월 크라우드스트라이크는 이 러시아정보총국 소속 부대들이 민주당 선거본부를 대상으로 일련의 스피어 피싱 해킹을 시도했다고 보고했다. 힐러리 클린턴 후보의 이메일과 그녀 캠프의 선대본부장인 존 포데스타John Podesta의 이메일 또한 공격 대상이었다(공격은 피해자들의 지메일 계정에서 시작되었다). 6월에 자칭 '구시퍼Guccifer'라는 팬시 베어 조직원은 민주당 전국위원회에 침투해 이메일을 탈취했다고 주장했다.

그즈음 모런은 러시아정보총국 관련 계정들에서 더 많은 활동을 포착했다. 이번에는 피싱이나 표적 검색이 아니었다. 러시아인들은 페이스북 '이용자들'을 조종하고 있었다. 기본적으로 그들은 페이스북 엔지니어들이 설계한 방식대로 페이스북을 공유 시스템으로 활용하고 있었다. 위협정보팀과 페이스북은 이런 활동을 예상하지 못했으며 대처할 준비가 되어 있지 않았다.

2008년과 2012년 미국 대통령 선거에서 페이스북은 시민 참여를 촉진해 호평받았다. 페이스북은 선거 운동에 요긴한 수단임이 입증되었으며, 공동 창업자 크리스 휴스는 오바마의 첫 번째 당선에 한몫했다. 2008년을 시작으로 페이스북은 이용자들이 후보들에게 질문을 던질 수 있는 토론회를 공동 후원했다. 하지만 네드 모런이 발견한 것은 2016년이 페이스북에 끔찍한, 너무나 끔찍한 해가 되리라는 첫 신호였다.

앨릭스 스테이모스Alex Stamos는 2015년 6월 페이스북 최고보안책임자가 되었다.[3] 30대 중반 나이에 가슴이 떡 벌어진 그는 야후에서 같은 직함으로 1년간 우여곡절을 겪었다. 화이트 해커white-hat hacker(보안 위험 방지와 취약점 개선 등 활동을 하는 선량한 보안 전문가-옮긴이) 커뮤니티와 친밀한 관계로 알려진 스테이모스는 강력한 암호화 지원 등 주요 사안과 관련해 그들의 편을 들었다. 그는 입바른 소리를 잘하기로 유명했다. 쓴소리꾼 스테이모스는 최고보안책임자가 뒷전에 물러나 대중의 눈에 띄지 않아야 한다는 전통에 반기를 들었다. 회사가 보안 취약점에 대해 떠벌릴수록 그 회사에 대한, 또는 그 회사의 기술 전반에 대한 사람들의 신뢰가 낮아진다는 것이 당시 통념이었다. 하지만 그의 생각은 정반대였다. 그런 문제에 침묵할수록 취약점이 커진다고 보았다.

스테이모스는 오랫동안 여러 보안 회사에서 일했는데 야후의 최고보안책임자가 되면서 처음으로 주요 기술 기업에 몸담게 되었다. 그가 합류하기 전 야후는 심각한 정보 유출 사고를 여러 건 겪으면서 10억 명 이상의 정보가 유출되었다. 스테이모스는 '편집광들the Paranoids'이라는 별명의 조직을 이끌면서 보안을 강화하기 위한 여러 시도를 했지만 더 강력한 조치를 취하려 할 때마다 상사들과 번번이 마찰을 빚었다.[4] 2015년 5월 야후를 떠나 페이스북에 합류하면서 그의 임무는 훨씬 까다로워졌다. 20억 명의 정보와 전 세계에 퍼져 있는 인프라를 보호해야 했다. 문제가 터질 수 있는 곳이 한둘이 아니었다.

스테이모스가 알아차리지 못한 사실은 그가 채용된 순간부터 이미 무언가 잘못되었다는 것이다. 페이스북의 구조가 개편되면서 최고보안책임자와 그의 팀이 샌드버그 휘하에 놓이게 된 것이다. 그의 팀은 샌드버그의 관할 영역에서 (팀원 100여 명 중) 거의 모두가 기술자인 유일한 팀이었으며, 페이스북 부트 캠프의 코딩 부문은 사실상 이들이 담당했다. 심지어 스테이모스는 샌드버그에게 직보하지조차 않았다. 그의 상사는 법무책임자 콜린 스트레치였다. 이 때문에 페이스북의 보안을 책임진 인물은 최고운영책임자와 한 발짝 떨어져 있었으며 그녀와 정기적인 접촉이 전혀 없었다. 저커버그나 회사를 운영하는 최고위 보좌진과는 말할 것도 없었다.

이제 스테이모스는 페이스북이 2016년 선거에서 맞닥뜨릴 몇 가지 문제에 전혀 대비가 되어 있지 않다는 최초의 징후들을 목격하고 있었다.

러시아인들이 페이스북에 관심을 가지고 있기 때문만은 아니었다. 그것은 예상된 일이었고 스테이모스의 팀은 국내외의 공격에 고도의 경계 태세를 갖추고 있었다. 이런 사이버 스파이 악당들은 위협정보팀이 언제나 주시하는 자들이었다. 이 어둠의 해커들은 계정을 탈취해 정보를 빼돌리려 시도할 가능성이 있었다.

러시아인들이 민주당 전국위원회와 힐러리 클린턴 선거 운동 진영 인사들에게 시도해 성공한 실제 스피어 피싱 공격에 페이스북이 직접 동원되지는 않았다. 하지만 2016년 여름, 탈취당한 이메일 중에서 민주당을 난처하게 하고 힐러리 클린턴의 표를 깎아먹을 수 있는 몇 건이 유포되는 데 페이스북 서비스가 이용되었다. 그해 봄 러시아인들은 자신들이 관여한 사실을 숨기기 위해 디시리크스DCLeaks라는 웹사이트를 만들어 이메일 유포처로 이용했다. 웹사이트가 론칭된 6월 8일경 러시아인들은 같은 이름의 페이스북 페이지를 개설했다(디시리크스 트위터 계정도 만들었다). 러시아인들은 페이스북을 효과적인 활동 무대로 점찍었다.

위협정보팀은 골칫거리인 디시리크스 페이지를 주시했다.[5] 겉보기에는 합법적인 것 같았다. 앨리스 도노번Alice Donovan이라는 사람이 개설했는데 그녀에게는 페이스북 계정이 있었다. 이 페이지를 홍보한 나머지 두 계정도 미국인 이름처럼 보이는 제이슨 스콧Jason Scott과 리처드 킹그레이Richard Gingrey였다. 이것을 시작으로 결국 수십만 명의 페이스북 이용자들이 영문도 모른 채 디시리크스 페이지의 콘텐츠에 노출되었다.

위협정보팀은 이 페이지의 출처와 관계에 대한 데이터를 분석했다. 네드 모런은 자신이 시스템에서 추적 중이던 러시아정보총국 관련 계정들과 연결 고리를 포착해 디시리크스 페이지가 실은 러시아 해킹 조직과 연계되어 있음을 밝혀냈다. 훗날 로버트 뮬러Robert Mueller가 이끄는 미국 특별검사팀은 74455부대 지휘관 알렉세이 알렉산드로비치 포템킨 Aleksey Aleksandrovich Potemkin을 이 페이지 개설 혐의로 기소했다(그의 성 '포템킨'은 진짜였는데 참으로 얄궂은 일이다).

스테이모스가 말한다. "우리는 그자들이 기자들에게 제보해 힐러리, 민주당 전국위원회, 선대본부장 포데스타의 이메일 정보가 보도되도록 하는 것을 목격했습니다." 그의 팀은 이 정보를 페이스북 변호사들에게 전달했고 그들은 이 문제를 정책팀에 보고했다.

페이스북이 페이지 폐쇄 결정을 내리는 것은 식은 죽 먹기였을 것이다. 하지만 선거가 치러지는 해인 2016년에는 그런 결정이 간단한 문제가 아니었다. 내부적으로 페이스북은 중립성을 유지하기 위해, 심지어 진실과 악랄한 거짓을 구분하기 위해 자기네 규칙을 변경해야 하는지, 또는 얼마나 변경해야 하는지로 골머리를 썩이고 있었다.

페이스북이 선거 결과를 좌우한다는 의혹

페이스북은 과거에도 정치적 편향성 때문에 호된 비판을 받은 적이 있었다. 벤 배리가 2008년 대통령 선거 막판에 '투표했어요' 단추를 만든 것을 기억하는지? 2010년 중간선거에서 페이스북은 이 프로그램을 확대해 '투표했어요' 단추를 이용자들에게 잘 보이게 표시했다. 하지만 모든 방문자가 볼 수 있었던 것은 아니다. 페이스북은 중간선거를 이용해 정교한 실험을 진행했다. 페이스북의 수석 데이터과학자들은 캘리포니아대학교 샌디에이고캠퍼스 연구자들과 손잡고 투표 단추가 실제로 투표율에 영향을 미치는지 시험해보기로 했다. 친구들이 투표하는 것을 보면 자신도 투표하고 싶은 생각이 들까?

당시 페이스북 데이터과학팀을 이끈 캐머런 말로는 이 실험이 악의 없는 시도였다고 말한다. "우리는 이 서비스를 모든 선거에서 운영했고 다른 나라의 선거에서도 운영하기 시작했습니다. 목표는 사람들이 투표하도록 하는 것이었고요." 그는 캘리포니아대학교 샌디에이고캠퍼스 과학자들에게 실험을 제안받았을 때 얼마든지 해볼 만한 실험 같았다고 말한다. 데이터과학팀은 성장팀 산하에 있었기에 이용자의 행동에서 참여를 늘릴 수 있는 방법을 항상 찾고 있었다.

〈6100만 명을 대상으로 한 사회적 영향과 정치적 동원 실험A 61-Million-Person Experiment in Social Influence and Political Mobilization〉이라는 제목의 이 연구가 2012년 《네이처》에 발표되자 논란이 벌어졌다. 논문은 페이스북이 정치적 행위의 요인이 될 수 있음을 시사했다. 실제로 연구에서는 페이스북의 힘이 선거에 영향을 미칠 수 있다고 주장했다. 저자들은 이렇게 썼다. "결과는 메시지가 수백만 명의 정치적 자기표현, 정보 탐색, 현실 투표 행위에 직접 영향을 미쳤음을 보여준다." 그들은 뒤에서 이렇게 덧붙였다. "페이스북 소셜 메시지는 약 6만 명의 유권자로부터 직접적으로 투표수를 증가시켰고 사회적 전염을 통해 또 다른 28만 명의 유권자로부터 간접적으로 투표수를 증가시켜 총 34만 표를 더 끌어냈다. 이는

2010년 투표 연령 인구인 약 2억 3600만 명의 약 0.14퍼센트에 해당한다."[6] 이 정도면 박빙의 승부가 펼쳐지는 나라에서는 선거 결과를 좌우할 수 있는 수치다.

더 심란한 사실은 페이스북이 이 힘을 이용해 선거 결과를 자기 뜻대로 조작할 수 있다는 발상이었다. 연구 자체가 실례였다. 페이스북은 연구에 협력하면서 유권자를 두 집단으로 나누었는데, 한 집단은 '투표했어요' 단추를 볼 수 있었고 대조군은 볼 수 없었다. 그런 다음 투표 기록을 비교했다. 실험군에서 투표수가 증가한 것으로 드러났기에, 페이스북이 대조군에 단추를 숨김으로써 선거에 영향을 미치는 것이 가능하다는 사실이 확인되었다. 페이스북이 공화당 선거구에서 단추를 숨기고 민주당 강세 지역에서 단추를 눈에 잘 띄게 표시했다면 어떨까? 기본적으로 페이스북은 지리적 선택을 통해 작으나마 투표율을 좌우한 셈이다 (말로는 누가 버튼을 보는가의 선택이 임의로 이루어졌다고 주장한다).

이 연구는 사람들을 경악케 했다. 대표적인 기사의 제목은 〈페이스북의 "투표했어요" 스티커는 이용자에 대한 비밀 실험이었다〉였다.[7] 성장팀에서 내놓은 여러 조치와 마찬가지로 이 또한 페이스북이 경솔하게 빨리 움직였다는 비판을 받으면 한발 물러서는 사례 중 하나에 불과했다. 그 뒤로 페이스북은 정치적 편향으로 인해 선거에 영향을 미칠 수 있는 투표 알리미를 피하려고 조심했으며 대조군 없이 '모든 사람'이 알리미를 볼 수 있도록 했다.

하지만 2016년 선거를 앞두고 페이스북의 당파성이 다시 한번 회사 안팎에서 논란의 중심이 되었다.

페이스북 워싱턴 사무소 소장이자 글로벌정책을 책임진 부사장은 조지 W. 부시의 보좌관을 지낸 조엘 캐플런Joel Kaplan이었다.[8] 그는 젊은 변호사 시절에 대법관 앤터닌 스캘리아Antonin Scalia의 사무관으로 일했으며, 재검표 반대 시위를 벌여 부시가 백악관에 입성하는 데 일조했다. 부시 행정부에서 그의 마지막 직위는 정치 컨설턴트 칼 로브Karl Rove의 뒤를 이은 정책 부실장이었다.

캐플런이 에너지 업계의 로비스트로 일하던 2011년 셰릴 샌드버그가 그에게 페이스북 정책 담당 부사장 자리를 제안했다. 그는 셰릴 샌드버그와 둘도 없는 친구였다. 하버드 재학 시절에는 서로 사귀었으며 정치적 성향이 다른데도 줄곧 인연을 이어갔다.

당시 페이스북 정책 담당 부사장은 샌드버그의 친구이자 민주당 지지자인 마니 러빈이었다. 그녀와 캐플런은 자연스럽게 두 정당 세력의 균형을 유지했다. 그런데 2014년 러빈이 인스타그램 최고운영책임자가 되기 위해 캘리포니아로 떠나면서 상황이 달라졌다. 글로벌정책책임자가 된 캐플런은 복도 맞은편에 균형추를 둘 생각이 없었다. 2015년 그는 부시-체니 선거본부에서 알게 된 친구이자 부시의 연방통신위원회 위원장을 지낸 케빈 마틴Kevin Martin을 영입했다. 마틴이 연방통신위원회에서 물러난 계기인 의회 조사에서는 그가 범죄를 저지르지는 않았지만 "강압적이고 모호하고 불공정한 관리 방식으로 5명의 현 위원 사이에 불신과 의심, 혼란이 발생하도록 했다"라고 지적했다. 보고서에 따르면 마틴은 직원에게 자신의 견해와 다른 보고서를 고쳐 쓰도록 지시했다고 한다. 마틴은 훗날 페이스북의 미국대외정책책임자로 승진한다.

샌드버그 본인은 '포스'(셰릴 샌드버그의 친구들) 논란에 손사래를 친다. 그녀가 말한다. "내가 함께 일하면서 감탄했던 훌륭한 사람들과는 오랜 인연이 있어요. 그들은 지금껏 이런저런 자리에서 나와 일했고 이젠 매우 가까운 사이가 된 거라고요."

회사 내 일부 사람들 눈에 캐플런은 페이스북이 진보주의자 편을 들지 않도록 하는 일을 자신의 역할로 삼은 사람처럼 보였다. 그와 일한 적이 있는 한 페이스북 간부가 말한다. "회사에서 조엘의 역할은 보수주의자들이 무엇을 원하는지 알아내어 그들을 즐겁게 하는 것이었죠."[9] 이 간부의 말에 따르면 한번은 직원들이 오바마 행정부의 투표 독려 운동을 홍보하고자 했다고 한다. 이것은 투표율 제고가 좋은 일이라는 페이스북의 신념에 부합했다(2012년 불편한 연구 결과가 나온 이후에도 이 신념을 고수했다). 하지만 캐플런은 미국 대통령이 하는 일을 페이스북이 돕는 것은 당파적이라며 홍보안에 퇴짜를 놓았다. 공교롭게 오바마는 민주당이었다. 당시 워싱턴에서 일한 또 다른 페이스북 직원이 말한다. "내 생각에 그의 논리는 이랬습니다. '공화당은 유권자 등록을 좋아하지 않아.'"

캐플런은 페이스북이 트럼프에게 반대하는 쪽으로 기울었다는 우려에 과민 반응을 보였으나 반대 경우에는 개의치 않았다. 2015년 12월 트럼프의 페이스북 페이지는 무슬림 이민을 금지해야 한다는 트럼프의 요구를 담은 동영상을 게시했다. 정책 부문에서 일하는 한 페이스북 직원이 말한다. "우리 정책을 명백하게 위반한 거였죠." 하지만 저커버그는 이민을 열렬히 옹호하는 입장이면서도 게시물을 삭제해야 하는지에 대해 가타부타 언급하지 않았다.

이 사안은 워싱턴과 멘로파크의 정책 임원들이 참석하는 화상 회의인 주간 '셰릴 회의'에서 제기되었다. 캐플런은 게시물을 그대로 두자고 주장했다. 반면에 다른 임원들은 증오 발언에 반대하는 내부 규정을 위반한 게시물에 대해 페이스북이 조치를 취하지 않는 이유를 해명하기 곤란할 거라고 지적했다. 《뉴욕타임스》에 따르면 캐플런은 "곰을 자극하지 말아요"라고 말했다.[10] 여기서 곰은 트럼프를 가리킨다. 커뮤니티 규정팀 역시 게시물을 그대로 두어도 무방하다고 판단했다. 팀의 책임자 모니카 비커트Monika Bickert가 말한다. "그건 경계선에 딱 걸친 문제였어요. 당사자는 세계적으로 중요한 선거의 주요 후보예요. 물론 여기에는 크나큰 뉴스 가치가 있고요."

샌드버그는 평상시에는 자신이 최종 결정권을 행사했다. 그러나 이번에는 대통령 후보가 연루된 사안인 만큼 저커버그에게 결정을 맡기겠다고 말했다. 저커버그는 이민에 대한 자신의 견해와 별개로 게시물의 잔류를 허가했다.[11] 페이스북은 난감한 타협을 벌여야 했다. 트럼프 페이지에는 동영상을 그대로 두되 딴 사람이 같은 동영상을 올리면 삭제하기로 했다. 한편 트위터 또한 트럼프의 증오 트윗을 놓고 같은 문제로 씨름했다. 잭 도시의 최종 판단은 후보(나중에는 대통령)의 뉴스 가치가 정책 위반보다 중요하다는 것이었다.

당파적 외줄 타기가 봄까지 계속되던 와중에 또 다른 정치적 논란이 불거졌다. 이번에는 '인기뉴스Trending Topics'라는 페이스북 기능이 논란거리였다. 표면상으로는 아무 문제 없어 보였다. 그날그날 많은 주목을 받는 뉴스의 제목들을 뉴스피드 오른쪽 노른자위 위치에 표시하는 것이 전부였으니 말이다. 아웃소싱 회사 액센추어 소속으로 되어 있는 소수의 언론 담당자들이 목록 관리 임무를 맡았다(여느 회사와 마찬가지로 페이스북 또한 값비싼 풀타임 직원을 채용하지 않으려고 이런 수법을 썼다). 인기뉴스는 조회 수가 높은 기사를 알고리즘이 일차로 선별하면 언론 담당자들이 가짜 게시물을 가려내어 진짜 뉴스가 목록에 반영되도록 했다. 콘텐츠가 시의성이 떨어지거나 출처가 불분명하거나 풍자적이거나 노골적 장난이면 삭제하기도 했다.

2016년 5월 〈기즈모도〉는 정치적으로 보수적인 전 페이스북 '뉴스 큐레이터'의 말을 인용해 인기뉴스팀의 일부 언론 담당자가 보수적 콘텐츠를 걸러냈다고 보도했다.[12] 그뿐 아니라 큐레이터들이 진보 사이트의 콘텐츠를 "띄웠다"고 했다.

몇 년간 우익 보수파는 (실리콘밸리 진보파들이 운영하는) 페이스북이 게시물의 순위를 낮추는 수법으로 자신들을 차별한다고 불평했다. 하지만 이 주장을 뒷받침하는 데이터는 없었으며 여러 조사에 따르면 보수파 콘텐츠는 페이스북에서 오히려 '과잉 대표'되었다. 보수 성향인 폭스뉴스는 페이스북에서 가장 많이 공유되는 게시물 순위에서 일상적으로 선두에 올랐으며 〈데일리와이어The Daily Wire〉 같은 군소 우익 뉴스 사이트들조차 과분한 대접을 받았다.

그럼에도 공화당 지지자들은 순식간에 〈기즈모도〉의 열성팬이 되었다. 연방거래위원회를 감독하는 상원 상업과학운수위원회 위원장이던 공화당 상원의원 존 슌John Thune은 페이스북에 해명을 요구했다. 페이스북은 데이터를 점검했으며 12쪽짜리 보고서에서 인기뉴스가 정치적 지향과 무관하게 콘텐츠를 비당파적으로 취급했음을 입증했다.[13] '띄우기'가 일어난 것은 《뉴욕타임스》나 《월스트리트저널》 같은 유력지가 전국적 소재를 비중 있게 다루었기 때문이라는 것이 페이스북의 설명이었다. 페이스북은 오른쪽으로 고개를 조아리며 앞으로는 띄우기 현상이 일어나지 않도록 조치하겠다고 말했다. 하지만 인기뉴스 기능은 그대로 두겠다고 못 박았다.

앤드루 보즈워스가 말한다. "우스운 건 인기뉴스가 회사 내에서 별것 아니었다는 겁니다. 투자도 별로 하지 않았고 중요하지도 않았거든요."

보즈워스를 비롯한 사람들이 저커버그에게 인기뉴스를 폐쇄하라고

3부 메타버스를 향하여

독촉했지만 그는 한동안 버텼다. 사람들에게 시사 정보를 보여준다는 발상이 맘에 들었기 때문이다. 하지만 2016년 여름 무렵 선거 때문에 나라가 양분되자 페이스북은 결코 한쪽에 치우쳤다는 오해를 사고 싶지 않았다.

그렇지만 페이스북이 한쪽에 치우친 것은 사실이었다. 페이스북은 인기뉴스에 올라오는 뉴스의 수준에 기준을 두고 싶어 했다. 페이스북에 올릴 최고 인기 게시물을 선별하는 일에 익숙한 사람들은 악성 게시물이나 부정확한 게시물, 명백히 날조된 게시물을 걸러냈다. 공교롭게 보수파의 대표 신문들은 정확성을 깐깐하게 따지지 않았다.

어쨌거나 페이스북은 뭔가 조치를 취해야겠다고 생각했다. 2016년 8월 페이스북은 인간 운영자들과 계약을 해지하고(해고하고) 그들의 작업을 알고리즘에 넘겼다. 이전에는 인공지능을 이용해 게시물을 선별한 뒤 인간 큐레이터에게 넘기면 그들이 경멸적이거나 잔인한 게시물 또는 링크를 한 번 더 걸렀다. 이제 사람의 개입이 없어지자 알고리즘은 뉴스피드에서 잘 먹히는 게시물, 진실이나 좋은 의도나 뉴스 가치와 무관하게 관심만 끌려는 종류의 게시물을 우대했다. 2016년 11월 선거 결과가 발표되던 날 CNN 기자는 자신의 피드에 올라온 인기뉴스가 '반라 시위' '알 로커Al Roker' '래퍼 영 조크Yung Joc의 머리 모양' 등이었다고 꼬집었다.[14] 며칠 뒤 인기뉴스 꼭대기에 올라온 게시물은 엔드더페드닷컴 endthefed.com이라는 웹사이트에서 날조한 기사로, 폭스뉴스 앵커 메긴 켈리Megyn Kelly가 힐러리 클린턴을 지지했다가 해고당했다는 소식이었다. 엔드더페드닷컴은 또 다른 모호한 웹사이트를 출처로 표시했는데,《워싱턴포스트》기사에 따르면 이 웹사이트가 정보 출처로 지목한 우익 블로그는 "안티 켈리 팬 픽션처럼 보이는" 곳이었다.[15]

인기뉴스는 이제 보수파에만 적대적으로 편향된 것이 아니었다. 언론 자체에 적대적으로 편향되어 있었다. 놀랍게도 페이스북은 이 기능을 계속 유지하다가 2018년에야 조용히 플러그를 뽑았다.

가짜뉴스와 음모론의 도가니가 되어버린 페이스북

2016년 5월 인기뉴스 참사를 겪고 난 뒤 캐플런은 우익 후보들을 멘로파크에 초청해 페이스북이 그들을 공평하게 대하고 있음을 알리자고 제안했다.

몇몇 직원들은 몇 주 전 '흑인의 생명도 소중하다Black Lives Matter' 운동을 외면한 페이스북이 이런 조치를 취하는 것은 모욕적이라고 생각했다. 이 민권 운동 단체의 회원들은 '페이스북 라이브Facebook Live'에서 폭력 범죄와 공권력에 의한 살해police killing를 스트리밍하는 등의 사안을 다루기 위한 회의를 요청한 적 있었다. 그해 2월 페이스북 본사에서 직원들이 낙서용 벽에서 "흑인의 생명도 소중하다" 문구를 지우고 "모든 생명은 소중하다"라고 고쳐 쓰는 인종차별 행동을 벌인 것도 문제였다.[16] 저커버그는 그들의 행동을 비난했지만, 그와 샌드버그 모두 워싱턴 사무소에서 열린 회의에는 참석하지 않았다. 사무소의 최고 정책 담당자인 조엘 캐플런 역시 불참했다. 페이스북은 콘텐츠 기준 책임자 모니카 비커트, 민주당과 협력하는 페이스북 정책 담당자, 이 문제와 무관한 업무를 하는 아프리카계 미국인 직원을 보냈다.(샌드버그를 비롯한 고위급 임원들은 다른 시기에 '흑인의 생명도 소중하다' 회원들을 만났다.)

이에 반해 어중이떠중이 우익 논객들은 록 스타 대접을 받았다. 페이스북은 그들을 비행기로 멘로파크까지 모셔 왔다. 또 저커버그와 샌드버그까지 나서서 그들의 게시물이, 심지어 극우주의자들인 러시 림보Rush Limbaugh와 글렌 벡Glenn Beck의 얼토당토않은 음모론까지 얼마나 정중하게 대우받는지 설명했다. 공화당원으로 등록한 페이스북 간부들이 행사를 지원했으며 민주당을 지지하는 정책 담당자들은 퇴장을 요구받았다.

어떤 면에서 이 우익 후보 초청 회의에는 꼼수가 들어 있었다.《와이어드》에 따르면 페이스북의 구상은 원칙주의자부터 극우파까지 우익 스펙트럼에 골고루 분포한 보수파 인사들을 서로 싸우게 만든다는 것이었다.[17] 아니면 뉴스피드의 작동 원리를 파워포인트로 설명해 참석자들을 질리게 하거나. 실제로 이 회의에서 일부 보수주의자들은 자기네끼리 치고받았으며 몇몇은 '페이스북 직원의 보수주의자 할당제' 같은 특전을 요구했다. 하지만 글렌 벡은 저커버그가 그들의 이야기에 진지하게 귀를 기울였다고 생각했다. 그가 말한다. "나는 탁자 맞은편에 앉은 채 그의 의중을 읽으려 했죠. 조금 알쏭달쏭하긴 했지만 나는 그가 공평하게 일을 처리하려 한다는 생각이 들었어요."

이 회의에서 어떤 좋은 감정을 느꼈든, 멘로파크에서 돌아온 보수주의자들은 다시금 자신들에 대한 페이스북의 부당한 대우에 불만을 터뜨렸으며, 한편으로는 페이스북 알고리즘에 편승해 수백만 건의 조회 수를 기록했다.

이 5월 회의는 디시리크스 페이지를 폐쇄할지에 대한 6월 논의의 배경이었는데, 당시 디시리크스는 민주당 전국위원회 이메일 유포와 같은 시도를 하려는 냄새를 무척 강하게 풍기고 있었다. 페이스북의 일부 인사가 보기에 캐플런은 디시리크스 페이지가 이용약관을 위배했는지보다는 페이스북이 공화당의 기분을 상하게 했는지에 더 전전긍긍하는 것 같았다.

캐플런의 상사 엘리엇 슈레이그는 캐플런이 자신의 지지 정당에 특혜를 주었다는 세간의 인식에 단호하게 반론을 제기한다. 슈레이그는 디시리크스에 대한 결정 그리고 캐플런의 편향에 따른 것으로 비판받은 모든 결정은 슈레이그 자신이 참석한 격렬한 논쟁의 결과로 내려졌다고 말한다. 인권 운동가 경력이 있는 그는 '브랜다이스 전통에 속한 수정 헌법 제1조 옹호자'를 자처하며 선의의 해석으로 표현의 자유를 보호해야 한다고 생각한다. 하지만 1927년 수정 헌법 제1조 관련 소송에서 연방 대법관 루이스 브랜다이스Louis Brandeis가 내세운 반론은 유명하다. "나쁜 의도에 대한 안성맞춤 치료제는 좋은 의도다."(당시 브랜다이스가 뉴스피드를 염두에 두었을지는 미지수지만). 슈레이그가 말한다. "페이스북에서 보수적인 대외정책책임자와 진보적인 상사가 향후 조치에 대해 이견이 있었던 적은 단 한 건도 기억나지 않습니다." 물론 저커버그가 반드시 브랜다이스 대법관의 제자는 아니겠지만 그 또한 표현의 자유 옹호론에 기울어 있었다.

숭고한 원칙 때문이든 정치적 계산 때문이든 디시리크스에 대한 페이스북의 원래 결정은 이랬다. 그들의 페이지 자체는 어떤 정책도 위반하지 '않았으며' 설령 정책을 위반했다 하더라도 (트럼프의 증오 게시물처럼) 뉴스 가치가 더 크다. 디시리크스 페이지는 살아남았다.

이런 설명을 좋아할 사람은 엔지니어뿐일 것이다.("그래, 터무니없지만 이게 우리 규칙이라고!") 그리고 옹호할 여지가 없어 보이는 게시물을 페이스북이 살려두려 한 것은 이번이 마지막이 아니었다. 또한 이 결정은 언론과 대중에게 좋은 반응을 얻지 못했다. 페이스북은 러시아 해커들이 훔친 정보의 중개를 지원하는 일이 왜 문제가 되지 않는지 설명하라는 압박에 직면했다.

마침내 페이스북은 디시리크스 페이지를 폐쇄할 명분을 찾아냈다. 디시리크스가 일부 개인, 대표적으로는 부유한 금융인이자 민주당 지지자인 조지 소로스George Soros의 개인 정보를 노출한 것이 페이스북 규정에 어긋난다는 것이었다. 마치 범죄 조직 두목 알 카포네"Al" Capone를 소득세 탈세 혐의로 체포한 격이었다. 디시리크스 페이지 삭제는 그 뒤로 몇 년간 끝없이 되풀이된 패턴의 일부였다. 옹호할 여지가 없는 것을 옹호하려는 시도가 수포로 돌아가면 압력에 굴복해 난데없이 폐쇄 명분을 찾아내는 패턴이었다.

스테이모스가 말한다. "우리는 깨진 미등을 찾아 없앴습니다. 하지만 사실상 어떤 정책도 없었으며 정책팀은 선거에 개입하는 것처럼 보이고 싶어 하지 않았어요. 절대로 원하지 않았죠."

페이스북이 결정을 내렸을 즈음 디시리크스 페이지는 어차피 용도가 사라졌다. 러시아정보총국이 페이스북 페이지 없이 유출 이메일을 유포할 수 있게 되었기 때문이다. 기밀 정보를 유포하는 단체인 위키리크스WikiLeaks(디시리크스라는 이름은 여기에서 착안했다)가 탈취 이메일을 선별적으로 게시했고, 그러자 미국 언론이 러시아인들의 바람대로 앞다투어 보도 경쟁을 벌였다.

인기뉴스의 진짜 결말은 거짓 정보와 교묘히 자극된 분노가 뉴스피드를 집어삼켰다는 것이다. 이런 게시물은 '가짜뉴스'로 불리게 되었다. 한편으로 가짜뉴스는 성장팀이 참여율을 높이는 데 성공한 결과였다. 당신에게 친구가 거의 없어도 페이스북은 친분이 거의 없는 지인까지 동원해 당신이 반응할 가능성이 가장 큰 이야기를 보여준다. 댓글을 다는 것, 좋아요 단추를 누르는 것, 심지어 게시물을 보려고 몇 초간 스크롤을 멈추는 것 등이 전부 반응이다. 당신의 눈이 게시물 위에 머물러 있으면 페이스북은 이것 역시 관심의 표현으로 간주한다.

설상가상으로 이용자가 웹사이트 링크를 공유하면 페이스북은 링크 출처가 100년 역사의 정론지이든 2주 전에 급조된 가짜 사이트이든 상관없이 똑같은 양식으로 표시했다. 이용자들이 출처를 확인하는 일은 드물었다. 페이스북의 참여 유도 전략과 부실한 필터링 덕에 그 뒤로 몇 년간 가짜뉴스 제작자들은 이 플랫폼이야말로 광고 수익을 거두거나(누군가 게시물을 클릭할 때마다 발생한다) 급진적 이념을 주입하는 금광임을 발견했다.

페이스북이 수장의 눈치를 보며 거의 관여하지 않는 동안 문제는 커져만 갔다. 저커버그는 표현의 자유 지지자로, 게시물 이면의 진실을 판단하는 데 페이스북이 관여하는 것을 결코 바라지 않는다고 여러 차례 밝혔다.

셰릴 샌드버그는 2019년 인터뷰에서 내게 말했다. "가짜뉴스는 아마 언제나 있었을 거예요. 하지만 내가 아는 사람 중에서 그 누구도 2015년에는 가짜뉴스에 대해 생각하고 있지 않았어요. 그렇죠? 내 말은 가짜뉴스가 문제가 된 건 지난 몇 년의 일이라는 거예요."

하지만 2015년 사람들은 이미 가짜뉴스에 대해 생각하고 있었다. 페이스북이 귀를 기울이지 않았을 뿐이었다.

러네이 디레스타Renee DiResta는 연구자이자 저술가로 스타트업에도 관여했다. 그녀는 2013년 첫 아이를 낳았으며 백신 찬성 운동에 적극 참여했다. 그즈음 디즈니랜드에서 홍역이 돌았고 일부 캘리포니아주 의회 의원들은 예방 접종을 의무화하는 법안을 추진했다. 디레스타는 '캘리포니아에 백신을 접종하라'라는 페이스북 페이지를 개설했다. 이 페이지를 통해 그녀는 잠재적 경쟁자들이 거둔 실적을 볼 수 있었는데, 백신 반대론자들이 수년간 지지 세력을 구축한 것을 알고 경악했다. 게다가 페이스북에서 백신 정보를 검색했더니 사이비 과학과 음모론으로 무장한 백신 반대론자들이 판치고 있었다. 거대한 캘리포니아주에서 한 줌밖에 안 되는 세력이 토론을 장악하고 있었다.

인기뉴스 큐레이션이 종료되었을 때 디레스타는 백신 반대론 문제보다 그 배후에 있는 페이스북 자체의 문제가 훨씬 심각하다는 것을 깨달았다. 그녀가 말한다. "페이스북은 완전히 미치고 정신 나간 음모론의 도가니가 되어버렸어요." 그녀는 혼잣말을 했다. '맙소사, 플랫폼 어디에서나 이런 쓰레기가 바이럴되고 있어.'

그녀는 페이스북이 성장과 광고를 추구하는 한 이 현상이 불가피함을 간파했다. 페이스북은 스스로를 영향력 기계로 마케팅했다. "구독자들과 만나 그들의 생각과 마음을 바꾸고 티셔츠를 팔아라." 하지만 상업적 설득과 정치적 설득 사이에는 근본적 차이가 전혀 없었다. 그녀는 페이스북이 프로파간다(선전) 주입 시스템을 만들었다고 생각했다. 그녀는 어렵사리 뉴스피드 담당자와 면담을 했다. 담당자는 일부 집단에 문제가 있다는 것은 인정하면서도 페이스북은 표현의 자유를 탄압하고 싶어 하지 않는다고 말했다. 디레스타가 말한다. "탄압하라는 게 아니에요. 당신네 추천 시스템이 이 커뮤니티를 키우고 있단 말이에요!"

실제로 지구를 반의 반 바퀴 돌아간 곳에서 이 우려는 무시무시하게 입증되었다. 그곳은 필리핀이었다.

2015년이 되자 태평양 섬나라 필리핀의 1000만 인구 거의 전부가 몇 년째 페이스북을 이용하고 있었다. 이렇게 된 주요 요인은 '프리 베이식'으로 알려진 인터넷닷오그 페이스북 프로그램이었다(이것 또한 성장팀의 품에서 부화했다). 프리 베이식은 데이터 요금을 낼 여력이 안 되는 사람이 많은 가난한 나라의 인터넷 이용을 늘리기 위해 기획되었다. 이 프로그램을 이용하면 사람들은 페이스북을 무료로 이용할 수 있었다. 프리 베이식은 인도에서 물의를 일으켰으나 필리핀을 시험대로 삼은 2013년에 (저커버그가 2014년 콘퍼런스에서 말했듯) '홈런'을 터뜨렸다.[18] 1~2년 뒤 저커버그는 필리핀 인터넷 이용자의 97퍼센트가 페이스북에 접속해 있다는 말을 들었다. 그는 농반진반으로 대꾸했다. "나머지 3퍼센트는 어디 있나요?"

필리핀은 뉴스 또한 대부분 페이스북에서 접했다. 필리핀의 저명 언론인 마리아 레사Maria Ressa가 2010년 〈래플러Rappler〉라는 온라인 뉴스 매체를 창간하면서 페이스북에 적합하도록 디자인한 것은 이 때문이다. 그녀가 말한다. "이 기술이 문제를 아래로부터 해결하는 데 도움이 될 거라 늘 생각했어요. 한동안은 정말 도움이 됐어요. 2015년까지는 말이죠."[19]

그때부터였다. 2016년 5월 치러지는 필리핀 대통령 선거에 출마한 후보 중에 로드리고 두테르테Rodrigo Duterte라는 포퓰리스트 전체주의자가 있었다. 그런데 그가 정적들에 대한 거짓 정보와 필리핀의 전반적 상황에 대한 허위 사실을 퍼뜨리기 시작했다. 두테르테를 지지하는 블로거들은 뉴스피드의 바이럴 효과를 최대한 활용해 끔찍한 게시물로 페이스북을 도배했다. 시각적 측면에서 페이스북은 파렴치한 군소 '뉴스' 사이트를 가장 존경받는 신문과 똑같이 취급하도록 설계되었다. 이런 미심쩍은 게시물들은 외면하기 힘든 선정적 콘텐츠를 주로 다루기 때문에 페이스북은 이것들을 우대했다.

레사가 말한다. "뉴스 보도는 거짓말을 하면 안 돼요. 하지만 거짓말이 더 빨리 퍼지죠." 그녀는 페이스북에 자기 매체의 사활을 걸었지만 이제는 두테르테 블로거들의 허위 정보에 가려 맥을 못 추고 있었다. 두테르테에게 맞서는 여성 정적의 얼굴을 포르노 여배우의 몸에 디지털로 합성한 가짜 섹스 테이프 같은 게시물이 필리핀을 뒤덮었다. 페이스북 플랫폼은 두테르테 패거리가 그의 비판자들을 공격하고 성난 지지자들에게 봉변을 당하도록 내모는 일에 동원되었다. 레사 역시 표적이 되었다.

그녀는 여러 차례 불만을 제기했지만 페이스북은 아무런 조치를 취하지 않았다.

레사는 2016년 5월에 두테르테가 당선되면 사태가 진정될 줄 알았다. 하지만 두테르테는 대통령이 되자 똑같은 전술을 페이스북에서 구사해 철권 통치를 밀어붙였다. 레사는 두테르테 세력이 전 세계의 정치적 압제자들도 페이스북을 이용할 수 있도록 하기 위한 로드맵을 그리고 있음을 알게 되었다.

그녀는 페이스북에 경고하려고 필사적으로 면담을 요청했다. 2016년 8월 그녀는 싱가포르에서 페이스북 고위 간부 3명과 만났다. 그녀는 증오를 부추기는 거짓 정보를 300만 명에게 확산할 수 있는 가짜 계정 26개를 적발했다. 그녀가 말한다. "그들에게 거짓말 사례를 알려주었어요. 두테르테 지지자들의 폭력 행위를 비판하는 사람들에게 무차별로 자행되는 공격도 보여주었고요." 이를테면 두테르테 선거본부 대변인이 올린 게시물에서는 필리핀에서 강간당하고 있는(그의 주장에 따르면) 소녀의 사진이 실려 있었다. 레사는 2019년 내게 말했다. "우리가 확인해봤더니 사진 속 소녀는 브라질인이었어요. 그런데도 그 게시물은 삭제되지 않았죠. 지금까지 버젓이 올라와 있다고요."

레사가 보기에 페이스북 간부들은 그녀가 명백한 증거를 내밀어도 무조건 부인하려고만 들었다. 그녀가 말한다. "마치 페이스북을 전혀 안 써본 사람과 이야기하는 것 같았어요." 그녀가 명단을 넘겼지만 페이스북은 몇 달이 지나도록 아무 조치를 취하지 않았다.(페이스북은 조치가 필요한 정보가 접수되면 해당 계정에 조치를 취했다고 말한다.) 거짓 정보에 대한 3부작 보도를 내보내도 소용없었다. 수천 건의 증오 메시지가 그녀에게 쏟아져 들어왔다.

그녀는 이런 관행이 지속될 경우 훗날 무슨 일이 벌어질지 묘사하기 위해 자신이 생각할 수 있는 가장 허황한 사례를 예로 들었다. 그녀는 2016년 8월 이렇게 말했다. "이 문제에 대해 뭐든 하지 않으면 트럼프가 당선될 거라고요!" 페이스북 간부들에게서 폭소가 터져나왔고 레사도 덩달아 웃었다. 농담이었을 뿐이니까. '그 일'이 일어날 수 있으리라 생각한 사람은 아무도 없었다.

2016년 가을 페이스북은 여전히 뉴스피드가 선동 기계로 악용될 수 있다고 생각하지 않았다. 하지만 인기뉴스 논란을 겪은 뒤였기에 수많은 저질 게시물과 노골적 거짓말이 페이스북에서 퍼져 나가는 현실을 외면하기란 불가능했다.

페이스북 최고위 관리자들(스몰 그룹)은 월요일마다 저커버그의 회의실에 모여 장시간 회의를 한다. 첫 시간에는 그날의 주제를 집중 논의하고 나머지 시간에는 구체적 프로젝트에 초점을 맞추는데, 첫 시간은 자유 시간이어서 무슨 이야기든 꺼낼 수 있다.

2016년 11월 8일 치러질 대통령 선거를 앞둔 어느 월요일 회의에 가짜뉴스가 화제로 떠올랐다. 페이스북이 가짜뉴스에 대응해야 하는 것은 분명했다. 하지만 스몰 그룹은 열띤 선거전 와중에 개입하는 것은 너무 위험하다고 판단했다. 보즈워스가 말한다. "과잉 반응을 보여 정치적 혼란을 자초하고 싶지는 않았어요. 빈대 잡으려다 초가삼간 태울까봐 걱정스러웠죠. 우리가 민주당 쪽에 치우칠 수밖에 없다는 걸 알고 있었어요. 그래서 그쪽 편향이 있다고 일단 간주했어요. 우리는 선거에 개입하고 싶지 않았습니다. 우리가 한쪽을 편들고 다른 쪽에 불이익을 주는 것처럼 보이는 일은 결코 할 수 없다고 생각했죠."

그리하여 선거에 개입하지 않기 위해 페이스북은 사람들을 현혹하는 선동적 게시물에 사실상 파란불을 켰다. 어떤 면에서 이는 (논란의 여지가 있지만) 선거에 개입한 것이나 마찬가지였다.

이 방침을 궁극적으로 정당화한 논리는 마크 저커버그가 페이스북의 정신으로 칭송한 '엔지니어링 마인드셋'이었을 것이다. 여기서 핵심은 수치였다. 페이스북에 올라오는 전체 게시물 수에 비하면 논란이 되는 콘텐츠는 새 발의 피였다. 제품 쪽 사람들은 데이터의 관점에서 이 사안을 바라보았다. 그래서 가짜뉴스는 매일 페이스북에 올라오는 수십억 개의 게시물 중 극소수에 불과하다고 생각했다. 숫자에는 문제의 심각성이 드러나지 않았다.

한 페이스북 임원이 말한다. "이 사람들에게는 어마어마한 힘이 있었죠. 그들의 모든 기준은 더 나은 광고 매출, 더 큰 성장, 더 많은 참여였어요. 그게 유일한 관심사였죠. 뒤치다꺼리는 전부 셰릴 쪽에서 맡아야 할 몫이었고요. 사실상 그런 식으로 회사가 굴러간 거죠."

한마디로 저커버그의 이너서클이 자기네 시스템에 거짓 정보가 창궐하고 있음을 짐작조차 하지 못한 것은 데이터가 없었기 때문이다. 크리스 콕스가 말한다. "우리는 사람들이 가장 우려하는 스물다섯 가지가 무엇인지, 사람들이 하는 가장 나쁜 경험 스물다섯 가지가 무엇인지 이해하려고 무척 노력하죠. 사람들에게 어떤 경험이 나쁜지 물어서 순위를 매겼더니 선정주의, 클릭 유도, 장난, 중복 게시물 같은 것들이 거론됐어요. 그런데 거짓 정보는 현실적인 문제로 우리 레이더에 걸리지 않았어요. 놓친 거죠."

보즈워스가 말한다. "다들 입 다물고 있는 추한 비밀은 우리가 이 문제를 정말 사소하게 여겼다는 겁니다. 우린 그냥 이렇게 생각했어요. '이걸 어떻게 해결할 수 있을까? 우리가 생각하기에도 일관된 좋은 정책을 수립할 수 있을까?' 그래서 이야기를 나누긴 했지만 이 사안은 시급한 문제가 아니었어요. 솔직히 말하자면 선거 때까진 평상시와 다를 바 없었고 다들 힐러리가 당선되리라 생각했으니까요. 우리만 그런 건 아니었을 겁니다."

넓게 보자면 그것이야말로 페이스북이 자기네 플랫폼에서 벌어지는 엄청난 부정행위를 외면한 논리였다. 어차피 힐러리 클린턴이 당선될 텐데 낙선할 팀을 쓸데없이 소외할 필요가 어디 있었겠는가?

트럼프 당선의 일등공신 플랫폼이 되다

2008년과 2012년 대통령 선거에서 버락 오바마 선거본부는 페이스북의 명수였다. 그러나 힐러리 클린턴 선거본부는 그런 경험을 바탕으로 삼기보다는 마치 소셜 미디어가 입증되지 않은 비주류 미디어인 양 행동했다. 힐러리 클린턴 - 팀 케인"Tim" Kaine 팀은 전통적 미디어를 확보하는 데 집착했으며 페이스북을 잘 모르는 초보자라는 사실에 변태적 자부심을 느끼는 것처럼 보일 정도였다.

　　　　　　　　　　　　　　　　　　3부 메타버스를 향하여

페이스북이 자기네 플랫폼에서 선거 운동을 진행하는 법에 대해 현장에서 안내를 해주겠다고 제안했을 때 힐러리팀은 기회를 걷어찼다. 한 페이스북 간부가 말한다. "힐러리 캠프는 가치를 전혀 이해하지 못했어요. 그들 눈에는 보이지 않은 거죠." 그들의 페이스북 지출은 트럼프팀의 페이스북 예산에 비하면 쥐꼬리만 했다. 몇 개 안 되는 페이스북 광고조차 한심한 돈 낭비였다.

이를테면 힐러리 캠프 미디어 담당자들은 선거 운동을 위해 공들여 제작한 2분 30초짜리 광고(일종의 미니 다큐멘터리였다)를 페이스북에 올리면 좋겠다고 판단했다. 이 광고는 여성들에게서 더 열띤 반응을 얻었기에 페이스북 알고리즘은 여성 이용자들에게 광고를 전파했다. 페이스북 광고 경매 시스템은 광고를 가장 보고 싶어 할 사람들을 대상으로 삼는 광고주를 우대하기 때문에 이 광고를 여성들에게만 보여주면 비용을 절약할 수 있었다. 하지만 힐러리팀은 남녀 모두에게 광고를 보여주고 싶어 했다. 남성들에게까지 광고를 게시하려면 예산이 축나는데 개의치 않았다. 이 광고에 대해 잘 아는 한 기술 업계 임원이 말한다. "힐러리팀은 상황을 보더니 이렇게 말했습니다. '문제가 뭔지 알겠어요. 그러니까 더 많은 남성에게 광고를 보여줄 수 있도록 예산을 늘려야겠군요.' 사실상 보고 싶어 하지 않는 사람들에게 광고를 내보내느라 돈을 더 쓴 거죠!"[20]

트럼프팀도 처음에는 페이스북 초보였지만 금세 배웠다. 그들은 그때까지 무명이던 브래드 파스케일Brad Parscale이라는 40세 웹사이트 디자이너를 채용해 디지털 선거 운동을 진행했다. 파스케일이 일자리를 따낸 것은 오랫동안 공들인 결과였다. 선거 몇 해 전 그는 트럼프 법인 사이트의 디자인 입찰에서 경쟁자들보다 낮은 가격을 써내 사업을 따내면서 트럼프 집안과 인연을 맺었다. 그의 작업 결과에 좋은 인상을 받은 트럼프의 사위 재러드 쿠슈너Jared Kushner는 2016년 선거 지원을 위해 그를 영입했다.

파스케일은 이 비전통적 후보에게는 전통적 선거 운동 방식이 통하지 않을 것임을 간파했다.[21] 또한 페이스북의 마이크로타기팅 도구들과 페이스북에서 제공하는 무보수 컨설턴트들의 전문성을 이용하면 트럼프와 적수의 지출 격차를 메울 수 있음을 알아차렸다. 파스케일은 페이스북이 모든 거대 광고주에게 제공하는 전문적 조언을 실제로 수용했다. 페이스북은 직원 여러 명을 파견해 사실상 전업으로 광고 지출을 극대화하는 법에 대해 트럼프팀에 조언해주었다.

PBS 탐사 보도 다큐멘터리 프로그램 〈프런트라인Frontline〉에 파스케일은 이렇게 말했다. "페이스북에 요청했습니다. 당신네 플랫폼에 1억 달러를 쓰고 싶은데 매뉴얼을 보내달라고요. 매뉴얼이 없다더군요. 그러면 인간 매뉴얼을 보내달라고 했습니다. 그랬더니 이렇게 된 거죠." 현장에 인력이 상주할 때의 장점은 문제가 발생하면 페이스북 직원이 엔지니어들에게 직통으로 연락해 문제를 해결할 수 있다는 것이었다. 파스케일은 말했다. "내가 힐러리의 선거 운동 방식을 선택했다면 이메일을 보내고 전화를 하고 며칠을 기다려야 문제가 해결됐을 겁니다. 하지만 나는 30초 안에 해결되길 바랐습니다."

파스케일은 200만 달러 예산으로 데이터베이스를 구축하기 시작했으며 모든 지출을 페이스북에 쏟아부었다. 그의 말마따나 지출은 눈덩이처럼 불어났다.

트럼프 선거본부의 페이스북팀은 페이스북 자체와 마찬가지로 거대한 테스트 기계였다. 모든 광고를 실험처럼 취급했으며 결과를 체질해 어느 집단이 어떤 광고에 반응하는지 알아냈다. 그들은 트럼프의 선거 연설을 15초짜리 토막으로 잘라 다양한 인구 집단에 내보냈다. 페이스북이 공급한 동영상들은 여러 번 새로 제작되면서 점점 더 다듬어졌다. 효과가 없는 동영상은 폐기되었다. 10월이 되자 트럼프는 수십만 개의 동영상 '크리에이티브creative'(광고의 양식을 뜻한다)를 내보내면서 거의 무한한 경우의 수를 알고리즘으로 테스트했다. 한 트럼프 선거본부 간부는 《와이어드》와 인터뷰에서 하루 만에 1개의 광고에 대해 17만 5000가지 변형을 시도했다고 말했다.

타기팅이 가능했던 것은 표면상으로 이용자에게 적절하고 환영받는 광고를 제작하도록 설계된 특정한 페이스북 도구들 덕이었다. 파스케일은 페이스북에서 '맞춤 타깃Custom Audiences'으로 규정하는 집단에 광고를 선택적으로 내보내기 시작했다. 맞춤 타깃 도구를 이용하면 성별, 인종, 주거지, 종교, 관심사(BMW 소유자! 총기 애호가!) 등의 특징을 조합해 별도의 집단을 만들 수 있었다.[22] 어떤 집단이 트럼프에 대한 호감의 씨앗을 뿌리기에 유난히 기름진 토양으로 드러나면 선거본부는 '유사 타깃 Lookalike Audiences'이라는 도구를 이용해 명확하지는 않지만 알고리즘의 관점에서 같은 색인 인구 집단으로 타기팅을 확장했다. '브랜드 성과 증대brand lift'로 불리는 이 전략을 처음 개발한 곳은 오바마 선거본부였다.

게다가 파스케일은 여러 광고 대행사를 경쟁시켜 최고의 페이스북 광고를 제작하도록 했다. 각 팀은 새벽 6시에 일어나 새로운 지역을 대상으로 캠페인을 시작했으며 정오가 되면 가장 효과가 좋았던 광고에 예산을 재배정했다. 최고의 광고를 제작한 대행사는 상금을 받았으며 패배자들은 이튿날 승리하기 위해 또 다른 인구 집단을 물색했다.

선거 운동이 끝날 무렵 트럼프팀은 연령, 성별, 지역, 기타 인구 특성,

각 집단에서 호응을 얻는 메시지 등에 대한 데이터베이스를 구축했다. 페이스북은 자사의 타기팅 인프라를 이용해 정치인들이 집단별로 각기 다른 메시지를 전달할까봐 우려했다(이를테면 어떤 집단에게는 이민 찬성 메시지를, 또 다른 집단에게는 이민 반대 메시지를 전달하는 식이다). 이 방식이 솔깃했던 건 페이스북 광고가 라디오나 TV의 광고와 달리 무차별로 노출되지 않고 타기팅된 이용자의 뉴스피드 스트림으로 직행하기 때문이다.

하지만 트럼프 선거본부는 그럴 필요가 없었다. 페이스북을 이용해 수많은 메시지 중에서 어느 것이 개개인의 뇌간에 단검을 찔러넣는지 알아냈기 때문이다. 이 기법을 잘 아는 기술 업계 임원이 말한다. "그들은 그저 적절한 메시지를 적절한 사람들에게 보여주었죠. 어떤 사람에게는 이민, 어떤 사람에게는 일자리, 또 어떤 사람에게는 군사력이었습니다. 그렇게 해서 너무나 효과적인 타깃을 만들어낸 거죠. 막판에는 어느 지경까지 갔느냐면 트럼프가 선거 유세를 할 예정인 지역에서 캠페인을 진행해 그 지역에서 무엇이 가장 잘 먹히는지 먼저 파악해요. 그런 다음 이 마케팅 정보를 바탕으로 선거 연설을 실시간으로 수정하는 겁니다."

뉴스피드는 선정적 콘텐츠를 우대하는 경향이 있었다. 그 결과 트럼프의 좌충우돌 실험에서 광고가 저질일수록 타깃이 그 광고를 친구들에게 널리 공유하리라는 사실이 밝혀졌다. 게다가 그로 인한 '자연' 유포는 완전히 공짜였다.

백약이 무효인 대상, 그러니까 트럼프에게 투표할 가능성이 전혀 없어 보이는 집단을 찾아냈을 때는 어떻게 대처했을까? 그런 사람들에게는 힐러리 안티 광고를 내보냈다. 트럼프 반대론자들의 투표 의욕을 아예 꺾기 위해서였다. 선거 후반에 트럼프 디지털 선거 운동을 취재한 조슈아 그린Joshua Green과 사샤 아이젠버그Sasha Issenberg의 〈블룸버그〉 기사에 따르면 파스케일팀은 트럼프에게 결코 투표하지 않을 집단 3곳을 추려냈다. 바로 '이상주의적 백인 진보파' '젊은 여성' '아프리카계 미국인'이었다.

진보주의자들에게는 힐러리의 선거 운동 보좌관들의 해킹된 이메일(러시아가 군사 작전으로 민주당원들의 받은편지함에서 빼돌린 것들)에서 드러난 부정행위를 들어 그녀를 꼬집는 광고를 내보냈다. 젊은 여성들에게는 빌 클린턴의 섹스 스캔들과 그 와중에 힐러리가 스캔들 당사자인 백악관 여성 인턴을 모질게 대한 사건을 적나라한 표현을 써가며 다시 끄집어냈다. 아프리카계 미국인들에게는 힐러리가 한때 일부 흑인 범죄자들을 '최상위 포식자super predator'(1990년대에 유행한 범죄 이론 용어로, 양심의 가책 없이 범죄를 저지르는 청소년, 특히 흑인 청소년을 일컫는 표현으로 사용되어 많은 비판을 받았다-옮긴이)라고 불렀음을 상기시켰다. 물론 도널드 트럼프가 '센트럴파크 5인조' 강간 사건 용의자들(흑인과 라틴계 청년들)의 처형을 촉구하는 전면 광고를 실었다는 사실을 아프리카계 미국인들에게 상기시키지는 않았다. 이후에 용의자들은 허위 자백을 한 것으로 드러났다. 트럼프 진영의 분명한 목표는 반대론자들의 투표 의욕을 꺾는 것이었다.

'무엇에든' 반응하는 타깃 집단에는 기부 광고를 더 많이 내보냈다. 이것이 매우 중요했던 것은 트럼프가 예비 선거에서 깜짝 승리를 거두는 바람에 빈 지갑으로 본 선거를 시작했기 때문이다.

파스케일은 플로리다, 미시간, 위스콘신 같은 주요 주에 데이터베이스 작업을 집중했다(샌안토니오 알라모에 있는 자신의 본사 위치에 빗대 '프로젝트 알라모Project Alamo'라고 불렀다). 선거인단을 도널드 트럼프에게 끌어올 가능성이 있는 주들이었다.

선거 운동 과정을 지켜본 한 기술 업계 임원이 말한다. "욕 나오게 근사하더군요! 그들은 내가 이제껏 본 중에서 가장 대단한 디지털 마케팅 캠페인을 운영했어요. 순전히 우연으로 말이죠. 새 시대의 상식이 될 일을 해낸 겁니다."

페이스북의 많은 사람들이 알았듯, 트럼프 진영이 페이스북 플랫폼을 스트라디바리우스 바이올린처럼 연주했다면 힐러리 진영은 부서진 탬버린처럼 두드렸다. 물론 광고팀은 매주 모여 고액 지출에 대해, 예산을 증액할지 삭감할지, 광고 효과를 높이려면 어떻게 해야 할지 논의했다. 선거일이 가까워지자 격차는 더욱 벌어졌다. 트럼프는 클린턴보다 돈을 많이 썼을 뿐 아니라 선거 운동 자체가 더 훌륭했다.

페이스북 광고 담당 부사장 롭 골드먼이 말한다. "트럼프 선거본부가 페이스북을 활용한 방식은 모든 면에서 남달랐어요. 결과를 측정하는 정확도, 이용한 크리에이티브 종류, 지출 타이밍, 타기팅 방법까지 그들은 페이스북으로 할 수 있는 최선의 방법을 체계화했죠."

이처럼 두 선거본부는 플랫폼 활용 방식에서 질적으로나 양적으로나 어마어마한 불균형을 보였다. 하지만 페이스북 광고 부서 사람들은 이 격차를 자기네 대부분이 결사 반대하는 후보의 당선 요인이 아니라 단순한 흥밋거리로만 여겼다. 보즈워스가 페이스북에 널리 퍼져 있던 정서를 대변해 말한다. "트럼프의 광고 캠페인을 전부 보면서도, 웬걸요, 나는 트럼프가 당선되리라고는 생각하지 않았어요. 도무지 상상할 수 없는 일이어서 아예 배제했던 거죠."

표현의 자유에 대한 낙관주의 또는 늑장 대응이 초래한 결과

셰릴 샌드버그가 페이스북에 합류해 마크 저커버그와 함께 그린 회사 조직 청사진에 따르면 정책, 보안, 홍보는 모두 셰릴 월드의 영토에 속했다. 저커버그는 중요한 결정에 관여하기는 했지만 지휘자로서 역할에 만족했다. 나머지는 셰릴 몫이었다.

하지만 페이스북 직원들의 여러 증언에 따르면 2016년을 앞두고 샌드버그는 최상의 운영 능력을 발휘하고 있지 않았다.

2015년 5월 1일 그녀와 남편 데이브 골드버그는 마니 러빈의 남편 생일을 축하하기 위해 여러 커플들과 함께 멕시코 푼타미타의 고급 휴양지를 방문 중이었다. 그날 오후 골드버그가 체육관에 운동하러 갔다가 시간이 되어도 돌아오지 않았다. 샌드버그와 데이브의 동생이 찾으러 갔더니 트레드밀 옆에 쓰러져 있었다. 머리 주위에 피가 고여 있고 숨을 쉬지 않았다. 데이브 골드버그는 마흔일곱의 나이로 세상을 떠났다.[23]

샌드버그는 기댈 언덕을 잃었다. 골드버그는 샌드버그에게 완벽한 배우자이자 내조자였다. 서베이몽키 사이트를 실리콘밸리의 성공 스토리로 빚어낸 뛰어난 최고경영자이면서 승승장구하는 아내와 집안일을 똑같이 나누었다. 또한 그는 아내가 임원으로서, 또 베스트셀러《린 인Lean In》의 저자로서 거둔 성공에 자부심을 느꼈다.《린 인》은 일하는 여성의 지위 향상에 관한 책이자 이를 위해 여성을 조직화하는 일에서 토대가 된 책이었다.

이 때문에 그의 죽음이 더욱 가슴 아팠다. 훗날 두 번째 베스트셀러에서 회고했듯 샌드버그는 평생 주변을 장악하고 준비성과 노력으로 문제를 이겨냈지만 슬픔은 A+ 학점으로도 지울 수 없었다. 페이스북의 일부 직원은 그로부터 1년이나 지난 2016년 대통령 선거라는 중대 시기에 샌드버그가 예전 같지 않았다고 말한다.

샌드버그의 이런 변화에 회사가 그나마 영향을 덜 받은 것은 그녀가 페이스북에서 마무리해놓은 가장 힘든 과제들이 성과를 내고 있었기 때문이다. 그녀가 만든 팀들은 그녀의 개입 없이 자체 힘으로 돌아갈 수 있었다. 하지만 다른 영역들은 좀 더 확고한 관리가 필요했다.

샌드버그는 결코 함께 일하기 쉬운 사람이 아니었다. 그녀는 기업인으로서 공감의 여신이라는 개인적 페르소나를 구축했다. 하지만 자신의 만만찮은 요구에 부응하지 못하는 부하 직원들에게는 곧잘 소리를 질러 댔다.[24] 그녀는 대외적 이미지에 집착했는지 모른다.[25]

2013년 공들여 준비한 책 《린 인》의 출간에 찬물을 끼얹은 것은 비판의 물꼬를 튼 신랄한 출간 전 서평 기사였다. 이 고발 기사에 따르면 샌드버그는 슈퍼리치 기업 임원으로, 평범한 여성들과는 동떨어진 삶을 살았다.[26] 이 비판이 더욱 뼈아팠던 것은 페미니즘 옹호론자로 알려진 《뉴욕타임스》 기자가 썼기 때문이다. 기사에서 불러 모은 페미니스트 논평가들은 기꺼이 샌드버그에게 엘리트주의자라는 꼬리표를 붙였다. "하버드 학위가 두 개에, 두 회사의 스톡옵션을 보유한 주식 부자이며, 250평 저택에 살면서 가사 도우미 부대를 거느렸다." 또한 그들은 여성들이 모든 것을 가질 수 있다는 헛된 희망을 심어준다고 비난했다. 페이스북의 초창기 홍보 담당자로 《린 인》 홍보를 위해 샌드버그에게 채용된 브랜디 바커가 말한다. "《뉴욕타임스》 기사는 반대 여론을 만들어 냈어요. 샌드버그는 만신창이가 됐죠."

더 나아가 《뉴욕타임스》는 칼럼니스트 모린 다우드Maureen Dowd의 날선 칼럼으로 비판의 고삐를 당겼다. 다우드는 이렇게 썼다. "샌드버그가 사회 운동의 어휘와 분위기를 구사한 것은 대의가 아니라 자신을 홍보하기 위해서였다."[27] 책은 대성공을 거두었지만 샌드버그는 아직도 그때의 험담에 분이 풀리지 않았다. 그녀는 내게 말했다. "내가 이 일을 한건 해야 할 일이었기 때문이에요. 나는 사람들을 만나면 페이스북에 대해 이야기할 거고 거의 언제나 여성에 대해 이야기할 거예요. 사람마다 호불호가 갈리겠지만 멈추지 않을 거예요."

대통령 선거 이후에 페이스북이 조사를 받게 되자 샌드버그는 자신의 이미지를 더더욱 의식하게 되었다. 한 내부자가 말한다. "셰릴 월드의 견인차는 홍보예요. 홍보가 무게 중심이죠. 샌드버그는 '이 이야기가 어떻게 보도될까, 제목은 뭐라고 달릴까?'라는 렌즈로 생각해요. 홍보 쪽으로는 말단 직원에 이르기까지 모르는 게 없어요. 그녀는 자신을 회사내 최고의 홍보 담당자로 여겨요. 실제로 꽤 잘하고요." 하지만 그녀는 현실 감각을 잃고 있었는지 모른다.

샌드버그는 옛 재무부 동료가 경영하는 홍보 회사 TSD 커뮤니케이션스TSD Communications와 계약하면서 정책 예산 일부를 전용했다. 계약 내용을 아는 한 간부 말로는 매달 3만 달러의 고정 비용을 지급했다고 한다(샌드버그 사무실에서는 금액에 이의를 제기한다). 당시 상황을 가까이서 접한 직원 두 사람에 따르면 TSD는 그녀의 이름으로 나가는 모든 것을 점검했다고 한다. 페이스북이 조사를 받게 되자 그녀는 모든 언론 노출을 더욱 꼼꼼히 관리했다. 한번은 동료에게 자신의 인터뷰 전략에 대해 털어놓은 적이 있었다. 질문 수위를 낮추려고 인터뷰 전에 자신이 불안하고 초조하다고 기자에게 말한다는 것이었다.

그녀는 재임 기간 내내 페이스북 정책·홍보 책임자 엘리엇 슈레이그와 가까이 지냈다. 하지만 남편이 사망하고 몇 달 뒤 샌드버그는 슈레이

그와 사이가 틀어졌다. 그녀의 주변 사람들은 그녀의 회의실에서 고함지르기 대회가 열렸다고 말한다. 이 사실에 대해 묻자 샌드버그는 당혹감을 표하면서 남편 상중에 한 행동이 오해를 산 것 같다고 말했다.

어쨌든 선거가 열리는 해에 접어들자 그녀는 정책보다 비즈니스에 에너지를 더 집중하는 듯했다. 샌드버그 조직에 있던 한 임원이 말한다. "이 정책 부문을 실제로 운영한 사람들, 그러니까 진짜 결정을 내린 사람들을 꼽아보자면 조엘 캐플런과 엘리엇 슈레이그가 있었어요. 셰릴은 그 친구들을 감독하지 않았어요." 샌드버그는 그렇지 않다고 말한다.

저커버그와 마찬가지로 샌드버그는 페이스북이 가짜뉴스 문제에 너무 늑장 대응했다고 훗날 인정했다. 하지만 선거철이 시작되었을 즈음에는 페이스북 플랫폼 자체가 이상적인 거짓 정보 유포 기계가 되어 있었다.

뉴스피드의 설계와 알고리즘 때문에 가짜뉴스는 사실상 제품 문제, 즉 저커버그의 영역이었다. 하지만 문제 해결에 엔지니어링을 적용하고 싶어 하는 사람은 없었다. 거짓 정보가 근절되지 않은 한 가지 이유는 저커버그를 필두로 한 페이스북 전체가 표현의 자유를 신봉했으며 사람들이 거짓을 말할 때조차 표현의 자유를 보장해야 한다고 생각했다는 데 있다. 저커버그는 인류의 선함에 대해 팡글로스Pangloss식 낙관주의를 견지했으며 사람들 스스로 진실을 가려내리라 생각했다(팡글로스는 볼테르의 소설 《캉디드》에 등장하는 낙천주의 철학자다-옮긴이). 게다가 그는 진실성을 판단하는 일에 페이스북이 말려드는 것을 몸서리치도록 두려워했다.

2015년 페이스북의 새로운 전략을 지원하기 위해 합류한 앤드루 앵커Andrew Anker가 말한다. "당시 페이스북은 양질이냐 저질이냐, 진실이냐 거짓이냐에 대해 실제 판단을 내리는 일에는 전혀 관심이 없었죠. 매우 위험한 영역이었으니까요."

하지만 선거 운동의 마지막 몇 주 동안 가짜뉴스는 극단으로 치달았으며 정책팀 중 일부는 페이스북의 무대응이 재앙을 부르고 있음을 깨달았다. 페이스북 네트워크를 통틀어 가장 인기 있는 게시물들 중에 왜 허황한 거짓말이 들어 있는지에 대해 언론과 연구자들이 의문을 제기하기 시작했을 때 페이스북은 대답이 궁색했다.

언론이 악성 게시물을 가려내는 일은 식은 죽 먹기였다. 가짜뉴스 제작자들의 필수 기법이 뻔했기 때문이다. 그들은 그럴듯하게 들리는 이름을 가진 가짜뉴스 출처를 만들고 힐러리 클린턴에게 타격을 입힐 만한 기사를 날조해 그 가짜 기사로 연결되는 링크를 페이스북에 올렸다. 링크를 클릭하지 않는 사람도 제목과 간단한 설명까지 보지 않을 수는 없었다.

가짜뉴스 창구의 대표적인 예로 〈덴버가디언Denver Guardian〉을 들 수 있다. 이 이름을 가진 뉴스 웹사이트는 2016년 7월 16일 등록되어 줄곧 개점 휴업 상태였다. 그러다가 11월 5일에 〈힐러리 이메일 유출의 용의자인 FBI 요원이 숨진 채 발견. 자살로 위장한 명백한 살인〉이라는 제목의 가짜뉴스가 올라왔다. 이 기사의 출처가 콜로라도 덴버에 있는 주요 뉴스 매체라고 생각한 사람이 어찌나 많았던지 《덴버포스트The Denver Post》는 오해를 풀기 위해 이런 기사를 내보냈다. "여러분이 페이스북 게시물을 보기는 했겠지만 〈덴버가디언〉이라는 신문은 존재하지 않는다."[28] 이 기사에서는 〈덴버가디언〉 편집국 주소가 은행 주차장에 있는 나무였음을 밝혀냈다. 그럼에도 〈덴버가디언〉 게시물은 50만 번 이상 공유되었으며 제목은 1500만 번 조회되었다.

나중에 한 NPR 기자가 〈덴버가디언〉을 만든 사람이 로스앤젤레스 교외에 사는 40세 남성임을 밝혀냈다. 민주당원인 그는 20~25명의 필진을 거느리고서 보수파에게 어필하는 날조 기사들을 쏟아냈다. 그는 NPR에 이렇게 말했다. "진보파에게도 비슷한 수법을 쓰려고 했습니다. 하지만 효과가 없었습니다. 전혀 먹히질 않더군요. 댓글 2개를 달자마자 들통 나는 바람에 그냥 흐지부지됐습니다."[29]

선거 전 몇 주 동안 페이스북 최상위 게시물 중 놀랄 만큼 많은 비율이 마케도니아의 작은 마을에서 시작된 날조 뉴스인 듯했다. 11월 초 온라인 매체 〈버즈피드〉가 미국 정치 웹사이트 상위 100여 곳을 추적했더니(상당수는 거대한 페이스북 페이지를 운영했다) 인구 4만 5000명인 마케도니아 벨레스가 본거지로 드러났다.[30] 〈덴버가디언〉과 마찬가지로 동기는 순전히 돈이었다.

선거 이후 벨레스를 찾아간 《와이어드》 기자는 이렇게 썼다. "페이스북에서 활동한 이 마케도니아인들은 트럼프가 백악관에 입성하든 못하든 관심이 없었다. 그들은 승용차, 시계, 고급 휴대폰을 사고 술집에 더 자주 갈 수 있는 용돈이 필요했을 뿐이다."[31] 벨레스 가내 수공업자들은 보수파 블로그에서 힐러리 안티 게시물을 뽑아내어 페이스북에 유포했다. 사람들이 기사를 보려고 클릭하면 (대개 완전한 허구인) 기사에 달린 광고 조회수가 올라가 수익이 발생했다. 하지만 페이스북상에서는 진짜 기사처럼 보였다. 벨레스의 최고 히트작 〈2013년의 힐러리 클린턴: "도널드 트럼프 같은 사람들이 공직에 도전하는 것을 보고 싶다. 그들은 정직하며 매수되지 않는다"〉도 이렇게 탄생했다. 페이스북 이용자들은 일주일 만에 48만 개의 좋아요와 댓글을 달았으며 조회수는 수백만 회에 달했다.

이에 반해 트럼프의 재무 상황을 폭로한 《뉴욕타임스》의 대형 특종은 페이스북에서 한 달 동안 17만 5000회의 클릭을 얻는 데 그쳤다고 〈버즈피드〉는 보도했다. 실제로 선거 운동 마지막 3개월 동안 페이스북 가짜뉴스에서 이끌어낸 참여는 주류 미디어의 뉴스를 능가했다.[32] 그리고 사람들이 이런 상황을 알아차렸다.

페이스북 초기 투자자 중 한 사람인 로저 맥너미는 이 사태에 격분한 나머지 기술 뉴스 웹사이트 〈더버지〉의 의뢰로 쓴 사설에서 페이스북을 통렬히 꾸짖었다. 그는 사설을 편집국에 보내기 전 저커버그와 샌드버그에게 공유했다. 그가 말한다. "이런 취지로 메일을 보냈죠. '이봐요, 구조적 문제가 있는 게 아닌지 심히 우려스럽군요. 이건 내가 의뢰받은 기명 칼럼인데 먼저 당신들과 상의하고 싶어요. 괜찮겠어요?'"[33] 두 사람은 답장에서 모든 상황이 관리되고 있다고 장담했으며 그를 댄 로즈와 만나게 했다. 로즈는 선거 전에 몇 차례 그와 이야기를 나누었다. 맥너미는 기명 칼럼을 게재하지 않았다. 하지만 이것으로 끝이 아니었다.

투표일인 2016년 11월 8일 페이스북 직원들은 선거전에서 우여곡절이 있었지만 결국 힐러리 클린턴이 승리하리라고 철석같이 믿었다.

하지만 그날 실시간 대화를 모니터링하고 '투표했어요' 단추를 공유하던 일부 페이스북 정책 담당자들은 이상한 낌새를 채기 시작했다. 선거 결과를 지켜본 한 페이스북 직원이 말한다. "페이스북 플랫폼에서 대화를 주도한 사람은 언제나 트럼프였는데, 사람들 생각은 이랬죠. '그럴 수 있지. 대부분이 네거티브잖아.' 하지만 플로리다주 판세가 뒤집어질 즈음 나는 우리에 대한 감시가 한층 더 엄격해지리라는 걸 알았어요."

도널드 트럼프가 미국 대통령이라니. 페이스북 직원들만 충격과 시름에 잠긴 것은 아니었다. 하지만 이런 질문에 답해야 할 회사는 많지 않았다. 거의 순식간에 떠오른 질문은 이것이었다.

"페이스북이 여기에 일조했을까?"

이튿날 하나둘 사무실로 들어오는 직원들은 전날 술집에서 흠씬 얻어 맞고 깨어나보니 지갑이 없어진 사람 같았다. 그들은 다들 보는 앞에서 울음을 터뜨렸다. 저커버그는 얼빠진 엔지니어, 디자이너, 홍보 담당자, 정책 실무자를 모아놓고 간담회를 열었다. 페이스북 내부의 사내 전용 페이지에는 '페이스북[회사]이 무너졌다' '임무에 다시 집중' 같은 제목 을 단 그룹들이 속출했다.[34] '사명'이라는 그룹의 소개 글은 다음과 같다. "2016년 선거 결과는 페이스북이 사명을 달성하지 못했음을 보여준다."

페이스북 정책 부문의 일부 인사들은 조엘 캐플런이 선거 과정 내내 보수 진영을 옹호했다며 분노했다. 캐플런이 결자해지해야 했다. 그는 선거 결과가 자신에게도 누구 못지않게 충격이었다고 말했다. 자신이 공화당원이기는 하지만 트럼프에게 투표하지 않았다고도 했다. 하지만 이제 페이스북은 트럼프 당선이라는 현실에 익숙해져야 했다. 핵심 경 영진 상당수는 그를 좋아하지 않았지만.

선거 이틀 뒤 저커버그는 테코노미Techonomy 콘퍼런스에서 무대 인터 뷰를 하기로 계획되어 있었다. 직원들 분위기는 페이스북이 이 문제에 빨리 대처하면 소나기를 피할 수 있을지 모른다는 쪽이었다. 하지만 그 들 뜻대로 되지 않았다. 인터뷰어가 저커버그에게 선거에 대해 묻자 저 커버그는 으레 그러듯 페이스북의 사명과 시스템의 작동 방식에 대해 장광설을 늘어놓았다. 마지막으로 그는 가짜뉴스 문제를 거론했다.

이번 선거를 둘러싸고 사람들이 이런저런 이야기를 한다는 걸 압니다. 개인적으로 나는 페이스북의 가짜뉴스가, 전체 콘텐츠의 극소량에 불과한 가짜뉴스가 선거에 어떤 식으로든 영향을 끼쳤다고 보는 건 정신 나간 발상이라고 생각합니다. 유권자들은 자신의 인생 경험에 비추어 판단을 내립니다. …… 우리는 정말로 사람들을 믿습니다. 사람들이 자신의 관심사와 자신에게 중요한 것을 이해하리라는 믿음 아래 시스템을 구축하면 잘못될 일이 없습니다. …… 가짜뉴스를 봤기 때문에 그렇게 투표했다고 단언하는 건 유권자를 대단히 무시하는 처사입니다.

나는 인터뷰가 진행되는 동안 객석에 있었는데, 문제의 발언을 놓고 조금의 웅성거림조차 없었다고 분명히 말할 수 있다. 내가 보기에 저커버그는 합리적으로 논의에 임했다. 하지만 인터뷰가 끝나고 나서 살아남은 문장은 단 하나였다. "페이스북 최고경영자는 가짜뉴스가 영향을 끼쳤다고 보는 건 정신 나간 발상이라고 말했다."

몇 달 뒤 저커버그는 사과했다. 그 이후로 드러난 사실로 볼 때 선택의 여지가 없었다.

가짜뉴스보다 더 심각한 사안, 외국의 선거 개입

페이스북이 뒤늦게 가짜뉴스의 진원지를 찾으려고 나서는 동안 외부자들 역시 눈에 불을 켰다. 선거가 끝나고 몇 주가 지나면서 페이스북에 올라온 거짓 정보는 트럼프 당선에 충격받은 사람들에게 좋은 손가락질 거리가 되었다.

초창기 디자이너 보비 굿래트Bobby Goodlatte 같은 페이스북 동조자들조차 페이스북 알고리즘이 가짜뉴스에 날개를 달아주었음을 인정했다.

그는 선거 이튿날 페이스북 내부 토론방에 이런 게시물을 올렸다. "애석하게도 뉴스피드는 참여에 최적화되어 있다. 우리가 이번 선거에서 배운 사실은 개소리에 대한 참여율이 매우 높다는 점이다."[35] 보즈를 비롯한 페이스북 충성파는 반론을 제기했다. 정책 홍보 담당자 한 사람은 가짜뉴스의 존재가 "이롭다"라고 댓글을 달았다. 그러면서 이용자들이 거짓 정보를 공유하도록 내버려두는 것은 페이스북이 "회사로서 겸허한" 증거이며 "'진실'을 규정하는 것은 우리가 결코 해서는 안 되는 일"이라고 했다.

비판자 중에는 미국 전임 대통령 또한 포함되어 있었다. 선거 전 미시간에서 열린 클린턴 유세에서 오바마는 힐러리 후보를 괴롭히는 "새빨간 거짓말"을 맹렬히 비난했다. "그런 거짓말이 페이스북에 올라와 있고 볼 수 있으면 사람들은 믿기 시작합니다. 그렇게 해서 이런 허튼소리의 먼지구름이 생기는 것입니다."[36] 《뉴요커》 기자 데이비드 렘닉David Remnick과의 인터뷰에서 그는 선거를 앞두고 페이스북이 해명하지 못한 문제를 이렇게 진단했다. "페이스북 페이지에서는 노벨 물리학상 수상자가 기후 변화에 대해 설명하는 것이나 누군가가 코크Koch 형제에게 뒷돈을 받고서 기후 변화를 부정하는 것이나 똑같게 보입니다(코크 형제는 기후 변화 반대론자로 유명한 억만장자 기업가들이다-옮긴이). 거짓 정보와 터무니없는 음모론을 유포하는 것, 반대파를 매우 부정적인 색채로 칠하고도 무사한 것, 이런 일들이 증폭되어 유권자들이 극명하게 양극화되었으며 공통의 대화를 나누기가 무척 힘들어졌어요."[37]

선거가 끝난 뒤에도 오바마는 계속해서 우려를 표명했다. 11월 17일 독일 총리 앙겔라 메르켈과 함께 베를린에 모습을 드러낸 오바마는(그의 유럽 순방은 선거 패배로 빛이 바랬다) "교묘하게 포장된" 거짓 정보가 페이스북에서 진짜 뉴스와 구분되지 않는다며 한탄했다. 그는 가짜뉴스가 민주주의 자체를 위협한다는 표현을 반복하며 이렇게 말했다. "모든 것이 똑같아 보이고 구분이 되지 않으면 우리는 무엇을 보호해야 할지 알지 못할 겁니다."[38]

11월 중순에 저커버그는 페루 정상회의에 참석할 예정이었는데 물론 오바마 대통령 역시 참석하기로 되어 있었다. 오바마는 그에게 간소한 비공개 회담을 요청했다. 오바마 보좌진은 《워싱턴포스트》에 대통령이 페이스북에 "경종"을 울려 가짜뉴스에 더 적극적으로 대처하도록 저커버그에게 촉구할 작정이었다고 말했다.[39] 페이스북 직원들은 그들이 참석한 이유 중 하나는 가짜뉴스와 이에 대처하기 위해 자신들이 (뒤늦게나마) 취하고 있는 조치에 대해 오바마에게 브리핑하기 위해서였다고 한다. 저커버그가 말한다. "실은 내가 면담을 요청했죠. 대통령의 공개 논평을 듣고서 그에게 우리가 어떤 해결 노력을 하고 있는지 전부 알려주고 싶었기 때문이에요."

일이 잘못되었을 때 저커버그가 잘못을 인정하는 주된 방법은 문제를 고치기 위한 처방을 내놓는 것이다. 11월에 뉴스피드팀은 문제를 해결하기 위해 (기나긴 과정이 될) 작업에 착수했다. 뉴스피드 책임자 애덤 모세리Adam Mosseri는 자신의 회의실에서 아이디어 회의를 열었다(회의실은 시트콤 〈오피스The Office〉에 등장하는 불운한 회사 이름을 따와 던더 미플린Dunder Mifflin으로 불렸다). 엔지니어링 마인드셋에 걸맞게 페이스북은 제품 최적화로 문제를 해결하려 들었다. 뉴스피드팀은 사람들이 게시물의 출처를 확인할 수 있게 하고, 의심스러운 게시물의 팩트체크fact-checking를 돕고, 유해한 게시물을 퍼뜨리는 가짜 계정을 더 공격적으로 솎아내는 등 가짜뉴스를 최소화하기 위한 여러 방안을 내놓았다. 선거가 끝난 지금 이 모든 방안이 테이블에 올라왔다.

하지만 테이블에 올라오지 않은 것이 있었다. 바로 거짓 정보를 페이스북 플랫폼에서 단호히 금지한다는 발상이었다. 이는 이용자에게 표현의 자유를 부여한다는 저커버그의 핵심 신념에 어긋나기 때문이었다. 검열 플랫폼은 그가 품은 꿈의 종말을 의미했다. 따라서 목표는 그런 거짓말을 최소화하거나 순위를 낮춰 뉴스피드 스크롤의 아랫부분으로 끌어내리는 것이었다.

페루로 향하는 비행기에서 페이스북팀은 저커버그가 그날 저녁 착륙해 자신의 페이지에 올릴 선언문을 작성하고 있었다. 저커버그는 이 글이 페이스북이 무엇을 출시하는가가 아니라 무엇을 계획하는가(던더 미플린에서 논의된 뉴스피드 수정 방안)를 표명한다는 점에서 이례적인 게시물임을 인정했다. 그는 이렇게 썼다. "이 중 일부는 효과가 있을 것이고 일부는 없을 것입니다. 하지만 우리가 언제나 이 문제를 심각하게 여겼고 이 문제가 여러분의 공동체에 얼마나 중요한지 이해하고 있으며 이 문제를 바로잡는 일에 최선을 다하고 있음을 여러분이 알아주었으면 좋겠습니다."

이튿날 오바마와의 면담에서 양측은 서로 딴소리를 하는 것처럼 보였다. 오바마는 선언문에 대해 알지 못한 듯했으며 자신이 독일에서 지적한 논점을 다시 끄집어냈다.

페이스북 사람들은 이런 의문이 들었다. '오바마 쪽 사람들이 그렇게 잘 알았다면 왜 우리한테 진작 말해주지 않은 거지?'

선거 당일 앨릭스 스테이모스는 포르투갈 리스본에 있었는데, 이튿날 대규모 웹 콘퍼런스에서 연설할 계획이었다. 개표 현황을 관전하면 재미있을 것 같았지만 단잠을 자고 싶었기에 수면제 앰비엔을 입에 털어넣고 휴대폰을 껐다. 이튿날 선거 결과에 당혹한 그는 허둥지둥 연설문에 다음 문구를 추가했다. "이곳에서 우리는 진보 엘리트입니다. 우리는 선거 결과에 놀란 것으로 유명한 계층입니다." 하지만 나중에 받은편지함을 확인했더니 선거 결과가 믿기지 않는다는 이메일의 절대다수는 사람들이 어째서 거짓 정보를 보게 된 거냐고 진지하게 묻는 내용이었다.

문제는 페이스북을 이용해 선거에 영향을 끼치려는 조직적 시도가 있었느냐였다. 스테이모스는 진상을 파헤치겠노라 다짐했다.

이후 몇 주간 그의 팀은 가짜뉴스가 어디서 왔고 향후 어떻게 적발할 수 있을지에 대해 조사를 진행했다. 그는 페이스북이, 특히 저커버그가 여전히 문제의 심각성을 파악하지 못했다는 생각이 들었다.

그는 12월에 보고서를 완성했다. 보고서에서 밝혀낸 결과에 따르면 대부분의 가짜뉴스는 자발적 독자를 꾀어 짭짤한 클릭 수익을 얻으려는 마케도니아류의 선정적 이야기였다. 출처는 돈의 흐름을 좇으면 쉽게 찾아낼 수 있었다. '랜딩 페이지landing page'(링크를 따라갔을 때 방문하게 되는 웹사이트)는 실제 신문과 닮지 않았으며 저질 광고가 덕지덕지 붙어 있었다.

하지만 스테이모스는 외국의 개입 자체가 심각한 문제임을 분명히 하고 싶었다. 그리고 페이스북은 아직 그 범위를 파악하지 못했다. 보고서는 러시아정보총국의 개입을 자세히 설명했다. 그러고는 페이스북을 이용해 프로파간다를 전파하는 비법을 러시아가 얼마나 깊이 알아냈는지 페이스북이 아직 밝혀내지 못했음을 인정했다. 보고서에는 스테이모스의 위협정보팀에서 출처를 러시아로 파악한 페이지들의 스크린샷 여러 장이 들어 있었다. 선거에 관련된 것뿐 아니라 우크라이나 관련 거짓 정보를 유포하려는 그전의 시도와 심지어 올림픽 관련 프로파간다에 대한 것까지 있었다. 이 점을 강조하기 위해 스테이모스는 러시아 정보기관들의 로고를 보고서에 실었다.

적대적 초강대국의 공격은 뉴스피드 표시 방식을 조정한다고 해결할 수 있는 문제가 아니었다. 진상을 더 깊이 이해해야 했으며 저커버그가 직접 관여해야 했다. 하지만 여기에는 미묘한 문제가 있었다. 페이스북의 조직 구조는 저커버그와 샌드버그로 양분되어 있었으며 최고보안책임자 스테이모스는 한 번도 최고경영자와 독대한 적이 없었다.

그래서 스테이모스는 보고서를 이례적으로 처리했다. 셰릴 월드의 국경선을 넘어 제품 영역으로 들어간 것이다. 그는 저커버그의 최측근인 크리스 콕스, 애덤 모세리, 나오미 글라이트, 하비에르 올리반에게 이메일로 보고서를 보냈다. 그는 이 사람들이 실질적으로 회사를 운영하며 저커버그의 관심사를 처리한다는 것을 알고 있었다. 이들은 위기가 터질 때마다 한밤중에 전화를 받는 사람이었다. 정책팀의 미온적 태도를 뛰어넘어 저커버그의 주목을 끌려면 이 방법밖에 없을 것 같았다.

경영진이 보고서를 받은 뒤 스테이모스는 크리스 콕스의 회의실에서 이들과 만났다. 제품 책임자 콕스는 페이스북에서 (아마) 두 번째로 중요한 사람이었다(일부 내부자는 그가 샌드버그보다 중요하다고 여겼다). 그랬기에 이렇게 중요한 사실을 이제야 알게 된 데 심기가 불편했다. 다들 저커버그 역시 이 사실을 알아야 한다는 데 동의했다.

이튿날 약 20명의 사람들이 보고서에 대해 논의하기 위해 저커버그의 수족관에 모였다. 저커버그는 콕스와 마찬가지로 러시아 문제에 대해 브리핑을 받은 적이 없는 듯했다. 그는 질문을 퍼부었는데 상당수는 아무도 답할 수 없는 것들이었다. 저커버그는 페이스북 경영진에 대책 검토를 위한 위원회를 꾸리라고 지시했다. 그들은 위원회를 '프로젝트 P'

라고 불렀다. 'P'는 '프로파간다'를 의미했다.

프로젝트 책임자 나오미 글라이트가 말한다. "당시에도 우리는 이 문제를 체계적으로 이해할 뾰족한 수가 없었던 것 같아요." 스테이모스팀이 전반적으로 주도하는 가운데 그들은 문제 분석에 착수했다. 저커버그를 제외하고는 가장 초창기 직원 중 한 사람인 글라이트는 눈에서 막이 벗겨지는 듯한 느낌을 받았다. 그녀는 페이스북의 성장을 총괄하는 하비에르 올리반과 긴밀히 협력해 데이터과학자들과 함께 독자적 보고서를 작성했다.

하지만 이번 역시 수치의 독재가 결과를 좌우했다. 프로젝트 P팀의 확인 결과 상위 100개 가짜뉴스 중에서 출처가 러시아 기관인 것은 하나도 없었다. 그들의 결론에 따르면 가짜뉴스의 관건은 벨레스의 마케도니아인들처럼 시스템을 악용하는 악당들에게 돈이 흘러가는 경로를 끊는 것이었다. 어떤 의미에서 그들은 현 상황이 스팸성 개발자들 때문에 페이스북이 골머리를 썩였을 때와 비슷하다고 생각했다. 그 관점에서 보자면 가짜뉴스에 대처하는 일은 징가의 마크 핑커스가 부리는 욕심을 다스린 일과 별반 다르지 않았다.

페이스북 법무책임자 콜린 스트레치가 말한다. "일부 거짓 정보 시도가 러시아로 연결되기는 했지만 가짜뉴스가 규모가 더 큰 문제 같았어요." 그리하여 이름이 무색하게 프로젝트 P는 금전적 이익을 추구하는 가짜뉴스는 엄단하면서 프로파간다에는 통행증을 내주었다.

스테이모스는 프로젝트 P의 결론을 반박하지는 않았다. 하지만 외국이 페이스북에 개입하는 행위에 대해 페이스북이 경보를 울려야 한다는 생각에는 변함이 없었다. 그는 이런 행위가 현재 진행형 근심거리인 만큼 대중이 러시아정보총국의 개입에 대해 알아야 한다고 생각했다. 그는 위협정보팀 팀원 두 사람과 함께 일반인에게 공개할 백서를 집필했다. 이번에도 그는 페이스북 정책 수뇌부와 마찰을 빚었다.

12월 보고서에는 스테이모스팀이 출처를 러시아로 밝혀낸 페이지들의 스크린샷과 러시아정보총국이 페이스북에서 활동을 벌였다는 명백한 언급이 포함되었다. 페이스북 정책 수뇌부, 특히 (자료에 따르면) 조엘 캐플런은 그런 정보가 포함되는 것을 원하지 않았다. 의도적이건 아니건 보고서의 주장에는 정치적 의미가 있었다.

당시 도널드 트럼프는 자신이 선거 기간에 러시아로부터 도움을 받았다는 사실을 완강히 부인하고 있었다. 신임 대통령을 자극할 이유가 어디 있겠는가?

그래서 13쪽짜리 백서는 외국의 개입이 어떻게 이루어질 수 있는지 조목조목 논의하면서도 러시아의 개입은 제외했다. 실제로 '러시아'라는 단어는 보고서에 일절 나오지 않았다. 저자들은 이렇게 썼다. "페이스북은 이 활동의 배후에 있는 조직을 명시적으로 지목할 입장에 있지 않다." 그들은 국가적 거짓 정보가 페이스북 '가짜뉴스'의 작은 부분에 불과하다고 언급하는 것도 잊지 않았다. 러시아의 개입을 인정하는 유일한 대목은 백서의 어느 부분도 미국국가정보장실United States Director of National Intelligence, DNI의 최근 보고서(러시아가 미국 대선을 망치려 했다고 명시적으로 언급했다)와 모순되지 않는다는 주석이었다.[40] 하지만 그 단서를 포착하려면 예리한 눈과 많은 배경 지식이 필요할 터였다.

스테이모스가 말한다. "우리의 타협책은 국가정보장실 보고서를 손가락으로 가리키되 '러시아, 러시아, 러시아'라고 말하지 않는 거였죠."

《뉴욕타임스》의 이후 보도에 따르면 러시아의 활동을 폭로하는 것이 주목적인 보고서에서 그 내용이 누락되도록 승인한 사람은 샌드버그였다. 그녀는 이를 완강히 부인한다. 샌드버그가 말한다. "백서가 집필되고 있다는 건 어렴풋이 알았지만 아무도 러시아를 각주에 넣어야 하는지 말아야 하는지 내게 묻지 않았어요. 난 관여하지 않았어요."

페이스북은 2017년 4월 17일 백서를 발표했다. 누가 페이스북(과 미국)을 공격했는지는 얼버무릴 수밖에 없었다. 하지만 스테이모스는 백서를 눈 가리고 아웅 하는 수작이라고는 생각하지 않았다. 그가 말한다. "결국 내가 타협책에 동의한 건 우리가 무언가를 끄집어냈기 때문이에요. 그러지 않을 수가 없었죠."

그들은 이렇게 생각했다. 개입의 피해자인 다른 당사자들(트위터, 유튜브)과 달리 페이스북은 대중과 당국에 외국의 소셜 미디어 개입이 초래할 위험을 경고하기 위해 조치를 취했다고. 러시아를 백서에서 뺀 것이 명백한 경고였다는 논리다.

보고서가 불완전했음은 훗날 분명해진다. 스테이모스가 조사를 벌였고 프로젝트 P가 실시되었지만 페이스북은 블라디미르 푸틴이 페이스북을 어느 정도까지 가지고 놀았는지 감도 잡지 못했다.

하지만 조만간 알게 될 터였다.

15

프로파간다의 도구와 올바른 길

전 지구적 공동체 만들기라는 구상

2017년 2월 9일 저커버그가 지금은 클래식 캠퍼스Classic campus로 불리는 옛 선 마이크로시스템스 단지의 길 건너에 있는 격납고처럼 생긴 본사 건물 20동의 수족관으로 나를 호출했다. 프랭크 게리가 설계한 20동은 블루칩 건축가의 작품에서 으레 볼 수 있듯 금방이라도 무너질 것 같은 구조의 극단적인 본보기로, 파이프가 노출되어 있고 높은 천장에는 와이어가 매달려 있으며 벽은 임시로 친 널빤지처럼 보인다. 게리는 자신의 고객에 대해 이렇게 말했다. "과도한 설계를 바라지 않더군요."[1]

400미터 길이의 20동 내부 벽에는 실크 스크린으로 새로 제작한 "너드가 되라" 슬로건을 비롯해 아날로그연구소에서 최근에 제작한 포스터 들이 붙어 있었다. 6.7미터 높이의 천장 아래로 기다란 탁자가 마치 무 작위로 놓인 듯 배치되어 있었으며 젊은이들이 각자의 컴퓨터 화면을 들여다보고 있었다. 4만 제곱미터 공간에는 회의실, 무료 카페, 신용카 드 결제 방식으로 홍차와 아메리카노를 파는 고급 커피숍 등이 여기저 기 들어서 있었다. 옥상에는 주변 녹지와 어울리도록 잔디를 깔았으며 업무 중 쉬는 시간에 산책할 수 있도록 초목 사이로 흙길이 나 있었다 (이후에 21동과 합치면서 산책로가 더 길어졌다).

사람들은 건물에서 몇 달간 일했지만 여전히 다음 회의 장소를 찾으 려면 모든 벽에 설치된 모니터를 들여다봐야 했다. 건물 안에는 주요 통 로 2개가 나란히 실리콘 정글을 관통하며 가로지르고 있었는데, 사람들 은 실리콘밸리와 샌프란시스코를 연결하는 두 도로에 빗대어 280번 주 간고속도로와 101번 도로라는 별명을 붙였다.

20동의 한가운데쯤 위치한 저커버그의 유리 벽 회의실에는 탁자를 중심으로 소파와 의자가 배치되어 자연스러운 분위기를 연출했다. 화 이트보드와 디스플레이 스크린이 회의실 가장자리를 지키고 있었다. 그 안에서는 누군가 대형 차기작을 구상하고 있거나 소셜 그래프에 혼란을 일으키는 제품을 어떻게 수정할지 골머리를 썩이고 있었을지 모른다.

2017년 페이스북은, 20동의 통행 행렬이 101번과 280번으로 나뉘었 듯, 두 갈래 길을 따라 나아갔다. 하나는 선한 의도와 블록버스터 수익 보고서라는 대로였고, 다른 하나는 매서운 폭로의 무시무시한 내리막길 이었다.

한때 신동으로 불리던 창업자는 이제 남편이자 아버지이자 억만장자, 그리고 20억 페이스북 가입자의 보호자 겸 수확자가 되었다(페이스북 가입자 중 이용약관 문서를 꼼꼼히 읽어본 사람은 거의 없겠지만 말이다. 이 문서는 분량과 난해함 면에서 제임스 조이스의 《피네간의 경야Finnegans Wake》와 맞먹는다). 저커버그는 자신의 지위에 걸맞게 원대한 생각들로 위기를 헤쳐나가려 했다. 개인 공책에 아이디어를 적던 옛날과 달리 이제 그는 자신의 올림포스 어항에서 마치 벼락처럼 자기 견해를 퍼뜨렸으며 그의 페이지북 페이지에서는 수백만 팔로어가 그의 글을 읽고 좋아요를 눌렀다.

선거에서 페이스북의 역할, 가짜뉴스, 비밀리에 추진한 프로젝트 P에서 러시아의 개입이 드러났는가 등의 사안에 대한 논의가 이루어졌다. 이 와중에 저커버그는 회사의 문제를 더 폭넓은 불안이 발생할 조짐이라는 맥락에서 바라보았다. 최근 선거에서 미국을 둘로 나누고 뉴스피드의 바이럴 게시물처럼 전 세계로 확산되고 있는 '분열' 현상이 바로 그것이었다. 그는 다가올 해에 자신이 페이스북의 결점 몇 가지를 인정해야 하리라는 것을 감지했다. 하지만 기회를 움켜쥐는 본능의 소유자이자 한때 〈문명〉 게임의 중독자이던 그는 무엇이 자기 회사뿐 아니라 세상을 병들게 하는가로 논의의 범위를 확대하기로 마음먹었다.

2017년 1월 3일 저커버그는 새해 도전 과제를 발표했다. 그는 정치인의 민생 행보 스타일로 미 대륙의 각 주를 방문하며(자신이 이미 오랜 시간을 보낸 곳만 빼고) 경청 투어를 진행할 계획이었다. 그는 이렇게 썼다. "나의 과제는 세계를 연결하고 모든 사람에게 발언권을 부여하는 것이다. 올해는 개인적으로 이런 현장의 목소리를 더 많이 들어보고 싶다."[2]

저커버그는 자신의 생각을 정돈하고 비전을 공유할 선언문을 구상하고 있었다. 그해 2월에 이야기하고 싶은 내용이었다.

지금까지 페이스북에서 일어난 사건들은 뉴스피드, 비컨, 이용약관 등 각 부문에서 저지른 헛발질 때문이었다. 반면에 이번 선거 이후의 위기는 페이스북 자체의 근간을 강타했다.

성장, 이윤, 연결과 공유를 향한 외곬 밀어붙이기 등의 이름으로 내려진 모든 결정은 건강하지 못한 중독 시스템, 사악하고 위험한 자들에게 악용되기 십상인 시스템을 만들어냈다. 이제 저커버그가 입에 달고 사는 말, 페이스북 간부들이 향후 몇 년간 끊임없이 되뇐 문구는 페이스북이 "해야 할 일이 아주 많다"였다.

저커버그는 이 할 일을 완수하는 데 언제나 기꺼이 함께했다. 예컨대 그는 안전과 보안 분야 부서를 확대하라고 지시했다. 이제 이 팀들은 문제가 불거진 뒤 사과하고 바로잡는 것이 아니라 문제를 '선제적으로' 공략해야 한다는 방침에 따라 운영될 터였다. 또 가짜뉴스가 선거에 영향을 끼쳤다고 보는 것이 "정신 나간 발상"이라는 발언이 잘못임을 인정했다. 그는 구색을 잘 갖춘 구내 미니 주방에서 음료를 건네며 내게 말했다. "내가 그 문제를 망쳤는지 몰라요."(페이스북에서 방문객에게 음료수를 대접하는 것은 일본 기업에서 차를 대접하는 것과 같은 관례였다.)

하지만 그는 페이스북이 가짜뉴스를 줄이기 위해 계획한 각종 조치를 줄줄 읊으면서도 이 문제를 '전 세계'가 분열과 사악한 의도 쪽으로 기울고 있는 징후로 규정했다. 그는 페이스북이 그리고 '자신'이 이 문제를 해결하기 위해 뭔가 할 수 있다고 생각했다.

그가 말했다. "내 논지는 이래요. 우리 사회와 문명이 다음 수준에 도달하려면, '우리는 이런저런 나라들이 모인 떼거리이다'라는 현재의 부족주의를 넘어서려면, 우리가 하나의 세계이고 함께 문제를 해결할 수 있다는 그런 인프라를 구축해야 해요."

그는 트럼프의 승리가 페이스북 안팎의 사람들을 심란하게 했음을 인정했다. 그러나 그의 새로운 십자군 원정은 한 사람이 아니라 전 세계가 함께하는 운동이었다. 페이스북은 '공동체community' 건설자로서 문제를 해결할 위치에 있었다. 공동체라는 말은 그의 2017년 유행어가 되었다. 페이스북은 저커버그가 나 같은 기자들에게 "우리는 결코 커뮤니티/소셜 사이트가 아닙니다"라고 말하던 2007년경의 견해를 이미 오래전에 뛰어넘었다.

실제로 우리가 대화를 나눈 지 일주일 뒤 그의 5700단어짜리 에세이("예상 독파 시간: 27분")가 페이스북에 올라왔다. 제목은 〈전 지구적 공동체 만들기Building Global Community〉였다. 에세이에서 그는 단순히 "세계를 연결하는 것"은 더 이상 페이스북이 구상한 순수한 축복일 수 없음을 암묵적으로 인정했다. 데이터가 보여주듯 상황은 더 복잡해져 있었다. 그는 물었다. "우리는 계속 연결해야 할까, 아니면 경로를 반대로 바꾸어야 할까?"

그가 전자 쪽을 선택한 것은 놀랄 일이 아니다. 앞서 내게 말했듯 그의 답은 '공동체'였다. 여기서 페이스북의 역할은 공동체에 지원, 안전, 정보, 시민 참여, 포용성을 (이 순서대로) 제공하는 것이었다. 이 각각의 "기둥"에 대해 페이스북은 …… 해야 할 일이 있었다.

그런데 저커버그는 긍정적인 측면에 초점을 맞추었다. 그는 과제들을 논의하면서 페이스북이 무언가를 파괴한 사례가 아니라 무언가에 보탬이 된 사례를 들었다. 물론 페이스북이 실수를 저질렀음은 인정했지만, 이것을 사악한 의도나 해로운 비즈니스 모델이 아니라 공동체 간의 서로 다른 가치 또는 "운영 규모 확장 문제"의 탓으로 돌렸다. 그의 선언은 이 실수들 너머로 시선을 돌려 이해와 예의라는 새로운 세계 질서를 페이스북과 함께 만들어가자는 초청장이었다.

에세이 말미에서 저커버그는 에이브러햄 링컨의 1862년 연설 중에서 한 대목을 인용했다. "폭풍우가 몰아칠 것 같은 현재에 대처하는 데 평온했던 과거의 도그마는 적당치 않습니다. 우리 앞에는 해결하기 어려운 문제가 산적해 있습니다. 우리는 이 난국을 타개해야만 합니다. 우리의 사례가 새로운 것인 만큼, 우리는 새롭게 생각하고 새롭게 행동해야만 합니다."[3]

저커버그는 링컨의 연설에서 이 문구 뒤에 오는 말은 인용하지 않았는데 인용했어도 좋았을 것이다. 16대 미국 대통령은 이렇게 말했다. "우리 가운데 어느 누구도 이런 운명을 피할 수는 없습니다. 우리가 겪고 있는 이 극한의 시련은 명예롭게 또는 수치스럽게 영원히 우리를 비출 것입니다."

러시아의 정보전에 악용된 페이스북 광고

2017년 7월 네드 모런은 위협정보팀 동료들과 함께 또 다른 충격적 발견으로 이어질 조사를 시작했다. 법무팀의 누군가가 정부에서 얻은 정보를 귀띔해주었다. "광고를 살펴봐요."

문제점은 이미 나와 있었다. 그해 4월 스테이모스 백서가 나오고 불과 한 달 뒤 《타임》은 정보 담당 관료들의 발견을 커버스토리로 보도했다. 2016년 러시아가 프로파간다(선전) 캠페인의 일환으로 취약 이용자를 겨냥한 페이스북 광고를 내보냈다는 내용이었다. 한 "고위 정보 관료"는 《타임》에 이렇게 말했다. "그들은 '스폰서 게시물'이라는 광고를 삽니다. 남들 하는 대로 똑같이 하는 거죠."[4]

버지니아주 연방 상원의원 마크 워너Mark Warner는 격분한 나머지 그해 여름 멘로파크를 방문해 가짜뉴스의 출처를 더 깊이 들여다보라고 페이스북에 요구했다.[5] 상원 정보위원회 소속인 워너는 소셜 미디어에 대해, 특히 페이스북에 대해 비판적 시각이 갈수록 커지고 있었다. 선거가 끝나자 그는 러시아의 개입을 더 꼼꼼히 조사하라며 페이스북에 압박을 가했다. 훗날 그는 〈프런트라인〉에 이렇게 말했다. "페이스북의 첫 반응은 무척 실망스러웠어요. 이런 식으로 말하더군요. '이건 미친 소리야. 워너는 자기도 모르는 말을 지껄이고 있어.'"[6]

그즈음 페이스북은 선거를 교란하기 위한 가짜뉴스를 적발하려고 노력하고 있었다. 그렇지만 그런 와중에 광고의 역할은 철저히 점검하지 않았다. 페이스북은 광고가 연루되어 있다는 의혹을 애써 외면했다. 위협정보팀의 조사 역시 미흡하기는 마찬가지였다. 페이스북 대변인은 7월 20일 CNN에 이렇게 말했다. "러시아 세력이 선거와 관련해 페이스북에 광고를 냈다는 증거는 전혀 찾지 못했습니다."[7]

광고를 살펴보는 것은 쉬운 일이 아니었다. 당시 페이스북에는 500만 광고주가 매일 수억 개의 광고를 싣고 있었다. 모런은 이 광고들을 추리기 시작했다. 그의 팀뿐 아니라 '비즈니스진실성Business Integrity'이라는 이름을 가진 광고 부서가 조사에 동참했다. 그들은 2016년 선거 이전의 3개월을 조사 대상 기간으로 정해 출처가 러시아이거나 러시아 인터넷 제공 업체를 이용한 광고주, 또는 러시아어로 쓰인 게시물이나 루블화로 결제된 광고를 살펴보기 시작했다. 이런 단서를 활용해 조사팀은 조사 대상 광고 개수를 수십만 개로 추렸다. 그런 다음 광고를 직접 들여다보면서 정치적 문구가 들어 있는 것을 가려냈다. 그들은 '트럼프'나 '힐러리' 같은 키워드를 검색했다. 광고 속 일부 문구는 텍스트 형식이 아니라 그래픽의 일부여서 검색되지 않았기에 작업은 쉽지 않았다. 그래도 그들은 조사 범위를 점점 좁히기 시작했다.

그런 다음 모런은 광고 자체의 유사성이나 공통 링크를 통해 광고주들 간 연관성을 살펴보기 시작했다. 그리고 필름을 현상하다 어느 순간 상이 또렷해지듯(페이스북의 젊은 직원들 대부분은 한 번도 보지 못했을 암실 속 장면이다) 모런은 20~30명의 이용자가 뚜렷한 네트워크로 엮여 있는 것을 포착했다. 그들에게는 한 가지 공통점이 있었는데 전부 러시아의 도시 상트페테르부르크 출신이었다.

모런에게는 짚이는 점이 있었다. 그는 2015년 에이드리언 첸Adrian Chen이 쓴 《뉴욕타임스》 기사가 떠올랐다. 기사에는 상트페테르부르크를 근거지로 운영되는 유해한 "악플 공장troll farm" 인터넷연구소Internet Research Agency, IRA의 활동이 묘사되어 있었다. 이 연구소의 목표는 자국에 유리하도록 자유 국가들을 교란하는 것이었다. 첸은 기사에서 이렇게 썼다. "러시아가 벌이는 정보 전쟁은 역사상 최대의 악플 작전으로 꼽을 수 있을 것이며, 그 표적은 다름 아닌 민주주의 공간인 인터넷의 효용성이다."[8]

모런과 동료들은 후속 조치에 착수했다. 그들은 인터넷연구소가 약 3000개의 광고에 약 10만 달러를 지출했으며 대부분 루블화로 결제했음을 확인할 수 있었다. 광고는 인터넷연구소와 연계된 페이지 120곳을 홍보하는 데 동원되었다. 이 페이지들에는 8만여 개의 게시물이 올라와 있었으며 1억 2900만 명의 페이스북 이용자에게 도달했다.[9]

러시아 인터넷연구소팀이 페이스북에 광고를 싣고 있음을 알게 된 모런은 내용을 자세히 들여다보았다. 구역질이 올라왔다. 뉴스 매체를 가장한 광고가 있었고, 미국 시민들의 반응을 이끌어내기 위해 터무니없는 주장(이를테면 힐러리 클린턴이 사탄과 친하다는 주장)을 하고 인종적 적대감을 유발하고 최악의 공포를 부추기는 광고가 있었다. 이런 광고가 수천 개에 이르렀다.

구역질은 식중독처럼 페이스북을 휩쓸었다. 많은 페이스북 간부들이 러시아가 내보낸 광고를 확인했으며 오랫동안 쌓은 인맥을 통해 외부로 유출했다. 스트레치가 말한다. "회의실에서 광고들을 봤는데 이루 말할 수 없이 역겨웠어요. 조종당한다는 느낌이 들면서 분노가 치밀더군요." 그중에서 특히 잊히지 않는 광고가 있었다. 정체를 알 수 없는 군중을 향해 누군가 화염 방사기를 발사하고 있었는데, 군중에게는 무슬림을 가리키는 모욕적인 단어가 붙어 있고 "전부 불태워버려!"라는 문구가 달려 있었다. 스트레치가 말한다. "편견을 가진 사람들을 부추기려고 그런 식의 폭력을 활용한다는 발상이 끔찍했어요. 우리가, 특히 내가 그토록 악독한 내용을 보지 못했다는 게 마음에 걸렸습니다."

그가 하지 않은 이야기는 페이스북이 인구 집단과 관심사를 분류해놓은 덕에 이런 광고가 잘 먹힐 유권자를 겨냥하기가 얼마나 쉬워졌는가였다. 양측 진영 모두 표적이 되었다. 트럼프 지지자들의 투표를 독려하는 광고가 있는가 하면 민주당 지지자들의 투표 의욕을 꺾는 광고가 있었다. 어떤 것은 노골적으로 시민들을 겨냥한 악취탄이었다. 이민자를 두려워하는 사람들에게는 외국인 범죄 사건을 집중적으로 보여주어 가뜩이나 분열된 나라를 더 갈라놓았다.

페이스북 자회사인 인스타그램 역시 악용되었다. 훗날 특검팀 로버트 뮬러 기소장에 따르면 인터넷연구소는 '깨어난 흑인들Woke Blacks'이라는 계정을 만들어 선거일에 집에 있으라고 아프리카계 미국인들을 부추겼다. 한 게시물은 이렇게 선동했다. "두 악마 중에서 차악을 선택할 수는 없다. 아예 투표하지 않는 게 상책이다."[10] '블랙티비스트Blacktivist'라는 또 다른 계정은 급진 진보주의자인 질 스타인Jill Stein 녹색당 후보에게 투표하라고 독려했다. 한 게시물은 이렇게 홍보했다. "평화를 원하면 질 스타인에게 투표하세요. 내 말 믿으세요. 사표死票가 되진 않을 테니까요."

러시아의 개입을 조사하던 로버트 뮬러 특별검사팀은 이미 인터넷연구소를 눈여겨보고 있었다. 특검팀은 이후에 인터넷연구소 작전이 내부적으로 '프로젝트 라흐타Project Lakhta'로 불린다는 사실을 밝혀냈다(라흐타센터는 최근에 건설된 마천루로 상트페테르부르크 지평선 위에 우뚝 솟아 있다). 인터넷연구소의 운영 방식은 페이스북을 마케팅 수단으로 이용하는 수천 곳의 회사와 기본적으로 똑같았다. 그들은 내부 상황판에서 수치를 모니터링하면서 할당량을 못 채우는 관리자를 질책했다. 특별검사 기소장에 따르면 인터넷연구소가 개설한 '안전한 국경Secure Borders'이라는 페이스북 그룹은 "힐러리 클린턴을 비난하는 몇 건의 게시물"을 작성하기 위해 한 회계 전문가를 동원했다. 이 회계 전문가는 선거 운동 마지막 몇 주 동안 "힐러리 클린턴에 대한 비난을 배가하는 것이 시급합니다"라는 말을 들었다고 한다.

하지만 기소장이 공개되는 것은 몇 달 뒤 일이었다. 당분간 수천 개의 광고와 수만 개의 게시물이 러시아가 페이스북을 이용해 미국 대선을 공격했다는 증거임을 아는 것은 페이스북뿐이었다. 페이스북은 러시아가 페이스북 플랫폼을 오염시키도록 내버려두었을뿐더러 여느 페이스북 광고들에 대해서처럼 암묵적 승인을 해주기까지 했다(페이스북의 광고 기준은 표현의 자유를 적용받는 이용자 게시물 기준보다 더 엄격하다.)

그렇다면 페이스북은 이런 일이 벌어지고 있다는 사실을 왜 눈치채지 못했을까? 한 가지 이유는 기술적인 문제였다. 프로젝트 P의 연구자들은 가짜뉴스를 검색하면서 영어 단어를 '분류자classifier'(기계학습 알고리즘이 식별하는 용어)로 썼다. 그런데 러시아인들이 올린 광고는 단어를 텍스트로 저장하지 않고 이미지에 겹쳐놓았다. 의도적이었든 아니든 이 덕에 페이스북의 가짜뉴스 저인망을 피할 수 있었다.

또 다른 이유는 러시아 광고의 개수가 상대적으로 적었다는 점이다. 페이스북 비즈니스진실성을 책임지는 광고 담당 임원 롭 골드먼은 훗날 이런 식으로 해명했다. 수천 곳의 러시아 광고주가 러시아 밖에 광고를 내보내기 위해 하루에만 수만 달러를 쓰고 있었던 데 반해 인터넷연구소에서 지출한 광고비는 8개월에 걸쳐 약 10만 달러에 불과했다고.

하지만 골드먼은 이 수치와 기술적 맹점이 결코 변명거리가 될 수 없음을 인정한다. 인터넷연구소의 개입이 드러난 뒤 골드먼은 러시아의 거짓 정보 공작(정보기관들은 '적극적 조치active measure'라고 불렀다)이라는 주제에 집착했다. 그가 말한다. "어느 정도는 러시아 학자가 됐죠." 그는 러시아 역사를 섭렵하고 전 KGB(소련국가보안위원회) 요원 올레그 칼루긴Oleg Kalugin의 비망록 같은 자료를 페이스북 임원들의 일종의 마조히즘적 독서회에 공유했다. 회원들은 자신들이 진작 눈여겨봤어야 할 사실들을 뒤늦게 배우고 있었다. 골드먼이 말한다. "러시아인들은 100년 넘게 이 일을 해왔어요. 어떤 사람들은 그들이 이런 짓을 하려 들리라는 사실을 알고 있었죠. 러시아 요원들은 1970년대에 뉴욕의 유대교 회당에 나치 십자가를 그렸어요. 60년 뒤 페이스북 광고로 저지른 짓도 사실상 똑같아요."

페이스북은 광고주가 좋은 의도를 가지고 있다고 멋대로 가정했기에 (돌이켜 보면) 명백한 징후들을 알아차리지 못했다. 골드먼이 말한다. "루블화 표시 계정들이 미국 선거 관련 광고를 한다는 사실이 이상하지 않

　　　　　3부　메타버스를 향하여

으냐고요? 물론 이상하죠." 그는 페이스북이 나중에 관행을 바꾸었으며 지금은 그런 활동을 주시하고 있다고 덧붙인다. 하지만 2016년에 페이스북은 외국 광고를 유치하느라 바빠서 무슨 문제가 생길 수 있는지 철저히 검토하고 추적하지 못했다. 그가 말한다. "러시아인들이 소셜 미디어를 이런 식으로 이용하리라는 건 100퍼센트 예상할 수 있는 사실이었죠. 우리가 미리 생각하지 못하고 찾아내지 못한 건 부끄러운 일이에요."

　사태가 더욱 복잡해진 것은 페이스북이 러시아의 프로파간다를 적발했을 때조차 내부 규칙에 완벽히 부합하는 콘텐츠와 구별할 방법이 전혀 없었기 때문이다. 조사팀은 3000개의 광고와 8만 건의 게시물을 주제별로 분류했는데 '인종주의' '안티 힐러리' 'LGBTQ(성소수자)' '총기' '이민' 등은 모두 페이스북에서 허용되는 토론 주제였다. 절대다수 프로파간다는 저커버그가 이용자의 '표현의 자유'로 간주한 범주 안에 들어 있었다. 페이스북이 인터넷연구소 페이지들을 폐쇄한 것은 내용 때문이 아니라 '개설자' 때문이었다.

　골드먼이 말한다. "마침내 이 광고들의 저의를 알게 되었을 때 가장 골치 아픈 문제는 이것들을 어떻게 처리할 것인가였어요. 이 광고들을 막으려면 정책을 어떻게 바꿔야 할까요? 사실 이 광고들이 전부 우리 정책에 위배된 건 기묘한 이유 때문이었죠. '가짜 계정'이 만든 광고들이었거든요. 만일 진짜 계정이 만들었다면 광고를 중단하기가 여간 힘들지 않았을 겁니다. 이민에 대한 광고를 내보내면 안 된다고 말하고 싶어도 내세울 기준이 전혀 없어요. 이민 논의를 기본적으로 차단하는 기준을 적용하면 미국 시민들과 정치인들이 이민에 관해 이야기하는 것조차 가로막게 됩니다." 그렇게 인터넷연구소 페이지들은 삭제되었고 근거는 유령 계정으로 게시물을 올렸다는 것이었다.

페이스북상의 온갖 가짜뉴스에 대한 분노가 화산 폭발하듯 터져 나온 점을 감안하면 페이스북이 조사 결과를 즉각 발표했으리라 생각할지 모른다. 하지만 그러지 않았다.

무엇보다 타이밍이 최악이었다. 페이스북은 가짜뉴스 대부분이 금전적 동기에서 제작되었다는 이전 결론을 토대로 자신들의 대응책을 홍보하고 있었다. 그들이 발표한 백서에는 러시아가 언급되지 않았다. 러시아의 개입 규모를 그해 7월까지 몰랐다고 주장했다가는 대중의 웃음거리가 될 수 있었다. 그래서 페이스북은, 관점에 따라 그리고 누구에게 이야기하느냐 따라, 자신들이 발견한 사실이 대중의 귀에 들어가지 않도록 고의로 또는 기만적으로 계속해서 정보를 숨겼다.

그렇다고 해서 아무 일도 하지 않은 것은 아니다. 모런과 스테이모스는 처음 러시아정보총국 소식을 접했을 때와 마찬가지로 페이스북 법무 책임자 콜린 스트레치에게 알렸다. 이 소식은 샌드버그와 저커버그에게까지 올라갔다. 페이스북 법무팀은 FBI에 알렸다. 특별검사실에도 전달했다. 특검은 소환장을 발부받아 페이스북에 광고들을 제출하도록 요구했다. 의회 브리핑이 시작되었을 때 페이스북은 기밀 정보에 접근할 수 있는 몇몇 의원들이 사건의 내막을 잘 아는 사람만 던질 수 있는 질문을 제기하자 깜짝 놀랐다. 스테이모스가 말한다. "청문회에서 다들 이 사실을 안다고 말하더군요. 알았다면 왜 우리를 도와주지 않은 거죠?"

그해 2017년 여름 내내 페이스북은 더 많은 정보를 수집했다. 하지만 러시아 광고가 없었다는 이전의 단언이 새로운 발견으로 부정되었음을 대중에게 밝히지는 않았다. 나중에 앨릭스 스테이모스는 자신의 상사들이 미국 국민을 고의로 속였다고는 생각하지 않으며 단지 국가 안보 문제에 신중을 기했을 뿐이라고 말했다. "정책팀은 우리가 자중하면서 이 사태를 헤쳐 나갈 수 있을 거라 생각했죠. 지침서에는 악재가 터지면 꼭 그래야 할 때까지 말하지 말라고 나와 있었어요. 하지만 그건 은폐랑 똑같은 게 아닙니다." 스트레치는 프라이버시에 빗대어 설명한다. "우리가 있는 이 공간에서 우린 늘 그렇듯 이용자 콘텐츠를 보호하고 싶어 해요. 그러니 뭔가를 공개한다는 발상이 내게 몹시 불편한 건 당신의 개인 메시지를 공개한다는 발상이 몹시 불편한 것과 똑같아요. 안 그런가요?"

8월이 다 가도록 페이스북은 의회 위원회들에서 아무리 호통을 쳐도 여전히 실제 광고를 제출하지 않았다. 스트레치는 이용자 정보를 정부 기관에 자발적으로 넘기는 것에 대해 페이스북이 관례상 신중을 기하기 때문이라고 말한다. "한번 정부 당국에 해금을 선언하면 그다음에 어떤 요구를 받게 될지 누가 알겠어요?"

이런 정당화를 페이스북의 모두가 선의로 해석하지는 않았다. 당시 과정을 알고 있는 한 페이스북 간부가 말한다. "그들은 매번 발뺌하기 바빴죠."

샌드버그는 페이스북이 문제의 규모를 파악하느라 밤낮없이 일했을 뿐이라고 주장한다. 그즈음엔 자신도 전적으로 매달렸다고 말한다. "그전에 내가 앨릭스를 별로 만나지 않았다는 주장이 있어요. 맞아요. 하지만 그다음엔 그의 팀에 있는 모든 사람을 늘 만났고 연구하는 사람들을 직접 찾아가서 이렇게 물었어요. '어떤 게 광고죠? 자연 콘텐츠는요?' 전부 찾아내려고 정말 애썼어요. 우리가 많은 걸 놓치게 될까봐 얼마나 걱정했는데요." 그녀는 평소에는 8월이면 휴가를 가는데 2017년에는 이 문제에 대처하느라 휴가마저 취소했다고 말한다. "세워둔 계획들이 다 날아가버렸죠."

도널드 트럼프의 당선을 위해 기획된 러시아의 거짓 정보 공작이 페이스북을 무대로 삼았음을 페이스북이 대중에게 알릴 준비가 된 것은 9월이었다. 특검팀 로버트 뮬러의 최종 보고서에서 결론 내렸듯, 트럼프 선거본부가 러시아와 빈번히 접촉했고 개입을 '환영'했다는 폭로가 특별검사실과 언론 기사를 통해 흘러나와 비난이 더욱 거세졌기 때문이다. 페이스북은 러시아에서 제작한 광고를 의회에 제출하는 데 동의했다. 하지만 일반에 공개하는 것은 거부했다. 샌드버그가 말한다. "결국 우리는 모든 걸 의회에 넘겨주고 대중에게 어떻게 발표할지는 그들에게 맡기기로 했어요."

페이스북이 러시아의 개입 규모를 어디까지 털어놓아야 하는지를 놓고 많은 논의가 이루어졌다. 스테이모스는 전부 공개하기를 바랐다. 그가 제안한 블로그 게시물의 취지는 페이스북이 오히려 피해자이고 정부는 '미국'을 겨냥한 공격에 거의 또는 전혀 대응하지 않았다는 것이었다. 하지만 상사들은 그의 초안을 내팽개치고는 정책을 위반한 광고와 페이지의 수치를 제시하는 수위가 훨씬 낮은 온건한 보고서를 제출했다. 그러면서 광고들이 "이념 스펙트럼에 폭넓게 걸친 채 분열을 부추기는 사회적·정치적 메시지를 증폭하는" 데 치중했다고 언급했다.[11] 도널드 트럼프에게 유리하도록 디자인된 광고가 압도적으로 많았음을 감안하면 거짓은 아니어도 오해의 소지가 있는 성명이었다. 광고의 출처를 언급한 문장 또한 마찬가지였다. "우리의 분석에 따르면 이 계정들과 페이지들은 서로 연계되어 있었거나 러시아에서 운영되었을 가능성이 있다." 러시아 '국가 기관'이 출처라는 언급은 전혀 없었다. 그런 다음 블로그 게시물은 페이스북의 개선 노력을 시시콜콜 읊었다.

스테이모스는 살균된 블로그 게시물에 마지못해 서명했다. 그는 사실상 퇴출 수순을 밟고 있었다. 머지않아 페이스북은 보안 업무를 개편하면서 최고보안책임자 직위를 없애고 소속 연구자들과 컴퓨터 보안 과학자들을 다른 부서로 발령했다. 스테이모스는 이듬해 중반까지 남아서 페이스북이 차기 선거를 대비하는 일을 돕기로 합의했다. 127명을 거느리던 그는 이제 5명가량으로 이루어진 팀의 책임자가 되었다.

러시아 문제를 공개하기 전에 저커버그와 샌드버그는 2017년 9월 6일 분기 이사회에서 브리핑을 해야 했다. 이사회 전날 스트레치, 스테이모스, 슈레이그는 감사위원회(사외 이사 어스킨 볼스, 마크 앤드리슨, 빌앤드멀린다게이츠재단 최고경영자 수전 데즈먼드-헬먼Susan Desmond-Hellmann으로 구성되었다)에 출석해 스트레치와 슈레이그가 이튿날 전체 이사회에 보고할 내용을 브리핑했다. 이사들은 자신들이 듣고 있는 내용에, 또는 이 내용을 전혀 들어본 적이 없다는 사실에 경악했다.[12] 정치와 국가 안보에 정통한 볼스는 페이스북이 엄청난 문제에 봉착했음을 한눈에 알아차렸다. 그는 폭로가 더 이루어질 가능성이 있느냐고 물었다. 스테이모스는 그럴 가능성이 있다고 말했다. "러시아인들이 또 무슨 짓을 하고 있는지 누가 알겠습니까?" 페이스북이 러시아인들을 플랫폼에서 몰아내는 일을 미국 정부가 도와주지 않았다는 것은 분명했다.

회의는 1시간가량 이어졌다. 곧이어 이사들과 임원들이 이사회 전날의 의례적인 만찬을 위해 모였다. 보고 내용은 식탁에 찬물을 끼얹었다. 이사들은 자신들이 감독하는 회사가 러시아의 선거 개입 수단이 되었음을 사전에 통보받지 못한 데 노발대발했다. 그들은 샌드버그와 저커버그에게도 분노를 감추지 않았다.

샌드버그가 말한다. "내가 기억하기로 그때를 포함해 이사회 만찬에서 고성이 오간 적은 한 번도 없어요. 하지만 이사들은 무척 언짢아했죠. 여간 큰 문제가 아니었으니까요. 우리 역시 큰 문제라고 생각했던 것 같아요. 우리도 당혹스러웠고 그들도 당혹스러웠어요. 모두가 당혹스러웠죠. 외국 세력이든 아니든 누군가 선거에 개입하려 했다는 사실을 알게 되면 당신도 당혹스럽지 않겠어요? 정말로 당혹스러울 거예요."

이튿날 실제 이사회 자리에서 이사들은 저커버그와 샌드버그를 몰아붙였다. 샌드버그는 큰 충격을 받았다.

그녀는 페이스북이 더 많은 개입 사실을 찾아낼지 모른다는 스테이모스의 감사위원회 보고에 특히 심기가 불편했다. 이튿날 약 20명이 모인 회의에서 그녀는 스테이모스를 강도 높게 비난하며 자신이 페이스북 직원에게 이토록 화가 난 적은 처음이라고 말했다. 샌드버그가 누군가에게 고함지르는 것이 이례적인 일은 아니었지만 이번 질책은 굴욕적이었다. 스테이모스의 부하 직원들도 회의에 참석했기에 더더욱 그랬다. 그녀가 몇 분째 분노를 쏟아내자 마침내 저커버그가 그녀를 만류했다.

샌드버그의 부서에서 그녀의 감독 아래 일어난 일들에 대해 저커버그가 그녀를 질책했음이 뒤늦게 알려졌다. 저커버그는 사실 여부를 확인해주지 않는다. 결국 나는 대놓고 묻는다. "셰릴이 당신을 실망시켰다고 생각하나요?"

침묵이 흐른다. 어린 시절 저커버그의 유명한 침묵만큼 길지는 않다. 마침내 그가 입을 연다. "나는 그런 식으로 생각하지 않아요. 이 일이 우리가 더 신경 썼어야 하는 중대한 문제가 되리라는 걸 다들 간과했다고 생각해요. 내 말은 '내'가 직접 저지른 '것처럼 느껴지는' 실수들이 분명히 있다는 거예요. 그렇게 결정해서는 안 되는 거였는데."

저커버그의 전국 일주 투어

가장 큰 실수는 페이스북의 명성이 추락하던 해에 아무 일 없는 양 전국 일주를 한 것인지 모른다. 페이스북의 여러 팀에서 러시아 광고를 색출하고 뮬러의 수하들과 논의하는 동안 마크 저커버그는 국내 여행과 고상한 현장 보고를 이어갔다. 진짜 미국인들을 만나기 위한 소박한 방법으로 시작된 일은 완수하기 까다로운 복잡한 임무, 언론과 벌이는 숨바꼭질 게임이 되어버렸다. 키케로풍의 발표와 마치 〈66번 도로Route 66〉나 〈도망자The Fugitive〉 같은 옛 TV 범죄 드라마에서 영감받은 듯한 여행 일정 사이를 오가는 젊은 최고경영자에게 갑자기 언론이 열광적 관심을 보인 탓이었다.

그는 몇 주간 여행하면서 인접한 주 몇 곳을 묶어 방문하려 했다. 유명인과 지역 정치인을 만났고, 현지의 심장부에 사는 미국인들의 삶을 체험했으며, 부실한 교육 제도나 사회 정의 제도 같은 까다로운 문제와 씨름하는 시민들과 대화를 나누었다. 어느 날 클리블랜드에서 90킬로미터 떨어진 오하이오주 뉴턴폴스의 대니얼 무어Daniel Moore는 난데없는 전화를 받았다. 수수께끼의 손님이 가족 만찬에 합석해도 되겠느냐고 묻는 전화였다. 식사 시각 15분 전에 무어는 그 손님이 저커버그임을 알게 되었다. 저커버그는 이전에 오바마를 찍었다가 2016년에는 트럼프에게 투표한 사람을 찾고 있었다. 무어는 영스타운 지역 일간지 《빈디케이터The Vindicator》에 이렇게 말했다. "아주 수더분한 친구를 알게 됐어요. 세상 물정에 밝고 말이 잘 통하더군요."[13]

인디애나주 사우스벤드에서는 하버드를 함께 다닌 피트 부티지지Pete Buttigieg 시장과 시내를 둘러보았다. 나스카NASCAR(미국스톡자동차경주협회) 카레이서 데일 언하트 2세Dale Earnhardt Jr.와 경주로를 돌 때는 페달을 한껏 밟았다. 델라웨어주 방문 일정은 훨씬 따분할 뻔했다. 저커버그가 상당량의 주식을 매각하거나 공직에 출마하더라도 권한은 그대로 보유하도록 기업 구조를 바꾸려 했다는 의혹 때문에 민사 소송에 출석해야 했기 때문이다. 하지만 페이스북이 막판에 소 취하에 성공한 덕분에 그는 95번 도로를 달려 사우스필라델피아에서 치즈스테이크를 먹을 수 있었다. 그는 위기에 처한 사람들의 세상 속으로 뛰어들어 아편제 중독자들이나 죄수들 한가운데 앉았다. 노스캐롤라이나주 포트브래그에서는 복무 중인 군인들을 만나고 로드아일랜드주 뉴포트에서는 해군참모대학교를 방문했다(그는 훈련 중인 장교들에게 그들이 공부하는 워 게임과 자신이 좋아하는 〈문명〉 게임이 무척 비슷하다고 말했다).[14] 포드 자동차 조립라인에서는 트럭을 조립해보았다. 노스다코타주에서는 석유 채굴 시설에 불쑥 들어가 업무 중인 노동자들과 작업에 관해 대화를 나누었다. 낙농장, 굴 양식장, 풍력 발전소도 둘러보았다.

그는 최대한 예고 없이 수수하게 방문하려 애썼으며 보좌관 1명, 홍보 담당자 1명, 그리고 늘 따라다니던 경호원들만 데리고 다녔다. 하지만 방문이 끝나면 게시물을 올려 세상에 알렸다. 재산이 400억 달러를 넘어가면서 저커버그는 점차 안전에 신경을 쓰게 되었다. 그가 페이스북 최고경영자로 받는 연봉은 1달러에 불과했지만 회사에서 그의 안전에 지불하는 비용은 2017년 730만 달러였으며 이듬해에는 두 배로 뛰었다.[15] 하지만 그의 페이스북 페이지에 정기적으로 올라오는 동영상에서 그는 사람들이 전해주는 지혜를 빨아들이는 다정한 마크에 지나지 않았다.

일정 중 하나는 2017년 5월에 하게 될 하버드 졸업식 축사였다. 드루파우스트Drew Faust 하버드 총장은 저커버그를 초청하면서 예전 연사 중에 조지 마셜George Marshall 장군은 유럽 부흥 계획(마셜 플랜)을 천명했으며 데이비드 해킷 수터David Hackett Souter 연방 대법관은 퇴임 후 첫 연설을 했다고 말했다. 그러니 거창한 주제 다루기를 주저하지 말라는 뜻이었다. 하지만 조언은 불필요했다. 저커버그는 졸업식 일주일 전 내게 들려준 또 다른 사전 브리핑에서 자신의 메시지를 이렇게 표현했다. "졸업식 축사의 전체 주제는 '삶의 목적을 찾고 무엇이 중요한지 찾아라'예요. 하지만 내 요점은 밀레니얼 세대가 그걸 본능적으로 안다는 겁니다. 사실 이 세대는 더 폭넓은 과제와 맞닥뜨리고 있어요. 바로 모든 사람이 목적의식과 의미를 갖는 세상을 건설하는 일이죠." 그의 주제는 '목적의식'이었다. 13년 전 더페이스북을 설립했을 때는 고결한 목적이 없었다. 하지만 저커버그는 그 후로 그것을 자신의 소명으로 여겼다.

하버드로 돌아와 축사를 하는 것은 원을 완성하는 것과 같다고 그는 말했다. 감정이 담긴 복귀냐고 물었더니 그는 딴청을 피우다 한참 만에야 원래 주제로 돌아왔다. 사람들이 눈치채지 못했을지 모르지만 그는 자기 삶 이야기를 중심으로 연설을 구성했다고 말했다. "목적의식을 갖추어야 한다고 이야기하고 원대한 계획과 부의 불평등에 대해, 그리고 지구 공동체에 대해 말하지만 여기서 내가 완성하는 건 내 인생에 대한 감정의 원이에요." 억수 같은 폭우 속에서 진행된 그의 연설은 박수갈채를 받았다.

또한 뉴잉글랜드 순방 때 그는 메인주에 가서 공장이 폐쇄되어 일자리를 잃은 노동자들을 만났으며 로드아일랜드주 프로비던스에서는 중학교를 방문했다.

맞다, 저커버그는 대통령에 출마하는 것이 아니었다. 그는 20억 명의 소통에 영향을 미칠 수 있는 드문 권력을 가진 사회 이론가가 될 준비를 하는 중이었다. 페이스북은 지구상에서 가장 인구가 많은 나라였다. 미국 대통령이 되는 것은 그에게는 좌천이었다.

그는 또 마치 너드가 된 토크빌처럼 전국을 유랑하면서 페이스북의 근심거리들에 대해 곰곰이 생각했다. 경험주의자답게 그는 사람들이 연결되고 공유할 때 세상이 더 나은 곳이 되리라는 자신의 핵심 신념에 제기된 도전과 씨름하고 있었다.

러시아의 선거 개입이 이 견해를 무너뜨릴지 모른다는 사실은 저커버그에게 큰 충격이었다. 그를 공격하는 사람들은 세상을 좋은 곳으로 만들기 위한 노력이 파괴와 분열에 악용될 수 있음을 똑똑히 알고 있었다. 그는 훗날 내게 말했다. "러시아 프로파간다에서 정말로 난감하고 당황스러웠던 점은 그들이 자기네가 활용하려는 플랫폼을 엉뚱하게 써먹고 있었다는 거예요. 그들은 기본적으로 이런 사안의 양쪽에, 그러니까 이민 찬성파와 이민 반대파에 커뮤니티를 만들고 있었지만, 이민에 관해선 관심이 없었어요. 갈등을 조장하려고 가져다 썼을 뿐이죠."

저커버그는 몇 달째 공동체에 집중하고 있었다. '전 지구적 공동체 만들기' 선언은 이러한 노력의 일환이었다. 그는 시카고를 방문한 자리에서 제1회 페이스북 '커뮤니티 정상회의'의 규모를 키우겠다고 공언했다. '흑인 아빠들' '유목 여행nomadic travel' '상이군인들' '오스틴의 낚시터들' 같은 페이스북 그룹의 무급 관리자 350여 명은 페이스북의 비용 지원을 받아 워크숍에 참가해 운영 비법을 공유했다. 그들은 크리스 콕스와 나오미 글라이트 같은 페이스북 임원들이 기조연설에서 성공적인 광고 유치 기법을 그룹 홍보에도 활용하겠다고 약속하자 환호성을 질렀다.

저커버그가 깜짝 연사로 등장하자 좌중은 흥분의 도가니였다. 그는 국정연설을 하려는 최고경영자처럼 손을 흔들며 반원형 무대에 올랐다.

그가 말했다. "여러분이 관리하는 곳처럼 의미 있는 그룹들은 페이스북에서 가장 소중한 존재입니다." 하지만 20억 명의 페이스북 이용자 중에서 이 의미 있는 그룹에 속한 사람은 1억 명에 불과했다. 그는 페이스북의 모든 이용자가 이런 그룹에 가입하기를 바랐다.

그런 다음 그는 깜짝 발표를 했다. 바로 지금 이곳에서 페이스북의 전체 '사명'을 바꾼다는 것이었다.[16] 페이스북의 사명은 더는 "세계를 연결하는 것"이 아니었다. 이 순간부터는 "사람들에게 공동체를 건설할 역량을 선사하고 세계를 더 가깝게 만드는 것"이 페이스북의 사명이 되었다. 이렇듯 사명을 다듬은 것은 페이스북이 맹목적으로 성장을 추구하는 바람에 조작에 취약한 무정형의 대중을 만들어버렸다는 고백이나 마찬가지였다. 이제 그는 그 대중에게 형체를 부여할 작정이었다.

그가 말했다. "나는 언제나 사람들이 기본적으로 선하다고 믿었습니다. 하지만 우리 모두에게 기댈 언덕이 필요하다는 것 또한 알게 되었습니다. 우리는 두려움을 느끼고 싶어 하지 않습니다. 이곳 자신의 터전에서 삶에 만족하지 못하면 다른 곳에 있는 사람들을 보살필 여력이 없습니다. 공동체는 우리가 자신보다 큰 무언가의 일부이고 우리가 혼자가 아니며 우리가 추구할 더 나은 무언가가 있다는 느낌을 우리에게 선사합니다. …… 우리는 모든 사람이 목적의식과 공동체 의식을 느끼는 세상을 만들어야 합니다. 이것이 우리가 세계를 더 가깝게 만드는 방법입니다."

"나는 우리가 할 수 있다는 걸 압니다!"

상황이 달랐다면 페이스북의 사명 변경은 엄청난 이야깃거리가 되었을 것이다. 페이스북의 '변화' 선언이었으니까. 하지만 이 선언은 당시 불거지고 있던 어떤 페이스북 추문보다 미미한 영향을 미쳤을 뿐이다.

사람들이 성명서에 피로감을 느꼈는지 모른다. 아니면 사람들이 러시아에 대해 알게 된 사실에 비추어 볼 때 사명 변경이 의식적인 시선 돌리기처럼 느껴졌을 수도 있다.

그럼에도 당신이 그룹 관리자들의 함성으로 가득한 시카고 대회장에 있었다면 저커버그의 메시지가 진실하고 고무적임을 실감할 수 있었을 것이다. 핀트가 어긋났든 아니든 2017년 마크 저커버그는 이런 숭고한 이상에 자신의 정신적 역량을 집중했다. 그는 의식적으로 정도正道를 걸었다.

커뮤니티 정상회의가 끝나자 마자 그는 아프리카계 미국인 소년들을 위한 대안 학교를 찾아갔다. 이제 그의 주 방문 목록에서 일리노이주에도 체크 표시가 쳐졌다.

저커버그가 시카고 커뮤니티 정상회의에서 천명한 긍정적 메시지의 이면에는 페이스북이 달라져야 한다는, 적어도 올바른 길로 들어서야 한다는 저커버그의 깨달음이 있었다.

고삐 풀린 인공지능, 뉴스피드

가짜뉴스에서 성가신 광고에 이르기까지 페이스북에 대한 숱한 불만들은 압도적으로 가장 인기 있는 서비스인 뉴스피드에 집중되었다. 2006년 저커버그가 〈변화의 책〉에서 처음으로 구상한 이 개념은 회사의 존폐를 좌우할 전쟁터가 되었다. 뉴스피드 서비스의 인기와 피드를 개인 맞춤형 정보의 필수 공급원으로 삼겠다는 저커버그의 야심은 게시물의 스트림에 불과한 이 서비스에 감당 불가능한 짐을 지웠다.

이론상으로야 수천 개의 게시물을 스크롤할 수 있겠지만 사람들이 한 번에 확인하는 게시물은 몇 개 되지 않았다. 그렇기에 뉴스피드에서 최고의 자리를 놓고 치열한 경쟁이 벌어졌으며 순위를 좌우하는 점수 체계는 한 사람의 머리로 이해할 수 있는 수준을 넘어섰다. 페이스북은 자신들이 편집권을 전혀 행사하지 않으며 개개인의 선호도에 따라 맞춤형 피드의 내용이 정해진다고 즐겨 주장한다. 하지만 무엇을 기준으로 삼고 얼마나 가중치를 부여할 것인가의 선택은 분명 페이스북의 몫이었다.

페이스북은 어떤 게시물에 최고 순위를 부여할지를 결정하는 '에지랭크' 알고리즘을 몇 년에 걸쳐 발전시켰다. 하지만 결국은 시스템이 너무나 복잡해져서 10만 개 이상의 기준이 뒤섞인 디지털 잡탕이 되어버렸다. 가중치와 균형추는 뉴스피드팀 내에서 일하는 데이터과학자들이 끝없는 실험을 반복한 결과물이었다. 그들의 보고 대상은 성장팀이었다. 따라서 성공의 잣대가 성장팀의 관심사인 이용자 저변 구축과 유지임은 놀랄 일이 아니었다. 참여 역시 여전히 중시되었다.

이런 시스템의 결함을 가장 잘 표현한 사람은 구글의 전 인터페이스 엔지니어 트리스탄 해리스Tristan Harris다.[17] 일찍이 그는 자신의 회사가 중독 기법을 쓴다고 비판했다. 주의력을 붙잡아두는 전통적 방법(TV와 연재소설에서 잘 드러나는 방법)이 21세기 들어 디지털 도구와 인공지능 기술 때문에 유해한 중독성 면에서 새로운 차원에 도달했다는 것이 그의 기본 논지였다.

그는 뉴스피드를 비롯한 '무한 스크롤'이 최악의 범인이요 페이스북은 최악 중의 최악이라고 생각했다. 미국에서는 모바일 인터넷 이용 시간 중 4분의 1가량이 페이스북에 쓰이고 있었다. 이보다 심한 나라도 있었다. 해리스가 보기에 이 서비스들은 단순한 중독성 오락거리가 아니라 인류의 생존에 대한 위협이었다. 영화에서는 인공지능의 위협을 터미네이터풍 로봇들이 우리를 쫓아다닌다는 식으로 묘사하지만 우리가 정말로 두려워해야 할 것은 마크 저커버그라고 그는 주장했다. 저커버그의 알고리즘은 거부할 수 없는 디지털 정크 푸드로 우리의 혼을 빼놓는다고 말이다. 가짜뉴스는 선정적이고 폭력적인 콘텐츠에 눈길이 가는 우리의 본성을 악용해 점점 세력을 키웠다.

해리스가 말한다. "우리는 사실 인간 지능보다 강력한 인공지능을 만들어놓고 그걸 사회로부터 숨기기 위해 다른 이름을 붙였어요. 그걸 페이스북 뉴스피드라고 부른 탓에 고삐가 완전히 풀려 아예 부릴 수 없는 인공지능을 우리가 만들었다는 사실을 아무도 알아차리지 못했죠." 해리스는 뉴스피드를 이용하는 것이 무적의 컴퓨터 체스 선수와 대결하는 것과 같다고 말한다. 우리의 약점을 알기에 매번 우리를 이긴다는 이유에서다. 이를테면 이런 식이다. "트럼프 관련 기사 같은 폰Pawn을 쓸까, 아니면 '친구들이 널 빼놓고 재밌게 놀고 있어!' 수를 쓸까? 이야, 이 수가 정말 잘 먹히네! 그렇다면 이 수를 두어야겠다."

해리스가 말한다. "우리는 인간이 컴퓨터와 체스 대결을 하면 어떻게 되는지 알죠. 우리는 질 수밖에 없습니다. 인류의 진화를 막아서는 최후의 외통장군 같은 거라고요."

뉴스피드팀이 자신들의 일상 업무가 인류의 멸종을 향한 발걸음이라는 주장을 거부한 것은 놀랄 일이 아니다. 하지만 선거와 그 여파를 겪으면서 그들은 뉴스피드가 이용자들에게 …… 해로울 수 있다는 사실을 받아들여야만 했다. 뉴스피드팀에 있던 존 헤지먼John Hegeman 부사장이 말한다. "우리는 나쁜 경험의 유포를 적발하고 감소시키려고 언제나 노력했어요. 하지만 이 문제가 얼마나 엄청난 논란거리가 될지, 우리가 얼마나 많은 노력을 쏟아부어야 할 분야가 될지는 아무도 예견하지 못했을 겁니다."

한마디로 하면 이렇다. "우리가 망쳤고 이제 바로잡아야 합니다."

구체적인 논란거리 중 하나는 뉴스피드가 언론을 다루는 방식이었다.

논란은 피하고 책임은 지지 않는다: 페이스북의 언론 정책

2010년경부터 점점 더 많은 실제 뉴스가 뉴스피드에 올라오기 시작했다(여기에는 페이스북의 시의성을 키워 트위터를 물리치겠다는 저커버그의 의지가 큰 몫을 했다). 전 《뉴스위크》 사업 담당 임원으로 페이스북에서 콘텐츠 제휴를 담당한 닉 그루딘Nick Grudin이 말한다. "언론사로 가는 트래픽이 자연 증가하는 현상이 관찰되기 시작했죠. 반드시 의도적으로 그런 건 아니었겠지만, 몇 해에 걸쳐 페이스북은 정말로 중요한 배포 수단이 되어갔어요. 클릭의 20~25퍼센트가 페이스북에서 나왔으니까요." 훨씬 큰 수치를 언급한 언론사도 많았다.

이 시기에 페이스북은 자신들이 뉴스 업계에 미치는 영향을 거의 고의로 외면했다. 크리스 콕스는 2014년 내게 이렇게 말했다. "페이스북에서는 뉴스를 읽지 않아요. 뉴스를 '발견'하죠." 페이스북은 뉴스 공급원이라기보다는 '언론에 관심을 기울일 수 있는 장소'라고 그는 말했다.

페이스북은 뉴스 업계의 실세가 되겠다고 나서지 않았으며 역할에 따르는 책임을 부담스러워했다. 페이스북의 언론사 상대 업무는 대부분 언론사가 뉴스피드를 효과적으로 이용하도록 도와주는 것이었다. 페이스북은 양질의 뉴스와 쓰레기가 구별되도록 서비스를 개선하는 일에는 조금도 신경 쓰지 않았다.

페이스북이 언론사를 위해 내놓은 최초의 대형 제품은 '인스턴트 아티클Instant Articles'로, 기사를 페이스북 서버에 저장해 로딩 속도를 높이는 방법이었다(구글도 비슷한 서비스를 제공했다). 이 기능은 사실 제휴 미디어사들보다 페이스북에 더 유리하게 작용했다. 인스턴트 아티클이 신문사 웹사이트를 우회한 탓에 신문사가 독자에게 광고를 보여주고 데이터를 수집할 방법이 없어졌기 때문이다. 그루딘이 말한다. "기사 전달의 속도를 높인다는 점에서는 목표를 훌륭히 달성했어요. 하지만 우리가 예상한 것만큼 널리 도입되지는 못했죠." 뭐라고? 설마 언론사들이 '돈'을 원했을까?

페이스북은 저커버그의 눈치를 봤다. 그는 뉴스피드가 거대 전통 언론사들에 특혜를 주어야 한다고 생각하지 않았다. 그가 보기에 그것은 뉴스의 본질을 선택하는 셈이었는데, 그는 결정권자가 되는 것을 질색했다. 이용자가 결정하게 하라!

저커버그에게는 〈업워디Upworthy〉나 〈버즈피드〉 같은 데이터 기반 신생 온라인 언론사처럼 뉴스피드 알고리즘을 이용하도록 콘텐츠가 최적화된 곳이 제격이었다. 두 회사는 이름에서 보듯 뉴스에 접근하는 태도가 서로 달랐다. 〈업워디〉는 눈물샘을 자극하고 영감을 불러일으키는 기사로 공유를 구걸한 반면에 〈버즈피드〉는 사람들의 입에 늘 오르내리는 실없고 덧없는 이야기 전문이었다. 〈버즈피드〉 소셜 미디어 관리자 중 한 사람은 누군가의 텀블러Tumblr(2007년 출범한 SNS로 마이크로블로그 microblog 또는 미니블로그에 속한다-옮긴이)에서 색깔이 애매한 드레스 사진을 발견하고서 5분 만에 뚝딱 이야기를 만들어 페이스북에 공유했다(어떤 사람 눈에는 검은색과 파란색, 다른 사람 눈에는 황금색과 흰색으로 보였다).[18] 〈버즈피드〉의 소셜 미디어 감각 덕에 이 이야기는 파죽지세로 소셜 그래프를 휩쓸었다. 조회수가 하루 만에 2800만 건을 기록했다. 그런 다음 〈버즈피드〉는 수십 건의 후속 게시물을 올려 마치 《뉴욕타임스》의 9·11 보도처럼 무대를 평정했다. 페이스북 시대의 뉴스는 이런 식이었다.

2016년 교황이 도널드 트럼프를 공개 지지했다거나 힐러리 클린턴이 피자 가게에서 아동 성매매 조직을 운영했다는 등의 기사를 어마어마하게 유통시키는 데 활용된 기법이 바로 〈버즈피드〉가 '드레스'를 바이럴로 홍보하는 데 동원한 바로 그 기법이었다.

한편 실제 언론의 보루들은 양질의 기사에 걸맞은 호응을 페이스북에서 이끌어내지 못하고 있었다. 가짜뉴스나 한심한 뉴스만큼 '참여'를 유도하지 못했기 때문이다. 페이스북은 개의치 않았다. 뉴스피드팀의 헤지먼이 말한다. "페이스북이 뉴스 생태계에서 독특하면서 중요한 역할을 맡는 것은 분명해요. 하지만 그게 사람들이 페이스북을 이용하는 주된 이유는 아니죠." 그가 제시한 수치는 5퍼센트였다. 뉴스피드에 올라오는 게시물 20개 중에서 뉴스 링크는 1개에 불과하다는 말이었다.

2016년 대통령 선거 이전에도 일부 페이스북 직원들은 회사의 대처가 미흡하다는 것을 알고 있었다. 2015년 미디어에 정통한 임원 앤드루 앵커가 뉴스 미디어 업무 지원이라는 막연한 임무를 맡아 페이스북에 합류했다. 몇 주가 지나자 그는 한 가지 계획을 세웠다. '인스턴트 아티클'에 유료 구독 기능을 추가한다는 것으로, 해당 언론사의 기사를 계속 보고 싶으면 구독해야 한다는 뜻이었다. 페이스북에 올리는 기사에서 수익을 창출하기 위해 언론사들이 간절히 요청하던 기능이었다. 앵커는 저커버그의 수족관에 들어가 기획안을 설명하기 시작했다. 저커버그는 2분 만에 그의 말을 중단시켰다. 그는 앵커에게 이렇게 상기시켰다. "페이스북의 사명은 세계를 더 개방되고 연결된 곳으로 만드는 거예요. 구독이 어떻게 세계를 더 개방되고 연결된 곳으로 만든다는 건지 이해가 안 되네요."

2016년 이후 페이스북은 뉴스 문제를 해결해야 한다는 사실을 깨달았다. 아직은 가짜뉴스를 없애는 데 지나지 않았지만. 선거 이후 모세리와 앵커는 거짓 정보에 대처하기 위한 몇 가지 즉각적 변경 사항을 고안했다.

그중 하나는 팩트체크 활동을 공식화하고 비용을 지원하는 것이었다. 거짓으로 의심되는 기사를 검토해 조사 결과 허위로 드러나면 페이스북에 알리는 방식이었다.[19] (페이스북은 '가짜뉴스'라는 용어를 좋아하지 않았다. 2016년 대통령 선거 당선자의 전유물이 되어버렸기 때문이다.) 그런데 팩트체크 서비스가 처음 도입되자 뜻밖의 결과가 나왔다. 페이스북이 게시물에 '이의 제기 콘텐츠disputed content'(팩트체크 전문가가 기사를 사기로 판단했다는 뜻)라고 표시했더니 사람들의 참여도가 오히려 높아진 것이다! 앵커가 말한다. "우리가 거짓이라고 표시한 것이 더욱 진실이라고 믿는 사람들이 있었어요."

훗날 페이스북은 사람들을 조작하기 위한 거짓 이야기들에 사람들이 현혹되지 않도록 여러 기법을 시도했다. 가짜뉴스를 막는 가장 효과적인 방법은 뉴스피드에서 순위를 낮춰 스크롤을 한참 해야만 볼 수 있게 하는 것이었다. 하지만 페이스북은 그런 콘텐츠를 삭제하는 조치는 완강하게 거부했다. 이처럼 극단적 선택권을 행사하지 않은 덕에 페이스북은 '이것은 가짜이니 퇴출!'이라고 말하는 데 따르는 책임을 질 필요가 없었다. 논란을 피하고 힐러리의 피자게이트 기사가 뉴스피드에 덜 올라오도록 하는 게 상책이었다.

앵커가 떠나고 전《뉴욕타임스》디지털 관리자 앨릭스 하디먼Alex Hardiman이 그 자리를 차지한 2017년에도 내부 논쟁은 계속되었다. 하디먼이 말한다. "그때 문제는 위험을 감안했을 때 페이스북이 양질의 언론을 규정하고 우대할 의향이 있느냐 여부였어요."

또한 그해에 페이스북은 전 CNN 기자 캠벨 브라운Campbell Brown을 언론사 연락 담당으로 채용했다. 브라운은 마당발 뉴요커로, 남편은 조지 W. 부시의 관료를 지냈다. 2016년 선거 기간에 그녀는 기존 미디어, 특히 케이블 뉴스에서 과거사를 끄집어내어 순위를 높이며 후보 간 대결을 다루는 방식에 실망했다. 그녀가 말한다. "내가 보기에 페이스북은 선거 기간에 제대로 대응하지 못했어요. 난 TV 뉴스 전문가여서 거기에 집중했죠."

그녀는 회사를 홍보하는 유명인 얼굴마담으로 채용되었으나 금세 이 역할을 벗어던지고 회사와 관련한 논란에 정면으로 맞섰다. 그녀는 내부적으로 언론계를 대변하는 동시에 외부적으로 페이스북을 변호하는 난제를 해결하기 위해 노력했으나 양편으로부터 역풍을 맞아야 했다. 언론사들은 이미 두 가지 이유로 페이스북을 비난하고 있었다. 하나는 언론의 신뢰성 위기를 초래했다는 것이었고, 다른 하나는 언론사의 수익을 노골적으로 빼앗았다는 것이었다. 내부적으로는 여전히 (저커버그의 눈치를 보면서) 언론사가 뉴스피드에서 특별 대우를 받을 이유가 없다는 분위기가 존재했다.

브라운은 뉴스피드 책임자 애덤 모세리와 함께 편집장과 미디어 필진을 대상으로 오프더레코드 만찬과 회의를 여러 차례 열었다. 모임 분위기는 결코 화기애애하지 않았다. 한 회의에서는 〈버즈피드뉴스BuzzFeed News〉 편집장 벤 스미스Ben Smith가 폭발했다. 그는 〈데일리콜러Daily

Caller〉 같은 극우파 사이트를 거론하며 이렇게 물었다. "왜 이 사람들이 여기 있는 거죠?"[20] 그들에게 환심을 살 생각이 없었던 그는 그들을 '쓰레기' 언론이라고 불렀다.

뉴스팀은 무엇 하나 시도하기조차 점점 힘들어지는 이유가 페이스북이 우익 홀대에 두려움을 느끼는 탓임을 발견했다. 난감한 문제는 품질에 가장 많은 시간을 들이는 매체는 대체로 진보로 간주되는 곳인 반면, 인기를 끌고 있던 많은 우익 매체는 기사 내용을 당파적 판타지로 왜곡하는 일을 대수롭지 않게 여긴다는 점이었다. 진실 판단만으로도 페이스북에는 두려운 일이었는데, 진실이 정치화되었을 때 진실 판단은 아예 불가능한 일이었다. 뉴스팀의 한 간부가 말한다. "우리는 실험을 끝내고서 '좋았어, 시작할 준비가 됐군'이라고 말하죠. 하지만 아주 부도덕한 기사를 내보내는 극보수파 언론인이 징계를 받게 되었는데, 그 사람이 매우 요란한 로비 집단을 거느리고 있는 겁니다. 현 정부에서 우리가 특정 유권자 집단과 전쟁을 벌이고 무사할 수 있을까요?"

고민거리는 이것이었다. '옳은 것에 최대한 가까운 일과 정치적으로 더 민감한 일 중에서 우리가 실제로 시도할 수 있는 것은 어느 쪽일까?'

페이스북은 뉴스피드를 예전처럼 친구나 가족과 소통하는 즐거운 방법으로 되돌릴 수 있을까? 실제로 그런 희망이 존재했다. 2015년 말 열린 한 회의에서 페이스북 동영상 업무를 지휘하는 피지 시모Fidji Simo는 피드의 동영상 콘텐츠를 배가하고 전문 콘텐츠를 도입하는 방안을 제시했다. 크리스 콕스와 몇몇은 반대했다. 동영상이 뉴스피드를 점령하면 사람들이 서로 연결하는 장소라는 페이스북의 독특한 이점이 사라진다는 이유에서였다. 이를 계기로 뉴스피드의 품질에 대한 폭넓은 논의가 벌어졌다. 앤드루 보즈워스가 말한다. "그 대화를 시작으로 시간을 의미 있게 쓰는 법에 대한 논의가 진행되었어요." 그렇다. 이제 페이스북 자체가 가장 혹독한 비판자들의 용어를 쓰기 시작한 것이다. 페이스북은 테네시주 녹스빌에서 '초점 집단focus group'(표적 집단, 포커스 그룹)을 운영하면서 실제 사람들에게 뉴스피드에서 무엇을 보고 싶으냐고 묻기 시작했다. 코어데이터팀에는 '시간 선용time well spent' 개념을 연구해달라고 요청했다.

페이스북은 참여에 국한된 우선순위 기준을 품질이 포함되도록 바꾸는 방안을 고려하기 시작했다. 보즈워스가 말한다. "하지만 평상시 속도대로 진행하고 있었죠. 급할 게 없었으니까요." 2019년 페이스북은 바이럴을 염두에 둔 게시물의 속도를 낮추기 위해 알고리즘을 변경했다. 또한 가까운 친구와 가족의 게시물이 우선으로 표시되도록 기준을 재조정했다. 뉴스 사이트들은 자기네 순위가 떨어지는 것을 보며 낙담했다.

연말을 앞두고서 페이스북은 방향을 완전히 바꿔, 선별한 뉴스 기관에 콘텐츠 대가를 지급하는 프로그램을 발표했다. 이런 콘텐츠는 실제 뉴스피드 바깥에 있는 별도의 '뉴스 탭News Tab'에 배치될 계획이었다. 하지만 유해한 극우파 매체 〈브레이트바트뉴스Breitbart News〉가 포함되면서 이 프로그램에 대한 업계의 환호는 풀이 꺾었다.

챈저커버그이니셔티브 설립으로 자선 사업에 나서다

사람들을 돕는 일에 자신의 개인 재산을 쓴다는 발상을 저커버그가 처음 떠올린 것은 2006년이었다. 그때 그는 자신이 야후의 인수 제안을 받아들이면 개인적으로 수억 달러 재산가가 될 것임을 실감했다.

당시 여자 친구 프리실라 챈은 그와 함께 긴 산책을 하면서 인류를 돕는 일에 그 돈을 쓸 수 있겠다고 말했다. 그녀는 그에게 말했다. "그건 어마어마한 액수야. 정말로 대단한 기회라고. 거절하기 전에 두 번 생각해야 해." 그러나 두 사람 모두 그 돈을 쓰는 근사한 방법을 생각해내지는 못했다. 그녀가 말한다. "나는 마크에게 좋은 아이디어가 하나도 없으니 늘 하던 일로 돌아가야 한다고 가볍게 농담을 던져요. 하지만 마크는 이렇게 말할 것 같아요. 자신에겐 세상이 어디로 나아가야 하는가에 대한 비전이 있고 그 비전이 실현되는 것을 보고 싶다고 말이에요."

챈은 의대에 입학하기 전 초등학교에서 아이들에게 과학을 가르쳤는데, 미래 남편에게 과학을 가르치고 싶어 했으며 그에게도 직접 가르치는 일을 해보라고 권했다. 저커버그는 처음에는 거절했다. 그가 말한다. "아마 이렇게 말했을 거예요. '난 바빠. 회사를 경영하잖아.' 하지만 챈은 완강했어요. 그래서 방과후 수업에서 가르쳤는데 오히려 내가 아이들에게서 많은 걸 배웠죠." 그는 학생 4명으로 이루어진 그룹을 계속 맡아 한 달에 한 번씩 만났으며 아이들이 5년간 멘토링을 받고서 전부 대학에 진학한 일을 뿌듯해한다. 저커버그는 아이들의 다양한 출신 배경을 보면서 이민의 가치를 더욱 중시하게 되었다.

이 경험이 저커버그가 처음 시도한 자선 활동이 성공하도록 돕지는 못했다. 2010년 그는 〈오프라Oprah〉에 출연해 뉴저지 주지사 크리스 크리스티Chris Christie와 상원의원 코리 부커Cory Booker가 추진하던 뉴어크시의 학교 개혁을 후원하기 위해 1억 달러를 기부하겠다고 발표했다.[21] 그는 이 프로그램이 전국 교육 개혁의 본보기가 되길 바랐다. 하지만 개혁은 실패로 돌아갔으며 학생들의 성적은 거의 향상되지 않았다.(챈은 장기적 결과는 다르게 나타날 수 있다고 말하지만 뉴어크재단은 2016년 결국

해산했다.)[22]

　페이스북 기업공개로 백만장자에서 억만장자로 올라서 세계 최고 갑부 중 하나가 된 이후 저커버그는 이제 아내가 된 챈과 함께 자선 사업을 더 적극적으로 모색하기 시작했다. 그는 빌 게이츠, 멀린다 게이츠Melinda Gates 부부와 친분을 활용했다. 빌앤드멀린다게이츠재단은 전 세계의 기아, 교육, 사회 정의 문제 해결을 위해 수십억 달러를 써왔다. 게이츠 부부는 부호들에게 '기빙 플레지Giving Pledge'에 동참하라고 독려했는데, 재산의 절반 이상을 사회에 환원한다는 서약이다(법적 효력은 없다). 저커버그는 거기에 서명했다. 그런 뒤 저커버그와 챈은 게이츠 부부를 롤모델 삼아 자선 단체 챈저커버그이니셔티브Chan Zuckerberg Initiative, CZI를 설립했다. 두 사람은 보건, 교육, 사회 정의에 역점을 두었다.

　챈저커버그이니셔티브는 비영리인 빌앤드멀린다게이츠재단과 커다란 차이점이 하나 있다. 챈저커버그이니셔티브는 영리 목적의 유한회사다. 2015년 말 챈저커버그이니셔티브가 출범했을 때 비판자들은 이유를 따져 물었다. 영리 단체 설립을 사회 환원으로 볼 수 있는가?

　하지만 전 오바마 캠프 정치 전략가로, 챈과 저커버그에게 채용되어 챈저커버그이니셔티브에서 정책을 총괄하게 된 데이비드 플러프David Plouffe는 영리 단체를 선택한 것은 유연성을 높이기 위해서라고 말한다. "이건 360도로 살펴봐야 합니다. 투자가 가능한지, 보조금 수령이 가능한지, 엔지니어링이 가능한지, 특정 집단에 대한 지지 표명이 가능한지, 스토리텔링이 가능한지, 정책이 가능한지 따져보자는 겁니다." 챈저커버그이니셔티브는 이런 활동을 자유롭게 벌이면서도 자선 단체의 지위를 잃을 우려가 없기에 훨씬 많은 일을 할 수 있다는 것이다. 플러프는 그중에서 정책 권고, 특히 사회 정의 분야에 깊이 뛰어들고 싶어 했다.

2016년 챈저커버그이니셔티브가 모습을 갖춰가면서 저커버그와 챈이 직접 깊이 관여해야 하리라는 사실이 분명해졌다. 저커버그에게 이는 챈저커버그이니셔티브에 실제로 시간을 투자해야 한다는 뜻이었다. 그는 금요일 하루를 통째로 할애하고 평소에는 몇 시간씩 짬을 냈다(최근에는 사면초가에 몰린 페이스북을 구하기 위해 시간을 줄였다). 자신의 소아과 의사 일을 좋아하는 챈도 임상을 포기하고 전업 공동 최고경영자가 되어야 했다. 이미 저커버그가 설립한 학교의 책임자를 맡고 있었던 그녀는 챈저커버그이니셔티브 운영을 위해 학교 업무를 다른 사람에게 넘겨야 했다. 마치 거대 자선 단체의 포로 신세가 된 듯했다. 그녀가 털어놓는다. "환자를 돌보던 때가 그리워요."

그녀는 자신이 이 일을 하는 것은 '미래'의 프리실라 챈들과 그들의 환자를 위해서라고 말한다. 내가 챈저커버그이니셔티브 본부를 방문했을 때 그녀가 말한다. "챈저커버그이니셔티브는 진료소에서, 병원에서, 교실에서, 지역 사회에서 나의 성공을 가로막았던 체제를 뜯어고칠 수 있는 절호의 기회예요." 사람들이 반듯하게 열을 맞춰 컴퓨터 앞에 앉아 있고 미니 주방은 구색을 잘 갖추었고 무료 카페가 있는 이곳은 페이스북 사옥과 비슷하다. 고요하다는 것만 빼면. 몇 분 지나지 않아 그녀는 자신이 포기한 삶이라는 주제로 돌아간다. "나는 마크와 함께 이 조직의 기본적인 DNA를 설계하고 싶었어요. 힘든 일이고 보상도 없죠. 하지만 내가 아끼는 사람들의 삶을 변화시키는 길에 설 수 있었으면 좋겠어요."

2016년 9월 챈저커버그이니셔티브는 확장 일로에 있는 샌프란시스코의 미션베이 의료 단지 강당에서 최대 규모의 사업을 발표했다. 그중 하나는 저커버그샌프란시스코종합병원Zuckerberg San Francisco General Hospital으로, 저커버그는 병원 개축을 위해 7500만 달러를 기부했다. 저커버그는 무대에 올라 자신의 두 딸이 살아가는 동안 대략 21세기 말까지 "모든 병을 치료"하는 일에 30억 달러를 쓸 것이라고 약속했다(저커버그의 둘째 딸 오거스트는 2017년에 태어났다). 지난 100년간 의학이 경이로운 발전을 이룩한 것은 사실이지만 모든 병을 치료하겠다는 목표는 허황한 이야기처럼 들린다. 목표 달성을 위해 설립된 '바이오허브BioHub'는 스탠퍼드대학교, 캘리포니아대학교 버클리캠퍼스, 캘리포니아대학교 샌프란시스코캠퍼스의 자원을 망라했다.

저커버그가 첫 삽을 뜬 뒤 챈은 생애 최초로 본격적 대중 연설 자리에 서게 됐다. 그녀는 돈에 쪼들리던 가정에서 자란 성장 배경, 가족을 부양하기 위해 의대에 진학하고 싶었던 소망, 치명적 질병을 앓는 아이들을 비롯한 환자를 돌본 경험을 이야기했다. 그녀는 이따금 끔찍한 소식을 환자 부모에게 전해야 했다고 말하면서 눈물을 흘렸다. 이렇듯 무대에서 진정성을 드러내는 일은 그녀의 남편이 몇 년째 터득하지 못하던 방법이었다.

마지막 연사는 빌 게이츠였다. 그의 발언은 열정적이었다. 그러나 21세기 말까지 질병을 근절한다는 저커버그의 목표를 언급할 때 그의 목소리에서 약간 회의적인 기색이 느껴진 것 같기도 했다. 마치 이렇게 생각하는 듯했다. '나는 급성회백수염(소아마비) 박멸에 수십억 달러를 쓰고 성공하지 못했는데 그 쥐꼬리만 한 투자로 모든 질병을 치료하겠다고?' 며칠 뒤《워싱턴포스트》의 한 필자는 10년에 걸쳐 30억 달러를 투자하는 것은 7조 달러에 이르는 연간 의료비의 바다에 비하면 물 한 방울에 불과하다고 꼬집었다.[23] 게이츠는 나중에 이렇게 해명했다. "세상에는 원대한 목표도 필요하고 구체적인 목표도 필요합니다. 자선 분야에서 사람들은 구체적인 목표와 원대한 목표를 헷갈릴 때가 있습니다.

내가 깐깐한 건지 모르겠습니다. 내가 운영하는 조직에서는 구체적인 목표를 중시하니까요. 하지만 우리가 살아가는 세상에서는 말이죠, 모든 질병을 없앤다는 포부가 우리에게 동기를 부여하는 것은 틀림없는 사실입니다."

궁극적으로 보자면 챈저커버그이니셔티브는 페이스북과 공통점을 지니고 있다. 첫째는 공동 창업자의 엔지니어링 마인드셋이 스며 있다는 것이다. 챈저커버그이니셔티브의 유별난 특징은 그와 프리실라가 해결하려는 문제를 공략할 디지털 도구를 만들려고 한다는 점이다. 챈저커버그이니셔티브는 소프트웨어 엔지니어와 인공지능 과학자를 채용하려고 페이스북을 포함한 여러 기술 기업과 경쟁한다. 또 다른 공통점은 저커버그의 야심이다. 플러프는 2018년 초 내게 말했다. "내가 이 자선 단체에 합류한 건 2017년 1월인데 당시 인원은 나까지 20명이었어요. 그런데 지금은 열 배가 넘습니다. 그러니 페이스북을 성장시킨 마크의 경험이 엄청난 도움이 된 셈이죠."

하지만 챈저커버그이니셔티브의 숭고한 취지가 페이스북의 대중적 인상과 끊임없이 대비되는 것은 그다지 도움이 되지 않았다. 페이스북은 마크 저커버그가 여행과 성찰을 하는 동안 추락하고 있었다. 챈저커버그이니셔티브의 취지가 아무리 진실하다 한들 이 모든 시도가 모선母船의 재앙으로부터 시선을 돌리려는 수작에 불과하다는 비난은 사그라들지 않았다.

실제로 페이스북이나 그 최고경영자와 연관성은 이제 존경의 보증 수표가 되지 못했다. 샌프란시스코의 한 감독관이 샌프란시스코종합병원에서 저커버그의 이름을 빼달라고 요청한 데서 보듯 돈을 내놓는다고 해서 상황을 바꿀 수는 없었다.[24]

기술 기업 의회 청문회와 실추된 명성 되찾기

2017년 10월 31일 핼러윈 데이에 페이스북 법무책임자 콜린 스트레치 그리고 트위터와 구글의 대표자는 미국 상원 사법위원회 청문회에서 증인 선서를 했다. 청문회 제목은 '극단주의 콘텐츠와 러시아의 온라인 거짓 정보: 기술 업계와 협력해 해법 모색하기Extremist Content and Russian Disinformation Online: Working with Tech to Find Solutions'로, 더블헤더 1차전이었다. 이튿날 스트레치와 두 사람은 하원에서 비슷한 청문회를 치러야 했다. 상하원이 기업 법무책임자를 출석시켜 자기네 기술 기업을 변호하도록 합의한 것은 치열한 협상의 결과였다. 애초에 위원회에서는 최고 임원(페이스북의 경우는 저커버그나 샌드버그)을 증언대에 세우고 싶어 했다. 법률가들은 그들의 성에 차지 않았다.

상원의원들은 페이스북이 러시아 요원들에게 편의를 제공했다는 적나라한 증거를 가지고 나왔다. 캡처 이미지를 판지에 부착한 채(상원의 기술은 1950년대 과학전람회 수준에 멈춰 있었다) 마크 워너 상원의원은 상트페테르부르크에 있는 인터넷연구소 사무실에서 어떻게 러시아인들이 2016년 5월 휴스턴의 한 이슬람 센터에서 폭력 집회를 벌일 계획을 짰는지 설명했다. '텍사스의 심장'이라는 러시아 페이지는 이민 반대 팔로어들에게 저항을 선동했으며 '아메리카 무슬림 연합'이라는 이름을 내세운 또 다른 페이지는 무슬림들에게 이슬람 민족에 대한 지지를 촉구했다. 질문은 날카로웠고, 스트레치는 러시아의 페이스북 공작이 1억 2000만 명 이상의 미국인에게 도달했다고 실토해야 했다. 게다가 페이스북이 인터넷연구소의 공작을 전부 적발했는지는 아직 확실하지 않다고 인정해야 했다.

스트레치의 법률가다운 신중함은 의원들의 부아를 돋웠다. 그는 질문을 받을 때마다, 심지어 다소 불쾌한 질문에도 일단 질문해주셔서 감사하다는 말로 답변을 시작했다. 청문회가 끝난 뒤 아내가 그에게 말했다. "여보, 아무도 당신한테 이 말을 안 해줄 것 같아서 그러는데, 모든 질문에 감사할 필요는 없어." 그는 아내에게 자신이 무슨 말을 할지 생각하고 있었을 뿐이라고 말했다. 그의 감사는 대부분 '답변드리겠습니다'의 다른 표현이었다.

상원의원들은 청문회가 새로운 현실의 시작일 뿐임을 분명히 했다. 페이스북과 두 기업은, 특히 페이스북은 혹독한 조사를 받게 될 터였다. 페이스북의 지역구 상원의원인 다이앤 파인스타인Dianne Feinstein은 단도직입적으로 말했다. "당신들이 이 플랫폼을 만들었고 지금 그 플랫폼이 오용되고 있어요. 뭔가 조치를 취해야 할 사람은 당신들이라고요. 안 그러면 우리가 할 거예요."

스트레치가 증언하는 동안 마크 저커버그는 약 1만 1300킬로미터 떨어진 곳에 있었다. 칭화대학 경제관리학원 자문위원회 위원 자격으로 애플 최고경영자 팀 쿡Tim Cook과 골드만삭스 총재 로이드 블랭크파인 Lloyd Blankfein 같은 미국 재계 리더들과 함께 연례 방문차 베이징을 찾은 참이었다.

페이스북은 2009년 중국에서 차단당했는데, 저커버그는 차단을 풀 방법을 찾기 위해 몇 년 동안 중국 지도자들에게 구애하는 중이었다. 중국의 10억 인구로부터 차단당하고서 어떻게 세계를 연결할 수 있겠는가? 그는 2010년 과제로 하루에 1시간씩 중국어를 배웠으며 2014년 칭화대학을 방문했을 때는 중국어로 인삿말을 했다. 대충 번역하자면 이렇다. "베이징에 오게 되어 매우 기쁩니다. 나는 이 도시를 사랑합니다. 내

중국어는 정말 엉망이지만 나는 매일 중국어 회화를 공부하고 있습니다."[25]

《인디펜던트》에 따르면 그는 시진핑 중국 주석에게 아직 태어나지 않은 딸의 중국식 이름을 지어달라고 청하기까지 했다.[26] 시진핑은 요청을 거절했다고 한다. 페이스북은 이 사실을 부인했다. 저커버그 부부는 딸 맥시마의 중국식 이름을 천밍위陳明宇로 지었다.[27] 하지만 아무리 어르고 달래봤자 성과가 없었다. 온라인 표현을 검열하고 개인 정보를 적법 절차 없이 들여다보려는 중국의 욕망을 충족하는 페이스북 버전을 만들 수는 없었기 때문이다.

그는 2017년 중국 방문에 대해 자신의 페이스북 페이지에 이렇게 썼다. "해마다 중국을 방문하면서 중국의 혁신 속도와 기업가 정신을 목도합니다."[28] 어쩌면 그해는 중국의 혁신에 대한 공부를 계속하기에 썩 좋은 해는 아니었는지도 모르겠다. 저커버그는 한때 페이스북의 중국 진출을 꿈꾸었지만 이 꿈은 조금도 진척을 보지 못했다.

나는 캔자스주 로렌스에서 미국 일주 투어의 대미를 장식하던 저커버그를 만났다. 때는 2017년 11월로, 힘겨웠던 한 해도 끝이 보이기 시작했다. 그는 캔자스대학교에서 주민 간담회 방식의 모임을 주관하고 있었다. 행사에 초대받은 학생들은 금속 탐지기를 통과해야 했다.

우리가 아프리카에 있던 날로부터 14개월밖에 지나지 않은 때였다. 그런데 영원처럼 느껴졌다. 저커버그의 첫인상, 티셔츠 차림으로 "안녕, 마크라고 해요!"라고 말하는 싹싹한 청년은 그대로인지 모른다. 하지만 한때 매력적인 겸손함처럼 보이던 명랑한 모습은 이제 그가 거짓의 껍질 속에서 사는 게 아닌가 하는 의문을 품게 했다.

저커버그는 언론에서, 심지어 자신의 페이스북 게시물에 달리는 댓글에서 끊임없이 마주치는 욕설에 기묘할 정도로 무심해 보였다. 땀으로 흠뻑 젖은 'D: 디지털의 모든 것' 행사 이후로 그는 대기실의 에어컨을 항상 냉장고 온도로 싸늘하게 낮춰두었다. 그와 비슷한 싸늘함이 그를 향한 적대감을 얼어붙게 만드는 것 같았다.

캔자스대학교 학생이 삶의 태도에 대해 질문을 던지자 저커버그는 이렇게 대답했다. "나는 해낸 건 돌아보지 않습니다. 원래 그렇게 생겨 먹었죠. 나는 만족하지 못하는 성격이에요. 언제나 할 일이 남아 있어요. 이런 플랫폼을 가지고 있으면 더 많은 사람을 도와야 하는 책임을 지게 됩니다. 실수를 저지르면 사람들은 비난하고 두들겨 팹니다. 하지만 미래를 건설하는 건 낙관주의자입니다."

이 발언은 몇 주 전 유대교 명절 욤 키푸르Yom Kippur(속죄일)에 그가 올린 게시물과 딱 맞아떨어지지는 않았다. 그때 그는 수백만 팔로어에게 개인적 참회의 글을 올렸다. "올해 내가 상처 입힌 사람들에게 용서를 빌며 더 나은 사람이 되기 위해 노력하겠습니다. 내 작업이 사람들을 단합시키기보다는 분열시키는 데 이용된 것에 대해 용서를 빌며 더 나은 결과를 내놓기 위해 노력하겠습니다. 내년에는 우리 모두 더 나아지길, 여러분 모두 생명책에 기록되길 기원합니다."[29] 연설 전날 밤 대학교 시설에서 그를 인터뷰하면서 그땐 왜 그렇게 말했느냐고 물었다.

그는 페이스북팀에 저녁 식사로 지급된 갈비를 뜯으며 말했다. "글쎄요. 전날 금식을 하고 유대교 회당에 가서 묵상을 했어요. 그러고서 집에 오는 길에 휴대폰으로 글을 써서 올렸어요. 욤 키푸르의 정신은 자신이 저지른 잘못과 자신이 고의로든 아니든 사람들에게 상처를 입힌 것에 대해 반성하고 이듬해에는 잘하려고 노력하는 거예요. 물론 사람들을 단합시키는 일에 긍정적으로 쓰이기를 의도한 작업은 어떤 면에서는 사람들을 분열시키는 데 쓰일 거예요. 특히 우리가 알게 되었다시피 러시아인들이 시도한 일들처럼 말이죠. 거기에 대해선 정말로 유감스럽게 생각해요. 그게 내가 반성하던 주제였어요."

그는 각 주를 방문하면서 사람들이 국가적 이슈보다는 하루하루 삶에 더 관심 있으며 이웃과 정치적 견해가 다르다고 해서 꼭 소원해질 필요는 없음을 깨달았다고 말했다. 사람들마다 좋아하는 개와 응원하는 스포츠 팀이 다를 수는 있지만 그렇다고 해서 기본 공통점을 공유하지 않는다는 뜻은 아니라고 그는 말했다. 그것이 '공동체'를 하나로 묶는 접착제라는 것이다. 외부인이 끼어들어 분열을 조장하면 사람들이 불안해하는 것은 이 때문이다.

하지만 페이스북이야말로 말썽꾼이 분열을 조장하도록 멍석을 깔아주지 않았던가? 나는 그에게 물었다.

그가 말했다. "우리는 해야 할 일이 많아요."

2018년 1월 초에 그는 새해 결심을 발표했다. 페이스북의 명성을 되찾는 일에 진력하겠다는 것이었다.[30] 그는 이용자들을 학대와 증오로부터 보호하고 외국의 개입을 막아내고 이용자들이 페이스북에서 보내는 시간이 '선용되는 시간'(여기서 트리스탄 해리스의 용어가 그의 혀에서 튀어나왔다)이 되도록 페이스북을 재조정하는 일에 앞장서겠다고 말했다. 그는 다짐했다. "우리가 올해 성공을 거두면 훨씬 나아진 추세로 2018년을 마무리할 수 있을 것입니다."

과제는 페이스북 수선하기였다. 넥타이 매기나 중국어 회화 배우기보다 훨씬 힘들 터였다.

16

사상 최악의 정보 유출 사건

'좋아요'만으로 개인의 온갖 비밀을 알 수 있다

알렉산더 코건Aleksandr Kogan을 만난 것은 어느 날 뉴욕 센트럴파크 남쪽에 있는 한 스타벅스에서였다. 내가 기대한 모습은 까무잡잡한 슬라브인 외모에 미스터리한 분위기였다. 그런데 내 앞에 나타난 사람은 멀쑥하고 싱겁고 머리카락은 벌꿀색인 미국인으로, 스웨터와 청바지 차림에 실제 나이인 서른두 살보다 어려 보였다.

우리가 공원에 들어가 벤치에 앉자 그는 전문적인 통계 네트워킹 이론을 조금 가르쳐주었다. 하지만 왜 페이스북 이용자 8700만 명의 개인정보를 미심쩍은 정치 컨설팅 업체에 넘겨 도널드 트럼프의 당선에 이용되도록 했는지는 두 번째 인터뷰에서 설명했다.

2018년 3월 이 뉴스가 보도되면서, 선거 이후로 페이스북에 대해 쏟아져 나오던 온갖 부정적 보도가 아무렇게나 부려둔 화약 더미처럼 쌓여가다 순간적으로 폭발한 것 같았다. 마블 영화의 클라이맥스를 방불케 하는 불덩이를 일으키며.[1]

영원히 불명예로 남을 컨설팅 업체의 이름은 케임브리지 애널리티카였다.

참사의 뿌리는 페이스북이 몇 해 전 내린 결정들로 거슬러 올라간다. '플랫폼'에서 개발자들에게 정보를 공유하기로 한 결정, 선정적 콘텐츠가 득세하도록 뉴스피드를 변경하기로 한 결정, 이용자 한 사람 한 사람에 대해 구축한 한없이 광범위한 신상 정보를 바탕으로 광고주들이 마이크로타기팅을 할 수 있게 한 결정 말이다. 페이스북의 주된 강점이자 약점인 성장 숭배는 말할 것도 없다.

코건은 1986년 루마니아와 우크라이나 사이에 긴 조그만 소련 위성국가 몰도바에서 태어났다. 그의 아버지는 군사학교 교관이었다. 알렉산더가 일곱 살 때 그의 가족은 반유대주의를 피해 브루클린으로 이주했으며 나중에 뉴저지 북부로 옮겼다. 코건은 전형적인 미국인 아이로 자랐다.

그는 물리학을 공부하고 싶어서 캘리포니아대학교 버클리캠퍼스에 입학했다. 하지만 친구들이 우울증으로 고생하는 모습을 무력하게 지켜보다 심리학에 관심이 생겼다. 그러다 우울증이라는 동전의 이면인 행복, 친절, 긍정적 감정을 연구하는 저명 과학자 대커 켈트너Dacher Keltner를 만나게 되었다. 코건은 켈트너의 접근법에 공감해 그의 연구실에 합류했다. 코건의 전문 분야는 양적 데이터였다. 그가 말한다. "누군가 새로운 통계 기법을 배워야 할 일이 생기면 으레 내가 배웠죠." 그는 2011년 홍콩대학 박사 과정에 진학했으며 토론토대학교에서 박사후 연구원을 지낸 뒤에 케임브리지대학교에 취직했다. 평생직장으로 발전할 수 있는 자리였다.

그가 말한다. "원래는 그럴 계획이었죠." 그때 나이가 스물여섯 살이었다.

케임브리지대학교 심리학과에는 교수마다 독자적 연구실이 있었으며 박사후 연구원들과 학생들을 모집해 연구를 수행하고 (이상적으로는) 연구비로 급여를 지급했다. 코건의 연구실은 '케임브리지 친사회성·안녕 연구실Cambridge Prosociality and Well-Being Lab'로 불렸다. 그는 대학원생과 박사후 연구원 몇 명을 포섭했다. 그가 말한다. "나의 작은 대학이었죠."

그런데 몇 달 지나지 않아 코건은 존 러스트John Rust라는 교수가 설립한 심리측정학연구소Psychometrics Centre의 또 다른 연구실에서 진행 중인 과제에도 참여하게 되었다.[2] 러스트는 아내와 함께 케임브리지에 왔는데, 그의 아내는 학계의 슈퍼스타였다. 케임브리지에서 그에게 연구실을 준 것 역시 그녀와의 채용 계약 때문이었다. 러스트의 연구실은 검사·시험 출제 업체를 비롯한 외부 업체들과 많은 연구를 진행했다.

심리측정학연구소에는 미하우 코신스키Michał Kosiński라는 폴란드인 연구자가 있었다.[3] 그는 적은 투입으로부터 유용한 정보를 추출하는 수단을 찾아내는 연구에 주력했다. 프로젝트 자금이 만성적으로 부족한 상황에서 요긴할 수 있는 이 방법은 기본적으로 별것 아닌 것에서 무언가를 만들어내는 일이었다.

어느 날 코신스키는 '마이퍼스낼리티myPersonality'라는 온라인 설문 조사를 접했다. 데이비드 스틸웰David Stillwell이라는 노팅엄대학교 대학원생이 만든 사이트였다. 설문은 페이스북에 올라와 있었는데, 당시만 해도 페이스북을 학술 연구에 활용하는 일은 매우 드물었다. 연구 자체는 별로 인상적이지 않았다. 오션OCEAN이라는 유명한 성격 검사법에서 정의한 일곱 가지 성격 유형(내향성, 외향성, 신경증성 등) 중에서 이용자가 어느 성격에 속하는지 판단하기 위한 표준적 설문들이었다.

스틸웰의 연구가 참신했던 것은 페이스북 뉴스피드를, 특히 사람들이 반응하는 이야기를 널리 퍼뜨리는 능력을 활용했기 때문이다. 스틸웰의 검사법에는 교묘한 매력이 있었다. 일단 사람들이 검사에 참여하면(자신에 대해 무언가를 알 수 있는 기회를 누가 그냥 지나치겠는가) 그들은 결과를 친구들과 공유했으며, 친구들은 검사 결과가 피검사자의 성격과 실제로 일치하는지 피드백을 제공했다. 물론 그 친구들은 자신들도 검사에 참여해 재미에 동참하고 싶은 유혹을 받았다. 이것은 영화 퀴즈로 이용자들을 기만한 업체 플릭스터 같은 기회주의적 개발자들이 써먹은 것과 같은 바이럴 기법이었다.

코신스키는 이 수법이 얼마나 획기적인지 한눈에 알아보았다. 이전까지 사회학자들은 응답을 얻어내는 일이 늘 고역이었다. 피험자에게 문항 작성 대가로 보수를 지급해야 했으며 그 과정에서 온갖 문제가 발생했다. 하지만 페이스북에서는 설문을 사람들에게 들이밀면 그만이었다. 그들은 기꺼이 설문지를 채우고 친구들에게 공유했다. 여기에 한몫한 것은 사람들을 공유에 푹 빠지게 만들려고 설계된 뉴스피드의 에지랭크 알고리즘이었다. 이때는 아직 '플랫폼' 초창기였기에 페이스북은 게임 초대, 양 던지기, 그리고 퀴즈 같은 바이럴 미끼들이 피드를 도배하는 것에 개의치 않았다. 코신스키가 말한다. "페이스북은 무엇이든 맹렬하게 공유했죠." 한때는 매달 10만 명이 마이퍼스낼리티를 이용했으며 최종적으로 600만 명이 성격 검사에 참여했다.

　코신스키는 스틸웰에게 연락해 그의 데이터를 공유할 수 있는지 물었다. 이내 두 사람은 협력하게 되었다. 코신스키는 러스트에게 스틸웰을 케임브리지에 데려오라고 간청했으며 그들은 금세 심리측정학연구소 연구실의 성공 스토리를 썼다. 하지만 마이퍼스낼리티만큼 인기 있는 후속타를 날리는 데는 문제가 있었다. 페이스북이 스팸성 앱(징가 게임이든 성격 알아보기 퀴즈이든)을 차단하는 쪽으로 뉴스피드를 변경했기 때문이다.

　그때 두 심리측정학자는 엄청나게 많은 사람에게 퀴즈를 풀게 할 필요가 없음을 깨달았다. 페이스북이 점점 많은 이용자 정보를 일반에 공개하고 있었기에(이 관행은 훗날 연방거래위원회에 의해 프라이버시 침해로 규정된다) 수많은 데이터가 눈앞에 널려 있었다. 게다가 최근 2009년부터 도입된 좋아요 단추는 새 데이터로 통하는 문을 모든 사람에게 열어젖혔다. 데이터를 얻기 위해 페이스북에 로그인할 필요조차 없었다. 페이스북 API(애플리케이션 프로그래밍 인터페이스)에 명령어를 입력하기만 하면 그만이었다. 설문 응답과 달리 이 정보는 부실한 기억력이나 거짓 응답에 오염될 우려가 없었다. 코신스키가 말한다. "사람들이 성격 설문에 응답하도록 하는 게 아니라 그들의 '행동' 자체가 성격 설문에 대한 응답이 되는 겁니다."

　코신스키의 방법은 비판에 직면하기도 했다. 그가 말한다. "당시 선배 학자들은 페이스북을 쓰지 않았기에, 마흔 살짜리 남자가 문득 유니콘이 된다느니 여섯 살짜리 여자아이 행세를 한다느니 하는 이야기들을 믿었어요." 하지만 코신스키는 사람들이 페이스북에서 무엇을 하는가가 그들의 진짜 자아를 반영한다는 사실을 알았다. 그는 페이스북 좋아요가 점점 더 많이 사용되면서 좋아요만 가지고도 알아낼 수 있는 게 엄청나게 많다는 것을 깨달았다. 그는 오션 퀴즈 없이 사람들에 대해 수많은 정보를 알아낼 수 있다고 믿게 되었다. 그들이 페이스북에서 무엇에 좋아요를 누르는지 알기만 하면 충분했다.

스틸웰과 또 다른 대학원생과 함께 코신스키는 통계학을 이용해 자원자 약 6만 명의 좋아요로부터 성격 특질을 예측한 다음 이것을 마이퍼스낼리티 검사에서 드러난 피험자의 실제 특질과 비교했다. 결과가 하도 놀라워서 그들은 결과를 재검토하고 또 재검토해야 했다. 코신스키가 말한다. "결과가 나온 시점으로부터 발표해도 되겠다는 확신이 들기까지는 1년이 걸렸죠. 이게 가능하다는 게 도무지 믿기지 않았거든요."

그들은 2013년 4월 (동료 평가를 거치는) 저명 학술지 《미국국립과학원회보Proceedings Of The National Academy Of Sciences, PNAS》에 논문을 발표했다. 〈인간 행동의 디지털 기록으로 개인 특질과 속성을 예측할 수 있다 Private Traits and Attributes Are Predictable from Digital Records of Human Behavior〉라는 논문 제목만 봐서는 이 발견이 얼마나 섬뜩한지 감이 오지 않는다.[4] 코신스키와 공저자들의 주장은 사람들의 좋아요를 연구하면 성적 취향에서부터 정신 건강에 이르기까지 온갖 '비밀'을 알아낼 수 있다는 것이었다. 그들은 이렇게 썼다. "이용자의 좋아요 기록을 토대로 개개인의 특질과 속성을 높은 정확도로 예측할 수 있다." 그들은 좋아요 분석만으로 사람들이 이성애자인지 동성애자인지 88퍼센트의 정확도로 알아맞혔다. 20건 중 19건에서는 백인지 아프리카계 미국인인지 알아맞혔다. 지지 정당 추측의 정확도는 85퍼센트였다. 무해해 보이는 주제를 클릭하는 것만으로 사람들은 스스로 발가벗은 꼴이 되었다.

이를테면 높은 지능에 대한 최상의 예측 인자로는 '뇌우' 〈콜버트 리포트〉 '과학' '컬리프라이 감자튀김' 등이 있는 반면에 낮은 지능을 시사하는 항목은 '세포라 화장품' '엄마라서 좋아' '할리 데이비슨' '레이디 앤터벨럼' 등이 있었다. 남성 동성애의 훌륭한 예측 인자로는 'NOH8 캠페인' '맥 화장품' 〈위키드〉 뮤지컬'이 있는 반면에 남성 이성애의 강력한 예측 인자로는 '우탱 클랜' '샤크' '낮잠에서 깨어보니 황당한 경우' 등이 있었다.

결론부에서 그들은 좋아요가 선호도를 남들에게 알리고 제품과 서비스를 개선하는 장점이 있지만 자신의 비밀이 본의 아니게 노출되는 단점이 이를 상쇄할지 모른다고 언급했다. "기업, 정부 기관, 심지어 자신의 페이스북 친구들이 소프트웨어를 이용해 자신이 공유를 의도하지 않았을지 모르는 지능, 성적 취향, 정치적 견해 같은 속성을 추론할 수 있다. 이런 예측이 (설령 부정확하더라도) 개인의 안녕이나 자유, 심지어 생명에 위협을 가할 수 있는 상황을 상상할 수 있다."

그 뒤로 몇 달간 코신스키와 스틸웰은 예측 방법을 개선했으며 좋아요를 이용하는 것만으로 연구자가 누군가를 동료나 가족, 심지어 배우자보다 더 잘 알 수 있다고 주장하는 논문을 발표했다. 그들은 이렇게 썼다. "평균적인 직장 동료, 동거인이나 친구, 가족, 배우자보다 컴퓨터 모형이 더 우수한 예측 능력을 발휘하는 데 필요한 좋아요 개수는 각각 10개, 70개, 150개, 300개다."[5]

코신스키와 스틸웰은 좋아요 논문 이전에 페이스북과 관계가 원만했다(코신스키는 페이스북에서 두 사람에게 일자리를 제안했다고 말한다). 그래서 그는 우정의 표시로 논문 발표 몇 주 전에 페이스북 지인들에게 공유했다. 그런데 2011년 연방거래위원회 동의 판결의 상처가 여전히 쓰라린 페이스북 정책팀과 법무팀은 논문을 위협으로 받아들였다. 코신스키에 따르면 페이스북은 《미국국립과학원회보》에 연락해 논문 발표를 막으려고 했다. 케임브리지대학교에도 연구자들이 불법으로 데이터를 수집했을 가능성이 있다고 경고했다. 하지만 코신스키 말마따나 불법을 저지를 필요는 전혀 없었다. 페이스북이 모든 사람의 좋아요를 공공연히 노출했기 때문이다. 그 시점에는 좋아요를 비공개로 바꾸는 '옵션'조차 없었다.

코신스키가 말한다. "이때였던 것 같습니다. 페이스북에서 일하는 사람들이 이걸 깨달은 게 말이죠. '이봐, 우리가 하는 일이 사람들의 안전과 프라이버시에 대해 완전히 중립적이지 않은 건지 몰라.'" 하지만 페이스북은 모든 것을 알고 있었다.

실제로 2012년 페이스북은 '소셜 네트워킹 시스템 커뮤니케이션과 특성으로부터 이용자 성격 특성을 판단하는 방법'[6] 특허를 신청했다. 이것은 나중에 코신스키와 동료들이 채택한 것과 기본적으로 똑같은 방법이었다. 페이스북의 연구는 좋아요 단추가 도입되기 전 시작되었다. 그래서 페이스북 연구자들은 이용자의 개인 특질에 대한 단서를 제공하는 키워드로 사람들의 게시물 문구를 이용했다.

페이스북 데이터팀이 '엔티티 그래프Entity Graph'라는 비밀 데이터베이스를 구축했다는 사실이 뒤늦게 밝혀졌다.[7] 이것은 모든 페이스북 이용자가 다른 사람들과 맺은 관계뿐 아니라 장소, 밴드, 영화, 제품, 웹사이트와 맺은 관계까지 망라한 일종의 숨겨진 좋아요 단추였다. 페이스북은 특허 출원서에 이렇게 썼다. "추론된 성격은 이용자의 프로필과 연계되어 저장되며 타기팅, 랭킹, 제품 버전 선정, 기타 다양한 목적에 이용될 수 있다."

코신스키 논문이 발표된 뒤 페이스북은 사람들이 공유 대상을 폭넓게 지정하지 않는 한 친구들만 좋아요를 볼 수 있도록 기본 설정을 변경했다. 단 페이스북은 빼고. 페이스북은 모든 사람의 좋아요를 보았으며 이를 …… 타기팅, 랭킹, 제품 버전 선정, 기타 다양한 목적에 이용할 수 있었다.

10억 명이 보고 있는 것을 조작한 논란의 실험

심리측정학연구소의 일원으로서 알렉산더 코건은 스틸웰과 코신스키를 알게 되었으며 코신스키의 논문 검토자가 되었다. 그는 페이스북이 사회학 데이터를 수집하는 혁명적 방법이 될 수 있다는 스틸웰의 최초 발견에 경탄했다. 코건이 존경심을 담아 말한다. "선점자 우위first-mover advantage 효과였죠. 페이스북에는 성격 퀴즈가 많지 않았는데 이제는 수억 개가 올라와 있잖아요."

코건은 자신도 비슷한 연구를 하고 싶어서 스틸웰에게 마이퍼스낼리티 데이터 접근권을 요청하고는 분석하기 시작했다. 코건의 대학원생 중 하나는 이 연구를 경제학적 질문에 적용한다는 발상을 검토하기 시작했다. 서로 다른 국가의 사람들이 접촉하면 국가 간 무역과 원조 등에 어떤 영향을 미칠까, 하는 질문이었다.

이 질문에 답하려면 데이터가 더 필요했기에 코건은 자신의 멘토 대커 켈트너에게 도움을 요청했다. 그는 켈트너에게 자신의 프로젝터에 대해 설명한 뒤, 세상의 모든 친구 관계를 들여다보며 나라별로 분류하고 싶다고 말했다. 당시 페이스북에 자문을 제공하고 있던 켈트너는 그를 도와줄 수 있는 전 세계 단 한 곳과 접촉을 주선해주겠다고 말했다.

코건이 말한다. "그렇게 해서 켈트너는 페이스북 보호감독팀을 나에게 소개해주었어요. 그들이 말하더군요. '근사하네요. 우리가 데이터를 드리죠.'"

코건이 페이스북과 협력하기 시작했을 즈음 데이터과학팀은 규모가 매우 커져 있었다. 데이터과학팀이 성장팀 산하에 있다는 건 공공연한 사실이었다. 순수 사회학자와 통계학자를 채용하기는 했다. 하지만 데이터과학팀의 목적은 순수 연구가 아니라 페이스북 이용자들의 행동을 연구해 이용자 저변을 확장하고 현재 이용자 수를 유지한다는 성장팀의 목표를 달성하는 것이었다.

한 가지 연구 주제는 공유의 작동 방식을 알아내는 것이었다. 게시물이 어떻게 바이럴이 되는지 밝혀낸 〈콜록!〉 보고서가 이런 실험을 통해 탄생했다. 또 다른 실험에서는 공유의 사회적 역학이 사람들의 행동에 어떻게 영향을 주는지 밝혀냈다. 그들의 연구는 대부분 발표되지 않았다. 데이터과학자들은 개발팀들이 제품을 만들어내도록 협력했다.

하지만 이따금 연구 결과를 발표할 때도 있었다. 사회학자들이 보기에 페이스북은 신들의 데이터 보관소였다. 20억 명이 페트리 접시에 들어 있는 셈이었다. 수십만 명의 특징 한 가지를 바꿔 그 결과를 똑같이 거대한 대조군과 비교할 수 있었다.

일반적으로 통계 자료가 풍부하게 들어 있는 논문은 사회학 학계 내에서만 유포되었다. 그러나 때때로 실험 결과가 일반 대중에게 알려져 윤리 문제가 불거지곤 했다. 또는 페이스북의 위력에 대한 불편한 진실이 드러나기도 했다. 이를테면 논란거리가 된 투표 연구에서는 페이스북이 '투표했어요' 단추를 선별적으로 표시해 선거에 영향을 끼칠 수 있다는 우려가 제기되었다(캘리포니아대학교 샌디에이고캠퍼스와 페이스북의 연구자들이 공동으로 수행했다).

하지만 데이터과학 역사상 가장 큰 논란을 일으킨 연구는 코건의 전문 분야에서 나왔다. 바로 정서적 안녕emotional well-being에 대한 연구였다.[8]

2014년 〈소셜 네트워크를 통한 대규모 감정 전염의 실험 증거Experimental Evidence of Massive Scale Emotional Contagion Through Social Networks〉라는 논문이 《미국국립과학원회보》에 실렸다. 논문에서는 실험 결과가 페이스북 이용자 68만 9003명과 관계가 있다고 밝혔다. 이 이용자들의 뉴스피드는 소수의 게시물이 우선적으로 표시되도록 변경되었다. 한 집단의 뉴스피드에는 긍정적 콘텐츠("귀여운 강아지 좀 봐!")가 올라왔고 다른 집단의 뉴스피드에는 부정적 콘텐츠("우리 강아지가 어제 죽었어.")가 올라왔다. 대조군의 뉴스피드에는 아무런 조작을 가하지 않았다.

아이러니하게도 이 연구의 목적은 뉴스피드가 사람들의 기분을 우울하게 만들 수 있는지 알아보려는 것이 아니었다. 바로 그런 비판을 페이스북이 받아쳐 사람들이 계속 페이스북을 이용하도록 하는 것이 연구의 취지였다.

페이스북에 대한 불만 한 가지는 일부 이용자가 자신의 삶이 얼마나 대단한지(그것이 사실이든 아니든) 과시하려고 뉴스피드를 이용한다는 것이었다. 이런 사람들의 게시물을 보면 모든 휴가는 환상적이었고 모든 아기는 매일 24시간 사랑스러웠으며 워리어스 농구팀의 모든 경기 관람석은 맨 앞줄이었다. 이로부터 친구들의 행복한 모습을 보면 누구나 기분이 나빠진다는 논리가 나왔다.

페이스북은 좋은 것들이 사람들의 기분을 상하게 한다는 주장에 반대했다. 그래서 데이터과학팀의 연구자 애덤 크레이머Adam Kramer는 반박을 시도했다. 그는 나중에 이렇게 썼다. "친구들이 긍정적인 콘텐츠를 올리는 것을 보면 사람들이 부정적인 감정을 느끼거나 페이스북을 떠난다는 공통의 우려를 조사하는 일은 중요한 문제였다. [게다가] 우리는 친구들의 부정적 콘텐츠에 노출되면 사람들이 페이스북 방문을 꺼리게 되지 않을까 우려했다."[9]

크레이머는 당시 코넬대학교 교수이던 제프 행콕Jeff Hancock에게 연구 설계를 도와달라고 부탁했다. 행콕의 이전 연구는 '감정 전염'에 대한 것이었다. 앞선 실험들에서 그는 극단적으로 부정적인 콘텐츠가 어떤 효과를 낳는지 연구했다. 이를테면 영화 〈소피의 선택Sophie's Choice〉에서 메릴 스트립이 자신의 자녀 중에서 나치에게 살해당할 아이를 선택해야 하는 끔찍한 장면을 사람들에게 보여주었다. 이에 비하면 사람들의 뉴스피드에 이미 올라와 있는 게시물의 순위를 올리거나 내리는 페이스북 실험은 무척 온건한 셈이었다.

2012년 어느 한 주 동안 크레이머, 행콕 그리고 행콕의 박사 제자는 70만 명 가까운 이용자들의 뉴스피드를 조정했다. 조작으로 인한 영향은 미미했다(인위적으로 삽입된 우울한 이야기를 본 사람들에게서 부정적 게시물이 조금 증가했다). 하지만 실험의 규모가 워낙 커서 효과를 측정할 수 있었으며 유의미한 총계를 얻을 수 있었다. 페이스북에 희소식은 사람들의 희소식이 남들의 기분을 잡치지 않는다는 연구 결과였다. '나쁜' 콘텐츠가 사람들의 기분을 울적하게 만들기는 했지만 정도는 미미했다.

이 결과는 페이스북에는 승리처럼 보였을 것이다. 행콕이 말한다. "연구 결과는 이랬어요. '이것 보라고. 아무리 작더라도 사람들이 우리에 대해 하는 말과는 반대야. 친구들의 좋은 소식을 들으면 우울해진다는 통념은 잘못이라고.' 그럼 이렇게 되겠죠. '그래, 알았어. 페이스북에 대한 내 생각이 잘못된 것 같군.'"

하지만 2014년 6월 《미국국립과학원회보》에 이 실험 논문이 실렸을 때 사람들이 얻은 교훈은 이것이 아니었다. 말썽은 한 블로거가 올린 글에서 시작되었다. "많은 사람이 두려워하던 일이 이미 현실이 됐다. 페이스북은 우리를 실험실 쥐로 이용하고 있다. 우리가 어떤 광고에 반응하는지 알아낼 뿐 아니라 우리의 감정을 실제로 변화시키려 하고 있다."[10] 이 게시물은 언론의 관심을 끌었으며, 이른바 '기분 연구'라는 주제로 묶였다. 웹진 〈슬레이트Slate〉는 이 실험에 대한 일반인의 인식을 이렇게 요약했다. "페이스북은 수많은 사람을 고의로 슬프게 만들었다."[11]

페이스북은 연구 동기를 밝히지 않았다는 점에서 잘못을 저질렀음을 인정하면서도 이용약관에서 이런 실험을 허용하고 있다고 주장했다. 행콕은 이런 변명이 미흡했음을 인정한다. "이용약관을 동의 표시로 여기는 사람은 없어요. 아무도 안 읽으니까요." 한편 행콕 본인도 코넬대학교 본부에 연구의 정당성을 입증해야 했다. 학술 연구에는 재계보다 엄격한 기준이 적용되기 때문이다. 《미국국립과학원회보》는 사과문을 게재해야 했다. 이 모든 소동은 세계 최대의 소셜 네트워크가 10억 명이 보고 있는 것을 조작하고 있다는 두려움으로 이어졌다. 물론 이것은 사실이었다.

그때 이후로 페이스북은 연구에 훨씬 신중을 기했다. 페이스북 연구 관리자 로런 시저스Lauren Scissors가 말한다. "그 사례에서 드러난 사실 중 하나는 우리가 조심해야 할 민감한 사안의 목록이 매우 길다는 거예요. 이용자들에게 적합하지 않다고 생각되는 주제들이 있어요." 연구는 여전히 계속되었다(어쨌거나 연구는 성장으로 이어졌으니까). 그렇지만 페이스북은 다시는 오해를 사고 싶지 않았다. 데이터과학팀을 이끌었으나 감정 논문이 발표되기 직전에 퇴사한 캐머런 말로가 말한다. "그들이 실험을 중단했다고는 생각하지 않아요. 발표를 중단했을 뿐이죠. 그렇다면 그게 사회에 유익할까요? 아닐 겁니다." 2019년 사내에서 열린 데이터과학 콘퍼런스에서 내가 들은 비공식 대화에 따르면 대부분의 연구자는 그대로 남아 있었다. 그들은 자신들의 작업이 얼마나 중요한지 잘 알고 있다.

너무나 손쉬운 페이스북에서 정보 수집하기

2013년부터 코건은 페이스북 사무실을 정기적으로 방문했다. 공짜 점심을 많이 먹고 발표도 했다. 결국 그는 페이스북에 컨설팅 서비스를 제공하며 잠시 멘로파크에서 일하게 되었다. 그가 말한다. "나는 20동을 잘 알아요." 그동안 코건의 연구실은 15명으로 규모가 늘었다. 텍사스대학교 출신 박사후 연구원 조지프 챈슬러Joseph Chancellor가 연구실에 합류했다. 그는 코건처럼 통계학에 익숙하고 페이스북에 관심이 많았다. 두 사람은 힘을 합쳐 페이스북 보호감독팀과 긴밀히 협력했다.

코건은 더 많은 연구를 위해 더 많은 데이터가 필요했다. 그래서 자기 나름의 마이퍼스낼리티를 만들어야겠다고 생각했다. 그것은 자원 참가자들의 정보를 집어삼키는 새로운 설문 조사였다. 그는 정보를 최대한 끌어내기 위해 페이스북이 개발자에게 아낌없이 부여한 권한을 활용했다. 그 덕분에 앱을 이용하는 사람들뿐 아니라 그 친구들의 정보에까지 접근할 수 있었다.

2013년 가을 코건은 디스이즈유어디지털라이프thisisyourdigitallife라는 앱을 제작했다. 그는 학부생 시절부터 코딩을 해왔다. 어쨌거나 페이스북 커넥트를 이용하면 데이터를 빨아들이는 간단한 애플리케이션을 만드는 일은 식은 죽 먹기였다. 앱 제작에는 하루가 걸렸다.

그가 말한다. "온갖 것을 '구동'하는 앱과는 달라요. 실은 어디서나 볼 수 있는 한낱 페이스북 로그인 단추에 불과하죠."

페이스북 앱으로 이용자 데이터를 캐내는 일은 실제로 땅 짚고 헤엄치기였다. 코건은 페이스북 로그인 프로토콜을 이용했는데, 이렇게 하면 개발자들은 (페이스북이 나중에 표현했듯) "페이스북으로부터 승인 여부를 검토받지 않고" 데이터에 접근할 수 있었다. 게다가 당시에 페이스북은 여전히 그래프 API V1으로 알려진 '플랫폼' 버전을 쓰고 있었다. 페이스북 안팎에서 논란을 일으킨 바로 그 오픈 그래프였다. 어떤 사람들은 이것을 '친구 API'라고 불렀다. 개발자들에게 누군가의 정보에 대한 접근권을 부여했을 뿐 아니라 그의 친구들에 대해서도 좋아요와 관심사의 자세한 목록을 비롯한 상세 신상 정보를 제공했기 때문이다. 페이스북은 이 기술 전면에 '즉각적 개인 설정'을 내세웠는데, 페이스북 내부에서마저 반대를 불러일으킨(저커버그가 묵살하기는 했지만) 이른바 프라이버시 헤어볼이었다. 코건에게 이 기술은 신의 선물이었다. 그가 말한다. "그들이 당신에게 데이터를 보내줘요. 이제 전부라니까요."

코건이 말하는 데이터는 자발적으로 그의 설문 조사에 응한 사람들이 입력한 것이 아니었다. 아마존에서 운영하는 크라우드소싱 방식의 프리랜서 네트워크인 미캐니컬 터크Mechanical Turk를 통해 고용된 유급 피험자들의 데이터였다. 시급을 받는 대가로 설문 조사에 응하는 이 '터커

turker'들은 자신의 페이스북 데이터는 물론이고 데이터 공유를 허락한 적 없는 자기 친구들의 데이터까지 접근할 권한을 코건에게 내주었다.

코건이 내세운 변명은 설문 조사에 참여하는 사람들이 자신들의 정보가 어떻게 수집되는지에 대해 상업적 앱의 이용자들보다 더 자세히 통지받는다는 것이다. 그가 말한다. "업계에서 이용약관을 어떻게 보여주는지 알죠? 링크를 클릭해 약관을 보는 사람은 거의 없다고요. 하지만 학계에서는 맨 앞 한가운데 있어요. 첫 페이지가 이용약관이에요. 우리는 사람들이 알아들을 수 있게 약관을 쓰려고 노력하고, 모든 걸 명시해야 할 때는 모든 걸 명시합니다."

하지만 이것은 조사에 참여하는 사람들에게만 해당한다. 그들의 친구들은 접근권을 허용하거나 거부할 기회가 전혀 없었다. 자신의 개인 정보가 노출되었다는 사실조차 알지 못했다. 이용약관을 통지받은 이용자('시더seeder'로 불린다) 1명당 친구가 약 340명(당시 페이스북 평균)이므로 코건의 데이터에서 절대다수는 그의 프로젝트에 자신이 포함되었다는 사실을 전혀 몰랐다.

페이스북이 개발자들에게 허용하지 않은 일이 하나 있었는데, 바로 정보를 다른 곳에 쓰는 것이었다. 페이스북은 정보의 보유나 전송이나 판매를 금지하는 조항을 반드시 넣었다. 하지만 규정이 준수되도록 강제하려는 노력은 거의 하지 않았다. 페이스북은 개발자들이 데이터를 보유하거나 배포하지 못하게 단속하고 있다고 거듭거듭 장담했다. 그러나 데이터가 페이스북을 떠난 뒤에는 무슨 일이 일어나는지 알 도리가 전혀 없었다. 페이스북 직원들과 개발자들 모두 인정하는 대로 누군가 페이스북 정보로 데이터베이스를 구축한 뒤 종적을 감추면 페이스북이 할 수 있는 일은 거의 없었다.

코건은 자신이 무슨 일을 하는지 페이스북이 속속들이 알고 있었다고 말한다. "아무도 문제 삼지 않았죠. 우리가 평소에 수집한 건 인구학적 정보, 페이지 좋아요, 친구 정보였어요." 그가 잠시 생각에 잠기더니 이렇게 덧붙인다. "담벼락 게시물도 수집한 것 같긴 하네요."

정치 데이터 판매 업체 케임브리지 애널리티카의 등장

코건은 승승장구했다. 준비 중인 논문이 10편이나 됐다. 그때 심리학과 학생 하나가 자신이 SCL이라는 영국 회사에 컨설팅을 한 적이 있다고 말했다. 그는 코건에게 그들을 만나볼 의향이 있느냐고 물었다. 학생의 말에 따르면 그곳은 정치 컨설팅 회사였다.

코건이 말한다. "내게 솔깃했던 건 그들이 빅데이터를 많이 가지고 있으며 우리 연구실과 공유할 수도 있겠다는 거였어요." 그래서 그 학생은 면담을 주선했다. 상대방은 크리스토퍼 와일리Christopher Wylie라는 사람이었다.

와일리는 캐나다 태생의 데이터 너드로, 열여덟 살에 미국 국경을 건너 오바마 선거 운동의 광고 타기팅을 지원했다. 그는 2010년 런던으로 이주해 법학과 패션 예측으로 학위를 따려 했다. 그러나 훗날 《가디언》에 말했듯 진짜 관심 분야는 정치학과 데이터였다. 그는 성격 예측에 대한 코신스키 연구진의 작업을 흥미롭게 지켜보고 있었다. 그러다 2013년 SCL 그룹SCL Group이라는 회사의 중역 알렉산더 닉스Alexander Nix를 만났다. 서른여덟 살의 닉스는 유력 가문 출신에 이튼스쿨을 다녔으며 금융 분석가로 일하다가 2003년 SCL에 합류했다.

SCL은 방위 산업체로 등록되어 있었으나 실제로는 후보자, 기업, 정부를 대상으로 컨설팅 서비스를 제공했다. SCL의 실적은 로스 토머스Ross Thomas의 범죄 소설을 연상케 했다. 인도의 우타르프라데시, 케냐, 라트비아, 트리니다드 등에서 막후공작을 벌여 선거와 여론에 영향을 미쳤다. 그들의 홍보 책자에는 이렇게 나와 있다. "당사의 서비스는 고객이 인구 내 핵심 집단을 포착하고 타기팅해 그들의 행동에 효과적으로 영향을 미침으로써 원하는 결과를 실현하도록 하는 것입니다."[12]

닉스는 와일리에게 입사하라고 설득했다. 그는 이렇게 약속했다. "완전한 재량권을 줄게요. 실험도요. 아무리 괴상망측한 아이디어든 다 테스트할 수 있어요."[13] 와일리는 스물넷의 나이에 전격적으로 SCL 그룹 연구이사가 되었다. 전임자가 케냐의 한 호텔방에서 석연찮게 사망했다는 사실은 나중에야 알게 되었다.[14] SCL에 어두운 면이 있을지 모른다는 것을 암시하는 사건이었다.

얼마 지나지 않아 와일리는 골수 보수파 전사 스티브 배넌Steve Bannon을 만났다. 당시 배넌은 당파적이기로 악명 높은 우익 뉴스 사이트 〈브레이트바트뉴스〉의 편집장이었다. 게이 너드와 백인 국수주의자의 기묘한 조합이었다. 와일리는 훗날 자신들이 벌인 데이터 중심 지적 잼 세션을 이렇게 묘사했다. "우리는 마치 서로 추파를 던지는 것 같았다."

곧이어 둘은 SCL을 미국에 진출시키기 위한 계획을 짰다. 배넌은 로버트 머서Robert Mercer라는 부유한 우익 후원자와 면담을 추진했다. 머서는 헤지 펀드로 거액을 벌기 전 이름난 IBM 연구자였기에 투표 행태를 바꾸겠다는 SCL의 약속에 반색했다. 그는 후원하는 데 동의했다.

2013년 12월 '케임브리지 애널리티카'라는 자회사가 델라웨어주에 등기되었다. 이름은 배넌이 지었다. 그는 케임브리지대학교와 관계가 있

는 듯한 인상을 풍기는 것이 마음에 들었다.[15]

케임브리지 애널리티카는 공화당 후보들에게 서비스를 판매할 계획을 짜기 시작했다. 주력 서비스는 와일리가 구상한 '프로젝트 리판Project Ripon'이었다. 이를 위해서는 유권자 성격 프로필을 담은 대규모 데이터베이스가 필요했다. 이것을 핵심 주의 선거인 명부와 대조해 유권자 본인도 몰랐던 그들의 약점을 공략하는 광고를 타기팅한다는 계획이었다. 이론상으로는 그랬다.

와일리가 런던에서 날아와 코건을 만난 것은 이 프로젝트에 필요한 데이터를 얻기 위해서였다. 두 사람은 케임브리지의 한 레스토랑에서 처음 만났다. 코건은 와일리에게 깊은 인상을 받았다. 와일리는 훗날 외모를 독특하게 꾸미지만(짧은 머리를 분홍색으로 염색하고 귀고리를 한다) 이때는 평범한 차림이었다. 와일리는 우선 자신이 오바마 선거본부에서 어떤 일을 했는지, 온갖 종류의 근사한 데이터를 어떻게 수집했는지 이야기했다.[16] 이제 자신이 일하는 회사도 비슷한 일을 하고 싶어 한다고 그는 말했다. 그는 자신이 우파와 연계되어 있음을 털어놓았다. 코건의 정치 성향은 좌파 쪽이었지만 협상을 깰 정도의 문제는 아니었다. 그가 말한다. "나는 오바마의 팬이긴 해도 공화당 지지자를 악인으로 치부하지는 않아요."

코건은 첫 만남에서 와일리가 공동 연구와 데이터 공유를 제안했다고 말한다. "그들이 애초에 내게 원한 건 약간의 컨설팅뿐이었습니다. 페이스북 관련 컨설팅도 아니었고, 그저 어떻게 하면 설문 조사 문항을 더 잘 만들 수 있을까에 대한 것이었죠." 코건은 흥미가 동했다. 그는 자신의 데이터과학 연구소를 설립하는 꿈을 꾸기 시작했다. 그러면 학부생이나 미캐니컬 터크 사람들을 연구하는 게 아니라 더 폭넓은 데이터를 수집할 수 있을 터였다. 와일리는 그의 아이디어가 마음에 들었다. 두 사람은 살아 있는 모든 사람에 대해 막대한 데이터를 보유한 가상 사회를 만드는 방안을 논의하기 시작했다.

하지만 단기적으로 와일리가 원한 것은 SCL을 위한 성격 기반 정보였다. 코건은 자신의 페이스북 앱을 통해 데이터를 생성한 다음 코신스키와 스틸웰이 성격 예측 기법을 적용하도록 한다는 원대한 구상을 펼치기 시작했다. 그런 다음 성격 점수를 SCL에 보낸다는 계획이었다. 와일리는 코건의 발상에 매료되었다. 코건이 말한다. "그러니까 이건 내게 일종의 조정 작업에 불과한 셈이죠."

유급 업무를 대학에서 수행하는 것은 금지되었기에 코건은 컨설팅 업무를 위해 글로벌 사이언스 리서치Global Science Research, GSR라는 회사를 직접 설립했다. 동료 조 챈슬러가 동업자로 참여했다. 일의 진행을 주관한 사람은 크리스 와일리였다.

영국에서는 사적인 데이터를 이용하는 모든 애플리케이션은 정보보호감독관실Information Commissioner's Office에 등록해야 한다. 코건은 2014년 4월 등록했다. 같은 달에 페이스북 F8 콘퍼런스에서 마크 저커버그는 개발자들이 앱을 이용하는 사람들의 친구 정보까지 허락 없이 접근할 수 있는 빈틈을 막겠다고 공언했다. 그래프 API V1은 종료되고 개발자들은 버전 2로 옮겨갈 터였다. 속내는 개발자들에게 주는 만큼 받아내겠다는 심보였지만 페이스북은 이 조치를 이용자 프라이버시를 위한 것으로 포장했다. 저커버그가 기조연설 전반부에서 중점을 둔 사항은 개발자들이 페이스북에서 빼낼 수 있는 이용자 정보를 제한하는 새로운 규정이었다. 하지만 충분히 제한하지는 않았다. 페이스북은 '친구의 친구' 정보를 당장 차단하지 않고, 1년의 유예 기간 동안 기존 앱이 이용자

프라이버시를 침해할 수 있도록 예외 조항을 두었다. 두고두고 후회할 조치였다.

페이스북의 새 규정에는 '앱 검수App Review'가 포함되었는데, 이것을 통해 개발자들은 특정 이용자 데이터에 접근할 권한을 요청해야 했다. 코건은 검수를 신청했다가 거절당했다. 하지만 그에게는 기존 앱이 있었기에 페이스북은 1년의 과도기 동안 그가 이용자 데이터에 계속 접근할 수 있도록 허가했다. 페이스북이 새 규정을 즉시 시행했다면 글로벌 사이언스 리서치와 케임브리지 애널리티카의 제휴는 중단되었을 것이다. 코건이 유예 기간에 친구 정보에 접속하지 못했다면 자신이 장담한 인구 중에서 극히 일부만 제공할 수 있었을 것이며 충분한 인원수의 유권자를 타기팅하기에는 역부족이었을 테니 말이다.[17]

코신스키와 스틸웰을 프로젝트에 끌어들이려던 코건의 시도는 무위로 돌아갔다. 한 가지 문제는 와일리가 끊임없이 조항을 변경했던 것이라고 그는 말한다. 최초 제안은 케임브리지 애널리티카가 심리측정학 연구소에 연구비 명목으로 돈을 지불한다는 것이었다. 그런데 와일리가 말을 뒤집어 돈은 코건의 회사로 가고 '코건'이 연구소에 지급하는 것으로 바꾸었다. 하지만 금액은 10만 달러에 불과했다. 앞서 코건이 염두에 둔 금액은 약 100만 달러였다.

코신스키와 스틸웰은 코건이 수상쩍은 계약을 맺었다고 생각했다. 코신스키가 말한다. "코건은 대학 연구 후원 명목으로 기부금을 받기 위해 우리의 신뢰도를 이용했죠. 그런데 갑자기 기부금을 대학에서 자신의 사기업으로 돌려 우리에게 용역비를 지급하겠다는 겁니다. 우리는 이렇게 말했어요. '무엇보다 10만 달러로는 박사후 연구원 1명을 1년간 채용할 수도 없어요. 그러니 그 돈으로는 부족해요. 둘째, 이건 완전히 비윤리적이에요. 있을 수 없는 일이라고요.'"

코건 본인도 SCL에 대해 의구심이 들기 시작했다고 말한다. 그는 닉스를 몇 차례 만났는데, 마치 중고차 영업사원처럼 신뢰가 가지 않는다는 생각이 들었다. 그가 말한다. "닉스는 제품은 제대로 이해하지 못하면서 그저 구상을 팔려고 애쓰는 사람이죠."

알고 보니 와일리 역시 닉스를 좋아하지 않았다. 코건이 말한다. "와일리는 닉스에 대해 세상에서 제일 멍청한 작자라고 말했죠. 그러더니 자기 회사를 차리고 싶다는 계획을 내비치기 시작하더군요."

실제로 그 뒤 2014년 여름에 와일리는 퇴사해 직접 회사를 설립한다. 하지만 그전에 그는 코건이 페이스북 이용약관 문제를 해결하도록 도와주었다. 약관에서는 페이스북이 개발자들에게 제공하는 이용자 개인 정보를 코건의 회사 같은 기업들이 팔거나 라이선스를 주지 못하도록 금지하고 있었다.

코건에 따르면 와일리는 법률과 데이터 프라이버시 전문가로서 자신이 그 걸림돌을 치워주겠다고 장담했다. 와일리는 설문 참여자들에게 새로운 이용약관을 제시하라고 코건에게 제안했다. 약관 내용은 코건이 데이터를 아무 제약 없이 SCL에 제공하도록 허용한다는 것이었다. 와일리는 자신이 새 약관을 작성하겠다고 했다. 코건이 말한다. "와일리가 내 이용약관을 작성했죠. 내게는 '여기 이름을 채워넣으면 됩니다'라는 식으로 말하더군요." 와일리는 이 사실을 인정하면서도 자신은 구글에서 이용약관 계약서 샘플을 검색해 참조했을 뿐이라고 말한다.[18]

코건이 문서를 살펴보니 법률 용어가 많았다. 코건에 따르면 와일리는 조항 하나를 구체적으로 지목했다. "와일리는 이런 식으로 말했죠. '이 조항은 당신이 데이터를 전송하고 팔 수 있다는 뜻이에요.' 그가 그

조항을 지목한 건 우리가 승인을 올바르게 하고 있다는 걸 내게 확신시키기 위해서였던 것 같아요." 와일리가 말한다. "당시에는 그다지 부도덕한 일로는 느껴지지 않았어요."

하지만 그들이 한 일은 페이스북의 자체 이용약관을 정면으로 위반한 것이었다. 페이스북은 코건이 이용하는 데이터가 전송되는 것을 허용하지 않기 때문이다. 코건은 나중에 자신이 새 약관을 페이스북에 제출했다고 주장했으나 페이스북이 승인하지 않는 한 그와 와일리의 새 약관은 무의미했다. 마치 세입자가 (기존 계약서가 있는데) 임대료를 절반으로 깎는다는 내용으로 계약서를 새로 써서 집주인 문간에 놓아두고는 돈 굳었다고 좋아하는 격이었다. 페이스북에서 새 약관을 본 사람이 하나라도 있었는지는 불분명하다.

내부 고발과 폭로 기사로 정보 유출 실태가 드러나다

스틸웰과 코신스키가 나가자 코건은 자신이 케임브리지 애널리티카를 위해 수집한 데이터에 두 사람의 예측 시스템을 이용할 수가 없었다. 그래서 SCL을 위해 정보를 수집할 수 있도록 앱을 변경했다.[19] 그는 미캐니컬 터크로부터 데이터를 수집하지 않고 설문 조사 소프트웨어 제공과 참가자 조달을 겸하는 영리 회사 퀄트렉스Qualtrex로부터 '시더'를 확보했다. 퀄트렉스는 약 20만 명의 설문 조사 참가자를 1인당 약 4달러에 모집하기로 했다. 참가비는 SCL에서 지불했다. 참가자들은 자신의 페이스북 정보를 공유하는 데 동의했는데, 여기에는 친구들의 개인 정보도 포함되었다. 그런 다음 코건은 코신스키와 스틸웰이 데이터를 분석해 특

3부 메타버스를 향하여

질을 예측한 것을 모방하기 위해 자기 팀에 시스템을 만들도록 시켰다.

2014년 5월 코건은 와일리에게 보낸 이메일에서 케임브리지 애널리티카가 프로필에서 관심을 가질 만한 정보 20여 가지를 제시했다. 그중에는 정치 성향뿐 아니라 총기와 '흑마법'에 이르는 다양한 주제에 대한 '선정적' 관심사가 들어 있었다.[20]

데이터 수집에는 약 4주가 걸렸다. 조사 참가자 20만 명에게는 약 5000만 명의 친구가 있었다는 것이 코건의 추측이지만 모두가 미국인은 아니었다. 그가 6월 4일 SCL과 체결한 계약은 11개 주에 거주하는 페이스북 이용자에게만 해당했기에 그는 200만 개의 프로필만 제출했다. 여기에는 사람들의 이름과 인구학적 정보, 그리고 개인적 특질에 대한 예측이 담겨 있었다. 그가 말한다. "그랬더니 나중에 그들이 와서 이런 식으로 말하더군요. '와, 데이터를 많이 수집했네요. 나머지도 줄 수 있나요?' 우리 답변은 '당연하죠'였고요." 그렇게 수백만 명의 프로필이 SCL에 추가로 흘러들었다.

코건은 자신이 페이스북 약관을 위반한다는 생각이 들었다면 중단했을 거라고 말한다. "나는 내 분야에서는 페이스북과 무척 특별한 관계를 맺고 있습니다. 학자 중에서 페이스북으로부터 데이터를 공유받는 관계인 사람은 많지 않거든요. 어떤 바보가 그들에게 엿 먹이는 짓을 하겠습니까?"

코건은 실수를 저질렀음은 인정한다. "타임머신이 있어서 과거로 돌아갈 수 있으면 전혀 다르게 처리하고 싶은 일이 두어 가지 있어요. 하나는 '대체 SCL이 뭐하는 자들이지?'를 훨씬 꼼꼼히 따져보는 겁니다."

코건이 SCL과 맺은 계약은 미하우 코신스키를 격분시켰다. 그가 보기에 코건은 자신과 스틸웰이 개척한 연구를 복제해 팔아서 사익을 얻으려 하고 있었다. 그래서 코신스키는 심리측정학연구소 설립자 존 러스트 교수에게 편지를 써서 코건의 비윤리적 행위를 고발했다.

러스트는 이것이 문제라는 데 동의했다. 이제 그는 자신이 한 번도 코건을 좋아한 적이 없다고 말한다. 그는 코건을 '억지꾼pushy'으로 여겼다. 심리측정학연구소 연구자들은 각자 자신의 별명을 지었는데, 코건은 스스로를 '사랑받는 커맨더Beloved Commander'로 불렀다(페이스북 최초 버전에서 젊은 마크 저커버그가 '마스터 앤드 커맨더'를 자칭한 일화가 기묘하게 오버랩된다). 게다가 코건은 자신이 만든 데이터베이스에 대해 떠벌리고 다녔다. 12월 2일 싱가포르국립대학의 도시락 오찬에서 그는 "사실상 어떤 특질이든 예측할 수 있는 5000만 명 이상의 샘플"에 대해 이야기해주겠다고 약속했다.[21]

코건이 이 정보를 정치 조직에 팔아넘긴다는 사실에 러스트는 기겁했다. 러스트가 말한다. "그건 우리가 하는 일이 아니에요." 그는 코건에게 코신스키와 스틸웰의 연구를 복제하는 것은 잘못이니 중단하라면서 이렇게 말했다. "이 사람들은 당신 동료잖아요. 그들은 몇 년 동안 이 작업을 해왔어요. 당신은 당신 걸로 해나가는 게 어때요?"

코건은 거부했다. 러스트는 이 문제를 중재 기관에 회부하자고 제안했다. 대학에서 중재 비용 4000달러를 부담하지 않으려 하자 러스트와 코건은 비용을 분담하기로 합의했다. 중재원이 조사를 시작했으나 코건은 기밀 유지 협약에 서명해서 협조할 수 없다며 돌연 조사를 거부했다.

2014년 12월 8일 결국 러스트는 학장에게 편지를 썼다.

알렉산더의 행동에 대해 우려가 커지고 있습니다. 첫날부터 들려오던 이야기들에 따르면 그는 우리 규정을 완전히 무시하고 대학 내에서 자신의 회사를 계속 운영했다고 합니다. …… 다시 말씀드리지만 그가 데이터베이스를 구축하는 데 이용하는 절차는 10만 명의 페이스북 '좋아요'에서 예측을 얻는 것뿐 아니라 현재의 인터넷 설정에서 이용자에게 연결된 모든 친구(이들 중 누구도 이에 대해 여하한 동의를 한 적이 없습니다)에 대해서도 같은 정보를 얻을 수 있도록 하는 것을 토대로 삼습니다. 평균적 페이스북 이용자에게는 150명의 친구가 있으므로 이 데이터베이스는 1500만 명 규모이며 그들의 의도는 이것을 미국 전체 인구로 확장해 선거 운동에 이용하겠다는 것입니다.

사실 데이터베이스는 1500만 명보다 훨씬 많았으며, 어쩌면 코건이 도시락 오찬에서 예측한 5000만 명보다 많았을지 모른다. 페이스북의 계산에 따르면 8700만 명까지 가능했다. 하지만 세상은 그 뒤로 2년이 지나도록 이 사실을 알지 못했다.

코신스키는 미진한 대처에 분노했다. 그에게는 역공을 가할 수단이 있었다. 그는 몇 달 전 해리 데이비스Harry Davies라는 연구자를 만난 적이 있었다. 데이비스는 〈프라이버시Privacy〉라는 연극의 자료 조사차 사람들과 인터뷰를 하던 중이었다. 보도 자료에서는 연극을 이렇게 소개했다. "〈프라이버시〉는 정부와 기업이 우리의 개인 정보를 수집하고 이용하는 방식을 탐구하고 이것이 개인으로서 또한 사회 전체로서 우리에게 무엇을 의미하는지 들여다본다."

그해 2014년 11월 코신스키는 내부 고발자가 되었다. 그는 해리 데이비스에게 코건과 SCL의 관계에 대해 이야기하고 자신이 가진 자료를 전부 넘겨주었다. 당시 데이비스는 《가디언》에 조사 인력으로 취직한 상태였다. 데이비스는 SCL에 연락해 코건과의 관계에 대해 문의했지만 아무 답변도 얻지 못했다. 나중에 케임브리지 애널리티카의 한 임원은 그때 자신의 팀은 워싱턴에서 열리는 파티에 가던 중이었고 사무실에 남아 있던 사람이 데이비스와 통화하다가 전화가 끊겼다고 해명했다.[22] 데이비스는 이 문제를 한쪽에 치워두었다.

그러다가 2015년 가을 데이비스는 SCL과 케임브리지 애널리티카의 관계, 로버트 머서의 연루, 공화당 대선 후보 경선에 나선 테드 크루즈Ted Cruz의 캠페인에서 그 데이터가 이용되었다는 사실을 폭로한《폴리티코Politico》기사를 접했다.[23] 그는 다시 자료를 뒤졌으며 조사 업무 중 여유 시간에 이야기를 짜 맞추었다. 코건이 연구 프로젝트를 내세워 데이터를 수집한 뒤 페이스북 규정을 위반한 채 이 데이터를 케임브리지 애널리티카에 팔아넘긴 과정이었다. 크루즈 선거본부는 모든 과정이 합법적이었다고 주장했다. 대변인이 말했다. "내가 이해하기로 모든 정보는 이용자가 페이스북에 가입할 때 허락을 받아 합법적이고 윤리적으로 취득한 것입니다."

데이비스의 생각은 달랐다. 그는 코건에게 게재 예정인 기사(기본적으로 코건이 비윤리적 행위를 저질렀다고 고발하는 내용이었다)의 요약본을 미리 이메일로 보내면서 반론을 위해 12시간을 주겠다고 말했다. 코건은 기겁했다. 그가 말한다. "내 평생에 가장 노심초사한 순간이었습니다. 부정적인 일로 언론에 등장한 적은 한 번도 없었거든요." 코건은 대학 홍보실에 연락해 답변서를 작성했다. 그는 동업자 조 챈슬러에게도 조심하라고 알렸다. 챈슬러는 케임브리지대학교를 떠나 다름 아닌 …… 페이스북 데이터과학팀에서 일하고 있었다.

2015년 12월 11일 해리 데이비스의 기사가《가디언》에 실렸다. 탈취된 페이스북 프로필이 크루즈 선거 운동에 이용되었다는 보도였다.[24] 페이스북 정책 책임자들은 어안이 벙벙했다. 워싱턴 사무소의 그 누구도 코건이나 케임브리지 애널리티카에 대해 들어본 적이 없었다. 하지만 테드 크루즈에 대해서는 들어본 적이 있었다. 페이스북 개발자가 유출한 개인 정보를 크루즈의 선거본부가 홍보 대상 선정에 이용했다는 사실은 페이스북이 선거에 편파적으로 개입한 것으로 보이게 된다는 점에서 악몽 같은 상황이었다. 정책팀은 어떻게 대응해야 할지 알아내려고 동분서주했다. 관련 정보 수집 임무를 맡은 사람은 개발자 운용Developer Operations의 정책 부문을 담당하는 수석 간부 앨리슨 헨드릭스Allison Hendrix였다.

알고 보니 '플랫폼' 부서 사람들은 몇 달 전부터 정치 조직, 특히 케임브리지 애널리티카의 데이터 악용에 대처하느라 애를 써왔던 사실이 드러났다.[25] 헨드릭스도 관여한 일이 있었다. 2015년 9월 22일 워싱턴의 한 정치 컨설팅 회사가 페이스북 데이터의 선거 운동 활용에 대한 규정을 명확히 알려달라고 페이스북에 요청했다. 경쟁자들이 규정을 위반하는 것처럼 보인다는 이유에서였다. 컨설턴트는 "규정을 위반한 업체 중에서 가장 규모가 크고 공격적인 곳은 케임브리지 애널리티카입니다. 그곳은 (좋게 말해) 불법과 부정의 경계에 있는 데이터 모델링 회사인데 우리 시장에 깊이 침투했더군요"라고 말하며 페이스북에 조사를 촉구했다.

이후 몇 달간 개발자 운용 부서의 여러 사람이 정보를 수집했다(긴박하게 매달리지는 않았다). 그들은 케임브리지 애널리티카에 집중하지 않고 정치 컨설턴트들의 데이터 수집 관행을 전반적으로 들여다보았다. 그러다 포아메리카ForAmerica라는 우익 사이트를 발견했는데, 그곳은 자신들의 인기 페이스북 페이지를 방문하는 사람들에게서 좋아요를 퍼 담고 있었다. 처음에는 이런 행위가 페이스북 정책을 실제로 위반했는지를 놓고 혼선이 일어나기도 했지만, 보고 체계에 있는 일부 직원은 위반이 맞다고 확언했다. 한 직원은 10월 21일에 이렇게 썼다. "고약한 짓이 많이 벌어지고 있다는 의심이 강하게 든다." 하지만 조사는(조사라고 부를 수 있을지 의문이었지만) 지지부진했다.

그때 《가디언》 기사가 터져 나온 것이다. 순식간에 케임브리지 애널리티카에 대해 알아내는 일이 급선무가 되었다. 사내에서 허둥지둥 이메일을 주고받던 와중에 한 직원은 심란한 사실을 발견했다. "페이스북이 (보호감독팀의 연구 협력 과정에서) 이 알렉산더 코건이라는 사람과 함께 일한 것 같습니다."

페이스북 인사 한 사람이 말한다. "서부 개척 시대 무법천지 같았어요. 이 사람은 접근권을 가지고 있었고 우리는 그가 이 데이터로 뭘 하는지 전혀 몰랐어요."

페이스북은 코건에게 전화 연락을 취했다. 코건은 앨리슨 헨드릭스가 그때 자신에게 데이터 삭제를 지시했다고 회상한다. 그가 기억하기로 대화는 화기애애했다. 그는 연구를 위해 데이터를 보관하고 싶었으나 삭제에 동의했다. 그가 말한다. "페이스북은 여태까지 막강한 동맹이었어요. 그들의 심기가 불편하면 나는 당연히 좌불안석이죠. 게다가 논문 15편을 그들과 함께 작업하고 있었다고요!" 실은 몇 주 전에도 그는 페이스북 사옥에서 조사 업무를 도와주며 컨설팅을 진행했다.

헨드릭스는 또한 케임브리지 애널리티카/SCL 측과 접촉해 데이터 관리 이사 알렉산더 테일러Alexander Tayler와 이메일을 주고받기 시작했다. 테일러는 처음에는 아무것도 잘못되지 않았다고 장담했다.[26] 하지만 몇 차례 이메일을 더 주고받은 뒤인 2016년 1월 18일, 그는 설령 케임브리지 애널리티카에 페이스북 데이터가 있었더라도 전부 삭제했다고 말했다. 헨드릭스는 그에게 감사를 표했다. 이전에는 이메일에 자신의 이름을 정식으로 썼는데 이번에는 '앨리'라는 애칭으로 서명했다.

하지만 테일러의 약속을 무작정 믿을 수는 없었다. 그래서 페이스북은 양 당사자 간에 법적 구속력이 있는 계약을 체결해 케임브리지 애널리티카로부터 데이터를 정말로 삭제했고 더는 이용하지 않고 있다는 확약을 받아내기 위한 협상에 착수했다.[27] 페이스북은 이 임무를 외부 자문 기관에 위탁했다. 하지만 실제 삭제 여부를 '검증'하는 조치는 취하지 않았다. 어차피 쉬운 일은 아니었다. 코건이 데이터를 USB 메모리에 담아 가방에 넣었는지 어떻게 알 수 있겠는가? 코건의 앱은 플랫폼에서 퇴출되었지만 코건과 케임브리지 애널리티카 둘 다 차단을 면했다. 코건은 모든 것이 잠잠해질 것이며 결국은 자신이 다시 페이스북의 총애를 받게 되리라 생각했다.

그러는 내내 셰릴 샌드버그나 마크 저커버그는 전혀 보고를 받지 못했다.

정보 유출과 악용을 방조하다

2016년 선거전이 열기를 더해가면서 케임브리지 애널리티카는 공화당 후보들을 위해 발 벗고 나섰다. 테드 크루즈가 탈락한 뒤에는 트럼프 선거 운동을 위해 일하기 시작했다. 부사장 스티브 배넌은 후보자의 수석 참모가 되었다. 케임브리지 애널리티카는 애그리게이트아이큐AggregateIQ라는 캐나다 회사(보도에 따르면 와일리와 관계된 회사였다)와 계약을 맺어 자사의 유권자 데이터베이스를 활용하는 소프트웨어를 구축했다. 데이터베이스에는 코건이 제공한 프로필과 성격 개요가 삭제되지 않은 채 들어 있었다.

페이스북은 케임브리지 애널리티카의 데이터 오용에 대해 알고도 1년이 지나도록 데이터 삭제에 대한 공식 확인을 받아내지 않았다(페이스북은 외부 법률 사무소에서 협상 중이었다는 변명을 내세웠다). 코건은 그해 6월 확인서를 제출했지만 케임브리지 애널리티카는 선거 운동 기간 내내 버텼다. 심지어 이 회사 최고경영자 알렉산더 닉스는 현재와 미래의 고객들에게 자기네가 가진 거대한 데이터베이스를 자랑하고 다녔다.

한편 케임브리지 애널리티카는 페이스북의 '제휴사'였다. 정치 분야의 주요 광고주였기에 페이스북 광고팀으로부터 지원과 조언을 얻을 수 있었다. 선거 기간 중 어느 때라도 페이스북은 부정하게 수집된 8700만 명 페이스북 이용자의 개인 정보를 삭제했다는 사실을 닉스와 케임브리지 애널리티카가 입증하지 않으면 플랫폼에 대한 접근을 차단하겠다고 협박할 수 있었다. 감사를 요구할 수도 있었다. 하지만 그러지 않았다. 오히려 케임브리지 애널리티카로부터 수백만 달러의 광고비를 받아 챙겼다. 그 돈이 부정 취득한 프로필 데이터에서 나온 것인지는 묻지도 따지지도 않았다. 페이스북은 광고비를 받으면서 (아직 확인서에 서명조차 하지 않은) 케임브리지 애널리티카의 삭제 주장을 받아들였다.

케임브리지 애널리티카가 데이터 삭제를 공식 인정한 것은 자기네가 밀던 후보가 백악관에 입성하고 몇 달이 지난 2017년 4월 3일이었다. 이번 역시 페이스북은 그들의 말을 믿은 채 주장 검증을 위한 감사 기회를 이용하지 않았다. 1년 뒤 영국 정보보호감독관실은 케임브리지 애널리티카의 컴퓨터를 수색해 페이스북 정보가 동원된 데이터 모델을 회사가 여전히 이용하고 있다는 사실을 발견했다.

케임브리지 애널리티카의 선거 활동에 페이스북 프로필이 이용되었는지는 오늘날까지 명확히 밝혀지지 않았다. 하지만 《뉴욕타임스》는 케임브리지 애널리티카의 파일에서 원천 데이터raw data를 발견했다고 보도했으며, 케임브리지 애널리티카의 전 임원 브리트니 카이저Brittany Kaiser는 그 데이터가 선거 타기팅에 실제로 쓰였다고 말한다.[28]

2016년과 2017년 어느 시점에도 페이스북은 수백만 이용자의 개인 정보가 정치적 목적에 이용되었고 뉴스피드가 조작되었다는 사실을 이용자들에게 밝히지 않았다.

케임브리지 애널리티카의 데이터 작업이 선거 결과에 영향을 미쳤는가를 놓고 여전히 격렬한 논쟁이 벌어지고 있다. 트럼프가 당선되기 전에 테드 크루즈 선거본부에서는 데이터가 도움이 되지 않았다고 결론 내렸다. 훗날 트럼프의 디지털 선거 운동을 진두지휘한 브래드 파스케일은 트럼프 선거본부에서 케임브리지 애널리티카에 지급한 600만 달러 중에서 100만 달러를 제외한 나머지 전부가 TV에 쓰였다고 〈프런트라인〉에 말했다. 또한 자신이 케임브리지 애널리티카 직원들을 선거 운동원으로 쓴 것은 그들의 재능 때문이지 데이터 때문이 아니라고 덧붙였다.[29]

하지만 선거 운동 기간에 케임브리지 애널리티카 최고경영자 닉스는 자신에게 "비법 소스"가 있다고 뻐겼으며[30] 트럼프가 승리하자 케임브리지 애널리티카의 "데이터 중심 커뮤니케이션"이 승리에 "필수 역할"을 했다며 흐뭇해했다.[31] 그런 정치적 이전투구를 익히 경험한 페이스북 내부 사람들은 케임브리지 애널리티카를 허풍선이로 여겼으며, 디지털 흑마법을 약속하는 수많은 컨설턴트 지망생 중 하나로 치부했다. 페이스북 워싱턴 사무소의 한 간부가 말한다. "그들은 선거 업계의 테라노스

격이었어요. 그러다 트럼프가 승리하면서 그들을 사악한 천재로 보는 사람들과 그들을 어릿광대로 보는 워싱턴 사람들 사이에 이 기묘한 간극이 생겼죠."

광대놀음이었든 아니었든 선거 기간 중에 페이스북은 중요한 사실 하나를 놓쳤다. 케임브리지 애널리티카가 페이스북 이용자 수백만 명의 개인 정보를 확보했으며 삭제 여부를 여전히 확인해주지 않았다는 점이다. 페이스북은 SCL/케임브리지 애널리티카에 전달된 코건의 데이터베이스가 트럼프 선거 운동에 쓰였을 가능성을 따져보지 않았다.

케임브리지 애널리티카의 접근법은 페이스북이 이용자 확보와 유지를 추진하다 생긴 빈틈을 악용하는 완벽한 방법처럼 보였다. 사람들이 공유한 데이터를 이용해 그들의 약점을 찾아내고 그들을 겨냥한 조작 광고를 페이스북에 실어 약점을 공략하는 방식이었다. 이것은 러시아인들이 알아낸 방법이기도 했다. 페이스북 정책 담당자는 내게 이렇게 말했다. "내가 페이스북을 조작해 당신이 선거에서 승리하게 해주겠다고 장담할 수 있을까요? 그럴 순 없죠. 그렇다면 사람들의 두려움, 사람들의 걱정, 사람들의 관심, 사람들의 편견을 활용해 무언가를 자극하고 촉발할 수는 있을까요? 당연히 할 수 있죠."

기자들이 선거 결과에 비추어 2015년 《가디언》의 폭로 내용을 파고들었을 때 페이스북이 취한 대응에는 오해의 소지가 있었다.[32] 2017년 대변인이 온라인 뉴스 〈인터셉트The Intercept〉에 "지금까지 우리 조사에 따르면 잘못을 시사하는 점은 전혀 발견되지 않았습니다"라고 말했을 때 페이스북은 틀림없이 잘못이 있었음을 알고 있었다.[33] 코건, SCL, 와일리에게 2015년 이후 프로필을 삭제하라고 요구한 것은 그 때문이다. 또한 페이스북은 케임브리지 애널리티카가 "페이스북 프로필이나 페이스북 좋아요에서 데이터를 취득하지 않는다"라는 알렉산더 닉스의 발언을 기자들에게 인용했지만 케임브리지 애널리티카가 코건으로부터 그 데이터를 라이선스받았다는 사실을 알고 있었다. 케임브리지 애널리티카가 데이터 삭제 여부를 입증하지 않았음을 감안하면 그런 발언을 인용하는 것은 분명 오해의 소지가 있었다.

와일리는 훗날 자신이 2015년에 데이터를 삭제했지만 확인을 미룬 것은 페이스북의 지시가 2016년 중반에야 자신에게 도착했기 때문이라고 주장했다. 페이스북은 지시 문서를 우편으로 그의 부모님 집에 발송했다. 와일리가 말한다. "그들은 달랑 편지 한 장을 보냈어요. 편지에는 '데이터가 없다는 것을 확인해주실 수 있나요?'라고 쓰여 있었고요. 빈 칸을 채우고 서명하라는 식이었죠. 마치 잊고 지내던 과거를 떠올리는 기분이었습니다. 코건의 이름을 못 들은 지 한참 됐거든요." 긴박했다고는 도저히 말할 수 없다.

페이스북의 흔들리는 총체적 신뢰

그즈음 와일리는 새로운 디지털 펜팔 친구가 생겼는데, 캐럴 캐드월러더Carole Cadwalladr라는 《가디언/업저버》 기자였다. 주제를 심층적으로 파고드는 것으로 유명하며 종종 (아마존 물류 창고에서 일했던 것을 비롯해) 체험 수법을 쓰는 기고가이자 탐사 기자인 캐드월러더는 거대 기술 기업들이 해로운 영향을 미친다는 것을 감지하고서 이 주제에 매료되었다. 2016년 그녀는 케임브리지 애널리티카를 탐사하기 시작했다. 브렉시트 개입설, 수법, 로버트 머서를 비롯해 트럼프를 후원한 극우 보수 운동과 관계 등 이 회사에 대해 연속 기사를 썼다. 2015년 12월 코건의 존재를 드러낸 페이스북 데이터 관련 기사도 있었다.

그녀는 와일리를 우연히 알게 되고서 그가 사건의 열쇠임을 간파했다. 와일리는 2017년 3월 그녀가 처음 접촉을 시도했을 때는 경계심을 품었지만 결국 기사에 도움이 될 만한 문서를 넘겨주었다. 하지만 캐드월러더가 원한 것은 와일리 본인이었다. 와일리가 전적으로 협조해 케임브리지 애널리티카 이야기를 자신의 관심에서 말해준다면 훨씬 설득력이 클 터였다. 그녀가 말한다. "1년 넘도록 문서를 깔고 앉아 있었죠. 사람 이야기가 빠진 채 문서만 공개해서는 충분하지 않으니까요."

캐드월러더는 계약직 기고자였기에 기사를 써야 수당을 받을 수 있었다. 하지만 케임브리지 애널리티카 기사에 전념하기 위해 다른 의뢰들을 거절했다. 결국 그녀는 실명 보도에 응하도록 와일리를 설득했다.

하지만 그녀에게는 와일리 말고도 또 다른 근심거리가 있었다. 캐드월러더는 과거에 쓴 기사에서 인턴 한 사람이 처음으로 알렉산더 닉스에게 SCL이 데이터를 활용해야 한다고 제안했다고 밝혔다. 이 젊은 여인은 소피 슈밋Sophie Schmidt, 구글 전 최고경영자 에릭 슈밋의 딸이었다. 캐드월러더에 따르면 당시 《가디언》은 슈밋을 대리하는 영국 최고의 변호사에게서 이 사실을 들었다고 한다. 변호사는 정보를 부인하지는 않았지만 이것이 개인적인 문제이고 공익과 무관하므로 슈밋의 이름을 기사에서 빼달라고 요구했다. 캐드월러더가 말한다. "우리 변호사들이 상황을 검토하고서 말했죠. '괜찮아요, 그녀는 못 이겨요. 하지만 우리 쪽에서도 소송 비용으로 2만~3만 파운드를 써야 할지 모르겠군요.'" 그래서 《가디언/업저버》는 슈밋의 이름을 기사에서 뺐다. 캐드월러더가 말한다. "우리 둘 다 이 사건을 영국에서 보도하는 게 만만찮다는 걸 깨달은 거죠."

그녀의 편집장에게는 부담을 덜 아이디어가 있었다.《뉴욕타임스》처럼 허위 명예훼손 소송에 이골이 난 미국 대형 언론사와 협력하면 어떻겠느냐는 것이었다. 캐드월러더는 마음에 들지 않았지만(이것은 '자신'의 기사였으니까) 의견에 따르는 것 말고는 선택의 여지가 없었다.《뉴욕타임스》는 캐드월러더의 조사와 원래 보도를 바탕으로 독자적인 기사를 쓰는 데 동의했으며, 두 언론사가 동시에 기사를 발표하되 캐드월러더를《뉴욕타임스》공동 필자로 표시하기로 했다.

캐드월러더의 기사에는 이제 머리를 분홍색으로 염색하고 코에 고리를 꿴 와일리가 용감한 내부 고발자로 등장했다. 마치 찰스 맨슨Charles Manson이 샤론 테이트Sharon Tate 살인범들을 직접 고발하는 꼴이었다(사이비 교주 찰스 맨슨의 신도들이 영화배우 샤론 테이트를 살해했다-옮긴이). 와일리는 이 공작을 적극적으로 기획한 인물이었으니 말이다. 그는 SCL을 부추겨 케임브리지 애널리티카를 설립하도록 했으며, 페이스북 이용자 데이터를 정치 공작 컨설팅 업체에 넘기는 비윤리적 행위를 저지르도록 코건을 꼬드긴 책임도 있었다. 캐드월러더가 자신의 기사에 등장하는 유죄의 주인공을 일컬어 말한다. "내부 고발자가 되려면 암흑의 심장부에 들어가 있어야 하니까요." 와일리는 훗날 자신의 변신을 트럼프 선거 이후의 환멸 탓으로 돌렸는데, 머서와 배넌과 협력해 케임브리지 애널리티카를 만든 사람의 변명이라기엔 구차했다. 그는 나중에 의회에서 이렇게 말했다. "제가 기획에 참여한 것이 너무 후회스럽습니다. 잘못을 저지른 사람을 하나만 꼽으라면 저를 꼽아야 할 겁니다. 하지만 이미 엎지른 물입니다."

《가디언》 기사가 예고된 그 주 토요일이 되기 전에 캐드월러더는 페이스북에 연락했다. 홍보 담당자들에게 답변을 얻는 일은 언제나 골칫거리였다. 그녀는 멘로파크에 아는 사람이 전혀 없었으며 논평 요청은 페이스북 영국 사무소를 거쳐야 했다. 며칠간 묵묵부답이던 페이스북에서 마침내 법무실장 폴 그레이월Paul Grewal이 답변을 보내왔다. 그는 페이스북 프로필 5000만 개가 페이스북에서 코건으로, 다시 SCL로 전달된 것을 그녀가 '유출breach'('규칙 위반'으로 해석된다-옮긴이)이라고 표현한 것을 문제 삼았다. 캐드월러더는 그의 발언을 소송 위협으로 해석했다.(페이스북은 그렇지 않았다고 말한다. 대기업 법률 대리인이 통상적 조언을 했을 뿐이었다고 말이다.)

용어의 의미를 엄밀히 따지자면 페이스북이 옳았지만 기이한 반박이었다. '유출'이라는 말은 (범법행위에 악용된) 부주의를 암시하기 때문이다. 이 경우에 페이스북은 이용자들에게 적절한 허락을 받지 않고서 사적인 데이터를 코건에게 넘겼다. 소셜 데이터를 개발자들에게 넘겨주는 일은 2007년 '플랫폼'에서 기본적으로 체계화되어 ('즉각적 개인 설정' 같은 기능을 도입한) 오픈 그래프에까지 계속된 규정들에 부합했다. 여러 해를 거치면서 페이스북 이용자 저변이 확대되는 동안 이 규정들은 성장을 촉진하는 요소로 간주되었으며 그대로 유지되었다. 마침내 2014년 페이스북은 이 규정들에 결함이 있음을 인정했으며 뻥 뚫린 프라이버시 구멍을 막겠다고 공언했다. 하지만 1년의 유예 기간을 두었다. 그 덕에 코건은 수백만 명의 데이터베이스를 구축해 케임브리지 애널리티카에 팔 수 있었다.

페이스북은 기사보다 선수를 치려고 금요일 증시가 폐장한 뒤 새 게시물을 올렸다. 게시물에서는 2015년《가디언》기사가 보도된 후에 페이스북이 케임브리지 애널리티카, 코건, 와일리에게 데이터 삭제를 지시했으며 데이터를 삭제했다는 말을 들었다고 설명했다. 하지만 이렇게 덧붙였다. "며칠 전에 우리는 앞서 받은 확인서와 달리 데이터가 전부 삭제되지는 않았다는 보고를 받았습니다."[34] 그리하여 "모든 페이스북 이용자의 안전과 경험을 개선하는" 지속적 노력의 일환으로 페이스북은 부정행위를 저지른 케임브리지 애널리티카, 코건, 와일리를 차단했다고 밝혔다. 맥락 없이 읽으면 페이스북이 이용자 데이터를 철통같이 보호하는 것처럼 보였다. 하지만 《뉴욕타임스》와 《가디언/업저버》에서 다음 날인 2018년 3월 17일 서둘러 기사를 내보내면서 페이스북의 선언은 금세 다른 관점에서 해석되었다.

두 기사는 똑같은 폭발적 내용을 담고 있었다. 페이스북이 이용자 수백만 명의 개인 정보가 선거 기간에 트럼프 컨설턴트들의 손에 넘어가도록 내버려두었다는 것이었다. 기본적인 사실은 대부분 2015년 12월에 밝혀져 있었지만 이번은 훨씬 긴박하고 충격적이었다.

페이스북 워싱턴 사무소의 한 간부가 말한다. "12시간 동안은 우리가 케임브리지 애널리티카에 선제적 조치를 취하고 있는 것처럼 보였는데 그러다 폭탄이 떨어진 겁니다. 그 시간 동안 페이스북이 얻어낸 호의가 전부 휴짓조각이 돼버린 거죠."

페이스북은 기사가 예정되어 있음을 일주일 동안 알고 있었다(전반적인 내용은 2015년 《가디언》 기사 이후로 분명히 알려져 있었다). 하지만 이 기사들은 소행성처럼 회사를 강타했다. 어쩌면 페이스북의 옥상옥 조직 때문에 케임브리지 애널리티카 사건의 전말이 샌드버그에게 도달하지 않았기 때문인지 모른다. 저커버그에게 도달하지 않은 것은 분명하다. 그는 그 주 이전에는 케임브리지 애널리티카나 코건, 데이터 삭제에 대해 전혀 들어보지 못했다고 줄곧 주장했다.

페이스북은 그전에도 뉴스피드, 비컨, 동의 판결 등의 멜트다운을 겪은 일이 있었다. 하지만 그때마다 저커버그는 이중의 메시지로 신속하게 대응했다. 우선 사과한 다음 조치 계획을 내놓는 방식이었다.

하지만 이번에는 계획이 없었다.

페이스북이 (홍보 측면에서) 불타고 임원들은 화염 속으로 사라져버린 듯한 그 끔찍한 시기를 회상하면서 셰릴 샌드버그가 말한다. "'우리가 대처하고 있습니다. 조만간 결과를 알려드리겠습니다'라는 식으로 말했어도 효과가 있었을지 모르겠어요. 사람들은 이렇게 생각하고 있었으니까요. '그들은 무슨 일이 일어났는지도 몰라!'" 그것이 사실이었을지 모른다. 샌드버그가 말한다. "우리는 문제를 이해하고 있음을 분명히 하려고 노력했어요. 진짜 문제에 대해 진짜 조치를 취하려 했지만 제대로 알아보려 들지는 않았죠. 하지만 돌이켜 보면 그게 최선의 수는 아니었어요. 악수였죠."

저커버그도 훗날 동의했다. "계산 착오가 있었던 것 같아요. 모든 정보를 입수하지 못했더라도 더 일찍 '헤이, 우리가 살펴볼게요'라고 말했어야 했어요. 하지만 내 본능은 달랐어요. 나서서 이야기하기 전에 '진실이 뭔지 알고 싶어'였죠."

페이스북 일선 직원들은 일반 대중보다 더 설명에 굶주렸다. 몇 달간 페이스북 직원들은 자신이 어떤 회사에서 일하고 있는 거냐고 묻는 친구들과 친척들의 질문 공세에 시달려야 했다. 내부의 대체적인 견해는 자신들의 고용주가 좋은 의도를 가지긴 했지만 몇 가지 실수를 저질렀다는 것이었다. 그들은 이전까지는 고개를 빳빳이 들고 다닐 수 있었지만 이젠 스스로 의구심이 들었다. 게다가 월요일에 증시가 개장하자 페이스북의 주가(그리고 직원들의 순자산)가 폭락했다. 그들은 경영진으로부터 해명을 듣고 싶었다.

하지만 페이스북이 케임브리지 애널리티카 사건을 직원들에게 설명하기 위해 보낸 사람은 불과 며칠 전《가디언》에 협박 메일을 보낸 법무실장 그레이월이었다. 샌드버그와 저커버그가 꽁무니를 빼자 직원들은 사기가 떨어졌다. 그레이월이 말한다. "나도 직원들과 같은 심정이었어요. 내가 아무리 사건의 전말을 잘 안다 해도 마크나 셰릴로 짠! 하고 변신할 수는 없었으니까요."

닷새 동안의 경영진 칩거가 끝나고(대부분 홍보 방안을 놓고 논쟁을 벌였다) 샌드버그와 저커버그가 모습을 드러냈으며 일부 매체를 상대로 일종의 사과 투어를 다녔다. 두 사람은 이 특수한 사건에서 무엇이 잘못되었는지 어느 정도는 파악했고 책임졌다. 샌드버그는 〈투데이〉 뉴스쇼에 출연해 이렇게 말했다. "우리는 2년 반 전에 이렇게 할 수도 있었어요. 우리는 데이터가 삭제되었다고 생각했지만, 확인해야 했어요. 그러지 못한 것은 우리의 불찰이에요." 하지만 그것이 무슨 데이터였고 양이 얼마나 되는지는 여전히 확실히 알지 못했다. 저커버그는《와이어드》와의 인터뷰에서 원인에 더 가까이 접근했다. "우리는 이 사건뿐 아니라 여러 해 동안 사람들에게서 피드백을 받고서, 사람들이 자신의 데이터에 남들이 접근하지 못하도록 하는 것을 친구의 데이터에 대한 소셜 경험을 다른 곳으로 쉽게 이전할 수 있는 것보다 중시한다는 사실을 알게 됐습니다."[35]

지난 12년간 저커버그는 반대로 생각하고 있었다. 더 폭넓은 측면에서 보자면 페이스북 최고위층은 (샌드버그의 표현을 빌리자면) "제대로 알아보려" 하지 않았다.

케임브리지 애널리티카는 이제 페이스북의 총체적 신뢰 문제를 나타내는 상징이 되었다. 이용자 프라이버시를 대수롭지 않게 여기는 태도, 탐욕스러운 조작 행위, 소셜 네트워크가 도널드 트럼프의 당선에 일조 했다는 본능적 의심 등, 이 사건에는 대중이 느끼는 페이스북의 여러 결 함이 고스란히 담겨 있었다. 각각의 결함은 지난 10년간 공유를 장려하 고 페이스북의 규모를 확대하고 경쟁자들을 짓밟기 위해 내린 결정들의 결과였다. 대중은 이렇게 생각했다. 케임브리지 애널리티카라는 바윗돌 을 들추자 벌레들이 꿈틀거리는 징그러운 광경이 드러났다고.

10년 넘도록 페이스북은 이 위기 저 위기를 겪으면서도 심각한 타격 을 입지는 않았다. 자신들이 어떤 문제를 일으키는지 돌아보지 않은 채 '빨리 움직이기'만 했다. 사훈은 달라졌지만 페이스북은 여전히 파괴하 고 있었다. 게다가 마크 저커버그는 신뢰를 회복하는 첫해부터 터무니 없는 실수를 저질렀다.

저커버그, 의회 청문회에 불려 나가다

케임브리지 애널리티카 이후 저커버그는 청문회에 출석하라는 의회 의 아우성을 더는 무시할 수 없었다. 페이스북 로비스트들과 변호사들 은 협상에 착수했다. 그리하여 마침내 2018년 4월 자기네 최고경영자가 이틀 내내 증언대에 서는 데 합의하고 만 것은 페이스북이 영향력을 잃 었음을 보여주는 징후였다. 하나는 상원 소위원회 두 곳(상업위원회와 사 법위원회)의 합동 청문회였고 이튿날에는 하원 에너지상업위원회를 상 대해야 했다.

그나마 한 가지 양보는 얻어냈는데, 저커버그가 증인 선서를 하지 않아도 된다는 것이었다. 덕분에 저커버그가 증언에 앞서 손을 들어 올려 담배 회사 경영진과 마피아 두목 같은 이미지로 굳어지는 일은 피할 수 있었다. 청문회 준비를 진두지휘한 그레이월이 말한다. "현실적 측면을 보자면 시각적 효과를 제외하더라도 선서를 하게 되면 마크에게는 진실을 말할 의무가 생겨요. 그랬다면 거짓 증언을 할 경우 틀림없이 호된 대가를 치러야 했겠죠."

저커버그가 공개리에 심문받은 유일한 경험은 전해에 페이스북의 가상현실 회사 오큘러스 매입과 관련한 소송에 증인으로 섰을 때뿐이었다. 재판 준비의 중책을 맡은 그레이월이 말한다. "마크는 말꼬리가 잘려본 경험이 별로 없는 사람입니다. 책망을 당하는 일도 드물죠. 공개 석상에서는 말할 필요도 없고요. 그는 그것이 어떤 느낌인지 이해해야 했습니다. 그게 변호사들 하는 일이라는 것을 이해해야 했죠. 그는 모든 지도와 조언을 훌륭히 소화했습니다."

텍사스 법원 출석에 대비한 정교한 계획에는 이동 문제가 포함되었다. 마치 포토 라인에 선 듯이 카메라와 언론에 노출되지 않고서 법정에 들어갔다 나오려면 어떻게 해야 하나? 법정 연방보안관과 논의해 규정을 조금 완화하는 데 성공한 그레이월이 말한다. "연방 판사 출신으로서 나는 모든 법정에 수감자를 태우기 위한 두 번째 승강기가 있다는 걸 기억해냈습니다. 그래서 마크는 죄수용 승강기를 타고 법정에 올라갔죠."

페이스북은 저커버그의 팰러앨토 거실을 가상의 청문회장 삼아 며칠 간 예행 연습을 했다. 땀이 많은 자기네 최고경영자가 체온을 조절하지 못할 것에 대비해 열이 나는 조명을 그에게 들이댔다. 정책 부서 사람들이 일종의 '실전 위원회'를 꾸리고 각 의원 역할을 맡아 온갖 예상 질문을 그에게 퍼부었다.

2018년 4월 10일 미국 상원 건물 청문회장은 입추의 여지가 없었다. 판지에 페이스북 최고경영자의 얼굴을 붙인 가면을 뒤집어쓴 시위대가 청문회장 밖을 무시무시한 모습으로 행진했다. 객석에서는 사람들이 "우리의 프라이버시를 보호하라" 같은 문구가 적힌 팻말을 들었다. "염탐을 중단하라!"라는 문구를 단 우스꽝스러운 안경을 쓴 사람들도 있었다. 사진 기자 수십 명이 저커버그가 앉을 테이블을 에워쌌으며 그의 변호사들과 정책 담당 직원들이 떼지어 뒤에 앉았다. 마지막으로 꽃을대처럼 꼿꼿한 자세로 저커버그가 입장했다. 짙은 색 양복에 헐겁게 맨 하늘색 넥타이 차림이었다. 《뉴욕타임스》는 나중에 기사 한 꼭지를 할애해 후드재킷을 입지 않은 그의 복장을 샅샅이 훑었다.[36]

저커버그는 미리 준비한 성명서를 낭독했다.

> 페이스북은 이상주의적이고 낙천주의적인 기업입니다. 우리는 운영하는 내내 사람들을 연결해 얻을 수 있는 온갖 좋은 일에 초점을 맞추었습니다. …… 하지만 이 수단들이 해로운 일에 쓰이지 못하도록 충분히 예방하지 못했음이 뚜렷이 드러났습니다. 가짜뉴스, 외국의 선거 개입, 증오 발언, 또한 개발자와 데이터 프라이버시 등이 이에 해당합니다. 우리는 자기 책임을 충분히 폭넓게 바라보지 못했으며 이것은 중대한 잘못이었습니다. 저의 잘못입니다. 죄송합니다. 저는 페이스북을 설립했고 운영했습니다. 이 회사에서 일어나는 일은 제 책임입니다.[37]

질문이 시작되었다. 페이스북을 비난하는 사람들조차 대중의 비판에 직면한 신동 출신 억만장자의 억지스러운 뻣뻣한 태도보다는 의원들의 거들먹거리는 어수룩한 질문에 더 짜증이 났다. 상원의원들이 잘난 척

깔아뭉개려는 자세를 버리고 저커버그에게 질문을 던지는 일에 집중했다면 청문회는 더 생산적이었을지 모른다.

하지만 대다수 의원은 5분의 발언 시간 동안 저커버그에게 설교를 늘어놓거나 따분하고 지엽적인 기술 사안에 집착했다. 많은 의원이 페이스북의 진보주의자 기술자들이 보수파 콘텐츠를 억누르는 알고리즘을 짰다는 판타지를 펼치는 데 시간을 낭비했다. 프라이버시에 집중할 때조차 그들은 돋보이려고 안달했다. 한 상원의원은 "어젯밤 어느 호텔에 묵었나요?"라고 묻고는 저커버그가 (지극히 합리적인) 이의를 제기하자 의기양양하게 미소 지었다. 케임브리지 애널리티카 사태로 드러난 복잡한 프라이버시 문제에 빗댄 것이지만 효과는 거의 없었다.

일부 상원의원이 기술에 무지하다는 사실 또한 밝혀졌다. 이튿날 나선 하원의원들이 (명백한 예외도 있었지만) 전반적으로 좀 더 날카롭고 뾰족했다. 유타주 상원의원 오린 해치Orrin Hatch는 페이스북이 이용자에게 요금을 부과하지 않은 데 놀라움을 표했다. 그가 물었다. "어떻게 돈을 버나요?"

저커버그가 말했다. "의원님, 우리는 광고를 싣습니다." 나중에 페이스북 직원들은 이 문구가 박힌 티셔츠를 제작했다.

청문회 내내 저커버그는 질문자가 아무리 한심하거나 적대적이더라도 겸손하게 답변했다(로봇 같았다고 말할 수도 있겠다). 그의 앞에는 논점을 자세히 적은 쪽지가 놓여 있었다. 의회에서의 버티기 작전을 위한 포춘쿠키Fortune cookie식 전략 계획이었다(포춘쿠키는 서구의 중국 식당에서 주는 후식 과자로 안에 운세 쪽지가 들어 있다-옮긴이).[38] "신뢰를 저버려서 유감스럽습니다 …… 오용에 대해서 충분히 생각하지 못했습니다 …… 문제를 해결하려고 애쓰다 실수를 저질렀습니다 ……." 의원이 정면으로 공격하면 대본에 쓰인 답변을 읽었다. "그 말씀을 정중히 반박하고자합니다. 그것은 우리에 대한 오해입니다."

그는 명확한 답변에 필요한 정보가 수중에 없는 것 같다는 의심이 조금이라도 들면 나중에 자신의 팀을 통해 답변드리겠다고 맹세했다. 《와이어드》에서 그가 이 말을 한 횟수를 세었는데 마흔여섯 번이었다.[39] 자신이 답을 알지는 못한다면서 후속 보고를 약속하지 않은 경우 또한 여러 번 있었지만 이것은 헤아리지 않았다.

2시간 뒤 저커버그는 휴식을 제안받자 이렇게 말했다. "그냥 계속하시죠." 그레이월이 말한다. "괜찮겠다는 확신이 든 건 그때였습니다."

저커버그는 케임브리지 애널리티카에 대해 이렇게 언급했다. "케임브리지 애널리티카는 자신들이 데이터를 이용하고 있지 않으며 삭제했음을 이미 우리에게 알렸다고 답변했는데, 우리는 그것으로 사건이 종결된 줄 알았습니다. 돌이켜 보니 그건 명백한 실수였습니다."

저커버그는 멘로파크에 돌아와 개선장군처럼 전 직원 회의에 참석했다. 라틴어를 공부하던 어린 시절에 그토록 존경하던 정복자를 연상시키는 모습이었다. 하지만 안도감은 잠시였다. 케임브리지 애널리티카 관련 조사는 몇 년을 끌게 된다.

몇 달 지나지 않아 다른 곳들에서 조사를 진행했는데, 그들은 저커버그가 자기 대신 부하 직원들을 출석시키자 분노했다. 관료들은 심문하는 동안 페이스북에서 내보낸 샌드백을 쳐다보지 않았다. 대신에 보스가 앉아 있어야 할 빈자리를 향해 케임브리지 애널리티카의 세세한 정보에 대해, 케임브리지 애널리티카 사태로 드러난 페이스북의 관행에 대해 시시콜콜 캐물었다.

조사가 용두사미로 끝나나 싶던 2019년 9월, 케임브리지 애널리티카와 관련해 페이스북에 제기된 집단 소송에서 문서들이 공개되었다. 자료에 따르면 오픈 그래프를 악용한 것은 케임브리지 애널리티카만이 아니었다. 페이스북은 이 문제를 점검해 400명 이상의 개발자가 비슷한 방식으로 규정을 위반했음을 발견했다. 6만 9000개의 앱에 일시 정지 조치가 취해졌는데 그중 1만 개는 페이스북 이용자 데이터를 부정하게 사용했을 가능성이 있었다.[40] 하지만 이 어마어마한 수치는 별 반향을 일으키지 못했다. 이즈음 페이스북 스캔들이 하도 널리 퍼진 탓에 또 하나의 그저 그런 뉴스로 취급받았기 때문이다.

결국은 케임브리지 애널리티카로 귀결되는 온갖 사건이 기묘하게 연속되어 이런 봇물이 터지게 되었다. 알렉산더 코건의 행복 퀴즈는 페이스북에 불행을 가져다주었다. 그리고 마크 저커버그가 성난 의원들 앞에 서는 일은 이번이 마지막이 아니었다.

17

표현의 자유 대 검열

독재와 학살에 악용되는 페이스북 플랫폼: 필리핀과 미얀마 사례

2019년 3월 15일 호주의 백인우월주의자가 뉴질랜드 크라이스트처치에 있는 알누어모스크에 들어가 신도 51명을 살해했다. 그는 여러 정의 자동화기를 난사하고 휴대용 스피커로 군가를 틀면서 범행 장면 전체를 '페이스북 라이브'로 생중계했다.[1] 사건 일주일 뒤 페이스북 콘텐츠 기준 책임자 모니카 비커트는 워싱턴의 어둑한 칵테일바에서 프렌치프라이를 우적우적 씹으며 눈물을 참고 있다.

비커트의 임무는 페이스북 콘텐츠에 적용할 규정을 마련하는 것이다. 페이스북이 내세우는 표현의 자유 옹호론과 플랫폼을 안전한 곳으로 만들어야 할 필요성 사이에는 언제나 긴장이 존재했다. 하지만 선거를 치르고 나자 감시가 한층 심해졌다. 비커트는 이 일을 개인적으로 받아들이지 않는다. 그녀의 사명은 세계를 연결하는 것이 아니다. 페이스북이 세계를 망치지 못하도록 하는 것이다. 그녀의 임무가 더 힘들어진 것은 케임브리지 애널리티카 이후로 온 세상이 지켜보고 있기 때문이었다. 그녀의 팀이 불가능한 임무에 실패할 때마다 세상은 비난을 퍼부었다.

비커트는 남부캘리포니아에서 자랐다. 그녀는 운동을 좋아했으며 AP 과정을 수강하면서도 배구팀에서 두각을 나타냈다. 그녀의 고등학교 역사 교사는 모의재판 동아리 코치였는데 그녀에게 가입을 권유했다. 그녀는 전략 수립, 분석, 무엇보다 가상 법정에서 하는 변론을 좋아했다. 그녀는 라이스대학교에서 경제학을 공부하면서 배구를 했다. 부상을 당해 3학년 이후로는 팀에서 뛸 수 없게 되었는데, 그때는 이미 졸업 학점을 채운 뒤였다. 그녀는 곧장 하버드 로스쿨에 진학해 졸업 뒤 연방 판사보로 일했으며 워싱턴과 시카고 연방검찰청에서 근무했다.

비커트는 디어본 홈스 공영 주택 단지에서 헤로인과 펜타닐을 팔다 적발된 폭력 조직 미키 코브라스의 조직원 47명을 기소하는 등 여러 사건을 맡았다. 부패 관료와 아동 포르노 사범을 감방에 처넣기도 했다. 그러다 시카고 연방검찰청 수석 법률가 중 한 사람인 필립 겐터트Philip Guentert와 사랑에 빠졌다. 겐터트는 입양한 딸이 둘 있는 홀아비였다. 중국 태생의 두 딸에게 아시아의 삶을 접하게 해주려고 두 사람은 방콕으로 이주했는데, 여전히 법무부 소속이었다. 비커트는 성 착취 인신매매 사건에 주력했다. 그러다 겐터트가 신장암 진단을 받았다. 두 사람은 치료를 위해 미국으로 돌아왔다. 그때 비커트는 페이스북이 정부 및 국제 활동 경험을 가진 사람을 찾는다는 말을 들었다. 그녀가 말한다. "무슨 일을 하는지도 모르면서 이력서를 제출하고 면접을 보러 갔어요." 하지만 아무리 준비를 했다 한들 그곳에서 어떤 일을 맡게 될지는 알 수 없었을 것이다.

비커트는 2012년 면접을 보면서 페이스북 직원들의 열정에 매료되었다. 하지만 그보다 더 솔깃했던 점은 세계 최대 소셜 네트워크의 운영 과정에서 불거지는 법적 문제를 해결하게 되리라는 것이었다. 이전에는 이런 문제를 다루어본 사람이 아무도 없었다.

페이스북에서 맡은 첫 임무는 이용자 데이터에 대한 정부의 요청에 응대하는 것이었다. 여기서 그녀는 사람들이 페이스북에서 공유하는 정보에 얼마나 큰 힘이 있는지 실감했다. 여섯 달쯤 지나자 페이스북은 개발자들을 대상으로 데이터 정책을 시행하는 법률 전문가로 그녀를 발탁했다.

말썽꾼 개발자들을 상대한 이력 덕분에 비커트는 증오 발언이 포함된 비디오 게임을 페이스북 정책 담당자들이 검토하는 부서에 몸담게 되었다. 논란거리는 이런 비디오 게임이 페이스북의 규정에 위배되는가였다. 비커트가 내놓은 분석은 당시 글로벌정책책임자이던 마니 러빈에게 깊은 인상을 심었다. 러빈은 공석인 콘텐츠 정책결정 담당자로 비커트가 제격임을 깨달았다. 비커트는 2013년 이 업무를 시작했다.

그리하여 세간의 이목을 끌지 않는 업무에 종사하던 모니카 비커트는 가장 공개적이고 노출된 역할을 맡게 되었다. 그녀는 (아마) 세계에서 가장 막강한 표현 결정권자가 되어 모든 결정이 조롱과 분노의 대상이 되는 어항에서 일했다. 그리고 그런 결정들을 실패할 것이 뻔한 규모로 시행해야 했다.

그런 실패에는 여파가 따랐다. 특히 페이스북은 현지 문화를 이해하지 못한 채, 때로는 플랫폼 악용의 위험에 대처할 인프라를 갖추지 않은 채 성급하게 외국에 진출하는 경우가 허다했다. 조직화된 단체들은 반체제 인사나 취약한 소수자를 겨냥해 증오 발언과 거짓 선동을 페이스북에 올렸다(정부가 앞장설 때도 있었다). 이런 문제가 공론화되기 전에는 (심지어 종종 그 이후까지) 페이스북은 경고에도 불구하고 거의 주의를 기울이지 않았다.

중동에서 '아랍의 봄' 운동이 벌어지는 동안 페이스북은 자유를 가져다주는 힘으로 칭송받았다.[2] 페이스북 페이지를 운영하는 이용자들은 2010년 튀니지 봉기(튀니지 혁명 또는 재스민 혁명)를 조직하는 데 일조했다. 2011년 이집트의 정부 전복 운동(이집트 혁명)에서도 윤활유 역할을 톡톡히 했다. 한 컴퓨터 프로그래머가 경찰에게 살해되자 '우리 모두가 칼레드 사이드다We Are All Khaled Said'라는 이름의 페이스북 페이지가 개설되어 저항 운동을 촉발했으며 이로 인해 정권이 무너졌다.

페이스북 정책 담당 임원을 지낸 팀 스파라파니는 〈프런트라인〉에 이렇게 말했다. "페이스북에 특별한 힘이 있는 것 같아요. 선을 행하는 힘 말입니다. 사람들이 이 도구를, 공짜 도구를 이용해 그전에는 결코 할 수 없었던 일을 하고, 조직하고, 자신들의 세상을 공유하고, 봉기를 막으려던 정권이 자신들에게 덮어씌운 폭력 혐의를 폭로하는 것을 보고 들떴던 기억이 납니다. …… 그보다 더 실감 날 순 없었죠."[3]

몇 년간 정의로운 운동가들에게 힘이 되었던 후광 효과 때문에 페이스북은 다른 나라에서 악용될 가능성을 보지 못했다. 멘로파크에서는 페이스북 플랫폼이 가진 해방의 마력이 권력자에게 분열과 지배의 수단으로 쉽게 악용될 수 있음을 상상하기 힘들었다.

성장팀의 계획은 페이스북을 전 세계에 전파한다는 것이었다. 팀 구성원들은 설령 표현의 자유에 전혀 익숙하지 않은 지역에 거대한 표현의 자유 플랫폼이 등장해 달갑잖은 결과가 나타나더라도 선의의 조치와 크라우드소싱 방식으로 대처할 수 있다고 생각했다.

2016년 거짓 정보와 증오 캠페인을 페이스북에 신고한 필리핀 언론인 마리아 레사는 그로 인한 결과를 두 눈으로 목격했다. 필리핀의 독재자 로드리고 두테르테가 권력을 확고하게 다진 뒤 그의 추종자들은 페이스북을 이용해 정적들을 악마화했다. 레사 역시 그들의 표적이 되었다.

그녀는 끊임없이 페이스북에 행동을 촉구했다. 레사는 엘리엇 슈레이그, 모니카 비커트, 앨릭스 슐츠, 셰릴 샌드버그 등 모든 핵심 정책 담당자들에게 호소했다. 심지어 2017년 5월 연례 F8 콘퍼런스에서 저커버그가 전 세계 개발자들과 만나는 소규모 회의에 참석해 가짜뉴스의 심각성을 역설하기까지 했다. 그러나 해결에는 시간이 걸릴 것이라는 답변만 들었다. "하지만 문제는 지금 당장 벌어지고 있다고요!" 레사가 보기에 페이스북 임원 중에서 여기에 관심을 가진 사람은 아무도 없었다. 그녀가 말한다. "오랫동안 그들이 단지 부인만 하는 게 아니라 멍하니 쳐다보고 있을 뿐이라고 느꼈어요." 페이스북은 2018년 초가 되어서야 적극적으로 대응하기 시작했다고 그녀는 말한다.

버마라 불리던 미얀마에서는 상황이 훨씬 심각했다. 페이스북은 현지 언어 구사자를 전혀 채용하지 않은 채 여러 나라에 진출했는데 미얀마도 그중 하나였다. 문제가 터지기 전인 2013년 크리스 콕스는 나와 대화를 나누면서 이런 접근법을 자랑스럽게 언급했다. "이용이 확대되면서 페이스북은 모든 나라에 진출했어요. 우리가 모르는 나라와 언어와 문화에까지 들어가 있죠."

당시 페이스북의 해결책은 현지 문화를 아는 사람 수십 명을 채용하는 것이 아니라 사람들이 페이스북을 얼마나 많이 이용하는지 측정하는 알고리즘을 보강하는 것이었다고 그는 말한다. "참여가 늘수록 성능이 개선됐죠!" 콕스는 사람들이 페이스북 플랫폼을 다른 방식으로(이를테면 뉴스 공급원으로) 이용하는 나라에서 생기는 온갖 문제를 처리하는 것이 예삿일이 아님을 인정했다. 그는 '버마' 친구에게서 페이스북이 그 나라의 뉴스 창구라는 얘기를 들었다고 말했다. "이렇게 말하더군요. '우리도 어딘가에선 뉴스를 들어야 하잖아!'"(이때의 실수를 만회하려는 듯 훗날 콕스는 부절적한 콘텐츠를 차단하기 위해 더 공세적인 조치를 취하자는 편에 섰으며 이 문제로 저커버그와 여러 번 충돌했다.)

콕스가 버마 사례를 자랑스럽게 언급했을 때 이미 페이스북은 그곳에서 악용되고 있었다. 뉴스피드의 콘텐츠 안전 문제를 다루는 세라 수 Sarah Su가 말한다. "지난 5년간 우리는 한 나라가 거의 통째로 한꺼번에 온라인으로 전환하는 광경을 목격했어요. 한편으로 그 일에 한몫하는 건 정말 대단한 일이죠. 하지만 다른 한편으로 우리는 그들의 디지털 문해력이 매우 낮다는 걸 깨달았어요. 그들은 바이럴 거짓 정보에 맞설 항체가 없어요."

언론 보도와 유엔 인권 보고서에 따르면 미얀마 대통령과 그의 지지자들은 페이스북을 무기 삼아 무슬림 소수 집단인 로힝야족에 대한 폭력을 선동했다.[4] 예를 들어 2012년 6월 1일 대통령의 핵심 대변인은 위험한 무장 세력인 "로힝야족 테러리스트들"의 위협을 경고하면서 로힝야족을 상대로 조치를 취하자고 촉구하는 글을 페이스북에 올렸다.[5] 일주일 뒤 실제로 벌어진 정부 주도 학살에 대한 지지를 확보하기 위한 술책이었다. 게시물 내용은 이랬다. "군대가 이미 로힝야족을 섬멸하고 있을 것이다. 인도주의나 인권 따위 구실은 듣고 싶지 않다. 당신네의 도덕적 우월성이나 이른바 평화와 자비 운운도 듣고 싶지 않다."

2013년 11월, 당시 스탠퍼드에 연구원으로 가 있던 호주 언론인 엘라 캘런Aela Callan이 상황을 알리고자 페이스북을 방문해 엘리엇 슈레이그를 만났다. 그녀는 버마어를 알아듣는 콘텐츠관리자가 더블린에 있는 한 사람뿐이라는 말을 들었다. 그녀는 페이스북이 폭력 문제보다 "연결의 기회에 더 관심을 가진" 것 같았다고 《와이어드》에 말했다.[6]

2014년 한 여성이 로힝야족에게 강간당했다고 허위 신고를 했다(대가로 돈을 받았다). 게시물이 페이스북에 퍼졌고 폭동이 일어나 2명이 목숨을 잃었다. 그즈음 모니카 비커트는 시민사회 단체 몇 곳을 초대했는데, 그중 미얀마 단체가 도움을 요청했다. 이 문제에 관심을 가진 호주 정책 담당자가 독촉한 탓도 있고 해서, 페이스북은 이제 원어민 화자가 더 필요하다는 사실을 깨달았다. 하지만 채용 절차가 느려서 버마어를 아는 콘텐츠관리자를 충분히 확보할 수 없었다. 또 다른 문제는 버마어가 온라인에서 구사되는 방식이었다. 어떤 때는 국제 표준인 유니코드를 쓰는가 하면 또 어떤 때는 페이스북 시스템이 인식하기 까다로운 자체 폰트를 쓰기 때문이었다. 페이스북이 커뮤니티 규정집을 버마어로 번역한 것은 2015년 들어서였다.

필리핀의 마리아 레사는 페이스북이 미얀마에서 겪는 문제와 자신의 고국에서 맛본 실패가 일맥상통함을 알아차렸다. 그녀가 말한다. "그들이 미얀마를 이해하기까지는 아주 오랜 시간이 걸렸어요. 고의적 부정과 맥락에 대한 무지가 결합된 탓이었죠. 그들은 정말 정말 다른 세상에서 살아요. 목숨을 위협받는 나라에서 살지 않으니까요. 나는 페이스북이 허용한 게시물 때문에 내 삶이 갈가리 찢기는 걸 경험했어요. 하지만 그들은 자신들의 문제를 실리콘밸리의 맥락에서 바라보더군요."

2016년 6월 페이스북은 미얀마에 프리 베이식을 도입했는데 이 때문에 증오 발언을 통제하기가 훨씬 더 힘들어졌다. 심해지는 폭력 선동을 페이스북은 막지 못했다. 모니카 비커트가 내놓는 한 가지 이유는, 페이스북이 합리적(이라고 생각되는) 규모의 원어민 화자를 채용한다 한들 폭력 선동 행위가 일어나면 페이스북을 이용하는 사람이 더 많이 늘고 선동적 콘텐츠가 더 많이 올라온다는 것이다. 그녀가 말한다. "우리는 유리한 처지가 아니었어요. 폭력 선동 행위가 발생했을 때 콘텐츠를 찾아낼 마땅한 기술적 도구가 없었어요. 우리는 폰트 문제와 씨름하고 있었죠. 신고가 접수돼봤자 글자가 제대로 표시되지 않았거든요. 언어에 대한 전문 지식도 충분하지 않았고요."

2018년 8월이 되어서야 페이스북은 미얀마에서 대대적인 콘텐츠 차단 조치를 시행해 페이스북 계정 18개, 인스타그램 계정 1개, 페이스북 페이지 52개를 삭제했다.[7] 또한 사람과 단체 20곳의 페이스북 이용을 금지했는데, 그중에는 군 총사령관과 군에서 운영하는 TV 방송국이 포함되었다. 그래도 증오 발언과 폭력 선동은 사라지지 않았다.

저커버그가 의회에서 증언할 때 패트릭 레이히Patrick Leahy 상원의원은 언론인의 살해를 사주한 페이스북 게시물 사건을 그에게 들이댔다. 게시물을 지워달라는 청원을 여러 건 받고 나서야 페이스북이 조치를 취했다고 레이히는 말했다. 저커버그의 답변은 이랬다. "의원님, 미얀마에서 벌어지는 일은 끔찍한 비극입니다. 우리가 해야 할 일이 많습니다."

미얀마에 널리 보급된 왓츠앱은 특히 골칫거리였다. 콘텐츠가 암호화되어 있어서 메시지 수신자가 해독된 정보를 보내주지 않으면 페이스북이 텍스트 교신 내용을 알 수 없기 때문이었다. 왓츠앱 창업자들이 암호화를 제품의 기본 기능으로 구현한 것은 제삼자가 볼 수 없다는 것이 절대적 장점이라고 믿었기 때문이다.

왓츠앱 공동 창업자 브라이언 액턴은 2018년에 당시 논란을 회상하며 내게 말했다. "기술에는 아무런 도덕성이 결부되어 있지 않아요. 사람들이 기술에 도덕성을 갖다 붙이는 거죠. 판단을 내리는 일은 기술 전문가의 몫이 아닙니다. 시시콜콜 간섭하는 보모 기업이 되는 게 난 싫습니다. 인도나 미얀마나 다른 어디에서든 사람들이 어떤 서비스를 증오 범죄나 테러 등에 이용한다면 서비스 기술을 살피지 말고 그 사람들에 대해 질문을 던져야 해요."

액턴의 말은 대부분의 기업이 감히 크게 외치지 못하고 이따금 사적인 대화에서만 중얼거리던 이야기를 표현한 것이었다. 폭력은 페이스북이라 불리는 서비스가 등장하기 전에 이미 수 세기 동안 여러 지역에서 벌어져왔다. 페이스북 같은 커뮤니케이션 플랫폼이 암흑의 세력에 악용되는 것은 라디오, TV, 자동차 같은 과거의 기술이 그랬듯 자연스러운 현상이다. 이 관점에서 보면 페이스북이 문제시되는 것은 단지 당대에 인기 있는 매체이기 때문이었다.

하지만 미얀마 같은 지역에 대해 페이스북이 이렇게 주장하는 것은 논리가 궁색했다. 사람들이 소수 집단에 관한 거짓말을 퍼뜨리며 그들을 죽이라고 선동할 때 이용한 것은 페이스북 고유의 바이럴 유포 기능이었기 때문이다.

페이스북은 BSR라는 회사와 계약을 맺어 미얀마에서 벌어지는 일에 대해 조사를 의뢰했다.[8] 조사에서 드러난 페이스북의 문제는 디지털 문맹이 심각한 나라에 무작정 진입한 것이었다. 대부분의 인터넷 이용자는 브라우저를 열거나 이메일 계정을 개설하거나 온라인 콘텐츠에 접속하는 법조차 몰랐지만 그들의 휴대폰에는 페이스북이 기본으로 깔려 있었다. 보고서에 따르면 페이스북상의 증오 발언과 거짓 정보는 미얀마에서 가장 취약한 이용자들의 표현을 위축시켰다. 이뿐만이 아니었다. "페이스북은 폭력을 조장하고 오프라인에서 위해를 기도하는 자들에게 요긴한 플랫폼이 되었다." 유엔에서 발표한 보고서도 비슷한 결론을 내놓았다.

2018년 11월에 BSR 보고서를 공개하면서 비커트는 기자들과 통화에서 이렇게 말했다. "우리는 임박한 폭력이나 물리적 위해에 일조할 수 있는 거짓 정보를 삭제하도록 정책을 개정했어요. 이런 변화는 미얀마와 스리랑카의 단체들이 제시한 조언의 결과물이에요."

전화를 받은 기자들은 모두 나와 같은 생각을 했을 것이다. '그러니까 2018년 이전에는 그런 짓을 해도 괜찮았다는 건가?'

페이스북 라이브, 자살과 살인을 생중계하다

'빨리 움직이기'의 역효과는 페이스북의 해외 팽창에서만 나타난 현상이 아니었다. 페이스북이 출시하는 제품들 역시 경솔하기는 마찬가지였다. 실시간 프로그램인 페이스북 라이브의 취지는 즐거움을 선사하는 것이었다. 하지만 사람들에게 장난, 자기파괴, 악행의 성향이 있음은 간과했다.

페이스북 라이브는 유명인이 페이스북을 이용해 더 유명해질 수 있도록 돕기 위한 방법으로 출발했다. 2014년경 유명인을 지원하는 기능인 '멘션Mentions'을 담당하는 소규모 팀이 실시간 동영상 스트리밍 기능을 개발하기 시작했다. 그들은 자신들의 관리자 피지 시모를 설득해 지지를 얻어냈다. 일벌레였던 시모는(페이스북 직원들은 그녀가 힘든 임신 기간에도 페이스를 늦추지 않고 팀원들을 집으로 불러 회의를 했다며 경외감에 가득 차 회상한다) 프로젝트를 개편해 자신의 제품 팀이 동영상에 전력투구하도록 했다.

2015년 8월 페이스북 라이브가 출시될 즈음 트위터는 페리스코프 Periscope라는 자체 라이브 스트리밍 제품을 이미 시작한 뒤였으며 미어캣Meerkat이라는 스타트업도 인기를 끌고 있었다. 페이스북은 그들과 달리 동영상을 라이브로 스트리밍할 뿐 아니라 스트리밍이 끝난 뒤까지 페이지가 닫히지 않고 이용자들이 댓글을 달 수 있도록 했다. 이 덕에 동영상을 몇 시간이나 며칠 동안 바이럴로 퍼뜨려 참여를 극대화할 수 있었다. 처음에는 멘션팀과 제휴를 맺은 검증된 유명인만 라이브를 이용할 수 있었다. 하지만 사람들의 호응을 확인한 저커버그는 온 세상에 개방하기로 결정했다(영국 코미디언 리키 저베이스Ricky Gervais의 동영상은 100만 명 가까운 이용자의 관심을 받았다).

페이스북 라이브는 처음부터 어마어마한 영향을 미쳤는데, 한 가지 이유는 동영상을 우대하도록 뉴스피드 알고리즘이 조정되었기 때문이다. 라이브 초창기에 서른일곱 먹은 장난꾸러기 텍사스 여성은 〈스타워즈〉의 털북숭이 괴물 츄바카 가면을 쓴 모습을 스트리밍해 1억 회 넘는 조회수를 달성하며 잠시나마 스타덤에 올랐다. 뉴스 매체와 유사 뉴스 매체 또한 라이브를 받아들였다. 뉴스피드 알고리즘에 편승해 만들어진 매체 〈버즈피드〉는 2016년 수박 쪼개기 동영상을 스트리밍해 전국에서 화제를 불러일으켰는데 80만 명이 실시간으로 시청했다. 무해한 콘텐츠였다.[9]

하지만 유해한 콘텐츠도 있었다.

페이스북 라이브 제작에 참여한 앨리슨 스워프Allison Swope가 말한다.

"사람들이 라이브를 어떻게 이용할지 몰랐어요. 우리 생각은 이랬어요. '끔찍한 영상을 실시간으로 올릴 수도 있겠지. 하지만 사전에 촬영된 영상과 다를 게 뭐가 있겠어?' 우리는 모든 시나리오를 검토하려 애썼지만, 왜 어떤 사람들이 페이스북에서 생방송으로 자살하고 싶어 하는지는 아직도 모르겠어요."

페이스북 신뢰보호팀의 엘런 실버Ellen Silver는 대책이 없지는 않았다고 강조한다. "우리는 새롭게 발생할 수 있는 악용 요인을 정책 관점과 시행 관점에서 샅샅이 들여다봤어요. 그런 행위가 페이스북 라이브에서 일어난 건 단지 운이 나빴던 거예요."

말은 그렇게 하지만 페이스북은 준비가 되어 있지 않았다. 페이스북 라이브팀은 출시 직후 자살 동영상 문제를 해결하기 위해 석 달간 '감금'당해야 했다. 페이스북 대외정책팀의 닐 포츠Neil Potts는 온라인 기술 뉴스 매체 〈마더보드Motherboard〉에 이렇게 말했다. "자해 동영상이 무더기로 올라오더군요. 그런 상황에 대처할 수 있는 대응 절차를 마련해두지 않았다는 걸 깨달았죠."[10]

자살 동영상은 골치 아픈 문제였지만 이미 페이스북은 진화한 방식으로 맞서고 있었다. 이용자들에게 위험 징후를 신고하도록 독려했으며 인공지능을 이용해 자살 시도를 암시하는 게시물을 삭제했다. 자살 시도가 포착되면 페이스북은 도와줄 수 있는 사람(페이스북 친구나 담당 공무원)을 보내거나 자살예방상담전화에 연락했다. 훗날 일부 비판자들은 바로 이런 조치를 들어 페이스북을 공격했다. 페이스북이 자살 위험을 포착하려고 시도하는 것이 의료 영역에 대한 개입이라는 논리였다.[11] 진퇴양난이라는 말이 딱 들어맞는 상황이었다. 동영상은 또 다른 면에서 양날의 칼이었다. 자살 동영상은 끔찍한 콘텐츠였지만, 사람들에게 이 일을 막으라고 경고하는 역학을 할 수 있었다. 심지어 자살이 페이스북 라이브 '탓'일 수 있다고 비난하는 사람들까지 있었다. 대중과의 소통 창구가 사람들을 자살 시도로 이끌 수 있다는 주장이었다.

사람들은 자기 목숨만 끊은 것이 아니었다. 살인 역시 페이스북의 골 칫거리였다. 이를테면 2016년 6월 안토니오 퍼킨스Antonio Perkins라는 스물여덟 살 남성이 페이스북 라이브로 스트리밍을 하고 있었는데 누군가 그의 머리와 목에 총을 쏘아 치명상을 입혔다.[12] 페이스북은 잔혹한 장면이 들어 있지 않아서 정책 위반이 아니라며 동영상을 그대로 두었다. 바로 전날에는 프랑스에서 한 청년이 경찰 2명을 살해한 직후 13분 간 페이스북 라이브로 폭언을 늘어놓았다. 페이스북 직원들은 이 사건을 보고서 불안감이 들었다.

앤드루 보즈워스의 악명 높은 내부 메모들 중 하나가 쓰여진 것은 이 문제에 대처하는 과정에서였다. 논의의 물꼬를 트려는 의도였다지만 어조는 성명서를 방불케 했다. 그는 〈추잡한 것The Ugly〉이라는 제목을 달았다.[13]

우리는 우리 일의 좋은 점과 나쁜 점에 대해 종종 이야기합니다. 나는 추잡한 것에 대해 이야기하고 싶습니다.

우리는 사람들을 연결합니다.

그렇게 해서 긍정적 효과가 생긴다면 그것은 좋은 일입니다. 누군가는 사랑을 찾을지 모릅니다. 심지어 자살 직전에 있던 누군가의 목숨을 구할지 모릅니다.

그렇게 우리는 더 많은 사람을 연결합니다.

그렇게 해서 부정적 효과가 생긴다면 그것은 나쁜 일입니다. 누군가가 괴롭힘을 당해 목숨을 끊을지 모릅니다. 우리의 도구가 이용된 테러 공격으로 누군가 죽을지 모릅니다.

그래도 여전히 우리는 사람들을 연결합니다.

추잡한 진실은 사람들을 연결하는 것이야말로 우리의 깊은 신념이기에 더 많은 사람을 더 자주 연결하는 것이 '그 자체로' 좋다는 것입니다. …… 그것이 말 그대로 우리가 하는 일입니다. 우리는 사람들을 연결합니다. 이것이 전부입니다.

성장 측면에서 우리가 하는 모든 일이 정당한 것은 이 때문입니다. 연락처를 가져오는 온갖 미심쩍은 수법. 사람들이 친구를 검색할 수 있게 해주는 온갖 미묘한 표현. 더 많은 소통을 유도하기 위해 우리가 하는 모든 작업. ……

이 말을 듣고 싶지 않은 사람들이 많다는 것을 압니다. 우리 대다수는 따스한 조명 속에서 소비자가 좋아하는 제품을 만드는 호사를 누립니다. 하지만 오해하지 마십시오. 성장 전술이야말로 우리가 여기까지 온 비결입니다. …… 우리에게는 대단한 제품들이 있지만, 성장을 밀어붙이지 않으면 여전히 우리는 우리가 달성할 수 있는 규모의 절반도 달성하지 못할 것입니다.

페이스북 직원들은 〈추잡한 것〉에 수백 개의 댓글을 달았다. 당시 대다수는 사람들이 목숨을 잃는 일이 페이스북의 성장에 따르는 '부수적 피해'라는 발상에 경악했다.

하지만 2년 뒤인 2018년 〈버즈피드〉에 메모가 유출되었을 때 반응에 비하면 약과였다. 저커버그는 성명을 발표해야 했다. "우리는 단 한 번도 목적이 수단을 정당화한다고 생각한 적이 없습니다."[14] 저커버그는 한발 더 나아가 의회 증언에서 '보즈' 메모를 본 적이 없다고 부인했으며, 논란을 일으킨 게시물들은 페이스북의 전통인 자유로운 내부 토론에서 나온 것이라고 덧붙였다.

'보즈'조차 메모로부터 거리를 두었다. 그가 말한다. "성장에 대한 철학을 가장 간결하고 극명하게 표현하려다보니 그렇게 됐습니다." 성장에 관한 대화를 이끌어내려고 급히 글을 쓰다가 사고실험을 위해 일부러 과장했다는 주장이었다.

나는 그의 메모가 그런 소란을 일으킨 것은 추잡한 진실을 '정말로' 보여주었기 때문인지 모른다는 의견을 제시했다. 지구상의 인터넷 인구 전부를 사로잡겠다는 차마스 팔리하피티야의 집착은 거대한 공유의 쓰나미를 맞이할 준비가 되지 않은 사람들에게는 실은 엄청난 위험 아니었을까?

보즈워스는 내 결론에 반대했으며 성장팀의 핵심 인물들 또한 마찬가지였다. 하지만 또 다른 페이스북 임원은 다른 견해를 내놓았다. "마크가 2017년 최초의 납치, 최초의 강간, 최초의 자살을 목격하며 깨달은 사실은 무엇에든 결과가 따른다는 것이었죠. 세상은 나쁜 사람으로 가득합니다. 역사상 어느 회사도 세상의 나쁜 사람들에 대해 페이스북만큼 답변해야 하지는 않았어요. 이혼 건수의 40퍼센트에서 페이스북이 거론되더군요!"[15] 그가 어디서 이 숫자를 봤는지는 확실치 않지만, 2012년 한 연구에 따르면 페이스북은 이혼 건수 중 3분의 1에서 원인으로 언급되었다.

2016년 선거를 겪고 난 이후 페이스북은 그런 사례가 플랫폼의 전체 콘텐츠에 비하면 새 발의 피라는 말로 무시하거나 얼버무릴 수 없게 되었다. 이젠 추잡한 것을 상대해야 했다.

2017년 페이스북은 이 위기를 해소하기 위해 '위기대응Risk and Response'이라는 부서를 만들었다. 부서 책임자 제임스 미첼James Mitchell이 말한다. "페이스북이 플랫폼상의 콘텐츠를 어떻게 판단하는가에 대해 관심과 감시가 훨씬 많아졌어요. 그런 상황에서라면 이렇게 말할 수 있죠. '자, 이 취약점들을 내부에서 발견하고 포착하는 작업을 더 잘해봐요.'"

그랬다면 페이스북은 뉴질랜드 크라이스트처치 대량 학살에 더 적절히 대처했을지 모른다. 페이스북 라이브는 이 살인자의 소셜 미디어 전략에서 필수 요소였다. 이 테러범은 유능한 브랜드 컨설턴트들의 검증된 기법을 동원해 인피니트챈8chan, 레딧 같은 백인우월주의 사이트에서 자신의 살해 방송에 대한 사전 홍보를 실시했다. 그는 최초 시청자가 많지 않아도 된다는 것을 알고 있었다. 팔로어이든 악플러이든 눈팅족이든 단순한 호사가이든 수십만 명이 자신의 끔찍한 셀카를 퍼 나를 터였기 때문이다. 이 학살은 전 세계를 경악시켰다. 추문이 끊임없이 터져 나오는 와중에 이 사건은 더 이상 떨어질 데가 없어 보이던 페이스북의 평판에 또 한 번 일격을 가했다.

페이스북의 임무(모니카 비커트의 임무)는 이 끔찍한 동영상을 시청하는 페이스북 이용자의 수를 최대한 줄이는 것이었다. 그녀가 임무를 수행하기 위해서는 아무리 싫더라도 전체 동영상을 직접 봐야 했다.

그녀는 워싱턴에서 열린 표현의 자유 토론회에 참석한 뒤 나와 대화를 나누고 있다. 앞서 워싱턴에 갔을 때 비커트는 각종 위원회에 여러 차례 출석해 멘로파크나 케이스트리트(페이스북 워싱턴 사무소가 있는 곳-옮긴이)의 회의실에서만 납득이 되는 규정들을 들먹이며 번번이 페이스북을 옹호해야 했다.

지금 이곳은 회의실에서 한 블록 아래의 칵테일바다. 그녀는 크라이스트처치 사건을 떠올리고 있다. 살인자가 첫 번째 모스크에서 두 번째 모스크로 이동하는 장면을 포함한 17분의 학살 동영상을 본 사람은 약 200명에 불과하다.[16] 페이스북은 사건이 끝나고 12분 뒤 소식을 들었으며 동영상을 삭제했다. 하지만 그 뒤에도 동영상은 계속해서 페이스북에 퍼져 나갔다. 페이스북은 업로드를 막으려고 디지털 지문 기법을 썼지만 허사였다.

교묘한 숨바꼭질 놀이가 벌어졌다. 페이스북이 동영상을 차단하면 끈질긴 이용자들은 파일을 변경해 검열을 회피했다. 24시간 안에 이용자들은 동영상의 한 버전을 150만 회에 걸쳐 업로드하려고 시도했으며 페이스북은 그중 120만 건을 차단했다. 결국 30만 건이 페이스북에 올라갔다는 이야기다. 일주일 뒤에도 동영상 목격 신고가 접수되었다.

왜 수천 명이나 되는 사람들이 그 동영상을 업로드해도 된다고 생각했는지는 미스터리다. 이것은 세계를 연결하는 일에 어두운 이면이 있음을 보여주는 또 하나의 증거인지 모르겠다.

동영상을 시청한 경험을 묘사하면서 비커트는 목소리가 갈라지고 눈가가 젖는다. 방콕에서 성 착취 인신매매범을 기소했고 시카고에서 마약 거래 조직 폭력배들을 소탕했으며 25억 인구의 표현을 단호하게 판단하는 모니카 비커트에게도 이것은 감당하기 힘든 일이었다.

중요하지만 천대받는 업무, 콘텐츠관리

비커트가 맡은 임무의 최전선에는 페이스북이 (더블린에 최초의 국제 사무소를 설립한) 2009년경부터 채용하기 시작한 '콘텐츠관리자content moderator'들이 있다. 이들의 선배는 페이스북 초창기에 파티장의 나체 사진을 차단하고 모유 수유 운동가들을 상대하고 업무가 과중해지자 미친 듯 동료를 채용하던 고객지원팀 사람들이었다.

이제 페이스북은 수천 명을 콘텐츠관리 업무에 투입했다(2016년 선거가 끝나고 세 배로 늘어 2019년에는 1만 5000명이 되었다). 비커트가 말한다. "그중 상당수는 과거의 투자가 미흡했다고 느껴 영입한 인력이에요." 콘텐츠관리자들은 전 세계에서 일하며, 이용자들에 의해 부적절한 콘텐츠로 신고되었거나 인공지능 시스템에 의해 규정 위반 가능성이 제기된 수백만 건의 콘텐츠를 걸러낸다. 그들은 게시물들이 페이스북 규정을 실제로 어겼는지 재빨리 판단한다.

하지만 콘텐츠관리자의 절대다수는 엔지니어, 디자이너, 심지어 규칙을 정하는 정책 담당자와 접촉이 거의 없다. 또 대부분은 정식 직원이 아니다. 페이스북은 마닐라와 인도에 사무소를 연 2012년 이후로 아웃소싱 회사에 콘텐츠관리자의 채용과 투입을 위탁하기 시작했다. 콘텐츠관리자들은 전 직원 회의에 참석할 수 없으며 페이스북 물품을 지급받지 못한다.

페이스북만 콘텐츠관리자를 두는 것은 아니다. 구글, 트위터, 심지어 소개팅 앱 틴더 같은 곳도 플랫폼에서 벌어지는 일을 감시해야 하기 때문이다. 하지만 페이스북은 단연 독보적이다.

전 세계 콘텐츠관리자 인력이 서서히 수만 명으로 증가하는 동안 처음에는 눈여겨보는 사람이 거의 없었다. 맨 처음 주목한 곳은 학계였다.[17]

대학원생이던 세라 T. 로버츠Sarah T. Roberts는 여느 사람과 마찬가지로 인공지능이 이 일을 하는 줄 알았다. 그러다 컴퓨터과학을 공부하는 친구에게서 당시의 인공지능이 얼마나 원시적인지 알게 되었다. 그녀가 말한다. "그때 문제의 본질을 깨닫게 됐어요. 유일한 대응책은 기본적으로 하층 계급인 노동자를 대량으로 투입하는 것뿐이었죠. 2010년에 기업들은 자기네들이 이렇게 하고 있다는 걸 인정하려 들지 않았어요."

로버츠를 비롯해 이 현상에 주목한 사람들은 새로운 유형의 노동자가 있음을 알게 되었다. 기술 기업이 선호하는 엘리트 학위와 공학 배경은 없지만 기업 운영에 꼭 필요한 인력이었다. 그들의 존재는 21세기 인터넷이 이전 시대를 특징짓는 이상주의로부터 진로를 변경했음을 상기시키는 징후이기도 했다.

마크 저커버그는 페이스북을 시작하면서 약간의 일손이면 충분하리라 예상했을지 모른다. 하지만 그의 보좌진은 불쾌하고 (심지어) 불법적인 콘텐츠로부터 대중을 보호하기 위해 하루 종일 페이스북 콘텐츠를 감별할 인력이 필요할 것임을 일찌감치 알아차렸다. 그들을 공장에 집어넣는 것은 당연한 수순이었다. 그들은 디지털 세계의 청소부가 되어, 귀한 대접을 받는 직원들이 퇴근해 잠든 밤에 나타나 바닥을 쓸고 닦는 그림자 노동력처럼 뉴스피드를 청소했다. 흐뭇한 광경은 아니었다. 게다가 이런 청소 작업은 고역일 때가 있었다. 그들은 강간, 불법 수술, 끝없는 성기 사진을 매일같이 들여다봐야 했다. 그 모든 역겨운 콘텐츠가 존재한다는 사실이 거북했던 페이스북은 이 때밀이 부대의 존재를 숨기는 편을 선호했다.

이윽고 콘텐츠관리 센터의 여건을 폭로하는 기사가 쏟아져 나오기 시작했다.[18] 페이스북은 기사들이 과장되었다고 말한다. 그러나 여러 기사와 학술 연구의 교차 검증에 따르면 콘텐츠관리자들은 거의 언제나 액센추어와 코그니전트Cognizant 같은 아웃소싱 회사를 통해 채용되며 임금은 시간당 15달러 수준으로 비교적 낮다. 그들은 어마어마한 양의 끔찍한 콘텐츠를 후딱후딱 보아 넘긴다. 무엇을 놔두고 무엇을 삭제할지 결정하는 규칙은 어리둥절할 정도로 복잡하다. 그리고 이 임무는 그들의 정신을 어지럽힌다. 〈더버지〉의 케이시 뉴턴Casey Newton이 쓴 연재 기사에는 디킨스식 장면이 등장한다. 책상 사이에는 거웃과 손톱이 있고 화장실 앞에는 줄이 늘어섰으며 심지어 페이스북에 끊임없이 올라오는 유해한 음모론을 믿게 된 사람까지 있다.[19]

내가 피닉스 사무실을 방문했을 때 거웃은 전혀 보이지 않았다. 화장실에서 줄을 설 필요도 없었다. 실내는 깨끗했으며 색색의 벽화가 출근하는 직원들을 반겼다. 이 사무실을 실제 페이스북 사무실의 야단법석에 비견할 수는 없지만, 일부 기사에서 암시하듯 보일러실처럼 우중충하고 답답하지는 않았다. 기다란 검은색 테이블에 모니터가 놓여 있었다. 콘텐츠관리자들은 자리를 배정받지 않기 때문에 개인 물품은 전혀 없었다. 이 때문에 빈 공간은 버려진 곳 같은 분위기를 풍겼다(이곳이 '종이 없는 사무실'을 표방한 탓도 있었다). 듣기로 한창 바쁠 때는 400명의 콘텐츠관리자가 일한다고 한다. 사무실은 매일 24시간 돌아갔다.

나의 가이드는 이 사무실을 세팅한 회사 코그니전트의 임원이었다. 그의 전문 분야는 콘텐츠 정책이 아니라 아웃소싱이었다. 모든 규정과 지침은 '클라이언트'인 페이스북에서 정했다.

나는 면담을 자원한 콘텐츠관리자들과 한자리에 앉았다. 절반쯤은 대학을 나왔다. 그들은 모두 이 직업이 자신들의 나이에 가질 수 있는 대안들보다 낫다고 생각했다. 우리는 그들의 업무를 꼼꼼히 뜯어보았다.

페이스북은 콘텐츠관리자가 하루에 약 400개의 '점프jump'를 할 것을 기대한다. 그러려면 약 40초의 '평균 처리 시간' 내에 의심스러운 동영상이나 게시물을 그대로 둘지, 삭제할지, 아니면 드문 경우이긴 하지만 관리자에게 보고할지 결정해야 한다(가장 까다로운 결정은 멘로파크의 정책 담당자에게 전달된다). 페이스북은 각 결정에 제한 시간을 정해두지 않았다고 말한다. 하지만 이 과정을 깊이 들여다본 여러 기자와 연구자의 보고에 따르면 각 콘텐츠에 대해 실존적 질문을 곱씹다가는 이 저임금 일자리마저 잃기 십상이다. 나와 대화한 콘텐츠관리자 한 사람은 이 암묵적 할당량을 채우느라 혼자만의 전쟁을 치르고 있는 듯하다. 그의 개인 목표는 하루 200점프다. 그가 말한다. "너무 빨리 하면 작은 것들을 놓치게 돼요." 그러면서 자신의 느린 평균 처리 시간이 문제가 되었을 때 높은 정확도를 변명거리로 내세울 수 있었으면 좋겠다고 덧붙인다.

이들은 오류를 몇 개나 저지를까? 단정하기는 힘들지만, 콘텐츠 관련 결정에 대한 이용자의 재고 요청이 받아들여진 횟수를 기준으로 삼을 수 있다. 2019년 첫 석 달간 페이스북은 1940만 건의 콘텐츠를 삭제했다.[20] 이 결정에 대해 210만 건의 재고 요청이 접수되었으며 요청이 받아들여지는 경우(원래 결정이 잘못된 경우)는 4분의 1을 약간 밑돌았다. 66만 8000건의 게시물은 재고 요청 없이 복원되었다. 말하자면 대부분의 결정은 올바르지만 시간에 쫓기는 콘텐츠관리자들의 실수 때문에 여전히 수백만 명이 피해를 입고 있다.

힘든 부분 중 하나는 논란의 여지가 있는 콘텐츠를 지침서와 대조하는 과정이다. 이 커뮤니티 규정집은 페이스북 초창기에 폴 잰저가 작성했고 데이브 윌너가 보충한 1쪽짜리 문서를 계승했다. 콘텐츠관리자들은 우선 연수 과정에서 지침서를 해석하는 법을 배운 다음 베테랑과 함께 일하다가 비로소 단독 작업을 허락받는다. 페이스북은 규정집이 여러 차례 부분적으로 유출되자 2018년 전면 공개했다.

커뮤니티 규정집은 콘텐츠관리 작업이 얼마나 복잡한가를 보여주는 증거다. 문화마다 허용되는 콘텐츠의 수위가 다른데 똑같은 규정이 전 세계에 획일적으로 적용된다. 뉴스피드, 인스타그램, 프로필 페이지의 타임라인, 왓츠앱과 페이스북 메신저의 비공개 메시지를 비롯한 페이스북의 모든 콘텐츠가 이 규정집의 적용을 받는다.

규정은 혼란스럽고 궤변적인 논리 비약으로 이어질 수 있다. 어떤 규정은 매우 명확하다. 사람 내장 노출 같은 주제에서는 불쾌감의 수준에 대한 정의가 시도된다. 어떤 노출은 문제가 되지 않는다. 또 어떤 것들은 '삽입 광고interstitial'(전면 광고, 중간 광고)가 들어가는데, 엉덩이가 살짝 노출되는 TV 드라마가 방영되기 전 화면에 뜨는 것과 비슷한 경고문이다. 명백히 잔혹한 장면은 금지된다. 콘텐츠의 수위를 판정하는 데는 개인의 주관이 개입된다.

진실성팀의 가이 로즌이 말한다. "페이스북의 아주 초창기 시절로 되감기를 한다면, 무엇이 알몸이고 정확히 무엇이 사실적 폭력graphic violence인지 규정하는 뉘앙스를 놓고 모든 부서가 논쟁을 벌이게 되리라 생각한 사람은 많지 않았을 겁니다. 내장이 드러나면 사실적 폭력일까요? 불에 탄 인체는 어떤가요?"

물론 27쪽짜리 문서로는 모든 사례를 포괄하기에 턱도 없다. 페이스북은 방대한 분량의 비공개 부록 문서를 제작해 구체적 사례를 분석하고 있다. 이 부록은 페이스북의 토라 격인 공식 커뮤니티 규정집을 해석하기 위한 탈무드 주석인 셈이다. 《뉴욕타임스》 기자는 1400쪽에 이르는 해석 자료를 입수했다고 말했다.[21] 〈마더보드〉에 유출된 교육용 문서 중에는 싱어송라이터 테일러 스위프트의 사진에서 눈이 있어야 할 자리에 항문 괄약근을 포토샵으로 갖다 붙인 징그러운 이미지도 있었다.[22]

교육용 슬라이드에 따르면 이런 합성은 허용된다. 스위프트가 유명인이라는 이유에서다. 반면에 고등학교 반 친구에게 이런 짓을 하는 것은 괴롭힘이며, 따라서 불허된다. 하지만 김정은의 입을 항문으로 교체하고 "섹스토이를 삽입한" 합성 이미지는 삭제된다.

가장 까다로운 주제는 증오 발언이다. 페이스북은 증오 발언을 허용하지 않는다. 그러나 이를 명쾌하게 정의하기란 누구나 예상하듯 여간 힘든 일이 아니다. 비커트가 말한다. "증오 발언은 우리의 정책 중에서 시행하기가 가장 힘들어요. 맥락이 없으니까요." 똑같은 말이 친구에게는 농담으로 간주되지만 취약 계층인 낯선 사람이나 지인에게는 전혀 다르게 해석된다. 언론에 보도된 예로는 한 여성 코미디언의 〈남자들은 인간쓰레기야〉 게시물이 있었다.[23] 그녀는 이 게시물 때문에 활동 정지를 당했다. 규정에서는 보호 계층에 대한 포괄적 모욕을 금지하는데 성별은 보호 계층에 속한다.

모니카 비커트와 그녀의 팀은 "남자들은 인간쓰레기야"라는 말과 "유대인은 인간쓰레기야"라는 말이 같지 않음을 안다. 하지만 그들은 취약 계층과 특권 계층을 구별하다보면 일이 너무 복잡해질 것이라 생각한다. 이런 탓에 콘텐츠관리자들은 페이스북의 기준에 따른 증오 발언이 무엇인지 판단하느라 골머리를 썩인다.

페이스북에서 누군가가 유명인의 인종주의 발언을 인용하는 경우를 예로 들어보자. 이용자가 "유명인 아무개가 이렇게 말했어. 황당하지 않아?"라는 식으로 말하면 페이스북은 허용할 것이라고 비커트는 말한다. 사람들이 그 유명인의 성격을 판단하는 데 유익한 정보이기 때문이다. 하지만 이용자가 같은 말을 인용하고 나서 "그래서 내가 이 사람을 좋아한다니까!"라고 말했다면 페이스북은 게시물을 삭제할 것이다. 인종주의를 긍정했다는 이유에서다. 비커트가 묻는다. "하지만 내가 '유명인 아무개가 말하길'이라고 운을 떼고서 인종주의 발언을 인용하면 어떨까요? 나는 그가 잘했다고 말하는 걸까요, 잘못했다고 말하는 걸까요? 애매하죠."

증오 발언이 너무나 복잡해서 페이스북은 여러 단계를 두었다. 1단계는 남자들을 인간쓰레기라고 부르거나 어떤 집단을 병균이나 엽색꾼 또는 '지적으로나 신체적으로 열등하다고 문화적으로 인식되는 동물'에 비유하는 발언이 포함된다. 2단계는 어떤 사람이나 집단을 정신병자나 쓸모없는 사람이라고 부르는 식으로 열등함을 시사하는 모욕이다. 3단계는 분리 촉구나 인종주의 용인, 노골적 욕설 등을 포함하는 정치적·문화적 모욕이다. 단계에 따라 처벌의 강도가 커진다.

증오 발언은 내가 2018년 참석한 콘텐츠 기준 포럼Content Standards Forum 회의의 주제 중 하나였다. 프랭크 게리가 설계한 건축물 중 84번 도로 바로 옆에 있는 건물에서 비커트는 2주마다 한 번씩 이 회의를 열어 규정 변경을 논의한다. 회의실에는 20명가량이 앉아 있으며 더블린과 워싱턴을 비롯한 전 세계 사무실과 화상으로 연결되어 있다. 그들이 논의하는 내용은 잠재적 문제를 포착하고 조사 여부를 결정하는 '주의' 사안과 팀이 조사를 바탕으로 결정을 내리는 '권고' 사안이다. 이런 조사는 대체로 해당 분야(민권, 심리학, 테러, 가정 폭력 등) 전문가의 의견을 들으며 몇 주 동안 데이터 분석, 문화 연구, 타당성 검토를 진행한다.

이번 회의에서는 "남자들은 인간쓰레기야"와 비슷한 증오 발언이 안건으로 올라왔다. 문제는 남성이나 억만장자처럼 힘 있는 집단에 대한 악성 댓글을 (성별이나 인종으로 식별하는) 보호 계층에 대한 비방만큼 혹독하게 취급해야 하는가였다. 결과는 흥미로웠다. 발제문에서는 둘을 구별해 사람들이 권력 집단에 분노를 표출하게 허용하는 것이 최선이라고 말했다. 하지만 이 제안은 기각되었다. 콘텐츠관리자가 너무 복잡한 결정을 내려야 한다는 이유에서였다.

정작 콘텐츠관리자들은 책임을 감당할 준비가 되어 있다고 말한다. 이 계약직 노동자들이 정규직으로 올라가고 싶어 하는 것은 놀랄 일이 아니다. 피닉스의 콘텐츠관리자들을 만나러 가기 전, 나는 그런 도약에 성공한 직원을 페이스북의 후의로 만나볼 수 있었다(페이스북의 요청에 따라 '저스틴'으로만 지칭한다). 저스틴은 승진이 쉬운 일이 아니라고 말했다. 콘텐츠관리에 필요한 '직무 능력'은 페이스북 제품을 개발하거나 마케팅하는 데 유용한 능력과 다르기 때문이다.

뜻밖에도 저스틴은 못된 행동 때문에 문제가 된 콘텐츠보다 이용자의 사망으로 문제가 된 콘텐츠를 처리하는 일이 더 고역이라고 말한다. 페이스북 알고리즘에 따르면 망자의 계정이 가족이나 친지의 피드에 뜨는 경우가 종종 있다. 이때 충격은 익사자의 시신이 물 위로 떠오르는 것과 맞먹는다. 이제 페이스북은 사망한 회원에 대해 정교한 '추모' 절차를 마련했다. 저스틴이 말한다. "추모는 정말이지 고역이었어요."

하지만 가장 고역은 아니었다. 그가 말한다. "이제껏 본 것 중에서 최악의 동영상은 어떤 남자가 톱니 칼로 자신의 음경을 자르는 장면이었어요. 그다지 아름답진 않더군요." 그가 그 '안 본 눈 사고 싶은' 영상을 보았을 때인 2016년경에 페이스북은 콘텐츠관리자를 위한 상담 서비스를 제공하고 있었다(그가 일을 시작한 2015년에는 상담 서비스가 전혀 없었다). 이제 그는 일주일에 한 번씩 상담을 받는다.

피닉스의 콘텐츠관리자들은 혐오스러운 이미지에 노출되는 것을 '불쾌하지만 견딜 만한' 업무의 일환으로 여기는 듯하다. 이따금 정신적 고통이 유발되면 상담을 받으러 간다. 한 콘텐츠관리자는 고통스러운 게시물의 예로 동물과 사람이 성행위를 하고 도살되고 배변하는 애니메이션 영상을 들었다. 그가 말한다. "족히 두 주는 시달린 것 같아요." 하지만 상담 덕에 이겨낼 수 있었다고 한다.

페이스북은 콘텐츠관리자들의 결정을 정기적으로 검토하며 중대한 오류가 발생하면 개선을 위해 사후 분석을 실시한다. 하지만 시간과 비용의 제약 때문에 허겁지겁 결정을 하다보면 실수가 잦을 수밖에 없다. 전 콘텐츠관리자 저스틴은 내게 이렇게 말했다. "모든 사람이 하루에 한 가지씩만 검토하면 놓치는 일이 없을 겁니다."

이것은 페이스북의 핵심 딜레마다. 콘텐츠관리자를 계속 채용해도 그들이 봐야 하는 콘텐츠의 양이 여전히 너무 많기에 서두르다 실수를 저지를 수밖에 없다. 사람들은 실수를 놓치지 않는다. 누군가의 사진이 실수로 삭제되면 그들은 소셜 미디어에 불만을 올린다. 또 누군가 공격적인 콘텐츠를 신고했는데 조치가 취해지지 않으면 불만이 올라온다. 언론 또한 주시하고 있다. 과로했거나 트라우마를 겪은 콘텐츠관리자의 실수를 침소봉대하는 기사를 쓰는 일은 기자들에게 식은 죽 먹기다.

저커버그 역시 운영의 문제를 인정한다. "언론에 보도된 우리의 문제 중 열에 아홉은 사실 우리의 정책이 사람들의 통념에 어긋나기 때문이 아니에요. 정책의 시행에서 잘못을 저질렀기 때문이죠."

시간의 압박에 시달리고 인간성의 막장을 봐야 하기는 하지만 나와 이야기를 나눈 사람들은 페이스북의 콘텐츠관리자가 일자리로는 나쁘지 않다고 말했다. 그들은 스스로를 묵묵히 일하며 수십억 페이스북 이용자가 피해를 입지 않도록 지켜주는 응급 구조대로 여긴다. 2019년 콘텐츠관리 업무를 총괄하기 위해 채용된 아룬 찬드라Arun Chandra가 말한다. "내가 만나본 검토자들 중에 어떤 사람은 누군가의 목숨을 구하기도 했어요. 자살을 기도하는 사람을 경찰에 신고했거든요. 이 업무에서 만족감과 자부심을 느낄 수 있다는 건 유쾌한 놀라움이었습니다."

세라 T. 로버츠는 콘텐츠관리자들이 이따금 최고의 순간을 누리더라도 자신이 기계의 톱니바퀴에 불과하며 고용주(또는 고용주에게 일을 의뢰한 회사)가 자신의 말에 귀를 기울이고 있지 않다는 자각 때문에 보람이 반감된다고 내게 말했다. "설령 피드백을 받더라도 드문 일이에요." 한번은 콘텐츠관리자가 그녀에게 자살 위협에 대해 신고한 적이 있었다(다행히 잘 해결되었다). 그 콘텐츠관리자는 이렇게 말했다. "우리 플랫폼에서 보는 저 쓰레기들이 사람들에게 얼마나 심한 자해 충동을 유발할까 하는 걱정이 머리에서 떠나질 않아요."

피닉스의 콘텐츠관리자들은 나와 인터뷰한 지 몇 달 뒤 예상치 못한 안 좋은 일을 당했다. 2019년 10월 코그니전트가 페이스북 콘텐츠관리 업무를 중단하기로 결정한 것이다.[24] 페이스북은 피닉스 사무소가 폐쇄될 것이며 그곳의 디지털 응급 구조대는 해산될 것이라고 발표했다.

인공지능 경찰이 답이다?

페이스북은 여러 사무실에서 수만 명이 일하며 하루에 400건씩 콘텐츠를 검열해야 하는 상황을 달가워하지 않는다. 하지만 페이스북의 실적을 부쩍 개선하는 동시에 페이스북 이용자들이 올린 이미지를 처리하느라 상담까지 받아야 하는 저임금 노동자들의 수를 줄일 수 있는 장기적 해결책이 있다. 불미스러운 콘텐츠를 누군가 신고할 때까지 기다리지 않고 아예 사람들이 보기 전에 판단해 삭제하면 어떨까?

그들은 인공지능이 답이라고 믿는다.

가이 로즌이 말한다. "궁극적으로 보자면 이 모든 과정을 놓고 우리가 생각한 것은 어떻게 하면 콘텐츠에 대한 접근법을 사후 대처에서 사전 대처로 바꿀 것인가입니다. 그런 콘텐츠를 사전에 더 많이 찾아낼 수 있는 인공지능 시스템을 계속해서 구축하려면 어떻게 해야 할까요?"

이것이야말로 까다롭기 그지없는 콘텐츠관리 문제에 대한 장기적 해법이었다. 저커버그는 콘텐츠 문제가 결코 사라지지 않을 것이라고 꾸준히 경고했다. 페이스북이 몇 번만 헛발질하면 수십만 건의 거짓 게시물이나 유해 게시물이 버젓이 그대로 남아 있게 된다고 생각하는 사람들은 이 말에 분노했다. 그런 한편으로 그는 구원은 로봇의 형태로 찾아오리라고 열렬히 믿었다. 이런 로봇은 다정한 동네 경찰관처럼 뉴스피드의 뒷골목을 끊임없이 순찰할 터였다.

페이스북은 몇 년간 인공지능 기술을 개발했는데 처음에는 이런 용도가 아니었다. 초창기에 페이스북은 인공지능에 능한 직원 몇 명을 채용했다. 그 결과 뉴스피드와 광고 경매 둘 다 학습 알고리즘을 통해 더욱 최적화되었다.

그런데 2010년 중반부터 '기계학습machine learning'으로 알려진 접근법에서 경이로운 결과가 쌓이면서 갑자기 수많은 실용적 부문에 인공지능이 쓰이기 시작했다. 이렇게 강화된 기계학습은 '딥러닝deep learning'으로 불렸다. 딥러닝은 인간 뇌의 실제 신경세포와 비슷하게 작동하는 인공신경세포의 네트워크를 훈련해 이미지 속의 물체나 언어를 빠르게 식별했다.

저커버그는 지금이 모바일 때와 같은 결정적 순간이며 최고의 기계학습 엔지니어를 거느린 회사가 승리할 것임을 직감했다. 그의 관심사는 콘텐츠관리가 아니라 뉴스피드 순위 결정, 광고 경매에서 타기팅, 사진에서 친구를 찾아내어 게시물의 참여도를 높이는 얼굴 인식 등을 어떻게 향상시킬 것인가였다. 하지만 인공지능 분야의 마법사를 채용하려면 치열한 경쟁을 벌여야 했다.

딥러닝의 대부는 토론토에 있는 영국인 컴퓨터과학자 제프리 힌턴 Geoffrey Hinton이었다. 그는 이 새롭고 불경한 형태의 인공지능을 주무르는 배트맨이었으며 그의 수하들은 각자 나름의 어마어마한 기여를 하고 있던 똑똑한 로빈 삼총사였다. 로빈 중 한 사람은 파리 출신의 얀 르쾽Yann LeCun으로, 그는 힌턴의 연구를 농담 삼아 '음모the Conspiracy'라고 불렀다.[25] 하지만 얼굴 인식에서 실시간 번역에 이르는 어마어마한 작업을 대규모로 수행하는 방법을 찾던 거대 기술 기업들에는 딥러닝의 잠재력이 결코 농담이 아니었다. '음모가'의 채용은 최우선 과제가 되었다.

저커버그는 인스타그램과 왓츠앱을 차지했을 때와 같은 방법으로 얀 르쾽을 사냥했다. 2013년 10월 그는 르쾽에게 전화를 걸었다. "우리는 이제 막 열 살이 되려는 참이고 향후 10년에 대해 생각해야 해요. 우리는 인공지능이 엄청나게 중요한 역할을 하리라고 봐요." 그는 르쾽에게 연구소를 설립하고 싶다며, 이 연구소는 광고를 개량하는 차원이 아니라 세상을 이해할 수 있는 가상 비서 같은 획기적인 제품을 개발하게 될 거라고 말했다. 그가 물었다. "우릴 도와줄 수 있겠어요?"

르쾽은 자신이 연구소를 설립하기 위한 조건의 목록을 페이스북에 제시했다. 연구소는 독립된 조직으로 제품 부서와 연계되지 않아야 했다. 또 완전히 개방되어 연구 결과의 발표에 아무런 제약이 없어야 했다. 그들이 내놓는 결과는 모든 사람에게 혜택이 돌아가도록 오픈소스로 지정되어야 했다. 게다가 르쾽은 뉴욕대학교 교수직을 유지한 채 파트타임으로 일할 수 있도록 새 연구소를 뉴욕시에 두겠다고 했다.

저커버그는 "문제없어요!"라고 말했다. 그리하여 페이스북인공지능연구소Facebook Artificial Intelligence Lab, FAIR는 뉴욕시 한복판의 뉴욕대학교 그리니치빌리지캠퍼스 가장자리에 자리 잡았다.[26] 연구소는 페이스북 기계학습응용Applied Machine Learning, AML팀과 제휴 관계다. 연구소는 지평을 탐사하고 기계학습응용팀은 연구소의 인공지능 연구를 제품으로 구현한다.

르쾽은 최고의 제휴였다고 말한다. 응용팀은 제품에 기계학습을 접목했으며 연구팀은 자연어 이해와 컴퓨터 시각의 전반적 개선을 담당했다. 이러한 발전은 페이스북에 흔히 도움이 되었다. 르쾽이 말한다. "슈렙이나 마크에게 페이스북인공지능연구소가 제품에 얼마나 영향을 미쳤느냐고 물으면 예상보다 훨씬 크다고 말할 겁니다. 그들은 이렇게 말했습니다. '당신의 사명은 연구의 지평을 넓히는 거예요. 거기서 나온 결과물이 제품에 영향을 미친다면야 근사하겠지만, 당신은 더 큰 꿈을 꾸면 돼요.'"

르쾽이 페이스북인공지능연구소와 기계학습응용팀의 관계를 장밋빛으로 묘사한 시기는 2017년 후반이었다. 하지만 몇 주 뒤 슈레퍼가 인공지능 담당 부사장이라는 직위를 신설했다. 페이스북에서 인공지능의 연구와 응용을 도맡아 주도하는 자리였다. 이 자리는 IBM에서 근무하던 프랑스인 과학자 제롬 페상티Jérôme Pesenti에게 돌아갔다. 르쾽은 자신이 관리 업무에서 벗어나 실제 과학에 더 집중할 수 있게 되었다면서 이번 인사에 만족을 표했다.

하지만 선거 이후 사람들에게 비난받던 페이스북이 한 걸음 더 앞으로 나아가려면, 즉 불쾌한 콘텐츠, 불법 콘텐츠, 증오 발언, 국가 주도의 거짓 정보를 인간보다 훨씬 정확히 가려낼 알고리즘과 신경망을 개발하려면 인공지능의 전 분야를 발전시켜야 했다. 목표는 인공지능이 선제적으로 작동해 악성 콘텐츠가 신고되기 전에, 심지어 아무도 보기 전에 찾아내는 것이었다.

페상티는 기계학습응용팀이 페이스북의 유해 콘텐츠 문제 해결을 지원하기 위해 진실성솔루션Integrity Solutions 부서 내에 전담 팀을 두었다고 말한다. 하지만 현재의 기술 수준은 저커버그의 장담에 턱없이 못 미치며 페이스북은 페이스북인공지능연구소의 도움이 필요하다. 페이스북인공지능연구소 과학자들은 증오 발언 같은 사안을 사람 못지않게 또는 사람보다 잘 처리할 수 있는 혁신적 방법을 발명해야 했다. 그렇지만 르쾽이 페이스북인공지능연구소를 연구 조직으로 설립한 탓에 페이스북은 과학자들에게 특정 분야를 집중적으로 연구하라고 명령할 수 없다. 페상티가 말한다. "우리의 과제 중 하나는 제품 문제와 연구를 대응시키는 겁니다. 이 과제는 아직 해결하지 못했어요."

일부 성과도 있었다. 테러리스트 콘텐츠는 인공지능 시스템이 식별하기가 꽤 수월한 것으로 드러났다. 이후에 페이스북은 그런 게시물이 이용자의 눈에 띄기 전에 삭제하는 성공률이 99퍼센트 이상이라고 주장하게 된다. 하지만 현재 상태의 인공지능은 증오 발언 같은 복잡한 사안에 대처하기에는 역부족이다. 그렇다고는 해도 전 세계에 적용되는 한 가지 규정으로 20억 명의 발언을 판단하고 각양각색의 문화에 대처하는 것은 '인간'에게는 여간 힘든 일이 아니다.

로즌이 말한다. "이 문제들이 각 언어에서 어떻게 나타나는지 이해하도록 인공지능 시스템을 구축하고 훈련하는 일에 많은 연구가 투입되었습니다." 그가 언급한 것은 페이스북의 버마어 증오 발언 시스템에 대한 연구 프로젝트다. 이 연구 덕분에 페이스북이 사전에(아무도 신고하기 전에) 차단하는 증오 발언 게시물의 비율이 13퍼센트에서 52퍼센트로 늘었다. 하지만 비판자들은 위험한 지역인 미얀마에서 증오 발언 게시물의 절반가량이 여전히 걸러지지 않고 있다고 지적할 것이다.

페이스북이 인공지능 적용 가능성을 타진하고 있는 또 다른 고질병은 어마어마한 개수의 가짜 계정 문제다. 가짜 계정이 사기, 증오 발언, 거짓 정보의 온상임은 놀랄 일이 아니다. 2019년 1월부터 3월 사이에 페이스북이 차단한 가짜 계정 개설 시도가 20억 건이라는 발표에 사람들은 경악했다. 이것은 시스템상의 실제 이용자 수에 맞먹는 수준이었다.[27] 그중에는 가짜 페이스북 신분을 대량으로 만들려는 어설프지만 끈질긴 시도가 압도적이었다. 앨릭스 슐츠는 《뉴욕타임스》에 이렇게 말했다. "우리가 차단하는 계정의 절대다수는 지극히 어수룩한 적들이 만든 것입니다."[28] 하지만 모두가 지극히 어수룩한 것은 아니다. 인공지능을 이용하고 온갖 수단을 동원했지만 페이스북은 활동 계정의 약 5퍼센트가 가짜라고 인정한다. 개수로는 1억 개를 훌쩍 넘는다.

이것이 페이스북의 딜레마다. 규모가 너무나 커서 문제 해결에 진전이 있다 한들 남은 문제가 어마어마하다는 말이다. 그리고 게시물을 올리기로 작정한 사람들은 페이스북의 전술에 적응하는 법을 배운다. 이를테면 2018년 페이스북은 그래픽에 삽입된 메시지 내용을 읽는 법을 자사의 인공지능 팀들이 알아냈다고 자랑스럽게 발표했다.[29] 이전에는 텍스트로 저장된 단어만 읽을 수 있었다. 이 결함 때문에 러시아 공작원들은 이민, 인종주의, 힐러리 클린턴 사탄설 등에 대한 선동적 광고가 페이스북 디지털 감시망에 걸리지 않게 할 수 있었다.

말하자면 페이스북의 이번 성과는 소 잃고 외양간 고친 격이었다. 적들이 미래에 어떤 전술을 도입할지 누가 알겠는가?

한편 어떤 게시물이 선을 넘는지를 40초마다 실제로 판단하는 임무는 여전히 1만 5000명가량의 콘텐츠관리자가 맡고 있다. 나는 피닉스의 콘텐츠관리자들을 인터뷰하면서 인공지능이 그들의 업무를 대신할 수 있을 것 같으냐고 물었다. 그러자 회의실에서 폭소가 터져 나왔다.

책임을 아웃소싱할 수는 없다

페이스북에 가장 난감한 상황은 규정집을 따른 결과가 명백히 틀렸을 때다. 이런 경우에 콘텐츠관리자들은 풀타임 직원에게 보고하거나 이따금 콘텐츠관리 회의에 참석하는 사람들에게 전달한다. 때때로 가장 까다로운 사안은 에베레스트, 즉 샌드버그와 저커버그의 책상에 올라간다. 그렇게 해도 결정을 내리기란 쉬운 일이 아니다.

공격적 콘텐츠에 대한 규정이 페이스북에 최선인 결정과 어긋날 때도 있다. 논란의 양측에 열성 지지자들이 있는 정치적으로 민감한 결정이 이에 해당한다. 이때는 페이스북이 어떤 결정을 내린들 비난을 피할 수 없다.

페이스북은 기존의 여러 문제와 마찬가지로 2016년 선거 이전에는 이 문제에 관심을 두지 않았다. 그해 2016년 9월 톰 에겔란Tom Egeland이라는 노르웨이 작가가 "전쟁의 역사를 바꾼" 여섯 장의 사진 이야기를 페이스북에 올렸다. 그중 하나는 (비극적 실패로 돌아간) 베트남 전쟁 당시 미국에 살았던 사람이라면 누구나 잘 알고 있을 상징적 사진이었다.

1972년 퓰리처상을 수상한 이 사진은 〈전쟁의 공포The Terror of War〉 또는 〈네이팜탄 소녀Napalm Girl〉로 불렸다. 한 무리의 아이들이 네이팜탄으로 입은 화상의 고통에 비명을 지르며 도로를 달려 내려오는 장면이다. 아이들 뒤에는 군복을 입은 미군 병사들이 있다. 사진 한가운데의 소녀 킴 푹Kim Phúc은 벌거벗은 채다.[30]

　페이스북 콘텐츠관리자들에게 이 사진은 생각할 필요도 없는 문제였다(이 사진에 친숙하지 않은 미국 바깥에서 처리했기에 더더욱 그랬다). 규정집에서는 유아기가 지난 아동의 알몸 이미지를 명백히 금지하기 때문에 페이스북은 재빨리 사진을 삭제했다. 에겔란은 기분이 상해서 사진을 다시 올렸다. 그러자 페이스북은 그의 계정을 일시 정지했다. 그즈음 이 사안은 멘로파크까지 올라갔다. 비커트팀은 페이스북이 역사적으로 중요한 사진을 검열하고 있음을 깨달았지만 삭제 결정을 지지했다. 벌거벗은 한 아이에게 예외를 두면 어디에 경계선을 그어야 하나?

　그러다 사건이 일파만파로 커졌다. 에겔란은 노르웨이에서 가장 인기 있는 신문의 필자였다. 그 신문의 편집장은 격분해 대문짝만한 글자로 "친애하는 저커버그 씨……"라고 쓴 사설을 1면에 실었다. 사설에서는 "세계에서 가장 힘센 편집자"인 페이스북이 검열관 노릇을 한다고 주장했다. 노르웨이 총리가 사진을 다시 올렸는데 페이스북은 이것마저 삭제했다. 다른 뉴스 매체들까지 나서 이 사건을 보도했다. 홍보 담당자들에게 질의가 쏟아져 들어왔다.

　페이스북 정책 부문은 위기를 맞았다. 그동안 페이스북은 '삭제하지 않은' 게시물에 대한 불만을 잘 피해왔다(1년 전에는 도널드 트럼프의 무슬림 반대 게시물을 삭제하지 않았다). 그런데 이번에는 '삭제한' 게시물 때문에 포화를 맞게 되었다. 벌거벗은 아이에 예외를 두어야 할까? 많은 사람은 퓰리처상을 받았든 아니든 킴푹의 공포가 페이스북에 들어설 자리는 없다고 생각했다.

페이스북 정책 부문은 혼란에 빠졌다. 당시 논의에 관여한 한 인사가 말한다. "모두가 문제를 해결하려고 노력했지만 방법을 찾을 수 없었어요." 이 문제가 페이스북에 중대 사안이 된 것은 선택 자체 때문이 아니라 페이스북이 규정을 고집하다 분노를 불러일으켰기 때문이었다. 규정집을 작성할 때는 합리적으로 보이던 해석도 대중의 시선에 노출되면 터무니없는 것으로 보이기 십상이었다.

당시 에어비엔비에서 비슷한 임무를 맡았던 데이브 윌너가 말한다. "그 사진은 줄기차게 올라왔습니다. 만일 그 사진이 전쟁 범죄 피해자 아동의 것이고 동의 없이 찍힌 누드라는 사실을 안다면, 그리고 퓰리처상을 받은 사진이 아니라면 오히려 페이스북이 검열하지 않았을 때 다들 경악했을 겁니다." 또 다른 삭제 옹호론자는 앤드루 보즈워스였다. "나라면 이렇게 말했을 겁니다. '사진을 올리고 싶으면 당신 나라의 법을 바꿔요. 잘 들어봐요, 이런 거라고요. 난 그게 엄청나게 중요한 사진이라는 거 알아요, 역사적으로 말이죠. 하지만 사이트에 올릴 수는 없어요. 불법이니까.' 법을 바꾸라고요!"

하지만 저커버그의 생각은 달랐다. 결국 그와 샌드버그는 결정을 철회했다. 그 시점부터 '뉴스 가치'는 일반 규칙에 대한 예외를 결정하는 기준이 되었다. 네이팜탄 소녀의 충격적인 알몸 사진은 페이스북에 다시 올라왔다.

페이스북의 정책 책임자인 엘리엇 슈레이그와 조엘 캐플런은 이 사건이 분수령이라고 생각했다. 슈레이그가 말한다. "그 사건은 미국에서 우리의 영향력이 달라졌음을 보여주는 (내부적으로) 가장 뚜렷한 사례였어요. 이제 페이스북은 자신과 관련된 재미있는 정보를 공유하는 곳을 넘어섰습니다. 더 폭넓은 문화적 대화가 이루어지는 장소가 된 거죠."

모니카 비커트는 이런 식으로 표현한다. "우리는 정책의 취지를 살리기 위해서라면 문구에 예외를 둬도 무방하다는 걸 배웠어요."

그때부터 폭로, 압박, 정정의 수순이 뻔질나게 반복되었다. 가장 두드러진 사례는 페이스북이 규정에 어긋나는 극우 콘텐츠를 처리하는 방식에 대한 비판이었다. 페이스북 대표자가 의회에서 증언할 때마다 공화당 의원들은 거의 예외 없이 멘로파크 진보들이 보수적 발언을 짓누르려는 음모라며 열변을 토했다. 그들의 불만은 페이스북이 극단주의자들의 게시물을 삭제했다는 것만이 아니었다. 공화당은 페이스북이 진보적 콘텐츠를 우대하기 위해 알고리즘을 조작했다고 믿었다. 하지만 데이터는 이를 입증하지 않았으며, 의원들이 정말 그렇게 믿었는지 그저 눈 가리고 아웅 한 것인지는 확실치 않다.

이 때문에 페이스북은 우파 선동가들의 독설에 시달려야 했다. 백인 국수주의 음모론자 앨릭스 존스Alex Jones가 페이스북 증오 발언 규정에 어긋나는 댓글을 줄기차게 올려도 페이스북은 그를 쉽게 차단하지 못했다. 설상가상으로 존스는 개인이지만 그의 페이스북 페이지 인포워스InfoWars는 여러 명이 공동으로 운영했다.

상황은 걷잡을 수 없이 악화했다. 존스는 극단주의자였지만 엄청난 추종자를 거느렸으며, 대통령까지 인포워스 라디오 방송에 출연한 적이 있었다. 존스 정도의 뉴스 가치라면 증오 발언을 하고도 무사한 대통령 수준으로 대우해야 할까? 2018년 여름 내내 기자들은 증오로 가득한 게시물을 계속 인용했으며 논쟁은 사그라들 줄 몰랐다. 급기야 압박이 거세어졌다. 애플이 존스의 팟캐스트를 폐쇄한 지 몇 시간 지나지 않아 저커버그는 인포워스의 플러그를 뽑았다.[31] 존스는 30일간 계정을 정지당했으며 페이스북은 결국 그를 '위험 인물'로 지정해 차단했다.[32] 입에 걸레를 문 이슬람국가Nation of Islam 지도자 루이스 파라칸Louis Farrakhan도 함께 축출되었는데, 틀림없이 구색을 갖추기 위해서였을 것이다.

2018년 초에 페이스북이 공화당의 불만에 사려 깊게 대처했는지 내가 따져 물었을 때 저커버그는 그들의 관점을 존중하려고 어찌나 용을 쓰던지 보기에 안쓰러울 정도였다. 그가 말했다. "직원 중에 진보가 90퍼센트예요. 이게 샌프란시스코베이에어리어의 정치적 판도일 거예요. 이런 회사를 운영하려면 자신의 관점에서 벗어나 본의 아닌 편견에 사로잡히지 않도록 시스템을 구축해야 할 책임이 있다고 생각해요." 그러더니 균형을 맞추기 위함인지 페이스북의 광고 시스템이 소수 집단을 차별하는지 모니터링해야 한다고 덧붙였다. 사실 페이스북은 두 영역 모두에 대해 연구를 의뢰했다.

저커버그가 느끼는 불편함의 일부는 감시를 달가워하지 않는 그의 성향에서 비롯한다. 그는 페이스북의 콘텐츠가 해롭거나 심지어 치명적일 수 있음을 인정하면서도 표현의 자유가 해방의 원동력이라고 믿는다. "표현의 자유는 페이스북의 창립 이념이에요. 사람들에게 발언권을 부여하면 그들은 자신의 경험을 공유해 세상을 더 투명하게 만들 거예요. 사람들에게 경험을 공유할 개인적 자유를 부여하면 결국 긍정적인 결실을 거두게 될 거라고요."

20억 넘는 사람들의 표현을 규제하는 책임을 저커버그가 원하지 않는다는 것은 분명했다. 그는 끼어들고 싶지 않았기에 앨릭스 존스와 증오 발언에 대해 결정을 내리거나 백신이 자폐증을 유발하는지 판단하지 않으려 들었다. 그는 이렇게 말했다. "사람들을 연결하는 제품을 우리가 왜 만들었는지에 대해 내겐 나름의 견해가 있어요. 나는 허용되는 표현이 무엇인지 정의할 권한이 나 자신이나 우리 회사에 있다고 생각하지 않아요. 선제적 대응이 가능해진 지금, 무엇이 증오 발언인지는 누가 정하나요?" 그는 자신이 책임을 회피하려는 것은 아니며 페이스북이 계속해서 콘텐츠를 감시할 것이라고 서둘러 덧붙였다. "하지만 사회가 이 플랫폼들에서 원하는 게 무엇이고 원하지 않는 게 무엇인지에 대해 더 많은 사회적 토론이 벌어지고 (언젠가는 심지어) 규칙이 제정된다면 더 바람직할지 모르죠."

나중에 드러났듯 저커버그는 그런 결정에 대한 페이스북의 부담을 덜어줄 계획을 이미 구상하고 있었다. 바로 마크 저커버그의 막대한 권한마저 뛰어넘어 중대 결정을 내리는 외부 감독위원회를 둔다는 발상이었다. 이 위원회는 페이스북의 대법원 격이 될 것이며 저커버그는 위원회의 결정을 따라야 할 터였다.

이런 기구를 구성하는 것은 간단한 일이 아니었다. 새 기구를 내부 인사로만 채우면 페이스북에 조종받는 꼭두각시로 치부될 우려가 있었다. 그리하여 페이스북은 외부에서 자문을 구하기로 결정하고 싱가포르, 베를린, 뉴욕에서 수백 가지 분야의 전문가를 초청해 워크숍을 열었다. 이 모든 위대한 지성에게 귀 기울인 뒤 페이스북은 적당한 양의 자율성과 권한을 지닌 위원회를 설립하는 데 알맞다 싶은 일부 권고를 받아들였다.

나는 뉴욕시 플랫아이언 구역 노매드 호텔에서 열린 워크숍에 참석한 150여 명 중 하나였다. 지하층 연회장의 테이블에는 변호사, 로비스트, 인권 운동가 등이 앉아 있었으며 심지어 우리 같은 언론인도 두어 명 있었다. 이틀 일정의 대부분은 두 가지 개별 사례를 들여다보며 회사의 결정을 평가하는 시간이었다. 그중 하나는 언론에 몇 차례 보도된 〈남자들은 인간쓰레기야〉 사례였다.

그때 우스운 일이 일어났다. 우리는 표현의 자유와 유해 발언 사이의 긴장을 깊이 파고들다가 어느 시점엔가 선을 어디에 그어야 할지 결정하는 기준을 놓쳐버렸다. 무엇을 내버려두고 무엇을 삭제할지를 깐깐하게 결정하는 커뮤니티 규정집은 온라인 표현의 권리를 규정한 마그나카르타가 아니라 대학을 갓 졸업한 고객지원팀 직원이 휘갈긴 메모에서 진화한 괴발개발 문서였다.

설립될 위원회가 개별 사안을 검토해 규정집의 일부 조항을 파기할 수야 있겠지만 페이스북은 선을 그을 북극성을 알려주지 않았다. '안전, 발언권, 공정'의 가치를 내세운 모호한 기준뿐이었다. 페이스북의 '가치'는 무엇일까? 페이스북의 가치를 결정하는 것은 도덕성일까, 사업상 필요일까?

페이스북의 일부 정책 담당자는 이 감사위원회 설립 프로젝트에 무척 회의적이라고 내게 남몰래 털어놓았다.

나는 이유를 알 수 있었다. 무엇보다 40명의 위원(페이스북에서 임명한 두 사람이 선발한다)으로는 페이스북의 논쟁적 사안 중 극히 일부만 다룰 수 있을 뿐이다. 2019년 1분기에만 페이스북 콘텐츠 결정에 이의를 제기한 사람이 약 200만 명이다. 페이스북은 개별 사안에 대한 결정은 따라야 하겠지만, 위원회의 결정을 선례로 삼을지 해당 콘텐츠에 국한할지는 (편의주의 때문이든 결정에 문제가 있기 때문이든) 페이스북이 정할 문제였다.

한 가지만은 불가피해 보였다. 페이스북 대법원이 인기 없는 결정을 내리면 저커버그 본인이 내리는 것 못지않게 혹독한 비판을 받을 것이 틀림없었다. 콘텐츠관리는 아웃소싱할 수 있을지 몰라도 페이스북 플랫폼에서 일어나는 일에 대한 책임을 아웃소싱할 수는 없다. 저커버그 자신이나 자신의 회사가 전 세계 표현의 결정권자가 되어서는 안 된다는 저커버그의 말은 옳다. 하지만 세계를 연결함으로써 그는 그 거북한 위치에 스스로 올라섰다.

그의 소관이다. 크라이스트처치 학살 사건을 비롯한 모든 것이.

18

진실성 회복하기

삐걱거리는 신뢰와 명성 되찾기

최고위급 경영진 40명가량으로 이루어진 'M팀'은 페이스북에서 가장 중대한 결정을 내리고 결정의 실행에 책임을 진다. 그들은 해마다 몇 차례씩 클래식 캠퍼스의 대형 회의실에 모인다. 2018년 7월 회의는 케임브리지 애널리티카 사태 이후에 열린 첫 회의 중 하나였다.

시작은 여느 때와 같았다. M팀 회의에서는 모든 임원이 업무와 생활 면에서 자신의 생각을 언급하며 간단하게 출석 신고를 한다. 때로는 감정이 격해지기도 한다. "아이가 아파요 …… 결혼 생활을 끝냈어요 ……." 자기 차례가 되었을 때(언제나 맨 마지막에 말했다) 저커버그가 깜짝발표를 했다.

그는 페이스북 이사 마크 앤드리슨의 파트너인 벤처 투자자 벤 호로위츠Ben Horowitz의 책을 읽고 있었다. 호로위츠는 최고경영자를 전시 리더와 평시 리더로 구분했다.[1] 훌륭한 최고경영자는 현재 상황을 파악해 어떤 리더가 될지 결정해야 한다고 그는 썼다. "전시에는 임박한 존립 위기를 모면하는 데 집중해야 한다." 전시 최고경영자는 위협에 맞설 때 인정사정 두지 않는 사람이다.

페이스북은 지난 2년간 공격에 시달렸기에 이 말은 저커버그에게 깊은 인상을 남겼다. 깜짝발표에 앞서 저커버그는 자신이 그동안 평시 최고경영자의 호사를 누렸다고 M팀에 말했다. 구글, 스냅챗, 트위터의 도전을 격퇴하려고 키케로를 인용하며 감금 모드에 돌입한 최고경영자의 자기규정이라기엔 논란의 여지가 있었다. 하지만 그는 이 시간부로 자신을 전시 최고경영자로 여겨달라고 말했다.

그는 한 가지 변화를 특히 강조했다. 호로위츠는 이렇게 표현했다. "평시 최고경영자는 갈등을 최소화하려 노력한다. …… 전시 최고경영자는 합의 형성도 좋아하지 않고 의견 차이도 용납하지 않는다." 저커버그는 자신이 전시 최고경영자인 만큼 사람들에게 임무를 일방적으로 통보하겠다고 경영진에게 말했다.

회의실에 있던 사람 중 몇몇은 저커버그의 선언을 이제부터 자신의 임무는 입 닥치고 그의 지령에 복종하는 것이라고 해석했다. 내가 나중에 이 문제를 제기하자 저커버그는 그런 인식을 반박했다. 그는 자신의 선언을 이렇게 해석했다. "내 말은 기본적으로 우리가 전투 모드에 돌입했다는 거였어요. 평상시에 기대하거나 바라던 정도로 의견을 통일하는 과정 없이 신속하게 결정을 내려야 해요. 이것이야말로 지금 당장 필요한 진전을 이루기 위한 방법이라고 믿어요."

전시 최고경영자의 임무에서 스트레스를 받았는지 재미를 느꼈는지 그에게 물었다.

마크 침묵. 사유론의 눈.

마침내 그가 입을 열었다. "오랫동안 나를 알아왔잖아요. 나는 재미에 최적화된 사람이 아니에요."

저커버그의 대내 선언에는 자신과 샌드버그가 대국민 사과라는 소방 호스를 튼 지금 페이스북이 어떻게 적들과 협상할 것인가에 대한 그의 장고長考가 담겨 있었다. 저커버그는 거짓 정보, 선거 공작, 데이터 프라이버시 침해의 빌미를 제공한 결함과 취약점을 해결하기 위해 새로운 제품과 시스템을 쏟아내면서 페이스북이 사과를 행동으로 보여주었다고 생각했다. 페이스북은 2017년 프랑스 대통령 선거에서는 제때 변화를 단행했으며 앞서 미국과 필리핀에서 불거졌던 최악의 결과를 피할 수 있었다. 페이스북은 2018년 미국 중간선거를 무사히 넘길 노동 집약적 전략을 수립하고 있었다.

그러나 저커버그는 페이스북을 수선하는 것이 현재 자신의 주요 임무라고 선언하긴 했지만 야심을 접고 경쟁자들에게 일방적으로 굴복할 생각은 없었다. 그는 페이스북이 계속 전진해야 한다고 생각했다.

2018년 5월 F8 콘퍼런스 전야에 나는 저커버그가 발표할 신제품이 무엇인지, 그가 무언가를 발표할 때 어떤 생각을 하는지에 관해 그와 이야기를 나누었다. 그는 자신이 참회하는 모습을 보이고 문제 해결에 대해 말해야 함을 알았다. 하지만 그와 더불어 페이스북은 계속해서 신제품을 소개해야 했다. 그가 말했다. "우선 사람들의 안전을 지켜줄 책임, 그러니까 선거 공작, 가짜뉴스, 데이터 프라이버시 같은 온갖 사안은 당연히 핵심이에요. 그다음으로는 사람들이 우리에게서 기대하는 경험을 우리 커뮤니티가 계속해서 제공하도록 해야 할 책임이 있어요."

엔지니어의 논리에 따라 그는 콘퍼런스 기조연설에서 처음 15분간은 신뢰를 구축하고 뒤이어 같은 시간 동안 신제품을 소개했다. 후반부가 '계속 전진하기'였다.

페이스북은 몇몇 전선에서는 조심스럽게 전진했다. 먼저 화면에 카메라와 마이크가 달려서 친구나 가족과 화상 통화를 할 수 있는 '포털Portal'이라는 제품을 개발했다. 그렇지만 페이스북 내의 좀 더 냉철한 두뇌들은 케임브리지 애널리티카 재앙을 겪은 지 고작 몇 주 만에 가정용 감시 장치처럼 보이는 물건을 내놓는 것은 현명한 행동이 아닐지 모른다고 생각했다.

그런데 저커버그에게는 행사 때 발표할 또 하나의 제품이 있었다. '데이팅Dating'이라는 기능으로, 페이스북 이용자들에 대한 완전히 새롭고 매우 개인적인 신상명세서였다.

페이스북에 대한 사람들의 신뢰가 바닥에 떨어진 것처럼 보이는 지금 이렇게 내밀한 정보를 담은 신제품을 선보이는 것이 좋은 생각이라고 확신하느냐고 그에게 물었다.

그는 의미 있는 관계야말로 페이스북의 초점이라고 답했다. 하긴 연애보다 더 의미 있는 게 어디 있겠는가? 또한 그는 새로운 기능에 적용된 프라이버시 보호 장치를 읊었다. 대화가 잠시 샛길로 빠지긴 했지만 그는 데이팅 제품에 대한 나의 우려로 재빨리 돌아왔다. 그가 말했다. "내게 뭘 묻고 싶어 하는지 정확히 알겠어요. 지금이 이 제품 얘기를 하기에 나쁜 시기라고 생각하나요?" 나는 그렇다고 답했다.

그가 말했다. "이건 우리가 앞서 얘기한 바늘을 꿰는 실이에요. 우리가 신제품을 내놓으며 전진한다고 해서 다른 측면을 충분히 진지하게 여기지 않는다고 생각하는지 궁금하네요. 나의 최우선 과제는 우리가 그 문제들을 진지하게 여긴다는 사실을 확실히 전달하는 거거든요."

그는 자신을 속이려는 것이 아니었다. 사람들의 신뢰를 되찾는 일은 오랜 과정이었다. 아마 3년쯤 걸렸을 것이다. 그는 재건이 시작되었다고 느꼈다.

언론의 혹평에도 페이스북 데이팅은 그해 군소 시장 몇 곳에 출시되었으며 2019년 9월에는 미국에 도입되었다.

또한 페이스북은 2018년이 지나기 전에 '포털'을 팔기 시작했다. 리뷰어들은 포털이 좋은 제품이기는 하지만 구매를 권하지는 않는다면서, 누가 페이스북을 믿을 수 있겠느냐고 말했다.[2]

이용자와 개발자의 반응은 저커버그가 스스로를 '전시 경영자'로 규정하면서 우려한 대로였다. 그가 신뢰를 되찾겠다고 결심한 2018년 페이스북의 신뢰도는 완전히 바닥에 떨어져 있었다. 제품을 개선하려고 아무리 안간힘을 써봤자 가차 없는 헤드라인의 물결이 페이스북의 명성을 끌어내렸다.

2014년 시작된 1년 유예 기간이 지난 뒤에도 끝났어야 할 데이터 수집 중단 조치가 일관되게 진행되지 않았다는 폭로가 포문을 열었다. 에어비엔비, 넷플릭스, 리프트처럼 화이트리스트에 등록된 일부 대기업은 계속해서 정보에 접근할 수 있었다(저커버그가 2003년 저지른 바보짓 페이스매시에 영감을 준 핫 오어 낫도 화이트리스트에 올라 있었다).[3] 무엇보다 당혹스러웠던 점은 식스포스리Six4Three라는 회사가 이용자 데이터를 차단당하자 제기한 소송에서 이 폭로 중 일부가 터져 나왔다는 것이다. 식스포스리의 피키니스Pikinis는 수영복 차림이나 반라의 친구들 사진을 찾게 해주는 앱이었기에 페이스북의 차단 조치는 합당했다. 하지만 페이스북이 받은 대가는 소송이었고, 이 과정에서 페이스북에 불리한 이메일들이 대거 폭로되었다.

문제가 불거져 나온 사례는 이것만이 아니었다. 일류 신문사와 민간 후원 탐사 기관에서 일하는 기자 수십 명이 매일 아침 일어나자마자 페이스북의 먼지를 털기 시작했다. 힘들 것은 없었다.

페이스북 광고에 들어가 광고 타기팅 범주에서 '유대인을 증오하는 사람' 같은 충격적 결함을 찾아내는 일은 식은 죽 먹기였다. 광고주가 페이스북 셀프서비스 광고 서비스에 '유대인'이라는 단어를 입력하면 이 범주를 비롯해 문제의 소지가 있는 많은 범주가 알고리즘에 따라 생성되었다. 비영리 온라인 언론 매체 〈프로퍼블리카ProPublica〉의 탐사 기자들은 이 범주에 해당하는 잠재 이용자 2274명을 찾아냈다.[4] 이것을 비롯한 2만 6000여 개의 범주 목록을 페이스북은 한 번도 조사하지 않았을 터였다.

셀프서비스 광고 기능의 출시에 관여한 전 광고 제품관리자 안토니오 가르시아 마르티네스Antonio García Martínez가 말한다. "이게 어떻게 된 일인지 똑똑히 알아요. 페이스북은 이용자가 좋아요를 누른 페이지며 프로필 데이터며 온갖 정보를 이용자 데이터에 욱여넣습니다. 소시지에 빗대어 '프로젝트 초리소Project Chorizo'라고 불렀는데 사실이 그랬거든요. 이 모든 데이터를 집어넣으면 주제가 튀어나오는 거죠."

페이스북이 거대한 규모의 작업을 위해 구축한 시스템에서 인공지능은 무엇이 인간에게 불쾌한지 거의 모르는 채로 이런 범주를 만들 권한을 부여받았다. '유대인을 증오하는 사람'은 그중 하나였다. 나중에 페이스북은 문제가 된 범주들을 삭제했다. 광고진실성 업무를 맡은 페이스북 임원 롭 레던Rob Leathern이 말한다. "우리가 해야 할 일이 더 있다는 걸 압니다."

페이스북은 위태로운 명성을 되살리려고 허둥대다 또 다른 물의를 빚었다. 2018년 11월《뉴욕타임스》는 페이스북 정책팀이 경쟁사들을 중상모략하기 위해 디파이너스 퍼블릭 어페어스Definers Public Affairs라는 회사와 계약을 맺었다고 폭로했다. 심지어 페이스북은 다보스 포럼 연설에서 페이스북을 비판한 금융가 조지 소로스에 대한 비방을 의뢰하기까지 했다.[5] 이 보도가 더욱 뼈아팠던 것은 소로스가 페이스북을 비롯한 여러 플랫폼에서 반유대주의 증오 발언에 시달렸기 때문이다(경영진이 유대인인 회사가 반유대주의 의심을 받는 상황에 곧잘 연루되는 것은 무척 기이한 일이다).

정책 책임자 엘리엇 슈레이그는 공개적으로 책임을 천명했다(그의 가족은 홀로코스트 때 사랑하는 이들을 잃었다). 평론가들은 슈레이그가 이 일과 관련해 아무것도 모른다고 주장한 상사 셰릴 샌드버그를 보호하기 위해 대신 나섰다고 생각했다. 그러던 와중에 샌드버그가 무언가를 알았을 수 있음을 시사하는 이메일이 공개되었다. 사건이 부풀려진 측면은 있었다. 경쟁사를 비방하기 위해 외부 대변인을 영입하는 것은 기업들의 관행이었으며 디파이너스는 페이스북과의 관계를 숨긴 적이 없었다. 하지만 2018년에는 누구도 페이스북을 선의로 해석해주지 않았다.

페이스북이 자초한 상처들 또한 있었다. 페이스북의 글로벌정책책임자가 대법관 지명자 브렛 캐버노Brett Kavanaugh를 둘러싼 시궁창 논란에 회사를 끌어들이고 싶어 한다는 것은 상상하기 힘든 일이다(젊은 시절 성폭행 혐의에 대해 캐버노가 격하게 반응하면서 나라가 양분되었다). 그런데 TV에서 캐버노 지명자 뒤에 앉은 사람은 다름 아닌 조엘 캐플런이었다. 연방주의자협회Federalist Society 행사에서 친구인 캐버노를 지지하려고 하루 휴가를 낸 것이었다.

페이스북에 대한 분노가 걷잡을 수 없이 퍼졌다. 캐플런은 일주일 뒤전 직원 회의에서 공개 사과를 해야 했다. 친구를 도왔다는 이유에서가 아니라 페이스북에 미리 알리지 않았다는 이유에서였다. 회의에 참석한한 직원은 캐플런이 마치 "자기 강아지 얼굴에 누군가 총을 쏜 것처럼" 질린 표정이었다고 《와이어드》에 말했다.[6] 하지만 고작 하루 만에 사과의 진정성이 도마 위에 올랐다. 상원 투표에서 캐버노가 대법관으로 인준되자 캐플런이 그를 위해 축하 파티를 열어준 것이다.

이 재앙으로부터 몇 주 지나지 않아 페이스북은 해커들이 시스템의 결함을 악용해 이용자 5000만 명에 대한 정보 접근권을 얻었다고 발표했다. 샌드버그와 저커버그의 계정까지 포함되어 있었다.[7] 케임브리지 애널리티카 때와 달리 이것은 문자 그대로 '유출'이었다. 침입자들이 이용한 취약점은 1년 넘게 알려져 있던 것이었다. 몇 달 전 케임브리지 애널리티카 이후의 사과 투어에서 저커버그는 이렇게 단언했다. "우리는 여러분의 데이터를 보호할 책임이 있으며, 그렇게 하지 못한다면 여러분에게 서비스를 제공할 자격이 없습니다."[8] 어떤 관점에서 보든 그가 약속을 어겼다고 할 수밖에 없었다.

드물게 열린 오디오 기자 회견에서 그는 사임이 적절하다고 생각하느냐는 질문을 두 번이나 받았다.

대답은 두 번 다 "아니요"였다.

모두를 속상하게 만드는 문제

셰릴 샌드버그 역시 싸우고 있었다. 그러나 단지 페이스북을 위해서 만이 아니라 자신이 평생 쌓아올린 개인 브랜드를 위해서였다. 그녀는 페이스북의 명예 회복에 앞장서는 역할에 더해, 자신의 첫 책을 계기로 설립된 방대한 '린 인' 조직을 지원하는 일에 여전히 시간을 할애했다. 그녀는 자신이 여성들에게 보탬이 되었다고 믿었으며 이를 자랑스러워 했다.

페이스북 사태는 린 인 운동에도 영향을 미쳤다. 미셸 오바마가 브루클린의 실내 경기장 바클리스센터에서 "나서는lean in 것만으로는 충분하지 않아요. 그 개소리가 항상 통하는 건 아니니까요"라고 말했을 때 샌드버그는 틀림없이 상처받았을 것이다.⁹ 하지만 샌드버그는 고개를 숙인 채 여전히 A+를 노렸다.

이따금 샌드버그는 20동에서 토크쇼 형식의 페이스북 라이브를 진행했다. 그녀의 본업보다는 린 인 운동 리더로서 역할에 따른 일이었다. 그녀는 테이블을 사이에 둔 채 초대 손님(주로 새로 출간된 자기계발서를 홍보하려는 작가였다)과 마주 앉아 린 인 로고가 새겨진 머그잔으로 커피를 마시며 화기애애한 대담을 나누었다. 그때가 그녀의 하루 중에서 최고의 시간이었을 것이다. 그들 뒤로는 그녀 회의실의 유리 벽 너머로 페이스북 직원들이 바쁘게 지나가는 모습이 보였다. 몇몇 직원은 그 순간에 터진 위기를 가라앉히려고 새 픽셀을 만들고 있는 것이 분명했다. '희소식만Only Good News'이라고 불리는 자신의 회의실 안에서 샌드버그는 언제나처럼 초대 손님에게 마지막 질문을 던졌다. "두렵지 않다면 당신은 뭘 할 건가요?"

2019년 나는 '당신 자신'이 그 질문을 받는다면 뭐라고 답하겠느냐고 샌드버그에게 물었다. 우리의 마지막 인터뷰였다. 이전 인터뷰들이 끝난 직후 사태가 호전되기 시작하자 내가 간청해 얻어낸 2시간짜리 호사였다. 그녀가 말한다. "두렵지 않다면 난 페이스북 최고운영책임자로서 이 사업을 성장시키려고 노력하고 내가 페미니스트라고 말할 거예요." 사람들은 잊어버렸겠지만 자신이 《린 인》을 썼을 때 여성 기업인 리더가 페미니스트를 자처하는 것은 위험하고 인기 없는 일이었다고 그녀가 덧붙인다.

샌드버그는 최근 의회에 출석했다. 그녀는 트위터 최고경영자 잭 도시와 함께 증언석에 앉았다. 위원회는 구글 최고경영자 순다르 피차이Sundar Pichai에게도 출석을 요구했지만 그는 거부했다. 골난 상원 위원회는 테이블에 그의 종이 이름표가 놓인 채로 자리를 비워두었다.

샌드버그는 이 고난을 헤쳐나가기 위해 여느 때처럼 열성적으로 준비했으며 며칠 동안 예행연습에 열중했다. 그녀는 동료 발표자와 나누는 인사까지 포함해 모든 상황을 꼼꼼히 검토했다. 그녀와 잭 도시는 평상시와 달리 다정하게 포옹하지 않기로 했다. 둘이 결탁했다는 인상을 줄 수 있었기 때문이다. 또한 그녀는 피차이를 비난하지 않기로 했다. 그가 없는 자리에서 공격하는 것은 볼썽사나울 터였기 때문이다.

샌드버그의 증언은 성공적이었다. 저커버그 때와 달리 아무도 그녀에게 어느 호텔에서 묵었느냐고 묻지 않았다. 예전에 정부에서 일할 때 그녀는 젠체하는 정치인들에게 적당히 예의를 갖추는 법을 배웠다. 몇몇 정치인에게는 발표 며칠 전에 개인적으로 찾아가기도 했다.

의원들이 그녀의 답변에 들어 있는 빈틈에 주목하지 못한 것은 잭 도시의 힙스터Hipster식 태도 때문만은 아니었다. 페이스북에서 또다시 차단된 음모론자 앨릭스 존스는 청문회장을 도떼기시장으로 만들었다. 그는 "삐삐삐삐- 나는 러시아 봇입니다"라고 외치면서, 분열을 조장하는 그의 밈 기계를 폐쇄하기로 한 모든 소셜 네트워크의 결정에 정당성을 부여했다.[10]

우리의 오랜 인터뷰 동안 샌드버그는 사실상 모두가 그녀 커리어의 목표라고 여기는 선출직 공직자 되기를 부정했다. 그녀는 결코 아니라고 말했다. 하지만 임명직은 고려할 수도 있다고 했다. 그렇지만 상황이 그녀를 좌절시켰다. 타당한 탈출 시점 중 하나는 2012년 기업공개 이후였을 것이다. 그녀가 저커버그에게 약속한 5년은 2013년이면 끝날 예정이었다. 하지만 페이스북 주가가 상장가를 회복하기까지는 1년이 넘게 걸렸다. 퇴사하기에 좋은 시점은 아니었다.

남편의 죽음은 그 자체만으로 재앙이었다. "대격변의 순간이었어요"라고 그녀는 말한다. 그 뒤로 그녀는 자녀와 함께하고 페이스북에서 일하는 것 말고는 어떤 일도 거들떠보지 않았다. 그리고 2016년이 찾아왔다. 그녀가 말한다. "페이스북에 들어온 지 10년 차가 됐어요. 선거와 러시아, 가짜뉴스 문제가 터졌을 때 우리가 힘든 여정에 들어섰다는 걸 난 알았죠. 지금은 이곳에 머물면서 더 나은 곳으로 바꿔야 한다는 막중한 책임감을 느껴요. 고쳐야 할 것을 고치기에 가장 적격인 사람은 마크와 나니까요."

최근 사건 중에서 가장 힘들었으리라 생각되는 2017년 10월 흑인 의원 모임인 의회블랙코커스Congressional Black Caucus 면담에 관해 물었다.[11] 샌드버그는 페이스북 글로벌다양성책임자 맥신 윌리엄스Maxine Williams와 함께 그들을 만나러 갔다. 블랙코커스 의원들은 그녀를 훈계하다시피 했다. 그들은 흑인에 대한 백인의 편견을 조장하는 러시아 프로파간다가 페이스북에 버젓이 올라온 데 격분했다. 그뿐이 아니었다. 페이스북은 광고주가 아프리카계 미국인을 차별할 수 있도록 함으로써 민권을 침해했다는 비난을 들었다. 페이스북 직원 중에는 유색 인종이 거의 없었으며 이사회에는 흑인이 한 사람도 없었다.

블랙코커스는 (흑인인) 윌리엄스에게도 초점을 맞추었다. 왜 그녀가 최고다양성책임자가 아니라 그냥 다양성책임자냐고 따졌다. 나중에 페이스북은 이 이의 제기를 받아들여 윌리엄스의 직함을 변경하고 (흑인인) 아메리칸 익스프레스 전 최고경영자 케네스 셔놀트Kenneth Chenault를 이사로 임명했다. 블랙코커스 회원들이 한 사람씩 불을 뿜는 동안 샌드버그는 마치 주문처럼 "앞으로 더 잘할 겁니다"라고 반복하며 그들의 요구에 부응하겠노라 약속했다. 면담이 끝난 뒤 뉴저지주 하원의원 도널드 페인Donald Payne이 《뉴욕타임스》에 자기 삼촌 이야기를 하며 불만을 토로했다. 그는 사람들이 문제 해결을 위해 '앞으로' 이렇게 저렇게 하겠다고 말하면 삼촌은 분통을 터뜨렸다고 했다. "삼촌은 늘 말했습니다. '앞으로' 운운하는 사람이 되지 말라고요. 내가 그녀에게 해준 말도 같았어요. '앞으로' 운운하는 사람이 되지 말아요."

샌드버그가 말한다. "지금껏 해본 면담 중에서 가장 힘든 축에 들었어요. 나는 내내 귀를 기울였어요. 정말 꼼꼼히 필기했고요. 우리가, 내가 할 일이 아주 많다는 말로 마무리했죠. 그 뒤로 두어 달 동안 그곳에 있던 모든 회원과 다른 사람들에게까지 전화했어요. 이제 나는 우리의 민권 업무를 개인적으로 이끌고 있어요."

이 면담이 유난히 힘들었던 것은 그들이 '그녀의 사람들'(민주당, 인권 지지자, 정의의 투사)이었기 때문이다. "나는 매우 진보적이고 거액을 기부하고 거액을 후원해요. 그런데 이 사람들은 우리가 잘못을 저질렀다며 역정을 냈어요. 그건 마치 '우리'가 역정을 내는 격이라고요."

샌드버그는 이 면담을 떠올리다 감정이 격해져서 몇 초간 마음을 추슬러야 했다. 그러다 눈물을 왈칵 쏟았다. 그 좌절감, '사람들이 알아주지 않는다'는 좌절감, 지난 2년간의 고통이 오죽했을까.

그녀는 남편을 잃는 일까지 겪었는데 페이스북의 말썽을 해결하는 일이 힘들어봤자 얼마나 힘들겠느냐고 매우 조리하게 말한 적이 있었다. 하지만 그녀는 사람들이 페이스북을 공격하는 과정에서 덩달아 매를 맞았다. 또 사람들이 자신의 명성에 의문을 제기하는 일을 겪었다. 그리고 이제 그녀는 이곳 자신의 회의실에서 메모나 논제도 없이 문제에 대처하고 있다.

그녀가 여전히 감정이 북받친 목소리로 말한다. "내 말은, 그러니까 우리가 하는 일은 중대한 사안이에요. 마크와 나와 우리 모두가 이 회사를 세운 건 '우리가 정말로 믿기' 때문이에요. 나는 사람들이 발언권을 가져야 한다고 '간절히' 믿어요. 나의 첫 직업은 인도에서 나병 문제에 대처하는 일이었어요. 전기가 들어오지 않는 마을과 가정을 방문했는데, 인도의 나병 책임자가 환자를 마치 아무것도 아닌 것처럼 넘어 다니는 광경을 목격했어요. 나는 연결되지 않는 게 어떤 건지 알아요. 그래서 페이스북에 오게 된 거예요. 우리는 사람들을 연결하고 사람들에게 발언권을 부여했어요. 힐러리 클린턴부터 도널드 트럼프까지…… 모든 사람이 발언권을 가지게 됐어요. 안타까운 사실은 우리가 연결과 발언권을 위해 페이스북에서 쓰는 바로 그 도구가……."

그녀는 숨을 가다듬는다. 위 문장에서 끝맺지 못한 부분은 "페이스북에서 쓰는 바로 그 도구가 나쁜 일에 이용된다는 거예요"였을 것이다.

그녀가 말을 잇는다. "아랍의 봄이 일어났을 때 믿기지 않는다고 생각한 기억이 나요. 우리가 한 게 아니에요. 페이스북은 도구였을 뿐이에요. 하지만 사람들은 연결하고 있었어요. 그리고 '이런 일'이 벌어지게 된 거죠. 선거는 예나 지금이나 엄청나게 중요한 사안이에요. 다른 사람들만 속상했던 게 아니에요. 어쩌면 우리가 그런 점을 표현하는 데 서툴거나 내가 이 문제에 솔직하지 못하고 열려 있지 않은 때문인지 몰라요. 그리고 이건 아마 내가 가장 많이 공유한 문제 또는 한 번도 포럼을 열어본 적 없는 문제일 거예요. '나는 속상해요'. 하지만 속상하다고 해서…… 이사회를 열어야 하는 건 아니니까요. 어스킨 볼스 이사와 나는 가까운 사이인데 그도 속상해해요. 나도 속상하고 우리 모두 속상하다고요."

인터뷰가 끝나간다. 대담에 동석한 홍보 담당자(최근 탈출한 직원 대신 충원된 직원)가 이런 만남에서 홍보 담당자가 으레 그러듯 끊임없이 하던 타이핑을 문득 멈춘다. 그녀의 눈이 메신저의 왕눈이 이모티콘처럼 커진다. 샌드버그가 말한다. "지금이 페이스북에 정말 힘든 시기가 되리라는 걸 알아요. 나는 10년 차가 되었고요. 하지만 내가 여기 있는 건 힘든 일을 하기 위해서예요."

이런 침체기에는 흐느낌이 마치 업무의 일환인 것처럼 보였다. 《뉴욕타임스》 인터뷰에서 최고기술책임자 마이크 슈레퍼는 페이스북 인공지능이 뉴질랜드 크라이스트처치의 학살 동영상 유포를 막지 못했음을 언급하면서 눈물을 쏟았다.[12] 전해 듣기로(확인할 수는 없었다) 어떤 날에는 여자 화장실의 모든 칸에서 직원들 울음소리가 들렸다고 한다. 울려고 화장실을 찾은 사람들은 줄을 서서 기다려야 했다.

내가 이 이야기를 했더니 샌드버그가 말한다. "끔찍한 이야기네요. 내 말은 '나도' 울었다는 거예요. 내 책상에서 울었지만요!"

위신은 추락하는데 사업은 이보다 좋을 수 없다

한때 페이스북은 실리콘밸리 최고의 인재 레이더였다. 하지만 이제는 경쟁사들이 페이스북 인력을 사냥했다. 직원들은 퇴사해 스타트업을 차리기에 좋은 시기라고 생각했다. 규모가 큰 인공지능 교육 기관의 한 컴퓨터과학 교사는 페이스북이 한때 최고의 취직 자리였다고 말한다. 그런데 지금은 학생 중에서 30퍼센트는 페이스북을 고려하지 않을 거라고 그는 추측한다. 도덕적 이유 때문이다.

불신은 페이스북 안에도 있었다. 페이스북은 정기적으로 직원 대상 설문 조사를 하는데, 2018년 10월 페이스북 직원 2만 9000명이 참여한 조사 결과를 《월스트리트저널》이 입수했다.[13] (조사 결과가 유출되었다는 사실 자체가 기강 해이의 징후였다.) 절반을 약간 웃도는 직원만이 회사의 미래를 낙관했다. 전해에 비하면 32퍼센트포인트 하락한 결과였다. 전해에는 페이스북이 세상에 이롭다고 더는 믿지 않는 직원이 수천 명에 이르렀는데, 이번 역시 세상에 이롭다는 믿음은 53퍼센트로 간신히 과반을 얻었다.

불신은 심지어 회사의 최고위층에까지 번졌다. 한 임원은 내게 '스몰 그룹'으로 알려진 최고 경영진 회의의 2018년 중반 분위기를 들려주었다. 저커버그가 임원들에게 말했다. "우리가 하는 일을 믿는 사람이 아무도 없는 것 같아요." 그는 임원들에게 페이스북의 주요 사업을 종이에 적고 0점부터 10점까지 점수를 매기라고 했다.

결과는 절망스러웠다.

그 임원이 말한다. "기본적으로 다들 이런 생각이었어요. '우리가 하는 일은 무엇 하나 좋은 게 없어. 왜 우리가 구글과 검색 경쟁을 하는 거지?

동영상 스트리밍 서비스는 왜 할까? 가상현실 사업은 왜 해?'" 회의실에 있던 또 다른 인물은 '모두'가 그렇게 부정적이지는 않았다면서도 이런 에피소드가 있었다는 사실은 인정했다.

저커버그는 동요하지 않았다. 그는 중대한 사업은 처음에 회의론을 맞닥뜨리기 마련이라고 말했다. 그는 언제나 회의론자들을 물리치고 승승장구했다.

그때까지 저커버그의 마법은 언제나 올바른 결정을 하는 능력이었다. 저커버그의 하버드 동기로 훗날 페이스북 임원으로 일했고 여전히 가까운 친구로 지내는 샘 레신은 저커버그가 모든 회의 참석자의 의견에 반하는 결정을 여러 번 내렸다고 말한다. 저커버그의 견해는 관철되었고 그는 옳았다. 번번이. 시간이 흐르자 사람들도 받아들였다.

이제 그 결정 중 몇 가지는 좋아 보이지 않았다. 전시 최고경영자라도 반론을 더 진지하게 받아들여야 하는지 모른다. 저커버그가 결정을 내리는 자리에 여러 번 참석한 직원이 말한다. "칙령을 내리는 건 모든 리더의 권한에 속하죠. 하지만 모두가 자신에게 반대하는 것이 자신이 옳다는 증거라고 믿게 되면 그런 리더는 실패합니다."

충성파는 저커버그의 곁을 지켰다. 그는 서른세 번째 생일에 가장 가까운 친구 20명과 찍은 축하 사진을 올렸는데, 친구들은 그에게 고기 모양 케이크를 선물했다.[14] 환하게 미소 짓는 리더를 둘러싼 사람 중에서 샌드버그, 보즈워스, 그의 제2의 자아이지만 공감 능력을 가진 크리스 콕스는 아직까지 그와 끈끈하게 얽혀 있다.

하지만 충성파에서 돌아선 불평분자가 점점 늘었다. 2016년 가짜뉴스 문제로 저커버그와 샌드버그에게 이메일을 보낸 투자자 로저 맥너미를 필두로 많은 사람이 화려한 삶을 잠시 멈추고 자신을 부자로 만들어준 회사를 소리 높여 비난했다. 필라델피아의 미국헌법기념관National Constitution Center에서 열린 공개 인터뷰에서 전 사장 숀 파커는 페이스북의 중독성을 공격했다. 그는 이렇게 말했다. "페이스북을 필두로 한 이 애플리케이션들을 구축한 사고방식은…… 단 하나, '어떻게 해야 여러분의 시간과 주의력을 최대한 집어삼킬 수 있을까?'였습니다. 저나 마크나 인스타그램의 케빈 시스트롬이나 이것을 발명하고 개발한 사람들은 그 사실을 똑똑히 알고 있었습니다. 그러면서도 밀어붙인 것이죠."[15] 좋아요 단추를 공동으로 발명한 저스틴 로즌스타인은 이제 엄지손가락을 세운 이모티콘을 클릭할 때 느끼는 "사이비 쾌감의 맑은 종소리"[16]를 비판하고 나섰다.

가장 뼈저린 비판은 페이스북의 성장을 주도한 차마스 팔리하피티야의 입에서 나왔다. 2017년 12월 스탠퍼드 경영대학원 연설에서 팔리하피티야는 이렇게 말했다. "우리가 만든 도구들이 사회가 돌아가는 뼈대를 짓부수고 있다는 생각이 듭니다."[17] 그는 인도에서 일어난 참극을 예로 들었다. 왓츠앱 루머 공장이 (일어나지도 않은) 유괴 사건에 대한 가짜 뉴스를 유포하는 바람에 분노한 주민들에게 7명이 집단 폭행을 당한 사건이었다. 그가 말했다. "상황이 정말 정말 심각합니다." 그는 페이스북이 가끔 유익할 때가 있지만 자신은 개인적으로 페이스북을 멀리하며 자녀들에게도 "그 쓰레기를 못 쓰게 합니다"라고 덧붙였다.

용납할 수 없는 발언이었다. 셰릴 샌드버그가 그에게 연락을 취했다. 무슨 말이 오갔는지 둘 다 밝히지 않았다. 하지만 팔리하피티야는 공개적으로 발언을 철회했다.[18]

동네북 신세가 된 페이스북이었지만 사업은 이보다 좋을 수가 없었다. 페이스북의 방대한 데이터를 외부 정보와 조합해 광고주가 가장 유

　　　　　　　　　　　　　　　3부　메타버스를 향하여

망한 광고 대상에게 도달하게 해주는 핵심 광고 전략은 천하무적이었다. 다년간 테크닉을 개발하고 그 가치를 입증하는 수치를 계산한 뒤 페이스북은 개인식별정보personally identifiable information, PII라는 분야에서 이론의 여지 없는 선두 주자가 되었다.

P&G 최고브랜드책임자 마크 프리처드는 몇 년 전 샌드버그와 쿠키(웹사이트를 방문하는 컴퓨터에 저장되는 작은 데이터 표시자)에 관해 대화를 나눈 일을 기억한다. 그가 말한다. "똑똑히 기억나요. 셰릴이 말했죠. '쿠키는 사라질 거예요. 미래는 개인식별정보 데이터를 향해 가고 있어요.' 차이점은 개인식별정보 데이터가 쿠키 데이터보다 훨씬 많은 것을 관리할 수 있다는 겁니다. 쿠키 데이터는 익명이거든요. 미래가 개인식별정보 데이터를 향해 가고 있다는 말은 옳았어요."

페이스북이 이용자에 대해 얼마나 많은 것을 알고 정보를 얼마나 교묘하게 주물러 광고에 활용하는지가 언론과 규제 당국을 통해 폭로되기 시작했다. 그러자 페이스북은 투명성을 개선하는 약간의 양보를 했다. 그래도 페이스북의 기세는 좀처럼 꺾이지 않았다.

무엇보다 광고 시스템이 너무나 복잡해서 저커버그조차 모든 세부 사항을 이해하지는 못했다. 그는 의회에 출석했을 때 페이스북 광고 방식에 대한 여러 질문에 대해 답변을 유보했다. 미처 준비하지 못했기 때문이었다. 그는 증언 직후에 내게 말했다. "의회 증언은 주로 케임브리지 애널리티카에 대한 것이고 러시아의 개입도 어느 정도 언급하게 되리라는 게 내 예상이었어요. 다른 제품들에 대한 질문이 나오면 내가 웬만큼 답할 수 있을 줄 알았죠. 내가 만들었으니까요." 그는 답변을 얼버무렸으며, 집에 돌아가는 비행기에서 자신이 직접 들여다보겠다고 맹세했다. 그가 말했다. "우리 광고 시스템에서 외부 데이터를 어떻게 쓰는지에 대한 세부 사항을 내가 이해하지 못한다는 느낌이 들었어요. 마음이 편하지 않았죠."

저커버그가 발견한 사실은 시스템에 정보가 너무 많이 들어차 있어서 아무리 변화를 주어봤자 사실상 달라지는 게 전혀 없으리라는 것이었다. 저커버그가 증언하기 직전에 페이스북은 가장 논란이 된 서비스 중 하나인 파트너 카테고리Partner Categories를 폐지했다. 그때까지 페이스북은 자기네 정보에다 (에퀴팩스Equifax나 익스피리언Experian 같은 대기업을 포함한) 데이터 브로커들이 소비자에게서 수집한 방대한 파일을 접목해 광고주들이 대상을 더 정확히 타기팅할 수 있도록 했다. 이를테면 어떤 잡지사가 페이스북에 있는 자기네 구독자 또는 경쟁 잡지의 구독자에게 도달하고 싶으면 통합된 데이터를 이용해 직접 찾아갈 수 있었다.[19]

몇 달 뒤 페이스북의 한 광고 임원에게 이 파트너 카테고리 폐지 변화가 비즈니스에 조금이라도 영향을 미쳤는지 물었더니 그는 코웃음을 쳤다. 그의 대답은 "전혀요!"였다. 페이스북은 브로커에게서 데이터를 사들이는 일은 중단했다. 하지만 정책에서는 여전히 다음과 같이 분명히 밝히고 있다. "비즈니스는 자체적으로 계속 데이터 제공 업체와 제휴할 수 있습니다."[20] 페이스북은 광고주들이 스스로 데이터를 구입해 시스템에 끼워 넣는 것은 전과 마찬가지로 쉽게 할 수 있도록 했다. 유일한 차이점은 이제는 광고주들이 데이터 브로커에게 직접 비용을 지불한다는 것이었다.

유럽에서는 프라이버시를 비교적 엄격히 규제했다. 그러나 나머지 모든 지역에서 페이스북은 인터넷 트래킹의 노다지판에 마음껏 뛰어들 수 있었다. 사람들이 방문하는 모든 웹사이트와 사람들이 이용하는 모든 검색어가 주기적으로 기록되어 그들에게 물건을 파는 데 쓰였다. 미국

입법 당국은 이 관행을 폐지하는 프라이버시 법률을 만들겠다고 끊임없이 되뇌었지만 아무것도 내놓을 기미가 없었다.

이런 상황에서 가장 톡톡히 이익을 본 곳은 페이스북이었다. 눈에 보이지 않는 픽셀을 수백만 개의 사이트에 심어두었기 때문이다. 당신이 운동화 브랜드의 페이지를 방문하거나 승용차를 구입하거나 일반 의약품을 살펴보았다면 방금 둘러본 제품의 광고가 틀림없이 당신의 뉴스피드에 올라왔을 것이다. 사람들은 오싹함에 몸을 떨었다.

이 현상 때문에 페이스북이 모든 사람의 대화를 엿듣고 있다는 의심이 널리 퍼졌다. 상원의원 게리 피터스Gary Peters는 많은 미국인을 대변해 청문회에서 저커버그에게 질문을 던졌다. "내 보좌관들에게뿐 아니라 주위에서 늘 이런 얘기를 듣습니다. '예, 아니요'로 답해주시죠. 페이스북은 모바일 기기에서 음성을 수집해 이용자에 대한 개인 정보를 보강합니까?"

저커버그가 말했다. "아닙니다."

사실 페이스북은 사람들의 음성을 엿들을 필요도 없었다. 페이스북은 광고 대상의 범주뿐 아니라 그 범주에 해당하는 개개인의 정확한 신원까지 광고주가 타기팅할 수 있도록 하는 데 필요한 모든 개인식별정보 데이터를 가지고 있었다.

그리하여 미국 내 전체 광고 지출의 대다수가 디지털 광고로 넘어가는(이 목표는 2019년 실제로 달성되었다) 와중에 페이스북은 광고주들에게 필수 광고 매체가 되었다.[21] 디지털 광고에서, 특히 주무대인 모바일 분야에서 페이스북의 유일한 경쟁 상대는 구글이었다. 두 회사는 전체 디지털 광고 시장의 약 60퍼센트를 차지했으며[22] 모바일 시장의 3분의 2 이상을 점유했다.[23]

페이스북이 실추하는 기간 내내, 페이스북의 헛발질에 대한 어떤 이야기가 뉴스거리가 되든 실적 발표에서는 다른 이야기를 기대할 수 있었다. 샌드버그나 최고재무책임자 데이비드 웨너David Wehner는 십중팔구 기록적인 매출 보고를 하면서 "분기 실적이 매우 양호합니다"라고 말했을 것이다. 마크 저커버그가 친구의 1000달러로 시작한 회사는 이제 해마다 500억 달러 이상을 긁어모으고 있었으며 월가의 평가액은 5000억 달러를 웃돌았다.

하지만 실적이 시원찮은 적이 한 번 있었는데 2018년 7월 2분기 실적 보고 때였다.[24] 여느 때처럼 증시가 폐장한 뒤 저커버그, 샌드버그, 웨너는 애널리스트들에게 결과를 보고하고 질문을 받기 위해 페이스북 사옥 회의실로 터벅터벅 걸어갔다. 이번에는 궂은 소식과 함께였다. 저커버그는 안전과 보안 분야의 인원을 확충하겠다고 몇 달째 약속하고 있었는데 이것이 수익에 악영향을 미치고 있었다. 새로운 일은 아니었다. 저커버그는 메모를 읽었다. "지난 보고에서 말씀드렸듯 보안에 대한 투자를 부쩍 늘리고 있는 것이 수익성에 큰 영향을 미칠 것으로 전망됩니다."

그러나 진짜 원인은 현행 광고 모델의 성장세 둔화로 밝혀졌다. 뉴스피드에 올라가는 스폰서 게시물은 더는 미래가 아닐지 몰랐다. 하지만 페이스북은 이미 대체품을 염두에 두고 있었다. '스토리Stories'라 불리는 게시물 스트림 중간중간에 삽입되는 광고였다. 인스타그램에서 시작되어 이제 페이스북, 왓츠앱, 페이스북 메신저에도 도입되었다. 페이스북은 이 방식으로 똑같은 수익을 내는 방법을 아직 찾아내지 못했으며 광고주들 역시 여전히 광고 사용법을 완전히 익히지 못했다. 그래도 페이스북은 이 모든 계획이 실현되리라 확신했다.

문제는 지금 당장이었다. 두 광고 방식 사이 간극은 앞으로 여러 분기 동안 매출에 영향을 미칠 터였다.

이 소식은 붐비는 나이트클럽에서 누군가 "불이야!"라고 소리친 것과 같았다. 투자자들은 경악했으며 시간 외 매매 시장에서 주식을 팔아치웠다. 저커버그와 경영진이 회의실을 나섰을 때 페이스북 주가는 20퍼센트 하락해 1200억 달러 손실이 발생했다. 저커버그도 실적 발표 1시간 만에 170억 달러를 잃었다.[25]

저커버그는 훗날 이렇게 말했다. "세계 역사상 최대의 주가 하락이었을 거예요. 우리가 회사를 어떻게 경영할 것인지에 대한 기대를 리셋하는 과정에서 일어난 막대한 조정이었죠."

하지만 이 후퇴마저 일시적이었다. 페이스북 이용자들은 아무 데도 가지 않았다. 매출 또한 마찬가지였다. 프리처드가 말한다. "분명한 것은 사람들이 여전히 페이스북과 인스타그램을 이용한다는 겁니다. 그리고 사람들은 여전히 페이스북과 인스타그램에 광고를 신고 있고요."

페이스북과 연방거래위원회의 치킨 게임

페이스북은 성장팀에서 탈바꿈한 진실성팀의 주도 아래 문제 해결을 위해 실제로 열심히 노력했다. 가이 로즌에 따르면 페이스북의 생각은 성장팀이 페이스북 이용자를 20억 이상으로 늘렸으니 안전과 보안 문제 또한 그에 걸맞은 규모로 해결해야 한다는 것이었다. 그가 말한다. "성장팀은 어떻게 과업에 접근하고 어떻게 성과를 측정할 것인가에 대해 매우 분석적이죠."

진실성팀은 이 절차에 해당하는 슬로건이 있다. "삭제하고, 줄이고, 통보하라Remove, Reduce, Inform." 이것은 효과가 있었다. 2016년과 2018년 사이에 페이스북을 (각각 독자적으로) 연구한 보고서 3편은 페이스북이 가짜 뉴스 문제에서 성과를 내고 있다고 결론 내렸다. 미시간대학교 연구진은 이른바 "미심쩍은 콘텐츠iffy content"가 절반으로 줄었다고 추산했다.

하지만 이런 통계 결과에 대중은 꿈쩍하지 않았다. 페이스북이 과거에 저지른 죄악들의 여파가 헤드라인을 장식하고 있었기 때문이다. 게다가 규제 당국은 페이스북의 죄를 열심히 캐고 다녔다. 연방거래위원회 또한 예외가 아니었다. 이제 페이스북은 2011년 동의 판결 때 했던 약속을 지키지 못한 것처럼 보였다. 약속 중 하나는 이용자 데이터를 다른 회사에 넘기기 전에 이용자에게 알리겠다는 것이었다. 케임브리지 애널리티카 사태에서 5000만 명의 이용자가 바로 이 일을 겪었다. 그랬기에 페이스북은 왜 사람들에게 통보하지 않았는지, 알렉산더 코건의 성격 프로필에 기반한 타기팅이 이용되었을지 모르는 광고로 케임브리지 애널리티카가 페이스북을 도배할 때 왜 수수방관했는지 설명하느라 애를 먹었다.

페이스북은 두 가지 경로로 명령을 준수하고 있었다. 하나는 연방거래위원회 직통 경로였다. 페이스북은 새 제품이 출시되면 위원회에 보고해 제품이나 기능의 프라이버시 보호 조치를 설명했다. 이따금 원래 설계보다 이용자를 더 잘 보호할 수 있도록 제품을 수정하라는 지침을 받아들이기까지 했다. 또한 페이스북은 명령에서 요구한 대로 외부 감사 기관을 그대로 유지했다. 이번에는 '빅 포Big Four' 회계 법인 중 하나인 PwC(전 프라이스워터하우스쿠퍼스PricewaterhouseCoopers)였다. 페이스북이 PwC와 계약했을 당시에 조엘 캐플런의 아내는 PwC에서 대외정책을 책임지는 파트너였으며 2016년까지 그 자리에 있었다.[26] PwC 팀은 정기적으로 페이스북 변호사들과 정책 담당자들에게서 명령 준수 현황에 대해 들은 뒤 자기네 사무실로 돌아가 보고서를 작성해 연방거래위원회에 제출했다.[27] 한 개발자가 극우파의 후원을 받는 정치 컨설턴트들에게 이용자 데이터를 넘겨 페이스북 이용약관을 어겼다는 사실을 페이스북이 5000만 이용자에게 알리지 않았는데 감사관들이 경보를 발령하지 않은 것은 분명했다. 사람들은 이 사실을 페이스북이 아니라 기자들에게 들었다.

연방거래위원회가 페이스북의 행동에 발끈할 만했다. 2018년 착수한 새로운 조사에서 페이스북이 2011년 합의를 어겼다는 사실이 드러났다.[28] 페이스북의 죄목은 "기만적 프라이버시 설정, 서드파티(소프트웨어 개발자)의 데이터 접근에 대한 안전장치 유지 실패, 계정 보안을 목적으로 페이스북에 제공된 전화번호를 광고에 이용, 얼굴 인식 기술이 (사실은 켜져 있는데) 꺼져 있는 것이 기본값이라고 일부 이용자에게 거짓말한 것" 등이었다. 2019년 2월 영국 의회로부터 "디지털 깡패digital gangsters"라는 별명을 얻은 회사에 대한 꼼꼼한 묘사였다. 설상가상으로 이 모든 기만과 속임수가 발생한 시기는 페이스북이 개과천선한 것처럼 보이던 때였다.

이러한 적발에 따라 연방거래위원회와 페이스북의 지루한 합의 협상이 시작되었다. 이 복잡한 치킨 게임game of chicken(겁쟁이 게임)에서 연방거래위원회는 페이스북이 협상을 거부하고 문제를 재판으로 가져가는 사태를 피하되 최대한의 처벌을 끌어내려고 애썼다. 정식 재판에 회부되면 판결이 나기까지 여러 해가 걸릴뿐더러 결과 또한 미지수였기 때문이다. 논쟁의 핵심 쟁점 중 하나는 저커버그와 샌드버그의 개인적 책임이었다. 많은 논평가는 두 사람이 합의 준수 임무를 보기 좋게 저버렸으므로 새 합의안에 이름이 오르리라 예상했다.

그런데 한발 물러선 쪽은 연방거래위원회였다. 2019년 7월 24일 연방거래위원회는 합의 결과를 발표하면서 저커버그나 샌드버그를 언급하지 않았다. 이런 조사에서 흔히 볼 수 있는 광경과 달리 두 사람은 자리에서 물러나지도 않았다. 예상대로 연방거래위원회 역사상 최대 금액인 50억 달러의 벌금이 페이스북에 부과되었다. 그전까지 최고 금액은 1억 달러였다. 그런데 위원 5명 중 2명은 합의안이 페이스북을 너무 봐주었다면서 반대표를 던졌다. 페이스북 주가가 연방거래위원회 발표에도 거의 변동하지 않았다는 사실이 이 주장의 타당성을 뒷받침해주었다. 합의 직후 실적 발표에서 페이스북은 170억 달러의 분기 매출을 올렸다고 보고했다.[29] 이 합의 관련 기사에 가장 자주 등장한 표현은 '솜방망이 처벌slap on the wrist'이었다.

애플과 전쟁을 치르다

2018년 6월 오랫동안 홍보 및 대외정책 담당 부사장을 역임한 엘리엇 슈레이그가 사임했다(하지만 퇴사하지는 않고 고문 역할로 회사에 남았다). 기나긴 탐색 끝에 샌드버그는 전직 영국 정치인 니컬러스 클레그Nicholas Clegg의 영입에 착수했다. 그는 부총리를 지냈으나 두 차례 굴욕적인 패배를 당하면서 각료직과 의석까지 잃었다. 그 뒤로 그는 기술 업계에서 벌어지는 일들을 눈여겨보고 있었다. 그가 말한다. "기술, 특히 소셜 미디어에 반발하는 여러 글과 발언을 살펴볼수록 그런 반발이 목욕물 버리려다 아기까지 버리는 격이 될까봐 걱정스러워지더군요." 페이스북과 죽이 잘 맞을 것이 틀림없었다.

클레그는 기술 업계 최대의 동네북_{piñata}을 대변하다 정치판에서 겪었던 것처럼 다시 한번 대중의 뭇매를 맞고 싶지 않았다. 하지만 샌드버그가 캘리포니아로 날아와 저커버그와 챈을 만나보라고 그를 설득했다. 클레그가 말한다. "셰릴은 표적을 정하면 인정사정 봐주지 않죠." 그는 샌드버그에게 자신이 쓴소리를 할 거라고 경고했다. 실제로 최고경영자 저커버그를 만난 자리에서 그는 이렇게 말했다. "당신의 근본 문제는 당신이 막강한 힘을 가졌는데도 신중하지 않다고 사람들이 생각한다는 거예요."[30]

저커버그가 말했다. "네, 전적으로 동의합니다. 나도 알고 있어요." 클레그는 훗날 저커버그의 답변에 놀랐다고 말했지만 저커버그는 그런 비난을 2년간 들어온 터였다. 깜박이지 않는 눈에서 눈물 한 방울 떨어뜨리지 않는 채로 말이다. 클레그는 입사 제안을 수락했다.

클레그가 합류한 시점은 페이스북의 내부 갈등이 워낙 심해서 숨통을 틔워줄 수 있는 것이라면 무엇이든 환영이던 때였다. 단지 피로감 때문이었는지 실제로 상황이 호전된다는 느낌 때문이었는지 페이스북의 분위기는 안정되어갔다. 그리고 클레그는 거기에 일조했다.

몇 달 전 저커버그는 전시 최고경영자 역할에 걸맞은 몇 가지 칙령을 내렸다. 우선 이제 누구도 최고책임자 직함을 받을 수 없게 되었다. 저커버그는 이것이 '전사적 방침'이 아니며, 올리반 같은 고위급 임원들은 '최고'가 붙지 않은 반면 그보다 권한이 적은 사람들이 특전을 누리고 있다는 점에서 내려진 결정이라고 말한다. 이 명령을 시행하는 일은 식은 죽 먹기였다. 샌드버그를 제외하고 '최고'라는 명칭이 붙은 임원들인 최고보안책임자, 최고마케팅책임자, 그리고 인스타그램, 왓츠앱, 오큘러스의 최고책임자 대다수가 이미 떠났거나 퇴사 절차를 밟고 있었기 때문이다. 또 다른 명령은 임원들의 언론 인지도를 높이는 일에 페이스북이 협력해서는 안 된다는 것이었다. 클레그는 저커버그보다 융통성이 있었다. 그는 콘텐츠관리를 다룬 《배니티페어Vanity Fair》의 길고 사려 깊은 기사에서 모니카 비커트의 역할이 부각되는 것을 허용했다.

그해 하반기에 클레그는 전 직원 회의의 마지막 연사로 나섰다. 회사가 발전하고 있다고 저커버그가 확언하고 진실성 사안에서 어떤 진전이 이루어지는지 가이 로즌이 발표한 뒤였다. 클레그의 솔직하고 격려하는 태도는 직원들의 호응을 얻었다. 그는 나중에 내게 이렇게 말했다. "일부 보도가 부당할지 모르지만 속임수로 진실을 가릴 수는 없다고 이야기했죠." 희소식은 페이스북이 곤경에 처하긴 했지만 이제 구원의 길에 올라섰다는 것이라고 클레그는 말했다. "이 회사가 그 남다른 창조물과 발명품에다 이제 완충 장치, 안전띠 등을 장착하려고 노력하고 있는 게 사실이니까요." 몇 달 전만 해도 회사를 신랄하게 비판하던 한 회의 참석자는 감복한 듯했다. 그 직원이 말한다. "언론 보도는 도를 넘어서 희화화 수준까지 갔죠. 회사에 불신을 품은 사람들조차 내심으로는 이런 생각이 들었어요. '잠깐만, 이건 옳지 않아. 우리가 이 정도로 망가지진 않았다고.' 그때가 내가 이제껏 참석한 전 직원 회의 중에서 최고였어요. 회의가 끝나고 기분이 정말 좋아졌다는 얘길 많은 사람에게서 들었죠."

페이스북에 대한 대중의 시각은 여전히 매몰찼다. 하지만 페이스북은 변화를 실천하고 있었으며 새 홍보 부서는 적어도 상황을 악화시키지는 않겠다고 약속했다.

앤드루 보즈워스는 2018년 하반기에 내게 이렇게 말했다. "우리가 고비를 넘겼으며 이제 문제가 생겨도 대처할 수 있을 뿐 아니라 향후 체계적으로 넘어설 수 있으리라고 확신한다는 것이 공통된 생각이었습니다." 나중에 밝혀졌듯, 전부 그런 것은 아니었다.

페이스북을 비판하는 사람들은 얼마든지 있었다. 그런데 그중에서 유난히 저커버그의 신경을 거슬리게 한 사람은 애플 최고경영자 팀 쿡이었다.

2016년 선거 이후 페이스북의 문제가 대중에게 더 널리 알려지자 쿡은 소셜 미디어에 대해, 특히 페이스북에 대해 의구심을 표명하기 시작했다. 쿡은 기회가 있을 때마다 애플의 비즈니스 모델은 값을 지불하고 제품을 이용하는 단순한 교환에 기반한다고 언급했다. 그에 반해 페이스북의 비즈니스 모델은 공짜처럼 보이지만 실은 그렇지 않아서 개인 정보와 끊임없는 광고 노출을 대가로 치르게 된다고 그는 덧붙였다. 쿡은 고향인 앨라배마 사투리가 섞인 특유의 어조로 말했다. "당신이 고객이 아니라면 제품인 겁니다."[31] 애플의 모델이 도덕적으로 우월하다는 뜻이었다.

애플의 전설적 최고경영자이자 공동 창업자 스티브 잡스가 사망한 지 몇 년이 지났지만 애플은 여전히 실리콘밸리 엘리트 기업이라는 아우라를 풍기고 있었다. 저커버그는 잡스와 사이가 좋았으며 기꺼이 그를 멘토로 삼으려 했던 것 같다. 잡스 또한 저커버그의 총명함을 인정했으며 그의 대담한 행보에서 쾌감을 느낀 듯하다. 두 사람은 곧잘 함께 산책을 했으며 잡스는 선배 경영자로서 예리한 통찰을 전해주었다.

쿡과 저커버그의 관계는 냉랭했다. 쿡은 프라이버시에 대한 저커버그의 발언에 동의하지 않았으며 페이스북을 이용하지도 않았다.[32] 기본적으로 쿡은 저커버그를 동반자로 신뢰하지 않는 듯했으며 그 사실을 굳이 숨기려 들지 않았다.

문제를 더 꼬이게 만든 것은 갑자기 일상생활의 지배자가 된 거대 기술 기업들에 대한 언론과 정부, 그리고 어느 정도는 대중의 극적인 태도 변화였다. 기술 업계 내부자들은 이것을 '테크래시Techlash'라고 불렀다. 이 역풍을 맞은 웨스트코스트(미국 서부 해안 지역) 공룡들 중에서 페이스북은 가장 큰 조롱과 우려의 대상이 되었으며, 저커버그는 한때 기술 업계를 둘러쌌던 찬란한 후광이 사라지는 데 일조한 인물로 치부되었다.

하지만 반목하는 강대국 정상들이 정상회의에서 얼굴을 마주하듯 저커버그와 쿡은 매년 여름 투자은행 허브 앨런이 주최하는 선밸리 콘퍼런스에서 연설하기 위해 대개 시간을 냈다. 2017년에 저커버그는 쿡의 졸업식 축사에 화가 나 있었다. 쿡은 졸업생들에게 좋아요로 자신의 가치를 평가하지 말라고 했는데, 저커버그는 이를 자신에 대한 비판으로 받아들였다.[33]

팀 쿡은 연설할 때마다 저커버그를 꼬집었다. 그즈음 쿡은 프라이버시를 애플의 고객 응대를 떠받치는 기둥으로 홍보하고 있었다. 그의 험담은 구글과 페이스북을 겨냥했다. 하지만 사실상 구글만이 애플의 직접 경쟁자였기에 저커버그는 난데없이 뒤통수를 맞은 꼴이었다. 케임브리지 애널리티카 사태 이후에 쿡은 자신이 저커버그의 입장이었다면 어떻게 했겠느냐는 질문을 받았다.[34] 그가 말했다. "나라면 그런 상황에 처하지조차 않았을 겁니다." 직후에 실시된 인터뷰에서 저커버그는 쿡의 발언에 대해 "입으로야 무슨 말을 못 하겠어요"라고 평했다.[35]

2018년 중반에 저커버그는 우주선을 닮은 기이한 형태의 애플 본사 애플파크Apple Park에서 일종의 최고경영자 농성을 벌였다. 다시 한번 저커버그는 쿡의 발언에 불만을 토로했으며 이번 역시 쿡은 무시했다.

저커버그는 자신이 쿡의 머릿속에 들어갈 수는 없지만 페이스북의 비즈니스 모델이 애플만큼 타당하다는 사실을 그에게 설득하지 못한 것이 아쉽다고 말한다. 저커버그가 말한다. "많은 정보 비즈니스나 미디어 비즈니스를 광고가 지탱한다는 건 널리 받아들여지는 통념이에요. 그래야 콘텐츠를 최대한 많은 사람에게 전달해 최대한의 가치를 창출할 수 있으니까요. 여기서 모종의 거래가 이루어지는데, 당신은 이 서비스를 공짜로 이용하는 대신 그 비용은 당신의 주의력으로 치른다는 거예요. 광고주들은 그 서비스를 이용하는 사람들에게 광고 타기팅을 하고 싶어 할 테고요."

2019년 1월 30일 애플과 페이스북의 갈등은 전면전으로 비화했다. 애플이 오나보 프로텍트라는 앱을 조사한 일이 계기가 되었다. 이 앱은 2013년 페이스북이 인수한 이스라엘 스파이웨어 회사 오나보가 만든 애플리케이션의 후신이었다. 오나보 프로텍트는 고객에게 공짜 서비스를 제공하는 대신 고객 데이터를 추출해 오나보의 애초 계획인 비즈니스 분석에 활용했다. 그들은 이용자에게 안전한 네트워크 연결을 약속하고 페이스북의 이름을 내세워 신뢰를 얻었다. 이용자가 앱을 설치하면 이용자의 정보는 모든 사람으로부터 보호되었다. 단 페이스북만 빼고. 페이스북은 프로텍트 이용자의 모든 데이터를 취합해 사람들이 휴대폰으로 무엇을 하는지 알아냈다.

이 접근법은 애플의 이용약관에 위배되었다. 오나보 프로텍트는 안전한 가상 사설망VPN을 표방하지만 실제로는 이용자들에게 해로운 감시 도구라고 애플은 결론 내렸다. 애플은 페이스북을 향해 앱을 내리지 않으면 직접 차단하겠다고 말했다.

페이스북은 2018년 8월 앱스토어에서 이 앱을 내렸다.[36] 하지만 데이터를 포기할 준비는 되어 있지 않았다. 사실 페이스북은 비슷한 가상 사설망 기술로 이용자의 활동을 모니터링하는 도구를 이미 가지고 있었다. 바로 '페이스북 리서치Facebook Research'였다. 페이스북은 참가자에게 대가를 지불했으며 데이터를 수집한다는 것을 명확히 밝혔다. 여전히 애플의 약관에는 위배되었지만 이 경우에 페이스북은 규정을 우회할 방안을 마련해두었다. 앱 이용자에게 보잘것없는 대가이긴 하지만 어쨌거나 대가를 지불했기에 페이스북은 이제 그들을 계약자로 간주할 수 있었다(이용자 중에는 수천 명의 십 대가 있었는데, 이것은 미성년자의 프라이버시를 보호하는 법률에 저촉될 가능성이 있었다).³⁷

이 덕분에 페이스북은 앱을 애플의 '엔터프라이즈enterprise' 프로그램(외부에 배포하지 않고 조직 내부에서만 이용하는 전용 앱을 위한 프로그램-옮긴이)에 등록할 수 있었다. 엔터프라이즈 프로그램에 등록된 앱은 대개 출시 전 시제품이나 직원 전용 유틸리티로 쓰여서 일반인이 이용할 수 없었다. 그래서 여느 앱과 달리 애플의 인증 절차를 거칠 필요가 없었다.

그러다 애플이 이 변조된repackaged 앱을 발견하고는 이를 엔터프라이즈 프로그램의 악용 사례로 판정했다. 그리하여 애플은 페이스북의 엔터프라이즈 프로그램 접속을 아예 차단하기로 결정했다. 경고도 없었다. 내부 애플리케이션의 관점에서 보자면 이것은 회사의 전기를 끊어버린 셈이었다. 오나보 앱만 먹통이 된 것이 아니라 개발 중이던 프로그램의 모든 시험 버전이 작동을 멈추었다. 게다가 구내 카페들의 메뉴를 보여주는 등 페이스북에서 일하는 사람들에게 유용한 서비스들까지 갑자기 작동을 멈추었다. 페이스북 사람들이 드넓은 본사 단지를 돌아다닐 때 널리 애용하는 직원 셔틀버스 내부 앱 역시 작동하지 않았다.

사상 최고의 한 해에도 여전한 추문

애플의 차단 조치가 단행된 날은 분기 실적 발표일이었다. 저커버그, 샌드버그, 최고재무책임자 데이비드 웨너는 발표를 위해 회의실에 입장했다. 그들은 희소식을 가지고 들어왔다. 지난해인 2018년은 회사 역사상 최고의 한 해였다. 최고재무책임자 웨너는 이렇게 말했다. "2018년 전체 매출은 37퍼센트 증가해 560억 달러가 되었으며 우리는 150억 달러 이상의 잉여 현금 흐름을 창출했습니다."[38]

저커버그는 자신이 기대하는 신뢰 수준까지 페이스북이 올라왔다며 자부심을 표출했다. "우리는 회사 운영 방식을 근본적으로 변화시켰습니다. 위해 방지에 더욱 중점을 두는 쪽으로 서비스 구축 방식을 바꾸었습니다. 보안에 수십억 달러를 투자했으며 이는 수익성에 영향을 미쳤습니다. 우리는 거짓 정보를 중단시키기 위해 왓츠앱에서 참여를 줄이는 조치를 취했으며 이용자의 안녕을 개선하기 위해 페이스북의 바이럴 동영상을 하루 5000만 시간 이상 감소시켰습니다. …… 우리는 2018년을 지나면서 중대 사안에서 진정한 발전을 이루었을 뿐 아니라 우리가 믿는 것이 앞으로 나아가는 올바른 방법임을 더 명확히 인식하게 되었다고 생각합니다."

그가 발언하는 동안 페이스북 캠퍼스에서는 사람들이 신제품을 시험할 수 없었고 셔틀버스를 타지 못해 회의를 취소하고 있었다.

페이스북의 명성이 깎여 나가는 와중에 사업은 승승장구하는, 두 측면의 단절을 상징하는 분할 화면 같은 순간이었다. 페이스북 캠퍼스가 멈추어선 것은 위태로운 프라이버시 관행이 초래한 직접적 결과였다. 하지만 돈은 계속해서 쏟아져 들어왔다.

이러한 명성과 사업 간 단절은 페이스북의 힘겨운 2018년을 한눈에 보여주었다. 경영진은 회사가 발전하고 있다고 느꼈다. 그러나 (측정하기 힘든) 평판이라는 시장에서는 주가가 바닥을 쳤다. 사람들은 페이스북의 2018년을 (실제로 '유출'이었던) 거대한 데이터 유출인 케임브리지 애널리티카 사태로, 아마 그 밖에 수백 가지 실수와 범법 행위로 기억할 것이다. 하지만 페이스북은 사람들이 페이스북의 선거상황실Election War Room을 떠올려주기를 더 바랄 것이다.

선거상황실은 2018년 여름과 가을에 치러질 다양한 선거(대표적으로는 미국 중간 총선거가 있었다)에 대비해 마련한 회의실이었다. 나는 선거상황실을 두 번 방문했다. 그중 한 번은 끈질기게 재촉한 끝에 투표 당일 몇 분간 들어가볼 수 있었다. 하지만 선거를 몇 주 앞둔 시점에는 선거상황실 투어가 일상으로 허용되었다. 페이스북은 이 선거상황실에 대해 자부심을 드러냈다. 그러나 이런 자랑은 오히려 2016년 선거 때 러시아인들이 만든 페이스북 페이지들처럼 모든 것이 위장이고 가짜 아닌가 하는 의심을 불러일으켰다.

대변인이 내게 해준 말에 따르면 선거상황실에는 24명이 근무하고 있으며 페이스북의 보안과 안전 부문에 종사하는 2만 명(1년 뒤 페이스북이 발표한 숫자는 더욱 증가한 3만 5000명이었다!)이 업무를 지원한다고 했다. 회의실 안은 일본의 긴자 거리처럼 수백 개의 화면에 표시된 전광판이 실시간 결과를 보여주고 있었다. 다른 화면들에서는 (같은 시기에 선거가 열리고 있던) 브라질을 비롯한 전 세계 진실성 담당자들의 화상 회의가 열리고 있었다. 인공지능을 동원했다지만 선거상황실은 고비용의 노동 집약적 해결책이었다.

하지만 물리적 시설이 실제로 필요했든 아니든, 아니면 사실상 언론에 보여주기 위한 전시실이었든 페이스북은 2018년 중간선거를 무사히 넘겼다. 페이스북의 시민참여 책임자는 이 시스템이 실제로 선거 개입을 차단했다며, 와이오밍주 유권자를 겨냥한 파키스탄(또는 마케도니아일 수도 있는데 그는 어느 쪽인지 기억하지 못했다)의 거짓 정보 공격을 예로 들었다.

페이스북이 물의를 빚지 않고 선거가 치러졌다는 사실은 페이스북의 승리로 받아들여졌다. 샌드버그가 내게 말했다. "2018년 선거에서 우리가 거둔 성적을 2016년으로 돌리고 싶어요. 정말로요. 2016년에 우리는 이런 형태의 개입에 대해 한 번도 생각해보지 못했어요. 그게 뭔지 몰랐죠. 정부의 그 누구도 몰랐어요. 행정부의 누구 하나 우리에게 아무 말도 해주지 않았죠. 전에도 후에도 전혀요." 사실 마리아 레사가 말해주긴 했다.

그럼에도 페이스북은 진전을 이루고 있었다. 하지만 신문을 사서 읽거나(아직도 그러는 사람이 있었다면) 온라인 뉴스를 봐서는 이 사실을 알 도리가 없었다. 추문은 여전히 터져 나왔다. 기자들 사이에서는 무재해달성 일수가 적힌 공장 게시판을 패러디한 농담이 돌았다. 일수는 최소한 세 자릿수는 되어야 했다. 하지만 페이스북은 두 자릿수를 달성하는 일조차 드물었으며 대개 하루나 이틀 만에 새로 시작해야 했다. 기자들은 계속해서 문제를 파헤치거나 아니면 운 좋게 얻어걸린 것을 기사로 썼다. 규제 당국은 계속 조사를 진행했고, 법원은 계속 임원들의 목을 날렸으며, 대중은 페이스북을 삭제해야 하는 것 아닌지(#deletefacebook) 여전히 고민했다.

사람들은 이렇게 말하는 것 같았다.

"그런 변경들은 이제 신물이 나."

문제는 다음번 위기가 회사를 파멸시킬 만큼 클 것인가, 마크 저커버그가 정말로 변화를, '근본적인' 변화를 꾀할 것인가였다.

곧 알게 되겠지만, 그는 변화를 꾀하고 있었다.

넥스트 페이스북

프라이버시 중심 플랫폼으로 전환을 꾀하다

2019년 3월 6일 수요일 마크 저커버그는 올림포스 어항에서 또 다른 벼락을 떨어뜨렸다. 선거 이후의 모든 점진적 변화, 대중의 모든 우려와 감시를 겪고 난 뒤 그는 마침내 원대한 행보를 시작했다. 게시물의 제목은 〈소셜 네트워킹에 대한 프라이버시 중심 비전〉이었다.[1] 공유의 제왕 저커버그는 더페이스북닷컴을 탄생 때부터 다른 서비스와 구별한 특징인 프라이버시를 강조하기 위해 재조정을 시행하고 있었다.

그가 결정을 내린 방식은 전시 최고경영자 모드였다. 즉 선포했다. 그가 말한다. "나는 내부적으로 우리 팀에 이야기를 전하는 데 수년을 투자했으면서 모두를 같은 곳에 데려가지 못했다는 걸 알게 됐어요. 어느 순간에 우리는 결정을 내려야만 했어요."

　그는 인터넷에서 벌어지는 행동을 관찰하면서 사람들이 뉴스피드의 결점들이 없는 서비스에 끌리고 있다는 확신이 들었다. 그는 이렇게 썼다. "비공개 메시지, 휘발성 게시물, 소규모 그룹은 온라인 소통에서 가장 빠르게 성장하는 분야입니다. 많은 사람은 일대일이나 친구 몇 명과만 소통할 때의 친밀감을 더 좋아합니다. 사람들은 자신이 공유한 것이 영구 기록으로 남으면 경계심을 품습니다."

　저커버그 방식은 다가올 패러다임 전환을 기회로 삼는 것이었기에 그는 이제 기회를 잡기 위해 페이스북을 변화시키고 있었다. 그는 계속해서 이렇게 썼다. "인터넷의 미래를 생각하자면 나는 프라이버시 중심의 소통 플랫폼이 오늘날의 개방형 플랫폼open platform(공개 플랫폼)보다 훨씬 중요해질 것이라고 믿습니다."

　'페이스북 블루' 프랜차이즈는 최고의 개방형 플랫폼이었기 때문에 이 변화는 저커버그에게 문제가 될 수 있었다. (그에게는) 다행히도 그는 블루 말고 세 가지 소통 플랫폼(인스타그램, 왓츠앱, 페이스북 메신저)을 더 소유하고 있었다. 21세기의 세 번째 10년을 지배할 플랫폼이라고 그가 믿는 가상현실 회사 오큘러스 역시 그의 소유였다. 그는 이 모든 것을 더 탄탄히 틀어쥐고 있었다.

　저커버그가 이 전환을 준비한 것은 사실 2018년부터였다. 모든 헤드라인이 추문과 선거와 수익에만 주목하는 동안 그는 조용히 회사를 변화시키고 있었다. 그 시작은 자신이 인수한 모든 핵심 기업의 창업자들을 퇴출시키는 것이었다.

　몇 주 뒤 2019년 F8 콘퍼런스에서 자신의 비전을 상세히 설명하면서 그는 이 전환이 기존 페이스북의 사멸을 의미하지는 않는다고 공들여 말했다. 기존 페이스북은 일종의 "광장"으로서 존속한다. 이곳은 착한 사람 못된 사람 가리지 않고 누구나 20억 명과 대화에 참여할 수 있는 공론장이다.

하지만 사적으로 대화할 수 있는 안전한 공간에 대한 욕구가 점점 커지고 있었다. 이것은 대화가 공개되지 않는 "거실"과 비슷하다. 페이스북은 이제 거실이 광장보다 인기를 끈다는 쪽에 내기를 걸고 있었다. 거짓 정보, 증오 발언, 한심한 오락거리가 백주에 횡행하는 지금의 무질서에서 벗어나면 페이스북이 겪을 문제도 줄어들 터였다. 암호화를 강화하면 그런 분노를 유발하는 콘텐츠를 아무도 보지 못할 것이다.

기조연설이 끝나고 그와 이야기를 나누면서 나는 연설에 뉴스피드가 한 번도 언급되지 않았다고 말했다.

잠시 침묵이 흘렀다. 그가 마침내 입을 열었다. "네, 그랬는지 모르겠네요. 하지만 뉴스피드는 여전히 중요해요."

다만 인터넷의 미래가 아닐 뿐.

인수 기업 흡수와 창업자 축출하기 1: 인스타그램

저커버그가 뉴스피드 이후 회사의 미래에 대해 그토록 자신할 수 있었던 것은 2012년과 2014년 사이에 인수하고 설립한 프랜차이즈들의 경이로운 성공 덕분이다.

그중 하나인 인스타그램은 신기원의 성공을 거두고 있었다. 인스타그램의 성장률은 페이스북을 훌쩍 앞질렀으며, 조심스럽게 시작한 광고에서는 매출이 쏟아져 들어오기 시작했다. 페이스북과 마찬가지로 러시아 거짓 정보의 도구로 이용되긴 했지만, 사진 기반 소셜 미디어 사이트인 인스타그램에는 낙인이 찍히지 않았다. 인스타그램은 사람들에게 사랑받았다. 최고경영자 케빈 시스트롬은 실리콘밸리 구루로 추앙받았으며 자신의 보스와 대조적으로 정직, 디자인에 대한 고집, 공감 능력의 소유자로 인정받았다. 인스타그램이 어찌나 성공적이었던지 한 페이스북 임원이 이렇게 말할 정도였다. "막간극이 본극이 되었죠." 이 사실 자체만으로 마크 저커버그에게 고민거리가 되었을 것이다.

하지만 2017년 초 내가 인스타그램 신사옥을 방문했을 때는 모든 것이 만족스러워 보였다. 20동의 창고 분위기와 대조적으로 인스타그램의 새 궁전은 미니멀리즘 미학을 구현했으며 커다란 창문으로 자연광이 비쳐 들었다. 인스타그램에 올라온 게시물 같은 풍경이었다. 페이스북에 회사를 매각한 지 5년이 지났지만 케빈 시스트롬은 여전히 굳건히 자리를 지키고 있었다.

그가 내게 말했다. "우리가 페이스북에 합류했을 때 품은 원대한 질문은 이거였을 겁니다. '우리가 독립을 유지할 수 있을까?' 어떤 일을 시작하게 되면, 자기 자식이니까 자신이 보살피고 양육하고 싶잖아요. 인스타그램에는 특별한 무엇이 있어요. 바로 커뮤니티죠. 나는 인스타그램이 더 큰 뭔가의 한낱 기능이 되길 바라진 않았어요."

그와 공동 창업자 마이크 크리거는 인스타그램을 사실상 별도의 가맹점처럼 운영하면서도 페이스북의 인프라, 마케팅, 심지어 인공지능 연구가 주는 혜택을 거두었다. 이를테면 인스타그램은 최근 페이스북의 기계학습 기술을 활용해 피드를 시간순 스트림에서 순위 기반 스트림으로 바꾸었다. 시스트롬은 최고기술책임자 마이크 슈레퍼에게 보고하는 위치였다(슈레퍼는 조만간 크리스 콕스로 대체된다). 하지만 여전히 저커버그와 직접 대면할 수 있었다. 두 사람은 한 달에 한 번쯤 함께 저녁을 먹었다. 둘의 대화는 총수와 갖는 면담이라기보다는 동료끼리 하는 사업상 만찬 같았다.

시스트롬은 그때 저커버그가 간섭하지 않았다고 주장했다. 그러면서 최근 인스타그램 로고를 개편한 일을 예로 들었다.

원래 로고는 실물에 가깝게 묘사한 1960년대 폴라로이드풍 카메라와 그 왼쪽 위에 무지개색 스티커가 붙어 있는 모양이었다. 디자인 개편은 겉으로는 사소해 보일지 몰라도 실은 중대사였다. 시대가 달라졌고 인스타그램은 글로벌 비즈니스가 되었다. 인스타그램 앱은 재미있고 고급스럽게 공유하는 방법일 뿐 아니라 사람들이 스스로를 표현하는 중요한 수단이기도 했다. 그러니 소프트웨어 용어로 '스큐어모픽 이미지 skeuomorphic image'라고 부르는 사실적 이미지를 버리고 더 추상적인 이미지로 갈아탈 때가 되었다. 새 로고는 정사각형과 원을 조합해 카메라를 나타내는 상형문자였다. 무지개 형상 대신 로고 전면을 따스한 색상으로 그러데이션 처리한 것은 로고에 아른거리는 느낌을 더했다.

변화가 너무나 극적이어서 시스트롬은 저녁 식사 자리에서 저커버그에게 로고를 보여줄 때 약간 긴장했다. 한참 식사를 하다가 그는 긴 토론을 각오하며 말했다. "그나저나 로고 디자인을 개편했다고 말한다는 걸 깜박했네요." 하지만 저커버그는 로고를 보고는 괜찮다고 말한 것이 고작이었다. 무지개를 그러데이션 처리한 것도 별로 좋아하지는 않았던 것 같았지만.

시스트롬은 심지어 잠재적 화약고인 광고 문제에서 훌륭히 타협했다. 이제 인스타그램 게시물 스트림에는 광고가 삽입되었다. 시스트롬은 뉴스피드가 너무 많은 광고로 몸살을 앓는다고 생각했으며 인스타그램이 그런 식으로 망가지는 것을 바라지 않았다. 그는 적어도 처음에는 피드에 올리는 광고 개수에 제한을 둬야 한다고 주장했으며 광고 승인권을 달라고 요구했다. 블루 앱의 셀프서비스 절차를 이용해 고객을 타기팅하는 수백만 사업체에 피드를 개방해 벌어들일 매출을 인스타그램이 포기해야 한다 해도 어쩔 수 없다는 게 그의 생각이었다. 시스트롬은 피드에 올라가는 모든 광고를 직접 결제했으며 인스타그램 스트림에서 근사하게 보이는 미적 기준을 충족하는지 여부를 알고리즘이 아니라 자신이 결정하도록 했다.

시스트롬이 내게 말했다. "우리가 이곳에서 진행하는 제품 관련 업무는 전부 매우 독립적이에요. 우리는 모두 비슷한 목적지를 향해 행진하지만 방법은 사뭇 다르죠." 당시에는 우리 둘 다 몰랐지만 2017년의 이 대화는 시스트롬이 자유를 자부하던 마지막 시기였는지 모른다. 뒤이은 몇 달간 회색 티셔츠를 즐겨 입는 남자가 손목에 두른 인스타그램을 옥죄는 족쇄 끈은 점점 짧아졌다.

달라진 점이 하나 더 있었다. 2018년 시스트롬은 아버지가 되었다. 그는 모든 페이스북 직원에게 장려되는 후한 육아 휴직을 신청했다. 그리고 휴직 기간이 끝나기 직전 퇴사했다.

인수 기업 흡수와 창업자 축출하기 2: 오큘러스

페이스북과 오큘러스의 결혼은 더 삐걱거릴 판이었다. 저커버그는 10년 뒤 오큘러스의 모습을 상상하며 기대감에 부풀었다. 당시 그는 스마트폰의 등장 이후에 모바일이 그랬듯 가상현실이 시장을 지배하리라 생각했다. 하지만 그 시점이 되기까진 오큘러스는 하드웨어를 판매하는 게임 회사로, 페이스북에는 이질적인 비즈니스로 남을 터였다.

오큘러스를 게임 회사로서 생존시키기 위해 페이스북은 수십억 달러를 투입해야 했고 관심도 없는 업계에서 경쟁을 벌여야 했다. 오큘러스에는 닭이 먼저냐 달걀이 먼저냐 식의 문제가 있었다. 이상적인 상황은 대표 제품인 오큘러스 리프트Oculus Rift에서 돌아가는 훌륭한 소프트웨어의 방대한 라이브러리를 갖추는 것이었다. 하지만 리프트는 비쌌다. 500달러 가격표에는 소프트웨어 구동에 필요한 고성능 컴퓨터가 포함되지 않았다. 컴퓨터를 포함하면 총액은 1500달러로 대다수 사람이 감당할 수 있는 범위를 넘어섰다. 이용자 저변이 여전히 미미했기에 대형 게임 개발사들은 1급 게임 개발에 100만 달러 이상 투자할 가치를 느끼지 못했다.

그래서 페이스북이 돈을 댔다. 페이스북은 오큘러스 스튜디오Oculus Studios라는 부서를 설립해 리프트용 콘텐츠를 제작하는 회사에 보조금을 지급했다. 한편 실용주의자인 소프트웨어 마법사 존 카맥은 더 넓은 시장을 겨냥해 값싼 모바일 기반 제품을 개발했다. 오큘러스는 삼성과 계약해 스마트폰에 장착되는 100달러짜리 헤드셋 기어Gear를 제작했다. 가상현실 기기인 기어는 리프트보다 훨씬 많이 팔렸지만 경험 품질 면에서는 열악했다.

2017년 오큘러스 개발자 콘퍼런스의 기조연설에서 저커버그는 10억 명이 가상현실을 이용하게 한다는 목표를 세웠다. 오큘러스 최고 경영진은 처음 듣는 소식이었다. 그들은 콘퍼런스 예행연습에서 듣기 전까지는 저커버그의 선언에 대해 전혀 모르고 있었다.

저커버그는 소셜 기술로서 가상현실에 단단히 매료되었다. 하지만 오큘러스의 게이머들은 그것이 미래에나 닥칠 일이라고 생각했다. 존 카맥이 말한다. "소셜은 내가 가상현실에서 중요하다고 생각하는 개인 목록에서 네 번째쯤 됩니다." 그는 자신이 "은둔자 성향이 있는 반사회적 인물"인 탓도 있을 거라고 덧붙인다.

페이스북의 소셜 가상현실팀이 심지어 오큘러스 부서 소속이 아니라 저커버그의 지휘 체계를 따라 보고하는 엔지니어링 부서라는 사실은 의미심장했다. 저커버그는 소셜 가상현실을 당장 갖고 싶어 했다. 이 욕망을 충족하기 위해 소셜 가상현실팀은 사람들이 리프트를 쓴 채 가상현실로 상호작용할 수 있는 '페이스북 스페이스Facebook Spaces'('오큘러스 스페이스'가 아닌 것에 주목하라)라는 제품을 개발하기 시작했다.

리프트의 빈약한 이용자 저변은 골수 게이머가 대부분이었다. 그들은 아기의 첫걸음마를 촬영하는 일에는 전혀 관심 없었는데, 어차피 할머니에게는 헤드셋이 없어서 동영상을 볼 수 없었기 때문이다. 이 탓에 스페이스는 고객을 찾느라 애를 먹었다. 제품 시연은 근사해 보였다. 저커버그도 직접 자신의 가족을 애니메이션 아바타로 만들어 실제 거실에 겹쳐 표시하는 정교한 시연을 선보였다. 하지만 스페이스에는 어딘지 시각적으로 불안정한 구석이 있었다.

2018년 F8 개발자 콘퍼런스에서 페이스북이 했던 시연은 그다지 매력적이지 않았다. 페이스북은 당시 허리케인 피해를 입은 푸에르토리코를 원조하는 적십자 사업에 기부를 했다. 이를 홍보하기 위해 저커버그와 소셜 가상현실 책임자 레이철 프랭클린Rachel Franklin은 난도질당한 섬나라 푸에르토리코를 가상현실로 탐방했다.[2] 동영상에서 두 사람의 애니메이션 아바타는 참사 현장을 둘러보면서 페이스북의 관대함을 치하하는 하이 파이브를 하는 등 부적절하고 경박한 모습을 보인다. 그 뒤 저커버그가 내놓은 사과는(사과라고 부를 수 있다면) "내 말에 불쾌했던 사람이 있다면 유감입니다"라는 식이었다. 이 에피소드는 페이스북의 가상현실 사업에 도움이 되지 않았다.

저커버그는 시애틀에 있는 오큘러스 연구 시설에 희망을 품었다. 그곳은 최고의 과학자들을 영입해 오래된 가상현실 문제를 해결하고 (컴퓨터 그래픽을 현실에 덮어씌우는) '증강현실augmented reality, AR' 경험을 제공하는 저가형 고글을 개발하고 있었다. 그는 연구소장 마이클 에이브러시가 최고의 과학자들을 모아 이 분야를 발전시키리라 확신해 인내심을 발휘했다. 오큘러스에는 그들이 필요했다. 애플과 마이크로소프트 같은 기업들 역시 이런 제품에 자원을 쏟아붓고 있었기 때문이다.

하지만 저커버그는 리프트의 성적에까지 인내심을 발휘하지는 않았다. 그는 리프트의 실적 발표를 "실망스럽다"라고 평했다.

그러고 나서 파머 러키 문제가 불거졌다.[3] 오큘러스 창업자 파머 러키는 리프트의 손 조작부 같은 제품에 참여했다. 하지만 그런 일보다는 페이스북의 가상현실 대사 노릇을 하며 보내는 시간이 점차 늘었다. 그는 두 사람이 가상 공간을 공유하면서 탁구 같은 게임을 할 수 있는 제품인 '토이 박스Toy Box'를 직접 시연했다. 《타임》의 2015년 가상현실 특집의 표지 인물은 열대 해변을 배경으로 헤드셋을 쓴 러키였다. 오큘러스 공동 창업자 겸 최고경영자 브렌던 이리브가 말한다. "파머는 언론 홍보와 선전 같은 가상현실의 얼굴 역할에 주력했어요. 한창 잘나가고 있었는데 님블 아메리카Nimble America 사태가 터지고 말았죠."

정치적으로 보수파였던 러키는 패스트푸드, 여자 친구와 코스프레, 컴퓨터 주변 기기 자작 못지않게 우익 지원에 열정을 쏟았다. 그는 군대를 열렬히 사모했다. 이리브는 러키가 페이스북 구내에서 탱크를 몰았다는 전화를 받은 일을 떠올린다. 누군가 경찰에 신고했다. 탱크는 실은 러키의 군용 험비였으며 위쪽에 장착된 기관총은 장난감이었다. 하지만 페이스북 직원들에게는 핵폭탄과 같았을지 모른다. 러키는 사태를 무마해 경찰들과 포즈를 취하며 사진을 찍기도 했다. 그러나 이 사건은 그의 기록에 오점을 남겼다. 이리브가 말한다. "페이스북에서는 총기가 장착된 험비 같은 군용 차량을 구내에 몰고 들어와 경찰이 출동하게 하면 안 돼요. 그건 우리가 주력해야 하는 일이 아니에요."

2016년 여름 러키는 '더도널드The_Donald'라는 서브레딧sub-Reddit(소셜 웹사이트 레딧의 주제별 게시판-옮긴이)에서 자신과 생각이 비슷해 보이는 한 무리의 트럼프 지지자들을 알게 되었다. '실시간 똥글 투척'을 일삼는 자들이었다. 스스로를 '님블 아메리카'라고 부르던 그들은 러키가 익명으로 기부한 1만 달러로 피츠버그 외곽의 광고판에 힐러리 클린턴의 캐리커처와 함께 "감옥 가기엔 너무 거물TOO BIG TO JAIL"이라는 캡션을 달았다. 러키는 이후에 뉴스 웹사이트인 〈데일리비스트The Daily Beast〉 기자에게 비보도를 전제로 기부 사실을 털어놓았다. 하지만 기자의 생각은 달랐다.[4] 2016년 9월 22일 〈페이스북의 준억만장자가 트럼프의 밈 기계를 비밀리에 후원하다〉라는 기사가 올라왔다.

이 일로 러키는 페이스북에서 만신창이가 되었다. 언론은 그를 샅샅이 해부했다. 러키는 자신을 오해한 것이라고 항변했다. 님블 아메리카에 기부한 것은 광고판을 사고 티셔츠나 좀 인쇄하라는 의도였다고 그는 말했다. 인터넷 트롤링, 밈 제작, 인종주의 댓글에는 전혀 관여하지 않았다는 주장이었다.

그렇지만 진보파가 절대다수인 페이스북 직원들은 경악했으며 일부는 그의 사임을 요구했다. 공교롭게 바로 그 시기에 페이스북의 최고위 정책 담당자들은 페이스북 플랫폼에서 날뛰는 실제 트럼프 밈 기계에 대해 의도적으로 아무런 조치를 취하지 않고 있었다. 설상가상으로 오큘러스와 제휴한 개발자 중 일부는 러키의 행동 때문에 오큘러스와 관계를 끊었다고 말했다.[5]

러키는 동료들에게 해명 메일을 썼다. 하지만 페이스북은 그에게 다른 문서에 서명할 것을 요구했다. 페이스북 법무실장 폴 그레이월은 그에게 보낸 이메일에서 이렇게 말했다. "마크가 직접 이 문서를 작성했으며 문구 하나하나가 중요하다는 말을 드려야겠군요." 러키는 자신이 기타 후보인 자유당 게리 존슨Gary Johnson을 대통령으로 지지한다는 문서가 자기 명의로 발표된 사실을 알고 충격에 빠졌다. 전반적으로 이 문서는 인질 가짜 처형극 냄새를 풍겼으며 누구도 만족시키지 못했다.

페이스북은 러키를 (당장) 해고하지는 않았다. 그러나 선거가 끝날 때까지 사옥에 얼씬하지 말고 동료 직원과 연락하거나 소셜 미디어에 글을 올리지도 말라며 손발을 꽁꽁 묶었다. 연례 오큘러스 개발자 콘퍼런스에 관례적으로 참석하던 일정 또한 취소되었다.

러키에 대한 이러한 대응은 또 다른 트럼프 지지자인 이사이자 원조 투자자 피터 틸과 대조적이었다. 틸이 트럼프에게 125만 달러를 기부하겠다고 말했을 때 페이스북 직원들은 그의 축출을 요구했다. 하지만 저커버그는 러키를 페이스북 사옥에서 추방한 바로 그때 사내 게시물에서 틸을 변호했다. 저커버그는 이렇게 썼다. "우리는 다양성을 무척 존중합니다. '자신'이 동의하는 이념을 지지하기 위해 다양성을 내세우기는 쉽습니다. 하지만 다른 관점을 가진 사람들의 발언권을 지지하기 위해 나서는 일은 훨씬 힘듭니다."[6]

러키는 선거가 끝나면 논란이 잦아들 것이라 생각했다. 하지만 트럼프 당선이라는 상상도 못 한 일이 현실이 되자 그의 복귀는 물 건너갔다.

그렇지만 페이스북은 그를 2016년에는 해고하지 말아야 할 중요한 이유가 있었다. 2017년 1월 러키는 오큘러스의 최초 매각에서 제기된 지식재산권 소송에서 증언할 예정이었으며 페이스북은 변론을 위해 그가 필요했다. 그는 열심히 준비해 증언했다. 그러면 복귀할 수 있으리라는 희망을 품었다. 오큘러스는 그의 생명이었다.

하지만 페이스북은 오큘러스 창업자가 오큘러스에 돌아오지 못하게 했다. 이리브가 말한다. "이 상황이 벌어진 뒤 그가 어떤 역할을 맡을 수 있을지 내부적으로 무척 고심했다고 말할 수 있습니다." 오큘러스의 모든 기술 부서 책임자는 자기네 부서의 모태가 된 회사의 창업자 파머 러키를 활용할 수 있겠느냐는 질문을 받았다. 그런데 그를 위한 자리가 있다고 답한 사람은 아무도 없었다. 파머 러키는 사면초가로 해고되었다.

며칠 뒤 페이스북은 외부 인사인 전 구글 임원 휴고 바라Hugo Barra를 오큘러스의 새 수장으로 채용했다. 이리브는 좌천당했다가 2018년 퇴사했다.

그전에 저커버그는 오큘러스, 소셜 가상현실팀, 그리고 포털 디스플레이 같은 페이스북의 나머지 모든 하드웨어 사업을 총괄할 인물을 점찍었다. 신임 하드웨어 담당 부사장은 앤드루 '보즈' 보즈워스였다. 저커버그가 자신의 오른팔을 낙점한 것은 가상현실이 차세대 먹거리가 되리라는 생각에 변함이 없었기 때문이다. 그는 이 이야기를 할 때면 목소리 눈금이 한 칸 올라간다.

하지만 지금껏 오큘러스가 거둔 미흡한 성적과 막대한 손실을 감안하면 가상현실 이용자를 10억 명으로 늘리겠다는 단기 목표는 비현실적으로 보였다. 존 카맥이 말한다. "그 시점에 우리가 충분히 나아가지 못한 건 분명합니다. 우리는 많은 자원을 허비했죠. 아낌없는 지원을 받았지만, 수많은 프로젝트가 시도되었다 폐기되었고, 내부 지시를 수행하느라 인력이 과잉 배치되었고, 거액을 지출해놓고 좋은 이유로든 나쁜 이유로든 포기했고, 많은 프로젝트가 부실하게 관리되었어요."

보즈워스는 오큘러스의 혁신적인 차기작을 물려받았다. 바로 리프트의 놀라운 경험을 고스란히 제공하겠다고 장담하는 독립형 헤드셋 '퀘스트Quest'였다. 가격은 400달러에 전용 컴퓨터를 살 필요도 없는 이 제품은 가상현실 분야의 돌파구가 되겠다고 약속했다. 오큘러스는 제품을 성공적으로 출시했으며, 냉소적으로 돌아섰던 한 게임 언론으로부터 찬사를 받아내기까지 했다.

퀘스트는 사람들이 늘 곁에 두고 쓰는 제품은 아니었다. 또 가상현실이나 증강현실이 소셜 상호작용 플랫폼 역할을 하리라는 저커버그의 꿈을 실현한 것도 아니었다. 그러려면 거추장스러운 헤드셋을 버리고, 사람들을 일종의 사이보그인 '반인 반페이스북part human, part Facebook'으로 탈바꿈시킬 기술을 개발하는 수밖에 없었다. 저커버그는 시애틀에서 원대한 프로젝트를 추진하고 있는 오큘러스 연구소가 이 꿈을 실현하리라 기대했다. 연구소는 상시 착용 증강현실 안경에서 진전을 보이고 있었다. 그리고 이것을 넘어서서 페이스북은 자사 제품을 말 그대로 사람들의 머릿속에 넣을 방법을 모색하고 있었다.[7]

페이스북은 타이핑이 필요 없는 생각-행동 인터페이스를 개발하기 위해 신경과학자 팀을 영입했다. 2019년에는 손목에서 뇌 신호를 포착해 생각만으로 앱을 컨트롤하는 기술을 개발하는 컨트롤랩스CTRL-Labs라는 회사를 사들였다. 이 프로젝트가 언론에 회자될 때마다 사람들은 농담조로 말했다. "야, 페이스북이 이젠 사람들 머릿속에 들어가고 싶어하는군." 하지만 이것은 농담이 아니었다.

뉴스피드의 유해함이 없는 강력한 기능, 인스타그램 스토리 출시

2016년 블루 앱의 뉴스피드가 선거 때문에 낭패를 겪는 동안 인스타그램은 그해 가장 성공적인 기능을 선보였다. 페이스북을 영영 바꿔놓을 기능이었다. 출처는 다름 아닌 스냅챗이었다.

2013년 저커버그의 제안을 최종 거절하고 몇 달 뒤 에번 스피걸은 스냅챗에 한 가지 빠진 게 있음을 깨달았다. 이따금 사람들은 사진이나 동영상을 찍어서 여러 친구에게 보내고 싶어 했다. 하지만 스냅챗의 일대일 서비스에서는 한 사람씩 일일이 보내는 수밖에 없었다. 사람들이 일상 이야기를 모든 친구에게 알릴 수 있도록 하면서도 앱의 휘발성을 유지하려면 어떻게 해야 할까?

스피걸이 말한다. "이용자를 존중하는 방식으로 그 기능을 구현해야만 한다고 생각했어요." 그의 말은 페이스북처럼 하지 않겠다는 뜻이었다. 그는 페이스북이 사람들에게 거짓된 자아, 평소의 웃기고 얼빠진 모습을 근사해 보이도록 왜곡한 자아를 꾸며내도록 부추긴다고 생각했다. 페이스북 콘텐츠가 시간 역순으로 펼쳐지는 것은 더 문제였다. 결말이 맨 먼저 나오는 희곡을 쓴 해럴드 핀터Harold Pinter가 아닌 다음에야 그런 식으로 자신의 이야기를 들려주는 사람은 아무도 없었다. 사람들은 본능적으로 안다. 집에 돌아와 가족에게 하루 일과를 이야기할 때 마지막부터 시작하지는 않는 법이다. 누가 생일 이야기를 거꾸로 하겠는가!

3부 메타버스를 향하여

스피걸이 내놓은 답은 이용자들이 그날그날 재미난 이야기들을 처음부터 마지막까지 사진으로 구성해 공유할 수 있도록 하는 기능이었다. 스냅챗의 대표 특징인 휘발성은 이용자들이 한 친구가 아니라 여러 친구에게 무언가를 공유할 때 더욱 빛을 발했다. 스피걸이 말한다. "매일 잠에서 깼을 때 마치 하루하루가 새로운 날인 것처럼 어제의 자신에 규정되지 않는 것에는 정말로 낙관적이고 고무적인 무언가가 있어요."

이 기능의 이름은 당연히 '스토리Stories'였다.[8] 스토리는 모든 면에서 뉴스피드와 정반대였다.

스피걸은 베니스 도심에 있는 자신의 여러 회사 건물 중 하나인 블루하우스Blu House에 소규모 팀을 소집했다. 그들이 만들어낸 제품을 이용하면 사진과 짧은 동영상 여러 개를 게시한 뒤 기본으로 제공되는 괴상하고 웃긴 스티커와 가상 가면으로 장식할 수 있다. 화면을 옆으로 밀어 스토리 페이지를 열면 이용자들은 자신에게 공유된 스토리들을 볼 수 있다. 24시간이 지나면 스토리는 사라진다. 스피걸은 스토리가 끝내주는 기능이라고 생각했다.

그런데 아무도 이용하지 않았다. 그가 말한다. "마치 아무도 이게 무엇에 쓰는 건지 모르는 것 같았어요. '이 스토리라는 거 대체 뭐지?'라고 말이죠."

스피걸은 당황하지 않았다. 스냅챗 자체도 처음 출시되었을 때는 실패작이었으니까. 그가 말한다. "새 아이디어를 내놓는 건 언제나 힘든 일입니다. 사람들이 행동을 바꾸기까지는 시간이 걸리니까요." 스토리 역시 시간이 필요했을 뿐이었다. 몇 달이 지나자 채택률을 나타내는 그래프가 바닥에서 몸을 일으키더니 S 곡선의 만족스러운 궤적을 그리기 시작했다.

페이스북 측에서 이 사실을 눈치챘다. 하지만 이번에 스냅챗 제품을 베끼려든 사람은 마크 저커버그가 아니었다. 케빈 시스트롬이었다. 이 것은 에번 스피걸에게 매우 나쁜 소식이었다.

시스트롬은 자신의 인스타그램 스토리 기능이 스냅챗의 원조 스토리와 사실상 같은 아이디어에서 출발했음을 전혀 부정하지 않았다. 하지만 자신의 팀이 누군가의 개념을 가져다 인스타그램에 박아 넣었을 뿐이라고 주장한다. 그가 말한다. "이렇게도 볼 수 있고 저렇게도 볼 수 있죠." 그가 말하는 첫 번째 관점은 인스타그램이 성장하고 있는데 다른 누군가가 경쟁 제품으로 세상을 바꾸었고 인스타그램은 그 제품을 모방해 대응해야 했다는 것이다. 두 번째 관점(그가 채택한 관점이다)은 인스타그램이 거대하고 극적인 성공을 거두는 바람에 너무 앞서 나갔고 이로 인해 메워야 할 자연스러운 간극이 생겼다는 것이다. 이 간극을 메운 것이 스토리였다.

인스타그램은 사람들이 자신의 삶에서 중요한 순간을 시각적으로 공유하는 수단으로 출발했지만 네트워크의 규모가 커지면서 친밀감이 줄어들었다. 이용자는 늘어난 반면 어떤 사람들에게는 아침에 일어나서 맨 처음 접속하는 온라인 서비스가 더는 아니게 된 것이다. 시스트롬이 말한다. "세상에는 사람들이 웃기고 얼빠진 것들을 가까운 친구들과 공유할 수 있고 남들에게 평가받지 않는 장소가 필요해요." 마치 스냅챗 최고경영자 에번 스피걸의 말을 듣는 것 같다.

시스트롬은 스냅챗이 이 간극을 처음으로 메웠지만 이제 인스타그램 역시 메워야 했다고 인정한다. 시스트롬이 말한다. "그건 우리가 열어젖힌 우리 생태계의 일부였어요. 우리는 사람들이 자기 삶의 의미 있는 순간들을 공유하고 강조할 수 있도록 하고 싶었죠. 마찬가지로 하루 동안

3부 메타버스를 향하여

일어난 우스운 순간들도요."

　인스타그램은 이 프로젝트를 최우선 과제로 취급했으며 얼마 안 가서 스냅챗의 아이디어를 자기네 버전으로 재창조했다. 다음 과제는 이 기능을 뭐라고 부를 것인가였다. 다들 그냥 '스토리'가 답이라고 생각했다. 스냅챗이 자기네 제품에 붙인 바로 그 이름 말이다. 당시 인스타그램 엔지니어링 책임자 케빈 윌Kevin Weil이 말한다. "그걸 다른 이름으로 부를 이유가 없다는 생각이 들기 시작했어요. 그냥 쓰자는 거였죠. 이건 스냅챗과 인스타그램뿐 아니라 여러 앱과 서비스의 공통 형식이 될 테니까요. 그래서 우리도 '스토리'라고 부른 겁니다. 그들과 똑같이요."

　인스타그램은 스토리에 사활을 걸 만큼 확신이 있었다(아니면 그만큼 절실히 스토리가 필요했는지 모른다). 지난 몇 년간 페이스북에서는 좀처럼 볼 수 없던 풍경이었다. 그동안 페이스북은 혁신을 조심스럽게 접목하거나 경우에 따라서는 별도의 실험적 앱으로 출시하기도 했으니 말이다. 새 기능은 아무도 관심을 기울이지 않는 외딴 나라의 소규모 이용자를 대상으로 꼼꼼히 테스트한 뒤에 점진적으로 보급되었다.

　스토리는 그러지 않았다. 인스타그램은 스토리를 거의 전 세계에 한꺼번에 출시해 난데없는 벼락처럼 이용자들을 때렸다. 스토리 갤러리의 섬네일은 2010년 '버븐' 앱을 원조로 인스타그램이 문을 연 이후 핵심 기능이던 피드를 짓이기듯 화면 맨 위에 자리 잡았다.

　시스트롬은 사람들이 새 형식에 익숙해지면서 스토리가 서서히 보급될 것에 대비하고 있었다. 하지만 이용자들은 스토리를 마치 무인도에 떨어진 치즈버거처럼 허겁지겁 흡입했다. 시스트롬이 말한다. "우리가 이 공백을 얼마나 훌륭히 메웠는지 난 알아차리지 못한 거죠."(어쩌면 스냅챗이 이용자들을 훈련시킨 덕분인지 모른다.)

어떤 면에서 인스타그램은 유명인과 인플루언서의 주무대로 진화하면서 이용자들로부터 멀어지고 있었다. 인스타그램 세상의 주인은 스타들이었으며 나머지 군중은 그저 그 속에서 살아갈 뿐이었다. 그런데 갑자기 서비스의 새로운 용도가 등장한 것이다. 사람들은 일상의 순간들을 친구들과 공유할 수 있었고 아무런 부담을 느낄 필요가 없었다. 24시간이 지나면 스토리는 사라졌으니까. 인스타그램이 선사하는 재미와 친밀감은 마치 …… 대학교 시절 더페이스북닷컴을 연상시켰다. 바보짓이 규칙인 곳, 포모FOMO, Fear Of Missing Out(혼자 뒤처질까봐 느끼는 두려움-옮긴이) 심리가 끊임없는 불안을 자극해 사람들을 새 시대의 소셜 미디어에 붙잡아두기 전의 그곳 말이다.

게다가 스토리는 인스타그램 피드를 잠식하는 것 같지 않았다. 케빈 시스트롬은 2017년 내게 이렇게 말했다. "사람들은 여전히 사진 한 장으로 근사한 휴가를 과시하고 싶어 해요. 하지만 언제까지나 사람들에게 보여주고 싶지는 않은 열다섯 장의 사진을 무척이나 찍고 싶어 하기도 하죠."

스냅 최고경영자 에번 스피겔은 자신의 아이디어가 노골적으로 도용당한 것에 대해 논평을 거부했다(스냅챗은 2016년 스냅으로 회사명을 변경했다). 하지만 부하 직원들은 쓰러질 지경이었다. 당시 스냅의 한 임원이 말한다. "폭탄이 터진 것 같았어요." 스피겔은 한동안 회사 내에서조차 말을 아꼈다. 하지만 스피겔의 아내가 될 호주의 슈퍼모델 미란다 커Miranda Kerr는 그만큼 심사숙고하지 않았다. 그녀는 런던에서 발행되는 일간지 《텔레그래프》에 이렇게 말했다. "페이스북은 못 봐주겠어요. 누군가를 대놓고 베끼는 건 혁신이 아니에요. 창피한 일이지……. 그러고도 밤에 잠이 오나요?"9

잘만 잤을 것이다. 스토리는 뉴스피드보다 더 커질 전망이라고 저커 버그는 실적 발표 자리에서 호언장담했다. 그러나 시스트롬과 크리거가 성공에 대한 보상을 저커버그에게서 기대했다면 오산이었다.

인수 기업 흡수와 창업자 축출하기 3: 왓츠앱

저커버그가 자신의 소유물을 손아귀에 넣는 과정에서 가장 애먹은 사 례는 왓츠앱이었다. 왓츠앱은 세상과 동떨어진 나름의 문화가 있었으며 그곳 직원들은 캘리포니아 마운틴뷰에 있는 평범한 건물의 벽 안에 틀 어박혀 있었다. 그들은 전통적인 성공 지표를 멀리했다. 왓츠앱의 사명 은 사람들을 단순히 연결하는 것이 아니었다. 사람들에게 제약 없이 연 결할 자유(무선 통신 사업자로부터의 자유, 심지어 정부로부터의 자유)를 선 사하는 것이었다.

따라서 왓츠앱이 모든 메시지의 암호화를 기본값으로 채택한 것은 이 사명에 전적으로 부합했다. 공동 창업자 브라이언 액턴은 무엇보다 왓 츠앱 이용자들이 친구, 가족, 동업자와 공유하는 비밀을 정부가 엿보지 못하도록 해야 한다고 생각했다.

2013년 여름 브라이언 액턴은 왓츠앱에 들어갈 종단간 암호화end-to-end encryption, E2EE를 구축하기 시작했다. 10억 명 이상의 통신을 보호하 고, 솜씨 좋은 해커부터 정교한 국가 정보기관에 이르기까지 온갖 공격 을 막아내는 암호 시스템을 만드는 일이었다. 이는 궁극적인 '집에서 따 라 하지 마세요' 사업이다.

암호화가 디지털 시대 자유의 핵심이라고 믿는 암호화 운동가이자 암호화의 대가 목시 말린스파이크Moxie Marlinspike를 만나게 된 것은 액턴에게 축복이었다. 말린스파이크는 기부자들에게 후원을 받아 '텍스트시큐어TextSecure'라는 이름의 쓰기 쉬운 일반인용 암호화 도구를 개발하고 있었다. 액턴은 그를 설득해 텍스트시큐어 기술을 왓츠앱에 접목하게 했다. 발신자와 수신자는 모를 수 있지만, 전송되는 모든 메시지는 스파이가 스파이에게 보내는 편지처럼 보호받았다. 염탐꾼, 공작원, 해커, 이혼 전문 변호사가 메시지를 가로챌 수 있을지는 몰라도 결코 내용을 읽을 수는 없었다. 전송 단추를 누른 순간부터 메시지를 확인하는 순간까지 내용이 암호로 되어 있었기 때문이다. 페이스북조차 읽을 수 없었다.

여기에는 매우 위험한 구석이 있었다. 당시 FBI와 미국국가안보국은 '잠적Going Dark'이라는 시나리오를 경고하고 있었다. 메시지 내용을 알아낼 수 없으면 안보와 안전이 위험에 처할 수 있다는 뜻이었다. 페이스북은 벌금을 물게 될 수 있었고, 암호화된 메시지가 살인 공작에 이용된 것으로 드러나면 이용자들에게 외면당하거나 그보다 더한 손실을 입을 수 있었다.

인수 계약이 아직 마무리되지 않았을 때 액턴은 저커버그에게 왓츠앱이 종단간 암호화를 추진하고 있음을 알렸다(허락을 요청한 것이 아니라 통보했다). 저커버그는 예의 알쏭달쏭한 태도로 동의했다. 액턴이 말한다. "이런 식이었습니다. '마크, 우리는 종단간 암호화를 구축하고 있어요.' 그랬더니 그가 이러더군요. '좋아, 좋아요. 당신들 하고 싶은 대로 해요. 난 관심 없으니.'"

사실 저커버그는 이 문제에 대해 꽤 깊이 생각해둔 터였다. 2014년 미국 정부가 페이스북 데이터 센터에서 나오는 통신을 가로채고 있었다는 사실을 CIA와 미국국가안보국에서 일한 컴퓨터 기술자 에드워드 스노

든Edward Snowden이 폭로했을 때 저커버그는 격분했다. 또한 저커버그는 암호화에 대해 애증의 감정이 있었다. 자신의 초창기 교신 내용(하버드에 다닐 때 커넥트유와 관련해 주고받은 인스턴트 메시지와 이메일)이 암호화되었다면 그는 곤경을 겪지 않았을지 모르니 말이다.

저커버그가 암호화에 대해 유보적 태도를 취한 것은 법에 저촉될까봐서가 아니라 수익에 악영향을 미칠까봐서였다. 2017년 중반 페이스북은 메시징 앱에 새로운 재무 전략을 구현하고 있었다. 개인 대 개인 커뮤니케이션 서비스에서 기업과 고객이 소통할 수 있는 서비스로 탈바꿈시키겠다는 것이었다. 페이스북 메신저는 이미 그 방향으로 나아가고 있었다.

액턴이 말한다. "마크가 제기한 물음은 이거였어요. '종단간 암호화를 한다는 건 돈주머니를 걷어차는 격 아닌가?'" 문제는 기업과 고객이 주고받는 실제 메시지가 지장을 받으리란 것이 아니었다. 페이스북이 메시지를 검색해 무엇이 들어 있는지 살펴보고 그 정보를 활용해 이용자 경험을 향상시키거나 심지어 이용자에게 더 나은 광고나 부가 서비스를 제공하는 일을 할 수 없으리라는 것이었다. 액턴이 말한다. "종단간 암호화에 의문이 제기된 건 사업 가치의 측면에서였죠."

왓츠앱은 암호화를 고수했다. 하지만 왓츠앱에서 수익을 창출하는 문제를 놓고 갈등이 점차 격화했다.

계약이 성사되고 오래지 않아, 왓츠앱 연간 이용료 1달러를 폐지하는 문제를 놓고 창업자들과 저커버그 사이에 논의가 시작되었다. 이용료 수입은 페이스북의 거대한 매출 규모에 비하면 새 발의 피였다. 하지만 액턴은 반대했다. 그는 이용료를 일종의 보험으로 여겼다. 액턴이 말한다. "마크는 이런 식이었습니다. '없애버려, 없애버려, 없애버려.' 보스가 없애라고 하는데 부하가 없애지 말라고 하면 부하는 논쟁에서 질 수밖에 없죠."

다음 협상은 더 잔혹했다. 쿰과 액턴은 정보 수집 면에서 왓츠앱을 페이스북의 정반대로 설계했다. 설계상 왓츠앱이 이용자에 대해 아는 것은 전화번호가 전부였다.

2014년 왓츠앱이 페이스북에 인수될 때 왓츠앱 블로그에서 이용자들에게 밝힌 내용에 따르면 두 사람은 이 방향이 유지될 수 있으리라 생각했다.

> 프라이버시 존중은 우리의 DNA에 새겨져 있으며, 우리는 왓츠앱을 만들면서 여러분에 대해 최대한 적게 아는 것을 목표로 삼았습니다. 여러분은 우리에게 이름을 알릴 필요가 없으며 우리는 여러분에게 이메일 주소를 요구하지 않습니다. 우리는 여러분의 생일을 모릅니다. 여러분의 집 주소를 모릅니다. 여러분이 어디서 일하는지 모릅니다. 여러분이 무엇을 좋아하는지, 인터넷에서 무엇을 검색하는지 모르며 여러분의 GPS 위치를 수집하지도 않습니다. 그 어떤 데이터도 왓츠앱은 수집하거나 저장하지 않았으며 우리는 이 방침을 변경할 계획을 전혀 가지고 있지 않습니다.[10]

하지만 저커버그는 자신의 핵심 비즈니스 모델에 반하는 서비스에 200억 달러 이상을 지불할 의향은 추호도 없었다.

2016년 중반 저커버그는 또 다른 주장을 들고나왔다. 페이스북이 왓츠앱 데이터의 일부를 이용하고 다른 서비스에 접목할 수 있어야 한다는 것이었다. 의결권을 장악한 최고경영자로서 그의 주장은 관철될 수밖에 없었다. 무엇보다 눈에 띄는 조치는 왓츠앱 고객들의 전화번호를 페이스북 데이터베이스에 통합한다는 것이었다. 이렇게 하면 페이스북은 전화번호를 입력하지 않은 수백만 명의 블루 앱 이용자에 대해 이 가장 귀중한 개인식별정보를 얻게 되는 셈이었다.

이렇게 하려면 왓츠앱과 이용자 사이의 이용약관을 개정해야 했다. 물론 장황하고 난해한 약관을 읽어보는 이용자는 거의 없었다. 하지만 규제 당국은 읽어본다. 특히 프라이버시를 중시하는 유럽연합의 규제 기관에 이 법률 용어의 샐러드는 기업들이 이용자 데이터로 무슨 짓을 하는지 알 수 있는 몇 안 되는 신뢰성 있는 단서다.

더구나 페이스북은 왓츠앱을 인수하면서 왓츠앱 데이터를 페이스북에 통합하지 않겠다고 명시적으로 약속했다. 이것은 깐깐한 유럽 관료 조직의 승인을 얻기 위해 불가피한 조치였으며 미국에서는 연방거래위원회가 같은 약속을 받아냈다.

이용약관 변경은 이 합의에 대한 위반으로 간주되었다. 무엇보다 괘씸한 것은 이러한 변경이 옵트인이 아니라 옵트아웃이었다는 것이다. 이용자가 아무 조치를 취하지 않으면 데이터는 공유된다는 뜻이었다. 가장 빠삭하고 가장 적극적인 이용자만이 약관이 변경된 것을 알아차리고 왓츠앱 데이터가 페이스북 데이터의 거대한 저장고에 통합되지 못하도록 하는 방법을 찾아낼 수 있었다. 액턴은 훗날《포브스》의 파미 올슨Parmy Olsen에게 말했다. "시간이 많이 지난 탓에 유럽연합이 잊었을 줄 알고 다들 도박을 하는 것 같았습니다."[11]

쿰과 액턴은 페이스북의 조치를 경멸했지만 두 사람이 서명한 2016년 8월 25일 왓츠앱 블로그 게시물은 변화를 긍정적으로 묘사했다. "여러분의 전화번호를 페이스북의 시스템과 연결함으로써 페이스북은 친구 추천 역량을 향상할 수 있고 여러분에게 페이스북 계정이 있다면 더 적절한 광고를 보여드릴 수 있습니다."

유럽연합은 호락호락하지 않았다. 이용약관 변경은 페이스북이 인수 검토를 받으면서 했던 약속을 어긴 것이므로 유럽연합은 말 바꾸기의 대가로 1억 유로(약 1억 2200만 달러[12])의 벌금을 물렸다. 페이스북은 이렇게 변명했다. "우리가 2014년 서류에서 저지른 실수는 고의가 아니었습니다."

저커버그는 계속 밀어붙였다. 2017년 초 그는 왓츠앱을 멘로파크 캠퍼스로 이전하라고 요구했다. 이 조치는 왓츠앱의 문화에 액턴과 쿰이 우려한 것보다 더 해로운 영향을 미쳤다. 왓츠앱 사람들은 페이스북 사무실에 스며 있는 활기차고 친밀한 기숙사 분위기와는 다른 분위기에 익숙했다. 왓츠앱의 차분한 분위기가 멘로파크에 이식되면서 마찰이 발생했다.

저커버그는 왓츠앱 직원들을 배려해 원래의 넓은 책상을 쓰게 해주었으며 심지어 화장실까지 개조했다(프라이버시에 집착하는 왓츠앱 사람들은 발이 보이지 않도록 화장실 칸막이 문이 바닥까지 내려오기를 바랐다). 하지만 《월스트리트저널》 기사에 따르면 다른 페이스북 직원들은 신참들이 특별 대우를 받는 것에 분개했다고 한다.[13] 일부 페이스북 고참들은 왓츠앱 사람들이 감히 방문객에게 "소음을 최소한으로 줄여주세요"라는 포스터를 붙여놓은 것을 보고 기분이 상해서 야유를 보내기도 했다. 《월스트리트저널》에 따르면 그들은 이렇게 외쳤다. "왓츠앱에 오신 것을 환영합니다. 닥치세요!"

액턴은 저커버그와 교류가 별로 없었다. 두 사람이 만날 때면 액턴은 자녀 이야기로 말문을 트려 했다(둘 다 어린 자녀가 있었으며 심지어 같은 산과 의사가 아기를 받았다). 액턴은 그 시점에서 저커버그가 늘 화제를 바꾼다고 느꼈다. 액턴이 말한다. "마크는 사람들을 내치는 재능이 탁월했습니다. 그런데 그 친구가 우리 집에서 고작 1마일 떨어진 곳에서 살고 있는 겁니다!"

액턴은 샌드버그와도 자신의 문제를 상의하려 했지만 성과는 거의 없었다. 그가 보기에 그녀는 정치적 동물 같았으며 자신을 동료로 대우하지 않는다는 느낌이 들었다. 한번은 자신과 면담하던 도중에 지인이 방문한 것을 보고는 회의실 밖으로 나가 방문객과 이야기를 나누었다고 한다. "ESPN의 고위급 인사였던 건 같습니다"라고 액턴은 회상한다.

종종 샌드버그는 왓츠앱에 광고를 실어야 한다면서 광고를 받아들여 페이스북에 거액을 벌어다주는 인스타그램과 비교했다. 액턴은 샌드버그에게 페이스북이 제시하는 '수익 창출 계획'에 동의하지 않는다고 말했다. 심지어 자신이 반대하는 방식으로 페이스북이 왓츠앱에서 수익을 발생시킬 경우 결별할 수 있다는 계약 조항을 들먹이기까지 했다. 샌드버그는 그에게 모든 것이 자신의 권한 밖이라고 말했다.

2017년 봄을 지나 여름에 접어들도록 액턴은 뻔질나게 얀 쿰을 찾아갔다. 그는 이렇게 말했다. "이봐, 이렇게는 더는 못하겠어." 그는 쿰 또한 나오고 싶어 한다는 걸 알고서 함께 떠나자고 제안했다.

그러나 쿰은 끝까지 버티면서 단계별로 퇴사 협상을 벌일 계획이었다. 우선 이사회에서 물러난 다음 명목상 재직 기간을 늘리는 것을 목표로 삼았다. 그러면 자신이 받을 수 있는 금액 대부분을, 그러니까 남은 20억 달러 중에서 4분의 3가량을 챙길 수 있었다.

액턴은 기다릴 수 없었다. 그는 수익 창출 조항을 거론하지 않은 채 경솔하게 저커버그에게 퇴사하겠다고 말했다. 그가 말한다. "'여긴 쓰레기 같은 곳이에요. 이 광고 나부랭이 때문에 진이 빠진다고요'라는 식으로 강펀치를 날리진 않았죠. 마크에게 좀 더 솔직하지 못했던 게 후회돼요. 하지만 그런 말을 할 만큼 친밀한 사이라는 느낌은 한 번도 받은 적이 없었어요."

액턴은 계약서에 수익 창출 조항이 있으니 자신이 퇴사하더라도 베스팅을 앞당길 자격이 있으리라 믿었다. 하지만 이 사실을 언급하지는 않았다. 이것은 약 10억 달러가 걸린 문제였다. 면담이 끝나고 약 2주 뒤 그는 이 조항을 거론하는 이메일을 썼다. 액턴, 저커버그, 페이스북 법무실장 폴 그레이월은 다시 마주 앉았다. 저커버그는 액턴에게 이번이 마지막 대화가 될 거라고 말했다. 액턴은 수익 창출이 문제임을 분명히 해두고 싶다고 말했다. 액턴이 말한다. "그게 내가 그에게 한 마지막 말 중 하나였어요. 나는 그저 왓츠앱에 광고를 싣고 싶지 않았을 뿐이에요."

양측은 합의를 이끌어내려고 협상을 벌였다. 그러나 결국 액턴은 신물이 나서 10억 달러 가까운 금액을 포기한 채 회의실에서 나가버렸다. 그의 퇴사는 2017년 9월 공개되었다.

여덟 달 뒤인 2018년 4월 30일 페이스북은 쿰의 퇴사를 발표했다. 쿰은 블로그에 이렇게 썼다. "기술 이외에 내가 좋아하는 일을 할 수 있는 시간을 가지려고 합니다. 희귀한 공랭식 포르셰를 수집하고 내 차들을 개조하고 얼티밋 프리스비 경기에 참가할 겁니다."[14] 쿰의 자산은 90억 달러로 추정되었기에 포르셰 시장은 후끈 달아올랐다. 그의 마지막 출근일은 2018년 8월이었다.

액턴은 쓸쓸하게 퇴장하기는 했지만 30억 달러로 위안을 삼을 수 있었다. 팰러앨토 시내에서 오랫동안 인터뷰를 나누고서 마지막에 내가 이 문제를 꺼내자 그가 말한다. "좋게 보자면 그렇죠."(인터뷰 전에 그는 "원하는 건 뭐든 말할게요"라고 약속했다.) 그는 그중 5000만 달러를 출연해 시그널재단Signal Foundation을 설립했다. 이 재단은 목시 말린스파이크의 암호화 도구를 이용해 쓰기 쉽고 깰 수 없는 일반인용 통신 서비스를 만들고 있다. 그는 자신의 기업을(영혼까지는 아니지만) 마크 저커버그에게 넘긴 것을 후회한다.

그가 말한다. "나는 지지하는 원칙이 몇 가지 있었고 심지어 내 이용자들에게 천명하기까지 했습니다. 이렇게 말했죠. '우리는 여러분의 데이터를 팔지 않을 겁니다. 여러분을 상대로 하는 광고를 팔지 않을 겁니다.' 그러고는 약속을 저버리고 회사를 팔았어요. 그게 내가 저지른 죄입니다. 나는 죗값을 치러야 해요. 매일 참회하는 마음으로 살아가죠. 시그널은 내게 속죄의 희망이에요."

액턴은 자신을 자기혐오성 억만장자로 만들어준 회사에 마지막 일격을 가했다. 2018년 3월 20일 케임브리지 애널리티카 뉴스 보도 직후에 그는 트위터에서 한동안 화제가 된 해시태그를 달았다.

시간이 됐다. #페이스북 삭제It is time. #deletefacebook.

이 트윗에 대한 가장 유명한 댓글은 일론 머스크가 올린 것이었다. "페이스북이 뭔데?"

머스크는 이 트윗에 분위기를 누그러뜨릴 이모지조차 덧붙이지 않았다.

액턴의 전 동료로 페이스북 메시지 앱을 책임진 데이비드 마커스는 페이스북 공개 게시물에 격한 반응을 올렸다. 마커스는 이렇게 썼다. "당신을 억만장자로 만들어주고 몇 년간 전례 없는 수준으로 당신을 지키고 보듬어준 사람들과 회사를 공격하는 건 저질이다. 그야말로 저질의 새 지평을 열었다."[15]

마커스의 게시물에는 페이스북 임원들의 좋아요가 잔뜩 달렸다. 하지만 브라이언 액턴의 비판(《포브스》 인터뷰에서 한 비판과 몇 주 전 나와의 인터뷰에서 한 비판)은 페이스북과 저커버그를 향한 것 못지않게 그 자신을 향한 것이었다. 그는 내게 말했다. "스스로를 변절자로 고백한 사람은 내가 처음입니다."

쿰을 대신해 왓츠앱 수장이 된 사람은 페이스북에서 잔뼈가 굵은 크리스 대니얼스였다. 말썽 많은 인터넷닷오그 사업을 맡아 진행한 보상이었다. 그는 부하 직원들의 신임을 얻느라 애먹었으며 몇몇 충성파는 회사를 떠났다. 하지만 그는 창업자들이 오랫동안 반대한 몇 가지를 서비스에 포함하는 여정을 시작했다. 2018년 11월 왓츠앱에 광고가 실리기 시작했다.[16]

대니얼스는 직책을 맡고 얼마 지나지 않아 소규모 회의에서 자신이 거둔 성과를 보고했다. 그러자 저커버그는 평소와 달리 에둘러 말문을 뗐다. "한 가지 말하고 싶은 게 있어요. 안이 좋은 걸 몇 가지 가져다주긴 했지만 우리의 앞길을 꼭 막고 있었다는 생각도 들어요." 그러더니 회사 내의 몇 부문에 대해서 똑같은 생각이 든다고 언급했다. 인스타그램 창업자 중 한 사람이 회의실에 앉아 있었다는 것을 감안하면 의미심장한 발언이었다.

2019년 3월 저커버그가 왓츠앱을 비롯한 모든 서비스를 통합한다고 발표한 뒤 대니얼스도 회사를 떠났다. 생일 사진에 등장한 또 다른 임원 월 캐스카트가 그 자리에 앉았다.

인스타그램은 별이 아니라 페이스북의 위성이어야 한다

2016년 인스타그램이 스냅챗에서 차용한 스토리가 어찌나 성공적이었던지 저커버그마저 약탈에 뛰어들었다. 그는 페이스북 블루 앱에 자체 버전의 스토리를 추가한다고 내부적으로 공표했다(페이스북 스토리는 2017년 3월 28일 공식 출시되었다).

페이스북이 동생의 혁신적 기능을 채택한 시점은 흥미로운 순간이었다. 페이스북 블루 앱은 성장이 둔화했으며 북아메리카에서는 감소세로 돌아섰다. 한편 인스타그램은 페이스북보다 더 짧은 시간 안에 10억 이용자를 돌파했다. 게다가 인스타그램은 페이스북이 받지 못하는 사랑을 받고 있었다. 페이스북은 점차 세금(달갑지 않지만 좋든 싫든 삶의 일부가 되어버린 것)처럼 인식되었다. 반면에 인스타그램은 사람들에게 즐거움을 선사했다. 특히 젊은이들은 인스타그램을 끼고 살았으며 페이스북은 좀처럼 들여다보지 않았다. 2018년 나는 고등학교 몇 곳에서 강연할 기회가 있었는데, 반에서 몇 명이나 페이스북을 쓰느냐고 물었더니 한두 명만 손을 들었다. 하지만 인스타그램은 거의 전부 손을 들었다.

저커버그는 인스타그램을 인수한 선견지명에 자부심을 가질 자격이 있었다. 하지만 사내의 일부 사람들이 보기에 그는 …… 공치사를 원했다. 저커버그는 인스타그램의 성공 이야기를 할 때면 공동 창업자들이 잘하긴 했지만 페이스북의 지원이 한몫했음을 빼놓지 않았다. 그는 인스타그램의 10억 이용자 달성을 선언한 실적 발표 자리에서도 이 점을 지적했다.

그와 내가 20동 옥상의 인공 사바나를 오랫동안 산책하던 어느 오후 역시 마찬가지였다. 우리는 2006년 그가 야후의 인수 제안을 거절한 일화에서 시작해 그때의 힘겨운 결단에 얼마나 만족하는지까지 이야기를 나누었다. 그는 이제 젊은 창업가를 만나면 이렇게 조언한다고 내게 말했다. 자신의 회사가 독자적으로 성공할 잠재력이 있다는 생각이 들거든 결코 압력에 굴복해 회사를 매각하지 말라고.

나는 떠오르는 회사의 두 공동 창업자가 인수 제안을 받아들인 사례를 거론하지 않을 수 없었다. 그에게 물었다. "그 말은 케빈과 마이키가 당신에게 회사를 판 것이 실수였다는 뜻인가요?"

그는 마치 자기보다 하수가 순식간에 판세를 뒤집는 묘수를 두자 놀란 체스 그랜드마스터처럼 한참 침묵했다. 그는 자신을 위해 환상적인 성과를 올려준 두 임원을 폄하하고 싶지는 않았을 것이다. 하지만 그의 말은 틀림없는 폄하였다. "한편으로는 그들이 훌륭한 일을 했다고 생각해요. 그들은 매우 유능하며 10억 달러 이상의 가치가 있는 기업을 세울 수 있었어요. 다른 한편으로는 나는 우리가 이 방면에서 세계 최고라고 생각하는데, 페이스북이 도와주지 않았다면 그들은 오늘날의 절반만큼도 성장하지 못했을 거예요."

2017년 후반이 되자 저커버그와 인스타그램의 관계는 확연히 달라져 있었다. "우리가 어떻게 하면 당신들을 도울 수 있을까요?"는 "당신들은 어떻게 우리를 돕고 있지?"로, 그다음에는 저커버그의 전시 최고경영자 연설에 부합하는 "닥치고 내 말 들어"로 바뀌었다.

처음에 저커버그는 단지 인스타그램을 활용해 수익을 끌어올리고 싶어 하는 것처럼 보였다. 인스타그램에 올라오는 광고의 개수는 시스트롬에게 언제나 근심거리였다. 예전의 저커버그라면 (장기적 전망을 품고) 피드를, 그리고 최근에는 스토리를 광고로 어지럽히지 않겠다는 시스트롬의 주장을 호의적으로 받아들였을 것이다. 하지만 지금의 저커버그는 광고를 늘리라고 명령하고 있었다. 인스타그램 광고를 늘림으로써 페이스북 블루의 광고를 줄여 블루가 더 매력적으로 보이도록 하고 싶은 것처럼 보일 지경이었다.

2018년 초 인스타그램이 10억 이용자를 달성하자 인스타그램 사람들은 자신들의 지원 요청에 대한 저커버그의 거절이 훨씬 잦아지리라 생각했다. 저커버그는 성장팀 책임자 하비에르 올리반에게 페이스북이 인스타그램에 제공한 제품 편의를 모두 나열하라고 지시했다. 잘라낼 수 있는 만큼 잘라내겠다는 심산이었다.[17]

갈등의 한 가지 원인은 인스타그램의 내부 메시징 서비스인 인스타그램 디렉트Instagram Direct에 대한 시스트롬의 계획이었다. 시스트롬과 크리거는 인스타그램 디렉트를 페이스북 메신저 같은 별도의 앱으로 만들고 싶었다. 그러면 스냅과 붙어볼 만했다. 스냅의 서비스와 마찬가지로 인스타그램 디렉트에서 메시지는 수신자가 확인하면 하루 뒤에 사라졌다. 페이스북 메시징 서비스 중에서 청년 시장을 스냅 못지않게 매료시킨 것이 하나도 없었다. 그랬기에 인스타그램 디렉트는 그 귀중한 인구집단에 파고들 페이스북 최고의 기회인지 몰랐다.

과거였다면 시스트롬과 크리거가 개발을 끝낸 뒤 저커버그에게 통보만 했을 것이다. 하지만 저커버그가 통일된 페이스북에 대한 구상을 곱씹기 시작한 이상 그런 독립의 시절은 지나갔다. 인스타그램은 인스타그램 디렉트를 계속 개발하기 위한 인력 충원에 2018년 예산의 일부를 배정했으나 저커버그는 그들의 요청을 거부했다. 이런 패턴이 계속되었다. 인스타그램은 2017년 페이스북에서 가장 빠르게 성장하는 조직이었는데 저커버그는 2018년 예산에서 인스타그램 채용 항목을 삭감했다.

그럼에도 인스타그램은 여러 나라에서 새 앱을 테스트했으며 테스트를 확대하기에 충분한 호응을 얻었다. 하지만 저커버그는 다른 부문에 미칠 영향을 평가하고 싶다며 테스트를 중단시켰다. 그런 다음 공식적으로 개발 중단 명령을 내렸다. 몇 달 뒤 페이스북은 앞으로 인스타그램의 모든 메시징은 페이스북 메신저팀에서 관리한다고 발표했다.

올리반의 목록에서 페이스북이 인스타그램에 베푼 또 다른 혜택은 교차홍보cross-promotion였다. 이용자가 인스타그램 사진을 뉴스피드에 공유하면 이에 대한 알림이 떴는데, 이것은 페이스북 이용자들에게 소소하게 인스타그램을 노출하는 방법이었다. 이젠 그럴 수 없었다.

인스타그램에 더 심각한 문제는 인스타그램의 페이스북 친구 그래프 이용을 제한하는 방안을 저커버그가 만지작거리고 있었다는 것이다. 페이스북 친구 그래프는 인스타그램의 가장 중요한 성장 도구 중 하나였다. 새 이용자는 가입하는 즉시 모든 페이스북 친구와 연결되어 그 순간부터 서비스를 본격적으로 향유할 수 있었다.

인스타그램 경영진은 광고가 늘어나고 홍보가 줄어드는 것은 감수할 수 있었지만 친구 그래프를 잃는 것은 감당할 수 없었다. 일전에 저커버그는 인스타그램팀에 그런 일은 결코 없으리라 장담했다. 몇 달 뒤 페이스북은 인스타그램의 그래프 접근을 제한했으며 곧이어 저커버그는 전면 차단을 실험하기 시작했다.

패턴은 오해할 여지가 없었다. 저커버그는 인스타그램의 방향을 페이스북 블루보다 커질 수 있는 서비스에서 블루의 거대 위성으로 바꾸고 있었다. 시스트롬과 가까운 사람들은 그가 사소하지만 끊임없는 굴욕을 겪으면서 좌절하고 있음을 알아차렸다. 시스트롬은 페이스북에서 노장이기는 했지만 이른바 '진골'에는 속하지 못했다. 그는 러시아의 침입이나 케임브리지 애널리티카 같은 사건을 논의하는 긴급 위기 대책 회의에서 대체로 배제되었다. 심지어 저커버그는 인스타그램 본사를 방문한 적조차 없었다. 단 한 번도.

케빈 시스트롬이 주관한 최후의 대형 인스타그램 행사는 '인스타그램 TVInstagram TV' 또는 'IGTV'라 부르는 서비스의 출시였다. IGTV의 아이디어는 인스타그램이 유명인과 인플루언서에게서 누리는 인기를 활용해 유튜브를 따라잡겠다는 것이었다. 유튜브는 진실한 모습을 근사하게 공유해(또는 가장해) 수백만 명의 사람들과 연결하는 일에 재능을 가진 사람들의 필수 플랫폼이었다. 하지만 우선 인스타그램은 IGTV가 블루 앱 동영상 서비스의 이용자를 빼앗지 않을 것임을 회의적인 저커버그에게 확신시켜야 했다. 피지 시모의 지휘 아래 페이스북은 '페이스북 워치Facebook Watch'라는 동영상 스트리밍 서비스에 수십억 달러를 투입했으며 심지어 자체 프로그램을 제작하기까지 했다.[18] 마침내 저커버그가 IGTV 추진을 승인하기는 했다. 그러나 인스타그램은 제품 출시 전에 IGTV 동영상이 페이스북에 기본으로 게시되는 데 동의해야 했다.

페이스북의 이스트빌리지 뉴욕시 사무소에 모인 기자들, 인플루언서들과 생방송으로 연결한 채 멘로파크에서 열릴 예정이던 출시 행사는 재앙으로 끝났다. 인스타그램은 최상급 이벤트 회사를 섭외했으며, 그들은 회전하는 무대가 딸린 정교한 세트를 제작했다. 하지만 무대는 회전하지 않았으며 프레젠테이션은 먹통이 되었다. 새로 급조한 프레젠테이션이 준비되었을 때는 많은 기자가 자리를 뜬 뒤였다.

그 뒤 시스트롬은 육아 휴직에 들어갔다.

페이스북의 이름 아래 모든 프랜차이즈 통합하기

저커버그가 경영진을 재정비한 2018년 5월 즈음에는 그때까지 제품 책임자를 맡고 있던 크리스 콕스가 누가 보든 우두머리였다. 그는 수천 명의 페이스북 직원이 입사할 때 그들을 환영한 목소리의 주인공이었다. 사람들은 아직까지 그의 연설에서 영감을 받는다고 그에게 말하곤 했다. 저커버그가 전국 투어 때 나스카 경주용 자동차를 몰다가 사망했다면 그의 후계자는 장담컨대 콕스였을 것이다.

그렇기에 저커버그는 경영진의 자리를 정비하면서(하비에르 올리반을 승진시켰고 앨릭스 슐츠에게 성장팀을 넘겼고 슈렙의 영역을 확장했다) 전부 합치면 페이스북 자체보다 큰 앱들의 집합체인 '패밀리Family'의 책임자 자리를 신설해 콕스에게 맡길 수 있었다.[19]

페이스북은 재무 실적의 보고 방식을 바꿔 월평균 이용자 대신 최소한 하나의 서비스를 이용한 모든 사람을 합산했다. 이렇게 하면 블루 앱의 성장이 시원찮아도 성장세가 여전한 것처럼 보여줄 수 있었다. 추세에 따르면 총 이용자 수는 2020년 무려 30억 명에 이를 것으로 전망되었다.

콕스는 새 직책을 맡고서 얼마 뒤 내게 자신의 역할을 설명해 주었다. "나는 저마다 다른 이 제품들의 고유한 문화와 가치를 유지하면서 모든 앱을 떠받치는 정말로 튼튼하고 탄탄한 인프라를 구축하는 일에 주력할 겁니다." 이 일의 핵심은 페이스북이 블루 앱을 위해 개발한 안전과 보안 조치를 페이스북 소유의 메시징 앱들에 접목하는 것이라고 그는 말했다.

하지만 이것은 저커버그의 생각과 일치하지 않았다. 예전에는 개별 기업들의 문화가 발전하는 것이 적절했을지 모른다. 하지만 지금은 이 자산들이(말 그대로 자산이므로) 페이스북이라는 기계의 톱니바퀴로 인식되어야 할 때였다. 이것이야말로 저커버그가 한동안 내부적으로 전파하던 메시지였다.

처음에는 에둘러서 표현했다. 그가 취하고 있던 조치를 한발 물러서서 보면 알 수 있었다. 그는 이 프랜차이즈들을 끌어모으고 있었다. 직원들의 이메일 주소에서 서비스 이름을 없애는 일과 같은 조치가 그랬다. 인스타그램닷컴instagram.com, 왓츠앱닷컴whatsapp.com, 오큘러스닷컴oculus.com은 더는 쓰지 못하게 할 참이었다. 모두가 모선의 도메인 페이스북닷컴fb.com을 쓰게 될 터였다. 심지어 서비스 자체의 이름까지 변경될 예정이었다. 이제 그냥 인스타그램은 없었다. 페이스북 인스타그램Instagram by Facebook만 있을 뿐('마크 저커버그 제작'까지 끄집어내지는 않았다).

콕스는 창업자들과 저커버그 사이의 수많은 이견을 조율해야 하는 힘겨운 자리에 있었다. 특히 우려스러운 일은 시스트롬과 크리거의 불만이었다. 두 사람은 분명 기분 나빠 했지만 저커버그는 자신의 길을 고집했다.

그랬기에 시스트롬과 크리거가 회사를 그만둔다는 사실이 저커버그에게는 결코 놀랍지 않았다. 두 사람은 직속 상관인 콕스에게 사직 의사를 밝혔다. 저커버그를 직접 만나 다시 한번 자신들을 설득할 기회를 줄 필요는 전혀 못 느꼈다.

그해 인스타그램 최고운영책임자 된 애덤 모세리가 이제 프랜차이즈의 수장이 되었다. 그 또한 생일 사진에 들어 있었다.

두 사람이 떠난 뒤 나는 저커버그에게 인스타그램팀으로부터 들은 이야기를 대놓고 물었다. "인스타그램을 어떤 식으로든 질투했나요?"

그가 되물었다. "질투…… 라고요?"

내가 말했다. "그래요, 질투. 한 가지 더, 인스타그램보다 페이스북 블루 앱이 성장하기를 더 바랐나요?"

그는 아니라며 자신이 어떻게 생각했는지 내게 설명했다.

초창기에는 페이스북이 주력 제품이었고 페이스북, 인스타그램, 메신저는 갓 시작한 상태였으므로 창업자들에게 재량권을 부여한 채 최고의 제품을 만들도록 하는 것이 타당했다고 했다. 그가 말한다. "그렇게 해서 엄청난 성공을 거두었죠. 첫 5년간은 그게 합리적이었어요. 하지만 이제 우리는 모든 제품이 크고 중요해진 시점에 도달했어요. 단순히 같은 제품의 여러 버전을 만들고 싶진 않아요. 더 일관되고 통합된 기업 전략이 있어야 해요."

그 과정에서 창업자들을 잃게 되더라도 어쩔 수 없는 일이라는 것이 그의 생각이었다. "당신이 저 제품 중에 하나를 만들어 대단한 성공을 거둔 창업가라면 아침에 일어나서 이렇게 말할 수 있다는 거예요. '좋아, 내가 해낸 일이 자랑스럽긴 하지만 이건 내가 나아갈 길이 아냐.' 이게 내 눈에 보인 상황이에요. 우리는 옳은 방향으로 나아가고 있어요."

하지만 케빈 시스트롬과 가까운 사람들은 저커버그가 주도권을 휘두르지 않았다면 시스트롬이 20년은 더 인스타그램에 남았을 것이라고 생각한다.

2018년 시스트롬과 크리거는 떠나면서 고용주에게 폭언을 퍼붓지는 않았다.[20] '#deletefacebook' 해시태그도 달지 않았다. 그들의 고별 게시물에는 품위가 있었다. 정상적인 상황이었다면 이렇게 중요한 인물이 떠날 경우 주간 전 직원 회의에서 질문이 빗발쳤을 것이다. 하지만 그 주는 조엘 캐플런이 진보 성향 동료들에게 엿을 먹이며 브렛 캐버노에게 공개적으로 충성을 맹세한 주였다. 또한 페이스북 이용자 5000만 명의 개인 정보 유출 사실이 발각되어 페이스북 역사상 최대의 정보·보안 재난이 일어난 주였다. 인스타그램 창업자들의 퇴장은 그 주의 충격적 사건 3위로 내려앉았다.

시스트롬은 그해 11월 《와이어드》 콘퍼런스에 모습을 드러낼 때까지 어떤 공개 발언도 하지 않았다.[21] 그는 최근에 비행 면허를 따서 들떠 있다고 밝혔다. 갓 난 딸과 시간을 보내고 있다고 했다. 그는 퇴사의 세부 내용은 밝히고 싶어 하지 않았다. 하지만 행복한 결별이었던 척할 수는 없었다. 그가 말했다. "모든 게 근사하다는 이유로 직장을 떠나는 사람은 없습니다."

반독점 위반의 주범으로 몰리다

모든 프랜차이즈를 하나의 거대한 인프라로 통합하는 새 페이스북에 대한 구상을 저커버그가 발표했을 때 이것은 콕스에게 대단한 기회처럼 보였다. 그의 역할은 통합을 진두지휘하는 중책이 될 터였다. 하지만 콕스는 새 임무가 내키지 않았다. 그는 '프라이버시 중심 비전Privacy-Focused Vision' 자체에 반대했다. 특히 제품을 강력한 암호화로 보호해야 한다는 저커버그의 고집이 우려스러웠다.

저커버그의 이런 행보는 어떤 면에서 자신의 경험에 따른 반응이었다. 그의 초창기 교신 중 일부가 암호화되었다면 또는 스토리가 삭제되듯 사라졌다면 그의 초기 인스턴트 메시지와 이메일은 결코 폭로되지 않았을 것이다. 물론 프라이버시를 넥스트 페이스북의 중심에 놓는 일은 페이스북을 오웰식 염탐꾼으로 비난하는 사람들에게 보내는 확고한 답변이었다.

하지만 콕스는 그 이면을 보았다. 기술적 어려움은 둘째치고, 모든 메시징 서비스의 내용을 암호화해 페이스북조차 게시물을 읽을 수 없도록 하면 증오 발언과 거짓 정보에 대처하는 데 지장을 받을 수 있었다.

인스타그램 듀오가 떠난 지 일주일 뒤 콕스 역시 페이스북을 떠났다. 그는 여전히 회사를 사랑했으며, 사직을 준비하는 동안에도 신입 사원들에게 환영 연설을 했다. 그는 단지 전략에 반대했을 뿐이다.

그는 가장 친한 친구 사이인 자신과 저커버그가 환하게 웃는 사진과 함께 다음과 같은 게시물을 뉴스피드에 올렸다. "마크가 개략적으로 설명한 것처럼 우리는 제품의 방향에서 새 페이지를 넘기고 있습니다. 우리는 암호화되고 상호 운용 가능한 메시징 네트워크에 주력할 것입니다. 이것은 대형 프로젝트가 될 것이며 우리에게는 이 새로운 방향을 이끌어갈 리더들이 필요합니다."

이 말의 의미는 …… "나는 아니다"였다. 콕스는 서른여섯 살이었으며 그중 13년을 페이스북에서 보냈다. 자신이 신봉하지 않는 통합에 매진하느라 2년을 더 보낼 생각은 없었다.

저커버그가 내게 말한다. "몇 년간 회사가 '광장' 제품 쪽으로 지나치게 선회해서 이제 '거실' 쪽으로 가려니 갈등이 생기는 거죠. 회사에서 가장 뛰어난 사람들이 이러더군요. '이거 하려고 여기 온 게 아냐.' 이 일은 심오한 문화적 진화예요. 나는 정답을 가지고 있지 않으며 이 일이 어떻게 펼쳐질지 가늠조차 못 하고 있어요. 하지만 여러 해가 걸릴 건 분명해요."

적어도 그가 페이스북에 통합하고자 하는 서비스에 이제 그의 이너서클 회원들이 포진한 만큼 소유욕 강한 창업자들에게 방해받지 않은 채 융합 과정을 추진할 수 있을 터였다.

그러나 더 직접적인 장애물이 등장했다. 비판자와 규제 당국은 저커버그가 애초에 이 프랜차이즈 자산을 수집하도록 인수 허가를 받은 이유에 의문을 제기했다. 그들은 그 뒤로 몇 넌간 페이스북의 워드 클라우드word cloud(메타 데이터에서 얻은 핵심 태그들을 중요도나 인기도 등을 반영해 웹사이트에 시각적으로 표현한 것-옮긴이)에서 비약적으로 커질 운명인 한 단어를 끄집어냈다. 바로 '반독점antitrust'이었다.

2018년 상원의원 린지 그레이엄Lindsey Graham이 저커버그에게 그의 경쟁자들이 누구냐고 물었다. 이때 페이스북 최고경영자 저커버그는 잠시 머뭇거리다 8개의 대형 소셜 앱이 있다고 말했다. 하지만 그중 4개가 자신의 소유라는 사실은 밝히지 않았다.

몇 달간 안티 페이스북 운동가들은 연방거래위원회, 법무부, 주 검찰총장들에게 페이스북을 상대로 독점 금지 조치를 취하라고 촉구했다. 일부 반대파는 저커버그의 통합 전략이 프랜차이즈 자산을 기술적 의미에서 긴밀하게 묶을 것이기에 한두 곳을 매각하라는 명령이 떨어지더라도 분리가 불가능하다는 주장으로 맞설 것이라고 추측했다.

컬럼비아대학교 법학 교수이자 반독점 전문가인 팀 우Tim Wu는 연방거래위원회 자문역을 맡은 적이 있었다. 그는 뉴욕대학교 법학대학원의 스콧 헴필Scott Hemphill과 손잡고 39장짜리 파워포인트 프레젠테이션을 제작했다. 페이스북이 "소셜 미디어 서비스 공급의 지배력을 유지하기 위해" 싹트는 경쟁사들을 인수한 행위가 불공정 경쟁을 제한하는 셔먼법과 클레이턴법에 저촉된다는 주장이었다. 두 사람은 프레젠테이션을 공개했으며 연방과 주의 각 기관들과 기소권자들에게 보여주었다.

2019년 5월 세 번째 파트너가 합류하면서 우와 헴필의 공격은 한층 힘을 얻었다. 바로 크리스 휴스였다. 그는 페이스북 원년 공동 창업자 중 한 사람이었기에 그때까지 모든 배신자 중에서 가장 치명적이었다. 사회 정의를 추구하는 소규모 비영리 단체를 운영하는 휴스는 세상에 불건전한 영향을 미치는 회사의 설립에 자신이 일조한 것을 후회했다 (페이스북 주식으로 받은 5억 달러를 반환할 만큼 후회하지는 않았다).

휴스가 쓴 장문의 기명 칼럼이 《뉴욕타임스》에 실렸다. 제목은 〈지금 은 페이스북을 쪼개야 할 때다〉였다.[22] 그는 저커버그가 "착하고 다정한 사람"이라고 인정하면서도 자신의 동기 마크를 소셜 미디어 업계의 알 카포네로 보이게 할 만한 내막을 들려주었다. 휴스는 인스타그램과 왓 츠앱을 페이스북에서 떼어내라고 입법 당국과 규제 당국에 청원했다. 《뉴욕타임스》는 여기에 그치지 않고 휴스에 대한 5분짜리 미니 다큐멘 터리를 제작했으며 반독점 조치를 촉구하는 사설을 내보냈다.

실은 휴스는 청원할 필요가 없었다. 2019년 중반 의회, 주, 연방의 기 관들은 페이스북뿐 아니라 애플과 아마존을 상대로 반독점 조사를 적극 진행하고 있었다. 하지만 가장 큰 표적은 페이스북이었다. 10월이 되자 46개 주와 컬럼비아 특별구(워싱턴)가 조사에 동참했으며 연방거래위원 회와 법무부 역시 자체 수사를 준비했다. 하원은 페이스북의 스타트업 인수 시도와 관련해 개인 이메일을 비롯한 사실상 모든 문서를 제출하 라고 명령했다. 한편 대통령 후보들도 페이스북에 대해 비난을 퍼부었 다. 민주당의 선두 주자 중 하나인 엘리자베스 워런Elizabeth Warren은 인 스타그램과 왓츠앱을 페이스북에서 분리한다는 계획을 발표했다.[23]

페이스북은 자신들이 약해지면 중국의 거대 기술 기업들이 몰려들어 빈틈을 메울 것이라고 경고하며 방어 논리를 폈다. 하지만 반대파는 눈

하나 꿈쩍하지 않았다. 규제의 구름이 페이스북에 드리웠다.

마크 저커버그는 도전을 받았을 때 물러나는 사람이 결코 아니었다. 그랬다면 페이스북이 인류의 절반 가까이를 연결하는 일은 어림 없었을 것이다. 공개석상에서 그는 페이스북 분할이 좋지 않은 발상이라고 여러 차례 말했다. 그는 페이스북이 발칸반도처럼 사분오열되면 콘텐츠가 제대로 통제되지 못할 것이라며 다시 한번 중국 기업의 소셜 그래프 침투 위협을 끄집어냈다. 하지만 사적인 자리에서는 다시 카토에게 빙의했다. 2019년 전 직원 회의에서 저커버그는 워런이 백악관에 입성해 자신의 견해를 관철하면 페이스북은 자산을 지키기 위해 기꺼이 "링 위에 오를" 것이라고 말했다.(한 직원이 회의 녹취록을 유출했는데, 직원들의 충성심이 예전 같지 않다는 징표였다.)

하지만 방어보다 훨씬 중요한 것은 전진이었다. 페이스북이 현재를 지배한 것만큼 미래를 지배할 수 있으려면 새로운 창안들이 필요했다. 그리하여 2019년 중반 회사의 생존을 위해 싸우던 와중에 마크 저커버그는 뉴스피드 이후로 페이스북 역사상 가장 대담한 프로젝트가 될지 모르는 것을 공개할 참이었다.

바로 '화폐의 인터넷'을 창조하겠다는 계획이었다.

암호화폐 개발에 나서다

페이스북은 자사 제품에 상거래를 도입하기 위해 10년 넘게 노력했다 (이것은 징가와 벌인 페이스북 크레딧 분쟁으로 거슬러 올라간다). 이제 자신의 모든 프랜차이즈를 하나로 묶는 지금, 저커버그는 기업들이 다양한 저커버그 서비스에 접속해 자기네 상업 활동을 향상시키는 장면을 구상했다. 하지만 이 서비스들 사이에서 지불을 관리하는 일은 간단한 문제가 아니었다. 사람들이 은행 계좌나 신용카드가 없는 개발도상국에서는 더더욱 힘든 일이었다.

해결책이자 넷 패러다임 전환에서 한 자리 차지할 기회는 페이스북 메신저팀을 이끌며 저커버그의 총애를 받는 임원 데이비드 마커스가 저커버그에게 보낸 이메일에 들어 있었다.

2017년 성탄절 휴가 때 마커스는 도미니카공화국에 가족 여행을 갔다. 그는 암호화폐cryptocurrency에 대해 골똘히 생각하고 있었는데, 전직 페이팔 임원인 그에게는 그리 어려운 일은 아니었다. 블록체인blockchain이라는 기술은 디지털 화폐의 안전성을 보장할 잠재력이 있었다. 하지만 그때까지 유통되던 전자 화폐들은 교환 수단이라기보다는 투기의 대상에 가까웠다. 마커스는 페이스북이라면 바꿀 수 있으리라 생각했다.

'페이스북이 글로벌 디지털 화폐를 만들면 어떨까?' 마커스는 아이디어가 떠오르자 다급히 저커버그에게 알렸다.

암호화에 대한 열망으로 충만했던 저커버그는 반색했다. 페이스북의 자산들을 합친 뒤에는 더더욱 요긴할 터였다. 세계 각국의 수백 가지 통화를 다뤄야 하는 고역에서 벗어나게 된 것이다. 보편적으로 통용되는 글로벌 화폐를 창조하면 페이스북은 소유한 모든 것을 모든 곳에서 화폐로 바꿀 수 있었다.

마커스는 서둘러 부하 직원들에게 페이스북 메신저를 돌려 팀을 꾸리기 시작했다. 선임 엔지니어 2명은 인스타그램 난민이었다. 이듬해인 2018년 팀은 더욱 커졌다. 엔지니어들은 수백만 건의 거래를 처리할 수 있도록 디지털 화폐의 규모를 키우는 난제와 씨름했다. 정책팀은 그해 여름 백서에서 선보일 수 있도록 이 야심 찬 계획으로부터 가치와 의미를 끄집어내느라 골머리를 썩었다.

백서는 인터넷닷오그의 마케팅 약속을 떠올리게 하는 어조로 이 프로젝트가 전 세계 빈곤 지역의 낙후한 사람들을 위한 것이라고 발표했다. 인터넷닷오그의 목표가 이 사람들에게 광대역 통신망을 제공하는 것이었다면 이 새로운 사명은 은행에 갈 수 없는 전 세계 17억 성인에게 경제력을 선사하겠다고 약속했다.

페이스북은 새 통화를 '리브라Libra'로 명명했다.[24] 이 단어에는 세 가지 뜻이 있었다. 고대 로마의 계량 단위이기도 했고, 정의의 척도를 상징하는 점성술 기호(별자리 중 천칭자리)이기도 했으며, '자유롭다'를 뜻하는 프랑스어 '리브르libre'와 발음이 비슷했다. "화폐, 정의, 자유." 1리브라의 가치는 1달러나 1유로로 매겨질 터였다.(리브라는 2020년 12월 '디엠Diem'으로 이름이 바뀌었다-옮긴이)

리브라는 복잡한 관리 방식을 취했다. 주된 이유는 지구상에서 가장 불신받는 회사가 만든 글로벌 통화에 대한 사람들의 의심을 덜어주기 위해서였다. 페이스북은 이 통화의 관리를 리브라협회Libra Association라는 외부 기관에 위탁했다. 100곳의 파트너는 블록체인의 '노드node'가 되어 직접 거래를 할 수 있었다. 페이스북은 단 1표만 행사할 수 있는 하나의 노드에 불과했다. 협회 운영은 외부에서 영입된 소장이 맡게 될 터였다. 또한 페이스북은 리브라의 코드를 오픈소스 소프트웨어로 공개할 예정이었다. 비밀은 있을 수 없었다.

통제권을 넘겨줌으로써 페이스북에 대한 리브라의 가치는 '더욱' 커졌다. 페이스북에 소유되지 않았기에 페이스북을 미심쩍게 여기는 사람들(사실상 모든 사람)에게 더 매력적으로 보일 수 있기 때문이었다.

물론 페이스북은 리브라 기술의 개발사로서 유일무이한 지위를 차지했다. 그런데 리브라협회가 총회를 열거나 정관을 의결하거나(초안은 페이스북이 작성했다) 소장을 영입하기 전에 이미 페이스북은 리브라를 최초로 구현해 '캘리브라Calibra'라는 이름을 붙였다. 페이스북은 리브라 프로젝트를 선포하면서 캘리브라 '지갑wallet'의 스크린숏 또한 공개했는데, 이 지갑은 아직 존재하지 않는 화폐로 채워져 있었다.

페이스북은 2019년 7월 계획을 발표하면서 신생 리브라협회에 동참을 선언한 27개 파트너를 공개했다. 지불 업계의 거인 비자, 마스터카드, 페이팔이 포함된 것은 인상적이었다. 하지만 이 계획이 한 회사와 긴밀하게 연관되어 있다는 오명을 벗게 해줄 다른 거대 기술 기업들은 눈에 띄지 않았다.

그럼에도 페이스북의 리브라 프로젝트는 그 자체로 논의할 만한 가치가 있었다. 까다로운 문제들과 씨름한 끝에 최근 떠오르고 있는 암호화폐라는 중대 이슈에 대해 혁신적 접근법을 내놓았으니 말이다. 그렇지만 이 이슈들을 본격적으로 논의하기에 앞서 방 안에 있는 거대한 털매머드를 먼저 처리해야 했다. 바로 페이스북이 이 일을 한다는 사실이었다. 다른 곳도 아닌 페이스북이!

2019년 5월 마커스는 리브라 계획을 처음으로 내게 밝히면서(나는 리브라 계획에 대해 브리핑을 받은 최초의 언론인이었다) "페이스북을 모태로 출범했다는 이유로 엄청난 의심을 받고 있는 기관에서 공익사업을 벌이는 것"이 쉽지 않은 일임을 인정했다.[25] 하지만 공개 뒤의 반응은 그보다 훨씬 극단적이었다. 규제 당국, 입법 기관, 그리고 페이스북의 수많은 비판자가 이 아이디어를 비난하며 화폐 단위를 '리브라'가 아니라 '저크버크Zuck Bucks'로 불러야 한다고 비아냥댔다('버크'는 '달러'를 뜻하는 구어체 표현이다-옮긴이).

저커버그는 개의치 않았다. 여느 때처럼 그는 이 계획을 지지한 유일한 인물이었다. 리브라는 뉴스피드의 선례를 따를 것 같았다. 사람들이 한번 사용해보면 사랑하게 되리라는 것이 저커버그의 생각이었다. 그는 소셜 네트워크에 대한 프라이버시 중심 비전 역시 그렇게 느낀 것이 틀림없었다. 자신의 회사에서조차 어찌나 인기가 없었던지 그가 가장 아끼던 직원이 업무를 맡지 않으려고 퇴사할 정도였지만 말이다.

2019년 7월 마커스는 회의적인 상원 금융위원회 앞에서 증언했다.[26] 그의 증언은 의원들의 마음을 바꿔놓지 못했다. 그 뒤로 몇 주간 비자, 마스터카드, 페이팔을 비롯한 여러 파트너가 리브라협회에서 탈퇴했다.

썰물을 막기 위해 페이스북은 규제 당국의 승인 없이는 계획을 실행하지 않겠다고 약속했다. 2019년 10월 23일 저커버그가 직접 워싱턴에 가서 하원 금융서비스위원회에 출석해 리브라에 대한 질문에 답했다.

그런데 바로 일주일 전 그는 이곳 워싱턴의 조지타운대학교에서 표현의 자유에 대한 자신의 견해를 밝혔다. 그는 정치 광고의 팩트체크를 하지 않겠다는, 페이스북이 최근 발표한 정책을 변호하려 했다. 페이스북의 입장은 페이스북에서 유통되는 스폰서 게시물의 새빨간 거짓말을 전혀 단속하지 않겠다는 것이었다. 플랫폼에서 유해 콘텐츠를 일소하거나 최소화하느라 꽤 공을 들인 회사의 입장치고는 뜻밖이었다.

10월 23일 청문회는 저커버그에 대한 신랄한 비판으로 시작되었다. 의장인 맥신 워터스Maxine Waters 하원의원은 리브라 모라토리엄을 요청한 바 있었다. 워터스는 개회사에서 저커버그의 제안이 너무 어이가 없어서 페이스북을 쪼개야겠다는 생각이 들 정도였다고 말했다. 그녀는 저커버그에게 이렇게 말했다. "당신은 회사의 규모를 공격적으로 키우고 있으며 당신이 원하는 것을 얻기 위해서라면 당신의 경쟁자, 여성, 유색인, 당신네 이용자까지 모든 사람을, 심지어 우리의 민주주의까지 기꺼이 짓밟으려 하는 것 같군요."

몇몇 의원은 혁신을 옥죄게 될까봐 우려스럽다며 저커버그를 옹호하는 듯 보였다. 주로 공화당 소속 의원들로 페이스북이 편향되었다는 자신들의 내숭스러운 불만에 회사가 꾸준히 관심을 가져주는 것이 뿌듯했던 모양이다. 하지만 3년 전만 해도 미국의 창의성을 대표하는 상징적 인물이던 저커버그를 맞이한 것은 대부분 적대감이었다.

거듭 등장한 테마는 페이스북의 전과 기록이었다. 이를테면 뉴욕주 하원의원 니디아 벨라스케스Nydia Velázquez는 케임브리지 애널리티카 사태를 끄집어내는가 하면 페이스북이 왓츠앱 데이터를 다른 데이터베이스와 합치지 않겠다는 약속을 어긴 사실을 들먹였다. 저커버그는 뇌진탕이 우려될 만큼 6시간 내내 두들겨 맞았다. 그러면서 중요한 문제 제기라고 말했다. 그는 잘못을 인정했다. "분명 우리는 신뢰를 구축하기 위해 해야 할 일이 있습니다."

벨라스케스가 물었다. "거짓말하면 안 된다는 사실을 배웠나요?"

힘든 순간이 속출했다. 하원의원 조이스 비티Joyce Beatty는 페이스북의 실망스러운 민권 행보를 비판하며 이렇게 말했다. "당신은 미국인의 삶을 망쳤어요." 하원의원 알렉산드리아 오카시오-코르테스Alexandria Ocasio-Cortez는 정치 광고에 대한 저커버그의 입장을 난타했다.

청문회가 4시간째로 접어들자 저커버그는 화장실에 다녀올 수 있도록 휴식을 청하며 물병을 흔들어 자신의 곤경을 표했다. 의장은 표결 전 질의를 한 차례 더 진행하고 싶었기에 저커버그에게 소변보기 전에 질문을 하나 더 받으라고 명령했다. 다음 질문자인 케이티 포터Katie Porter

하원의원은 저커버그의 헤어스타일을 조롱하는 것으로 시작해 일주일에 하루씩 콘텐츠관리자로 일해보라는 요청으로 마무리했다.

청문회가 끝나자 의장은 저커버그와 개인적으로 대화를 나눈 뒤 사람들에게 질문을 받았다. 나는 그녀에게 리브라에 대해 호감이 들 만한 말을 들은 것이 있느냐고 물었다. 그녀는 없다고 했다.

리브라의 기본 문제는 특출난 재능을 소유한 엔지니어들, 타의 추종을 불허하는 추진력, 영리한 제품 감각을 가진 페이스북이 최고의 디지털 화폐를 구현해 거기에 못 미치는 수십 개의 선행 화폐를 깔아뭉갤지 모른다는 우려였다. 하지만 품질은 부차적이었다. 결국 중요한 것은 누가 만드느냐였다. 판단은 어쩌면 아직 연결될 준비가 되지 않았는지 모르는 세계를 연결하겠다고 나서서 어떻게든 연결하고 만 남자, 마크 엘리엇 저커버그의 유산을 어떻게 평가하느냐에 달려 있었을 것이다.

비컨 이후에, 케임브리지 애널리티카 이후에, 뉴스피드가 부추긴 여러 나라의 폭력 사태 이후에, 민권 침해와 프라이버시 침해와 보안 위반을 이유로 연방거래위원회, 증권거래위원회, 유럽연합, 영국 의회로부터 벌금을 부과받은 이후에 …… 이 '모든 것' 이후에, 다들 알고 싶은 것은 바로 이것이었다.

"사람들이 굳이 왜 신뢰trust를 잃은 페이스북에 자신의 돈을 신탁trust 하겠는가?"

마크 저커버그의 캘린더에서 2019년 7월 4일 휴가 여행 전 마지막 일정은 이 책을 위한 우리의 마지막 인터뷰다. 나는 팰러앨토 구시가지에 있는 저커버그 자택(100년 묵은 근사한 장인 양식 주택이긴 하지만 세계 최고 부자 중 한 사람이 살 만큼 으리으리하지는 않다)의 경치 좋은 앞뜰을 거닐며 앤드루 와인리치를 생각한다.

기억하겠지만 와인리치는 변호사이자 창업가로, 오늘날 우리가 알고 있는 온라인 소셜 네트워크 개념을 처음으로 창안했으며 전 세계가 하나의 네트워크로 연결될지 모른다고 구상한 인물이다. 저커버그가 아니라 와인리치가 그 구상을 실현했다면 어땠을지 궁금하다. 그랬다면 (지금은 사라진) 식스디그리스 창업자와 나누는 대화는 틀림없이 거대한 본사 건물에서 진행되었을 것이다. 하지만 현실에서 내가 와인리치를 만난 곳은 소란스러운 위워크WeWork 사무실의 (그가 예약해둔) 작은 회의실이었다. 식스디그리스가 얼마나 시대를 앞섰는지 그가 설명하는 동안 유리 벽 너머로 차세대 마크 저커버그가 되고 싶어 하는 밀레니얼 세대와 Z세대의 분주한 행렬이 지나간다.

쉰 나이에 탄탄해 보이는 와인리치는 자신의 아이디어를 딴 사람이 실현했다는 사실이 서운하지 않으냐는 나의 질문에 대뜸 아니라고 답했다. 페이스북의 경험에 비추어 볼 때 세계를 연결하는 것이 여전히 좋은 일이라고 생각하느냐는 질문 역시 전혀 망설이지 않았다. 그의 생각에는 변함이 없다. 하지만 자신이 저커버그의 자리에 있었다면 상황이 잘못되어갈 때 더 빨리 경고 신호를 포착했을 것이라고 확신했다. 물론 마크 저커버그는 틀림없이 와인리치에게 말할 것이다. 그건 그렇게 쉬운 일이 아니라고.

그가 헝가리산 양치기개 비스트와 함께 나를 맞이한다. 저커버그는 활기 넘치는 녀석을 데리고 창문이 난 응접실로 간다.

우리는 이 책을 위해 3년간 이야기를 나누었으며 이제 우리의 인터뷰에서 저커버그는 최대한 진솔한 모습을 보여준다. 2006년 처음 만났을 때만 해도 남과 말하기를 꺼리던 그는 이제 인터뷰를 자신의 견해를 밝힐 기회로 여길 뿐 아니라 자신이 어떻게 인식되는지 알 수 있는 수단으로 삼는다. 이 면담에서, 또한 이번 못지않게 솔직했던 몇 주 전 인터뷰에서 그는 책임을 묻는 질문에 회한과 반발 사이를 오락가락하며 기꺼이 답한다.(두 차례의 인터뷰는 하나의 긴 인터뷰나 마찬가지였기에 아래에 구분 없이 인용한다.)

그렇다. 그는 플랫폼이 가짜뉴스, 거짓 정보, 증오의 온상이 되도록 내버려둔 페이스북의 부주의함에 책임을 통감한다. 하지만 그런 문제가 발생한 것과 페이스북이 부주의했던 것은 자만심이나 탐욕 때문이라기보다는 지나친 낙관주의의 결과라고 항변한다.

그가 말한다. "지난 몇 년간 얻은 크나큰 교훈은 사람들이 기술을 좋은 쪽으로 이용하는 것에 대해 우리가 너무 이상주의적이고 낙관적이었으며 사람들이 기술을 악용하는 것에 대해 충분히 생각하지 않았다는 거예요."

그는 회사의 핵심 부문을 남들에게 위임한 결정이 문제를 키웠음을 인정한다.

그가 말한다. "나보다 훨씬 나은 사람이 필요한지 모르겠어요. 열아홉 살에 창업해 이 모든 분야에 대해 인생 경험을 쌓지 못한 탓에 회사 경영의 모든 분야를 체득하는 일은 적어도 나한테는 불가능할 것 같아요. 셰릴이 이 일을 너무 능숙하게 해내는 바람에 더 쉽게 넘겨줄 수 있었는지 몰라요." 지금은 불가피하게 경영권을 더욱 장악할 수밖에 없지만 말이다. "지난 15년간 내 개인 여정의 일부는 각 분야에 대해 더 많은 책임을 떠안는 과정이었어요."

한 무리의 대학생이 표현과 상업의 제약을 전혀 받지 않는 글로벌 플랫폼을 열면서 미증유의 결과에 대해 준비가 되어 있지 않았으리라는 주장에는 일리가 있다. 그렇게 대규모로 사람들을 연결할 때 어떤 일이 생길지 누가 예측할 수 있겠는가? 인류를 하나로 묶는다는 이상주의적 목표를 추구했다는 이유로 어떻게 누군가를 나무랄 수 있겠는가?

하지만 어수룩함과 이상주의를 앞세운 변론에는 한계가 있다. 페이스북은 무분별한 성장 추구가 낳은 문제들을 무시하지 않았던가? 페이스북이 자기네 비즈니스 모델 덕분에 타의 추종을 불허하는 규모의 개인정보를 고옥탄 연료 삼아 돌아가는 극도로 정교한 기계가 되었다는 사실 또한 간과할 수 없다. 페이스북이 기숙사 방에서 시작되기는 했지만 1년이 지나지 않아서 저커버그는 돈 그레이엄 같은 존경받는 최고경영자들뿐 아니라 실리콘밸리에서 가장 노련한 창업가들과 투자자들로부터 조언을 얻었다. 게다가 페이스북의 문제가 불거진 시기는 업계 최고의 경영자 중 한 사람이 최고운영책임자를 맡고 있는 동안이었다.

10년 전에 품은 공유와 표현의 자유라는 가치를 계속해서 신봉했다는 저커버그의 말은 분명 진심인 듯하다. 하지만 지난 15년에 걸쳐 그가 내린 결정들에서는 성장, 경쟁 우위, 막대한 이익 추구 같은 부차적 목표가 엿보인다. 이런 하위 목표들은 세계 연결하기라는 페이스북의 사명 추구에 도움이 되었기에 사명 자체와 떼려야 뗄 수 없이 얽혀 있었다. 그렇지만 저커버그는 이 하위 목표들을 추진하면서 흔히 별개의 결정, 결코 이상주의적이지 않은 결정을 내렸다.

내가 이런 생각을 들려주자 그는 한발 물러선다.

그가 말한다. "우리의 문제를 이상주의의 결과로 볼 수도 있고, 똑같은 문제를 놓고 냉소주의의 결과라고 말할 수도 있다고 생각해요. 하지만 나를 아는 사람들은 냉소주의 때문은 아니라고 생각할 거예요. 회사를 경영하면서 '돈을 최대한 많이 벌 수 있도록 최적화해야 하니까 이건 그냥 넘어가야지'라고 생각한 적은 한 번도 없어요. 사람들이 기술을 악용하는 문제에 우리가 충분히 관심을 기울이지 않은 건 어떻게 기술이 많은 유익을 가져올 수 있는지에 대해 너무 이상주의적으로 접근했기 때문이라고 생각해요."

또다시 '이상주의'다.

내가 그에게 말한다. "당신을 아는 사람들이 당신 보고 냉소주의자라고 말하지 않는 건 사실이에요. 하지만 경쟁심이 과도하다고 말하는 것 또한 사실이죠."

그는 자신의 트레이드마크 중 하나인 멍한 표정을 몇 초간 지어 보인다. 마침내 그가 대답한다. "그래요. 나도 그렇게 생각해요."

저커버그가 인정하는 것은 또 있다. 뉴스피드를 트위터처럼 바꾸면서 거짓 정보와 도파민 주의산만증 같은 본의 아닌 결과가 초래되었다고 지적하자 수긍한다. 그는 "돌이켜 보면 그렇게까지 밀어붙이지는 말았어야 했어요"라면서도 페이스북의 최근 청소 작업 덕에 상황이 어느 정도 역전되었다고 덧붙인다. "하지만 우리는 중요한 교훈을 얻었어요."

그는 프라이버시에 대해서도 낙관적으로 생각한다. 우리가 대화를 나눌 때는 연방거래위원회 합의를 몇 주 앞둔 시점이었다. 연방거래위원회는 페이스북에 50억 달러의 벌금을 부과하고 감독 규정을 강제할 계획이었다.

그는 페이스북이 실수를 저지르기는 했지만 지금의 악당 이미지는 과장되었다고 생각한다. 그가 말한다. "사람들에게 페이스북과 프라이버시에 대한 인식을 물어보면 알 수 있듯 오늘날 우리 평판이 좋지 못하다는 건 전반적으로 사실이에요. 사람들은 우리가 프라이버시를 침해하거나 프라이버시 침해에 일조했다고 생각하죠. 내 진짜 생각은 우리가 프라이버시 혁신을 가져왔다는 거예요. 우리는 사람들이 만나고 자신을 표현할 수 있는 새로운 유형의 사적인 공간 또는 준사적인 공간을 만들어냈으니까요."

그에게 성장팀 이야기를 꺼내며, 이용자를 늘리고 유지하는 것이 유일한 임무인 팀에 그가 전권을 부여함으로써 세계를 연결하고 더 나은 곳으로 바꾼다는 애초의 사명을 퇴색시켰음을 지적한다. "이 때문에 성장 자체가 페이스북의 북극성이 되지 않았나요?" 그가 말한다. "당신 말에 대부분 동의하지만 전부는 아니에요. 우리가 성장 자체를 추구했다는 냉소적 관점에서 바라볼 수 있다는 걸 이해해요. 하지만 사람들이 소셜 서비스를 이용하는 이유는 다른 사람들과 교류하기 위해서예요. 우리가 사람들을 위해 할 수 있는 가장 가치 있는 일은 사람들이 아끼는 이들을 우리 서비스에서 만날 수 있도록 해주는 거예요."

어쩌면 페이스북에 수많은 말썽을 일으킨 정책 사안들로부터 그가 거리를 둔 것이 잘못이었는지 모른다. 그가 뉴스피드의 트위터화를 너무 밀어붙였는지 모른다. 페이스북을 성장시키느라 여념이 없어서 콘텐츠 감시의 중요성을 제때 알아차리지 못했는지 모른다. 하지만 더 큰 죄는 소심함이었다는 것이 그의 생각이다.

"많은 사람이 보수적이죠. 그들은 이렇게 말할 것 같아요. '그래, 이렇게 되어야 마땅하다고 믿지만 뭔가를 파괴할까봐 두려워서 도전하지 못하겠어.' 내가 두려운 건 지금 가진 걸 파괴하는 게 아니라 우리가 할 수 있는 최선을 다하지 않는 거예요. 나는 더 많은 기회를 잡는 것만 생각해요. 그건 더 많은 실수를 저지른다는 뜻이죠. 그러니 돌이켜 보면 우리가 전략 면에서, 실행 면에서 숱한 실수를 저지른 건 틀림없어요. 실수를 저지르지 않으면 자신의 잠재력에 걸맞게 살아가고 있지 않은 건지 몰라요. 안 그래요? 그러면서 성장하는 거라고요."

그는 이렇게 말하면서도 그 실수 중 몇 가지가 끔찍한 결과를 가져왔음을 인정한다. "나쁜 것 중에서 어떤 건 정말 나빠요. 사람들이 분개하는 것도 이해할 만해요. 다른 나라가 선거에 개입하려 하면, 버마 군부가 집단 학살을 정당화하는 증오를 퍼뜨리려 하면, 이게 어떻게 긍정적일 수 있겠어요? 하지만 과거의 산업 혁명이나 그 밖의 매우 파괴적인 사회 변화에서와 마찬가지로, 내면화하기가 힘들긴 하지만, 어떤 것들이 고통스럽긴 해도 장기적으로는 긍정적인 측면이 부정적인 측면을 훌쩍 뛰어넘을 수 있어요. 부정적인 측면을 최대한 잘 다스릴 수 있다면 말이죠.

"이 모든 일을 겪고 나서도 나는 신념을 잃지 않았어요. 나는 우리가 인터넷의 한 부분이고 인터넷 또한 더 큰 역사적 궤적의 한 부분이라고 믿어요. 하지만 우리가 최근까지 충분히 집중하지 않았을지 모르는 이 부정적인 용도에 대처해야 할 책임이 우리에게 있는 건 분명해요."

마크 저커버그의 성격을 한마디로 요약하려는 것은 소용없는 짓이다. 저커버그는 저커버그일 뿐이다. 페이스북은 변해야 할지 모르지만 저커버그는 자신이 변해야 한다고는 생각지 않는다.

그가 말한다. "이 회사를 경영하면서 세상이 앞으로 나아가는 데 보탬이 되리라 생각되는 일을 하지 않을 수는 없었어요." 하지만 어떤 사람들은 그가 경제계의 그 누구보다 세상에 크나큰 파멸을 가져왔다고 생각한다. 그가 내 눈을 들여다보고 있으면 그의 믿음이 진심임을 분명히 알 수 있다.

이제 일어설 시간이다. 저커버그가 일광욕실에 비스트를 풀어주고는 나를 문까지 안내한다. 내가 떠나려는 찰나, 저커버그가 집 밖 계단 꼭대기에 선 채 공책 얘기를 꺼낸다. 인터뷰 초기에 나는 그가 2006년에 쓴 〈변화의 책〉에서 몇 쪽을 가지고 있다고 그에게 말했다. 그는 공책이 사라져서 아쉽다고 했다. 한 번 볼 수 있으면 좋겠는데요, 라고 그가 말한다. 마침 스캔본이 휴대폰에 들어 있어서 파일을 열어 그에게 건넨다.

저커버그가 표지를 쳐다보더니 얼굴이 환해진다. 이름과 주소, 찾아주는 사람에게 100달러를 보상한다는 약속이 적혀 있다. "네, 내 글씨체 맞아요!"

어떤 면에서 스물두 살 마크 저커버그가 보상을 내걸며 부탁한 일을 내가 해주고 있다는 걸 깨닫는다. 영영 잃어버린 줄 알았던 귀한 보물을 돌려주는 것.

페이지를 넘기는 그의 만면에 희색이 감돈다. 마치 예전의 자신과 문득 재회한 듯한 표정이다. 규제 당국, 증오 유발자, 경호원에 아직 익숙하지 않은 앳된 얼굴의 창업자가 자신의 구상을 어떤 팀 앞에서 신나게 설명하고 있다. 그의 구상을 소프트웨어로 탈바꿈시킨 다음 최선의 방식으로 세상을 변화시킬 사람들에게.

이윽고 그가 황홀경에서 빠져나온다. 내게 휴대폰을 돌려주는 것이 내키지 않는 듯한 표정이지만 결국 돌려준다. 그러고는 집 안으로 걸어 들어가 문을 닫는다.

감사의 글

기업이 믿음의 도약을 단행하는 때는 언론인에게 접근을 허가할 때다. 나와 인터뷰를 위해 직원들의 귀중한 시간과 에너지를 허락한 페이스북의 결정에 감사한다. 무엇보다 내 책이 페이스북이나 내가 예상하지 못한 쪽으로 방향 전환을 했음이 분명해진 뒤에도 페이스북이 믿음을 거두지 않은 것에 감사한다. 엘리엇 슈레이그와 캐런 머루니Caryn Marooney는 나의 취재 요청을 마크 저커버그와 셰릴 샌드버그에게 전달해 접근권을 얻게 해준 핵심 인물이다. 나의 페이스북 가이드 버티 톰슨 Bertie Thomson과 데릭 메인스Derick Mains는 고용주에게 누를 끼치지 않으면서도 프로젝트를 솜씨 좋게 지원했다. 나머지 페이스북 홍보팀 직원들에게도 감사한다. 나중에 합류한 존 피넷John Pinette을 비롯해 그들은 내게 정보와 인터뷰를 제공하기 위해 최선을 다했다. 인터뷰 약속, 특히 마크와 셰릴의 인터뷰 약속은 이행되었고 시간을 초과했으며, 마지막 몇 달간은 두 수장 다 나를 만나주려고 특별히 노력했다. 마지막 면담 때 인터뷰는 특히 건설적이었다. 두 사람을 비롯해 내게 이야기를 들려준 수백 명의 전현직 페이스북 직원들에게 감사한다.

페이스북은 창립 이후로 지대한 관심의 대상이었다. 나의 동료 언론인들과 저술가들의 모든 노고에 감사한다. 무엇보다 데이비드 커크패트릭의 《페이스북 이펙트》는 페이스북의 첫 10년을 들여다볼 수 있는 귀중한 자료였다. 내게 인터뷰 원고와 더불어 지혜와 논평을 건네준 제시 헴펠Jessi Hempel에게 특별히 감사한다. 컴퓨터과학 부교수 마이클 지머Michael Zimmer는 '저커버그 파일Zuckerberg Files'이라는 경이로운 데이터베이스를 구축했다. 저커버그의 모든 인터뷰가 수록된 방대한 이 자료는 내게 보물 창고와 같았다. 케이시 뉴턴의 뉴스레터〈디인터페이스The Interface〉덕에 나는 매일같이 쏟아지는 페이스북 뉴스를 따라잡을 수 있었다.

나는 지난 3년간 작업하면서 캘리포니아에서 많은 시간을 보냈는데, 내게 잠자리와 편의를 제공한 많은 사람에게 큰 신세를 졌다. 르네 존슨Lynnea Johnson과 캐럴라인 로즈Caroline Rose의 방갈로는 존 마커프John Markoff와 레슬리 테리전Leslie Terizan에게 신세 지기 전까지 오랫동안 나의 숙소였다. 케이티 해프너Katie Hafner와 밥 왁터Bob Wachter는 샌프란시스코에서 나를 환대했다. 레슬리 벌린Leslie Berlin은 너그럽게 아들의 차를 빌려주었다. 아들이 학교에서 써야 한다며 정당하게 반환을 요구할 때까지. 대륙 양쪽 해안 지역 친구들인 브래들리 호로위츠Bradley Horowitz, 아이린 아우Irene Au, 브래드 스톤Brad Stone, 케빈 켈리Kevin Kelly, 메건 퀸Megan Quinn, M. G. 시글러M. G. Siegler, 스티브 스톤번Steve Stoneburn, 미셸 스톤번Michelle Stoneburn에게도 감사한다.

이스트코스트에는 또 다른 집필용 숙소가 두 곳 있었다. 맨해튼 작가의 집Writers Room은 놀라운 은신처다. 매사추세츠 오티스도서관은 인터넷에 굶주린 매사추세츠 서부에서 귀중한 연결(그리고 다정한 환대)을 제공했다.(하지만 광섬유망이 깔릴 예정이다!)

꼼꼼하고 박식한 연구자 린지 무스카토Lindsay Muscato는 나의 팩트체크팀 팀장으로서 능수능란하게 중심을 잡아주었다. 유능하고 성실한 로즈메리 호Rosemarie Ho와 리마 파리크Rima Parikh가 팀원으로 함께했다. 이들의 영웅적 노고 덕에 많은 오류를 바로잡을 수 있었다. 물론 모든 오류는 내 잘못이다. 자오루Lu Zhao는 후주 작성에 큰 도움을 주었다. 탁월한 녹취 전문가 애비 로일Abby Royle은 오랜 시간 동안 페이스북 직원들의 목소리를 글로 옮겼다.

저커버그의 엑서터 시절을 조사한 언론학 학생 서리나 조Serena Cho는 내가 학교의 배경을 파악하도록 도와주었다.

〈백채널〉과《와이어드》의 동료들에게도 감사한다(두 곳은 이 책이 집필되던 중 합병했다). 닉 톰프슨Nick Thompson은 나의 집필 휴가가 끝날 때까지 인내하며 기다려주었으며 나의 편집자 샌드라 업슨Sandra Upson과 베라 티티눅Vera Titinuk은 업무와 집필의 양다리를 양해해주었다.《와이어드》에서 페이스북을 담당한 이시 러파우스키Issie Lapowsky는 탁견과 인맥을 아낌없이 제공했다.

나의 저작권 에이전시 리터리스틱Literistic의 대표 플립 브로피Flip Brophy는 늘 그렇듯 모든 작가가 꿈꾸는 든든한 지지자이자 조언자였다. 에이전시의 넬 피어스Nell Pierce에게도 감사한다.

펭귄 그룹 산하 더턴Dutton 출판팀의 모든 이에게 감사한다. 존 파슬리John Parsley는 원고를 끈기 있게 기다리고 훌륭히 다듬어주었다. 캐시디 색스Cassidy Sachs는 실무 작업을 능숙하게 처리해주었다. 레이철 맨딕Rachelle Mandik의 예리한 교정·교열은 내게 큰 도움이 되었다. 앨리스 달림플Alice Dalrymple은 신속한 제작 과정을 능숙하게 총괄했다. 이 책은 지금은 문을 닫고 더턴으로 통합된 블루 라이더 출판사Blue Rider Press의 데이비드 로즌솔David Rosenthal과 맨 처음 계약했다. 이봐요, 데이비드. 끝냈어요!

늘 그렇듯 가족에게 가장 감사한다. 누이, 처가 식구들, 조카들과는 가짜뉴스와 러시아 거짓 정보 공작에도 꿋꿋하게 비공개 페이스북 그룹을 유지하고 있다. 아들 앤드루 맥스 레비Andrew Max Levy와 아내 테리사 카펜터Teresa Carpenter의 지지와 사랑이 없었다면 이 책을 끝마칠 수 없었을 것이다.

주

이 책의 주요 자료는 전현직 페이스북 임직원 그리고 책에 등장하는 인물과 사건에 직접 관련된 정통한 외부 인사들과 나눈 300여 차례의 인터뷰다. 책에서 별도로 언급하거나 표시하지 않은 인용문은 이 인터뷰가 출처다. 나는 페이스북 초창기 역사의 결정판 《페이스북 이펙트The Facebook Effect: The Inside Story of the Company That Is Connecting the World》(Simon & Schuster, 2010)[한국어판:《페이스북 이펙트》, 에이콘출판, 2010]를 쓴 데이비드 커크패트릭의 작업에 큰 도움을 받았다. 마이클 지머가 관리하는 1000건 이상의 인터뷰와 동영상을 보유한 방대한 데이터베이스 '저커버그 파일'(zuckerbergfiles.org) 역시 귀중한 자료였다. 또한 케이시 뉴턴의 일일 뉴스레터 〈디인터페이스〉 덕에 페이스북의 최신 소식을 빠짐없이 전해 들을 수 있었다.

프롤로그

1   Hillary Brueck, "Facebook Boss Still Tech's Most Popular CEO," *Fortune*, 2016. 2. 26
2   2016년 미국 대선 이후 페이스북 사무실의 풍경에 대한 묘사는 셰릴 샌드버그와 인터뷰를 참고했다.
3   David Kirkpatrick, "In Conversation with Mark Zuckerberg," Techonomy.com, 2016. 11. 17.
4   Brian Hiatt, "Twitter CEO Jack Dorsey: The Rolling Stone Interview," *Rolling Stone*, 2019. 1. 19.

1장

1   식스디그리스에 대한 정보는 개인 인터뷰와 다음 책을 참고했다. Julia Angwin, *Stealing MySpace: The Battle to Control the Most Popular Website in America* (Penguin, 2009). 출시 행사 동영상은 유튜브에 올라와 있다.
2   '여섯 다리' 문제에 대한 논의는 이 책을 참고했다. Duncan Watts, *Six Degrees: The Science of a Connected Age* (W. W. Norton, 2003).

3   커린티가 1929년에 발표한 단편소설 〈사슬〉의 영어판은 절판되었지만 마카이 아담Makkai Ádám 이 번역한 판본은 웹사이트 https://djjr-courses.wikidot.com에서 구할 수 있다.

4   Jeffrey Travers and Stanley Milgram, "An Experimental Study of the Small World Problem," *Sociometry* 32, no. 4 (December 1969), 425–443.

5   Teresa Riordan, "Idea for Online Networking Brings Two Entrepreneurs Together," *New York Times*, 2003. 12. 1.

6   저커버그의 어린 시절에 대해서는 그의 부모를 비롯한 개인 인터뷰에서 좋은 자료를 많이 얻었다. 다음 자료는 특히 도움이 되었다. Matthew Shaer, "The Zuckerbergs of Dobbs Ferry," *New York*, 2012. 5. 4. 2011년 에드 저커버그는 지역 라디오 방송 WVOX에 출연해 그곳 시장과 인터뷰를 하면서 자세한 이야기를 들려주었다. 이 인터뷰는 다음 기사로 보도되었다. Associated Press story: Beth J. Harpaz, "Dr. Zuckerberg Talks about His Son's Upbringing," Associated Press, 2011. 2. 4. 어린 마크 저커버그에 대한 그 밖의 요긴한 기록으로는 2편의 기사가 있다. Jose Antonio Vargas, "The Face of Facebook," *The New Yorker*, 2010. 9. 13; Evan Osnos, "Can Mark Zuckerberg Fix Facebook Before It Breaks Democracy?" *The New Yorker*, 2018. 9. 10. 다음 자료도 참고하라. Lev Grossman, *The Connector* (TIME, 2010), ebook of *Time* magazine's 2010 Person of the Year; David Kirkpatrick, *The Facebook Effect: The Inside Story of the Company That Is Connecting the World* (Simon & Schuster, 2010).

7   Shaer, "The Zuckerbergs of Dobbs Ferry."

8   Ed Zuckerberg, WVOX radio interview.

9   Mark Zuckerberg at Y Combinator Startup School, 2011, *Zuckerberg Transcripts*, 76.

10 Shaer, "The Zuckerbergs of Dobbs Ferry."

11 Ibid.

12 Lev Grossman, *The Connector*, 98.

13 Bill Moggridge, "Designing Media: Mark Zuckerberg Interview" (MIT Press, 2010), *Zuckerberg Videos*, Video 36.

14 Interview with James Breyer at Stanford University, 2005. 10. 26, *Zuckerberg Transcripts*, 116.

15 Matt Bultman, "Facebook IPO to Make Dobbs Ferry's Mark Zuckerberg a $24 Billion Man," *Greenburgh Daily Voice*, 2012. 3. 12.

16 Jessica Vascellaro, "Facebook CEO in No Rush to 'Friend' Wall Street," *Wall Street Journal*, 2010. 3. 3

17 Michael M. Grynbaum, "Mark E. Zuckerberg '06: The Whiz Behind Thefacebook.com," *Harvard Crimson*, 2004. 6. 10

18 Mark Zuckerberg, Menlo Park Town Hall, 2015. 5. 14, Accessed via Facebook Watch.

19 Randi Zuckerberg, *The Human Code with Laurie Segall* podcast, 2018. 2. 2.

20 *Masters of Scale* podcast, 2018. 9.

21 Phillips Exeter Academy web page, "The Exeter Difference."

22 "A Greek Schoolmate Uncovers Zuckerberg's Face(book) and Its Roots," Greek Reporter, 2009. 5. 14.

23 퍼트레인이 이메일로 내게 알려준 저커버그에 대한 기억.

24 퍼트레인이 이메일로 내게 알려준 저커버그에 대한 기억.

25 Vargas, "The Face of Facebook."

26 David Kushner, "The Hacker Who Cared Too Much," *Rolling Stone*, 2017. 6. 29.

27 Todd Perry, "SharkInjury 1.32," *Medium*, 2017. 4. 4.

28 Alexandra Wolfe, *Valley of the Gods* (Simon & Schuster, 2017), 109–10에 실린 토드 페리의 회고.[한국어판:《피터 틸의 벤처 학교》, 처음북스, 2017]

29 Grynbaum, "Mark E. Zuckerberg '06: The Whiz Behind Thefacebook.com."

30 사진 주소록의 스크린숏과 틸러리의 온라인 버전은 이 블로그 게시물에 실려 있다. Steffan Antonas, "Did Mark Zuckerberg's Inspiration for Facebook Come Before Harvard?" *ReadWrite*, 2009. 5. 10..

2장

저커버그의 하버드 시절에 대해서는 방대한 기록이 남아 있으나 저마다 다른 관점에서 기술된 경우가 많다. 개인 인터뷰 외에 더 일관되고 유용한 자료로는 커크패트릭의《페이스북 이펙트》, 커넥트유 소송 증언록에서 공개된 발췌본,《하버드크림슨》의 빼어난 기사, 저커버그 파일의 다양한 인터뷰에서 저커버그 본인이 한 여러 논평 등이 있다.

1 *The Human Code with Laurie Segall* podcast, 2019. 4. 4.

2 저커버그는 2017년 5월 18일 페이스북에 이 동영상을 공유했다.

3 '세글리아 대 저커버그Ceglia v. Zuckerberg' 재판 서류에 1000달러 수수료에 대한 정보가 실려 있다. 세글리아가 페이스북 소유자임을 입증하는 문서는 그가 위조한 것이라는 이유로 소송이 기각된 뒤 세글리아는 기소를 피해 에콰도르로 달아났다. 2019년 6월 현재 미국은 그를 인도받지 못하고 있다. Bob Van Voris, "Facebook Fugitive Paul Ceglia's Three Years on the Run," *Bloomberg*, 2018. 11. 10; David Cohen, "Ecuador Won't Return Fugitive and Former Facebook Claimant Paul Ceglia to the U.S.," *Adweek*, 2019. 6. 25.

4 Dan Moore, *Slashdot*, 2003. 4. 21. 기계학습과 MP3에 관해 쓴 글이다.

5 S. F. Brickman, "Not-So-Artificial Intelligence," *The Harvard Crimson*, 2003. 10. 23.

6 프렌드스터에 대한 가장 훌륭한 기록은 2편의 팟캐스트 시리즈다. *Startup* podcast, 2017. 4. 21; 2017. 4. 28. Seth Feigerman, "Friendster Founder Tells His Side of the Story" (*Mashable*, 2014. 2. 3)는 프렌드스터를 만든 조너선 에이브럼스의 관점을 담고 있다. 프렌드스터를 둘러싼 사건은 다음 두 책에 훌륭하게 요약되어 있다. Angwin, *Stealing MySpace*; Kirkpatrick, *The Facebook Effect*.

7 "Friendster 1: The Rise," *Startup* podcast, 2017. 4. 21.

8 "AIM Meets Social Network Theory," *Slashdot*, 2003. 4. 14.

9 개인 인터뷰 외에 휴스는 저서 *Fair Shot: Rethinking Inequality and How We Learn* (St. Martin's Press, 2018)에서 자신의 이야기를 들려준다.

10 Interview with Sam Altman, Y Combinator, "Mark Zuckerberg: How to Build the Future," 2016. 8. 16, *Zuckerberg Transcripts*, 171.

11 Interview with Y Combinator, "Mark Zuckerberg at Startup School 2013," 2013. 10. 25, *Zuckerberg Transcripts*, 160.

12 S. F. Brickman, "Not So Artificial Intelligence," *Harvard Crimson*, 2003. 10. 23.

13 여기서 인용한 온라인 일기는 루크 오브라이언Luke O'Brien이 하버드 졸업생 온라인 매거진 〈02138〉에 쓴 〈페이스북 콕 찔러보기Poking Facebook〉에서 처음 발표했으며 영화 〈소셜 네트워크〉에 소개되어 유명세를 치렀다. 하지만 영화 속 여자친구와 결별 장면은 시나리오 작가 에런 소킨Aaron Sorkin의 순전한 창작이다.

14 내가 입수한 루크 오브라이언의 감사위원회 재판 기록 메모.

15 "Put Online a Happy Face," *Harvard Crimson*, 2003. 12. 11.

16 Nadira Hira, "Web Site's Online Facebook Raises Concerns," *Stanford Daily*, 1999. 9. 22.

17 David M. Kaden, "College Inches Toward Campus-Wide Facebook," *Harvard Crimson*, 2003. 12. 9.

18 Interview with Y Combinator, "Mark Zuckerberg at Startup School 2013," 2013. 10. 25, *Zuckerberg Transcripts*, 160.

3장

1 저커버그와 하버드 동기들 간 분쟁에 대해서는 온갖 하위장르와 영화(!)가 존재한다. 가장 신뢰할 만한 기록은 Luke O'Brien, "Poking Facebook," 《02138 magazine, 11/12 2007)에서 처음 공개한 선서 증언이다. Ben Mezrich, *The Accidental Billionaires: The Founding of Facebook* (Doubleday, 2009)[한국어판: 《소셜 네트워크》, 오픈하우스, 2010]에는 상당량의 1차 자료가 실려 있다. 니컬러스 칼슨Nicholas Carlson의 《비즈니스인사이더Business Insider》 기사에서는 이제껏 알려지지 않은 쪽지와 이메일, 귀중한 보고가 공개되었다. 커크패트릭의 《페이스북 이펙트》는 늘 그렇듯 이 주제와 관련해서도 탄탄하게 서술했다.

2 Shirin Sharif, "Harvard Grads Face Off Against Thefacebook.com," *Stanford Daily*, 2004. 8. 5.

3 Nicholas Carlson, "At Last—The Full Story of How Facebook Was Founded," *Business Insider*, 2010. 3. 5; "EXCLUSIVE: Mark Zuckerberg's Secret IMs from College," *Business Insider*, 2012. 5. 17.

4 그린스펀에 관해서는 개인 인터뷰 외에 다음 자료를 참고했다. Aaron Greenspan, *Authoritas: One Student's Harvard Admissions and the Founding of the Facebook Era* (Think Press, 2008); John Markoff, "Who Founded Facebook? A New Claim Emerges," *New York Times*, 2007. 9. 1.

5 Matt Welsh blog, "How I Almost Killed Facebook," 2009. 2. 20.

6 Alexis C. Madrigal, "Before It Conquered the World, Facebook Conquered Harvard," *The Atlantic*, 2019. 2. 4.

7 Interview with Y Combinator, "Mark Zuckerberg at Startup School 2013," 2013. 10. 25, *Zuckerberg Transcripts*, 160.

8 Interview with Y Combinator, "Mark Zuckerberg at Startup School 2012," 2012. 10. 20, *Zuckerberg Transcripts*, 161.

9 에드와도 새버린에 관해서는 다음 자료를 참고했다. Kirkpatrick, *The Facebook Effect*; Mezrich, *The Accidental Billionaires* (Saverin cooperated with the book); Nicholas Carlson, "How Mark Zuckerberg Booted His Co-Founder Out of the Company," *Business Insider*, 2012. 5. 15.

10 Alan J. Tabak, "Hundreds Register for New Facebook Website," *Harvard Crimson*, 2004. 2. 9.

11 Seth Fiegerman, "'It Was Just the Dumbest Luck'—Facebook's First Employees Look Back," *Mashable*, 2014. 2. 4. 이 기사에는 초창기 직원들과 인터뷰가 풍성하게 실려 있다

12 Harvard University, "CS50 Guest Lecture by Mark Zuckerberg," 2005. 12. 7, *Zuckerberg Transcripts*, 141.

13 Interview with Y Combinator, "Mark Zuckerberg at Startup School 2012," 2012. 10. 20, *Zuckerberg Transcripts*, 9.

14 Interview with James Breyer at Stanford University, 2005. 10. 26, *Zuckerberg Transcripts*, 116.

15 Phil Johnson, "Watch Mark Zuckerberg Lecture a Computer Science Class at Harvard—in 2005," ITworld, 2015. 5. 13.

16 Christopher Beam, "The Other Social Network," *Slate*, 2010. 9. 29. 컬럼비아대학교 학생 신문 《컬럼비아데일리스펙테이터Columbia Daily Spectator》 역시 시시 커뮤니티와 더페이스북의 갈등을 비중 있게 다루었다.

17 Zachary M. Seward, "Dropout Gates Drops in to Talk," *Harvard Crimson*, 2004. 2. 27.

18 Sarah F. Milov, "Sociology of Thefacebook.com," *Harvard Crimson*, 2004. 3. 18.

19 Adam Clark Estes, "Larry Summers Is Not a Fan of the Winklevoss Twins," *The Atlantic*, 2011. 7. 20.

20 Carlson, *Business Insider* 기사에 실린 또 다른 인스턴트 메시지.

21 저커버그가 존 패트릭 월시John Patrick Walsh에게 보낸 이메일, 2004. 2. 17.

22 Nicholas Carlson, "In 2004, Mark Zuckerberg Broke into a Facebook User's Private Email Account," *Business Insider*, 2010. 3. 5. 추가 정보는 개인 인터뷰에서 얻었다.

23 Claire Hoffman, "The Battle for Facebook," *Rolling Stone*, 2010. 9. 15.

24 2012년 9월 19일 그린스펀은 자신의 블로그 애런그린스펀닷컴aarongreenspan.com에 〈잃어버린 장The Lost Chapter〉이라는 글을 올리면서 새로 찾아낸 자신과 저커버그의 인스턴트 메시지를 대량으로 공개했다.

25 *Adweek* staff, "Facebook Announces Settlement of Legal Dispute with Another Former Zuckerberg Classmate," *Adweek*, 2009. 5. 22.

26 '커넥트유 대 저커버그 등ConnectU Inc. v. Zuckerberg, et al' 재판에서 한 증언.

27 Grynbaum, "Mark E. Zuckerberg '06: The Whiz Behind Thefacebook.com."

4장

1 숀 파커에 관해서는 2011년 내가 일주일간 그를 동행 취재한 자료를 비롯한 여러 자료를 참고했다. 기술 전문 기자 조지프 멘Joseph Menn은 훌륭한 작은 전기를 썼으며, 커크패트릭은 《페이스북 이펙트》 외에 소개 기사를 썼다. David Kirkpatrick, "With a Little Help from His Friends," *Vanity Fair*, 2010. 11. 다음 기사도 참고하라. Steven Bertoni, "Agent of Disruption," *Forbes*, 2011. 9. 21. 여러 인물이 들려주는 이야기를 채록한 실리콘밸리 구술사 Adam Fisher, *Valley of Genius* (New York: Twelve, 2018)[한국어판: 《원스어폰어타임인 실리콘밸리》, 워터베어프레스, 2020]의 페이스북 장에는 파커를 비롯한 초창기 페이스북 직원들의 중요한 발언들이 직접 인용되어 있다.

2 Hoffman, "The Battle for Facebook."

3 애덤 피셔는 《원스어폰어타임인 실리콘밸리Valley of Genius》 인터뷰를 바탕으로 팟캐스트 시리즈를 제작했다

4 '더페이스북 대 커넥트유The Facebook v. ConnectU' 재판에서 저커버그의 증언, 2006. 4. 26.

5 Ellen McGirt, "Facebook's Mark Zuckerberg: Hacker, Dropout, CEO," *Fast Company*, 2007. 5. 1. 주요 잡지에서 신생 기업 페이스북을 다룬 첫 번째 기사다.

6 저커버그와 개인 인터뷰, 2019. 6. 23.

7 Sarah Lacy, *Once You're Lucky, Twice You're Good* (Avery: Reprint edition, 2009), 154. 이 책은 페이스북 초창기에 대한 또 다른 귀중한 기록이다.

8 《페이스북 이펙트》는 초창기 페이스북 직원들이 영화 대사를 어떻게 인용했는지 길게 묘사한다. 97~98쪽 참고.

9 M. G. Siegler, "Wirehog, Zuckerberg's Side Project That Almost Killed Facebook," *TechCrunch*, 2010. 5. 26.

10 Kevin J. Feeney, "Business, Casual," *Harvard Crimson*, 2005. 2. 24.

11 Mike Swift, "Mark Zuckerberg of Facebook: Focused from the Beginning," *Mercury News*, 2012. 2. 5.

12 Feeney, "Business, Casual."

13 Nicholas Carlson, "EXCLUSIVE: How Mark Zuckerberg Booted His Co-Founder Out of the Company," *Business Insider*, 2012. 5. 15.

14 이 지분은 널리 보도된 합의 금액이다. Brian Solomon, "Eduardo Saverin's Net Worth Publicly Revealed: More Than $2 Billion in Facebook Alone," *Forbes*, 2012. 5. 18. 2012년 3월 17일 증권거래위원회 문서에는 새버린이 기업공개 전 페이스북의 지분 약 2퍼센트에 해당하는 5313만 3360주를 소유했다고 나와 있다.

15 Alex Konrad, "Life After Facebook: The Untold Story of Billionaire Eduardo Saverin's Highly Networked Venture Firm," *Forbes*, 2009. 3. 19..

5장

1 Kirkpatrick, *The Facebook Effect*, 125.

2 James Breyer/Mark Zuckerberg interview, Stanford University, 2005. 10. 26, *Zuckerberg Transcripts*, 116.

3 이 사건을 처음 언급한 자료는 Kirkpatrick, *The Facebook Effect*, 122 – 23이다

4 Karel M. Baloun, *Inside Facebook* (Trafford Publishing, 2007), 22.

5 롤프 험프리스Rolfe Humphries의 1953년 번역 "Someday perhaps, remembering even this will be a pleasure"를 인용했다. 로버트 피츠제럴드Robert Fitzgerald의 유명한 1983년 번역도 'even'과 'this' 위치를 바꾼 것 말고는 거의 똑같다.

6 Matt Welsh blog, "In Defense of Mark Zuckerberg," 2010. 10. 10.

7 James Glanz, "Power, Pollution and the Internet," *New York Times*, 2012. 9. 22.

8 Ryan Mac, "Meet New Billionaire Jeff Rothschild, the Engineer Who Saved Facebook from Crashing," *Forbes*, 2014. 2. 28.

9 Katherine Losse, *The Boy Kings: A Journey into the Heart of the Social Network* (Free Press,

2012), 71.

10 데이비드 최는 라디오 토크 쇼에서 자신의 경험담을 털어놓았다. *The Howard Stern Show*, 2012. 2. 7.

11 Interview with Y Combinator, "Mark Zuckerberg at Startup School 2013," 2013. 10. 23, *Zuckerberg Transcripts*, 160.

12 2005년 페이스북에 입사한 제품 디자이너 솔레이오 쿠에르보의 회고.

13 '지배' 구호는 페이스북 초창기 기록에 곧잘 인용되었지만 처음 공개된 출처는 이 기사다. Jessica E. Vascellaro, "Facebook CEO in No Rush to 'Friend' Wall Street," *Wall Street Journal*, 2010. 3. 3.

14 Katherine M. Gray, "New Facebook Groups Abound," *Harvard Crimson* 2004. 12. 3.

15 Michael Lewis, "The Access Capitalists," *New Republic*, 1993. 10. 18

16 '더페이스북 대 커넥트유' 재판에서 저커버그의 증언, 2006. 4. 25.

6장

1 Josh Constine, "Facebook Retracted Zuckerberg's Messages from Recipients' Inboxes," *TechCrunch*, 2018. 4. 6

2 Interview with *Huffington Post*, "Mark Zuckerberg 2005 Interview," 2005. 6. 1, *Zuckerberg Transcripts*, 56.

3 콕스의 최근 동정에 관한 훌륭한 자료는 이 기사다. Roger Parloff, "Facebook's Chris Cox Was More Than Just the World's Most Powerful Chief Product Officer," *Yahoo Finance*, 2019. 4. 26.

4 "Daniel Plummer, Cycling Champ, Scientist, Killed by Tree Branch," *East Bay Times*, 2006. 1. 4.

5 Noah Kagan, "The Facebook Story." 인용한 말이 실린 이 초기(2007) 원고는 훗날 책으로 출간되었다. Noah Kagan, *How I Lost 170 Million Dollars: My Time As #30 at Facebook* (Lioncrest, 2014).

6 Kagan, "The Facebook Story," 24. 허시의 퇴사는 페이스북 최고재무책임자 유기돈Gideon Yu도 다음 기사에서 언급한다. Nick Carlson, "Industry Shocked and Angered by Facebook CFO's Dismissal," *Business Insider*, 2009. 4. 1.

7 Sarah Lacy, *Once You're Lucky, Twice You're Good* (Avery; Reprint edition, 2009), 165.

8 이 정황은 마크 저커버그의 5월 25일 하버드 졸업식 축사에서 느낀 것이다.

9 전체 게시물은 여전히 페이스북에 올라와 있다. 2006년 9월 6일 자.

10 Adam Fisher, *Valley of Genius* (New York: Twelve, 2018).

11 스터츠먼의 발언은 이 기사에서 인용했다. Rachel Rosmarin, "Open Facebook," *Forbes*, 2006. 9. 11.

7장

1 스티브 잡스의 2005년 6월 12일 스탠퍼드대학교 졸업식 축사 전문은 스탠퍼드 뉴스 웹사이트에 올라와 있다.

2 5명 전부가 마이크로소프트 출신은 아니다. 그중 한 사람인 찰리 치버Charlie Cheever는 시애틀의 또 다른 회사 아마존에서 일했다.

3 나의《뉴스위크》커버스토리 〈페이스북 이펙트The Facebook Effect〉(2007. 8. 7)를 위해 저커버그와

한 인터뷰에서 발췌.

4 Mark Coker, "Startup Advice for Entrepreneurs from Y Combinator," VentureBeat, 2007. 3. 26.

5 데이비드 커크패트릭은 페이스북의 '플랫폼'에 대한 결정판 기사를 썼다. Kirkpatrick, "Facebook's Plan to Hook Up the World," *Fortune*, 2007. 5. 29.

6 Eric Eldon, "Q&A with iLike's Ali Partovi, on Facebook," VentureBeat, 2007. 5. 29.

7 Ibid.

8 Kirkpatrick, *The Facebook Effect*, 225.

9 징가에 대한 최고의 자료는 이 책이다. Dean Takahashi, *Zynga: From Outcast to $9 Billion Social-Game Powerhouse* (VentureBeat, 2011).

10 *SF Weekly* staff, "FarmVillains," *SF Weekly*, 2010. 9. 8.

11 '페이스북 대 식스포스리Facebook v. Six4Three' 재판에서 한 알리 파르토비의 증언, 2017. 10. 10.

12 Michael Arrington, "Scamville: The Social Gaming Ecosystem of Hell," *TechCrunch*, 2009. 11. 1.

13 Michael Arrington, "Zynga CEO Mark Pincus: 'I Did Every Horrible Thing in the World Just to Get Revenues,'" *TechCrunch*, 2009. 11. 6.

14 샘 레신이 마크 저커버그에게 보낸 이메일, 2012. 10. 26. 식스포스리라는 개발사가 제기한 소송에서 페이스북이 법정에 제출한 비공개 문서 중 하나인 〈디지털문화미디어스포츠위원회 위원장, 하원의원, 데이미언 콜린스의 기록: 식스포스리 파일 속 핵심 사안 요약Note by Damian Collins, MP, Chair of DCMS Committee: Summary of Key Issues from the Six4Three Files〉에 실려 있다. 영국 의회는 식스포스리 최고경영자에게서 이 문서들을 입수했는데, 그는 런던 방문 시 무심코 문서들을 가지고 갔다. 2018년 12월 데이미언 콜린스Damian Collins 영국 하원의원은 일부 문서를 공개했다.

15 "Exhibit 48—Mark Zuckerberg email on reciprocity and data value," 2012. 11. 19. "Summary of Key Issues."

16 식스포스리가 보유한 또 다른 문서들(약 7000쪽 분량)은 저널리스트 덩컨 캠벨Duncan Campbell에게 유출되었으며 그는 2019년 11월 이 문서들을 공개했다. 페이스북은 로이터 통신에 이 문서들이 "페이스북에 악의를 품은 누군가가 전체 맥락에서 일부를 떼어낸" 것이라고 말했다.

17 페이스북 임원 이메 아치봉이 2013년 9월 9일에 보낸 이메일에서는 저커버그가 조브니 차단에 관여했다고 지목한다. 이 이메일의 출처는 식스포스리 문서다.

18 식스포스리 문서에 나오는 2013년 6월 이메일.

19 일리야 수카르 채팅, 2013. 10. 15. 출처는 식스포스리 문서.

20 수카르가 2014년 1월 31일 채팅에서 API 변경 조치에 이 이름을 붙인 듯하다. 출처는 식스포스리 문서.

21 "Exhibit 97—discussion about giving Tinder full friends access data in return for the use of the term 'Moments' by Facebook," 2015. 3. 13. "Summary of Key Issues."

8장

1 "Facebook Privacy," Electronic Privacy Information Center(EPIC) website. 이 페이지는 페이스북의 프라이버시 관련 실수들을 날짜순으로 보여준다. 전자프라이버시정보센터EPIC는 10년 넘게 페이스북을 추적했으며 페이스북에 대한 가장 중요한 불만 사항 일부를 여러 정부 기관과 의원들에게 제출했다.

2 Kirkpatrick, *The Facebook Effect*, 242.

3 Kara Swisher, "15 Billion More Reasons to Worry About Facebook," *AllThingsDigital*, 2007. 9. 25.

4 "5 Data Breaches: From Embarrassing to Deadly," *CNN Money*, 2010. 12. 14.

5 Ellen Nakashima, "Feeling Betrayed, Facebook Users Force Site to Honor Their Privacy," *Washington Post*, 2007. 11. 30.

6 Josh Quittner, "R.I.P. Facebook?" *Fortune*, 2007. 12. 4.

7 Dan Farber, "Facebook Beacon Update: No Activities Published Without Users Proactively Consenting," ZDNet, 2007. 11. 9..

8 Juan Carlos Perez, "Facebook's Beacon More Intrusive Than Previously Thought," *PCWorld*, 2007. 11. 30.

9 Juan Carlos Perez, "Facebook's Beacon Ad System Also Tracks Non-Facebook Users," *PCWorld*, 2007. 12. 3.

10 Brad Stone, "Facebook Executive Discusses Beacon Brouhaha," *New York Times*, 2007. 11. 29.

11 Jessica Guynn, "Facebook Adds Safeguards on Purchase Data," *Los Angeles Times*, 2007. 11. 30.

12 2007년 12월 5일에 게시되었다.

9장

1 Sheryl Kara Sandberg, "Economic Factors & Intimate Violence," Harvard/Radcliffe College, 1991. 3. 20.

2 샌드버그의 배경에 대한 탁월한 자료로는 다음 기사가 있다. Ken Auletta, "A Woman's Place," *The New Yorker*, 2011. 7. 4.

3 Sheryl Sandberg, *Lean In: Women, Work, and the Will to Lead* (Knopf, 2013), 20.[한국어판:《린인》, 와이즈베리, 2013]

4 John Dorschner, "Sheryl Sandberg: From North Miami Beach High to Facebook's No. 2," *Miami Herald*, 2012. 2. 26.

5 Quote from Adam J. Freed, in Brandon J. Dixon, "Leaning In from Harvard Yard to Facebook: Sheryl K. Sandberg '91," *Harvard Crimson*, 2016. 5. 24.

6 Sandberg, *Lean In*, 31.

7 Auletta, "A Woman's Place."

8 Ibid.

9 Kirkpatrick, *The Facebook Effect*, 257.

10 Dan Levine, "How Facebook Avoided Google's Fate in Talent Poaching Lawsuit," Reuters, 2014. 3. 24.

11 개인 인터뷰 외에 좋아요 단추의 기원에 대한 유익한 자료는 다음과 같다. Clive Thompson, *Coders: The Making of a New Tribe and the Remaking of the World* (Penguin, 2019)[한국어판:《은밀한 설계자들》, 한빛비즈, 2020]; Julian Morgans, "The Inventor of the Like Button Wants You to Stop Worrying About Likes," *VICE*, 2017. 7. 6; Victor Luckerson, "The Rise of the Like Economy," *Ringer*, 2017. 2. 15; Jared Morgenstern's TEDxWhiteCity talk, "How Many Likes =

1 Happy," 2015. 11. 9. 흥미롭게도 자료에 따라 모겐스턴, 펄먼, 시티그 모두 좋아요 단추의 창안자로 언급된다.

12 2014년 10월 16일 앤드루 보즈워스는 쿼라에 올라온 다음 질문에 대해 날짜순으로 탄생 과정을 나열하고 설명을 달았다. "페이스북 (나중에 좋아요 단추가 된) 굉장해요 단추의 역사가 어떻게 되나요?What's the history of the Awesome Button (that eventually became the Like button) on Facebook?"

13 Arnold Roosendaal, "Facebook Tracks and Traces Everyone: Like This!" *Tilburg Law School Legal Studies Research Paper Series* No. 03/2011. 이 글은 이후 다음 책에 실려 출간되었다. Arnold Roosendaal, "We Are All Connected to Facebook … by Facebook!" in S. Gutwirth et al. (eds.), *European Data Protection: In Good Health?* (Springer, 2012), 3 – 19.

14 Riva Richmond, "As 'Like' Buttons Spread, So Do Facebook's Tentacles," *New York Times*, 2011. 9. 27.

15 Ibid.

10장

1 팔리하피티야는 자신의 배경과 페이스북 경력에 대해 여러 차례 이야기했다. 가장 유익한 자료는 다음이다. "How We Put Facebook on the Path to 1 Billion Users"(온라인 교육 플랫폼 유데미Udemy 강좌에서 한 그로스 해킹growth hacking 마케팅에 대한 강연); *Recode/Decode* podcast, 2017. 8. 31(팔리하피티야가 출연한 팟캐스트 방송). 다음 기사는 탁월한 프로필 소개 자료다. Evelyn Rusli, "In Flip Flops and Jeans, an Unconventional Venture Capitalist," *New York Times*, 2011. 10. 6. 성장서클의 다른 구성원이 한 강연, 특히 와이콤비네이터/스탠퍼드 스타트업 스쿨 강좌에서 앨릭스 슐츠가 한 강연은 유익하다. 성장팀에 대한 개괄적 자료로는 다음이 있다. Harry McCracken, "How Facebook Used Science and Empathy to Reach Two Billion Users," *Fast Company*, 2017. 6. 27; Hannah Kuchler, "How Facebook Grew Too Big to Handle," *Financial Times*, 2019. 3. 28. 또한 다음 자료에서 요긴한 수치 정보를 얻을 수 있다. Mike Hoefflinger, *Becoming Facebook: The 10 Challenges That Defined the Company That's Changing the World* (Amacom, 2017)[한국어판: 《비커밍 페이스북》, 부키, 2018].

2 Palihapitiya, "How We Put Facebook on the Path to 1 Billion Users."

3 Ibid.

4 이 임원은 앨릭스 슐츠로, 그는 곧 성장팀에 합류한다.

5 Noah Kagan, *How I Lost 170 Million Dollars: My Time As #30 at Facebook* (Lioncrest, 2014), 63.

6 Toby Segaran and Jeff Hammerbacher, *Beautiful Data: The Stories Behind Elegant Data Solutions* (O'Reilly Media, 2009)[한국어판: 《데이터의 미학》, 에이콘출판, 2013]. 해머바커의 논문 제목은 〈정보 플랫폼과 데이터과학의 부상Information Platforms and the Rise of the Data Scientist〉이다.

7 PandoMonthly interview with Sarah Lacy, "A Fireside Chat with Cloudera Founder Jeff Hammerbacher," San Francisco, 2015. 3. 22.

8 Ashlee Vance, "This Tech Bubble Is Different," *Bloomberg BusinessWeek*, 2011. 4. 14.

9 Moira Burke, Cameron Marlow, Thomas M. Lento, "Feed Me: Motivating Newcomer Contribution in Social Network Sites," *CHI '09 Proceedings of the SIGCHI Conference on Human*

Factors in Computing Systems, 945 - 54.

10 '알 수도 있는 사람'에 대한 캐시미어 힐의 훌륭한 기사들은 다음과 같다. "Facebook Figured Out My Family Secrets and Won't Tell Me How," *Gizmodo*, 2017. 8. 25; "Facebook Recommended This Psychiatrist's Patients Friend Each Other," *Gizmodo*, 2016. 8. 25; "How Facebook Outs Sex Workers," *Gizmodo*, 2017. 11. 10; "How Facebook Figures Out Everyone You've Ever Met," *Gizmodo*, 2017. 11. 7; "People You May Know: A Controversial Facebook Feature's 10-Year History," *Gizmodo*, 2018. 8. 8.

11 "House Energy and Commerce Questions for the Record," 2018. 6. 29. 이것은 저커버그의 2018년 의회 증언에서 제기된 후속 질문에 대한 페이스북의 답변이다.

12 백스트럼은 2010년 7월 7일 공업응용수학회Society for Industrial and Applied Mathematics에서 '알 수도 있는 사람'에 대해 강연했다. 그래프어낼리시스닷오그graphanalysis.org에서 프레젠테이션 슬라이드를 볼 수 있다.

13 Robin Dunbar, *How Many Friends Does One Person Need?* (Harvard University Press, 2010)[한국어판:《던바의 수》, 아르테, 2018].

14 Lisa Katayama, "Facebook Japan Takes the Model-T Approach," *Japan Times*, 2008. 6. 25.

15 통계는 글로벌 분석 회사 스탯카운터Statcounter에서 인용했다.

16 개인 인터뷰 외에 페이스북의 이 사업에 대한 핵심 자료는 다음과 같다. Jessi Hempel, "Inside Facebook's Ambitious Plan to Connect the Whole World," *Wired*, 2016. 1. 19; 후속 기사인 Jessi Hempel, "What Happened to Facebook's Grand Plan to Wire the World?," *Backchannel*, 2018. 5. 17; Lev Grossman, "Mark Zuckerberg and Facebook's Plan to Wire the World," *Time*, 2014. 12. 15. 제시 헴펠은 자신의 인터뷰 자료를 내게 아낌없이 제공했다.

17 이 백서는 2013년 8월 12일 페이스북에 게시되었다.

18 "Zuckerberg Explains Facebook's Plan to Get Entire Planet Online," *Wired*, 2013. 8. 26.

19 Casey Newton, "Facebook Takes Flight," *The Verge*, 2016. 7. 21.

20 Grossman, "Facebook's Plan to Wire the World."

21 Hempel, "What Happened to Facebook's Grand Plan."

22 팔리하피티야의 고별 메모는 다음 기사에 재수록되었다. Michael Arrington, "Facebook VP Chamath Palihapitiya Forms New Venture Fund, The Social+Capital Partnership," *TechCrunch*, 2011. 6. 3.

11장

1 Arden Pernell, "Facebook to Move to Stanford Research Park," *Palo Alto Online*, 2008. 8. 18.

2 개인 인터뷰 외 자료는 다음과 같다. David Cohen, "A Look at the Analog Research Lab, the Source of All of Those Posters in Facebook's Offices," *Adweek*, 2019. 2. 6; "Ben Barry Used to be Called Facebook's Minister of Propaganda," *Typeroom*, 2015. 6. 26; Steven Heller, "The Art of Facebook," *The Atlantic*, 2013. 5. 16; Fred Turner, "The Arts at Facebook: An Aesthetic Infrastructure for Surveillance Capitalism," *Poetics*, 2018. 3. 16.

3 나는 내 책을 통해 이러한 해커의 정의를 보급하는 데 일조했다. *Hackers* (Anchor Press/Double-day, 1984)[한국어판:《해커, 광기의 랩소디》, 한빛미디어, 2019].

4 Mark Coker, "Startup Advice for Young Entrepreneurs from Y Combinator," VentureBeat, 2007. 3. 26.

5 Jessica E. Vascellaro, "Facebook CEO in No Rush to 'Friend' Wall Street," *Wall Street Journal*, 2010. 3. 3.

6 Kirkpatrick, *The Facebook Effect*, 270.

7 Nick O'Neil, "Facebook Officially Launches Questions, a Possible Quora Killer," *Adweek*, 2010. 7. 28.

8 Kirkpatrick, *The Facebook Effect*, 133.

9 Kate Losse, *The Boy Kings*.

10 Brad Stone, "New Scrutiny for Facebook over Predators," *New York Times*, 2007. 7. 30.

11 《뉴욕타임스》 기사를 쓴 브래드 스톤Brad Stone은 이 주장의 출처를 어떻게 조사했는지 기억나지 않는다고 말한다..

12 Benny Evangelista and Vivian Ho, "Breastfeeding Moms Hold Facebook Nurse-In Protest," *SF-Gate*, 2012. 2. 7.

13 Patricia Sellers, "Mark Zuckerberg's New Challenge: Eating Only What He Kills (And Yes, We Do Mean Literally …)," *Fortune*, 2011. 5. 26.

14 Michelle Sherrow, "Mark Zuckerberg Only Eats Those He Kills," *PETA*, 2011. 5. 27.

15 트위터와 페이스북의 회합에 대해서는 개인 인터뷰 외에 다음 자료를 참고했다. Nick Bilton, *Hatching Twitter* (Portfolio/Penguin, 2013); Biz Stone, *Things a Little Bird Told Me: Confessions of a Creative Mind* (Grand Central, 2014).

16 2010년 F8 콘퍼런스에서 페이스북의 루치 상비와 아리 스타인버그Ari Steinberg는 뉴스피드 알고리즘의 원리에 대해 발표했다. Jason Kincaid, "EdgeRank: The Secret Sauce that Makes Facebook's News Feed Tick," *TechCrunch*, 2010. 4. 22. 이 발표는 소프트웨어 엔지니어 제프 위드먼Jeff Widman이 에지랭크닷넷edgerank.net에서 한 에지랭크 설명에도 참고 자료가 되었다.

17 이 사건은 내가 처음으로 보도했다. "Inside the Science That Reports Your Scary-Smart Facebook and Twitter Feeds," *Wired*, 2014. 4. 22.

18 Eric Sun, Itamar Rosenn, Cameron A. Marlow, and Thomas M. Lento, "Gesundheit! Modeling Contagion Through Facebook News Feed," Proceedings of the Third International ICWSM Conference (2009).

19 Ryan Singel, "Public Posting Now the Default on Facebook," *Wired*, 2009. 12. 9.

20 페이스북은 2006년 9월 26일 〈페이스북에 오신 것을 환영합니다, 여러분Welcome to Facebook, Everyone〉이라는 공지를 게시했다.

21 cwalters, "Facebook's New Terms of Service: 'We Can Do Anything We Want with Your Content. Forever," *Consumerist*, 2009. 2. 15.

22 Rafe Needleman, "Live Blog: Facebook Press Conference on Privacy," *CNET*, 2009. 2. 26.

23 Donna Tam, "The Polls Close at Facebook for the Last Time," *CNET*, 2012. 12. 10.

24 Bobbie Johnson, "Privacy No Longer a Social Norm, Says Facebook Founder," *Guardian*, 2010. 1. 10.

25 Emily Steel and Geoffrey Fowler, "Facebook in Privacy Breach," *Wall Street Journal*, 2010. 10.

18. 스틸은 후속 기사를 썼다. Emily Steel, "A Web Pioneer Tracks Users by Name," 2010. 10. 25.

26 랩리프에 관한 초기 기사는 다음과 같다. Stephanie Olser, "At Rapleaf, Your Personals Are Public," *CNET*, 2007. 8. 1; Ryan Faulkner, "Can Auren Hoffman's Reputation Get Any Worse?" *Gawker*, 2007. 9. 18. 이에 대해 랩리프 공동 창업자 오런 호프먼은 2007년 9월 17일 자신의 회사 블로그에 〈스타트업, 프라이버시 그리고 잘못Startups, Privacy and Being Wrong〉이라는 글을 올렸다.

27 Liz Gannes, "Instant Personalization Is the Real Privacy Hairball," *GigaOm* 2010. 4. 22.

28 Kara Swisher and Walt Mossberg, "D8: Facebook CEO Mark Zuckerberg Full-Length Video," *Wall Street Journal*, 2010. 6. 10.

29 Ian Paul, "Facebook CEO Challenges the Social Norm of Privacy," *PCWorld*, 2010. 1. 11.

30 FTC staff, "Facebook Settles FTC Charges That It Deceived Consumers by Failing to Keep Privacy Promises," 2011. 11. 11.

31 Caroline McCarthy, "App Verification Comes to Facebook's Platform," *CNET*, 2008. 11. 17.

12장

1 Pete Cashmore, "STUNNING: Facebook on the iPhone," *Mashable*, 2007. 8. 4.

2 Joe Hewitt blog, "Innocent Until Proven Guilty," 2009. 8. 27.

3 Christian Zibreg, "Facebook Developer: 'Apple's Review Process Needs to Be Eliminated Completely,'" Geek.com, 2009. 8. 27.

4 페이스북이 네이티브 애플리케이션으로 전환하는 과정을 다룬 가장 훌륭한 초기 자료는 다음 기사다. Evelyn M. Rusli, "Even Facebook Must Change," *Wall Street Journal*, 2013. 1. 29.

5 AllFacebook, "Mark Zuckerberg, Sarah Lacy SXSW Interview," 2008. 3. 10, *Zuckerberg Transcripts*, 16.

6 마이클 그라임스에 관해서는 다음 기사를 참고했다. Evelyn M. Rusli, "Morgan Stanley's Grimes Is Where Money and Tech Meet," *New York Times*, 2012. 5. 8.

7 Nicole Bullock and Hannah Kuchler, "Facebook Chiefs Considered Scrapping 2012 IPO," *Financial Times*, 2017. 8. 9.

8 Ari Levy and Douglas MacMillan, "Morgan Stanley Case Exposes Facebook to Similar Challenges," *Bloomberg*, 2012. 12. 19.

9 페이스북 기업공개의 가장 훌륭한 개요는 다음 자료다. Khadeeja Safdar, "Facebook One Year Later: What Really Happened in the Biggest IPO Flop Ever," *The Atlantic*, 2013. 5. 20.

10 Sharon Terlep, Suzanne Vranica, and Shayndi Raice, "GM Says Facebook Ads Don't Pay Off," *Wall Street Journal*, 2012. 5. 16.

11 Safdar, "Facebook One Year Later."

12 2012년 8월 12일 게시된 기술 뉴스 및 분석 사이트 팬도Pando의 노변정담에서 리드 호프먼이 세라 레이시에게 한 말이다.

13 Rosa Price, "$19bn and Just Married … I Hope Mark Zuckerberg Got a Prenup, Says Donald Trump," *Telegraph*, 2012. 5. 20.

14 Losse, *The Boy Kings*, 51.

13장

1 인스타그램의 초창기에 관해서는 여러 자료를 참고했다. 공동 창업자 시스트롬, 크리거를 비롯한 여러 사람과 한 인터뷰에다 제시 헴펠Jessi Hempel이 너그럽게 공유해준 인터뷰로 살을 붙였다. 주요 공개 자료는 다음과 같다. Kara Swisher, "The Money Shot," *Vanity Fair*, 2013. 5. 6; Somini Sengupta, Nicole Perlroth, and Jenna Wortham, "Behind Instagram's Success, Networking the Old Way," *New York Times*, 2012. 4. 13; Mike Krieger, "Why Instagram Worked," *Wired*, 2014. 10. 20.

2 Antonio García Martínez, *Chaos Monkeys: Obscene Fortune and Random Failure in Silicon Valley* (HarperCollins, 2016), 287–89[한국어판: 《카오스 멍키》, 비즈페이퍼, 2017]. 이 책에서 마르티네스는 자신의 페이스북 경험을 묘사하면서 페이스북의 기업 문화를 통렬히 파헤친다.

3 인스타그램 인수 계약에 관해서는 다음을 참고했다. Swisher, "The Money Shot"; Shayndi Raice, Spencer E. Ante, and Emily Glazer, "In Facebook Deal, Board Was All But Out of Picture," *Wall Street Journal*, 2012. 4. 18.

4 주포넌에 대해서는 다음 자료를 참고했다. Mayar Zokaei, "Lawyer and Musician Amin Zoufonoun Closes $1 Billion Instagram Merger for Facebook," *Javanan*, 2011. 3. 15.

5 Josh Kosman, "Facebook Boasted of Buying Instagram to Kill the Competition: Sources," *New York Post*, 2019. 2. 26.

6 스냅챗에 관해서는 인터뷰 외에 이 결정판 책을 참고했다. Billy Gallagher, *How to Turn Down a Billion Dollars* (St. Martin's Press, 2018). 그 밖의 중요 자료는 다음과 같다. Sarah Frier and Max Chafkin, "How Snapchat Built a Business by Confusing Olds," *Bloomberg BusinessWeek*, 2016. 3. 17; J. J. Coloa, "The Inside Story of Snapchat: World's Hottest App or a $3 Billion Disappearing Act?" *Forbes*, 2014. 1. 6; Sarah Frier, "Nobody Trusts Facebook, Twitter Is a Hot Mess, What Is Snapchat Doing?" *Bloomberg BusinessWeek*, 2018. 8. 22.

7 Brad Stone and Sarah Frier, "Evan Spiegel Reveals Plan to Turn Snapchat into a Real Business," *Bloomberg BusinessWeek*, 2015. 5. 16.

8 Alyson Shontell, "How Snapchat's CEO Got Mark Zuckerberg to Fly to LA for a Private Meeting," *Business Insider*, 2014. 1. 6.

9 Gallagher, *How to Turn Down a Billion Dollars*, 84.

10 Ingrid Lunden, "Facebook Buys Mobile Data Analytics Company Onavo, Reportedly for Up to $200M … And (Finally?) Gets Its Office in Israel," *TechCrunch*, 2013. 10. 13.

11 Georgia Wella and Deepa Seetharaman, "Snap Detailed Facebook's Aggressive Tactics in 'Project Voldemort' Dossier," *Wall Street Journal*, 2019. 9. 24.

12 왓츠앱에 대해서는 개인 인터뷰 외에 여러 자료를 참고했다. 파미 올슨Parmy Olsen의 다음 《포브스》 기사들은 페이스북이 인수하기까지 역사를 다룬 최고의 자료다. "EXCLUSIVE: The Rags-to-Riches Tale of How Jan Koum Built WhatsApp into Facebook's New $19 Billion Baby," 2004. 2. 19; "Inside the Facebook-WhatsApp Megadeal: The Courtship, the Secret Meetings, the $19 Billion Poker Game," 2014. 3. 4. 다른 중요한 기사는 다음과 같다. David Rowan, "The Inside Story of Jan Koum and How Facebook Bought WhatsApp," *Wired UK*, 2014. 4; Daria Lugansk, "WhatsApp Founder: Most Startup Ideas Are Completely Stupid," *RBC*, 2015. 9. 8. 얀

쿰은 여러 무대 인터뷰에서 자신의 이야기를 들려주었으며 전부 유튜브에서 볼 수 있다. 내게 유익했던 자료는 다음과 같다. 2016년과 2014년 디지털-라이프-디자인Digital-Life-Design, DLD 대담, 와이콤비네이터 스타트업 스쿨에서 한 두 차례 강연("How to Build a Product," 2017. 4. 28; 짐 게츠Jim Goetz와 대담, 2014. 10. 14); 글로벌 스타트업 커뮤니티 스타트업 그라인드Startup Grind에 서 앨릭스 피시먼Alex Fishman과 대담, 2017. 3. 1. 또한 2015년 2월 18일 업로드된 왓츠앱 영업 책임자 니라즈 아로라Neeraj Arora의 인도경영대학원 인터뷰도 참고했다.

13 "Why We Don't Sell Ads," WhatsApp blog, 2012. 6. 18.

14 Rowan, "The Inside Story."

15 (앞에서 언급한) 영국 의회가 이후 공개한 식스포스리 사건 문서에는 오나보가 왓츠앱 활동을 추적했다는 여러 보고가 실려 있다.

16 "Facebook," WhatsApp blog, 2014. 2. 19.

17 Blake Harris, *The History of the Future* (Dey Street, 2019)[한국어판:《더 히스토리 오브 더 퓨처》, 커 넥팅, 2019]. 오큘러스에 대한 결정판인 이 책은 원본 문서와 이메일이 풍부하게 실려 있다는 점 에서 더욱 귀중하다. 오큘러스와 페이스북의 모든 주요 인물은 2017년 1월 텍사스에서 열린 '제니맥스 대 페이스북 등Zenimax v. Facebook et al' 재판에서 증언했으며 나는 개인 인터뷰와 더불 어 이 증언 녹취록을 참고했다.

18 페이스북 안팎의 인물들이 주고받은 이메일은 '제니맥스 대 페이스북 등' 소송을 통해 공개되 었다. 모든 자료는 블레이크 해리스의 책에 재수록되었다.

19 저커버그의 '제니맥스 대 페이스북 등' 재판 증언, 2017. 1. 17.

20 Harris, *The History of the Future*, 328.

14장

1 Dmitri Alperovitch, "Bears in the Midst: Intrusion into the National Democratic Committee," *From the Front Lines* (CrowdStrike blog), 2016. 6. 15. 이것은 러시아의 2016년 선거 개입에 대 한 공개 폭로를 처음 시작한 크라우드스트라이크에서 잇따라 올린 게시물 중 하나다. 개인 인 터뷰 외 자료는 다음과 같다. Michael Isikoff and David Corn, *Russian Roulette: The Inside Story of Putin's War on America and the Election of Donald Trump* (Twelve, 2018); David E. Sanger, *The Perfect Weapon: War, Sabotage, and Fear in the Cyber Age* (Crown, 2018)[한국어판:《퍼 펙트 웨폰》, 미래의창, 2019].

2 Nicholas Thompson and Fred Vogelstein, "Inside the Two Years That Shook Facebook—and the World," *Wired*, 2018. 2. 12.

3 스테이모스에 대한 자료는 다음과 같다. Kurt Wagner, "Who Is Alex Stamos, the Man Hunting Down Political Ads on Facebook?" *Recode*, 2017. 10. 3; Nicole Perlroth and Vindu Goel, "De-fending Against Hackers Took a Back Seat at Yahoo, Insiders Say," *New York Times*, 2016. 9. 28.

4 Perlroth and Goel, "Defending Against Hackers."

5 디시리크스의 기원과 운영에 대한 결정적 자료는 '미국 대 빅토르 보리스코비치 네티크쇼 등 *United States v. Viktor Borisovich Netyksho, et al.*' 재판에서 뮬러 검사가 2018년 7월 13일 제 출한 기소장이다.

6 Robert M. Bond, Christopher J. Fariss, Jason J. Jones, Adam D. I. Kramer, Cameron Marlow, Jaime E. Settle, and James H. Fowler, "A 61-Million-Person Experiment in Social Influence and Political Mobilization," *Nature* 489, 2012. 9. 12, 295-98.

7 Dara Lind, "Facebook's 'I Voted' Sticker Was a Secret Experiment on Its Users," *Vox*, 2014. 11. 4.

8 캐플런에 대해서는 다음 자료를 참고했다. "Joel D. Kaplan, White House Deputy Chief of Staff for Policy," White House Press Office, 2006. 4. 24.

9 Deepa Seetharaman, "Facebook Employees Pushed to Remove Trump's Posts as Hate Speech," *Wall Street Journal*, 2016. 10. 21.

10 Sheera Frenkel, Nicholas Confessore, Cecilia Kang, Matthew Rosenberg, and Jack Nicas, "Delay, Deny and Deflect: How Facebook's Leaders Fought through Crisis," *New York Times*, 2018. 11. 14. 2016년 선거 동안과 이후에 페이스북의 정책 분야에서 벌어진 막후 공작의 상당 부분을 폭로한 폭발적 기사다.

11 Seetharaman, "Facebook Employees Pushed to Remove Trump's Posts."

12 Michael Nunez, "Former Facebook Workers: We Routinely Suppressed Conservative News," *Gizmodo*, 2016. 5. 9. 인기뉴스 사태에 대한 최고의 자료는 내 동료들이 쓴 다음 기사다. Nicholas Thompson and Fred Vogelstein, "Inside the Two Years that Shook Facebook—and the World," *Wired*, 2019. 2. 12. 이 기사는 2016년과 2017년 페이스북의 내부를 전반적으로 깊이 들여다본다.

13 페이스북 법무책임자 콜린 스트레치가 2016년 5월 23일 상원 상업과학운수위원회 위원장 존 슨 의원에게 제출한 문서.

14 Heather Kelly, "Facebook Ditches Humans in Favor of Algorithms for Trending News," *CNN*, 2016. 8. 26.

15 Abby Ohlheiser, "Three Days after Removing Human Editors, Facebook Is Already Trending Fake News," *Washington Post*, 2016. 8. 29.

16 Jessica Guynn, "Zuckerberg Reprimands Facebook Staff Defacing 'Black Lives Matter,'" *USA Today*, 2016. 2. 26

17 Thompson and Vogelstein, "Inside the Two Years."

18 "Facebook CEO Mark Zuckerberg: Philippines a Successful Test Bed for Internet.org Initiative with Globe Telecom Partnership," *Globe Telecom*, 2014. 2. 25.

19 Davey Alba, "How Duterte Used Facebook to Fuel the Philippine Drug War," BuzzFeed, 2018. 9. 4. 페이스북, 필리핀, 마리아 레사에 대해 다룬 결정판 기사다. 개인 인터뷰 외 유익한 다른 자료는 다음과 같다. Dana Priest, "Seeded in Social Media: Jailed Philippine Journalist Says Facebook Is Personally Responsible for Her Predicament," *Washington Post*, 2018. 2. 25; PBS 탐사 다큐멘터리 프로그램 〈프런트라인Frontline〉에서 방영한 〈페이스북 딜레마The Facebook Dilemma〉, 2018. 10. 29/30.

20 2018년 《와이어드》 기사에서 전 페이스북 광고 담당 임원 안토니오 가르시아 마르티네스는 트럼프 선거본부가 클린턴 선거본부보다 페이스북에서 더 큰 가치를 끌어낸 과정을 서술했다. Martínez, "How Trump Conquered Facebook—Without Russian Ads," *Wired*, 2018. 2. 23. 페이스북의 앤드루 보즈위스는 이에 대해 트럼프 선거본부가 100만 조회수당 비용을 실제로 더 많이 지불했음을 시사하는 데이터를 트위터에 올렸다. 트럼프의 디지털팀장은 이를 반박하며 경

우에 따라서는 트럼프가 코스트 퍼 밀Cost Per Mille. CPM(1000뷰당 비용, 1000뷰당 지불, 노출당 지불)에서 100배 이상의 비용 대비 효과를 올렸다고 주장했다. 한 기사는 보즈워스의 수치가 엄밀한 의미에서 옳을지는 몰라도 클린턴 선거본부가 덜 효율적인 일반 관심사 광고를 이용한 반면에 트럼프 디지털팀은 더 정교하게 타기팅한 '행동 촉구' 광고를 내보내어 실제로 비용 대비 더 큰 효과를 거두었기 때문에 트럼프 쪽이 더 큰 이익을 얻었음을 밝혀냈다. Will Oremus, "Did Facebook Really Charge Clinton More for Ads than Trump?" *Slate*, 2018. 2. 18. 힐러리 캠프의 2분 30초짜리 광고의 경우 근거 자료를 들 수는 없지만 직접 취재한 정보이기에 책에 실었다. 나중에 페이스북은 데이터로 판단할 때 트럼프 선거본부가 페이스북을 활용한 디지털 선거전에서 우세했음을 인정했다. Sarah Frier, "Trump's Campaign Says It Was Better at Facebook. Facebook Agrees," *Bloomberg Businessweek*, 2018. 4. 3.

21 파스케일의 선거 운동 전략에 대한 유익한 자료는 다음과 같다. Issie Lapowsky, "The Man Behind Trump's Bid to Finally Take Digital Seriously," *Wired*, 2016. 8. 19; Joshua Green and Sasha Issenberg, "Inside the Trump Bunker with Days to Go," *Bloomberg BusinessWeek*, 2016. 10. 27; Sue Halpern, "How He Used Facebook to Win," *New York Review of Books*, 2017. 6. 8; Leslie Stahl, "Brad Parscale," *60 Minutes*, 2017. 10. 18.

22 Martínez, "How Trump Conquered Facebook—Without Russian Ads." 파스케일이 페이스북의 도구를 어떻게 이용했는지 잘 설명해주는 자료다.

23 샌드버그는 공저한 책에서 이 일을 직접 서술한다. Sheryl Sandberg, Adam Grant, *Option B: Facing Adversity, Building Resilience, Finding Joy* (Knopf, 2017)[한국어판: 《옵션 B》, 와이즈베리, 2017]. 그녀는 여러 인터뷰에서 사별과 그 결과에 대해 이야기했다. Belinda Luscombe, "Life After Grief," *Time*, 2017. 4. 13; Jessi Hempel, "Sheryl Sandberg's Accidental Revolution," *Backchannel*, 2017. 4. 24.

24 샌드버그와 일한 다수의 직원들에게서 들은 내용이다.

25 샌드버그의 이미지 관리 이야기는 개인 인터뷰 외에 그녀가 페이스북의 문제를 사후 처리하는 과정을 다룬 글에 나오는 내용을 참고했다. Nick Bilton, "'I Hope It Cracks Who She Is Wide Open': In Silicon Valley, Many Have Long Known Sheryl Sandberg Is Not a Saint," *Vanity Fair*, 2018. 11. 16. 다음 《뉴욕타임스》 기사는 샌드버그를 선거 이후 사태의 장본인으로 묘사함으로써, 언론이 최고운영책임자 샌드버그를 대하는 태도에 전환점을 가져왔다. Sheera Frenkel, Nicholas Confessore, Cecilia Kang, Matthew Rosenberg, and Jack Nicas, "Delay, Deny and Deflect: How Facebook's Leaders Fought through Crisis," *New York Times*, 2018. 11. 14.

26 Jodi Kantor, "A Titan's How-To on Breaking the Glass Ceiling," *New York Times*, 2015. 2. 21.

27 Maureen Dowd, "Pompom Girl for Feminism," *New York Times*, 2013. 2. 23.

28 Eric Lubbers, "There Is No Such Thing as the Denver Guardian, Despite That Facebook Post You Saw," *Denver Post*, 2016. 11. 5.

29 Laura Sydell, "We Tracked Down a Fake-News Creator in the Suburbs. Here's What We Learned," NPR, 2016. 11. 23.

30 Craig Silverman and Lawrence Alexander, "How Teens in the Balkans Are Duping Trump Supporters with Fake News," BuzzFeed, 2016. 11. 3.

31 Samanth Subramanian, "Inside the Macedonian Fake-News Complex," *Wired*, 2017. 2. 15..

32 Craig Silverman, "This Analysis Shows How Viral Fake Election News Stories Outperformed Real News on Facebook," BuzzFeed, 2016. 11. 16.

33 로저 맥너미는 페이스북 반대론을 펼친 자신의 책에 이 메일을 실었다. Roger McNamee, *Zucked: Waking Up to the Facebook Catastrophe* (Penguin, 2019)[한국어판:《마크 저커버그의 배신》, 에이콘출판. 2020].

34 Blake Harris, *The History of the Future* (Dey Street Books, 2019), 442.

35 보비 굿래트가 2016년 11월 9일 페이스북에 올린 게시물.

36 White House Press Office, "Remarks by the President at Hillary for America Rally," Ann Arbor, Michigan, 2016. 11. 7.

37 David Remnick, "Obama Reckons with a Trump Presidency," *The New Yorker*, 2016. 11. 18.

38 Gardiner Harris and Melissa Eddy, "Obama, with Angela Merkel in Berlin, Assails Spread of Fake News," *New York Times*, 2016. 11. 17.

39 Adam Entous, Elizabeth Dwoskin, and Craig Timberg, "Obama Tried to Give Zuckerberg a Wake-Up Call over Fake News on Facebook," *Washington Post*, 2017. 9. 24.

40 Jen Weedon, William Nuland, and Alex Stamos, "Information Operations and Facebook," 2017. 4. 27.

15장

1 Cade Metz, "Facebook Moves into Its New Garden-Roofed Fantasyland," *Wired*, 2015. 3. 30.

2 마크 저커버그가 2017년 1월 3일 페이스북에 올린 게시물.

3 링컨의 1862년 12월 1일 의회 연례 교서[한국어판:《링컨의 연설과 편지》. 이산, 2012].

4 Massimo Calabresi, "Inside Russia's Social Media War on America," *Time*, 2017. 5. 18.

5 Tom LoBianco, "Hill Investigators, Trump Staff Look to Facebook for Critical Answers in Russia Probe," CNN, 2017. 7. 20.

6 마크 워너가 PBS 탐사 다큐멘터리 프로그램 〈프런트라인〉의 제임스 재코비James Jacoby와 한 인터뷰. 2018년 5월 24일 게시.

7 LoBianco, "Hill Investigators."

8 Adrian Chen, "The Agency," *New York Times*, 2015. 6. 2.

9 인터넷연구소의 공작을 가장 철저히 평가한 자료는 정보 진실성(무결성) 전문 회사 뉴날리지 New Knowledge가 상원 정보위원회의 요청으로 작성한 다음 보고서다. "Tactics and Tropes of the Internet Research Agency," 2018. 12. 17.

10 '미국 대 인터넷연구소 등United States of America v. Internet Research Agency, et al.' 재판의 뮬러 기소장. 2018년 2월 16일 제출.

11 Alex Stamos, "An Update on Information Operations on Facebook," *Facebook Newsroom*, 2017. 9. 6.《뉴욕타임스》의 한 주요 기사에서는 스테이모스 초안을 처음으로 보도했으며 2017년 페이스북 사태의 또 다른 사실들을 밝혀냈는데 그중 상당수는 내가 진행하던 조사와 맞아떨어졌다. 하지만 페이스북의 여러 간부들은 기사가 자신들의 취지를 반영하지 못한다고 생각했다. Sheera Frenkel, Nicholas Confessore, Cecilia Kang, Matthew Rosenberg, and Jack Nicas, "Delay, Deny and Deflect: How Facebook's Leaders Fought through Crisis," *New York Times*, 2018. 11. 14.

12 개인 인터뷰 외에 다음 기사는 페이스북 이사회가 러시아 정부의 개입에 대해 들었던 이틀간의 브리핑에 대한 배경 설명을 제시한다. Sheera Frenkel, Nicholas Confessore, Cecilia Kang, Matthew Rosenberg, and Jack Nicas, "Delay, Deny and Deflect: How Facebook's Leaders Fought through Crisis," *New York Times*, 2018. 11. 14.

13 Justin Weir, "Zuckerberg Pays Surprise Visit to Falls Family," *Vindicator*, 2017. 4. 29.

14 Crystal Bui, "Mark Zuckerberg Meets Raimondo, Providence Students, Dines at Johnston Restaurant," NBC 10 News, 2017. 5. 22.

15 Joanna Pearlstein, "The Millions Silicon Valley Spends on Security for Execs," *Wired*, 2019. 1. 16.

16 저커버그가 2017년 6월 22일 자신의 페이스북 페이지에 올린 발표문 〈세계를 더 가깝게 만들기Bringing the World Closer Together〉.

17 해리스의 활동에 대한 가장 훌륭한 설명은 다음 자료다. Bianca Bosker, "The Binge Breaker," *The Atlantic*, 2016. 11.

18 Cates Holderness, "What Colors Are This Dress?" BuzzFeed, 2015. 2. 26.

19 페이스북은 팩트체크 조직의 승인 업무를 포인터연구소Poynter Institute에 위탁했다. 이 연구소의 선정 결과는 〈데일리콜러The Daily Caller〉 같은 극우 사이트가 포함되는 등 논란의 여지가 있었다.

20 Benjamin Mullen and Deepa Seetharaman, "Publishing Executives Argue Facebook Is Overly Deferential to Conservatives," *Wall Street Journal*, 2018. 7. 17.

21 저커버그의 뉴어크 기부 이야기는 이 책에 포괄적으로 서술되어 있다. Dale Russakoff, *The Prize: Who's in Charge of America's Schools?* (Houghton Mifflin Harcourt, 2015)[한국어판: 《Prize》, 박영스토리, 2017].

22 Leanna Garfield, "Mark Zuckerberg Once Made a $100 Million Investment in a Major US City to Help Fix Its Schools—Now the Mayor Says the Effort 'Parachuted' in and Failed," *Business Insider*, 2018. 5. 12.

23 Jeremy Youde, "Here's What Is Promising, and Troubling, About Mark Zuckerberg and Priscilla Chan's Plan to 'Cure All Diseases,'" *Washington Post*, 2016. 10. 4.

24 Lauren Feiner, "San Francisco Official Proposes Stripping Mark Zuckerberg's Name from a Hospital," *CNBC*, 2018. 11. 29.

25 Vindu Goel, Austin Ramzy, and Paul Mozur, "Mark Zuckerberg, Speaking Mandarin, Tries to Win Over China for Facebook," *New York Times*, 2014. 10. 23.

26 Loulla-Mae Eleftheriou-Smith, "China's President Xi Jinping 'Turns Down Mark Zuckerberg's Request to Name His Unborn Child' at White House Dinner," *Independent*, 2015. 10. 4.

27 마크 저커버그는 2016년 페이스북에 올린 새해 인사 동영상에서 이 사실을 밝혔다.

28 마크 저커버그가 중국 베이징 칭화대학 방문과 관련해 2017년 10월 28일 페이스북에 올린 게시물.

29 마크 저커버그가 2017년 9월 30일 페이스북에 올린 게시물.

30 마크 저커버그가 2018년 1월 4일 페이스북에 올린 게시물.

16장

1   앞선 보도가 있긴 했지만 케임브리지 애널리티카/페이스북 사건이 본격적으로 알려진 것은 2018년 3월 17일 다음 두 기사가 동시에 보도되면서부터다. Carole Cadwalladr and Emma Harrison, "Revealed: 50 Million Facebook Profiles Harvested for Cambridge Analytica in Major Data Breach," *The Guardian/Observer*; Matthew Rosenberg, Nicholas Confessore, and Carole Cadwalladr, "How Trump Consultants Exploited the Facebook Data of Millions," *New York Times*.

2   케임브리지 애널리티카 사태와 심리측정학연구소의 관계를 가장 잘 보여주는 자료는 이 기사다. Issie Lapowsky, "The Man Who Saw the Dangers of Cambridge Analytica Years Ago," *Wired*, 2018. 1. 19.

3   코신스키와 그의 케임브리지 애널리티카 사건 관여에 대한 일부 배경은 선견지명이 담긴 이 기사에서 알 수 있다. Hannes Grassegger and Mikael Krogerus, "The Data That Turned the World Upside Down," *Motherboard*, 2017. 1. 28. 원래는 독일어로 발표되었다. *Das Magazin*, 2016. 12.

4   Michal Kosinski, David Stillwell, and Thore Graepel, "Private Traits and Attributes Are Predictable from Digital Records of Human Behavior," *PNAS* 110, no. 15, 2013. 4. 9: 5805.

5   Wu Youyou, Michal Kosinski, and David Stillwell, "Computer-Based Personality Judgments Are More Accurate Than Those Made by Humans," *PNAS* 112, no. 4, 2015. 1. 27: 1037.

6   페이스북Facebook, Inc., Menlo Park, CA (US)은 마이클 노와크Michael Nowak, San Francisco, CA (US)와 공동으로 No. US 8,825,764 B2 특허를 얻었다. 딘 에클리스Dean Eckles, Palo Alto, CA (US)는 투자자로 참여했다. 특허 등록일은 2014년 9월 2일이다. 이 기법이 구체적으로 적용되었는지는 불확실하지만 페이스북 데이터 마이닝에 대한 상세한 논의는 다음 책에서 찾아볼 수 있다. Shoshana Zuboff, *The Age of Surveillance Capitalism: The Fight for a Human Future at the New Frontier of Power* (New York: Public Affairs, 2019)[한국어판: 《감시 자본주의 시대》, 문학사상사, 2021].

7   페이스북 데이터과학팀 책임자였던 캐머런 말로가 내게 알려준 이야기다.

8   Adam D. I. Kramer, Jamie E. Guillory, and Jeff T. Hancock, "Experimental Evidence of Massive Scale Emotional Contagion Through Social Networks," *PNAS* 111, no. 24, 2014. 6. 17: 8788–90.

9   Jillian D'Onfro, "Facebook Researcher Responds to Backlash Against 'Creepy' Mood Manipulation Study," *Business Insider*, 2014. 6. 29.

10   Reed Albergotti, "Furor Erupts Over Facebook's Experiment on Users," *Wall Street Journal*, 2014. 6. 30.

11   Katie Waldman, "Facebook's Unethical Experiment," *Slate*, 2014. 6. 28.

12   이 홍보 책자는 와일리가 영국 의회에 제출한 문서 중 하나다. 와일리는 자신의 책에서도 자신의 배경과 케임브리지 애널리티카에 관여한 내막을 설명한다. Christopher Wylie, *Mindf*ck: Cambridge Analytica and the Plot to Break America* (Random House, 2019).

13   Carole Cadwalladr, "'I Made Steve Bannon's Psychological Warfare Tool': Meet the Data War Whistleblower," *Guardian*, 2018. 3. 18

14   와일리의 영국 하원 디지털문화미디어스포츠위원회Digital, Culture Media and Sport Committee 증언,

2018. 3. 27.

15 와일리의 증언.

16 Elizabeth Dwoskin and Tony Romm, "Facebook's Rules for Accessing User Data Lured More Than Just Cambridge Analytica," *Washington Post*, 2018. 3. 19.

17 페이스북은 2018년 1월 저커버그의 증언에서 제기된 질문에 답하기 위해 2018년 1월 29일 하원 에너지상업위원회에 제출한 문서에서 코건의 앱이 오픈 그래프를 어떻게 악용했는지 설명했다.

18 와일리의 설명은 증언 후 영국 의회에 제출한 문서에 실려 있다. "A Response to Misstatements in Relation to Cambridge Analytica Introductory Background to the Companies."

19 코건과 SCL의 실험에 대한 확실한 일정 기록은 2019년 7월 22일 발표된 연방거래위원회 판결문에서 볼 수 있다. "In the Matter of Cambridge Analytica, LLC."

20 Matthew Rosenberg et al., "How Trump Consultants Exploited the Facebook Data of Millions."

21 2014년 12월 2일 심리학과 도시락 오찬에서 알렉산더 코건이 한 강연. "Big Data Social Science: How Big Data Is Revolutionizing Our Science."

22 Brittany Kaiser, *Targeted: The Cambridge Analytica Whistleblower's Inside Story of How Big Data, Trump, and Facebook Broke Democracy and How It Can Happen Again* (HarperCollins, 2019), 147.

23 Kenneth Vogel and Tarini Parti, "Cruz Partners with Donor's 'Psychographic' Firm," *Politico*, 2015. 7. 7.

24 Harry Davies, "Ted Cruz Using Firm That Harvested Data on Millions of Unwitting Facebook Users," *Guardian*, 2015. 12. 11.

25 2015년 《가디언》 기사 이전과 직후의 내부 이메일은 2019년 케임브리지 애널리티카 민사 소송 과정에서 공개되었다.

26 Kaiser, *Targeted*, 159.

27 '디스트릭트 오브 컬럼비아(워싱턴 D.C.) 대 페이스북District of Columbia v. Facebook' 재판에서 원고 측은 코건과 케임브리지 애널리티카가 데이터 삭제를 확인한 날짜를 언급했다. 이에 대해 페이스북은 2019년 7월 8일 날짜가 정확하다고 인정했다. 이것은 페이스북이 내게 직접 확인해준 사실이다.

28 Matthew Rosenberg and Gabriel J. X. Dance, "'You Are the Product': Targeted by Cambridge Analytica on Facebook," *New York Times*, 2018. 4. 8.

29 PBS 〈프런트라인〉 다큐멘터리 〈페이스북 딜레마〉 웹페이지에는 파스케일을 비롯한 취재원들과 한 연장 인터뷰가 올라 있다.

30 Nicholas Confessore and Danny Hakim, "Data Firm Says 'Secret Sauce' Aided Trump; Many Scoff," *New York Times*, 2017. 3. 6.

31 Hannes Grassegger and Mikael Krogerus, "The Data That Turned the World Upside Down," *VICE*, 2017. 1. 28.

32 이 시점에서 페이스북의 발표가 오해의 소지가 있는 거짓으로 규정되었다는 사실은 2019년 7월 24일 '증권거래위원회 대 페이스북Securities and Exchange Commission vs Facebook, Inc' 소송과 관련한 증권거래위원회 판결문에 명백히 드러나 있다. 이 문서에는 케임브리지 애널리티카 사건의

위법성을 강력히 시사하는 또 다른 사례가 시간순으로 실려 있다. 페이스북은 증권거래위원회에 벌금으로 1억 달러를 지불했다.

33 Mattathias Schwartz, "Facebook Failed to Protect 30 Million Users from Having Their Data Harvested by Trump Campaign Affiliate," *The Intercept*, 2017. 3. 30.

34 VP & Deputy General Counsel of Facebook Paul Grewal, "Suspending Cambridge Analytica and SCL Group from Facebook," *Facebook Newsroom*, 2018. 3. 16.

35 Nicholas Thompson, "Mark Zuckerberg Talks to WIRED About Facebook's Privacy Problem," *Wired*, 2018. 3. 21.

36 Vanessa Friedman, "Mark Zuckerberg's I'm Sorry Suit," *New York Times*, 2018. 4. 10.

37 저커버그의 청문회에서 발언과 전체 녹취록은 다음 자료에서 볼 수 있다. "Transcript of Mark Zuckerberg's Senate Hearing," *Washington Post*, 2018. 4. 10.

38 Taylor Hatmaker, "Here Are Mark Zuckerberg's Notes from Today's Hearing," *TechCrunch*, 2018. 4. 10. AP 사진 기자 앤드루 하닉Andrew Harnik은 저커버그가 쪽지를 미처 가리지 못한 채 자리를 뜬 순간을 잽싸게 포착했다.

39 Brian Barrett, "A Comprehensive List of Everything Mark Zuckerberg Will Follow Up On," *Wired*, 2018. 4. 11.

40 Tony Romm and Drew Harwell, "Facebook Suspends Tens of Thousands of Apps Following Data Investigation," *Washington Post*, 2019. 9. 20.

17장

1 Charlotte Graham-McLay, Austin Ramzy, and Daniel Victor, "Christchurch Mosque Shootings Were Partly Streamed on Facebook," *New York Times*, 2019. 3. 14.

2 아랍의 봄에서 소셜 미디어가 한 역할을 직접 목격하고 체험한 사람의 이야기는 이 책에서 볼 수 있다. Wael Ghonim, *Revolution 2.0: A Memoir* (Houghton Mifflin Harcourt, 2012)[한국어판:《레볼루션 2.0》, 알에이치코리아, 2012].

3 Tim Sparapani, "Frontline: The Facebook Dilemma," PBS, 2018. 3. 15.

4 Human Rights Council (UN), "Report of the Detailed Findings of the Independent International Fact-Finding Mission on Myanmar," 2018. 9. 10~28. 이 444쪽짜리 보고서는 충격적이다.

5 Ibid. 170.

6 Timothy McLaughlin, "How Facebook's Rise Fueled Chaos and Confusion in Myanmar," *Wired*, 2018. 7. 6. 페이스북에 경고하려 했던 기업인 데이비드 매든David Madden의 체험담은 2018년 6월 19일 〈프런트라인〉 다큐멘터리 〈페이스북 딜레마〉 무삭제 인터뷰에 담겨 있다.

7 "Removing Myanmar Military Officials from Facebook," *Facebook Newsroom*, 2018. 8. 28. 다음 기사에 끔찍한 내용이 자세히 실려 있다. Paul Mozur, "A Genocide Incited on Facebook, with Posts from Myanmar's Military," *New York Times*, 2018. 10. 15.

8 2018년 10월 BSR는 보고서 〈인권 영향 평가: 미얀마의 페이스북Human Rights Impact Assessment: Facebook in Myanmar〉을 내놓았다.

9 Tasneem Nashrulla, "We Blew Up a Watermelon and Everyone Lost Their Freaking Minds," BuzzFeed, 2016. 4. 8.

10 Jason Koebler and Joseph Cox, "The Impossible Job: Inside Facebook's Struggle to Moderate Two Billion People," *VICE*, 2018. 8. 23.

11 Natasha Singer, "In Screening for Suicide Risk, Facebook Takes on Tricky Public Health Role," *New York Times*, 2018. 12. 31.

12 Daniel Victor, "Man Inadvertently Broadcasts His Own Killing on Facebook Live," *New York Times*, 2016. 6. 17.

13 보즈워스의 메모는 다음에 처음 보도되었다. Ryan Mac, Charlie Warzel, and Alex Kantrowitz, "Growth at Any Cost: Top Facebook Executive Defended Data Collection in 2016 Memo—and Warned That Facebook Could Get People Killed," BuzzFeed, 2018. 3. 29

14 David Ingram, "Zuckerberg Disavows Memo Saying All User Growth Is Good," Reuters, 2018. 3. 29.

15 영국의 이혼 웹사이트 디보스온라인Divorce-Online의 2012년 연구가 출처인 듯하다. 한 기사에 따르면 레이크 리걸Lake Legal이라는 영국 회사는 이 수치를 30퍼센트로 추산했다고 한다. 또 이혼 소송을 많이 진행한 한 변호사는 30~40퍼센트로 추산한다고 한다. Daniel Matthews, "What You Need to Know About Facebook and Divorce," *Divorce Magazine*, 2019. 7. 15.

16 페이스북 부사장 겸 법무실장 크리스 손더비Chris Sonderby가 2019년 3월 18일 '페이스북 뉴스룸 Facebook Newsroom'에 올린 게시물 〈뉴질랜드에 관한 업데이트Update on New Zealand〉.

17 콘텐츠관리 및 정책과 관련해 학계에서 심층 연구가 여러 건 진행되었다. 대표적인 연구는 다음과 같다. Sarah T. Roberts, *Behind the Screen: Content Moderation in the Shadows of Social Media* (Yale University Press, 2019); Tarleton Gillespie, *Custodians of the Internet: Platforms, Content Moderation, and the Hidden Decisions That Shape Social Media* (Yale University Press, 2018); Kate Klonick, "The New Governors: The People, Rules, and Processes Governing Online Speech," *Harvard Law Review*, 2018. 4. 10.

18 최초의 훌륭한 보도 중 하나는 다음 기사다. Jason Koebler and Joseph Cox, "The Impossible Job: Inside Facebook's Struggle to Moderate Two Billion People," *VICE*, 2018. 8. 23. 콘텐츠관리자 정책을 깊이 들여다본 자료는 뉴욕시 공영 라디오 방송국 WNYC의 프로그램 〈라디오랩 Radiolab〉에서 2018년 8월 17일 방송한 〈나쁜 것 게시 금지Post No Evil〉다.

19 Casey Newton, "The Trauma Floor," *The Verge*, 2019. 2. 25; Casey Newton, "Bodies in Seats," *The Verge*, 2019. 6. 19.

20 페이스북은 2019년 5월 〈커뮤니티 규정집 보충 보고서Community Standards Enforcement Report〉를 발표하면서 2018년 10월부터 2019년 3월까지 데이터를 추가했다. 페이스북 투명성Facebook Transparency 부서에 따르면 정책 실행 결정에서 잘못을 바로잡기 위해 이의 제기와 콘텐츠 복원 과정에 관한 데이터를 공개한 것은 이때가 처음이었다. 총기와 마약을 포괄하는 규제 대상물 기준을 보고한 것 역시 처음이었다.

21 Max Fisher, "Inside Facebook's Secret Rulebook for Global Political Speech," *New York Times*, 2018. 12. 27.

22 Koebler and Cox, "The Impossible Job."

23 이 사건에 대한 심층 논의는 다음 자료에서 볼 수 있다. Simon Van Zuylen-Wood, "'Men Are Scum': Inside Facebook's War on Hate Speech," *Vanity Fair*, 2019. 2. 26.

24 Casey Newton, "A Facebook Content Moderation Vendor Is Quitting the Business After Two Verge Investigations," *The Verge*, 2019. 10. 30.

25 "Welcome to the AI Conspiracy: The 'Canadian Mafia' Behind Tech's Latest Craze," *Recode*, 2015. 7. 15.

26 나는 페이스북의 인공지능 사업에 관한 기사를 썼다. "Inside Facebook's AI Machine," *Backchannel*, 2017. 2. 23.

27 페이스북 진실성 담당 부사장이 페이스북 뉴스룸에 게시한 내용이다. Guy Rosen, "An Update on How We Are Doing at Enforcing Our Community Standards," *Facebook Newsroom*, 2019. 5. 23.

28 Jack Nicas, "Does Facebook Really Know How Many Fake Accounts It Has?," *New York Times*, 2019. 1. 30.

29 Viswanath Sivakumar, "Rosetta: Understanding Text Images and Videos with Machine Learning," *Facebook Engineering*, 2018. 9. 11.

30 페이스북의 〈네이팜탄 소녀〉에 대한 이야기는 이 책에서 자세히 언급된다. Gillespie, *Custodians of the Internet*.

31 James Vincent, "Facebook Removes Alex Jones Pages, Citing Repeated Hate Speech Violations," *The Verge*, 2018. 8. 6.

32 Casey Newton, "Facebook Bans Alex Jones and Laura Loomer for Violating Its Policies Against Dangerous Individuals," *The Verge*, 2019. 5. 2.

18장

1 Ben Horowitz, *The Hard Thing About Hard Things: Building a Business When There Are No Easy Answers* (HarperCollins, 2014), 224 - 28.[한국어판:《하드씽》, 한국경제신문, 2021]

2 Aisha Hassan, "These Brutal Reviews of Facebook's Portal Device Shows Why No One Wants It in Their Home," *Quartz*, 2018. 11. 9.

3 〈디지털문화미디어스포츠위원회 위원장, 하원의원, 데이미언 콜린스의 기록: 식스포스리 파일 속 핵심 사안 요약〉에 따르면 페이스북은 일부 회사에 대해 화이트리스트 계약을 맺었는데, 이는 해당 회사들이 2014~2015년 플랫폼 변경 이후에도 친구 데이터에 온전히 접근했다는 뜻이다. 이에 대해 이용자 동의를 받았는지, 어떤 기업을 화이트리스트에 넣고 뺄지를 페이스북이 어떻게 결정했는지는 분명치 않다.

4 Julia Angwin, Madeline Varner, and Ariana Tobin, "Facebook Enabled Advertisers to Reach 'Jew Haters,'" *ProPublica*, 2017. 9. 14.

5 Sheera Frenkel, Nicholas Confessore, Cecilia Kang, Matthew Rosenberg, and Jack Nicas, "Delay, Deny and Deflect: How Facebook's Leaders Fought through Crisis," *New York Times*, 2018. 11. 14.

6 Nicholas Thompson and Fred Vogelstein, "15 Months of Fresh Hell Inside Facebook," *Wired*, 2019. 4. 16.

7 Mike Isaac and Sheera Frenkel, "Facebook Security Breach Exposes Accounts of 50 Million Users," *New York Times*, 2018. 9. 28.

8 마크 저커버그가 2018년 3월 21일 페이스북에 올린 게시물

9 Erin Durkin, "Michelle Obama on 'Leaning In': Sometimes That Shit Doesn't Work," *Guardian*, 2018. 12. 3.

10 Nicholas Fandos, "Alex Jones Takes His Show to the Capitol, Even Tussling with a Senator," *New York Times*, 2018. 9. 5

11 Yamiche Alcindor, "Black Lawmakers Hold a Particular Grievance with Facebook: Racial Exploitation," *New York Times*, 2017. 10. 14.

12 Cade Metz and Mike Isaac, "Facebook's A.I. Whiz Now Faces the Task of Cleaning It Up. Sometimes That Brings Him to Tears," *New York Times*, 2019. 5. 17.

13 Deepa Seetharaman, "Facebook Morale Takes a Tumble Along with Stock Price," *Wall Street Journal*, 2018. 11. 14.

14 마크 저커버그가 2017년 5월 15일 페이스북에서 자신의 팀에 공유한 사진.

15 Mike Allen, "Sean Parker Unloads on Facebook: 'God Only Knows What It's Doing to Our Children's Brains,'" *Axios*, 2017. 11. 9.

16 Paul Lewis, "'Our Minds Can Be Hijacked': The Tech Insiders Who Fear a Smartphone Dystopia," *Guardian*, 2017. 10. 6.

17 James Vincent, "Former Facebook Exec Says Social Media Is Ripping Apart Society," *The Verge*, 2017. 12. 11.

18 팔리하피티야가 2017년 12월 15일 페이스북에 올린 게시물.

19 《워싱턴포스트》와 BBC에서 보도했다. Drew Harwell, "Facebook, Longtime Friend of Data Brokers, Becomes Their Stiffest Competition," *Washington Post*, 2018. 3. 29. Jane Wakefield, "Facebook Scandal: Who Is Selling Your Personal Data?," BBC, 2018. 7. 11.

20 2018년 4월 이후 페이스북은 타기팅 카테고리를 페이스북에 직접 제공하는 서드파티 데이터 공급 업체와 제휴하지 않는다. 페이스북은 웹페이지 도움말 '광고 기본 설정'의 하위 항목 '페이스북은 데이터 제공 업체와 어떤 방식으로 제휴하고 있나요?'에서 새 데이터 정책을 천명한다.

21 "US Digital Ad Spending Will Surpass Traditional in 2019," *eMarketer*, 2019. 2. 19.

22 Anne Freier, "Google and Facebook to Reach 63.3% Digital Ad Market Share in 2019," *Business of Apps*, 2019. 3. 26.

23 Khalid Saleh, "Global Mobile Ad Spending—Statistics and Trends," *Invesp*, 2015. 3. 31.

24 〈페이스북 2018년 2분기 실적Facebook Q2 2018 Earnings〉. 페이스북 '인베스터 릴레이션Investor Relations'(기업 설명 홍보 활동) 페이지에 게시된 문서.

25 Bill Murphy Jr., "Mark Zuckerberg Lost Almost $17 Billion in About an Hour. Here's What Happened," *Inc.*, 2018. 7. 26.

26 로라 콕스 캐플런Laura Cox Kaplan의 링크트인 계정에는 그녀가 PwC에 재직 중인 것으로 나와 있다

27 전자프라이버시정보센터는 정보 공개를 청구해 PwC의 〈페이스북의 프라이버시 프로그램에 관한 독립 평가 보고서Independent Assessor's Report on Facebook's Privacy Program〉(2017. 4. 12)를 입수했다.

28 Federal Trade Commission, "FTC Imposes $5 Billion Penalty and Sweeping New Privacy Restrictions on Facebook," 2019. 7. 24.

29 Salvador Rodriguez, "Facebook Reports Better Than Expected Second-Quarter Results," CNBC, 2019. 7. 24.

30 Edward Docx, "Nick Clegg: The Facebook Fixer," *New Statesman America*, 2019. 7. 17.

31 팀 쿡은 2018년 4월 6일 케이블 TV 채널 MSNBC의 '혁명: 세상을 바꾸는 애플Revolution: Apple Changing the World'이란 이벤트에 출연해 캐러 스위셔 크리스 헤이스Chris Hayes와 인터뷰하다 이 말을 했다.

32 Matthew Panzarino, "Apple's Tim Cook Delivers Blistering Speech on Encryption, Privacy," *TechCrunch*, 2015. 6. 2.

33 Brian Fung, "Apple's Tim Cook May Have Taken a Subtle Dig at Facebook in His MIT Commencement Speech," *Washington Post*, 2017. 6. 9.

34 Peter Kafka, "Tim Cook Says Facebook Should Have Regulated Itself, but It's Too Late for That Now," *Recode*, 2018. 3. 28.

35 Ezra Klein, "Mark Zuckerberg on Facebook's Hardest Year, and What Comes Next," *Vox*, 2018. 4. 2.

36 Deepa Seetharaman, "Facebook Removed Data-Security App from Apple Store," *Wall Street Journal*, 2018. 8. 22.

37 Josh Constine, "Facebook Pays Teens to Install VPN that Spies on Them," *TechCrunch*, 2019. 1. 29. 이 기사는 애플이 조치를 취하게 만든 분명한 계기가 되었다.

38 〈페이스북 2018년 4분기 실적〉. 페이스북 '인베스터 릴레이션' 페이지에 게시된 문서. 2019. 1. 30.

19장

1 Mark Zuckerberg, "A Privacy-Focused Vision for Social Networking," 2019. 3. 6.

2 Arjun Kharpal, "Mark Zuckerberg Apologizes After Critics Slam His 'Magical' Virtual Reality Tour of Puerto Rico Devastation," CNBC, 2017. 10. 10.

3 개인 인터뷰 외에 주요 문서와 보도는 이 책을 참고했다. Blake Harris, *The History of the Future*.

4 Gideon Resnick, "The Facebook Billionaire Secretly Funding Trump's Meme Machine," *Daily Beast*, 2016. 9. 22.

5 Jeff Grubb, "Some VR developers Cut Ties with Oculus over Palmer Luckey Funding Pro-Trump Memes," VentureBeat, 2016. 9. 23.

6 Cory Doctorow, "VERIFIED Mark Zuckerberg Defends Facebook's Association with Peter Thiel," *BoingBoing*, 2016. 10. 19.

7 Josh Constine, "Facebook Is Building Brain-Computer Interfaces for Typing and Skin-Hearing," *TechCrunch*, 2017. 4. 19.

8 스토리에 관해서는 개인 인터뷰 외에 이 책을 참고했다. Billy Gallagher, *How to Turn Down a Billion Dollars* (St. Martin's Press, 2018).

9 "Miranda Kerr 'Appalled' by Facebook 'Stealing Snapchat's Ideas,'" *Telegraph*, 2017. 2. 7.

10 "Setting the Record Straight," WhatsApp blog, 2004. 3. 17.

11 Parmy Olson, "Exclusive: WhatsApp Cofounder Brian Acton Gives the Inside Story on #Delete-

Facebook and Why He Left $850 Million Behind," *Forbes*, 2018. 9. 18.

12 Mark Scott, "E.U. Fines Facebook $122 Million over Disclosures in WhatsApp Deal," *New York Times*, 2017. 5. 18

13 Kirsten Grind and Deepa Seetharaman, "Behind the Messy, Expensive Split Between Facebook and WhatsApp's Founders," *Wall Street Journal*, 2018. 6. 5,4.

14 얀 쿰의 페이스북 게시물. 2018. 4. 30

15 데이비드 마커스의 페이스북 게시물, 〈이야기의 이면The Other Side of the Story〉, 2018. 9. 26.

16 Jon Porter, "WhatsApp Found a Place to Show You Ads," *The Verge*, 2018. 11. 1..

17 Nicholas Thompson and Fred Vogelstein, "15 Months of Fresh Hell Inside Facebook," *Wired*, 2019. 4. 16.

18 Fidji Simo, "Facebook Watch: What We've Built and What's Ahead," *Facebook Newsroom*, 2018. 12. 13.

19 Kurt Wagner, "Facebook Is Making Its Biggest Executive Shuffle in Company History," *Recode*, 2018. 5. 8.

20 Nicole Perlroth and Sheera Frenkel, "The End for Facebook's Security Evangelist," *New York Times*, 2018. 3. 20.

21 Alex Davies, "What's Next for Instagram's Kevin Systrom? Flying Lessons," *Wired*, 2018. 10. 15.

22 Chris Hughes, "It's Time to Break Up Facebook," *New York Times*, 2019. 5. 9.

23 Astead W. Herndon, "Elizabeth Warren Proposes Breaking Up Tech Giants Like Amazon and Facebook," *New York Times*, 2019. 3. 8.

24 The Libra Association, "An Introduction to Libra: White Paper," 2019. 6. 18.

25 "The Ambitious Plan Behind Facebook's Cryptocurrency, Libra," *Wired*, 2019. 6. 18. 리브라 출시에 관해 내가 그렉 바버Greg Barber와 함께 쓴 기사다.

26 Daniel Uria, "Head of Facebook Libra Grilled by Skeptical U.S. Senators," *UPI*, 2019. 7. 16.

27 "Mark Zuckerberg Endures Another Grilling on Capitol Hill," *Wired*, 2019. 10. 23. 이 청문회에 관해 내가 쓴 기사다. 유튜브에서 일부 동영상을 볼 수 있으며 하원 금융서비스위원회 웹사이트에서 하루 전체 일정을 볼 수 있다.

찾아보기

ㄱ

703, 707, 720, 726, 729, 733, 735, 739, 741, 759
닉스, 알렉산더 584, 585, 589, 598, 599, 601, 602

ㄷ

다크 프로필 204, 205, 307, 330

담벼락(페이스북 기능) 179~181, 202, 205, 245, 246, 337, 379, 584

대니얼스, 크리스 278, 716

대븐포트, 벤 453, 454

댄절로, 애덤 72, 75~77, 83, 85~87, 89~91, 113, 134, 141, 152, 154, 155, 157, 187, 195~197, 214, 233,
    234, 240, 242, 250, 277, 311, 312, 319, 354, 359, 360, 438, 439, 448

더울프, 크리스 207, 208, 244

더페이스북 106~136, 140, 143, 144, 148, 150~162, 164~166, 170, 179, 182, 200, 211, 224, 228, 268, 269,
    296, 312, 318, 360, 361, 386, 407, 545, 689, 706, 752~754

더페이스북 가이 115, 182

던바의 수 331, 334, 335, 758

데이비스, 해리 593, 594

데이터 마이닝 85, 319, 767

데이터 브로커 309, 392~394, 672

데이터 수집 / 정보 수집 98, 114, 207, 263, 277, 283, 308, 309, 319~321, 329, 386, 393, 393, 394, 432, 457,
    464, 538, 552, 576, 581~584, 586, 587, 590~595, 598, 672, 673, 684, 710

데이터 유출 / 정보 유출 53, 235, 391~395, 456, 482, 495, 513, 568~613, 661, 686, 725

데이터과학팀 332, 384, 485, 577, 579, 581, 594, 767

데이팅(페이스북 기능) 657, 658

데즈먼드-헬먼, 수전 541

도시, 잭 53, 376~378, 434, 438~441, 489, 663

도쿠다, 랜스 244

독재 / 독재자 74, 322, 614, 618

독점 28, 69, 149, 234, 241, 414, 727

동의 판결 47, 575, 606, 676

두테르테, 로드리고 498, 499, 618

드론(인터넷 접속용) 37, 343, 345

드롭박스 155, 157

디레스타, 러네이 496, 497

디스이즈유어디지털라이프 582

디시리크스 483, 484, 493~495, 762

디지털문화미디어스포츠위원회(영국 하원) 47, 755, 767, 771

ㄹ

랩리프 393~395, 760

랩킨, 마크 297, 298, 302, 428

러빈, 마니 299, 487, 509, 616

러스트, 존 570, 572, 592

러시아 479~481, 483, 484, 494, 495, 507, 521~525, 528, 531~541, 543, 546, 548, 563, 600, 645, 664, 671, 692, 720, 762, 766

러시아정보총국 479~481, 484, 495, 521, 523, 524, 538

러키, 파머 469~471, 697~700

레던, 롭 660

레브친, 맥스 149, 234, 245, 246, 250

레사, 마리아 498~500, 618, 620, 687, 763

레신, 샘 119, 120, 263, 669, 755

레이히, 패트릭 621

레인, 숀 282, 284

렘닉, 데이비드 518

로버츠, 세라 T. 631, 632, 640

로센달, 아르놀트 306

로스, 블레이크 323, 360, 361, 402

로스, 케이트 204, 213, 338, 364, 365, 428

로스차일드, 제프 171, 172, 197, 198, 222, 358

로즈, 댄 263, 271, 278, 426, 443, 515

로즌, 가이 456, 635, 641, 644, 675, 680

로즌버그, 조너선 300

로즌스와이그, 댄 210, 290, 291

로즌스타인, 저스틴 273, 274, 303, 304, 308, 360, 670

록유 244~246

루이스, 해리 114

르퀑 얀 642, 643

리, 샬린 281

리더 / 리더십 31, 81, 152, 214, 234, 287, 314, 325, 355, 564, 655, 662, 663, 669, 726

리브라(페이스북 암호화폐) 731~733, 735, 774

린 인 운동 662

링크트인 145, 147, 150, 228, 327, 393, 420, 772

ㅁ

마르코니, 굴리엘모 58

마르티네스, 안토니오 가르시아 659, 761, 763

마이스페이스 49, 111, 140, 153, 167, 182, 183, 192, 193, 207, 208, 223, 229, 236, 238, 243, 244, 253, 270, 271, 299, 367, 393, 432

마이크로소프트 86, 119, 127, 158, 171, 182, 200, 207, 231, 234, 238, 243, 257, 270, 271, 277~279, 297, 298, 301, 320, 321, 339, 352, 395, 419, 471, 697, 754

마이퍼스낼리티 570~573, 576, 581

마커스, 데이비드 30, 455, 715, 716, 730, 732, 733, 774

마케도니아 514, 521, 687

마크스, 메건 84, 117

마틴, 케빈 487

시모, 피지 556, 623, 624, 721
시스트롬, 케빈 174, 433~441, 468, 670, 692~694, 704~707, 718~721, 723~725, 761
시저스, 로런 580
시티그, 에런 151~154, 172, 182~185, 205, 218, 238, 305, 736, 748
식스디그리스 57~61, 119, 147, 148, 736
식스포스리 소송 658, 755, 762, 771
신뢰 119, 165, 193, 233, 235, 259, 282, 347, 372, 379, 390, 399, 482, 555, 601, 607, 608, 611, 625, 654,
657, 658, 683, 685, 734, 735
실명 사용 119, 140, 197, 228, 247, 366
실버, 엘런 625

ㅇ

아가르왈, 아디티야 172, 175
아날로그연구소 351, 356, 427, 440, 527
아랍의 봄 42, 617, 666, 769
아마존 28, 57, 186, 232, 238, 265, 415, 426, 582, 601, 728, 754
아우구스투스 황제 71, 73, 103, 104, 113, 122
아이라이크 243, 251, 252, 392
아이젠버그, 사샤 507
아이폰 237, 401~406, 408, 411, 417, 426, 436, 459, 462
아퀼라 드론 343, 344
아프리카계 미국인 / 흑인 98, 356, 492, 507, 534, 546, 548, 573, 664, 665
악플 533, 629
안드로이드 262, 263, 408, 409, 411, 412, 416, 418, 426, 431, 462
안전 74, 116, 119, 126, 127, 175, 193, 195, 235, 365~368, 372, 399, 407, 442, 457, 529, 530, 544, 575, 605,
614, 619, 652, 656, 674, 675, 677, 680, 683, 686, 691, 708, 722
알 수도 있는 사람(페이스북 기능) 326~335, 428, 758
알고리즘 44, 46, 51, 189, 221, 244, 249, 251, 262, 307, 333, 336, 348, 380, 381, 383, 431, 489, 491, 493,
503, 505, 512, 517, 549, 550, 552, 557, 571, 611, 619, 624, 638, 641, 644, 649, 659, 694
암호화 482, 621, 691, 707~709, 715, 725, 726
암호화폐 30, 729~735
애링턴, 마이클 253
애플 28, 31, 62, 150, 171, 227~230, 237, 239, 242, 262, 266, 286, 402~408, 411, 412, 414, 416, 417, 449,
453, 454, 460, 564, 649, 670, 681~685, 697, 728, 773
액셀 166~169, 208, 229, 269
액턴, 브라이언 458~468, 622, 707~716
앤드리슨 호로위츠 435, 472
앤드리슨, 마크 419, 435, 472, 541, 655
앵커, 앤드루 512, 553~555
야후 49, 57, 147, 148, 150, 206~214, 270, 271, 279, 290, 313, 314, 320, 321, 335, 352, 360, 402, 451, 458,
459, 461, 462, 464, 467, 481, 482, 557, 717
에겔란, 톰 646, 647